JE ME SOUVIENS D'EUX

D0544515

DU MÊME AUTEUR

1. *Les plantons,* aux éditions La Pensée Universelle, Paris, 1971, 61 pages : théâtre (épuisé)

2. *Les pâquerettes pourpres,* La Penséee Universelle, Paris, 1975, 61 pages : théâtre (épuisé)

3. *Ces apatrides aux semelles de vent* aux éditions Humanitas nouvelle optique, Montréal, 1987,101 pages : essai sur la coopération internationale.

4. *Confessions d'un Québécois ordinaire* : aux éditions Humanitas nouvelle optique, Montréal, 1988, 116 pages : autobiographie.

5. *La soutane rebelle* : aux éditions Humanitas nouvelle optique, Montréal,1989, 102 pages : autobiographie (suite).

6. *Peut-être que je suis d'ailleurs* : aux éditions Humanitas nouvelle optique, Montréal, 1987, 100 pages : autobiographie (suite et fin).

7. *Un printemps tardif* : aux éditions Humanitas nouvelle optique, Montréal, 1993, 91 pages : roman.

8. *Jeanne Le Ber, blanche orchidée* : publié à compte d'auteur, Montréal, 1994, 135 pages : biographie.
   traduction anglaise par Irène Morissette, c.n.d.
   traduction en espagnol par Gabriel Hernández Zavala

9. *Jérusalem au sommet de ma joie!* : publié à compte d'auteur, Montréal, 1994, 95 pages : récit de voyage.

10. *L'aujourd'hui de ta Parole* : publié à compte d 'auteur, Montréal, 1994, 496 pages : recueil d'homélies.

11. *De la plume au plumage,* aux éditions Guérin, 1995, 101 pages : recueil de nouvelles, Guérin.

12. *Rosalie Cadron-Jetté, sage-femme* : aux éditions Lidec, Montréal, 1995, 60 pages : biographie, Lidec.

13. *La petite Thérèse de Montréal,* (Sœur Jean-Baptiste, s.p.)
    publié à compte d'auteur, Montréal, 1996, 95 pages : biographie.

14. *Une lanterne dans la nuit,* Rosalie, sage-femme : publié à compte d'auteur, 1996, 101 pages : biographie.

YVON LANGLOIS

JE ME SOUVIENS D'EUX

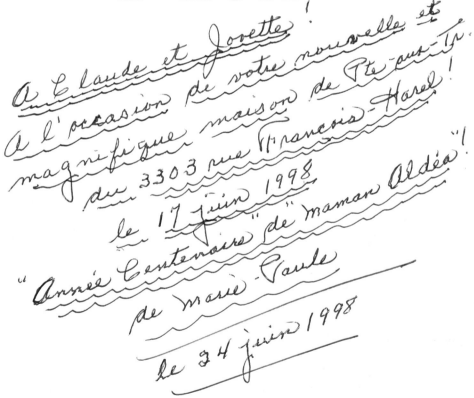

À Claude et Josette !

À l'occasion de votre nouvelle et magnifique maison de Pte-aux-Tr. du 3303 rue François-Harel !

le 17 juin 1998

"Année Centenaire" de maman Aldéa "! de Marie-Paule

le 24 juin 1998

ISBN 9803903-5-6

Réalisé sous la supervision de : Arrimage Gestion Impression Inc.

Couverture : Guy Verville

Mise en pages : Arrimage

© 1997 Yvon Langlois
Dépôt légal Bibliothèque nationale du Québec
Dépôt légal Bibliothèque nationale du Canada

Publié à compte d'auteur

Imprimé au Canada

ISBN 2-9803903-5-6

Conception et mise en page : ARRimage
Photo de couverture : Yvon Langlois

Imprimé au Canada

À ma mère bien-aimée, Valentine,
en hommage filial

Un peuple qui a perdu le sens de son histoire ne mérite pas de survivre

André Major

AVANT-PROPOS

Je vous présente un agenda. « Un agenda !, direz-vous, pourquoi ? On en trouve partout. » C'est vrai. Mais le mien est spécial. C'est l'agenda de mes racines. Et vous le savez, les racines, c'est important. La crise moderne que nous traversons et le nombre effarant de suicides, surtout chez les jeunes, n'est-il pas un indice que nous avons perdu le sens de nos racines ou quelque chose à quoi nous accrocher ? Ces pauvres jeunes me font penser à des plantes qui plongent leurs racines dans l'eau au lieu de les enfoncer profondément dans la terre maternelle. On n'apprend plus l'histoire à l'école. C'est bien triste. « Oublier ses ancêtres, c'est être un arbre sans racines, un ruisseau, sans source » dit un proverbe chinois. C'est vrai. Après tout, ne reçoit-on pas toujours son âme des mains des autres ? Une foule de personnages nous ont influencés au cours de notre vie. Je viens parler des miens. Des morts toujours vivants pour moi. Et aussi des vivants.

Au départ, j'avais pensé pouvoir occuper chaque jour de l'année du calendrier. Je me suis vite rendu compte de l'artificiel de cette démarche. Il ne s'agissait pas de boucher tous les trous. Toutes les personnes nées à telle date précise du calendrier n'ont pas eu forcément une influence sur moi. J'ai donc préféré laisser quelques jours libres ou des cases vides. En revanche, il m'est arrivé de trouver parfois deux et même trois personnes nées le même jour, à des siècles d'intervalle, mais qui ont exercé une influence bénéfique sur moi. Sans hésiter, je les ai inscrites à la même date sur mon calendrier. De cette façon, il reste bien peu de loges non occupées.

C'est un agendait personnel. On pourrait sans doute me reprocher de ne pas avoir mentionné tel ou tel personnage important de notre histoire, comme Pierre Elliot Trudeau, Marc Lalonde, le cardinal Léger, le maire Jean Drapeau, Robert Bourassa, Brian Mulroney, et j'en passe ! Je ne les mentionne pas. Intentionnellement. Pour une raison fort simple. Je suis prêt à reconnaître leur importance au plan de l'histoire et parfois, hélas ! malheureusement, mais, que voulez-vous, sur moi, ils n'ont eu aucune influence. Ce ne sont pas des lacunes de ma part. Chacun a le privilège de choisir ses amis ! Je vous présente les miens. Tant mieux si je retrouve les vôtres !

Je suis Québécois de souche. J'en suis fier et je ne m'en excuse pas. Mon ancêtre est arrivé ici en 1633, avec Champlain. Et il a commencé à défricher sa terre. À sa mort, il comptait 60 arpents de bonne terre défrichée. Il a trimé dur toute sa vie. Comme tous les autres qui sont venus par après lui. Nos ancêtres ont «essouché» et trimé dur pour nous donner le Québec d'aujourd'hui. Pour moi, quand je pense à eux et à tous ceux qui ont bâti ce pays en devenir, je sens monter en moi un sentiment de fierté. La fierté de mes racines. Elles plongent loin et profond dans cette bonne terre de chez nous. Je me rappelle une phrase de mon vieil ami Cicéron : « Non nobis solum nati sumus, ortusque nostri partem Patria vindicat, partem parentes, partem amici » — Ce n'est pas pour nous seulement que nous sommes nés, et de la vie qui nous est donnée la Patrie réclame sa part, leur part les parents, leur part les amis.[1]

Avec les ans, le Québec est devenu un grand arbre. Sa frondaison magnifique actuelle ne m'empêche pas de voir d'où je viens et d'en être reconnaissant. Et si, un jour, des perroquets, des toucans ou des quetzals viennent s'abriter dans ses branches et décident d'y faire leur nid, ses branches solides peuvent les accueillir. Ça met de la couleur dans le paysage. D'ailleurs, le Québec est reconnu mondialement pour son ouverture, n'en déplaise à ceux qui ont fait une crise d'hystérie hollywoodienne, suite aux déclarations de M. Parizeau, au soir de la défaite du référendum. Le Québec reste prêt à l'accueil de tous les plumages, dis-je. Mais, que diable !, que ces nouveaux oiseaux n'en arrivent pas à penser qu'ils ont planté cet arbre !

Moi, en toute vérité, j'obéis à une pulsion, la soif de mes racines ! Je suis et je resterai pour toujours, Québécois de souche !

J'ai ajouté les signes du zodiaque, un peu pour m'amuser. Qui d'entre nous ne s'est pas surpris à lire son horoscope dans le journal ? Un clin d'œil ne fait pas mal et ajoute un sourire. Pourquoi pas ?

Y. Langlois

---

1   Cicéron, lib. 1 no 22, ex Platone ard Architam, Ep. 9

JEAN-PAUL MOUSSEAU
Le père de la révolution culturelle

Voilà bien le peintre le plus montréalais que je connaisse, le plus attaché à sa ville qu'il devra quitter cependant pour s'ouvrir de plus larges horizons. Il est né dans le faubourg «à m'lasse,«dans» l'Est,» non loin des rues Champlain et Logan où je passe presque chaque jour. «Je suis né d'une famille très pauvre» dira-t-il. Il sera l'espoir de cette famille car, il le répète souvent à sa mère qui l'invite à la résignation, «je ne suis pas né pour un petit pain.»

On le place au Collège Notre-Dame. Il ne pouvait tomber mieux. C'est le Frère Jérôme qui sera son professeur et qui le présentera au professeur de l'École du Meuble, Paul-Émile Borduas. Le sort en est jeté. Il sera peintre. «Dans mon irrésistible appétit de peindre, dit-il, je cherchais un prétexte pour m'évader du pensum des cours. Se faisant mon complice, le Frère Jérôme me confia les clefs de l'atelier du collège. J'étais comblé, la vie prenait son vrai sens.» Et il continue: «Du jour où je connus Borduas, la peinture devint pour moi une aventure, l'engagement de ma vie.(...) A ses côtés, j'ai appris à découvrir, à voir un brin d'herbe, à me retrouver devant la beauté d'un paysage, du visage de la terre, de la nature. Ce qu'il nous apprenait était pur de tout calcul. Ce qu'il y avait d'extraordinaire en lui, c'est qu'il aidait les gens à découvrir leurs propres qualités, en leur faisant confiance.» (...) Grâce à lui, je crois avoir compris comme c'est simple, vivre.»

En réalité, tout n'était pas si simple. Il dut gagner sa vie et difficilement. Commis à la Librairie Tranquille, laveur de vaisselle sur le Richelieu, employé à la petite entreprise de bonbons clairs de sa mère. Mais c'était la peinture qui était son rêve. «Il a été un peu comme un enfant prodige, dit Sullivan. À quinze ans, il peignait déjà des choses extraordinaires. Très jeune, il s'est joint au groupe automatiste et nos idées ont pris une grande vigueur en lui.» Oui, il est là avec cette troupe hirsute, un peu extravagante qui passe ses nuits au restaurant Chez Geracimo. Le groupe met sur pied la Société d'art contemporain et en 1946, se scinde pour fonder, sous l'inspiration de Borduas, les Automatistes. En 1948, c'est le fameux REFUS GLOBAL qui annonce l'avènement du régime de l'instinct. On y retrouve des signataires célèbres: Paul-Émile Borduas, Jean-Paul Riopelle, Marcel Barbeau, Marcelle Ferron, Pierre Gauvreau, Fernand Leduc, Jean-Paul Mousseau, etc. Borduas se voit remercié de son poste à l'École du Meuble et s'exile aux États-Unis.

Une fureur créatrice s'empare alors de Mousseau. «Il colle, colore, allume, soude, assèche, polit.» Les plaques murales et les lampes se succèdent à un rythme endiablé. Il révolutionne l'expérience artistique en faisant des expériences inédites jusqu'alors. Il découvre et exploite la styrène, matière plastique, à la fois malléable et rigide, facile à colorer et qu'on peut illuminer par derrière avec des tubes de néon. Le hall d'entrée d'Hydro-Québec est enrichi par une de ces murales de styrène coloré. C'est quelque chose ! Une murale de 71 pieds de haut sur quinze !

Dégoûté de l'attitude du gouvernement face aux artistes (décidément, rien ne change !) Mousseau s'exile à son tour à New-York.

Son souvenir reste bien vivace à Montréal. Ce qu'on retient surtout de lui, c'est qu'il a voulu rendre l'art accessible au public. L'exemple le plus probant reste la décoration du métro à la station Peel. Pour lui, le métro est conçu non comme un moyen de transport mais comme un milieu de vie. Quelque chose de tout à fait surprenant à l'époque. « Un travail de pionnier, sans précédent historique » dira le directeur du Musée des Beaux Arts, Pierre Théberge. Les murs comme les planchers sont couverts de pastilles de différentes dimensions. Ici et là, des cercles en céramique aux couleurs vives animent l'atmosphère. Au niveau des quais, des panneaux lumineux aux couleurs chaudes reprennent les mêmes motifs. J'aime à jongler devant ces immenses cercles orangés. Comme l'écrit Gilbert Mercier « ces objets ronds, pivotants, font partie intégrante du XXe siècle. Devant eux, le spectateur est bouleversé, pris de vertige face à ces visions de cosmonaute ; la peinture conjugue l'espace et le temps. Cette peinture nous apporte de nouvelles dimensions. L'œuvre de Mousseau, c'est l'exploitation de l'histoire et du cosmos — c'est l'angoisse à l'état pur — dans l'art. »

Faire chanter la matière et danser les couleurs : c'est l'objectif instinctif de Mousseau. Ne le disait-il pas lui-même : « Il faut pousser à l'extrême limite. Il faut que l'art rejoigne l'infini. Il faut faire le travail du télescope, du microscope, de la fusée. » Ses cinq murales exposées au chalet du parc Mont-Royal. À voir. Absolument. Et si vous passez par l'Estrie, rendez-vous au parc du Mont Orford pour contempler ses sculptures lumineuses.

MARCEL DUBÉ
Dramaturge de l'ambivalance québécoise

L'œuvre de Marcel Dubé a profondément marqué le théâtre québécois. Il a écrit plus de quarante-deux textes dramatiques et la plupart ont été joués à la Société Radio-Canada.

J'aime Marcel Dubé. Il exprime par le théâtre le drame de nos racines. Né dans un quartier pauvre de l'est de Montréal, il a compris la misère et il a mis sa plume au service des petits, des pauvres, des gens en quête de travail et d'amour. Chacun de nous peut se reconnaître facilement dans son simple soldat, Joseph Latour, qui dit notre vie difficile, nos petits espoirs et nos grandes souffrances, nos pâles lumières et nos longues noirceurs.

Marcel Dubé avouera lui-même : « De différentes manières et utilisant divers moyens, à la radio, à la télévision, au théâtre, comme dramaturge, scénariste, nouvelliste, poète, et journaliste, j'ai tenté au cours des trente-six années qui me séparent de mes commencements, de raconter surtout de modestes histoires qui parlaient du pays, de moi-même et des autres, qui disaient notre vie quotidienne, nos fatalités, et nos espérances, nos peines et nos espoirs, qui chantaient nos réalisations et nos réussites. »

La poésie peut surgir des choses les plus ternes. « La magie, dit-il encore, est partout, ce sont les magiciens qui manquent. » Très tôt, Marcel Dubé a plongé dans ce monde féerique. « Une littérature prend véritablement racine quand un peuple prend conscience de lui-même, quand ses poètes découvrent les sources de l'homme. »

Et cette source, Dubé l'a trouvée chez nous. « Je serais incapable d'appartenir à un autre pays que le mien, nous assure-t-il. Coupé de mes racines, je suis un arbre mort. Une grande étendue de territoire ne fait pas nécessairement la grandeur d'un pays ni celle des hommes qui l'habitent. C'est par la pensée que nous connaissons le monde. Les cosmonautes propulsés dans l'espace n'oublient pas la rampe de lancement et ils gardent en mémoire ce lieu donné de la mer où on les attend, où doivent s'achever leurs périples, où ils auront à rentrer en eux-mêmes pour calculer avec justesse l'espace parcouru et le temps vécu, pour prendre des dispositions appropriées à l'égard de l'infini. Je ne me souviens pas que nous ayons fait autre chose ici-bas que des boucles. Les trajectoires linéaires et perpétuellement ascendantes me sont inconnues. »

Après avoir exprimé cette certitude, Marcel Dubé en arrive à l'essentiel et parle de cette ambivalance qui fait souffrir le peuple du Québec. « Le secret de l'énigme n'est pas d'épouser la France en secondes noces. » (...) « Au temps jadis, nous formions un couple uni, la France et nous et nos amours fleurissaient comme des lis dans la chambre nuptiale de nos rudes hivers. Le long silence interminable et blanc nous permettait d'engrosser nos femmes et nous avions suffisamment de ressources pour nous défendre contre le climat, la mélancolie des distances et le mécontentement des Indiens. Mais on commit un jour le mauvais calcul d'évaluer nos fiefs à quelques arpents de neige et on trouva plus d'intérêt à quitter nos postes lointains et à nous laisser sous la tutelle des Anglais qui avaient commencé à faire du grabuge dans notre ménage. Le Québec est une amante délaissée, c'est pour ça qu'elle ne pardonne pas. Est-ce bien important de revenir ainsi sur le passé et d'essayer une autre fois de refaire notre histoire ? Cela tient de la manie chez moi comme chez bien d'autres. C'est probablement un mécanisme d'auto-défense »...

Finalement, Dubé nous dit pourquoi il écrit : « Qu'on me laisse creuser laborieusement mon puits de lumière et d'eau potable, mon oasis de fraîcheur et de clarté, dans le désert aride de mon âme ! Qu'on me laisse apprendre librement ma géographie et m'engager sur les chemins de ma délivrance ! Ainsi, je ne ferai que défendre et protéger ce que j'ai reçu. Quand je me suis fait écrivain ce n'était pas pour me rendre indispensable ni pour prendre la mesure de ma notoriété, c'était peut-être seulement pour apprendre à respirer. »..

Voilà qui campe nettement Marcel Dubé dans le paysage du Québec. Il est déchiré comme tout Capricorne en lutte pour conquérir la liberté et le difficile accouchement pour le dire. « Les regards fixent l'avenir sans se détourner des risques qu'entraîne la liberté de choisir, dit-il encore. Il faut nous rendre maintenant jusqu'au bord de l'abîme, en pleine lucidité, sans nous laisser entraîner par le vertige, sans avoir peur des terribles exigences de l'amour...Puisque nous tenons à vivre, je ne vois pas pourquoi nous serions coupables de quoi que ce soit, pourquoi nous n'assumerions pas tous les risques de l'entreprise en prenant même le pouls de la mort. C'est cela aller à l'essentiel. Nous y marchons en choisissant les chemins les plus difficiles de l'existence, mais les seuls qui grandissent vraiment et qui justifient l'homme de prendre sans culpabilité sa part inaliénable de vie : ceux de l'amour et de la liberté. »

Dubé a projeté sur l'écran ou la scène le drame de notre destin total avec une conscience aiguë de la fatalité qui nous broie. Que ce soit dans la première partie de son œuvre où il met en scène des personnages pathétiques comme ceux des romans de Gabrielle Roy ou Lemelin à l'époque ou dans la deuxième partie où il jette un regard cruel sur la motivation de leur conduite et souffre avec eux de cette incapacité de réaliser ses rêves de jeunesse.

Un grand dramaturge qui mérite qu'on s'arrête aujourd'hui pour nous questionner sur le sens de notre avenir !

JEANNE LE BER
Une femme exceptionnelle de chez nous

Elle est née le 4 janvier 1662 d'un riche commerçant de Ville-Marie, Jacques Le Ber, et de Jeanne Le Moyne, la sœur du célèbre Charles Le Moyne bien connu chez nous. Au tout début de la colonie puisque Montréal — Ville-Marie du temps — n'a que vingt ans d'existence. Elle a comme parrain et marraine, Maisonneuve, fondateur et gouverneur de Montréal, et Jeanne Mance, co-fondatrice de Montréal et administratrice du premier hôpital, l'Hôtel-Dieu.

Pour la bien préparer à son rôle dans la haute société, Jacques Le Ber l'envoie au Pensionnat des Ursulines à Québec où elle reçoit une éducation soignée. À son retour à Montréal, elle s'enferme dans la maison de ses parents et vit à la manière de Catherine de Sienne, dans le silence et la prière. Elle devient ainsi notre première recluse sur le sol de la Nouvelle-France.

Après une expérience de cinq ans, ses supérieurs ecclésiastiques et ses parents, étonnés des prodiges de l'Esprit-Saint en elle, l'autorisent à vivre dans une réclusion plus grande encore. Puis, elle fait bâtir une chapelle pour les filles de Mère Bourgeoys et se retire dans un appentis adossé à la chapelle où elle vivra dans l'adoration perpétuelle du Saint-Sacrement et le travail de broderie de linge et ornements liturgiques et de couture pour les pauvres de la colonie naissante.

Ainsi, la fille la plus riche de la colonie devient la plus pauvre du monde. Au dire de ses contemporains, ses habits étaient en si mauvais état qu'on n'a même pas pu l'en revêtir après sa mort. Ses bas n'étaient que des restes de laine et de filasses piquantes. Ses souliers étaient faits de blé d'Inde qu'elle revêtait de quelque morceau de cuir pour faire le moins de bruit possible. Sa chambre n'avait qu'environ douze pieds. Il fallait avoir une bonne tête pour ne pas s'y ennuyer! Elle passe les journées entières dans la prière. Dans le froid glacial en hiver comme dans la chaleur suffocante en été, elle fait deux heures d'adoration pendant la nuit.

En 1698, l'évêque de Québec accompagné de deux Anglais «de considération» décident de visiter la recluse. L'un d'eux, ministre protestant, s'enhardit et ose lui demander le motif qui la pousse à vivre d'une si étrange manière, elle qui pourrait se payer tout le luxe du monde. Pour toute réponse, Jeanne ouvre la petite fenêtre par laquelle elle reçoit la communion et dit : «C'est une pierre d'aimant qui m'a attirée dans cette cellule et qui m'y tient ainsi séparée de toutes les jouissances et des aises de la vie. Voilà ma pierre d'aimant ! Notre-Seigneur, véritablement et réellement présent dans la Sainte Eucharistie, qui m'engage à renoncer à toutes choses, pour avoir le bonheur de vivre auprès de lui : sa personne a pour moi un attrait irrésistible. »

Elle vivra ainsi coupée complètement du monde de 1695 jusqu'à sa mort le 3 octobre 1714. Humble et cachée, au pied de l'autel comme une lampe ardente, telle « une hostie vivante, sainte et agréable à Dieu. » Dans son cœur, elle portait toutes les peines et les soucis des autres. Sa prière sauva la colonie en 1711 lors de l'invasion de Walker et de Nicholson. La catastrophe sur l'Île-aux-Œufs apparut aux yeux des colons « comme le plus grand miracle arrivé depuis le temps de Moïse. »

Ses broderies (dont plusieurs sont conservées au Musée Notre-Dame comme au Musée de la Maison St-Gabriel) révèlent toute son âme. C'est un travail de minutie, de délicatesse et de finesse qui fait penser aux enluminures du Moyen âge. Les fils d'or et d'argent qui s'enlacent dans une somptuosité chatoyante transfigurent l'ouvrage et font affleurer le ciel. Jeanne Le Ber nous rapproche de la Jérusalem céleste car tout ce qu'elle fait est clair comme un ciel sans nuage, pur comme l'eau cristalline, lumineux comme le doux soleil de mai, parfumé comme un champ de pommiers en fleurs. Si tout le cœur de l'artiste vibre au bout de ses doigts, chez Jeanne, cette tonalité a quelque chose de céleste.

La réputation de sainteté de Jeanne Le Ber n'a jamais été mise en doute. Toute la population du Montréal d'alors la considérait comme une sainte. « Tout le monde lui donne le nom de « sainte » disait Monsieur de Belmont dans son éloge funèbre ! De nombreuses faveurs lui sont attribuées. Ses restes mortels sont conservés dans l'oratoire de la Chapelle Sainte-Marguerite-Bourgeoys à la Maison mère des Sœurs de la Congrégation à Montréal.

Je ne vois pas de personnalité plus forte capable de toucher davantage les jeunes que Jeanne Le Ber. Sa sensibilité exquise dans le don d'elle-même à ce qu'il y a de plus beau, sa recherche constante et son attachement rigoureux à ce qu'il y a de plus exigeant, son dépouillement égal à celui de François d'Assise, sa fidélité de tous les instants, cette rigueur jamais démentie, ce ressort ou cette force de rebondissement resté intact, neuf, jamais brisé ni relâché pendant trente-quatre ans, en font un modèle rafraîchissant car elle entraîne vers des paysages neufs où peu de pas humains ont osé s'aventurer. La quête est exigeante, sans nul doute, mais quelle fraîcheur elle nous fait respirer, quel tonique pour le cœur las et quelle suavité au plus intime de soi-même !

Une vraie Capricorne, dépouillée jusqu'à l'extrême, concentrée au plus creux d'elle-même, silencieuse pendant trente-quatre ans pour laisser germer dans les profondeurs une végétation luxuriante de fruits exquis, une vie désertique pour découvrir l'essentiel, une longue persévérance, un net empire sur la superfluité, l'élan de la chèvre pour grimper jusqu'aux plus hautes cimes !

Pour en savoir davantage sur Jeanne Le Ber, lire le petit livre que j'ai écrit, intitulé *Jeanne Le Ber, blanche orchidée*, publié à compte d'auteur.

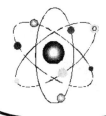
ARTHUR VILLENEUVE
Peintre naïf de la «souvenance»

On l'appelait «Pinceau», «Maisonneuve» ou tout bonnement «le fou» parce que ce barbier apparemment «timbré» peignait de nuit les murs de sa maison, les plafonds, les fenêtres, au grand désespoir de sa femme Hélène. Cette maison, objet de la dérision des gens du coin, vient d'être transportée de la rue Taché à la Vieille-Pulperie de Chicoutimi, usine construite en 1921. Il en a coûté 1 $ million aux trois gouvernements pour le transport car la maison ne devait subir aucune vibration sinon les œuvres auraient pu s'écailler.

Qu'est-ce donc qui donne tant de valeur à ce peintre naïf qui n'a suivi aucun cours aux Beaux Arts? Comment ce grand coloriste a-t-il pu se hisser au sommet de la gloire, lui qui faisait fi de toutes les règles de perspective et du temps? À quarante-sept ans, il troque ses ciseaux de barbier pour les pinceaux. Le curé vient d'expliquer en chaire que très peu de gens exploitent leurs talents! Villeneuve a compris. Les siens dorment. C'est un don qu'il faut faire fructifier. Il «avait les yeux trop ouverts« pour les laisser désormais fermés. Un besoin incœrcible le pousse à peindre, une détermination incroyable l'anime, une imagination intarissable bouillonne en lui. Le 9 août 1959, le «Musée de l'artiste» est ouvert au grand public. C'est la révélation. Arthur Villeneuve, «le fou» devient une vedette.

C'est dans ses souvenirs, dans sa perception du monde, dans sa vision de l'avenir, dans son «sus-conscient» qu'il prenait toute son inspiration. «Tout est poésie quand on sait regarder» disait-il. Pour Villeneuve, la réalité a une vie, «la roche parle, la terre parle et entend, les montagnes bougent« et son désir le plus cher est que sa peinture témoigne ou révèle ce mouvement des choses. Elle se défend toute seule pourvu «qu'on dépasse les apparences» comme il désire.

Et qu'est-ce qu'il raconte? Des scènes de la vie quotidienne. Tout y passe. La religion, la politique, les métiers, la préhistoire, l'histoire, des bribes de légendes régionales, des paysages déformés, des monstres sortis de ses rêves, des scènes cauchemardesques, des personnages historiques, tout. C'est un immense livre d'histoire, 2175 tableaux, une révélation dure, sans concession, que l'intuition fait surgir et qui heurte le spectateur par l'étrangeté des formes et la technique spéciale. Et pourquoi? «Toute l'historie se raconte, les choses de la vie, POUR QUE LA POPULATION S'EN SOUVIENNE, POUR QUE ÇA RESTE.» Avec naïveté, on peut dire que ça va rester!

PAMPHILE LE MAY
Poète des petites gens de chez nous

J'aime Pamphile Le May parce qu'il a poétisé la vie simple et paisible des gens de chez nous, leurs labeurs, leurs espoirs, leurs fêtes, leurs croyances et leurs peines. Surtout dans ses *Contes*. Henri d'Arles le notait avec justesse : « Les historiens à venir, qui voudront pénétrer dans le cœur de notre population, telle qu'elle était encore au siècle dernier, avec son originalité, sa naïveté, son primitivisme, sa finesse paysanne, devront lire les *Contes* de Pamphile Le May. »

Il a chanté sa petite patrie avec une délicatesse de cœur sincère. Les jolis tableaux qu'il a peints, particulièrement dans ses sonnets, reflètent cette émotion. Comme l'écrit Romain Légaré : « Il a préféré la flûte à la trompette. Nul avant lui n'avait songé à poétiser la vie intime du Canadien (on dirait aujourd'hui du Québécois), à peindre au lieu des traits héroïques empruntés à l'histoire, la vie toute simple des habitants de son pays. »

Plus que cela, Pamphile Le May reste le pionnier du mouvement littéraire et patriotique des années 1860. Et surtout un précurseur de l'École littéraire de Montréal. Il est avant tout poète. Il le confesse lui-même dans une lettre adressée à Louis Fréchette, le 3 novembre 1885 : » Les soucis de la famille (il avait douze enfants) et les tracasseries du bureau passent comme un souffle de glace sur mes pensées. Le monde m'écœure avec son égoïsme et sa soif de l'or.(...) La politique est un pétrin où se brassent toutes les saletés.(...) Il n'y a de bon que la poésie. »

Et ce poète est un rêveur. Parfois, il aime à se confondre avec la nature qu'il préfère à tout ou plutôt celle-ci lui suggère d'heureuses associations semblables à celles de Baudelaire. Ainsi, dans son vieil âge, il s'adresse à un vieil arbre et lui dit :

> « Ô vieil arbre tremblant dans ton écorce grise !
> Sens-tu couler encore une sève qui grise ?
> Les oiseaux chantent-ils sur tes rameaux gercés ?
> Moi, je suis un vieil arbre oublié dans la plaine
> Et, pour tromper l'ennui dont ma pauvre âme est pleine
> J'aime à me souvenir des nids que j'ai bercés.

Parce qu'il a su reconnaître la valeur des petites gens de chez nous dont la vie contient autant de poésie que celle des grands, je m'incline en ce 5 janvier, anniversaire de sa naissance. Pamphile Le May est mort, entouré des siens, à St-Jean-Deschaillons, le onze juin 1918, en murmurant le nom de Jésus. Il était âgé de 81 ans.

8 janvier 1928

GASTON MIRON
L'éveilleur de la conscience nationale

Miron! Il est incontournable! Il est partout. Il écrit tout le temps. Mais avant tout, il est poète. Depuis l'âge de quatorze ans qu'il aligne des vers et des rimes. Avec quelques collègues, dont Gilles Carle, il fondera les éditions de l'Hexagone qui donnera une impulsion très forte à la poésie du Québec dans ses publications. La poésie de Miron est comme lui : toujours en mouvement, nerveuse, ample, mordante.

Car le poète est aussi un homme engagé pour la cause nationaliste du Québec. Vous le rencontrez Au Rassemblement pour l'indépendance nationale, au Mouvement de libération populaire, au Parti socialiste québécois, au Front du Québec français, au Mouvement pour l'unilinguisme français au Québec, et que sais-je encore! Comme l'écrit avec justesse le *Dictionnaire des auteurs de langue française en Amérique du Nord* (Fides)« Sa thématique se situe au cœur même de la problématique socio-politique du Québec d'aujourd'hui. »(p.989) « Dans les mots qui véhiculent les éclats et les cris d'une collectivité frustrée évolue le drame de la dépossession, le drame de Miron.» Et ce drame pour le poète vient de cet écarquillement entre l'héritage de la France et cet enracinement en Amérique du Nord. «Je suis fait, dit-il, de la rencontre de deux courants. Ce chevauchement produit une écriture baroque. »

Cette identité spécifique qui fait notre différence, notre «société distincte» si difficile à admettre pour le reste du Canada, Miron la revendique à grands cris par ses écrits, sa poésie passionnée, les éditions où il travaille, ses conférences à travers le monde, ses séjours fréquents en France notamment, et j'oserais dire la théâtralité de son personnage qui ne laisse personne indifférent. « Je suis souverain de moi-même» écrivait-il dans *Le Devoir*. N'est-ce pas là d'abord la première suzeraineté?

L'Université a «rapaillé» les écrits épars de Miron dans un ouvrage important justement intitulé *L'homme rapaillé*. Ce n'est pas sans raison que Jacques Brault parle de **Miron le Magnifique**. Le veilleur au guet mérite toute notre admiration. Bon anniversaire, cher révélateur de notre identité difficile et de notre être écartelé!

JEAN TALON
«L'incomparable intendant»

Quand il arrive à Québec le 12 septembre 1665, Talon trouve la colonie affaiblie et complètement désorganisée, suite aux guerres intestines des Iroquois. Une tâche colossale l'attend. Il était bien préparé pour faire face à la situation.

Né d'une famille illustrée dans les milieux parlementaires, formé dans l'administration militaire sous Mazarin, il avait été, entre autres, commissaire des guerres de Flandres et intendant de l'armée de Turenne. Son zèle et sa compétence le désignaient pour ce poste difficile. Louis X1V venait de prendre en mains les affaires du royaume, aidé de son premier ministre Colbert, particulièrement exigeant.

Talon a quarante ans. Il est en pleine possession de ses moyens. Les conjonctures sont bonnes, il faut le dire. Le retour à la stabilité politique en Europe et, particulièrement en France, vient de déclencher un dynamisme pour l'économie et provoquer la croissance du commerce d'outre-mer. Le roi compte sur les colonies pour garnir les coffres de l'État, complètement à sec. Il pense faire comme la Hollande qui exploite ses colonies et crée de grandes compagnies de commerce outre-mer. Désormais, le gouvernement royal avec son Conseil souverain, remplacent l'inefficace Compagnie des Cent Associés. Louis X1V donne des pouvoirs étendus à Talon chargé de faire « fonctionner » le Canada.

Tout était à faire. Un grand effort de colonisation intégrale va enfin commencer pour la première fois en Nouvelle-France. L'esprit de synthèse rapide de Talon, tant dans la conception que dans la réalisation des projets, lui permet de faire des prodiges pendant son mandat de cinq ans et demi.

Il s'attaque à tout et sur tous les fronts à la fois. D'abord, le commerce des fourrures qui constitue le principal commerce avec la France. Talon lutte pour sa libéralisation afin d'élargir l'aristocratie de la richesse.

Il insiste sur l'importance de l'Acadie comme base d'opération économique. Il songe à la marine comme moyen de parvenir à un commerce plus étendu qui couvrirait toute l'Amérique. Il crée des ateliers maritimes (comme celui de la rivière St-Charles à Québec).

Sous son mandat, la population double: de 1665 à 1672 arriveront 2,500 émigrants sans compter les 800 soldats du régiment de Carignan. De plus, les 290 mariages contractés de 1661 à 1670, donneront 2,026 naissances.

Les deux rives du Saint-Laurent voient surgir des maisons rapprochées. Les cultivateurs peuvent ainsi s'entr'aider dans les travaux des champs. Il pense à la diversification du cheptel jusque là limité aux vaches et aux porcs. Des chevaux et des moutons arrivent de plus en plus fréquemment d'Europe.

Il met sur pied des métiers à tisser, des brasseries, des cordonneries. Il exploite la forêt pour en tirer du goudron, de la potasse, du savon mou. Il veille à l'amélioration des méthode des pêches. Il encourage la culture du houblon (pour la bière);du chanvre et du lin (pour la toile et le cordage des navires.)

C'est lui qui doit ravitailler l'armée car depuis 1665, Tracy a fait bâtir trois nouveaux forts sur le Richelieu. Les 300 militaires feront deux expéditions chez les Agniers en 1665 et en 1666 et c'est Talon qui devra fournir gîtes, vivres, vêtements, outils, armes et barques.

Dans une lettre qu'il adressait au roi le 2 novembre 1671, il pouvait dire avec fierté: «J'ai, des produits du Canada, de quoi me vêtir du pied à la tête; rien de cela ne me paraît impossible. » Et dans une autre, en date du 10 novembre 1670 : «Toute l'ancienne France ne peut donner à votre Majesté ce que le Canada a dans son voisinage. »

Talon voyait grand. Il rêvait d'un grand empire en Amérique du Nord. N'avait-il pas été nommé « intendant de la justice, police et finances pour le Canada, l'Acadie, Terre-Neuve...et autres pays de la France Septentrionale »?

Sous son impulsion, une économie équilibrée s'est constituée en Nouvelle-France. La grande aventure coloniale a fait place à l'aventure missionnaire des débuts. Avec Talon, cette nouvelle colonie de seigneurs et de marchands, a fait plus que l'œuvre accompli depuis les débuts du siècle.

Mais Talon ne pensait pas seulement en termes d'économie. Il vivait près du peuple. Il consultait les gens, s'entretenait avec eux, se mêlait aux ouvriers, visitait les ateliers, mangeait avec les simples artisans, s'enquérait de leurs méthodes et de leur efficacité. On le voyait partout sur les chantiers où tout le monde travaillait.

On peut le considérer à bon droit comme le grand colonisateur de la Nouvelle-France, le père de cette révolution tranquille du temps.

La Mère Juchereau, toujours perspicace dans ses vues et pondérée dans ses jugements parle de «l'incomparable intendant». Elle avait pleinement raison.

Quand Talon quitte Québec en 1672, il avait réussi à le convertir en un immense chantier. Il mérite plus qu'un marché dans la Petite Italie à Montréal ou qu'une station de métro! En ce 8 janvier, anniversaire de sa naissance, je m'incline profondément.

LAURE CONAN
Romancière et patriote

Elle est née à La Malbaie, en Charlevoix, le 9 janvier 1845, Qu'est-ce qu'elle peut bien faire dans ton calendrier se demanderont d'aucuns? N'a-t-on pas dit d'elle qu'elle était masochiste? (Jacques Cotnam) Et n'a-t-on pas ri de sa résignation béate?

D'abord, je la trouve courageuse. Il fallait le faire à l'époque! C'est notre première romancière. Son roman, *Angéline de Montbrun*, paru en 1878, ouvre la voie au roman d'analyse psychologique. Quelque chose de tout à fait inusité chez nous. C'est de Félicité Angers (Laure Conan était son pseudonyme) que ses héroïnes tirent leurs souffrances, leurs émois, leurs longues luttes et leur soumission devant l'implacable destin. Voilà qui donne droit à un certain respect pour cette devancière. En plus, elle a renouvelé la forme romanesque y introduisant, dans *Angéline de Montbrun*, par exemple, trois formes de stylistique: lettres, narration et journal. Enfin, sa collaboration active à plusieurs revues, en fait également la première femme journaliste au Québec.

Mais il y a plus. Laure Conan a été une passionnée de notre histoire. Elle a fait resurgir nos héros nationaux comme Lambert Close, Maisonneuve, Charles Garnier. C'est dans notre histoire qu'elle a tiré des leçons de vie. C'est dans notre passé qu'elle a trouvé des raisons d'aimer, d'admirer et de souffrir.

J'en arrive à l'essentiel. Laure Conan est une Capricorne vraie. Une femme secrète, renfermée, solitaire. De cette vie intérieure, elle tirera la matière de tous ses romans. Elle se plaît à exalter les vertus simples, les travaux obscurs, les dévouements effacés. En relisant ses pages, j'ai souvent l'impression de voir réapparaître tant de femmes de chez nous dont la vie a été tissée de toutes ces tâches secrètes.

Mais la Capricorne est également régie par Saturne associé lui-même à tout ce qui est dur, sombre et écrasant. Tous les romans de Laure Conan mettent en relief des personnages broyés par la souffrance, torturés dans leurs amours mais qui ne vont pas jusqu'au suicide pour échapper au malheur qui les accable. Ils font comme leur romancière: ils se résignent.

J'aime moins cet aspect de son œuvre. En effet, on peut dire que la souffrance est le leitmotiv qui domine toute la vie de Laure Conan, comme d'ailleurs toute son œuvre. Empreinte du caractère capricornien? Sans aucun doute. Influence du milieu fermé? Peut-être. N'était-elle pas amie d'Aurélie Caouette, la fondatrice des Sœurs du Précieux-Sang de St-Hyacinthe? Elle ira même jusqu'à vivre à la maison des dames des Religieuses de 1893 à 1898. Par la suite, elle devra revenir à La Malbaie pour soigner sa sœur malade. Nul doute que la spiritualité d'Aurélie Caouette, fortement marquée par l'aspect du sang rédempteur, a influencé Félicité, invitée pourtant par son prénom, à une toute autre vocation.

Se résigner! Souffrir! Se taire! Aujourd'hui, cette façon de réagir nous paraît caduque. Mais alors, que pouvait-elle faire? C'est déjà beaucoup qu'elle aît réussi à sublimer sa souffrance par le biais de l'écriture!

En sourdine, l'œuvre de Laure Conan revendique pudiquement une participation plus large du rôle des femmes dans la société. Je trouve qu'elles lui doivent toutes quelque chose.

L'anniversaire de naissance de Laure Conan me rappelle un souvenir d'enfance. J'avais vu *Angéline de Montbrun* sur la commode de ma grand-mère et je lui avais demandé ingénument de quoi parlait le livre. Ma grand-mère m'avait répondu avec un sourire en coin: «Elle, elle parle de nous autres, les femmes, et de tout ce qu'on doit endurer!» En souvenir de ma grand-mère, de mes bonnes vieilles tantes, de quelques-unes de mes sœurs et de ma mère surtout, aujourd'hui, je me souviens de LAURE CONAN.

Si vous passez par La Malbaie, n'oubliez pas de visiter le Musée régional Laure-Conan. Un salon victorien de l'époque de Félicité Angers a été reconstruit à partir du mobilier et d'objets qui lui ont appartenu. Il est situé au 30, rue Patrick-Morgan, La Malbaie, G0T 1J0. (418) 665-4411

FLEURY MESPLET
Premier imprimeur de Montréal et fondateur français de «La Gazette»

Si étrange que cela puisse paraître, c'est un Français, un admirateur de Voltaire, un descendant d'une famille d'imprimeur, qui est le fondateur de *La Gazette*!

Fleury Mesplet était né à Marseille. Il travailla à Avignon, à Lyon et même à Londres (où il imprima la *Henriade* de Voltaire) avant de s'embarquer pour l'Amérique. Sa rencontre avec Benjamin Franklin à Londres devait être déterminante. Mesplet s'enthousiasme pour le projet de Franklin de chasser les Anglais d'Amérique. En 1772, il décide de le suivre et traverse les océans. Il s'installe à Philadelphie, foyer de l'insurrection. Mesplet se voit bientôt promu au rang d'imprimeur de langue française au Congrès et chargé de publier les *Lettres aux Habitants de la Province de Québec* les appelant à choisir le «camp de la liberté.»

En 1775, les milices américaines des treize colonies du Sud révoltées contre Londres envahissent la vallée du Saint-Laurent et prennent temporairement Montréal qui devient «cité américaine.» Mesplet arrive avec tout son matériel pour sa mission officielle : diffuser les idées de la philosophie des Lumières et la rationalisme du XVIIIᵉ siècle. Mais la contre-attaque des Anglais et la retraite des troupes américaines laissent Mesplet dans un grand embarras. Il est emprisonné. À sa sortie de prison, il se verra obligé-suprême humiliation de publier de la littérature religieuse. Il faut survivre! On peut imaginer sa déception en voyant sortir de ses presses *Le Règlement de la confrérie de l'Adoration perpétuelle du Saint-Sacrement et de la Bonne Mort,* premier livre publié à Montréal!

Grâce aux revenus qu'il tire de ces publications pieuses, il réalise enfin son rêve d'un «papier»périodique. Et «LA GAZETTE» voit le jour. Saluons en ce dix janvier, anniversaire de sa naissance, le courage de cet homme, sa grande ouverture d'esprit, sa vive intelligence et sa ténacité.

ISAAC JOGUES
Martyr d'un courage inouï

Il était né pour les grandes conquêtes lui qui excellait dans toutes les compétitions sportives et intellectuelles de son temps. Il aurait pu espérer les plus grands succès mondains. Mais il rêve de plus grand encore et place très haut la barre de son idéal. Quand il parle de son projet de se faire jésuite, il devient la risée des siens et de ses amis. À Orléans, on ne se gêne pas pour critiquer vertement les Jésuites du temps. En dépit des obstacles, Isaac, premier de classe, brillant en histoire et géographie, demande son entrée dans l'Ordre et pense immédiatement aux missions en terre étrangère, soit en Turquie ou en Éthiopie. Ses supérieurs l'envoient en Nouvelle-France. Il part sans autre bagage que ce petit autel portatif, don de sa mère à son ordination. Le risque ne lui fait pas peur, il sait ce qui l'attend. Mais sa déception est grande à son arrivée à Kébec. On lui offre de s'occuper des Français et des marchands de fourrures. Jogues bondit. Il n'est pas venu en Nouvelle-France pour cela. Il est venu pour les Peaux Rouges. Il veut une vie hasardeuse, sous les huttes, au fond des bois, avec les sauvages. Rien ne peut briser son courage viril. Il veut partir. Très bien, il partira. Pour le plus difficile. Son endurance, ses qualités sportives, sa mystique d'aventurier, le font désigner alors pour une randonnée apostolique des plus pénibles au pays des Pétuns. Il part avec le Père Garnier. À travers des forêts enneigées, luttant contre les vents violents, la huée des sauvages qu'ils rencontrent, les deux missionnaires arrivent épuisés pour repartir aussitôt porter secours à une vieille femme mourante qui demande le baptême. Les sorciers furieux ont déjà décidé de leur sort. Un Huron converti, Joseph Chihwatenwha, vient alors chercher les missionnaires et les conduit au village huron Sainte-Marie. Le pauvre Joseph paiera de sa vie son dévouement à l'endroit des Robes noires. Quand Garnier et Jogues arrivent à la mission, ils sont au bout de leurs forces. Mais chose étrange. C'est à ce moment même que Jogues comprend que ces Indiens violents ne pourront croire en Jésus que par le témoignage éloquent du don de soi total. Jogues s'offre alors pour le martyre si son sacrifice peut servir à la cause qu'il est est venu défendre. Peu de temps après, les circonstances le favorisent. Il est choisi pour une expédition périlleuse : assurer la navette entre Kébec et la mission huronne de Sainte-Marie. Il part avec quatre canots et une quinzaine de Hurons. Mais au retour, il est capturé et torturé. Ongles arrachés jusqu'à la racine, les deux index mâchés, corps roué de coups, pouce gauche tranché, poinçons dans la chair, charbons ardents jetés sur le corps. Finalement, on l'abandonne tout pantelant dans une case minable. Tout l'hiver, on le renvoie de famille en famille. Il doit suivre les hommes à la chasse, porter leurs sacs, la viande, le bois, traité en esclave, à coups de pieds. Complètement seul, face à l'annihilation de ses projets d'évangélisation, Jogues ne trouve de consolation que dans l'oraison face à une croix qu'il a tracée avec un caillou dans une écorce de bouleau. Les Hollandais, trafiquants avec les Iroquois, le découvrent. Frappés de son état pitoyable, ils lui proposent la fuite. D'abord, Jogues refuse. En dépit des difficultés qu'il rencontre, il ne veut pas abandonner les Hurons. On lui explique que ces Hurons sont pratiquement voués à l'extermination car les Iroquois se montrent plus hostiles que jamais. Une grande attaque se prépare d'ailleurs contre le fort Richelieu. Jogues a tout juste le temps d'envoyer une lettre au commandant du fort. Quand les Iroquois arrivent aux fortifications, ils sont reçus à coups de canons et de mousquet. Les Iroquois comprennent alors qu'ils ont été trahis par Jogues. Ils retournent décidés de lui faire payer cher sa déloyauté. Pendant ce temps, Jogues s'est caché. Une barque vient de le transporter sur un navire hollandais en partance pour l'Europe. La fureur des Iroquois se déchaîne. Ils menacent de détruire le poste des Hollandais si on leur rend pas leur otage. Le gouverneur prend peur et envoie quérir sur le navire le pauvre évadé. Avec magnanimité, Jogues s'offre à ses bourreaux. Il préfère, « mourir que de porter préjudice au moindre membre de cette colonie. » Les autorités hollandaises restent fermes. Il part pour New-Amsterdam, l'actuel New York, et de là, en France. Son retour en France lui vaut toute la vénération due à un martyr. Il en porte les stigmates dans son corps. Partout, dans sa famille comme à la cour (où il rencontre Anne d'Autriche, le jeune futur Louis X1V et Mazarin), Jogues est porté sur la main. Incapable de célébrer l'eucharistie à cause de ses doigts mutilés, il reçoit un indult particulier du Pape : « Il serait indigne qu'un martyr de Jésus-Christ ne puisse pas boire le sang de Jésus-Christ. » dit celui-ci. Mais Jogues se sent mal à l'aise en France. Il veut repartir. Il ne se fait pas d'illusions. Il le déclare nettement : « J'irai et ne j'en reviendrai pas ! » On le laisse repartir. A peine arrivé à Kébec, il veut revoir les Iroquois pour leur apporter la lumière du Christ qui brûle son cœur. Et il arrive à leur village. Le clan des Ours l'invitent justement à un souper. Jogues s'y rend en toute amitié. Les Iroquois le voient arriver avec son autel portatif. Ils s'imaginent que c'est un coffret magique recelant les germes de maladies qui ravagent leurs céréales et leurs habitants. Jogues vient de tomber dans un guet-apens. Au moment où il s'incline pour pénétrer à l'intérieur, un tomahawk lui fracasse le crâne. On sépare la tête du corps et on la fiche sur un pieu de la palissade, tourné vers la vallée du Saint-Laurent. C'était au pays des Iroquois près d'Auriesville, dans l'actuel État de New York. Ainsi, après huit ans passés au milieu des tribus huronnes et iroquoises, Jogues terminait une vie de durs sacrifices. « Il y a des milliers de martyrs qui sont morts à moins de frais » affirmait Marie de l'Incarnation. Fascinante personnalité que ce Jogues, mystique des grandes causes, attiré comme tout Capricorne par les sommets les plus abrupts, prêt à tout donner pour gagner les âmes au Christ. Il nous manque des hommes de cette trempe. Jogues reste un phare pour notre génération. Son courage vient réveiller l'apathie d'un peuple endormi dans le confort et la facilité. Il nous rappelle que la discipline reste nécessaire à toute grande cause !

CHARLES ALBANEL
Le François-Xavier du québec

Ce jésuite auvergnais est arrivé chez nous en 1649. Dès son arrivée, il veut partir rejoindre les Indiens. On dirait qu'il a toujours un pied devant l'autre, qu'il est fait pour être toujours en marche. Il en a parcouru des kilomètres. Peut-être celui qui a le plus marché chez nous.

En 1650, il part hiverner chez les Montagnais et les Algonquins. Il passera un hiver dans des conditions difficiles. Suivront quatre autres hivers en leur compagnie. Albanel, à n'en point douter, est un homme de contacts et de relations humaines. Ses qualités attirent l'attention des autorités civiles qui le choisissent comme aumônier du régiment Carignan-Salières. Tracy sera très content de lui. Il devient comme indispensable auprès des Indiens, à un point tel qu'en 1671, l'intendant Talon qui vient de décider d'envoyer « des hommes de résolution » vers la Baie d'Hudson, le choisit pour faire partie de l'expédition. « On jeta les yeux sur le Père Charles Albanel parce que depuis longtemps, il a beaucoup pratiqué les Sauvages qui ont connaissance de cette mer et qui seuls peuvent être les conducteurs par ces routes, jusqu'à présent inconnues » écrit le Père Dablon.

Quel était le but de cette expédition? Découvrir si la mer du Nord était bien la Baie d'Hudson et vérifier la présence d'Européens dans cette zone. En réalité, il s'agissait de retrouver Chouart des Groseillers et Radisson passés dans le camp anglais. Il fallait tenter de les ramener au bercail français...

Albanel part donc avec deux compagnons. Il apprend la présence de deux navires anglais. Pris de peur, ses guides l'abandonnent. Albanel devra passer un des hivers les plus durs de sa vie. Seul. Il en profite pour évangéliser les Mistassins. Enfin, en juin 1672, il repart. Cette fois, il touche le lac Mistassini, descend la rivière Rupert, atteint son embouchure et se rend au lac Nemiskau. Puis, il revient à Tadousac, son port d'attache, et fait son rapport. Il semble plutôt content du voyage: 200 Indiens baptisés, identification de la Baie d'Hudson, vérification de la présence de bateaux anglais sur les lieux, établissement de solides contacts avec les Indiens. Bref, un trajet de 880 lieues dont 200 portages!

Toute sa vie, Albanel la passera en expéditions continuelles difficiles, parfois hasardeuses. On demande ses services parce que sa diplomatie lui ouvre le cœur des Indiens. Dans une lettre datée du treize novembre 1673, Frontenac pourra écrire: « Je me suis servi du zèle du Père Albanel qui a beaucoup de créance auprès des Sauvages. »

En 1673, il repart pour la mer du Nord, chargé de remettre une lettre à Des Groseillers. Les Anglais, qui le considèrent comme un traître, le capturent et l'expédient en Angleterre. Albanel pense sa carrière ruinée. Il est rentré en Europe sans l'autorisation de ses supérieurs. Les choses finissent par s'arranger par une lettre lettre d'explication fournie par les Anglais et Albanel peut revenir de nouveau au Canada en 1676.

« Vieux et cassé », il se voit nommé supérieur au Sault Ste-Marie. Mais son énergie rebondit. Son extraordinaire don des langues le rend indispensable pour les expéditions. Il repartira encore. Un obstacle majeur vient subitement interrompre ses plans : il meurt le onze janvier 1696 dans sa quatre-vingtième année.

J'aime le missionnaire Charles Albanel. Son élan, son goût du risque, son désir d'aller plus loin, son « inculturation » et son ouverture aux autres, sa disponibilité constante, en font un être jeune, neuf, sans routine ni attache, un être libre, attachant et sympathique. Comme il est impossible de trouver sa date de naissance, au moins qu'on se souvienne de lui le onze janvier, date de sa mort.

LIONEL GROULX
Le père de notre pensée politique

Lionel Groulx ! Son seul nom fait frémir encore des gens qui l'accusent de nationaliste étriqué, d'exalté, d'anti-sémitiste, d'anarchiste et que sais-je encore ! En fait, il reste celui qui a exercé l'influence la plus grande chez nous. Il a réfléchi sur notre destin et a voué une passion farouche à notre « petit peuple » qu'il n'a cessé de défendre dans ses nombreux écrits (plus de trente livres !), ses conférences enflammées, son enseignement (trente-quatre ans professeur d'Histoire du Canada à l'Université de Montréal ; vingt-trois ans au Collège Moreau), la revue qu'il a fondée en 1947 (la *Revue d'Histoire de l'Amérique du Nord*).

Il n'a eu qu'une seule passion dans sa vie : scruter l'histoire de ce petit peuple avec la vue perçante d'un aigle. « Je reste de ceux qui se cramponnent » écrivait-il, dans *Orientations*, p. 23) Mais Lionel Groulx n'est pas pour autant un écrivain sec qui se contente de vivre au milieu de livres poussiéreux. Il réussit à faire la jointure entre le fait et la vie ou, mieux dit, entre les humains et les faits historiques. C'est pourquoi il écrit avec tant de passion. Ce sont les humains qui l'intéresse. »

J'aime mon petit pays, notre petit peuple, disait-il, pour les liens du sang et de l'histoire qui m'attachent à lui, et pour la forme d'humanisme ou de culture qu'il pourrait incarner. » (*Pour bâtir*, p. 149)

Groulx est un éveilleur de consciences. Il tisonne l'ardeur endormie, fait appel à ce qui a de plus profond en nous, secoue nos racines et en arrive à nous faire regarder dans le miroir de la réalité historique, à nous accepter, et à faire surgir l'amour de nous-mêmes et la fierté d'être ce que nous sommes comme peuple canadien français.

En un sens, jamais il n'a été aussi actuel. On pourrait même dire qu'il a été prophète historique par la prescience qu'il a eue de notre avenir. Écoutons-le plutôt. On croirait entendre René Lévesque :

« Le devoir certain, où il n'y a pas de risque à se tromper, ni de perdre son effort, c'est de travailler à la création d'un État français dans le Québec, dans la Confédération si possible, en dehors de la Confédération si impossible. » (*Directives*, p. 13) Groulx n'écrit pas cela par simple rhétorique. Il reste sans cesse lucide. Il prévoyait presque le référendum de 1980. »

« Jeunes gens, soyez-en toutefois persuadés : un État français ne se créera pas tout seul. Les idées marchent, mais à condition qu'elles trouvent des porteurs.(...) Un long asservissement politique national, nous a pliés, habitués à la servitude, a fait de nous une nationalité hésitante, pusillanime. Avant d'avoir le courage d'accepter son avenir, notre peuple a besoin d'une rééducation politique et nationale.»

Dans son admirable livre *Chemin de l'avenir* que je relis comme un testament ultime, il nous rappelle avec pertinence: «Ceux qui viennent n'auront qu'à le vouloir pour devenir les maîtres de demain.», (p. 12) Et encore: «Le jour ou le Canada français aura acquis la nette conviction qu'il ne peut, sans l'indépendance s'épargner le suicide, il n'aura plus qu'à ramasser ses énergies et à faire face au défi.» (id., p. 117)

Groulx, en véritable Capricorne qui grimpe vers les cimes, entraîne dans son sillage deux générations de Québécois qu'il invite à la résistance contre toute assimilation. Il nous convie non pas «à un passé, mais à une permanence» comme le disait Guy Frégault. Sa vigueur intellectuelle, son enracinement à notre culture spécifique, son patriotisme communicatif, sa vision de l'avenir, en font un chef de file et un maître. «La culture, précise-t-il, c'est le fonds spirituel d'une nation, porté, si l'on veut, à un certain point d'excellence. A proprement parler, c'est l'essence même d'une nation.» Et Groulx explique notre rôle culturel en Amérique du Nord. Nous sommes là comme un point de relais. Il nous appartient de tenir le flambeau de cette riche civilisation et de le passer à nos descendants. «Française, notre culture le sera pourtant avec une couleur, une originalité définies. Quoi que nous fassions, nous ne pouvons pas être par l'esprit des Français de France, ni le Canada français ne peut être par la culture, une province de France...Notre culture sera de nous et elle sera canadienne-française ou elle ne sera pas.»

Lionel Groulx avait une vive conscience de la valeur de cette civilisation que nous avons, unique dans ce continent nord-américain. Avec fierté, il s'exprime ainsi: «Un Canada français, cramponné magnifiquement à son passé, donnant l'exemple de la plus haute fidélité morale, laissant déborder par-dessus ses frontières la plénitude de sa vie française, pourrait être l'étonnement et le joyau de l'Amérique.»

Je me rappelle avoir lu, je ne sais où, le conte que se fabriquait un journaliste qui voulait partir en voyage avec sa petite valise. En fait, cette valise n'était qu'une catégorie de l'esprit. Que pouvait-il apporter comme livre dans son île déserte?»Sans aucun doute, l'*Histoire du Canada français* de Lionel Groulx, disait-il» Et pourquoi donc? «Parce que, poursuivait-il, c'est avec Garneau, notre grande œuvre épique. Mais je le connais Garneau, continuait-il, je ne l'emporterai pas, puisque Groulx le reprend, accélère son rythme, le dépasse par la connaissance des faits. Et je ne m'en vais pas dans mon île comme Chinois, mais comme Canadien français; si je veux savoir quel je suis, comme parcelle d'un groupe humain, c'est l'abbé Groulx que je dois lire. Bien sûr, on me dira: «mais c'est une image fausse que donne l'abbé Groulx du Canada français». Et puis? Est-ce que tous les peuples ne vivent pas avec une image fausse d'eux-mêmes? L'image fausse de soi, c'est elle qui ne correspond pas à un état d'exaltation nécessaire. Il n'est pas de patriotisme, pas de fierté, sans cet état de tension historique; le grand art de l'abbé Groulx, c'est de saisir cette tension, de l'affirmer, d'en expliquer les règles et les mobiles. Je l'apporte donc ; il me donnera des heures exquises de rêve sur ce qui a été, sur qui aurait pu être, sur ce qui, peut-être, en dépit du passé, sera. »

J'ai souvent quitté mon pays pour des pays lointains et je n'ai jamais oublié d'apporter mon Lionel Groulx et son *Histoire*. Il m'a toujours apporté la même exaltation, le même élan, la même fierté d'être.

DENISE BOMBARDIER
Une animatrice vive et intense

Elle vous énerve, vous semble lointaine, sûre d'elle-même, sans détour, un peu iconoclaste, surtout dans son livre *Une enfance à l'eau bénite*? C'est sûr qu'elle dérange et qu'elle pose les bonnes questions à son émission. Cependant, Denise Bombardier gagne à être connue. J'en tiens la preuve. Un de mes amis la critiquait vertement mais il suivait régulièrement ses émissions. À ma question embarrassante «pourquoi ne zappes-tu pas pour un autre canal?» il m'a répondu simplement: «Ne fais pas ta Denise Bombardier!» C'est tout ce qu'il a trouvé pour se défendre.

L'animatrice de *Raison Passion* attire des milliers de télé-spectateurs. On aime cette femme intelligente, qui pose des questions directes, qui ne louvoie pas, qui ne fait pas la psychanalyste enfargée dans les méandres obscurs des consciences. Elle est intense. Et puis après? Elle est comme ça. Cela ne me dérange pas. Dans une interview qu'elle donnait pour *La Presse* à Anne Richer, elle avouait: «J'ai souffert, j'ai dû me battre, je suis comme je suis, à la fois fragile et forte, mais aimez-moi.» Et encore: «C'est vrai que je parle fort, j'ai des coups de gueule parfois, je peux être cinglante, mais avec ceux qui ne connaissent et que j'aime, je fais attention. Et je ne veux surtout pas humilier qui que ce soit.»(...) «C'est vrai que je suis brusque parfois. Et quand on m'attaque on prend des risques, c'est un terrain que je connais bien. Et si je n'avais pas appris cela, me défendre, je serais dans un asile.»

Cette femme mérite toute notre admiration. Ce qu'elle est est le fruit d'une dure conquête. Elle connaît bien son métier et le fait bien. Elle sait comment traiter avec les gens. Préparée par des études prestigieuses: diplôme en sciences politiques et doctorat en sociologie de la Sorbonne, s.v.p.! Rien de moins. On la trouve un peu trop féministe...mais parcourez son carnet de route et relisez les péripéties de son enfance: fugues nocturnes pour échapper à un père terrifiant, scènes traumatisantes, traces indélébiles dans le subconscient, et vous comprendrez comment elle a réussi à surmonter ses peurs en Capricorne entêtée, en chèvre qui grimpe et qui s'accroche à un objectif. Aujourd'hui, elle est sereine, sûre d'elle-même. J'aime son petit côté rebelle. Elle sait rebondir. Pas d'à-plat-ventrisme panurge chez Denise. C'est une femme libérée de tous les carcans étouffants. Le Président Mitterand l'a décorée de la Légion d'honneur! Chez nous, elle a dû attendre 1995 avant de décrocher son premier Métro Star! Tant il est vrai qu'on est pas toujours prophète dans son pays. Pourtant, Denise Bombardier reste proche des gens. « La seule chose qu'il ne faut pas casser, dit-elle encore, c'est les gens. » Elle l'a appris à ses dépens et sait le montrer aux autres. Un bon anniversaire à notre bonne animatrice en ce 18 janvier de l'an de grâce 1900 quelque chose....impossible à déterminer de façon exacte.

20 janvier au 18 février
Le Verseau

fleur du mois :	La violette, symbole de la modestie et de discrétion. Son parfum serait un stimulant de l'amour.
pierre de naissance :	l'améthyste, pierre semi-précieuse dont la palette de couleur varie du violet au grisâtre. Cette pierre assure la sécurité, fait naître des rêves plaisants et garantit la constance en amour.
signe du zodiaque :	Le Verseau

Ce onzième signe du zodiaque se situe au milieu du trimestre de hiver. C'est la période de l'accomplissement sous la figure d'un vieillard portant une ou deux amphores dont il répand le liquide. Cette liquidité est cependant toute éthérée. C'est l'évocation autant de l'air et ses ondes que des eaux de la mer aux flots amollis.

Le Verseau symbolise la fraternité, l'être vivant en communion avec les autres et en pleine sphère universelle. La fluidité rappelle le caractère de détachement des choses matérielles.

planète :	URANUS qui libère la personne pour lui aider à se dépasser. Celui ou celle qui est né sous le signe d'Uranus (autrefois Saturne)est fluide, léger parce que dégagé des choses encombrantes. Il est donc apte au don de soi dans la sérénité, l'amitié et la sociabilité.

L'INCLASSABLE JACQUES FERRON
D'UN «PAYS INCERTAIN»

Il y a quelque chose de rebelle en lui qui échappe à la résignation béate. Il osait penser à une époque qui demandait de réfléchir tous de la même manière. On dirait aujourd'hui qu'il « ruait dans le bacul. » Cela ne l'empêcha pas de terminer son cours classique, de faire sa médecine, de servir dans l'armée canadienne au cours de la dernière guerre et...d'écrire !

Écrire, ô oui, des romans, du théâtre, des contes, des chroniques, des articles pour les revues comme *Cité libre, Liberté, Parti Pris, La Barre du jour, l'Action nationale, Maclean,* des rubriques dans l'*Information médicale et paramédicale.* Mais pour Ferron, le crayon est comme un bistouri. Il fait apparaître au grand jour les problèmes de l'amour et de la société québécoise. Son expérience de médecin vient soutenir son talent de conteur et en fait un des meilleurs chroniqueurs des mœurs et des mentalités. Sa fibre nationaliste secoue et sa langue mordante et crue provoque. Mais tout cela est enrobé d'humour fin et sans qu'il paraisse le faire, avec une subtilité drôle, il révèle un monde qui, ma foi, est véritablement le nôtre. Le lecteur se laisse prendre au piège et se rend compte qu'il est en face d'un miroir. En effet, Ferron est un observateur méticuleux qui connaît la difficulté d'être du peuple québécois, ses ambivalences, ses indécisions, ses souffrances, ses évasions et ses quêtes de Graals impossibles.

Faut-il rappeler que Ferron est le père du parti politique Rhinocéros ? Le mythologue s'avère peut-être grand philosophe quand on voit discuter nos politiciens à la télé...Ferron est mort trop jeune et trop tôt, le 22 avril 1985. On commence à peine à se rendre compte de l'envergure de son talent. Une Société d'études ferroniennes vient d'être mise sur pied. De même, un imposant ouvrage collectif est paru dernièrement chez Fides-CETUQ. Un fan de Ferron depuis toujours, Luc Gauvreau, a préparé une volumineuse encyclopédie des noms de lieux, d'œuvres et de personnages dans l'œuvre de Ferron. Pas moins de 9600 ! Dieu merci, la plupart des principaux titres de Ferron ont été édités en livres de poche. Vienne le jour où chacun prendra le temps de lire cette œuvre abondante, éclairante sur notre propre identité, écrite dans une langue aux tons les plus variés. Un grand écrivain !

PIERRE CHEVRIER, BARON DE FANCAMP
L'ami indéfectible

Voilà un illustre inconnu qui a fait beaucoup pour Montréal, même s'il n'y a jamais mis les pieds. Il mériterait le titre de co-concepteur tout autant que Jérôme Le Royer de La Dauversière. À la mort de son père en 1624, Pierre hérite la seigneurie de Fouencamps et d'autres terres qui lui constituent une fortune personnelle appréciable. On le retrouve ensuite au collège de La Flèche où il rencontre Jérôme Le Royer. Ils deviennent de grands amis à tel point que Pierre habitera plusieurs années chez Jérôme. Un document daté de 1639 nous l'atteste. Par la suite, Pierre Chevrier deviendra le confident et l'ami indéfectible de Jérôme Le Royer pour le reste de la vie.

D'abord, il le seconde dans la reconstruction de l'Hôtel-Dieu de La Flèche. En effet, touché par le délabrement de l'hôpital, le père des pauvres, comme l'histoire l'a si bien surnommé, notre ami Jérôme, décide de reconstruire l'hôpital. Pierre lui avance 14,400 livres à cet effet. L'année suivante, il achète une maison dont il fait don à l'hôpital. Au cours de l'année 1634, Jérôme fait l'acquisition d'autres terrains et bâtiments. Son frère René, son oncle Florimont et Pierre de Fancamp seront ses agents fidèles.

Puis vient la fameuse rencontre entre Le Royer et J-J. Olier. Leur rêve de fonder une colonie missionnaire à Montréal en 1642 se précise par la création de la Société Notre-Dame de Montréal. Les premiers membres en seront Jérôme et Pierre de Fancamp. C'est encore avec Pierre que Jérôme commence à entasser denrées, outils, munitions nécessaires à l'établissement de cette colonie. Ensemble, ils décident d'acheter l'île de Montréal. C'est toujours avec Pierre que Jérôme tente de rencontrer Lauson, possesseur de l'île. Le refus catégorique de Lauson amènera nos fougueux rêveurs à Clermont en vue de rencontrer le Père Charles Lalemant, procureur des jésuites, qui finira par faire fléchir Lauson. La donation de l'île de Montréal en faveur de Jérôme et Pierre « à certaines conditions fort honnêtes et favorables. » fait de ceux-ci les co-seigneurs de l'île de Montréal.

Sous la plume du Père Vimont (qui chantera la première messe dans l'île), les Relations des jésuites rendent hommage à ces deux grands hommes ainsi : « Un grand homme de bien, n'ayant jamais vu la Nouvelle-France que devant Dieu, se sentit fortement inspiré d'y travailler pour sa gloire. Ayant fait rencontre d'une personne de même cœur (Pierre Chevrier), ils envoyèrent en l'an 1640 vingt tonneaux de vivres et d'autres choses nécessaires pour commencer en son temps une nouvelle habitation en l'île de Montréal. L'année dernière (1641), ils firent passer quarante hommes commandés par le sieur de Maisonneuve, gentilhomme champenois, pour jeter les fondements de ce généreux dessein. »

Dollier de Casson, dans son *Histoire de Montréal*, rapporte que Pierre Chevrier aurait versé à lui seul la jolie somme de 20,000 livres pour la réalisation de cet ambitieux projet (plus du quart des dépenses de l'embarquement de 1641). À partir de ce moment, Pierre, Jérôme et son frère René, seront continuellement sur les routes à la recherche d'hommes et d'approvisionnements. En effet, par la ratification de la donation, la Couronne permettait aux deux co-seigneurs de nommer un gouverneur, chargé de construire un fort et des logements pour les Français et Indiens convertis. Jérôme et Pierre ont désormais pleins pouvoirs pour donner ou recevoir legs et fondations. Fréquemment, Pierre Chevrier servira de courroie de transmission pour toutes les libéralités de madame de Bullion en faveur de Jeanne Mance.

Pierre Chevrier reste lui-même un grand bienfaiteur. À plusieurs reprises, son nom apparaît dans ce sens. Ainsi, le 19 avril 1657, il fait un don de 2000 livres à la future paroisse de l'île de Montréal, ce qui fait une rente de 100 livres. À la mort de Jérôme, il envoie aux hospitalières quatre à cinq livres pour les aider dans leur détresse. En 1685, il assure d'une modeste rente foncière d'un capital de 1,600 livres.

Pierre Chevrier sera à côté de Jérôme Le Royer dans les derniers moments de ce dernier. Il sauvera trois cahiers d'écrits spirituels que Jérôme voulait jeter au feu pour échapper à l'histoire. Prêtre depuis quelques années, Pierre tentera d'apporter des paroles de réconfort au pauvre Jérôme, complètement ruiné. Il racontera les derniers moments de cette grande âme au Père Chaumonot, missionnaire à Québec. Il décrira ainsi la mort de Le Royer : » Cette excellente fin (est) une des plus belles de notre siècle. »

Dans la petite chapelle Bonsecours dans le Vieux-Montréal, une mosaïque orne un mur et rend hommage au grand bienfaiteur Pierre de Fancamp. On le représente avec la statuette de Notre-Dame de Montaigu qu'il donna à Marguerite Bourgeoys.

Pierre Chevrier, baron de Fancamp, mérite notre reconnaissance et notre respect. Sans ses courses interminables pour recruter hommes et trouver les victuailles, sans son dévouement inlassable à la cause de Jérôme Le Royer, sans sa générosité désintéressée, sans son appui constant et sa fidèle amitié, le rêve de Jérôme n'aurait peut-être pas vu le jour. Montréal lui doit beaucoup !

LUDGER DUVERNAY
L'imprimeur engagé, l'âme de La Minerve,
le patriote ardent, le père de la Saint-Jean-Baptiste

Quel homme dérangeant que ce Ludger! D'abord, en 1813, il est choisi par le propriétaire du *Spectateur de Montréal* qui a besoin d'un apprenti pour son imprimerie et qui cherche «un jenne Garçon bien élevé et d'honnête famille, sachant lire et écrire la langue Françoise.» Duvernay n'a que quatorze ans. Il était bien préparé pour cet emploi. Il avait suivi les leçons du maître d'école Louis Labadie qui tint une école à Varennes, puis à Verchères, où Ludger était né. Labadie lui avait fortement conseillé de faire carrière dans le secteur de l'imprimerie « car dans cette vocation (il) ne pouvait qu'être un homme éclairé. »

Dès 1817, encouragé par Benjamin Viger, Ludger ouvre sa propre imprimerie à Trois-Rivières et lance le premier journal francophone en dehors de Québec et de Montréal: *La Gazette de Trois-Rivières.* Elle cessera de paraître en février 1821. Il tente une autre fois sa chance avec *Le Constitutionnel* en mars 1823. C'est un échec: le journal dure à peine un an et demi. Malgré ses insuccès, Duvernay s'entête à vouloir un journal francophone à Trois-Rivières. En 1826, il profite de la tenue des élections pour lancer *L'Argus* qui paraît pendant trois mois. Entre temps, notre imprimeur s'intéresse aux affaires municipales. On le retrouve gérant de la voirie, inspecteur des ponts et chemins de la ville, inspecteur du Service des incendies. En janvier 1827, il revient à Montréal pour prêter main forte au *Canadian Spectator.* Au cours du même mois, Duvernay fait l'acquisition du journal *la Minerve.*

À partir de ce moment, sa vie est entièrement vouée au journal. En 1829, il acquiert l'imprimerie de James Lane au cœur même du quartier des hommes d'affaires de Montréal et des fonctionnaires. C'est Duvernay qui sera leur principal imprimeur pour livres et brochures de 1829 à 1837. C'est de son imprimerie que sortiront les fameux almanachs répandus dans presque tous les foyers du Québec. Duvernay fait grimper le tirage de *la Minerve.* À son achat en 1827, elle ne comptait que 240 abonnés; en 1832, elle en compte 1300. Selon Morin, elle «était le premier papier du pays. »

Duvernay l'écrira plus tard:«J'ai sacrifié mon temps, mon travail, mes faibles recettes, mon avenir et celui de ma famille, et les plus belles années de ma vie, tout pour *la Minerve.*» Nous sommes alors dans les années troublées des Patriotes. Fier d'être patriote, Duvernay met son journal au service de leurs idées. Ses problèmes vont commencer. En 1828, il est arrêté et emprisonné pour diffamation; en 1832, une autre fois pour avoir accusé le Conseil législatif de «grande nuisance.» Sa libération est un triomphe. Des arcs de triomphe l'accueillent partout sur son passage. En 1836, il encore obligé de retourner derrière les barreaux. Un imposant cortège de patriotes conduit par le maire Jacques Viger, l'accompagne à la prison.

1834: date mémorable dans notre histoire. Duvernay pense à doter les Québécois d'une fête nationale. Il profite de la Saint-Jean-Baptiste pour préparer un grand banquet. Soixante convives participent à cette manifestation politique où, paraît-il, on leva souvent les verres à la démocratie naissante du Québec et «au peuple, source primitive de toute autorité légitime.» Les patriotes viennent tout juste d'ailleurs d'adopter les fameuses «Quatre-vingt-douze Résolutions.» En 1837, Duvernay est élu député mais l'Assemblée annule les élections quelques mois plus tard. Puis c'est la triste année 1837, inscrite en lettres de sang dans nos annales. Avec fougue, Ludger se lance dans la lutte des Patriotes. L'affrontement entre les membres du «Doris Club» et «Les Fils de la liberté» amène des mandats d'arrestation de 26 patriotes. Duvernay en fait partie. La Minerve est saccagée. Duvernay doit s'exiler aux États-Unis.

Suivent des années douloureuses. Il réside successivement à Swanton, St Albans (Vermont), Rouses Point (état de New York) et Burlington. En 1839, il fonde même un journal « *Le Patriote canadien* » qui devient le porte-parole des exilés. Des difficultés financières l'obligeront à mettre un terme à la publication dès 1840.

Entre temps, les organisateurs de Louis-Hippolyte La Fontaine entrent en contact avec Duvernay qui accepte de ressusciter *La Minerve*. Ludger revient à Montréal en 1842 et *La Minerve* redevient comme auparavant le journal de langue française le plus influent de Montréal. En 1843, lors d'une imposante assemblée, Duvernay propose de fonder l'Association Saint-Jean-Baptiste. Il avait bien institué une fête pour les Québécois et organisé un banquet. Il fallait maintenant aller plus loin et mettre sur pied une Société, formellement organisée. Duvernay est alors nommé commissaire de l'Association qui obtiendra sa charte en 1849. En 1851, il en sera élu président, poste qu'il conservera jusqu'à sa mort survenue le 28 novembre 1852. Il avait à peine 53 ans.

On peut pardonner à Ludger Duvernay ses sorties de caractère (ses « folies » disent les journalistes du temps), son opiniâtreté et son ardeur belliqueuse. Il fut d'ailleurs emprisonné à quatre reprises et forcé de s'exiler pour la défense de ses convictions. Une idée, une seule l'empalait, c'était celle d'éduquer le peuple, «le rendre meilleur», lui forger une conscience politique, l'obliger à prendre en main son destin. Un tel engagement mérite notre respect. Grâce à lui, à chaque saint Jean-Baptiste, tout un peuple reprend son souffle, redresse la tête et, la mer des beaux fleurdelisés nous fait voguer vers un pays qui, un jour, nous appartiendra.

ADJUTOR RIVARD
Chantre de notre langue et de notre terroir

J'aime Adjutor Rivard. Il m'a aidé de bien des façons. C'est d'abord son *Art de dire* et son *Manuel de la Parole* qui m'ont donné le goût de la diction et du «du bon langage» comme on disait à l'époque. Je sais qu'il employait toujours le terme propre dans ses plaidoiries et ses jugements car il était avocat et juge de la Cour d'Appel. Cependant, ce sont ses études philologiques consacrées à notre parler qui m'ont surtout intéressé, quelque chose d'original et peut-être d'unique chez nous: L'*Origine et le Parler des Canadiens français*, *Études sur les parlers de France au Canada*, *Bibliographie du Parler français américain*, *Glossaire du Parler français au Canada*.

Il a marqué plusieurs des «normaliens» d'antan. On nous faisait étudier pour le style et l'harmonie des phrases *Chez nous* et *Chez nos gens*. Je sais encore par cœur de larges extraits de son œuvre, qu'à mon tour, j'ai fait apprendre à mes étudiants. Qui ne se rappelle «La Maison»: «Il y en avait de plus grandes; il n'y en avait pas de plus hospitalières. Dès le petit jour, sa porte matinale laissait entrer avec le parfum des trèfles, les premier rayons du soleil. Et jusqu'au soir, elle offrait aux passants le sourire de ses fenêtres en fleurs, l'accueil de son perron facile, l'invitation de sa porte ouverte.» (...) Et qui n'a en mémoire «Le joli bois, que ce bois de bouleaux!» J'entends encore le Frère Allyrius s'écrier: «N'allons pas transformer cette phrase toute affective en une phrase discursive. Ici, pas d'analyse logique! C'est une phrase exclamative, leste comme les petits Rivard qui sautaient la clôture pour traverser le joli bois de bouleaux! Ecoutez, entendez: «Perdus parmi les bouleaux, deux grands pins murmuraient et de toutes ses feuilles mobiles, un petit tremble riait.» Vous l'entendez rire: «un petit tremble riait dans la brise»: I AN I AN I AN I.» Et il s'exclamait devant le petit tableau: le feuillage vert tendre, les troncs blancs, le ciel bleu, les petites vagues et les barbottes! Nous étions là suspendus à ses lèvres, au bord de la rivière, entendant le clapotis des vagues qui se mariait au vent dans la ramure des pins et au «friselis» du petit bouleau.

Je pense aussi à «Ma rivière»: «Quelle était belle, ma rivière! Le sable était d'or, l'eau de cristal, les poissons d'argent.» Je me souviens de Rivard qui la revoit quelques années plus tard et qui nous rappelle l'enfance de chacun de nous qui enjolivait toute chose. «J'ai voulu la revoir. Je me suis arrêté sur le chemin. Longuement, j'ai regardé...

Et soudain, quelque chose en moi s'est brisé! Le passé tout à l'heure si vivant, ne m' apparaissait plus que comme un rêve; devant la réalité brutale, les images d'autrefois s'éloignent, s'évaporent et s'effacent.

Où donc est ma rivière? Il me semble voir ce paysage pour la première fois. C'est bien le même : pourtant voici le chemin du roi et le pont de bois, voilà à l'ouest, la maison, et là-bas, le vieux moulin. Mais je ne reconnais pas ma rivière. Ô déception! ma rivière si belle il y a trente ans, ma rivière large et creuse, c'était un maigre ruisseau peut-être un fossé de ligne; l'inaccessible rocher, but de tant d'efforts, témoin de tant de chutes, c'était un simple caillou; le pont n'avait que trois pieds d'arche; et le lac, si profond, pareil à une mer, c'était sur le sable une mince couche d'eau claire, pas un même un étang, presque une mare!

Tout cela qui me parut un jour si grand, tout cela est petit et étroit.

Combien l'aspect qu'à mon regard prenaient autrefois les choses était plus beau, et meilleur et plus vrai!

Et mes souvenirs comme des oiseaux en peine dont un coup de vent a renversé le nid, volent lamentablement au-dessus de l'humble ruisseau, sans savoir où se poser....

Ah! que n'ai-je encore mes yeux d'enfants!»

(*Chez nos Gens*, pp 69-70)

Adjutor Rivard mérite notre souvenir tout comme Philippe Aubert de Gaspé ou Louis Hémon. Un connaisseur, Jean-Charles Harvey le faisait remarquer : «Cette œuvre de terroir, bien personnelle, éveille trop de souvenirs vrais pour ne pas émouvoir.(...) Elle a du style, qualité exceptionnelle...Au-dessus de tout cela une poésie intense, une spontanéité d'expression et une fraîcheur inaccoutumée dans l'école ordinaire du terroir...Rivard n'a eu qu'à se frapper le cœur pour en faire sourdre de vivantes réalités.»

À cet enchanteur de mes années d'adolescence, un grand salut!

PIERRE BOURGAULT
Un communicateur québécois net et clair

S'il est une chose qui saute aux yeux de tout le monde, c'est la limpidité des messages, des écrits et de l'engagement de Pierre Bourgault. Cet homme est clair. On sait qu'il va droit au but, sans acrobatie et sans fard, sans fioritures et enfirouapettes diplomatiques ou politiques de quelque acabit que ce soit.

Son option en faveur du Québec est franche. Il sait ce que nous sommes et tout naturellement, il revendique notre identité sans honte et sans reproche.

Sa parole vient du ventre, des tripes même, du tréfonds de notre histoire mais elle est éclairée par une intelligence lucide, vive et sans cesse en alerte. Sous sa plume, les mots éclatent comme des pétards, assènent comme un tomahawk, coupent comme un bistouri, vrillent comme des ventouses. C'est un communicateur-né. Souventes fois, je l'ai vu à la télévision dans des débats passionnés. Il sait se défendre tout en respectant son adversaire. Mais quand on lui sort une ineptie, il rebondit avec énergie et cloue le bec avec un argument massue qui ne laisse place à aucune réplique. On dirait qu'il fait surgir une lumière crue qui ne laisse rien dans l'ombre.

Sa vie n'a été qu'un long combat pour la même cause. Dieu qu'il nous manque de ces hommes droits, francs et logiques ! En ce jour de son anniversaire de naissance, un grand salut à ce cher Pierre Bourgault et une longue vie à l'UQAM, sur nos ondes et dans les journaux !

Essayez, lisez ses chroniques : rien de meilleur le matin avec un café corsé ! Bourgault vit déjà à l'aise dans le monde de demain. C'est un Verseau qui voit loin. Son anti-conformisme et son originalité vous surprennent ? Vous verrez : il a ou finira par avoir raison un jour ou l'autre !

ARTHUR BUIES
Précurseur de la révolution tranquille

Ah! cet Arthur Buies! Une personnalité fort attachante. C'est d'abord l'abandonné par ses parents qui émigrent en Guyane anglaise. Puis, le révolté renvoyé de trois collèges du Québec (Ste-Anne-de-la-Pocatière, Nicolet et Québec). À la maison, le désespoir de ses tantes adoptives. Enfin, l'embarras de son père qui l'envoie poursuivre ses études à Dublin en Irlande. Voilà tout un commencement dans la vie.

Mais ce jeune frondeur de 17 ans n'accepte pas la décision de son père et il s'inscrit au Lycée St-Louis en France. Il embrasse ensuite la cause de Garibaldi, milite en Sicile, puis revient en France. Comme il se trouve sans le sou, il se voit obligé de revenir au Canada en 1862.

Il était né pour déranger. Aujourd'hui, ses idées nous apparaissent tout à fait normales. On se demande dans quel milieu frileux il pouvait vivre alors. Attention! Pas si loin le Québec des années 40, 50 et 60! Arthur Buies fait penser au Frère Un Tel qui secouait tout pour ventiler un peu l'air du temps. Tougas le considère avec raison comme «une bouffée d'air frais» dans le XIX⁰ siècle. En effet, Buies est un Verseau. Il a besoin d'air.

À son retour au pays, il écrit son premier article dans *Le Pays* .C'est un cri de révolte pour la liberté et aussi une apologie de Garibaldi. Buies deviendra un membre militant très actif de l'*Institut canadien* en difficulté avec l'épiscopat. Farouchement, il se lance dans la diatribe. C'est pourquoi le même Tougas l'appelle «le matamore de l'anticléricalisme.» En somme, notre ami Buies est allergique à toute autorité qu'elle soit politique ou religieuse. Il critique tout : nos méthodes vermoulues en éducation, notre esprit conservateur, la presse jugulée, la littérature exangue, la langue molle, le clergé tout-puissant, la politique sans vision.

Le curé Labelle devient pour lui le symbole de notre nation en voie de disparition. L'absence d'industries qui pourraient occuper nos gens, le manque de terres à cultiver, la pauvreté et l'ignorance des petites gens, l'incompétence des politiciens, tous ces facteurs combinés obligent l'exode de nos pauvres Québécois vers les États-Unis. À ce moment historique, le curé Labelle incarnait pour Buies le salut de la nation car il personnifiait le progrès, la survivance de la race, la raison pratique. Buies le secondera de toutes ses forces mais malheureusement, il se rendra compte très vite de son incapacité à opérer le redressement intellectuel et spirituel des siens. Ses diatribes ressemblent aux critique de Pierre Bourgault après le référendum de 1980.

Buies est un romantique, une nature instable, en perpétuel mouvement, un cœur tourmenté qui rêve de grandes choses pour les siens et qui saigne de les voir écrasés.

« Mon berceau fut désert écrit-il (...) J'ai grandi, isolé au milieu des hommes, fatigué d'avance du temps que j'avais à vivre, déclassé, toujours (...) Je ne suis pas fait pour rien de ce qui dure, j'ai été jeté dans la vie comme une feuille arrachée au palmier du désert que le vent emporte, sans jamais lui laisser un coin de terre où se trouve l'abri ou le repos. Ainsi j'ai parcouru le monde et nulle part je n'ai pu reposer mon âme accablée d'amertume; j'ai laissé dans tous les lieux une partie de moi-même, mais en conservant intact le poids qui pèse sur ma vie comme la terre sur un cercueil. »

L'inquiétude d'Arthur Buies est un peu la nôtre. Son ardeur patriotique nous est encore nécessaire. Il nous manque des orateurs-chocs qui poussent à l'engagement, qui enthousiasment pour une grande cause, qui secouent et obligent à penser.

Salut Arthur !

PHYLLIS LAMBERT
À la défense de notre patrimoine

Voilà une femme d'action, engagée dans de notre patrimoine depuis plus de quarante ans, une femme qui lutte pour donner aux citoyens la possibilité de décider eux-mêmes de leur environnement, de leur milieu de vie et de leurs infrastructures.

La renommée de Phyllis Lambert est maintenant internationale. Elle vient de recevoir le prix Gérard-Morisset, la plus haute distinction accordée par le gouvernement du Québec dans le secteur du patrimoine. Après de solides études en architecture, entre autres, une maîtrise en architecture de l'Illinois Institute of Technology de Chicago, elle se lance dans l'action. C'était l'époque du pic et de la pelle à Montréal. Les vieux bâtiments devaient disparaître pour laisser place au béton et aux tours d'habitations insipides et sans âme. Comme l'écrivait avec tant de justesse Marie-Andrée Amiot lors d'une entrevue avec Phyllis Lambert à l'occasion de la remise du Prix du Québec, «l'architecture pour Phyllis Lambert est un art public, un art global qui intègre esthétique et structure et qui donne le ton au mode de vie dans nos centres urbains. Or, cet art touche la vie de tous les gens qui sont en lien constant avec l'architecture. Et il revient à ces mêmes gens de décider de la forme que prendra cet art dans leur vie.»

Avec une telle perspective, on comprend l'engagement de Phyllis Lambert pour la défense de notre patrimoine. Elle travaillera à l'ébauche de «Sauvons Montréal», sera présidente de «Héritage Montréal» et de la «Société du patrimoine urbain de Montréal.» Phyllis Lambert est une femme de rassemblement. Elle réussit à regrouper les habitants du quartier Milton-Parc et à mettre sur pied une coopérative sans buts lucratifs qui permit de conserver le cadre physique et social de ce milieu. «Il faut des architectures variées qui ont des fonctions hétérogènes, dit-elle. Rien de plus désolant où tout est semblable, conçu sur un même plan sans tenir compte de la diversité des gens qui y travaillent, qui y habitent.»

Ce qui ne signifie pas pour Phyllis Lambert fermeture face à l'avenir. Tout au contraire, Dans la même entrevue citée plus haut, elle affirmait: «Un tissu en constante transformation que l'on doit intégrer à l'environnement moderne, la protection de l'architecture est maintenant perçue comme une manière de mieux nous connaître par notre histoire.»

Pour nous convaincre, il n'y a qu'à visiter le Centre d'architecture, sa réussite la plus parfaite. Un bijou! Phyllis Lambert en arrive à combiner de façon harmonieuse «architecture, histoire, recherche et sensibilisation du public.» Les visiteurs peuvent y retrouver le sens de leur patrimoine, la fierté de leurs racines, leur mémoire toujours vivace et la vision de l'avenir.

Phyllis Lambert a réussi à donner à ses concitoyens un tel sens de leurs responsabilités, aux édiles, le respect de ceux et celles qu'ils dirigent, qu'elle mérite un grand salut à l'occasion de son anniversaire en ce 24 janvier.

RENÉ DUPÉRÉ
SALTIMBANQUE DE SONS ET D'ALEGRIA!

Le saltimbanque et magicien du Cirque du Soleil, c'est lui, René Dupéré. Un être simple et discret, loin des applaudissements et des triomphes. N'avouait-il pas lui-même à Patrick Marsolais qui l'interviewait pour le journal *Voir*. « Je suis ben gêné, lui disait-il, et pour être honnête, je ne vois pas vraiment ce que j'irais faire sur la scène. Je ne suis pas un bon performer. Je n'ai pas d'affaire là. Ce n'est pas de la fausse modestie. » Il est assez humble pour savoir reconnaître qu'il a hérité la passion pour la musique de son père, un ténor « extraordinaire. » « Ce n'était pas difficile de faire ce que j'ai fait, dit-il, empruntant ces paroles à Newton, parce que j'étais sur les épaules d'un géant. » Comme il est beau ce témoignage qu'il lui rend après son succès à New York en 1988. « Je suis allé me recueillir sur sa tombe, où je n'allais jamais, et je lui ai chanté une des plus belles chansons que j'ai jamais composées et qui n'a jamais été éditée. »

Une chose est certaine. Dupéré réussit ce tout de force de nous envahir par sa musique, malgré nous. Elle s'infiltre en nous avec subtilité et nous réveille avec ses airs sur le bout de nos lèvres. Que ce soit avec *Saltimbanco, Mystère ou Alegria*. Alegria surtout : 120,000 exemplaires vendus, au Québec surtout. Rares sont les disques qui ont fait une telle unanimité de la part du public. Dans une entrevue qu'il donnait à André Ducharme pour *l'Actualité* en décembre 1995, le journaliste parle de sa musique qui fait appel au voyage, à l'universel et qui « mêle les couleurs de peau, les cultures et les langues. Le métissage est son maître mot. » Dupéré parle d'ailleurs l'anglais et l'italien et se débrouille en japonais. Pour lui, apprendre est une passion !

Chose surprenante, Dupéré préfère la voix des femmes, plus ouverte, plus larges dans leur registre, plus polyvalentes à son avis que celle des hommes. C'est comme ça. Il ne faut pas voir là du machisme. Selon Élise, sa femme, « les voix de femmes ressemblent beaucoup au violoncelle. À un moment donné, je pense qu'il aime mieux cet instrument que la flûte traversière. »

Que de chemin parcouru depuis les fanfares de rue jusqu'au succès éblouissant du Cirque du Soleil ! Encore aujourd'hui, Dupéré se méfie de tout contingentement. Parce qu'il aime la liberté dans son action. Il craint comme la peste de devenir le porte-parole de la politique de quelque crin qu'elle soit. Quand on lui fait remarquer qu'avec le Cirque du Soleil, il fait tout de même partie d'une grosse machine bien huilée, il s'en tire assez bien en répliquant qu'il s'agit plutôt d'une équipe ou d'une famille artistique où les rapports entre individus sont libres et l'autorité absente. Il était là aux débuts en 1984 pour la composition, les arrangements, l'interprétation, la direction musicale. Partout, discret, efficace, aimé.

L'avenir? Dupéré n'y pense pas. Il n'a pas en tête de projet qui encarcannerait son inspiration. Évidemment qu'il sent tout de même une grande pression du public. «Ce qui est dur, révélait-il encore à Patrick Marsolais, ce n'est pas tellement les attentes que j'ai envers moi, mais plutôt celles du public.»

Pour ma part, je souhaite une seule chose: que le public ne lui coupe pas les ailes de son imagination et de son talent créatif. J'aime cet homme cultivé qui cite aussi bien Sénèque, Garcia Marquez ou Yourcenar en toute simplicité. Qui reste humble et sûr de l'avenir même quand l'inspiration se tarira. Qui ne vit pas en dehors de la planète. Il reste parfaitement politisé. Humaniste, malgré tout, à la fois jeune et idéaliste, qui fait confiance à la vie. Il cite Strauss qui a composé *Les Métamorphoses* à 84 ans!... Qui souffre, comme tant de nous, de cette crise des valeurs qui a secoué notre société et qui a fait sauter les bonnes manières et l'intellectualisme.

En ce 23 janvier, anniversaire de sa naissance, nous lui souhaitons un bon anniversaire rempli de cette joie spontanée qui jaillit de son âme d'artiste! Longue carrière, saltimbanque des airs. Du fond de ton mystère, continue à faire éclater la joie en nos cœurs. Nous sommes très fiers de toi!

LOUIS HÉBERT
Premier agriculteur québécois

Cet apothicaire appartenait à une certaine classe de la société puisque son père, apothicaire lui-même, avait exercé sa profession à la cour de Catherine de Médecis. Louis avait sûrement le goût de la terre dans le sang. À plusieurs reprises, il avait tenté de s'établir en Nouvelle-France pour cultiver la terre. D'abord, en 1606, il accompagne Champlain et Poutrincourt en tournée vers la côte du sud est. Sa plantation dans le Massachusetts est une réussite mais le projet doit être abandonné suite à l'annulation des concessions octroyées. Hébert, déçu, rentre en France. Il recommence en 1610. Cette fois pour Port-Royal où il soigne avec grand dévouement Blancs et Indiens. Lescarbot parle avec éloge de son talent d'apothicaire et du plaisir que Louis goûtait à cultiver la terre. Cette deuxième tentative échoue suite à la destruction de Port-Royal. Hébert, prisonnier des Anglais, revient chez lui. Il ne se décourage pas pour autant. Au cours de l'hiver 1616-1617, il rencontre Champlain qui lui offre un contrat comme apothicaire avec la Compagnie responsable de la traite des fourrures. Hébert accepte, vend sa maison et émigre avec sa femme, Marie Rollet et ses trois enfants. Même si la compagnie ne tient pas parole et réduit sa solde à la moitié, il fonce en avant. Auprès des colons, sa réputation d'apothicaire fait des merveilles. Ses grains rendent de grands services aux affamés. Sans charrue ni instrument aratoire, il réussit à cultiver du beau blé, des légumes de toutes sortes : carottes, oignons, salades et des variétés inconnues en France : blé d'Inde, courges, haricots, pois variés et tout cela en dépit de la Compagnie envieuse opposée à lui.

Aussi, quand Champlain revient en 1620, avec pleine autorité sur la colonie, il n'hésite pas à confier à Hébert le poste de procureur du Roi. Sage décision car Hébert était aimé des colons comme des Indiens. Fait inusité à l'époque, Hébert avait beaucoup d'admiration pour les Indiens qu'il trouvait humains et intelligents.

En 1663, ses terres bien défrichées sont reconnues sous le nom de Sault-au-Matelot (emplacement actuel de la basilique, du séminaire, des rues Hébert et Couillard). Plus tard, on lui ajoutera quelques acres en bordure de la rivière St-Charles (fief St-Joseph appelé par la suite fief Lespinay).

Hébert avait réussi quelque chose de tout à fait unique. Il pouvait vivre de façon autonome du fruit de ses terres. Avec fierté, il pouvait montrer ses pâturages, ses champs de céréales, son jardin potager et même son verger planté de beaux pommiers importés de Normandie, de poiriers et de pruniers. Malgré l'opposition de la Compagnie jalouse et sans aucun outils manuels ! Hébert mourra à Québec, en grande considération, le 25 janvier 1627. Bravo à sa ténacité et à sa débrouillardise !

ROSALIE CADRON-JETTÉ
Sage-femme si bonne, si douce, si tendre

Cette femme de chez nous a connu une vie bien agitée. Mariée à dix-sept ans, elle mène une vie semblable à celle de plusieurs de nos mères et de nos tantes. De son mariage avec Jean-Marie Jetté, elle a onze enfants! Cinq mourront en bas âge.

Le couple vit heureux sur une ferme de Lavaltrie, près de Montréal. Leur maison est ouverte à tous. Sise sur le chemin du Roy, elle devenait le gîte des itinérants en route vers Montréal pour y trouver du travail. Non seulement les Jetté les accueillent mais ils vont même au-devant d'eux. La sœur cadette de Rosalie, Sophie, le rapporte. «C'était une personne extrêmement charitable. Il n'y avait pas de bornes à sa charité. Il ne passait jamais un pauvre sans qu'il ne fût assisté (...) Je l'ai vue aller au-devant des familles indigentes en quête d'un abri et leur offrir dans sa propre maison une hospitalité aimable et généreuse pour la nuit si c'était pendant la belle saison ; pour plusieurs jours et, plus d'une fois, pour plusieurs semaines si l'hiver sévissait.» Et elle ajoute encore : «Je l'ai vue prendre son linge dans les armoires et le donner pour ensevelir les morts pauvres ; je l'ai vue aller veiller les pauvres mourants, leur parlant de la beauté du ciel et des bontés de Dieu(...); je l'ai vue prendre du butin de sa maison pour vêtir les pauvres passants; je l'ai vue prendre une galette de beurre dedans son four et la donner à un passant; je l'ai vue prendre ses volailles et ses œufs en grande quantité, et les porter aux pauvres malades, faisant la charité à tous ceux qui se présentaient.»

Les Jetté ont vécu onze années de bonheur à Lavaltrie jusqu'au jour où Jean-Marie désireux de voir établir ses enfants près de lui, décide de vendre sa terre et de s'établir à Saint-Hyacinthe où les facilités d'expansion sont plus grandes. Ce sera alors le début d'un long calvaire.

La terre qu'ils viennent d'acheter, en réalité, ne leur appartient pas. La vente était illégale puisque la dite terre appartenait aux enfants du vendeur. Il faut donc la revendre aux enchères. Jean-Marie n'hésite pas. Il rachète sa terre avec ses maigres économies. Cette fois, il est encore piégé par les notaires véreux et le vendeur astucieux : : la terre a une hypothèque. Le pauvre Jean-Marie est complètement ruiné. Rosalie sait bien qu'elle et son mari, sans instruction, ne peuvent se défendre. Il leur en coûterait encore plus cher et ils se feraient sans nul doute rouler davantage. Elle recommande donc à son mari de pardonner. «Dieu l'a voulu ainsi, dit-elle, il faut se résigner à sa sainte volonté. Il ne nous abandonnera pas, il prendra soin de nous. Nous pouvons gagner notre vie partout.» Et elle propose à Jean-Marie de venir s'établir à Montréal en pleine essor économique.

Ils viennent à Montréal et travaillent tous deux jour et nuit pour boucler le budget et subvenir aux besoins de leur nombreuse famille. Un autre malheur les y attendait. En juin 1832, c'est l'épidémie du choléra qui sévit au Québec. Plus de 4000 morts à Montréal. Jean-Marie est du nombre des victimes. Rosalie se retrouve veuve à 38 ans avec sept enfants sur les bras et sa vieille mère. Elle fait face à cette nouvelle épreuve avec beaucoup de courage. «Sa soumission à la volonté de Dieu était inaltérable» dira Mgr Bourget. Désormais, Rosalie portera continuellement le deuil et dira à qui veut l'entendre que «le monde ne lui est pour rien.»

L'évêque de Montréal remarque cette femme pieuse, attentive à tous les besoins et continuellement dévouée. Il lui confie souvent des filles mères sans logis et Rosalie réussit toujours à se débrouiller pour les accueillir avec cœur et leur trouver un abri. Sa prudence et sa perspicacité, son acceptation inconditionnelle des autres, son ouverture de cœur, sa douceur dans ses relations humaines incitent Mgr Bourget à lui confier la responsabilité d'une maison pour recevoir ces filles mères. Puis ensuite à lui demander de fonder une communauté à cet effet. Rosalie ne se sent pas capable mais sur le «Dieu le veut» de son évêque, elle consent en toute humilité.

C'est la fondation des Sœurs de Miséricorde qui commençait. Dans la pauvreté la plus complète, l'humiliation des gens qui se moquent d'elle et de ses compagnes, Rosalie commence l'œuvre la plus difficile qui soit. Le grenier de la maison de son fils Pierre sert de refuge temporaire aux mères célibataires. Puis c'est une maison un peu plus grande où accourent les femmes et les filles en difficulté. Rosalie devient sage-femme certifiée. Elle passe le reste de sa vie œuvrant auprès des femmes en difficulté. Dans la communauté qu'elle a fondée, on la met de côté. Elle ne dit rien, souffre en silence et achève sa vie dans le dénuement absolu, ignorée de toutes, manquant souvent du nécessaire, négligée des journées entières sans qu'on lui porte la nourriture. Elle meurt le 5 avril 1864 en disant «Oh! mon bon Jésus!»

Cette femme peut servir de modèle aux jeunes filles, aux mères dévouées, aux veuves dans des situations difficiles, aux religieuses impliquées dans le domaine social car Rosalie a sanctifié tous ces états de vie. Elle a agi avec tact, réserve, bonté, douceur, affabilité, tendresse. Plus on la connaît, plus on trouve que c'est l'exemple le plus achevé des Béatitudes vécues dans le quotidien le plus ordinaire. Elle mérite d'être davantage connue! Sa cause a été introduite à Rome pour la canonisation. On espère qu'elle sera proposée à l'Église universelle comme modèle de tendresse et de compassion envers les femmes et les enfants blessés par la vie.

PHILIPPE HÉBERT
Notre sculpteur national

Qui aurait pu croire que ce» gosseux», comme on le dénommait, né dans une cabane en rondins dans la forêt de Ste-Sophie de Mégantic (à douze milles de Victoriaville d'aujourd'hui), deviendrait un jour notre gloire nationale et serait connu partout en Europe? C'est pourtant le cas de Philippe Hébert.

Il naît dans la pauvreté la plus complète, d'une famille de treize enfants. Il fréquente à peine quelques années l'école minable du coin. L'instruction est un luxe là-bas. On en a une petite idée: ses parrain et marraine signeront d'une croix au jour de son baptême. Partout, le pauvre Philippe essuie des échecs, Comme fermier: vraiment peu doué! Commis chez son oncle marchand: nul! Colon dans les chantiers: inutile. Ce n'est qu'un «liseux»! Représentant en arbres fruitiers: il n'a absolument pas le sens du négoce!

Un pur hasard le tire soudain de cette misère. Il s'embauche comme «zouave pontifical!» Garibaldi est en guerre contre le Pape à l'époque et de nombreux Québécois sont allés défendre le Pape. Dieu merci, Philippe a du temps libre et il le passe à visiter les monuments. Son œil vif saisit tout. Quand il revient au pays, il a déjà 23 ans et son avenir reste toujours bouché. Autre hasard: un cousin lui laisse deux bustes rapportés d'Europe et l'encourage à participer à une Exposition de sculpture et d'arts et métiers à Montréal en septembre 1873. Philippe se met à l'œuvre et enfin, la porte s'ouvre pour ne plus se refermer.

Napoléon Bourassa remarque ses sculptures et l'encourage.« Comme (il) trouve dans ce petit travail l'indication d'un talent sérieux pour la sculpture,» il l'invite à travailler dans son atelier. Ils travailleront sept ans ensemble. En moins d'un an, Philippe deviendra le chef de la petite équipe appelée à décorer l'église Notre-Dame-de-Lourdes sur la rue Ste-Catherine. Philippe à lui seul réalisa la plupart des têtes d'anges qui décorent le faîte des arcs de la petite chapelle.

Les apprentis de Bourassa apprennent leur métier sur les échafaudages comme lui-même l'a appris à Rome sous l'égide de Freidrich Overbeck. Après deux ans, Philippe en sait autant que son maître. Bourassa, qui l'a toujours soutenu et qui le lance dans la vie. Il lui sert même de père à son mariage. «Il a une rude foi en la Providence, dit-il, en parlant de son élève, la foi du passereau.» Il disait juste car ces années furent cruciales pour Hébert qui se retrouvait sans travail et pensait s'exiler.

Mais la Providence s'en mêla. En 1879, le curé Bouillon songe à décorer la cathédrale Notre-Dame d'Ottawa. Il fait appel à Hébert. Une commande d'une vingtaine de bas-reliefs et pas moins de soixante statues! Secondé par son élève Olindo Gratton, Philippe consacrera sept de sa vie (1880-1887) à cette œuvre.

C'est ainsi qu'il se tourne vers l'art religieux, seul débouché à l'époque. Dieu merci car il a contribué ainsi à créer l'art religieux québécois, « ce mélange d'élégance française et d'esprit paysan » qu'on a appelé l'École canadienne « remarquable par la simplicité des moyens et la fraîcheur de l'inspiration. »

Puis, c'est la Basilique Notre-Dame de Montréal. La chaire fait l'admiration de tous les visiteurs. Ce serait, au dire des connaisseurs, ce qu'il a fait de mieux en art sacré. Son « Ézéchiel » et son « Jérémie » ont quelque chose qui rappelle à la fois Michel-Ange et Donatello. Tous les deux dégagent la vie et la vigueur. Le bois roussi par le temps ajoute à l'expression artistique et lui donne encore plus de valeur. Il vaut la peine de s'arrêter devant Jérémie. Le grand prophète, assis, tient, dans sa main gauche, le livre des Lamentations. Regardez sa tête expressive. Fouillez ce regard perdu dans la brume du temps, cette attitude abattue par le sort qui attend Jérusalem.

C'est encore un concours de circonstances qui amena Philippe à raconter dans le bronze l'histoire de notre pays. La liste exhaustive de ses œuvres serait fastidieuse tellement cette période est prolifique. Contentons-nous de ne citer que les plus connues. Son « Salaberry » à Chambly (1881) : image de la bravoure alliée à sereine maîtrise de soi ; les statues de la façade du Parlement de Québec. A lui seul, Hébert en a sculpté la moitié. Je pense à son « Frontenac » si connu. Tous nos manuels d'histoire l'on reproduit. Ils ont laissé dans nos têtes le souvenir d'un homme fort, fier et ferme. L'épée, la cuirasse et les jambières mettent en relief cette trempe de caractère face à l'Anglais envahisseur. J'imagine que René Lévesque a dû le regarder souvent et se sentir électrisé à son contact. Et que dire de la « Porte des Sauvages » qualifiée par tous de chef-d'œuvre. Un Anglais visitant le Parlement me disait un jour que l'admiration qu'il avait ressentie devant cette statue valait le coût d'un billet Londres-Québec ! À

Montréal, les monuments d'Hébert ne se comptent plus. Sa »Jeanne Mance » devant l'Hôtel-Dieu, son « Bourget » devant la cathédrale, et surtout, surtout, son extraordinaire « Maisonneuve » à la Place d'Armes. Incontestablement, son chef-d'œuvre, au sens médiéval du mot. On disait alors qu'un artisan était reconnu maître dans son art quand une œuvre d'importance majeure le classait dans la catégorie des maîtres. » Le principal mérite de l'œuvre réside dans la juste proportion des parties par rapport à l'ensemble. Elle a la beauté secrète des choses bien faites, une fois pour toutes ». (Bruno Hébert)

Partout, au Québec, on rencontre des œuvres de Hébert, soit dans les églises, soit dans les parcs publics. Comme le disait Omer Héroux, lors du décès du sculpteur le treize juin 1917, « il a contribué à fixer dans l'imagination populaire, à maintenir dans les mémoires quelques-uns des plus beaux types de notre race. Il a été à sa façon un grand historien. Sa vie est un bel exemple d'énergie de labeur obstiné. » On le considère à bon droit comme l'artisan de la renaissance de la sculpture chez nous. Cet autodidacte avait la passion d'apprendre. Parti de rien, il devint un érudit, au dire de Garneau. Il a réussi à éterniser dans la pierre cette partie secrète dans la personne humaine qui ne change pas et à faire revivre notre histoire grâce à lui, toujours présente devant nos yeux.

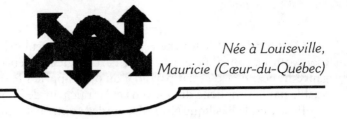
MARCELLE FERRON
Née un siècle avant son temps

Cette jeune femme a quelque chose en elle qui tient du tonnerre. D'une énergie à vendre! D'une jeunesse de cœur sans pareille! Ses mains sont aussi agiles aujourd'hui que dans les années 40. Un tempérament de feu qui apparaît sur ses toiles où le rouge «thauraumachique» et le jaune soleil «couleur de Dieu» se voisinent et s'harmonisent en parfait accord.

Née «en avance sur son temps,» elle montait déjà des chevaux pur-sang dans son enfance et aimait à relever les défis. Elle aurait voulu devenir architecte mais son père très ouvert d'esprit trouva un compromis en l'envoyant aux Beaux-Arts de Québec. Son frère Jacques, (cf 20 janvier) étudiant en médecine, devait lui servir de chaperon. On s'imagine mal un homme à l'esprit ouvert comme Ferron pour une telle besogne!

C'est pourquoi, on retrouve la jeune Marcelle à Montréal, en plein feu de l'action et de la pensée d'avant-garde du temps. Elle signe le manifeste *Refus global*, se fait amie de Borduas qui devient vite son maître à penser, se mêle aux Gauvreau, Mousseau, Roussil. Puis, on la retrouve à Paris où elle vivra une douzaine d'années. Elle connaît Riopelle et tout le gratin de la ville lumière. Non sans problème cependant car son attitude de frondeuse la fait soupçonner par la DST française comme «espionne». Il lui faudra beaucoup d'énergie et des appuis politiques en haut lieu pour faire reconnaître son innocence. Elle revient au Québec dans les années 1960 et s'y sent plus à l'aise dans une société qui commence à ouvrir ses horizons à l'international.

Et c'est la construction du métro. Marcelle signe l'immense verrière (2400 pieds carrés) qui se déploie sur trois des quatre murs de l'édicule de la station de métro Champ-de-Mars dans le Vieux-Montréal. Faite d'éléments amovibles géants et indépendants les uns des autres et constituée de verre antique, cette mosaïque évoque un jeu de couleurs en mouvement aux formes les plus fluides. Depuis, Marcelle Ferron n'arrête plus de nous étonner par l'abondance de ses créations, sa créativité surprenante, l'audace et la jeunesse de ses œuvres, la vie qui éclate sur ses toiles. Une femme ardente, simple, toujours en mouvement, sans cesse renouvelée dans son appétit de capter la vie qui bouillonne en elle! Tout cela se reflète dans ses yeux pétillants! Une artiste à connaître, surprenante de force et de vitalité!

DOCTEUR TEASDALE
Médecin missionnaire

On vient à peine de découvrir cette femme-médecin qui œuvre à Gulu dans le Nord de l'Ouganda depuis 1961. Une femme exceptionnelle! «Tête forte» depuis le collège où elle faisait son cours classique, un fait plutôt rare à l'époque. Paraît-il que le dimanche, quand Lucille avait envie de sortir, les Sœurs de Jésus-Marie du chic couvent d'Outremont devaient se le tenir pour dit. Elle sortait. Aucun règlement ne pouvait l'empêcher. Sa détermination la mènera en chirurgie, comme elle aime à le dire en plaisantant. «J'ai toujours dit que la chirurgie, c'était pour les femmes: c'est de la couture!» Elle avait vraiment la fibre de médecin dans le cœur cette Lucille, quelque chose des anciens médecins de campagne pour qui la médecine était une vocation qui ne connaissait pas la «castonguette.»Lucille voulait aider les gens, surtout les plus démunis. Aussi, quand le docteur Piero Corti qui vient de fonder un hôpital en Ouganda, l'invite à venir l'épauler en Afrique, elle accepte le défi. Quelques mois plus tard, ils se mariaient.

L'hôpital St. Mary's passe vite de 40 lits à 60, puis à 100 et à 200 car les Corti sont soutenus par des médecins italiens et l'Église. Lucille est heureuse. Elle a trouvé sa vocation: servir. Une école d'infirmières et une de techniciens voient bientôt le jour. Le couple voit loin. Ils se sont fixé deux objectifs: donner les meilleurs soins possibles — ceux qu'on peut trouver dans les pays développés aux meilleurs coûts possibles. Ils pensent aussi à la relève car ils veulent assurer la continuité à leur œuvre.

Soudain, leur paradis est ravagé par la guerre. Adi Amin Dada sème la terreur partout. Il veut envahir la Tanzanie. La tuerie et la barbarie font rage. L'hôpital est ravagé, les infirmières violées, les médecins nationaux quittent par mesure de sécurité. 300,000 Ougandais sont massacrés. Partiront-ils eux aussi? Non. Lucille et Piero restent. Ils sont les seuls médecins sur le terrain. Le Dr Teasdale fait plus de 13,000 opérations, même celle de son propre mari. Les deux-tiers des patients sont séropositifs. Mais à l'époque, dans les années 1979, on ignorait tout du sida. Lucille est atteinte à son tour. Aucun étonnement de sa part. Elle parle avec calme «des risques du métier.» Et elle continue à travailler. C'est ce qui lui apporte la sérénité et la garde en vie. Quand on lui demande si elle pense à quitter l'hôpital, compte tenu de sa grave maladie, elle riposte vivement:«Piero ne peut pas quitter l'hôpital, et moi, je ne peux pas quitter Piero. Alors, vous avez la réponse!»

La relève? Sans doute, sa fille, Dominique, qui étudie la médecine à Milan et semble prête à relever le défi. Elle a de quoi tenir. À Michel Arsenault qui l'interviewait pour *l'Actualité*, Dominique disait de sa mère: «Ce qui la pousse, c'est son caractère. Pour elle, tout reste à faire et il faut bien le faire»

Comme bon sang ne peut mentir, — et le sang c'est la vie, les médecins le savent, espérons que telle mère donnera telle fille!

DEUX PATRIOTES: MICHEL CHARTIER DE LOTBINIÈRE ET SON FILS MICHEL

Tout près de Québec, sur la rive sud, un village porte le joli nom de Lotbinière. Les amateurs d'architecture peuvent y visiter plusieurs maisons de pierre et de bois et l'église, déclarés «biens culturels.» Mais qui connaît pourquoi ce paisible village porte le nom de Lotbinière? Cependant, il faudrait plusieurs lignes pour décliner les titres de celui qui honore de son nom cette localité. Il était marquis de Lotbinière, officier des troupes de la Marine, ingénieur militaire, constructeur du fort Carillon!

Michel (né le 23 avril 1723) avait entrepris une carrière militaire dès la fin de ses études au collège des Jésuites de Québec. Il fit la campagne d'Acadie et gagna vite l'estime de ses supérieurs hiérarchiques. Il fit même un séjour en France d'où il revint avec le grade de lieutenant et d'ingénieur du roi. Vaudreuil, gouverneur de la Nouvelle-France (également son cousin), lui donna le mandat de construire le fort Carillon. C'est Lotbinière qui incita Montcalm à affronter Abercrombie à ce même fort, ce qui permit l'éclatante victoire de Montcalm. La fin de la vie de Lotbinière fut moins heureuse. D'abord la capitulation de la France en 1763 l'obligea à quitter le pays. Puis, il perdit ses deux seigneuries Alainville et Hocquart. Il revint tout de même chez nous mais s'opposa à Carleton, connut les pires difficultés financières, se brouilla avec les siens, dut s'exiler et mourut complètement seul à New York le 14 octobre 1798 après 19 ans d'exil.

Son fils, Michel connut un meilleur sort. Pour le nommer, Guy Pinard, l'un de nos meilleurs écrivains sur Montréal et son architecture (il en est à son cinquième volume) a fouillé la généalogie de la famille des Lotbinière. Il nous dit que le nom du fils était rien de moins que «Michel Eustache Gaspard Alain Chartier de Lotbinière est né à Québec le 31 janvier 1748, un des huit enfants de Louise Madeleine Chaussegros de Léry, fille de Gaspard-Joseph et de Michel Chartier de Lotbinière, dont j'ai parlé plus haut. Michel fils était propriétaire des seigneuries de Lobtinière, Vaudreuil et Rigaud.» (vol. 111, pp 248-249)

Lors de la tentative de conquête du Canada par les Américains, Lotbinière fils participa à la guerre en qualité de colonel de la milice. Il fut fait prisonnier à Saint-Jean-sur-le-Richelieu. Par la suite, on le voit siéger à l'Assemblée législative (1792-1796). Avec vigueur et acharnement, il lutta pour la défense du français. Sa fine diplomatie lui valut l'amitié de Carleton qui le fit nommer au Conseil législatif. Il mourut le premier janvier 1822 et la lignée des Lotbinière s'éteignit avec lui. Ses trois filles étaient si belles qu'on les appelait «les trois grâces.» Elles réussirent de brillants mariages. Son aînée, Charlotte, épousa William Bingham, fils d'un sénateur américain. Une autre donna naissance à Henri Gustave Joly de Lotbinière qui sera premier ministre du Québec et lieutenant gouverneur de la Colombie-Britannique.

Là encore, le village de Joly tout près de Lotbinière, doit son nom au fils Michel de Lotbinière.

Les deux, père et fils, méritent notre attention. Ils ont lutté pour la sauvegarde de la colonie, la conservation de notre langue et la défense du pays.

ROBERT NELSON
Le père de la république manquée du Québec

Il y a quelque chose de dramatique dans la vie de Robert Nelson, ce médecin, député, patriote, né à Montréal en 1794. Son père, un instituteur de New York, avait épousé la fille d'un propriétaire de grands domaines. Il était venu s'établir à Montréal après la révolution américaine. C'est là que naquit son fils cadet, Robert en janvier 1794.

Robert fit de brillantes études en médecine. À Montréal d'abord puis à Harvard. Il reçut son diplôme en pleine guerre, en 1814. Il s'engagea aussitôt dans l'armée en qualité de chirurgien. Il fut ensuite muté au Corps des Guerriers indiens où la lithiase faisait des ravages. Il noua une profonde amitié avec les Indiens et, par la suite, il travailla bénévolement auprès des 3000 Indiens de la réserve d'Oka actuel comme de ceux de St-Régis et de St-François. Il tenta même de se documenter en vue de la publication d'une histoire des Aborigènes qui ne vit jamais le jour. Sa clientèle à Montréal était impressionnante. C'était l'homme des cas difficiles et des grandes opérations. Tout le monde appréciait sa compétence, son affabilité et son dévouement.

Son frère Wolfred réussit à l'intéresser à la politique. Il fut élu comme député avec Papineau dans Montréal Ouest en 1827 puis se retira dès 1830, trouvant cette fonction incompatible avec sa profession de médecin. Lors de l'épidémie de choléra, il se dévoua corps et âme auprès des immigrés irlandais de Pointe St-Charles. Mais on ne sait trop pourquoi, — seuls les politiciens pourraient l'expliquer, il revint en politique en 1834 et se joignit au parti des Patriotes.

La révolution de 1837 devait changer le cours de sa vie. Même s'il n'y participa pas, il fut arrêté, soupçonné sans doute à cause de la participation de son frère Wolfred à St-Denis. Cet emprisonnement souleva son indignation. Paraît-il — et on peut en être sûr car c'est Papineau qui l'atteste qu'il aurait écrit sur les murs de sa prison: «Le Gouvernement anglais se souviendra de Robert Nelson!» Furieux, il s'enfuit aux États-Unis avec d'autres bouillants patriotes comme O'Callaghan, Papineau, et plusieurs autres.

L'engagement patriotique de Robert prend alors son essor. Il organise la rencontre célèbre de Midddlebury. Les discussions sont orageuses mais son parti l'emporte. C'est la fameuse proclamation de la République du Bas-Canada et l'instauration d'un gouvernement provisoire. Robert Nelson signe comme Président en exil. Il est ensuite nommé général de la future république du Québec. À la tête d'une armée de 300 à 400 patriotes, il envahit le Canada et distribue partout des tracts sur l'indépendance de la nouvelle république.

C'est un échec total. Lui et ses hommes sont refoulés aux États-Unis. Nelson est de nouveau emprisonné mais vite relâché, compte tenu de la sympathie du jury pour la cause. Il tente alors d'organiser une Société secrète, les « frères chasseurs » qui devront s'infiltrer dans toutes localités du Québec. Puis, c'est la seconde invasion beaucoup mieux planifiée cette fois. Malgré la stratégie établie de façon sérieuse, c'est un autre échec. La confusion la plus totale s'installe dans les rangs. De Napierville, Nelson s'enfuit de nouveau aux États-Unis.

Il ne démissionne pas pour autant et tente de provoquer des conflits entre les États-Unis et la Grande-Bretange. Son piège ne fonctionne pas.

Abattu, ruiné, criblé de dettes, il se réfugie en Californie et continue d'exercer sa profession de médecin. Il refuse de revenir au Québec malgré l'amnistie qu'on lui accorde. Il meurt à New York le 1er mars 1873.

Homme d'une grande générosité, aventureux d'esprit, concis et clair dans ses pensées, sans déguisement, honnête, fougueux dans ses rêves, passionné, Nelson s'est dépensé sans compter pour l'indépendance du Québec. Il a goûté à l'amertume de l'échec. Comme René Lévesque. Sans même pouvoir espérer « la prochaine fois. » Il mérite toute notre admiration et notre profond respect.

LE FRÈRE MARIE-CLÉMENT BUIST
Un don Bosco de chez nous

Celui qui a rencontré un éducateur dans sa jeunesse en restera marqué pour toujours. C'est vrai pour un très grand nombre de jeunes qui sont passés par le Juvénat des Frères du Sacré-Cœur de Rimouski. J'ai eu ce privilège. Quel éducateur que ce Maître du Juvénat ! Il s'est éteint il y a quelques années. Et ça fait toujours mal de voir tomber un chêne ! Quel éducateur que ce Frère Marie-Clément ! Pour le courage, le dévouement, la ténacité au travail, l'amour patient, serviable et cordial. Il avait le don de savoir remonter le courage, de pousser au dépassement en respectant les limites de chacun, de pointer un avenir meilleur au creux de l'abattement.

Si j'avais à le résumer dans un mot, je dirais qu'il était bon. Foncièrement bon. Un vrai saint Jean Bosco. Il savait deviner avec une perspicacité sans pareille ce qu'il y a de meilleur chez quelqu'un, n'éteignait jamais la petite mèche tremblotante, n'humiliait jamais, voyait le bon côté des personnes et des choses et surtout, prêchait par l'exemple. Ce n'était pas un grand intellectuel mais il avait l'intelligence du cœur qui «surpasse toute connaissance.» On devinait chez lui une constante maîtrise de lui-même, une grande délicatesse à l'endroit des plus récalcitrants, une attention particulière pour les plus mal pris. Jamais de brusquerie ni de paroles acerbes mais un calme serein, une amabilité souriante, une disponibilité de tous les instants, un dévouement sans borne. Il était humble, effacé, discret. Dans un milieu carcéral, il aurait fait merveille ! Le frère Marie-Clément nous faisait sentir qu'il nous aimait. Il était un père dans toute l'acception du mot. Jamais dans toute ma vie, je n'ai rencontré un tel stimulateur.

En 1974, il a 65 ans. Au Québec, à cet âge-là, on ne vaut plus grand chose mais le Frère Marie-Clément, lui, est toujours prêt à servir. Il part comme missionnaire en Nouvelle-Calédonie pour aider dans la gestion de la bibliothèque et s'occuper du secrétariat régional. Trois ans plus tard, il est aide-bibliothécaire à Melbourne, en Australie. Il a servi jusqu'au bout. Un grand éducateur ! Des hommes comme lui, on en rencontre un ou deux dans sa vie !

NOËL CHABANEL
Martyr dans l'ombre

Il faut beaucoup d'attention pour aborder Noël Chabanel. Il ne s'impose pas comme Brébeuf ou Jogues, des saints d'épopée. Lui, c'est le silencieux, beaucoup plus proche de nous.

Avant sa venue au Canada, Chabanel était professeur de rhétorique au collège des Jésuites de Toulouse. Un professeur brillant, un maître à penser, un orateur prestigieux. C'est l'avis du Père Ragueneau qui l'a bien connu et qui n'hésite pas à le placer comme une «intelligence supérieure au-dessus de la moyenne» à l'égalité des grands classiques tels Bossuet ou Pascal.

Chabanel a d'autres ambitions que la littérature. Il rêve au Canada et lit attentivement les *Relations*. Ses supérieurs finissent par accepter sa requête et, au lendemain de son ordination, en 1643, Chabanel est envoyé au Canada chez les peuplades huronnes.

Huit années de travail difficile, d'insuccès, de déboires de toutes sortes. Chabanel ne parviendra jamais à apprendre la langue huronne, lui qui connaît si bien le grec et le latin. Il ne peut enseigner ou prêcher sans faire rire. Il souffrira de cette incapacité au point d'en faire une dépression nerveuse, comme nous dirions aujourd'hui. Dès son arrivée, il éprouvait une répugnance naturelle pour tout ce qui a trait aux coutumes et mœurs indiennes. Mais Chabanel n'est pas un geignard. Il souffrira tout en silence. Il fera même le vœu de ne jamais quitter le pays.

Il mourra comme il a vécu, dans le plus complet silence. Martyr! Lui! Qui aurait pu l'imaginer. Martyr, lui qui avait tellement eu peur du martyre! Après avoir tant souffert pour conserver sa vocation missionnaire. Après avoir cru si longtemps que le Christ ne le jugeait pas digne d'une telle gloire! Le Père Ragueneau est formel sur ce point. Il écrit que le 8 décembre 1649, les Hurons pourchassés par les Iroquois durent fuir en vitesse et qu'un Huron apostat abattit Chabanel «en haine du Christ» et qu'il jeta ensuite son corps dans les remous d'une rivière qui coulait tout près.

Chabanel ressemble exceptionnellement au Christ par la grandeur de son échec apparent et la noblesse de sa victoire invisible!

ALYS ROBI
ou «*The sky is the limit*»

Inimaginable le chemin parcouru par cette Alice Robitaille! Sur les planches dès ses quatre ans, elle goûte à l'ivresse des applaudissements. C'est alors la période des années folles de 1920 avec son charleston, sa démesure et aussi sa pauvreté: la Basse-ville de Québec, le quartier St-Sauveur, le milieu ouvrier, la misère noire et malgré tout, la force de l'entraide et du dévouement.

La petite Alice saute son enfance. Elle n'a pas le temps de s'amuser. Elle doit apprendre le chant, le piano, la diction, le ballet, la danse à claquette, la danse folklorique, etc. Sa vocation artistique est déjà tracée. Aux «Talents Catelli», elle rafle tous les prix. De sa mère Albertine, collorature à l'église St-Jean-Baptiste, Alys gardera le souvenir des berceuses romantiques. Son père, lutteur pour arrondir les paies, lui donnera le sens de la compétition, de la force morale, de l'affirmation de soi. Son petit frère Gérard, paralysé, deviendra sa muse, toute son inspiration. Quand on écoute attentivement chanter Alys Robi, on perçoit facilement des sanglots dans sa voix. La souffrance est sans cesse sous-jacente même si le courage triomphe. De son oncle Lucien, artiste du cirque, Alys tirera le sens des acrobaties vertigineuses qui coupent le souffle. «The sky is the limit» lui avait dit son frère Paul-Émile. Elle ne l'a jamais oublié et s'est hissée jusqu'aux étoiles.

Impossible de suivre l'itinéraire en dent de scie de cette petite artiste qui, à six ans, travaille à CHRC, bat Frank Sinatra et Mimi Benzel au Concours Major Bowes, le plus spectaculaire en Amérique du Nord, tient un agenda rempli de commandes comme un impressario occupé. C'est l'enfant prodige!

Québec est trop étroit pour elle. À douze ans, elle décide de partir pour Montréal avec $1,90 en poche. La Poune l'accueille au National et la loge chez elle. Elle lui inculque la rigueur et la discipline. «Il ne faut jamais faiblir, lui dit-elle, jamais montrer que tu as peur!» Alice l'avait appris de son père. Pauvre petite Alys, elle devra donc sauter en plus son adolescence. Au National, le succès est immédiat: elle a un talent fou. Rose Ouellet dit d'elle: «Elle jouait comme une grande personne et travaillait tout le temps.»

Puis commencent les tournées avec Grimaldi et Olivier Guimond, ses premières amours à 17 ans, ses entrevues à CKAC, les soirées frénétiques des nigthsclubs, la guerre, les chansons langoureuses qui font rêver les soldats. Alys Robi est adorée du public: elle est vive, alerte, franche, authentique. C'est un Verseau qui aime le monde, le traite avec respect, a besoin de lui pour que son étincelle puisse briller encore de mille feux toujours plus pétillants. C'est la période d'intense activité et de plein rendement.

Puis, c'est la grande rencontre avec Lucio Agostini, chef d'orchestre qui la fera grimper aux sommets de la gloire mais aussi brisera son cœur à jamais. Alys est partout: à Toronto, New York, Los Angeles. Par sa voix, elle promène le Québec qui chante en elle. Enfin, avec Raph S. Peer, le plus grand éditeur de musique au monde, c'est l'Europe, Londres, Paris, une trentaine d'autres pays. C'est la célébrité, la gloire, le succès, l'argent. Au Mexique, Guillermo Gonzalez Camarena lui promet la lune.

Un bête accident ramène soudainement notre Alys sur un tout autre terrain. On la retrouve internée à St-Michel-Archange et soumise aux chocs électriques. C'est l'humiliation suprême. Ainsi passe la gloire du monde. Elle connaît alors les affres de l'angoisse, des souffrances indescriptibles, et pire encore, l'oubli total. Un long désert.Un long cri dans la nuit comme l'écrira un de ses biographes. Personne ne saura jamais tout ce qu'elle a dû endurer à une époque où, dans ces maisons-là, toutes les expériences étaient tentées et les droits de la personne, peu respectés.

Mais cette femme a du ressort. Son père lui a dit: la scène est une jungle sans pitié. L'internement aussi. Elle finira par en sortir bien vivante. Et, suprême consolation pour elle et pour nous, elle remonte sur la scène et retrouve son public. Elle est de nouveau applaudie comme si elle était là hier. Elle continue à crier: «Je veux semer de l'espoir. Je suis une preuve vivante qu'on peut survivre à tout et qu'ensuite, on peut aider les autres en donnant son témoignage. Vous savez, c'est lourd la solitude, c'est difficile à endurer. Mais j'ai choisi la volonté. Je me dis: demain, il y aura quelqu'un avec moi, même si ce n'est pas vrai. Je me dis: la semaine prochaine, je vais faire cela, même si ça n'arrive pas. A force de rêver, tout peut arriver. Mais si on dit c'est fini, on a des chances que ce soit vraiment fini.»

La vie se déroule ainsi. Une tragédie. Seule compte l'intensité du moment et l'émotion pour le spectateur.

Cette femme courageuse mérite toute notre sympathie. En ce trois février, un bon anniversaire, lady Alys! Après tout, elle est une «lady». L'Ordre de Malte lui a décerné le titre en 1985 pour son altruisme dans le secteur de la santé.

Pour la mieux connaître, Jean Beaunoyer vient de publier un livre palpitant d'intérêt intitulé *Fleur d'Alys*. Aux éditions Leméac, 1994. Un bijou!

DÉLIA TÉTREAULT
Québécoise au cœur large comme le monde

Qui ne se souvient du passage dans les écoles de campagne de ces Sœurs de l'Immaculée-Conception au costume blanc et ceinturon bleu ciel, qui nous parlaient des missions lointaines et nous faisaient acheter des petits Chinois? Qui n'a pas feuilleté la revue *Précurseur* qu'elles publiaient? Cette communauté essentiellement missionnaire est bien de chez nous, l'œuvre d'une authentique Québécoise, née à Marievieville près de Montréal en 1865. Comme la plupart des filles de son temps, elle appartenait à une famille nombreuse, foncièrement catholique, paysanne et canadienne française, comme on disait alors.

Dès son jeune âge, Délia est marquée par les récits missionnaires relatés dans les vieilles annales de la Sainte-Enfance et de la Propagation de la Foi. Et déjà elle rêve comme François Xavier de donner la vie de Dieu à tous ces petits bébés qui meurent sans baptême. Elle nous parle d'un songe survenu vers ses dix ans : « J'étais à genoux près de mon lit, et tout à coup j'aperçus un champ de beaux blés mûrs qui s'étendait à perte de vue. À un moment donné, tous ces blés se changèrent en têtes d'enfants ; je compris en même temps qu'elles représentaient des âmes d'enfants païens. Je fus frappée de ce rêve mais je n'eus l'idée de le raconter à personne, pas même à ma mère à qui je disais tout ordinairement. » On voit poindre ici une qualité maîtresse de cette femme : la discrétion qui caractérisa toute sa vie effacée. Ce rêve allait forger en elle la détermination et l'ouverture du cœur aux dimensions planétaires. Dans le plus complet silence, Délia fait vœu de chasteté perpétuelle vers les 14 ou 15 ans. Ses tentatives pour entrer au Carmel et chez les Sœurs Grises échouent. Entre temps, elle se dévoue auprès des pauvres, des immigrants italiens, des analphabètes du foyer «Béthanie», dans une des banlieues les plus pauvres de Montréal. Années de mûrissement, de souffrances de toutes sortes, d'incompréhension, de luttes intérieures. Délia finira même par être expulsée de Béthanie où elle avait travaillé pendant dix ans.

En 1901, «à ses risques et périls», cette femme d'initiative inaugure quelque chose de tout à fait inédit : la première École apostolique des Amériques destinée à la formation des vocations missionnaires «pour tous les Instituts religieux féminins indistinctement, tant du Canada que des autres pays catholiques, qui ont des missions chez les infidèles.» On voit sa largeur de vues pour l'époque. Et les événements se précipitent car la main de Dieu guide tout. L'abbé Bourassa, son bras droit, meurt soudainement. Mgr Bruchési, alors à Rome, est sur le point de dissoudre l'Institut naissant car «cette fondation le laisse absolument indifférent.» Il expose le problème au pape Pie X, qui, contre toute attente, approuve la Congrégation et lui donne même le nom: «Vous la nommerez Société des Sœurs missionnaires de l'Immaculée-Conception.»Comme contrée spécifique, il assigne le même champ apostolique reçu par les Apôtres: le monde entier!... «Aucune contrée ne vous sera assignée en particulier. Tous les pays de mission vous sont ouverts. Il vous est dit comme autrefois aux apôtres : « Allez, enseignez toutes nations.» Dès 1909, les six premières Québécoises partiront pour la Chine.

Qui dira depuis le nombre de religieuses parties de Montréal pour aller jusqu'aux extrémités de la terre? Elles seront partout les ambassadrices d'amour et de paix.

Quand elle s'éteint le 1er octobre 1941, «comme un cierge qui a fini de brûler», la fragile Délia avait réalisé son rêve. Des milliers de Québécois-ses continueront dans la même foulée. Ils lui doivent tous quelque chose.

Un grand salut! Notre respect à cette âme oecuménique.

LE BRAVE LAMBERT CLOSSE
À «*qui Montréal doit la vie*»

Raphaël-Lambert Closse est né vers 1618 à Saint-Denis de Mogues dans les Ardennes et arriva chez nous en 1647. Son expérience dans le métier des armes devait être importante puisque Maisonneuve lui confia l'autorité sur les soldats de la garnison du fort, à titre de major. Lorsqu'il dut rentrer en France, c'est encore Lambert Closse qui le remplacera en qualité de lieutenant. De plus, Jean de Saint-Père et Lambert Closse furent les premiers tabellions de Montréal.

C'était alors le temps de la terreur. Il fallait des hommes de cran et de vaillance pour défendre la colonie naissante sans cesse harcelée par les Iroquois. Ici, les témoignages sont unanimes pour saluer en Lambert Closse un homme d'une trempe de caractère héroïque et d'un courage sans pareil. Il avait épousé sur le tard — à 39 ans — la jeune Élisabeth Moyen dont les parents avaient été torturés et mis à mort par les Iroquois. Lambert avait acquis une terre de 30 arpents mais Maisonneuve lui en concéda 100 arpents de plus. C'est en son honneur qu'on appelait autrefois «côte Saint-Lambert» le tronçon de la rue St-Laurent entre les rues Craig et Notre-Dame. De son côté, la ville de Saint-Lambert perpétue encore la mémoire de ce héros. Deux enfants naîtront du mariage de Lambert Closse et d'Élisabeth. La première fille mourut à sa naissance. Quant à Jeanne-Cécile, elle épousa plus tard Jacques Bizard qui devait être lui aussi major de Montréal. L'île Bizart lui doit son nom. Frontenac lui avait fait don de cette concession.

La vie de Lambert Closse fut un long combat car les Iroquois ne laissaient pas de répit. À la suite du combat du Long-Sault où périt Dollard et ses compagnons d'armes, les Iroquois se montraient de plus en agressifs. Le 6 février 1662, un violent combat s'engagea entre les 26 hommes de Closse et les 200 assaillants. Lambert Closse y laissa sa vie, «après avoir, comme dit Dollier de Casson, exposé 1000 fois sa vie fort généreusement, sans craindre de la perdre en de semblables occasions.» Les *Relations* des jésuites rendirent un vibrant éloge à Lambert Closse «homme d'une piété égale à sa vaillance, d'une présence d'esprit tout à fait remarquable dans la chaleur des combats puisque Montréal lui doit la vie.» Sa date de naissance est inconnue. Qu''il nous soit permis de le saluer au jour anniversaire de sa mort. Il a trop fait pour nous. Pour sa part, Laure Conan a écrit un roman historique — *l'Oublié* — qui reconstitue les faits historiques avec exactitude et campe le caractère du héros avec beaucoup de vérité. Philippe Hébert, notre sculpteur national, a immortalité dans la pierre la noble figure de Maisonneuve, face à la basilique Notre-Dame. À la base, quatre sculptures de bronze ornent le piédestal. On voit, entre autres, celle du vaillant Lambert Closse, songeur, iquiet, l'œil aux aguets, et qui veille. À ses pieds, Pilote, sa chienne, regarde et flaire l'ennemi.

ÉLISABETH TURGEON
Une femme exceptionnelle

La vie de cette femme admirable est trop peu connue. Rien ne laissait prévoir chez cette jeune fille frêle de constitution et souvent malade, un avenir comme le sien. Les contradictions s'entremêleront tout au long de sa vie alors qu'elle gardera constamment son cœur dans une patience imperturbable. Elle voulait d'abord se faire religieuse : la mort prématurée de son père — elle n'a alors que quinze ans — l'oblige à rester à la maison pour aider sa mère. Élisabeth deviendra le soutien de la famille car l'aînée de ses sœurs, Louise, est déjà engagée dans la carrière de l'enseignement. Élisabeth doit attendre l'heure de Dieu.

Le mariage de son frère, héritier du domaine paternel, arrange les choses et la libère enfin. Elle entre à l'École normale Laval de Québec en 1860 où elle se fait remarquer par sa vive intelligence, son talent naturel, son énergie au travail, son esprit judicieux. Même le Principal de l'École normale, l'abbé Jean Langevin, remarque en elle «une femme supérieure.» Elle décroche tous les prix.

On la retrouve ensuite dans l'enseignement où elle œuvre pendant dix ans. Elle ouvre même une école gratuite qu'elle dirige elle-même. Femme intelligente, esprit lucide, tempérament égal, sans cesse maîtresse d'elle-même, accueillante et disponible, alliant douceur et fermeté, aimée de ses élèves et estimée des parents, Élisabeth est vraiment la «maîtresse» idéale. Elle saura d'ailleurs donner plus tard de sages conseils puisés dans une pédagogie qui nous semble naturelle chez elle et qu'elle a pratiquée toute sa vie. «Prenons garde de vouloir trop les dominer(les élèves), écrira-t-elle, mais souvenons-nous que la douceur et l'affabilité sont pour nous un devoir de justice envers nos élèves et que c'est ainsi que nous gagnerons leur estime et leur affection. La sagesse nous enseignera jusqu'où il faut descendre; comment on doit allier la bonté à la réserve et à la fermeté; ce qu'il faut faire pour plaire sans s'avilir, se faire aimer en augmentant le respect. »

En 1867, l'abbé Langevin est nommé premier évêque de Rimouski. Dès son arrivée dans son immense diocèse, il est frappé par la misère morale et intellectuelle des gens. Il «pousse le clergé à consolider le réseau des institutions d'enseignement et incite les commissions scolaires à engager des institutrices diplômés» mais il se rend vite compte que celles-ci sont peu attirées par les petites écoles de campagne. «Il faudrait former des maîtresses issues du milieu,» assure-t-il. Alors, il se souvient d'Élisabeth.

Elle arrive à Rimouski en avril 1875 (quelques demoiselles et sa sœur Louise l'y avaient précédée depuis peu) et elle ouvre sa première école pour les enfants du peuple l'année suivante. Suivent des années difficiles d'incertitude, de tâtonnements, d'incompréhension, «de misères inouïes», la faim, le froid, — que l'évêque ne semble pas ou ne veut pas voir, les moqueries des gens, la misère, la pauvreté absolue. Élisabeth souffre en silence avec une constance dans la foi hors du commun des mortels. C'est une femme de tête, douée d'un jugement sûr, d'une ténacité à toute épreuve. Elle réussit à faire approuver sa petite famille religieuse des sœurs des Petites-Écoles (appelées plus tard les Sœurs de N.-D. du Saint-Rosaire). Enfin, le 12 septembre 1879, treize novices prononcent leurs vœux. Elle enverra par la suite un essaim de «missionnaires» dans les coins les plus reculés du diocèse de Rimouski.

Ce qu'on admire chez elle, avec le recul du temps, c'est son réalisme dans la gestion des affaires, sa fermeté diplomatique dans les négociations, sa générosité (elle offrira sa maison à l'évêque lors de l'incendie du séminaire de Rimouski), sa maturité et sa fine psychologie dans le maniement des personnes, sa grande humanité, sa compassion au malheur des autres, ses sages orientations pédagogiques, son souci constant pour la « noble cause » de l'éducation des enfants de la classe pauvre des campagnes, ses vues larges et éclairées, sa confiance inébranlable dans Celui qui « est appelé la force des faibles, la lumière des aveugles, l'intelligence suprême, » son espérance qui lui faisait tout mesurer à l'aune du «ciel.» Et toujours ce sourire qui indique la luminosité de son cœur paisible et serein. Elle meurt trop tôt le 17 août 1881.

Une grande éducatrice qui savait attirer «délicieusement» pour mieux éduquer! Élisabeth est un des plus beaux reflets de la bonté de Dieu sur terre, l'un des plus radieux, des plus chauds pour le cœur! Chacun y gagnerait à se mettre à «la petite école» de cette grande maîtresse. En ce 7 février, nous nous inclinons très bas pour saluer l'anniversaire de sa naissance. Pour toute faveur, communiquer avec le *Centre Élisabeth-Turgeon*, 300, allée du Rosaire, Rimouski(Qc) G5L 3E3.

EUGÈNE PAYETTE
L'architecte du style beaux arts

Eugène a commencé sa carrière comme simple dessinateur au bureau de Joseph Venne et ensuite comme associé de J.-E. Huot. On a oublié ces derniers mais on se souvient encore d'Eugène Payette. C'est un concours lancé par les Sulpiciens qui a mis en relief cet architecte de chez nous. En effet, dans la foulée de «l'Œuvre des bons livres» de Arraud et du «Cabinet de lecture» de Regourd, les Sulpiciens, — les premiers éducateurs à Montréal, voulaient doter la Ville d'un centre culturel français comparable à celui de l'université McGill. Ils lancèrent donc un concours (réservé aux architectes catholiques du Québec). Eugène Payette se classa au premier rang avec 98 points pour son projet d'inspiration néoclassique. Il ne devait pas décevoir ceux qui avaient mis leur espoir en lui. Déjà il avait fait ses preuves avec l'église Sainte-Clothilde et le collège André-Grasset.

C'est un pur chef-d'œuvre architectural que cette bibliothèque Saint-Sulpice, «l'exemple le plus raffiné du style «Beaux-Arts» en territoire montréalais nous assure Guy Pinard, un connaisseur. (*Montréal, son histoire, son architecture*, La Presse, 1986, tome 1, p.220). L'extérieur impose par la majesté de ses lignes élégantes, le granit gris à la base des murs, la pierre de grès de la façade. Mais c'est l'intérieur qui enchante : marbre blanc et gris, chêne des boiseries et du mobilier, torchères de bronze, lanterne majestueuse qui éclaire le grand escalier qui mène à la salle de lecture et surtout, surtout, magnifiques vitraux que j'admire pratiquement tous les jours puisque je travaille au moins trois heures par jour à la bibliothèque. L'édifice fut inauguré en mai 1914. Mais la crise économique des années trente vint secouer durement le bourdonnement de ses activités. La bibliothèque St-Sulpice dut cesser toutes ses activités. Dieu merci, le gouvernement lui a redonné un nouvel élan en 1967 en faisant de ce beau bâtiment la Bibliothèque du Québec.

On doit aussi à Eugène Payette la bibliothèque centrale dans le même style Beaux-Arts. Depuis dix ans, chaque jour je passe des heures à contempler ce bel édifice de forme trapézoïdale, en face de ma fenêtre, à deux pas de chez moi. J'aime ces belles colonnes monolithiques de granit, lisses, douces. Je crois que Payette a trop fait pour nous dans le domaine architectural pour passer sous silence sa date de naissance. En ce 10 février, bon anniversaire, Monsieur Beaux-Arts-Eugène !

LE GRAND MAISONNEUVE
Fondateur de Montréal

La vie de Paul de Chomedey est une page de notre histoire qu'on ne saurait oublier. Louis-Martin TARD vient de nous le rappeler dans son intéressant volume sur *Paul de Chomedey de Maisonneuve, le pionnier de Montréal,* publié aux éditions XYZ en 1994. Il met en relief la noble figure de Maisonneuve et la création d'une cité fondée sur l'amour, la fraternité et le respect des valeurs sacrées. À l'occasion du tricentenaire de Montréal en 1992, Louis-Bernard Robitaille lui aussi, avait réussi à camper un Paul de Chomedey attachant. Son *Testament du gouverneur,* publié aux éditions de La Presse, présente un personnage plus vrai que l'histoire ne l'avait fait jusqu'alors.

Fascinante personnalité que ce Paul de Chomedey ! Il naît à Neuville-sur-Vanne (Champagne) en 1612. Du manoir où il vit le jour, il ne subsiste plus qu'une toute petite tour. En revanche, l'église où il fut baptisé le 15 février 1612, demeure intacte. En 1614, selon la coutume du temps, son père voulut doter son fils d'un fief, un bois-taillis de 226 arpents, le fief de Maisonneuve. C'est pour cette raison que Paul se nomme, sieur de Maisonneuve.

Dès l'âge de treize ans, notre jeune Paul entreprend une carrière militaire. Il participe à la guerre de Trente Ans en Hollande. On dit qu'il était «gentilhomme de vertu et de cœur», «sage, prudent et résolu.» Sa grande sœur, Louise, écrira plus tard : «Sous sa tente, il aimait à jouer du luth, pour tromper la monotonie des soirs brumeux.» C'est cette même sœur, entrée à la Congrégation de Troyes et lectrice assidue des «*Relations*» des Jésuites, qui passe à son jeune frère Paul, ces récits palpitants sur les débuts de la Nouvelle-France. Ils suscitent une ardeur enflammée chez son lecteur. Puis, c'est la rencontre des Pères Le Jeune et Lalemant qui incitent le jeune homme à donner sa vie pour le Nouveau Monde. Justement La Dauversière a besoin d'un chef d'expédition. Et «la folle entreprise» commence. C'est encore Louise qui présentera Marguerite Bourgeoys au jeune frère, nouvellement nommé gouverneur de Montréal. Marguerite suivra Paul à Montréal en 1653, deviendra notre première éducatrice et sera tout au long de sa vie, la fidèle intendante du gouverneur.

Maisonneuve est un homme intègre et fidèle à son devoir. Il aurait pu obéir aux conseils de Montmagny et couler une vie plus douce dans l'île d'Orléans mais il résiste fermement à l'offre alléchante. «Il est de mon devoir de fonder une colonie dans l'île de Montréal et j'irai même si tous les arbres devaient être convertis en autant d'Iroquois!» Soutenu par la vaillante Jeanne Mance qui l'accompagne pour la fondation de l'Hôtel-Dieu de la généreuse Madame de Bullion, Paul se dépense sans compter pour réaliser le rêve fixé par la Société de Montréal : «assembler un peuple composé de Français et de sauvages qui seront convertis pour les rendre sédentaires, les former à cultiver les arts mécaniques et la terre, les unir sous une même discipline, dans les exercices de la vie chrétienne.» Pendant vingt ans, Paul luttera pour la réalisation de ce projet malgré les attaques sournoises des Iroquois, l'opposition des autorités de Québec, la pauvreté extrême, l'incertitude d'un lendemain fragile, la précarité des moyens, le froid rigoureux, la misère, les calamités de la maladie, la perte de nombreux soldats.

Maisonneuve fera preuve de bravoure constante, de courage indéfectible, de noblesse de cœur. C'était un homme «d'un détachement universel et non pareil, un cœur exempt d'autres appréhensions que de son Dieu, et d'une prudence admirable. Entre autres choses, on a vu chez lui une générosité sans exemple à récompenser les bonnes actions de ses soldats. Plusieurs fois, pour leur donner des vivres, il en a manqué lui-même, leur distribuant jusque aux mets de sa table.» C'est ainsi que l'intègre Dollier de Casson parle de Maisonneuve dans son *Histoire de Montréal.*(p.54) Jamais Paul ne succombera au piège facile de l'enrichissement par la vente des fourrures. Il vécut toujours dans la plus grande pauvreté. Même s'il avait été nommé gouverneur à vie par lettres patentes de la reine, il fut destitué de ses fonctions. Le nouveau roi voulait un comptoir de fourrures qui rapporterait des écus trébuchants pour les coffres de la couronne. Tracy l'obligea Maisonneuve à rentrer en France. Il quitta Montréal en 1665 et s'installa chez les Pères de la Doctrine chrétienne à Paris. C'est là qu'il mourut le 9 septembre 1676 dans l'oubli le plus total.

Face à la basilique Notre-Dame, le monument de Louis-Philippe Hébert rappelle aux Montréalais la noble figure du GRAND MAISONNEUVE, homme d'intelligence alerte qui avait naturellement le don de persuader ; homme de service entièrement donné à une noble cause ; chef d'équipe exceptionnel à l'esprit démocratique dans sa manière de gouverner ; défenseur constant de l'autonomie de l'île ; fidèle serviteur de Marie à laquelle il s'était engagé par vœu ; toujours souriant et paisible ; pieux et discret dans sa manière d'agir ; généreux et magnanime dans ses dons. Il légua une partie de ses biens à l'hôpital de Jeanne Mance et aux sœurs fondées par Marguerite Bourgeoys. Il n'oublia ni sa nièce, ni son fidèle serviteur Louis Fin, ni son maître de luth !

Si j'étais pape, ce serait ma première canonisation ! Mais n'ayez crainte, Maisonneuve va continuer à rester dans l'ombre comme il a vécu. Encore un bel exemple de cette constante humilité. N'est-ce pas le propre des grands hommes ? Un cadeau du ciel que ce grand Maisonneuve ! Personnellement, j'ai un culte pour lui. Mais privé...

OVIDE CHARLEBOIS
L'évêque des neiges

Il est difficile d'imaginer parfois la vie héroïque menée par nos ancêtres dans la foi. Ovide Charlebois est un de ceux-là. Sa feuille de route est impressionnante. Ce petit gars de Saint-Hyacinthe, d'une famille de treize, comme c'était souvent la coutume dans le temps, entre d'abord chez les Oblats de Lachine. Une fois ordonné prêtre, il est nommé en Alberta, à Cumberland. Il vivra seul pendant seize ans, dans des conditions extrêmement précaires. On l'appelait : le Solitaire du Cumberland. »

Il s'occupe ensuite de l'école indienne de Duck Lake (Saskatchewan) en qualité de principal. Puis, on le retrouve à la tête d'un journal, « *Le Patriote de l'Ouest* » qu'il fonde en vue de promouvoir la culture française. Finalement, il est nommé évêque du lointain Keewatin avec résidence à Le Pas. Il sera l'évêque missionnaire qu'on peut imaginer à l'époque. Sans cesse sur les routes difficiles et souvent impraticables, jamais fatigué, toujours ardent à la besogne, il se dépensera sans compter pour ce diocèse aux dimensions démesurées. C'est également lui qui envoya les premiers missionnaires chez les Inuits de la Baie d'Hudson.

On l'a surnommé à bon droit « l'évêque errant. » Il vaut la peine de souligner le travail de ce grand missionnaire qui nous rappelle cette ténacité et cette ardeur dont nous étions si fiers. En voilà un vrai de vrai. Il incarne la force du missionnaire québécois prêt à aller jusqu'au bout du monde pour faire partager sa foi intrépide.

Il meurt le 20 novembre 1933. Sa cause de béatification a été introduite à Rome. Pour nous, il est comme le symbole de nos missionnaires les plus valeureux. Selon Pie X1, en effet, les missions du Grand Nord pouvaient être regardées comme les plus difficiles de la planète, compte tenu des conditions climatiques rigoureuses et de la culture complètement différente de la nôtre. On imagine la souplesse et les qualités de force requises pour y faire une œuvre efficace. Un pari réussi par Mgr Ovide Charlebois.

Un grand salut à l'occasion de son anniversaire de naissance.

LE DOCTEUR JOCELYN DEMERS
Le bon ange des enfants

Peu de gens le connaissent. Mais des enfants cancéreux qui lui doivent la vie, il y en a des milliers. Pendant vingt-cinq ans, il a été chef de l'unité d'hémato-oncologie de l'hôpital Sainte-Justine et il a vu la chance de survie des enfants cancéreux passer de 0% à 65% et même à 80% pour la leucémie, dans certains cas. Un bénévole qui le connaît bien et qui travaille avec lui depuis 15 ans affirme sans ambages: « Jocelyn ne sera content que le jour où tous les enfants pourront être sauvés. » Dans un entrevue qu'il donnait à Louise Gendron pour la revue *L'Actualité*, le docteur Demers révélait un peu le dessous de sa riche personnalité. C'est un vrai docteur. Qui s'occupe de ses patients. Qui garde confiance dans la vie. «Les vivants sont vivants, disait-il. Même quand ils semblent condamnés. »

C'est aussi un homme d'action qui sait frapper aux bonnes portes pour réaliser ses rêves. Il sait convaincre. Par exemple, il s'adresse au président de Vidéotron pour la rénovation de l'unité d'hémato-oncologie. Ce dernier, frappé par «la grande force du Dr Demers et en même temps par sa grande paix» ne peut pas lui résister. «Il parle de ses enfants, affirme le président de Vidéotron, d'une façon telle que tu veux tout faire pour l'aider. » Aujourd'hui, le Centre de cancérologie du Dr Demers occupe cinq étages «avec une unité de soins dotée d'équipements high-tech, une clinique de jour, un centre de recherche et de technique de pointe et un centre de greffe de la moelle osseuse. »(Louise Gendron, *L'Actualité*, janvier 1995, p. 24) Il faut le visiter. Une petite merveille bien «songée!» Il y a même une verrière de Marcelle Ferron dont les couleurs chaudes rouges, orange et jaunes vibrent d'espoir et de santé.

C'est un documentaire sur le Dr Albert Schweitzer qui a été l'étincelle de cette vie de dévouement. Alors que tant d'autres sont influencés par les scènes de violence, lui, le Dr Demers, c'est la vie donnée comme un pain de ménage qui est le moteur de toutes ses actions. «Je crois qu'on est fait pour servir, dit-il. Et que les seules valeurs sont humaines. »

À cet être exceptionnel qui se bat pour la vie et à tous ses enfants qui vivent d'espoir, un bon anniversaire en ce 17 février. Une longue vie! Puisse son exemple entraîner à son tour de nombreux imitateurs!

MÈRE ÉMILIE GAMELIN
L'ange des pauvres et des miséreux

Il est difficile de résumer en quelques lignes une vie aussi remplie que celle de Mère Gamelin. C'est ainsi qu'on la connaît ici. Elle est née chez nous à Montréal, quinzième enfant d'une bonne famille, les Tavernier. Le malheur semble s'appesantir sur sa famille. Neuf des quatorze enfants meurent. Émilie se trouve orpheline de mère à quatre ans. On la confie alors à un foyer d'accueil d'une tante paternelle très stricte. À quatorze ans, Émilie perd son père. Puis elle fonde son propre foyer. Ses trois enfants meurent et la jeune femme se retrouve soudain veuve à 27 ans. Il ne semble pas qu'elle soit née sous une bonne étoile. Fallait-il qu'elle connût tout ce qu'il y a de misère dans le monde pour comprendre celle des autres ?

Mais Émilie ne se recroqueville pas sur elle-même mais ouvre son cœur à toutes les souffrances du temps. Elle est sur tous les fronts : auprès des malades, des démunis, des personnes âgées et délaissées, des sans-abri, des enfants orphelins, des immigrants, des prisonniers, des « insensés » comme on disait dans le temps, bref, partout où sévit la souffrance humaine la plus dure que personne n'ose regarder en face. Au cours des troubles de 1837-38, elle devient « l'ange des prisons » auprès des détenus, des futurs pendus et des familles éplorées.

Pendant quinze ans, on la voit présence active, délicate, attentive à tous les besoins les plus criants. En 1843, elle fonde la Congrégation des Sœurs de la Providence dans le but d'être justement pour les délaissés la petite providence de la grande Providence. « Ne craignez rien, disait-elle à ses compagnes, tant que vous serez entourées de pauvres. La Providence sera votre nourrice et votre fidèle économe ; rien, croyez-le, ne vous manquera. » En plus des nombreuses œuvres dont elle s'occupe déjà, elle ajoutera l'enseignement et la formation des sourdes-muettes. On se demande parfois où elle trouvait le temps de vaquer à tant d'occupations en même temps. Le cœur se dilate quand il s'ouvre aux autres. Dans celui de Mère Gamelin, il n'y avait pas de frontière.

Un grand salut à cette grande Dame de la Charité au cœur si large et si généreux en cet anniversaire de sa naissance, ce 19 février 1800 !

20 février — 20 mars
POISSONS

fleur du mois :

la jonquille, fleur annonciatrice du printemps. Il en existe des centaines de variétés qui éclosent dans les jardins, les forêts et les champs.

pierre de naissance :

l'algue-marine, pierre d'aspect translucide dont les teintes varient du bleu au vert. La légende veut que cette pierre protège des dangers en mer. On dit aussi que les femmes qui la portent restent jeunes et charmantes.

signe du zodiaque :

Les poissons.

Douzième signe du zodiaque, les poissons se situent juste avant l'équinoxe du printemps. Ils symbolisent ce monde intérieur difficile à saisir, monde d'absence de consistance, signe d'une nature impressionnable.

C'est le monde fluide par excellence, le monde de l'humidité, principe de diffusion, de fusion des parties dans un ensemble. Les deux poissons accolés en sens inverse symbolisent un monde confondu, par disparition des particularités au bénéfice de la totalité.

planète :

JUPITER :

maître traditionnel. On adjoint NEPTUNE depuis sa découverte. Neptune est l'archétype de la désintégration universelle. Les personnes nées sous ce signe sont d'une grande plasticité, débordantes d'elles-mêmes, facilement confondues dans un ensemble. L'abandon, la dilatation, l'émotivité, la conscience d'une valeur qui les dépasse, la gentillesse et la facilité d'écoute font des Poissons des personnes extrêmement intéressantes en société.

NÉRÉE BEAUCHEMIN
L'initiateur de la poésie moderne

Cet humble médecin de campagne mérite notre attention. Il ouvre la voie au lyrisme personnel chez nous et regarde l'homme et la nature avec des yeux vraiment neufs. Son art est sobre et dépouillé, fait de spontanéité et de fraîcheur. Dans son charmant petit livre sur Beauchemin, Clément Marchand disait : « La perfection formelle de son œuvre, ses qualités humaines, sa finesse d'émotion, la richesse de sa langue lui valent une place de choix parmi les quelques aèdes canadiens de ce temps dont l'apport original a enrichi la poésie d'expression française en Amérique. » (*Nérée Beauchemin*, Fides, 1957, p. 11)

Son poème épique à d'Iberville l'a rendu célèbre. On se rappelle ces vers qu'on apprenait par cœur à la petite école : «

Des vivats de réjouissance Se mêlent aux chansons du bord.

— Vive Québec ! Vive la France ! France ! redit l'écho du Nord. (...)
Chers marins, chers Français de France,
D'Iberville est votre parent.
Par mainte fière remembrance,
Le cœur des fils du St-Laurent,
Malgré la cruelle secousse,
A la France tient ferme encor.
Ce nœud n'est pas un nœud de mousse,
C'est un bon nœud franc, dur et fort. »

Nérée Beauchemin nous offre parfois des vers qui ressemblent à ceux de Verlaine. Relisez quelques lignes de son « Nocturne » écrit à l'occasion de la mort de son ami prêtre :

L'Automne en sourdine au loin psalmodie.
La chapelle où va mon rêve irradie ;
La lampe votive y brûle toujours.
D'où vient ce soupir de musique tendre ?
D'où viennent ces pas qui semblent descendre
Par quelque escalier léger de velours ?
Dans l'ombre, une main balance
L'encensoir d'argent, et, dans le silence,
J'entends une voix répondre à ma voix.

La chapelle d'or que l'hysope asperge,
S'emplit de clartés tremblantes de cierge,
Ton sourire flotte et je te revois.

Dans ses *Floraisons Matutinales* comme dans *Patrie intime*, Beauchemin fait vibrer la nature en vers doux et feutrés. Il est intéressant de relire son œuvre et d'y voir le précurseur de la poésie moderne. Ses « Rayons d'octobre » par exemple sont du plus pur impressionnisme comme d'ailleurs « l'âme de la maison » ou « La maison vide » et « La maison solitaire. » Bref, quand on commence à lire l'œuvre peu abondante de Beauchemin (même pas 2000 vers) on se laisse prendre au charme et on finit par tout lire. Qui peut relire sans être charmé par « La branche d'alisier chantant » ?

Je l'ai tout à fait désapprise
La berceuse au rythme flottant,
Qu'effeuille, par les soirs de brise,
La branche d'alisier chantant.
Du rameau qu'un souffle balance,
La miraculeuse chanson,
Au souvenir de mon enfance,
A communiqué son frisson.
La musique de l'air, sans rime,
Glisse en mon rêve, et, bien souvent,
Je cherche à noter ce qu'exprime
Le chant de la feuille et du vent.
J'attends que la brise reprenne
La note où tremble un doux passé,
Pour que mon cœur, malgré sa peine,
Un jour, une heure en soit bercé.(...)
Le poète en mélancolie
Pleure de n'être plus enfant,
Pour ouïr ta chanson jolie,
O branche d'alisier chantant !

Cher Nérée Beauchemin, en ce jour anniversaire de ta naissance, salut amical !

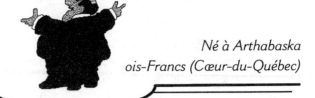
ARMAND LAVERGNE
Le «*Pioupiou nationaliste*»

Les temps ont peu changé. Le temps d'Armand Lavergne n'était pas meilleur que le nôtre. Il a été marqué lui aussi par le sien. Son père était un associé de Wilfrid Laurier ; sa mère, fille d'un journaliste, fiévreux partisan de Papineau. Le mélange devait être explosif. Surtout au temps de la pendaison de Riel, de la houleuse administration de Mercier, de la tempête des écoles dans l'ouest. On peut comprendre le peu d'enthousiasme de Lavergne pour les études et son engouement pour la politique. Henri Bourassa était à l'époque l'idole des jeunes. Lavergne se range sous son aile. Il ne peut admettre lui non plus la participation des Canadiens français en Afrique du Sud pour défendre l'Empire britannique. Député dans le comté de Montmagny à vingt-trois ans, il se voit expulsé du parti par Laurier, car le jeune Lavergne n'est pas un mouton de Panurge. Il veut la protection des droits des francophones dans l'Ouest.

Avec fougue, Lavergne se lance dans la lutte pour le bilinguisme dans la fonction publique du Québec (Dieu ! que l'histoire se répète !), contre les politiques de l'immigration qui menace de faire de nous un melting-pot à l'américaine, veut assainir l'administration provinciale, hurle fort pour la sauvegarde des ressources naturelles de la province, prend la défense des colons contre les marchands de bois (l'opposition le surnommera le « le chevalier du godendart »). Aux tribunes, Lavergne et Bourassa sont applaudis à tout rompre. À force de harangues et de luttes acharnées, il réussit à faire adopter «sa» loi du français. Fin politicien, Gouin nettoie son cabinet et applique plusieurs des réformes prônées par l'opposition. À la première guerre mondiale, Lavergne s'oppose à l'envoi de nos soldats pour la défense de l'Empire britannique et attaque de façon virulente Laurier « ce vieux coq commandant à un régime de poules mouillées. » C'est l'époque de la fondation du *Devoir*. Les diatribes sont à tel point cuisantes qu' Ottawa demande la pendaison de Bourassa ! Quant à Lavergne, on crie : « Qu'il soit fusillé » ! Ottawa cependant n'ira pas jusque là.

Suivra une longue période de sécheresse jusqu'au retour de Lavergne en chambre en 1930. Il y revient usé et meurt pas longtemps après le 5 mars 1935, des suites d'une pneumonie. Pour le souffle et la fierté qu'il a donnés à nos compatriotes, l'amour et la défense de notre langue, le respect de ses racines, Lavergne mérite qu'on souligne son anniversaire en ce 21 février. Dans son testament, il écrivait: «Le Canada sera bilingue ou sera américain. » C'est encore plus vrai aujourd'hui qu'alors !

L'INCOMPARABLE MONIQUE LEYRAC

Il est difficile de présenter Monique Leyrac. Cette femme avait tout pour réussir dans la vie. D'abord, une bonne formation professionnelle au Conservatoire d'art dramatique. Puis, des talents naturels de comédienne. Et une voix qui vibre avec intensité, d'une ampleur qui va chercher le cœur au plus intime de vous-même. Elle sait interpréter la fantaisie comme la tendresse avec la même aisance et passe de l'anglais au français avec une facilité étonnante, d'un registre à l'autre comme allant de soi. Son sens de la présentation en scène, le respect du public, le ton et la qualité d'âme qu'elle donne à ses chansons, ses interprétations différentes mais toujours vraies, en font une étoile difficile à dépasser. Le public l'applaudit toujours à tout rompre. Elle le rejoint dans son meilleur, en profondeur.

Monique Leyrac nous a fait connaître partout dans le monde par ses chansons comme par son théâtre. Au Festival international de la chanson à Sopot en Pologne où elle obtient le Grand Prix de la Journée Internationale pour son interprétation de « Mon pays » de Vigneault ; au Town Hall de New-York ; à l'Olympia de Paris ; au Carnegie Hall de New-York ; au Massey Hall de Toronto ; au Kennedy Center de Washington ; à Moscou, Léningrad, sur les ondes de BBC de Londres au « Rolf Harris Show » comme au « Ed Sullivan Show » à la CBC-TV . La liste n'est pas exhaustive. Je ne fais qu'énumérer quelques endroits. Et je ne parle pas de ses brillantes créations comme « Divine Sarah » sur la vie de Sarah Bernhardt qu'elle interprète en anglais ou en français à Québec, Montréal, Toronto. Et que dire des « paradis artificiels » de Baudelaire ? Quelque chose de tout à fait éblouissant !

Il faudrait des pages et des pages pour esquisser une aussi brillante carrière. Monique Leyrac a reçu toutes les décorations qu'elle méritait. Elle fut déclarée « femme de l'année » et « meilleure chanteuse » je ne sais plus combien de fois, bref elle est, sans contredit, une de nos meilleures ambassadrices à travers le monde. Elle sait communiquer l'émotion avec une intelligence et un tact naturels. Sa voix porte au plus haut les plus beaux sentiments dans des registres d'une richesse incomparable.

En ce 26 février, un bon anniversaire, chère Monique Leyrac. Merci pour tout.

CATHERINE CROLO
L'âne de la Métairie de la pointe

Cette brave fille de Lorraine, née en 1619, fut sans aucun doute la plus grande amie de Marguerite Bourgeoys qu'elle devait suivre comme son ombre tout au long de sa vie. C'est d'ailleurs sa première recrue lors du premier voyage de Marguerite en France en 1659. Selon les termes mêmes de Mère Bourgeoys, Catherine était « la fille forte (qu'il fallait) pour nous soulager. » Elle avait tout de même 40 ans lorsqu'elle arrive à Montréal sans autre bagage « qu'une paire de souliers. »

Quelle femme ! Quel courage ! Quelle intrépidité ! Sœur Marie Morin écrit savoureusement à son sujet: «Le partage de la Sœur Crolo fut le ménage de la campagne où elle a consommé ses forces et ses années.» Entendons par là l'administration de la ferme des Sœurs de la Congrégation à la Pointe St-Charles. On appelait alors cette ferme «la Providence.» Nom bien choisi à la vérité puisque cette ferme fournissait les fruits et les légumes aux Sœurs qui donnaient l'instruction gratuitement.

Le travail ne manquait pas à la métairie. Tôt le matin, Sœur Crolo devait allumer le poêle avec le bois qu'il fallait d'abord arracher, préparer «le pain et le potage,» boulanger la farine, faire le ménage de l'école-étable, aller chercher l'eau à la rivière, recueillir celle de la pluie, cultiver le jardin, «laver des lessives le jour après les avoir coulées la nuit, » et, encore le soir, à la chandelle, raccomoder les hardes, coudre à la petite aiguille, tricoter tuques et mitaines, et que sais-je encore. Sœur Morin ajoute : « C'était une fille infatigable pour le travail, se regardant comme la servante de toutes, l'âne de la maison. »

Vous la voyez ? Chargée comme un mulet et le cœur battant, elle fait les courses au moulin, au fort, à travers les sentiers de la forêt ou les bancs de neige, en dépit des incursions constantes des Iroquois puisque les meurtres en ce temps-là ne se comptaient plus. À tout moment, ils pouvaient surgir des fossés ou des joncs au bord du fleuve où, tapis pendant des heures, ils attendaient patiemment leurs proies.

Mère Bourgeoys avait pleine confiance dans la Sœur Crolo. Elle l'avait établie à la tête de cette métairie de 94 arpents que François Le Ber lui avait vendue en 1668 avec bâtiments (elle en avait déjà 35). Grâce à leur habileté et à leur dévouement, les Sœurs de la Congrégation ont gardé cet héritage de notre patrimoine et ont transformé cette ferme en ce prestigieux Musée que constitue aujourd'hui la Maison Saint-Gabriel.

En plus de la responsabilité des travaux de la ferme, (« labours, semences, récoltes, battage des grains ; soin du cheptel, garde des bestiaux ; défrichement, approvisionnement du bois de chauffage et autre ; transport des produits de la ferme à la communauté ; entretien des bâtiments ; soin de la basse-cour, etc. » (cf. Sœur Chicoine, La *métairie de Marguerite Bourgeoys à la PointeSaint-Charles*, Fides, 1986, p. 27), la Sœur Crolo devait diriger l'ouvroir qui accueillait les « filles du roi » « heureuses d'être tombées dans de si bonnes mains que les siennes »dira Dollier de Casson dans son *Histoire de Montréal.*(p. 136) C'est là que Catherine préparait les filles aux rudes tâches quotidiennes qui les attendaient en ces débuts difficiles de la colonie. Elles ne pouvaient trouver meilleure maîtresse que Sœur Crolo rompue aux plus ingrates besognes et qui n'avait pas peur de l'ouvrage. En peu de temps, sa ferme était devenue un modèle. C'est encore Dollier de Casson qui écrit avec justesse à ce propos : « Elles (les Sœurs) gagnent leur vie du travail de leurs mains ainsi que par le moyen des terres qu'elles font valoir à Montréal(...) Ce que j'admire encore, c'est que (...) par la bénédiction que Dieu verse sur leur travail, elles aient, sans avoir été à charge à personne, plusieurs maisons et terres dans l'île de Montréal. » (ibid, p. 60) Même le gouverneur Perrot fera d'elles un vibrant éloge : « Elles suivent très bien l'intention de Sa Majesté, écrit-il, en faisant cultiver les terres, et établissant, par leur propre industrie et ménage, des fermes pour leur subsistance, où elles font gagner la vie de beaucoup de pauvres gens. »(HCND, 5 : 60)

Les derniers jours de Sœur Crolo seront bien difficiles. En effet, suite à l'incendie de la maison de pierre en 1671, au massacre de Lachine en 1689, à un autre incendie qui détruit les bâtiments de la ferme en 1693, les supérieures du temps ne jugèrent pas opportun de continuer l'œuvre de l'ouvroir même si Mère Bourgeoys et Sœur Crolo s'offrirent spontanément à cette fin. Leur proposition ne fut pas acceptée. Sœur Crolo voyait ainsi trente années de sa vie (1663-1694) crouler en même temps.

Elle se retire alors à l'infirmerie où elle meurt le 28 février 1698 « en grande odeur de vertu » écrit Sœur Morin. Elle avait 80 ans et avait vécu 26 ans à la Ferme, se regardant « comme la dernière de toutes et la servante de la maison » dit avec vénération Faillon dans sa *Vie de Sœur Bourgeoys*, l, 129)

Puisque nous ne connaissons pas le jour de sa naissance, je tiens à souligner l'anniversaire de la mort de cette femme admirable qui s'est tant dépensée pour former ces femmes fortes, débrouillardes, travaillantes, pleines d'initiatives, de jovialité, de délicatesse, de cœur qui ont donné ces traits distinctifs à nos premières Québécoises, à ces grands-mères, tantes et mères que nous avons tant admirées et aimées. À cette grande Sœur Crolo qui mériterait un monument face à la Maison Saint-Gabriel, notre profond respect et toute notre admiration !

MONTCALM
Ou la coupure avec la France

Dans mon enfance, on nous présentait Montcalm comme héros. Je ne sais plus combien de rues chez nous portent son nom, dans les villes et villages. Il a même son comté. Mais une chose qu'il ne faut pas oublier : c'est lui le grand responsable de la perte du Canada en 1759. Tout semble s'éclipser sous le paravent de sa bravoure. Il était brave, c'est incontestable mais il y a plus.

Il appartenait à une famille noble comme sa femme, Angélique-Louise Talon de Boulay, ce qui lui permit de gravir vite les échelons de la hiérarchie militaire. Il s'était voué très jeune au métier des armes et il participa à la guerre de Succession de Pologne et d'Autriche. Il fut même blessé deux fois dans les campagnes d'Italie.

Il est resté le même tout au long de sa vie. Un homme entêté, opiniâtre, vindicatif. Son précepteur remarquait son entêtement dès son plus jeune âge. Pour dire vrai, il n'était pas fait pour la carrière militaire car il n'avait aucun contrôle sur lui-même. Son langage caustique, ses sorties de caractère, son emportement à tout moment, son mépris pour la tactique militaire utilisée au pays et pour les miliciens canadiens, son dédain des Indiens et pour Vaudreuil le gouverneur pourtant né ici, le rendaient peu apte à commander une armée.

Bien sûr qu'il remporta plusieurs victoires : au Fort Chouagen, le fort George et la célèbre victoire de Carillon contre le général Abercromby qui est dans toutes les mémoires. Il était courageux et vif. C'est indéniable. Dans son *Histoire du Canada*, François-Xavier Garneau rapporte la rencontre d'un chef indien avec Montcalm. Le chef indien s'étonnait de le voir si petit de taille. « Ah ! que tu es petit ! lui dit-il, mais je vois dans tes yeux la hauteur du chêne et la vivacité de l'aigle ! » Cette perspicacité du chef indien n'était pas le moindre compliment pour Montcalm.

Mais un fait historique reste là et cruel pour nous : Montcalm perdit la principale bataille à Québec. Il n'a pas su défendre la pointe de Lévis. Il n'a pas su évaluer à sa juste valeur le danger. Il prit panique à la vue des Anglais débarqués à l'Anse au Foulon. Au lieu d'attendre Bougainville et Lévis, il engagea la bataille de façon indisciplinée. Il aurait pu gagner contre Wolfe, abattu et considéré par ailleurs comme piètre stratège. Je sais comme vous tous que la France ne lui avait pas donné assez d'hommes pour la défense de la ville. Bien sûr, on ne pesait pas gros dans la balance du roi puique pas longtemps après, il préféra la Guadeloupe !

Montcalm périt sur le champ de bataille, victime de sa fougue et de son emportement. Il perdit la colonie en même temps. Et la France ne pleura pas cette perte.

En un mot, Montcalm personnifiait en vérité le système français de l'époque.

Sur les plaines d'Abraham, une plaque nous rappelle sa mémoire. J'avoue que je lis toujours ces lignes en y mettant quelques bémols :

MONTCALM,
4 fois victorieux
1 fois vaincu
Toujours au grand honneur de la France
Blessé à mort ici le 13 septembre 1759.

Je rappelle sa date de naissance pour démystifier un personnage trop grandi par l'histoire.

JEAN VAUQUELIN
L'officier de marine invincible

Jean Vauquelin a passé sa vie sur la mer. Il avait d'ailleurs commencé à naviguer très jeune. Avant d'arriver au pays, il avait fait 21 campagnes. Il fut d'abord envoyé à l'île du Cap Breton (Ile Royale) et entra dans le port en dépit du blocus. Il défendit vaillamment la place et occasionna de lourdes pertes aux Anglais. Malgré le piètre état de sa frégate, il retourna en France pour expliquer la triste situation de Port-Royal. Il revint l'année suivante. Le gouverneur Vaudreuil le nomma responsable de l'inspection des batteries et de tout ce qui à trait à la marine. Lévis le tenait en haute estime et parle de «la bravoure et de l'intelligence de cet officier.»

En 1760, il accompagne Lévis dans le but de ravitailler les troupes. C'est la victoire connue. Malheureusement, deux frégates anglaises et un bateau arrivent et les Français doivent se replier. Vauquelin entraîne les Anglais vers Cap Rouge et s'échoue à Neuville. Il épuise toutes ses munitions. Finalement, il est capturé mais non sans avoir, au préalable, évacué son équipage sous les tirs anglais, cloué son pavillon au mat et jeté son épée à la mer. Impressionnés par son courage, les Anglais le libèrent et Vauquelin rentra en France.

Par la suite, il est envoyé en Guyane, dans l'océan Indien, à Madagascar, dans le Mozambique, etc. Accusé de commerce illicite, il est emprisonné puis relâché faute de preuves probantes. Épuisé, il meurt le 10 novembre 1772.

Dans le Vieux-Montréal, une statue du sculpteur français Eugène Benoît, rappelle la mémoire de ce valeureux lieutenant de vaisseau et défenseur naval de Québec. Bravo à Vauquelin.

On ne connaît pas la date exacte de sa naissance en février 1728.

ANTOINE PLAMONDON
«Le premier talent du pays en peinture»

Antoine Plamondon était un élève de Joseph Légaré (cf 10 mars) mais il ouvrit très vite son propre atelier sur la rue Sainte-Hélène à Québec. Il fit ensuite un voyage d'études à Paris et, non sans orgueil, se targuait d'avoir été élève de Guérin, le peintre officiel du roi Charles X. Aujourd'hui, cela nous fait rire mais à l'époque, oh! la! la! c'était quelque chose! Quoi qu'il en soit, Plamondon devint célèbre à son retour de France et se tailla la réputation «d'excellent copiste et de portraitiste hors pair. » Les commandes pleuvaient, de Québec comme de Montréal. Il fit, entre autres, le nouveau chemin de croix de l'église Notre-Dame de Montréal.

Chez nous, il est surtout connu pour ses portraits réputés dans tout le Québec et à l'étranger. Ses «petits savoyards» ou ramoneurs nous surprennent encore par leur allure gavroche et ce moment d'hilarité qui les anime. «Les trois Sœurs» constituent à n'en pas douter, un des sommets de l'art au Québec. Surtout le portrait de « Sœur Sainte-Anne », une Hospitalière de l'Hôtel-Dieu décédée en 1908, qu'on considérait comme une « relique du bon Vieux Temps. » La toile en soi est toute une relique! Et il faudrait mentionner le «Désespoir de Caïn» au regard hagard, fiévreux, aux lueurs sanglantes, marqué par le remords et l'angoisse. Et son fameux « Saint François d'Assise » en extase qui renvoie à l'époque rigoriste du XVIIe siècle sans doute mais laisse apparaître une sérénité toute céleste. Il ne faut pas oublier le fameux «Ste Anne au secours des naufragés » si connu ni son intimiste portrait de Mgr Plessis et son non moins célèbre portrait de Louis-Joseph Papineau reconnu comme un chef-d'œuvre. Le journal « *Le Canadien* » écrivait à son sujet: «Nous ne craignons pas de dire que Monsieur Plamondon est le premier à nous donner un bon portrait du grand patriote. » De son côté, « *La Minerve* » faisait l'éloge de Plamondon. « Nous n'hésitons pas à proclamer Monsieur Plamondon le premier talent du pays en peinture. »

Plamondon mourut célibataire le 4 septembre 1895, dans sa demeure de Neuville où il s'était fixé depuis 1851. Il avait 91 ans.

Tant de talents méritent notre attention en cet anniversaire de la naissance de notre portraitiste national.

Marie-Lucille Duchaîne (Sœur Jean-Baptiste)
Une Sœur de la Providence

Oui, une Sœur de la Providence. C'est ainsi qu'elle signait tous ses livres. Dans les années 1950, ses écrits étaient considérés chez nous comme ce qu'il y avait de mieux écrit dans le domaine spirituel depuis Marie de l'Incarnation. De son vivant, tous les critiques étaient unanimes. Depuis son premier succès avec *La foi en l'amour de Dieu*, on la considérait presque Docteure de l'Église. Nul doute qu'elle figurerait honorablement comme Docteur mystique, à côté de saint Jean de la Croix

En bonne fille de Mère Gamelin, Sœur Jean-Baptiste n'a enseigné qu'une seule chose dans sa vie : l'abandon filial au bon vouloir divin dans les plus petites choses accomplies avec un intense amour. Elle suivait en cela la petie voie de sainte Thérese de Lisieux qu'elle avait choisie comme patronne spéciale. Au dire d'un grand spécialiste de la vie des saints, M. Raymond Beaugrand-Champagne, elle aurait même dépassé la petite Thérese dans sa petite voie. En tout cas, pour nous, c'est notre petite Thérèse de Montréal. Elle est bien de chez nous. En effet, elle a passé toute sa vie à la Maison mère des Sœurs de la Providence, comme suppléante au secrétariat général. Elle a poussé jusqu'à l'extrême cet abandon filial et a entraîné une foule d'imitateurs tant par sa doctrine exprimée éloquemment dans ses livres que par sage direction spirituelle offerte à tous ceux et celles qui venaient la consulter.

Pour ma part, j'ai cru bon écrire à compte d'auteur un petit livre qui raconte son itinéraire spirituel : *La petite Thérèse de Montréal*. J'espère ainsi la faire connaître davantage et hâter le jour ou nous pourrons l'invoquer comme une sainte de chez nous. En ce 29 février, recueillons-nous devant cette grande mystique de l'amour de Dieu.

ÉLIZABETH BRUYÈRE
Une mère à la charité polyvalente

Élizabeth est née à L'Assomption dans Lanaudière. Elle étudia d'abord chez les Soeurs de la Congrégation Notre-Dame et ensuite chez celles de la Providence. À l'âge de six ans, elle perd son père. Quand sa mère se remarie, la petite suit naturellement la famille «reconstituée» à Rawdon sur «une terre à bois» où il n'y a ni électricité, ni école, ni église. Le curé des environs la choisit comme institutrice pour la petite école du rang où elle enseigne quelque temps. Elle passe ensuite à l'école du village. En 1839, elle abandonne tout et entre chez les Soeurs Grises de Montréal. Elle ne pouvait mieux choisir. Elle suivra à la lettre les traces de Mère d'Youville.

Ses supérieures la choisissent pour la fondation de la nouvelle maison de Bytown, l'actuel Ottawa. La jeune supérieure n'a que vingt-six ans. Elle arrive dans un endroit des plus pauvres, sans aqueduc, sans électricité, sans trottoirs, sans aucune sécurité. Une petite ville d'environ 6000 habitants qui s'entre-déchirent par leurs rivalités ethniques et où les batailles de rues sont quasi quotidiennes. L'alcool est la plaie du milieu. Allié a la plus grande pauvreté, cela fait un beau cocktail.

C'est ici qu'on voit la débrouillardise, le jugement sûr et le dynamisme de cette femme déterminée. Arrivée à Bytown le 20 février, dès le 3 mars suivant, Élizabeth ouvre la première école bilingue avec 120 élèves. Dans un hangar. Les besoins sont criants et Mère Bruyère voit vite. Aussi, le 10 mai de la même année, elle fonde le premier hôpital. Elle est partout à la fois, à l'affût de toutes les misères. On se demande où elle prend le temps de faire tant et si vite. Elle fonde l'Oeuvre des enfants trouvés, ouvre une école pour les mères de famille où celles-ci pourront apprendre le catéchisme, la lecture, l'économie domestique. Elle visite les malades à domicile, les assiste dans leurs besoins, fait de même avec les prisonniers, accueille les jeune filles émigrées, etc, etc. Il faudrait des pages et des pages pour raconter son itinéraire tumultueux.

En 1847, c'est l'épidémie du typhus. Soeur Bruyère et ses soeurs déploient une énergie héroïque. Elles logent plus de 3000 patients dans des baraques improvisées. Même si 22 de ses Soeurs sont touchées par la maladie, aucune, — grâce à la protection de sainte Anne — n'est atteinte mortellement. De même en 1847, autre épidémie de la petite vérole. Soeur Bruyère trouve toujours des solutions. Elle installe un hospice dans la cour du couvent. Entre temps, elle multiplie les fondations tant au États-Unis qu'au Canada, tant les besoins sont pressants partout.

Épuisée par tant de travaux, elle meurt prématurément le 5 avril 1876, à peine âgée de 58 ans.

Une femme exceptionnelle. Une femme au courage géant. Une femme d'initiative et d'audace, toujours présente là où il y a des problèmes, des misères, de la détresse. Espérons que l'Église la proposera bientôt comme modèle aux femmes de notre temps.

Lire, c'est un « must », *Élizabeth Bruyère*, par Émilien Lamirande, aux éditons Bellarmin, 1993. Un livre de 775 pages qui raconte en détail l'émouvant itinéraire de cette femme de chez nous, exilée dans l'Ottawa du temps.

SUZANNE CHAREST
Ou le sablier qui se vide

Il a coulé très vite le sablier de la vie pour cette femme courageuse. Avec une lucidité sans faille, elle a regardé tomber un à un chaque grain de l'existence au fur et à mesure que s'approchait le moment inéluctable. Confiante, sereine, accrochée à sa foi, elle a raconté ces ultimes moments dans un livre prenant *Et passe la vie*, publié aux éditions Sigier, 1987 qui raconte sa lutte avec la leucémie qui l'a terrassée.

Née d'une famille de quinze enfants, d'un père cultivateur et d'une mère qui, en plus des travaux domestiques de la maison, travaillait comme femme de ménage chez les autres pour boucler le budget familial, Suzanne avait appris dans sa famille le sens des responsabilités et du don de soi. « Mes parents étaient de solides croyants, dit-elle. Je crois que c'est chez eux que j'ai puisé mes certitudes actuelles. »(p. 82).

La maladie ne l'a pas abattue. Malgré tout, elle gardait l'espoir que peut-être...sait-on jamais. « Même si tu vis quotidiennement avec la réalité de la mort, nous assure-t-elle, tu as toujours le goût d'espérer que ça ne t'arrivera pas à toi » (p. 21) car « il n'est pas facile de lâcher prise à l'espoir, si incertain soit-il. »(p. 22) Puis vint la certitude évidente. « Il n'y a plus d'espoir médical, écrit-elle, mais je refuse l'échec! La maladie ne m'aura pas. Je resterai **debout** jusqu'à la fin. »(p. 23)

Alors, elle voit la réalité dans la foi. Deux options s'offrent à elle : « ou bien je me cache la tête dans le sable pour ne rien voir, pense-t-elle, ou je regarde la mort en pleine face et je dis : « Écoute, tu ne manqueras pas ta sortie. » (p. 51) Cette sortie, Suzanne la voudrait comme un jour de Pâques. « Lorsque mon corps sera exposé, continue-t-elle, je veux qu'on laisse un petit mot bien en vue sur mon cercueil. C'est une lettre d'adieu temporaire que j'ai préparée et qui dit à peu près ceci : « Ce qui est là, c'est mon corps ; mais dans la foi, je suis déjà retournée en Galilée, comme le Seigneur après sa résurrection ; je suis déjà chez moi, dans ma maison, mais sous une autre forme. Ma présence restera aussi intense quoique différente. »(p. 71) Elle voulait être revêtue de rouge comme pour un jour de fête et que la salle soit décorée de ballons de toutes les couleurs pour rompre la tristesse de la mort. « Quand on est croyant, la mort n'existe pas vraiment ; nous laisse-t-elle comme testament, elle n'est qu'une illusion. Elle est uniquement la jonction entre deux vies et marque le passage entre le connu et l'inconnu. » (p. 71)

Devant une telle foi, je m'incline et salue bien bas cette chère Suzanne que je considère comme une sainte de chez nous. Dans la préface de cet admirable petit livre, Anne Sigier rappelait une parole de Marcel Legault : « Avec la mort sonne l'heure de la vérité ; quand on la fait sienne, elle permet mieux que la vie, la communication de l'essentiel. » L'anniversaire de naissance de Suzanne nous ramène à cela.

MARIUS BARBEAU
Notre ethnologue hors pair

La brillante carrière de Marius Barbeau demanderait des pages et des pages. Homme d'une intelligence hors du commun, il a illustré notre pays tant par ses nombreux écrits (plus de cinquante volumes!) que par ses recherches poussées et scientifiques. Aujourd'hui, son autorité est incontestée par les plus grands chercheurs du monde.

Pour nous, il reste l'anthropologue curieux qui nous a révélé les secrets de notre identité dans une langue accessible à tous car Barbeau n'est pas un intellectuel perdu dans les nuages. Il a le don précieux d'un vulgarisateur averti. À l'époque, il travaillait dans la friche. Personne avant lui n'avait creusé notre folklore. Il lui a donné ses lettres de noblesse. Je le revois encore à l'université Laval dans ses conférences qui allumaient les yeux de Mgr Savard et de Luc Lacourcière, et les nôtres, bien sûr.

Pour les Indiens, Marius Barbeau est synonyme pour toujours de leur plus grand ethnographe jamais connu! La somme de connaissances qu'il nous a livrées sur leur musique, leur langue, leurs coutumes, leur culture, leur civilisation en font aujourd'hui encore un maître reconnu partout.

Un côté moins connu, c'est celui de l'écrivain de contes pour enfants. Il a le don d'être proche des plus simples dans une langue imagée qui véhicule les plus profondes valeurs. Bref, une personnalité exceptionnelle. Peut-être notre plus grand au cours de ce siècle. En ce cinq mars, anniversaire de sa naissance, saluons cette noble figure qui a illustré nos plus belles traditions comme celles des aborigènes. Son ouverture d'esprit en fait un phare pour la réconciliation des peuples vivant sur le même territoire enrichi par leurs différences et leur civilisation.

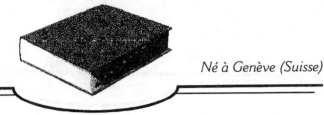

PAUL ZUMTHOR
Un vrai prof

Ce prof raffiné, encyclopédie vivante, spécialiste du Moyen âge, a dû souffrir beaucoup. Il était d'une sensibilité exquise et vibrait devant la beauté de toute chose. Professeur-né, il ne pouvait malheureusement pas soulever l'enthousiasme de ses étudiants intéressés à la phosphorescence de l'instant.

Son dernier recueil de nouvelles- *La Porte à côté* laisse percer cette inquiétude du vieux prof conscient de ses responsabilités mais en même temps désemparé devant ces hordes de cueilleurs de «bonheurs d'occasion.» Il écrit : «Et me voici, de jour en jour cerné par ces quelques dizaines d'êtres incomplets que j'ai, paraît-il, la responsabilité d'«instruire». De quoi? De moi? D'eux-mêmes?» Zumthor regarde cette génération montante qui montre son assurance avec une certaine désinvolture et le pauvre prof, rempli d'expérience qu'il ne peut livrer parce qu'on la refuse, est là, pantois. Il ajoute : «Moi, je reste, mes filets crevés dans le poing, au bord de leurs générations fluentes, sûres d'elles-mêmes malgré tout, zigzaguant tête haute sous leur revêtement de nonchalance ou d'hostilité, dans leurs relents d'aftershave et de désodorisant qu'elles prennent pour l'air du large, si différentes de ce que nous fûmes, nous refoulés aujourd'hui au pied du mur terminal, trop éblouissant pour qu'on en supporte sans peine la vue.»

Cher Zumthor, si proche de tous ces vieux profs incapables de passer leur âme à une génération qui semble n'en point avoir et qui n'en souffre même pas! Il faut relire non seulement ces nostalgiques nouvelles mais son œuvre teintée de cette souffrance lancinante devant la perte de nos valeurs, «ce rien, l'ultime débris d'un héritage de certitude et d'amour.»

Merci Paul de nous rappeler l'essentiel avec cette vitalité et cette sensibilité qui dansent dans toutes les pages que tu écris! En ce 5 mars, anniversaire de ta naissance, j'ai peine à m'imaginer que tu n'es plus là pour te lancer un coup de fil!

ALBERT TESSIER
PIONNIER DU CINÉMA

À l'époque, c'était putôt exceptionnel. À peine ordonné prêtre, il n'a que vingt-cinq ans- il part pour l'Europe où il séjourne pendant quatre ans. À son retour, il commence à tourner ses premiers films. Avec les moyens du bord, bien entendu, et de façon toute artisanale. Il en tournera plus de 70 muets et sonores ! Son auditoire varie des jeunes filles rangées des Instituts familiaux du temps aux rudes bûcherons de la Côte Nord, des membres patriotiques de la SSJB de Montréal aux politiciens d'Ottawa.

Les fims de Tessier gardent encore cette saveur chaleureuse de son patriotisme (cf par exemple « Pour aimer ton pays », 1943,c.m.) et de son amour de la nature comme de la perspicacité de son œil intelligent. Il revient toujours à cette nature pacifiante, à l'harmonie que l'humain doit garder avec elle, aux valeurs ennoblissantes du travail, à l'action de grâces envers son Auteur. Bref, c'est un véritable traité d'éducation. Il aborde d'ailleurs l'éducation comme telle dans « Écoles ménagères régionales » (1941) et « Femmes dépareillées »(1948).

Pour nous, il restera le grand amoureux du cinéma. Il lui a d'ailleurs consacré un film- cela allait de soi- bien entendu. Il faut voir avec quelle minutie il traite le septième art. Quelle attention à l'ensemble de la composition, à la profondeur du champ de vision, à l'angle de la prise de vue, à l'attention au cadre, à la perspective !

Tessier n'est jamais en repos. Toujours alerte et curieux, il s'intéresse à tout : histoire, édition, journalisme, photographie. Sa contribution au cinéma chez nous est considérable. Il fait figure de pionnier et annonce, avec un certain panache, le cinéma direct. Louis Ricard lui a consacré tout un film : «À force d'images,» 1977, m.m. Également, René Bouchard a écrit un bouquin intéressant, publié aux éditions Boréal en 1973 : *Filmographie d'Albert Tessier.*

En ce 6 mars, anniversaire de sa naissance, un grand salut, cher Monsieur Albert Tessier !

GABRIEL SOUART
Notre premier éducateur à Montréal

On sait malheureusement peu de choses sur Gabriel Souart. Ce qu'il y a de sûr, c'est qu'il est né en France et qu'il arrive chez nous, comme sulpicien, le 29 juillet 1657. Monsieur Souart connaissait Montréal. Son oncle, le récollet Le Caron, avait célébré la première messe sur le territoire à la rivière des Prairies en 1615. Issu d'une famille fortunée, il devait faire bénéficier Ville-Marie de ses largesses. *Dans Montréal, la folle entreprise,* Prévost assure « qu'il était médecin et, dit-on, le pape l'aurait autorisé à exercer son art auprès des Montréalistes. (p. 112) Il était de plus bachelier en droit canonique.

Il faisait partie des quatre premiers sulpiciens envoyés à Ville-Marie par Monsieur Olier pour la fondation du séminaire de Montréal. À son arrivée, il est nommé curé de Ville-Marie. Il tâcha d'organiser immédiatement la paroisse et fit élire le premier corps de marguilliers de notre histoire. C'était un homme infatigable. Non seulement il s'occupait de sa cure avec diligence mais il occupa simultanément les fonctions de supérieur de sa communauté de 1661 à 1667, de chapelain à la Congrégation Notre-Dame de même, à l'Hôtel-Dieu de Jeanne Mance de 1681 à 1684. On peut dire qu'il sauva l'Hôtel-Dieu de la ruine en ces temps les plus difficiles de la colonie. Il connut la défaite de Dollard, le massacre de ses collègues LeMaistre et Vignal, le tremblement de terre de 1663, les démêlés de Frontenac avec l'abbé Fénelon où il tenta de temporiser le caractère bouillant du gouverneur.

Mais ce qui nous intéresse particulièrement est son don naturel pour l'enseignement. Il aimait enseigner aux jeunes garçons. Un vitrail de la Basilique Notre-Dame nous le montre d'ailleurs enseignant les enfants dans le parterre du Vieux Séminaire Saint-Sulpice. C'est le titre qui lui plaisait le plus : maître d'école. Il ouvrit la première école de garçons à Montréal en 1668.

Quand en 1663, les Sulpiciens devinrent propriétaires de l'île de Montréal, M. Souart fut par le fait même le premier seigneur de l'île. Il se dépensa jusqu'à son retour en France où il mourut le 8 mars 1691. Comme nous ne connaissons pas la date exacte de sa naissance, honorons celle de sa mort et saluons notre premier éducateur.

PIERRE CHAUMENOT
Le grand spécialiste de la langue huronne

Nous avons de la chance avec le Père Chaumenot. Ses supérieurs lui demandèrent d'écrire sa vie qui se lit comme un roman d'Agatha Christie. On y voit d'abord le jeune fugueur qui vole « 1000 s. » à son oncle curé qui veut faire de lui un clerc. Pierre et un compagnon du même acabit « décide alors de courir en vagabond de par le monde. » Les voilà sur les routes de France et d'Italie « Un sermon écouté dans une église change soudainement son destin. Il entre au noviciat des jésuites, lit les *Relations* qui parlent du Canada et décide de changer de nom. Il ajoute à son prénom « Marie » en l'honneur de la patronne de Ville-Marie et « Joseph » puisque saint Joseph est patron du Canada. Toutes ses ambitions sont désormais uniquement centrées sur la Nouvelle-France. Il est ordonné prêtre en 1637.

En 1639, il fait partie du voyage qui amène chez nous les Ursulines et les Hospitalières. Arrivé à Québec le 31 juillet et le 3 août suivant, il est déjà en route pour la Huronie. À partir de ce moment, sa vie ne sera qu'une longue périgrination. On le voit d'abord avec le Père Daniel qui le lance dans l'apprentissage de la langue. Pierre nous décrit lui-même ce difficile apprentisage : « Il fallait que j'allasse tous les jours dans un certain nombre de cabanes pour demander aux sauvages les mots de leur langue et pour les écrire, lorsque l'on me les suggérait. » Ce n'était pas une sinécure car la plupart du temps, il devait essuyer quolibets et railleries. Mais Pierre-Marie-Joseph est un homme décidé. Il enregistre tout. Il devint un expert dans cette langue reconnue comme « la plus difficile de toutes celles de l'Amérique Septentrionale. » Il en vint à posséder la langue huronne avec une maîtrise reconnue par les Hurons eux-mêmes à tel point « qu'il n'y a dans le Huron ni tour ni subtilité ni manière de s'énoncer dont j'ai eu la connaissance, et fait pour ainsi dire la découverte. » On dira plus tard de lui : « Tous les jésuites qui apprendront jamais le huron l'apprendront à la faveur des préceptes, des racines, des discours et de plusieurs beaux ouvrages qu'il nous a laissés en cette langue. » (*Dictionnaire Bibliographique du Canada*, tome 1, p. 212) .

On le retrouve en suite avec le Père Brébeuf chez les Neutres, à la mission St-Joseph où le Père Daniel lui sauve la vie (un Indien s'apprêtait à lui trancher la tête d'un coup de hache), chez les Pétuns, etc. De même, il échappe au massacre de 1649. Il revient à Québec avec « le petit reste » d'Indiens en 1650. Il est ensuite envoyé chez les Onontagués. C'est chez eux qu'il prononça les discours qui le rendront célèbre tant chez les Indiens que chez les Français. Il passe par Montréal vers 1658 et fonde la confrérie de la Sainte-Famille dont il sera l'apôtre dévoué. Enfin, on lui doit la fondation de la mission huronne de Lorette près de Québec en 1673. Il s'y dévouera jusqu'à sa démission en 1691. Il meurt deux ans plus tard après avoir passé 52 ans en Nouvelle-France dans de perpétuels déplacements et des conditions extrêmement difficiles.Saluons cet homme intelligent, lucide, perspicace.

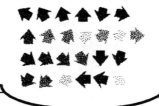

JOSEPH LÉGARÉ
Père de nos «galeries d'art»

Joseph Légaré est un artiste prolifique. C'est notre premier artiste québécois à peindre de façon continue des paysages. Un homme mêlé à tous les problèmes de son temps. On le rencontre au Conseil de ville de Québec, à la Société Saint-Jean-Baptiste, à la Société littéraire et historique de Québec, à côté de Papineau dans ses campagnes politiques.

Ses toiles nous rappellent les grands événements de notre histoire. Faut-il rappeler le « Massacre des Hurons par les Iroquois », l'une de ses plus importantes toiles pour l'analyse de son œuvre. Ou encore le « Choléra à Québec » qui représente de manière saisissante la terrible épidémie qui s'abattit sur la colonie en 1832. Le climat d'angoisse est rendu par le peintre habile qui fait passer un frisson de peur avec ce fourgon de la mort, l'activité fébrile de la place du marché, les scènes de pleurs, le ciel chargé de nuages macabres, la lune blafarde qui éclaire à peine l'église. Et que dire du célèbre tableau «le martyre des pères de Brébeuf et Lalemant», au dire des connaisseurs, l'une des toiles les plus complexes de Légaré au niveau de la conception de l'œuvre? Et nous pourrions ajouter «L'éboulis du Cap Diamant» de 1841, «L'incendie du faubourg de Québec» en 1845, etc, etc.

Ce qui frappe aussi chez Légaré, c'est son ouverture à tous les genres. Il est aussi habile dans les natures mortes qu'en reconstitutions historiques, en paysages, en allégories, copies de tableaux religieux.

Enfin, fait non négligeable, il est le premier à ouvrir une « Galerie de peintures» au Québec. Il avait cultivé très tôt le goût de la collection de tableaux et fut, tout au long de sa vie, un grand collectionneur. Il voyait grand et connaissait la valeur de notre patrimoine culturel. Il ne ménagea pas ses efforts et tenta de convaincre les instances gouvernementales, de créer une «Galerie nationale.»

Il a droit à un grand salut en cet anniversaire de sa naissance.

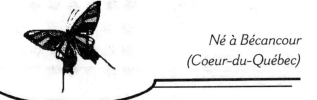

LÉON PROVANCHER
L'entomologiste prodige

Qui aurait pu penser que ce jeune collégien de qui ne pouvait trouver personne pour l'aider au Séminaire deviendrait l'un des hommes de science les plus importants du Québec ? Il fut d'abord curé de campagne, fondateur de « *La Semaine religieuse de Québec*» et du «*Naturaliste canadien*»(première revue scientifique du Québec) avant de devenir le célèbre entomologiste que nous connaissons. C'était un homme curieux qui s'intéressait à tout. Il collaborait à « *La Minerve*«comme au «*Journal d'agriculture*», rédigeait des manuels scolaires, organisait des pèlerinages en Terre Sainte. Il nous a laissé un volumineux ouvrage racontant son périple *De Québec à Jérusalem.*

Ce fut à Portneuf qu'il publia en 1862 sa *Flore canadienne.* Dans notre histoire, c'était la première fois que quelqu'un s'intéressait de façon scientifique à notre histoire naturelle. Par la suite, il devait publier une montagne de volumes qui nous surprennent. Sa *Faune entomologique du Canada* décrit plus de 1000 espèces nouvelles, plus de 300 à 400 jusque là ignorées de la science. De même, il fait la description de toutes nos espèces de Coléoptères, d'Hyménoptères, -le dixième de tous les hyménoptères : fourmis, guêpes, abeilles, etc ont été découverts par lui), d'Hémistères, d'Orthoptères, de Névroptères : quatre volumes de 2000 pages! De même, il traite en détail des plantes, des mammifères, des oiseaux, des poissons, des reptiles, des mollusques, de la géologie. On peut dire qu'il nous a laissé une Histoire naturelle du Québec quasi complète et trois collections entomologiques conservées à l'Université Laval (20,000 spécimens) et au Collège de Lévis (10,000). «Des chercheurs du monde entier viennent la consulter» dit Jean-Marie Perron, conservateur de la collection. Fait intéressant à noter, Provancher honore souvent les localités et les gens du Québec pour baptiser ses étalons.

Cet homme d'initiative, pionnier dans un secteur complètement inconnu, surprend par son audace, sa curiosité intellectuelle, son ardeur au travail, sa débrouillardise dans un temps où la recherche et les outils brillaient par leur absence. Ses collections ont dans le domaine de la science une valeur inestimable.

CLAUDE JUTRA
Le maître du cinéma québécois

La personnalité de Claude Jutra a quelque chose qui tient de la fiction. Cet être exceptionnel, reçu médecin à 22 ans, n'a vécu que pour le septième art. Le cinéma a été sa passion. Issu d'une famille bourgeoise et raffinée qui recevait les grands artistes du temps (Piaf, Aznavour, Trenet, Montand, etc), il a passé une enfance heureuse qui l'a profondément marqué. À dix-huit ans, il réalise avec Michel Brault, son premier film « Le dément du lac Jean-Jeunes ». Les deux inséparables ne se quitteront plus. Parlant de cette époque, Brault écrira à propos de son ami : « Il était très alerte, il avait un esprit qui réunissait la sensibilité artistique et les connaissances scientifiques. »

Dès de début de la télévision, Claude participe activement aux productions de Radio Canada. Il anime même une série de treize émissions sur le cinéma « Images en boîte » en 1954. Il s'inscrit à l'École du Théâtre du Nouveau Monde, fait ses premiers essais professionnels avec Mc Larren dans « Il était une chaise, » un court métrage, un succès de l'époque. Jutra vouait un culte à Mc Laren. « Mc Larren est un des seuls artistes que je connaisse qui n'évolue pas dans le compromis, mais qui soit axé sur un absolu, écrira-t-il. L'objet de son travail est infini. En même temps, il est infiniment loin. Mais ce qui est infiniment loin n'est pas accessible. » On comprend cette affinité pour Jutra habité par la même quête exigeante.

Partout où il est question de cinéma, Claude Jutra est présent : télévision de Radio-Canada, ONF, rencontre délirante avec Fellini à New York, avec Truffault à Paris, un des maîtres du cinéma en France avec qui il réalise « Anna la bonne, » avec Jean Brault, l'ethnologue et réalisateur français qui l'encourage dans son tournage au Niger et l'invite à pénétrer plus avant dans la vérité profonde des êtres humains. Jutra est alors en pleine effervescence. Son talent pétille. Johanne Harrelle, sa compagne, dira de lui à l époque : « C'était un être excessif, un grand lyrique, un être fascinant, très attentif, très généreux, très humain, très proche de l'autre. Il aurait pu être à la fois Mère Teresa et saint François d'Assise. Un viveur qui était aussi un mystique. C'était un homme sans frontière. Il essayait de ne pas avoir de préjugé d'aucune sorte. »

On n'en finirait pas s'il fallait citer toutes ses réalisations. Pensons à « À tout prendre » d'un humour à la fois tendre et mordant, « Les mains nettes » où il montre son grand talent de metteur en scène, « Les enfants du silence » qui révèle la tendresse de son regard sur les enfants sourds, l'amusant « Pierrot des bois », œuvre de clarté et de simplicité qui laisse deviner l'auteur à la recherche de son enfance disparue, « Kamouraska » mieux connu et son chef d'œuvre « Mon oncle Antoine » reconnu comme le meilleur film québécois de tous les temps.

Indéniablement, Claude Jutra a été l'un de nos meilleurs cinéastes. Comme dira Michel Brault, lors de la cérémonie religieuse à l'occasion de la brutale disparition de cet être si attachant : « Claude était le cinéma. Il était à la fois 24 images seconde et poésie, il était montage, quintessence du cinéma, il était sensibilité et poésie, il était plan, cadrage et création, il était un dictionnaire du cinéma, il était à la fois homme de science et homme de lettres. À cause des sa présence parmi nous, nous étions promus à l'excellence. Une part de Claude se retrouve dans ceux qui l'ont côtoyés. Ce qu'il a nous a donné demeure inaliénable et le continue. » On ne peut entrer dans sa maison — devenue la Maison des écrivains — au 3492, rue Laval, sans que son ombre nous enveloppe et fasse resurgir tout ce passé.

Tous lui doivent quelque chose. Les cinéastes québécois l'admettent sans ambages. Ils ont tous appris de lui. À une époque puritaine et fermée sur elle-même, Claude Jutra faisait preuve de grande ouverture d'esprit et de tolérance. De façon subtile, il a réussi à montrer notre réalité frileuse de risques sous le couvert habile de la fiction.

En ce jour anniversaire de sa naissance, nous lui disons un grand merci. Dans la collection « Célébrités canadiennes » publiée chez Guérin, Daniel Carrière a publié une intéressante biographie de Claude Jutra. Abondamment illustrée, cette biographie fait revivre les meilleurs moments de son existence trépidante.

MARC-AURÈLE FORTIN
Le magicien des ormes et des nuages

Son père, juge de la Cour supérieure, aurait voulu que Marc-Aurèle fasse un avocat. Mais la pulsion de la vocation du peintre était trop forte. Aussi, après ses études à l'école du Plateau et des cours de peinture le soir au Monument National, Marc-Aurèle coupe les ponts avec sa famille et rejoint son frère à Edmonton. Pendant trois ans, il accucule ses économies. Puis, il se rend aux États-Unis, étudie à Boston, à New York et à l'Art Institute de Chicago. En 1914, il revient à Montréal et commence réellement sa vie d'artiste.

Plus de trente années sur les routes du Québec, la plupart du temps à bicyclette. Une production prolifique, parfois des tableaux peints en deux heures avec une aisance jamais connue. Au moins deux mille huiles, plus de quatre mille aquarelles, un millier de pochades, une centaine de gouaches. Une œuvre dispersée aux quatre coins de la planète. Il a fait don au général de Gaulle d'un tableau d'une petite maison chargée de neige, Churchill avait dans sa collection une peinture de Fortin dont la réputation s'agrandit au fil du temps aux dimensions universelles.

Toute son âme se reflète dans ses toiles. Il a fait chanter les arbres dans la lumière, surtout les ormes qui le fascinaient. Son grand orme de Pont-Viau, solitaire, paisible, énorme, avec sa belle chevelure qui chante dans le vent nous rappelle comment Fortin savait parler aux arbres. Et que dire des nuages, ses confidents ? Sous sa palette, ils bougent continuellement, de façon magique. Ils occupent le tiers de ses tableaux et le tiers de sa vie. Dans sa palpitante biographie sur le peintre, Daniel Gagnon donne la parole à Marc-Aurèle qui dit à ses nuages : « Oh! mes nuages à Tadoussac, à Percé, à Saint-Siméon, mes nuages au-dessus ces champs dans Charlevoix, au-dessus des goélettes sur le fleuve, mes nuages perchés dans mes clochers de l'île d'Orléans et accrochés dans les cordes à linge du vieux Sainte-Rose, mes nuages pleins de présence, en eux j'irai me fondre, me perdre infiniment. » (*A l'ombre des grands ormes*, XYZ Ed., 1994, p. 131)

Avant de se perdre dans ses nuages, Fortin a beaucoup souffert . Ses dernières années furent assombries par l'amputation de ses deux jambes, l'exploitation et la séquestration par une personne sans scrupule, Archambault, qui vendait ses tableaux à de vils prix pour son bénéfice personnel. Un amateur, René Buisson, le tira des griffes de cet imposteur et lui procura ses trois dernières années de sérénité dans un sanatorium de Saint-Jean de Macamic(Abitibi).

Pour nous, Marc-Aurèle Fortin restera éternellement présent par ses campagnes paisibles, ses montagnes silencieuses, le vent qui bruit doucement dans ses ormes ou ses goélettes fragiles, ses églises adossées aux villages tranquilles,ses grands ormes de Sainte-Rose, ses Laurentides, ses épaves à Percé, ses magnifiques couleurs de Charlevoix.

Nous ne pouvons que redire avec l'aumônier du sanatorium à qui Daniel Gagnon prête la voix :

« Ta peinture t'est naturelle comme ta respiration, elle est partout dans chaque geste, dans chaque toile, ça vibre derrière le chant des couleurs. Le souffle qui la traverse nous porte, elle est harmonieuse et facile à regarder, elle nous transporte et nous change. Elle est une vision et une voie ensoleillée. Elle invente au fur et mesure sa vérité. Elle va, mon cher Fortin, de rythme en rythme, d'intuition en intuition, fluide et légère. » (id, pp. 124-125)

Cré chien! pourrions-nous dire (c'était là son patois), en cet anniversaire de ta naissance, cher Marc-Aurèle, un bon anniversaire au pays des nuages et des anges avec Michel-Ange, dans la lumière !

Celui-là même qui l'avait tiré des griffes d'Archambault, René Buisson, a créé à Montréal, le seul musée consacré exclusivement à l'œuvre d'un artiste québécois. Le « Musée Marc-Aurèle-Fortin » est situé au 118, rue Saint-Pierre, dans le Vieux-Montréal. Il est ouvert du mardi au dimanche de 11 h à 17 h. L'entrée : 2 $ seulement !

A noter aussi le très intéressant documentaire réalisé par Radio-Canada en 1983 : « Marc-Aurèle Fortin, 1888-1970 » : 57 minutes. Réalisation André Gladu.

LÉO-ERNEST OUIMET
Le mordu du cinéma

Ce jeune électricien devait faire carrière. Il en fera voir des flammèches! Déjà, il surprenait au Théâtre national et au parc Sohmer par ses ingénieux trucages et ses éclairages inédits. En 1904, il s'achète un projecteur et le voilà lancé! Désormais, il pouvait présenter lui-même des spectacles.

1906, date mémorable chez nous, c'est l'ouverture du premier vrai cinéma de Montréal, le OUIMÉTOSCOPE qui connut un immense succès. La voie est ouverte aux concurrents qui se multiplient et viennent s'approvisionner chez lui. Ouimet devient ainsi le premier distributeur chez nous. Dès l'année suivante, c'est la gloire avec l'ouverture du premier Palace du cinéma. Ouimet est aux anges! Il filme des compétitions sportives, des célébrations religieuses, des assemblées politiques, comme «l'incendie de Trois-Rivières», «La chûte du point de Québec», «Le congrès eucharistique de Montréal». Sans s'en rendre compte, il s'inscrit dans l'histoire comme un archiviste de notre patrimoine national.

L'opposition ne pouvait pas manquer. Vite, il se butte à la vorace compétition des États-Unis et à l'étroitesse du clergé du temps. Il doit défendre ses droits légitimes devant les tribunaux. En 1912, la Cour Suprême autorise les spectacles du cinéma le dimanche. Ouimet a gagné mais il est ruiné. Mais il sait rebondir. En 1914, avec le démantèlement du trust américain du cinéma, il revient à la charge et se lance de nouveau dans la distribution. Son ardeur redouble. Il a des bureaux partout dans les villes importantes du Canada. Il continue à présenter des films sur l'actualité, produit des publicitaires et des documentaires-fictions. En 1922, il s'installe même à Hollywood et fonde une nouvelle compagnie pour la production de longs métrages de fiction. Mais devant l'ogre puissant, il ne peut lutter longuement. En 1933, il revient à Montréal et se lance dans la présentation de films français. Le malheur s'appesantit sur lui. Un incendie détruit l'Impérial qu'il avait loué et Ouimet est encore une fois, ruiné. Cette fois, l'épreuve est dure. Il se ramasse gérant d'une succursale de commission de liqueurs du Québec où il travaillera jusqu'à ses 80 ans. Il ne pourra jamais oublier le cinéma. Il tenta même de faire breveter un procédé de projection à trois dimensions. Cet esprit inventif, cette ténacité, cette puissance de rebondissement dans un domaine aussi nouveau méritent toute notre estime et notre admiration. Je ne passe jamais devant le Ouimetoscope sans une certaine tristesse de le voir tomber en ruine comme son fondateur qu'on n'a pas su soutenir, admirer et encourager. À ce pionnier du cinéma chez nous, un grand salut en ce 15 mars, anniversaire de sa naissance.

JEAN COURNOYER
Un homme de franchise

Une chose sur laquelle tout le monde s'entend à propos de Jean Cournoyer, c'est qu'il est un homme qui se tient debout et qui n'a pas peur de ses opinions. Partout où il est passé, comme député ou ministre du Travail et de la Main-d'œuvre ou ministre des Richesses naturelles, Jean Cournoyer a toujours été égal à lui-même. C'est un homme intègre que personne ne peut acheter. Avocat, il connaît bien le droit mais il sait surtout le vulgariser et le faire comprendre dans un langage accessible à tous. Depuis qu'il anime une émission à la radio, sa transparence apparaît encore plus nette. Il y fait preuve d'un jugement sûr, d'une clarté dans ses exposés, d'une grande droiture d'intention et d'une franchise sans bavure. Rien ne l'offusque autant que l'obséquiosité et le louvoiement. Alors, il se met en « désespoir » et sort de ses gonds. Son langage s'émaille des termes les plus sophistiqués de nos sacristies et il assène son adversaire avec une colère écumante qui a la force d'un tomahawk. On ne peut pas dire que la patience est sa vertu dominante mais tout le monde lui pardonne ses écarts de langage à cause de sa droiture à toute épreuve, de sa loyauté sans faille, de sa sincérité complète et de son bon cœur.

À la télévision, Jean est plein d'entregent et d'humour, fin causeur et réservé. C'est un homme cultivé capable de faire profiter les autres de son savoir. Le Dictionnaire qu'il a fait paraître en 1993, *Le Petit Jean* (compilation de 15,000 noms de lieux, institutions et personnages importants dans l' histoire du Québec) en est la preuve.

Dans un récent sondage pour connaître l'opinion des Québécois en faveur du futur gouverneur général du Canada, son nom est sorti je ne sais plus combien de fois! Mais Jean Cournoyer n'est pas l'homme à s'enfarger dans les fleurs du tapis et la diplomatie zigzagante ne fait pas bon ménage avec lui. Il aurait sûrement refusé le poste, si prestigieux soit-il. Jean est à son aise près du peuple dont il a la simplicité, la franchise et le cœur. Tant mieux pour nous autres! Nous l'aimons ainsi. S'il n'est plus ministre des richesses naturelles, il garde toutes ses énergies et reste énergisant pour tous ceux et celles avec qui il communique par les ondes.

En ce seize mars, bon anniversaire, cher Jean Cournoyer, homme de franchise, dret comme une épinette et franc comme le bois de chez nous!

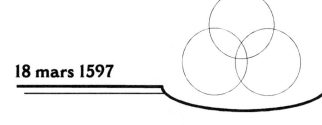

JÉRÔME LE ROYER DE LA DAUVERSIÈRE
Le Père de Montréal

Un homme exceptionnel! Peu connu à Montréal, si invraisemblable que cela puisse paraître! Un percepteur d'impôts dans une petite ville de France. Un époux exemplaire. Un père de famille de cinq enfants (dont deux prêtres et une religieuse.) Un ami dévoué des pauvres. D'une grande piété. Très accueillant pour les visiteurs (le baron de Fancamp habitera quinze ans chez lui; toute la communauté de la Visitation logera temporairement dans sa maison). Procureur et comptable de je ne sais plus combien de confréries, d'associations et communautés religieuses. Administrateur de l'Hôtel-Dieu de La Flèche qui tombe en ruine. Constructeur d'un nouvel hôpital pour sa ville. Jérôme, un homme très actif, me direz-vous, mais il n'y a rien d'extraordinaire dans tout cela. Mais tenez-vous bien. Le 2 février 1630, cet homme entend un appel de Dieu qui lui demande de fonder une communauté de religieuses hospitalières en l'honneur de saint Joseph, d'établir un Hôtel-Dieu dans l'île de Montréal en Canada et d'y envoyer ses filles religieuses. Là, c'est pousser un peu fort. Pas surprenant que son confesseur, le père Chauveau, lui recommande de penser à autre chose et d'abandonner sa «pieuse chimère». C'est un projet extravagant et de tout point irréalisable» lui assure-t-il. Jérôme est complètement d'accord. Il obéit, content de retourner à ses affaires, à sa famille, à ses pauvres. Si Dieu veut réaliser un tel projet, qu'il choisisse quelqu'un d'autre. En tout cas, pas un simple laïc comme lui, sans fortune et sans influence. Bien naturel qu'il «ait éprouvé une répugnance presque insurmontable à exécuter un pareil dessein, qu'il jugeait être tout à fait au-dessus de ses forces, contraire à sa condition et nuisible aux intérêts de sa famille.»

Entre temps, à l'hôpital de La Flèche, Jérôme rencontre une dame respectable, Marie de la Ferre. On l'appelle «la sainte demoiselle, la mère des indigents.» Une franche amitié se noue entre eux. Marie révèle à Jérôme la vision qu'elle a eue quelques années auparavant :une salle de malades avec des rangées de lits. Jérôme reconnaît en elle celle que Dieu lui envoie comme collaboratrice. Avec une cousine, Anne Foureau, et quelques compagnes, Marie décide de se retirer à l'hôpital de La Flèche pour se consacrer au service des malades. De son côté, Jérôme rédige les constitutions. La petite communauté prend forme. Tout s'enchaîne et se déroule ensuite selon les plans de Dieu. Les autorités de La Flèche acceptent les religieuses de La Dauversière; le roi et le parlement apposent leur sceau et l'évêque d'Angers approuve les constitutions, pur chef d'œuvre de prudence et de sagesse surnaturelles. Un seul paragraphe peut nous en donner une idée :

« L'esprit de cette famille est celui d'une sainte liberté des enfants de Dieu qui fait l'âme attentive à soi, fidèle à Dieu, pure en sa vie, simple en ses intentions, douce en sa conversation, cordialement unie à ses soeurs, tendrement charitable envers les pauvres malades, constante et forte en tous accidents fâcheux, et universellement désireuse de tout ce qui peut la rendre agréable à Dieu. » (chap. 1, 3)

On croirait lire le carnet spirituel de Jérôme lui-même ou entendre l'écho de ce qu'il vit à chaque moment de sa vie quotidienne. Mais Dieu attend encore plus de Jérôme. À l'été 1639, il lui réitère sa demande d'un hôpital à Montréal. Sur le conseil du père Chauveau, Jérôme se rend à Paris pour consulter le P. Charles Lalemant. Dès son arrivée dans la capitale, il va à Notre-Dame. Le Seigneur lui parle encore : « Travaillez fortement à mon œuvre, ma grâce vous suffit et ne vous manquera pas. » Au même moment, Jérôme voit distinctement toutes les personnes appelées à le seconder là-bas, la topographie des lieux, etc. Puis, il fait la connaissance de M. Olier, le futur fondateur des Sulpiciens. Ils s'entretiennent de la fondation de Montréal et décident la création de la Société de Montréal pour soutenir l'œuvre naissante. Les membres s'engagent à fonder une colonie à Montréal ; à y établir un séminaire d'ecclésiastiques chargés de la prédication et la conversion des sauvages ; une communauté religieuse pour l'éducation et l'instruction des filles ; un hôpital pour les malades. Trois projets qui verront bientôt le jour. En effet, par la suite, Jérôme rencontre Maisonneuve, son chef d'entreprise pour « la folle aventure » et Jeanne Mance, l'administratice de l'hôpital. Chose surprenante, en peu de temps, « lui, étranger, inconnu à Paris, sans moyens, sans appui ni charmes d'orateur,(se voit) reçu, accueilli par des personnes de toutes conditions, » surtout par des personnes très riches, prêtes à l'aider. Jérôme leur expose son plan quinquennal de colonisation à triple volets et son désir de voir une colonie qui vive dans l'esprit de la sainte famille et de l'Église primitive. Dans l'esprit d'évangélisation qui embrasait la France du XVIIe siècle, ses paroles suscitaient l'enthousiasme et la ferveur. Les obstacles ne manqueront pas sur la route mais se lèveront un à un. Le 7 août 1640, Jérôme et le baron de Fancamp achètent l'île de Montréal de Jean Lauson et de la Compagnie des Cent-Associés. La « pieuse chimère » devenait réalité. Le reste de sa vie, Jérôme le passera à s'occuper constamment de son œuvre : recrutement des colons de tous les corps de métier, ravitaillement, provisions, outils, armes, munitions pour les entrepôts de La Flèche et de Montréal. Que de voyages, il devra effectuer, la plupart à cheval, pour embaucher les colons, solliciter des collaborateurs, trouver des bienfaiteurs qui veulent bien défrayer les coûts du transport ! Que d'emprunts il devra risquer pour payer armateurs et marchands ! Sa vie ne fut qu'une course continuelle pour la survie de la colonie, un risque perpétuel pour pourvoir à tous ses besoins. Un an avant sa mort, il aura le bonheur de voir trois de ses hospitalières partir pour Montréal accompagnées de quatre sulpiciens et de Marguerite Bourgeoys. Quelques mois après, Jérôme perdait tous ses biens (un bateau transportant sa fortune sombrait en mer). Le père de Montréal mourait peu après, dans les pires souffrances physiques et morales. Il mourait comme un saint. Comme il avait vécu : « en mystique tourné vers l'action. »

PAUL RAGUENEAU
Un homme d'une grande envergure d'esprit

Il avait fait ses études au même Collège de La Flèche comme La Dauversière dont je viens de parler. Paul Ragueneau arrive chez nous en 1637, c'est-à-dire dès les premiers temps de la Nouvelle-France et aussi les plus difficiles. Il passe immédiatement en Huronie où il travaille avec le Père Jean de Brébeuf. Une épidémie sévissait alors chez les Indiens et, évidemment, les missionnaires sont accusés de sorcellerie. Le Père Ragueneau échappe belle au martyre car en 1645, il est rappelé à Québec, comme supérieur de la mission des jésuites en Nouvelle-France. C'est lui qui nous a relaté le martyre des Pères Brébeuf et Lalemant en 1649. Il présida aux funérailles des deux martyrs et, dans la *Relation* de 1649, il n'hésita pas à les déclarer martyrs au sens canonique du mot. Lorsqu'il dut prendre la décision de fermer la mission en Huronie, il fit brûler leurs corps et ramena les ossements à Québec. Le supplice de ses compatriotes le hantait continuellement. Il savait qu'il aurait pu subir le même sort. En 1652, il écrit le fameux Manuscrit qui constitue, en quelque sorte, un véritable procès diocésain sur Brébeuf et Lalemant. Il ouvre ainsi la voie à leur canonisation ultérieure.

Le Père Ragueneau était un homme avisé qui jugeait vite des situations. C'était un esprit subtil, «l'un des jésuites les plus intelligents que le Canada ait possédés» écrira de lui le Père Rochemonteix (*Dictionnaire Bibliographique du Canada,* tome 1, p.577) Il allait direct au pratique. «Si j'avais un conseil à donner à ceux qui commencent la conversion des Sauvages, écrivait-il, je leur dirois volontiers un mot d'avis que l'expérience leur fera, je croy, reconnaître estre le plus important qu'il ne pourrait sembler d'abord ; sçavoir qu'il faut estre fort réservé à condamner mille choses qui sont dans leurs coutumes et qui heurtent puissamment des esprits élevez et nourris en un autre monde.» (op. cit., p. 576) De son côté, le Père de Brébeuf, homme de grande sagesse, écrivait : « C'est un homme hors ligne, et pour tout dire en un mot, si accompli sous tous les rapports, qu'il n'a pas ici son semblable, et je ne sais si jamais il l'aura. »

Suite à la destruction de la mission par les Iroquois, le Père Ragueneau décida, non sans peine, de fermer la mission de Ste-Marie et de la transférer à la Baie Georgienne (« Christian Island »). La famine et les incursions constantes des Iroquois, l'obligea finalement à ramener les Hurons à Québec, l'année suivante.

Comme supérieur des Jésuites, il faisait partie du Conseil de la Nouvelle-France. Il fut moins heureux dans ces fonctions car il s'immisça trop dans les affaires de l'État au grand mécontentement des colons. Il fut finalement ramené en

France en 1662 et succéda au Père Le Jeune pour les affaires de la Nouvelle-France. Il ne devait plus revenir au Québec.

En France, il laissa le souvenir d'un directeur spirituel avisé, «d'une singulière pénétration d'esprit et solidité de jugement». À la demande de Mgr Laval qui le tenait en haute estime, il écrivit la vie de Catherine de Saint-Augustin dont il avait été le directeur spirituel. Ce document fut une source précieuse pour la béatification de notre mystique canadienne.

Les collègues ne tarissent pas d'éloges sur le Père Ragueneau. Le Père Champion dira de lui : «C'était un religieux parfait, d'une vaste étendue d'esprit, d'un courage héroïque et capable des plus grandes entreprises, d'une sainte simplicité, d'une admirable confiance en Dieu, et d'une expérience consommée dans les choses spirituelles ; un homme entièrement dégagé de tous les intérêts temporels, et qui respirait que l'amour de Dieu et le zèle des âmes. Il fut l'un des premiers missionnaires de la Nouvelle-France et j'ai appris en plus des Pères Joseph Poncet et du Père François Le Mercier, deux saints religieux qui avaient été ses collègues dans ses travaux apostoliques, qu'il n'y avait personne qui eût rendu plus de service à l'Église du Canada, ni qui méritât à juste titre le nom d'apôtre.» (D.B.C., p. 576)

Un homme d'une si grande envergure d'esprit, compagnon de nos saints martyrs et de notre mystique Catherine de Saint-Augustin, mérite qu'on souligne l'anniversaire de sa naissance en ce dix-huit mars.

MARIE MORIN
Notre première historienne québécoise

La vie de Marie Morin se confond avec l'histoire de la Nouvelle-France. Comme elle le dit savoureusement, elle a été « témoin oculaire et auriculaire » de cette période troublée. En lisant ses Mémoires, « on a l'impression qu'une tête solide, amie du bon sens, guide la main qui écrit. » Elle a connu nos pionniers : Marie de l'Incarnation, Maisonneuve, Jeanne Mance, Marguerite Bourgeoys, les Soeurs de Brésolles, Macé, Maillet. J'ai d'autant plus d'intérêt à parler d'elle que sa grand-mère maternelle, Françoise Langloise, était sans nul doute apparentée à Noël Langlois, l'ancêtre commun des Langlois.

Déjà à l'école, Marie se fait remarquer. Les Ursulines nous disent qu'elle se montre « si appliquée que les autres élèves la regardent déjà comme un modèle de sagesse et de piété. » Marie est toute là. Elle ne changera pas. Sagesse et piété la résument déjà.

En 1659, elle apprend l'arrivée des Hospitalières de Saint-Joseph à Montréal. Aussitôt, elle veut les rejoindre. Ses parents s'y opposent. Pourquoi aller si loin, dans une communauté « si pauvre, si peu établie, et sans cesse exposée à la fureur des Iroquois ? » Naïvement, Marie répond : « Parce que j'ai l'espoir d'y souffrir le martyre pour la foi. » Et elle ne démord pas. Pendant deux ans, elle insiste. De guerre lasse, ses parents décident de consulter Mgr Laval. Belle dérobade. L'histoire nous apprend que le saint évêque était opposé à la venue des Hospitalières à Ville-Marie. Il ne pensait qu'à les fusionner avec les Augustines de Québec. Contre toute attente, sans doute « touché de cette tendre vocation », voilà que le prélat signe sa lettre d'approbation. Ainsi, Marie peut entrer chez les Hospitalières en août 1662. Elle n'a que treize ans et demi. Sans dot. « Un million d'or » n'aurait pas causé plus de joie aux religieuses que la venue de cette première religieuse québécoise. Elles voyaient en elle une reconnaissance tacite de leurs droits.

Immédiatement, Marie s'initie à la pharmacie, au soin des malades, à la catéchisation des Indiens. Seule novice, elle connaît la solitude, l'ennui de ses parents, » la pauvreté plus qu'évangélique. » La mort de Jérôme de La Dauversière, le fondateur des Hospitalières, a privé les religieuses de leur procureur dévoué et de leurs rentes de France. « Nonobstant tout cela, dit Marie, nous avons reçu et servi nos pauvres malades sans mourir de faim, sans un sou de rentes pendant plus de 8 ans et sans demander l'aumône à personne. »

En 1672, on la nomme économe. Elle connaîtra alors les soucis et casse-tête continuels d'un hôpital sans argent pour son fonctionnement, où pluie et neige entrent de tous côtés. Elle se demande comment les hospitalières ont pu «demeurer pendant près de trente ans dans un si pauvre et méchant taudis.» Leur logement ressemblait plutôt à un grenier qu'à un dortoir, obligées qu'elles étaient de dormir dans une même cellule «si petite qu'à peine elles s'y peuvent tourner...»

En fait, l'hôpital tombait en ruine. Comme Marie connaissait mieux le pays, «il lui était plus facile d'acheter les matériaux de construction à meilleur compte», on lui confia la tâche de cette construction en 1689. Quelques mois plus tard, à peine la construction terminée, l'hôpital était la proie des flammes. Cette épreuve ne réussit pas à abattre le courage de Marie alors supérieure. «On devient héroïque sans le savoir à ce régime surhumain» avoue-t-elle avec sa bonhomie habituelle. «Elle accepta cet accident avec une constance qui charma tout le monde.»

L'année suivante, elle redevient économe pour la reconstruction. « L'argent est rare en ce pays.» disait-elle avec réalisme. Il fallut faire des miracles pour cette seconde construction. Mais elle fit ce qui devait être fait et le fit bien.

C'est vers cette époque qu'elle commence le récit des *Annales de l'Hôtel-Dieu* pour satisfaire les Hospitalières de France. 317 pages qui nous renseignent sur la vie quotidienne de son époque, les commencements de Ville-Marie, ses conversations avec Jeanne Mance durant près de onze ans, les préoccupations pécuniaires de l'Hôtel-Dieu, le caractère de ses contemporains, le tremblement de terre de 1663, le siège de Québec de 1690, le désastre de Walker et Nicholson en 1711, le deuxième incendie de l'hôpital en 1721, l'angoisse pour la survie de l'œuvre, etc, etc.

Pendant vingt-huit ans, elle travaillera avec acharnement. «Rien ne l'étonnait, rien ne la dérangeait. Elle était au-dessus de la louange et du mépris, de la santé et de la maladie, du repos et du travail.»

Femme de ténacité, femme d'équilibre serein, d'humeur toujours égale, de bonne humeur et de santé morale, de débrouillardise et de hardiesse, de dévouement total et d'abandon parce que toute lovée en Dieu par sa prière confiante, MARIE MORIN fait figure de proue dans les toutes premières pages de notre histoire. Notre première historienne québécoise mériterait un monument qui pourrait perpétuer sa mémoire.

Elle est morte à 81 ans, le 8 avril 1730 après 68 ans de dévouement constant à l'Hôtel-Dieu dans des conditions de vie héroïques. J'imagine que Dieu a dû la placer tout près de saint Joseph. À droite ou à gauche, je ne sais car je pense qu'un siège était réservé pour le frère André et un autre pour maman... Après tout, cette chère Marie Morin, n'était-elle pas née de façon privilégiée le 19 mars 1649 ? Comme elle dirait elle-même : «pour des raisons qu'on saura dans l'éternité.»

21 mars au 20 avril
BÉLIER

fleur du mois :

le pois de senteur, fleur appréciée pour sa beauté et son parfum.

La croyance populaire en fait le synonyme de délicatesse.

pierre de naissance :

le diamant, une des pierres précieuses les plus appréciées.

symbole d'innocence. Aussi la pierre traditionnelle des fiançailles et des mariages.

signe du zodiaque :

le Bélier

Le signe du Bélier est intimement lié au feu originel. C'est la représentation cosmique du feu qui éclate, explose, détruit de façon chaotique et s'élance dans toutes les directions. Il exprime le jaillissement de la vitalité première, l'élan primitif de la vie en décharges irruptives et indomptables.

planète :

MARS et le SOLEIL

Les personnes nées sous ce signe ont de la difficulté à retenir l'impétuosité de leur ardeur. Émotives, impulsives, énergiques, ambitieuses, elles se lancent à bride abattue dans le feu de l'action et travaillent avec intensité. Autonomes, idéalistes, elles sont douées pour conduire et font de bons meneurs.

ANDRÉ LAURENDEAU
Un journaliste, un vrai de vrai

L'activité fébrile de cet homme l'a fauché trop vite. Il est mort a peine âgé de 56 ans. Mais quelle vie pleine que celle d'André Laurendeau! Il est partout où il faut semer des idées. Au mouvement « Jeune-Canada » qu'il fonde en 1933. À « L'Action nationale » dirigée par son père et dont il devient le directeur quelques annés plus tard. Au « Bloc populaire », parti politique qu'il fonde pour combattre la circonscription de 1942. Comme député à l'Assemblée législative. Collaborateur à plusieurs journaux. Au renouveau littéraire des années1940 avec des personnalités connues comme Jean Le Moyne et Saint-Denys-Garneau. À la radio, à la télévision, il fait montre d'une grande facilité pour communiquer avec le public. Il est même animateur de l'émission «Voyages au pays de l'enfance». Il touche au roman et au théâtre.

Et il faudrait parler de sa participation au quotidien « Le Devoir » dont il deviendra le rédacteur en chef en 1957. Des éditoriaux sérieux, fouillés, accessibles, visionnaires. Tant de talent ne pouvait passer inaperçu. Aussi, en 1962, l'intelligent Lester B. Pearson, premier ministre du Canada, le nomme coprésident de la Commission d'enquête sur le bilinguisme et le biculturalisme au Canada. Il mourra avant d'avoir terminé son mandat mais non sans avoir fait paraître le rapport préliminaire du premier tome du Rapport de la Commission.

Mais ce qui nous a tous marqué, c'est le journaliste lucide, éveillé et éveilleur de consciences, c'est l'observateur et le scrutateur des êtres et des choses, c'est sa prose étincelante et palpitante d'émotion chaude et communicative, c'est tout son cœur qui savait conquérir le nôtre. Ses éditoriaux (1961-1966) ont parus en un volume en 1970. Le titre est d'ailleurs allusif : *Ces choses qui nous arrivent...*J'y retourne souvent avec une certaine nostalgie. Quelle différence avec certains éditoriaux exangues et sans mordant. Avec André Laurendeau, on ne s'ennuyait jamais ! Il savait écrire. Il savait parler ! Et surtout, il savait communiquer sa flamme !

En ce 21 mars, mon plus profond respect et toute mon admiration à ce patron laic de tout journaliste engagé et qui croit à son métier.

GABRIELLE ROY
La perle de notre littérature

C'est notre plus grande, indéniablement. L'écrivain la plus célèbre du Québec. La plus connue ici et à l'extérieur du pays. «Un génie» comme disait la grand-mère de Michel Tremblay lors de leur voyage en Gaspésie (*Un ange cornu avec des ailes de tôle*, Leméac, 1994, p.164). L'œuvre de Gabrielle Roy nous plonge dans un monde d'où l'on voudrait ne jamais sortir. On ressent à la fois une «détresse» de voir des personnages qui nous ressemblent tant et aussi un «enchantement» continu qu'on a peur de perdre en refermant le livre. Ça doit être cela les délices de la lecture.

Je sais que *Bonheur d'occasion* est un chef-d'œuvre. Cette fresque dramatique d'une famille misérable d'un taudis de Saint-Henri a été étudiée sous toutes ses coutures. C'est notre premier roman social urbain. L'acuité de l'observation, la fine analyse des sentiments, la réserve et la discrétion qui sourdent du cœur des pauvres, le style dépouillé et réaliste ont fait de Gabrielle Roy la Balzac de notre littérature. Son roman traduit en anglais « The Tin Flute » a décroché un tirage de quelque cent mille.

D'autres romans et récits suivront. Je n'ai pas l'intention de les analyser ici. Tout de même, quelle fraîcheur dans *La petite poule d'eau*, cette «délicieuse aquarelle» manitobaine, quelle fluidité dans *La rivière sans repos,* quelle profondeur d'analyse dans *Alexandre Chenevert,* quelle tristesse d'évocation entre le désir du départ et la nostalgie de ce qui demeure dans *La route d'Altamont !* Il faut que je m'arrête : j'ai dit que mon propos n'était pas d'analyser l'œuvre de Gabrille Roy ici. Un dernier mot : son autobiographie posthume *La détresse et l'enchantement* est un pur ravissement.

Par sa sensibilité vive si proche de la nôtre, sa pudeur devant ses personnages, son humilité du regard, sa douceur tranquille et sereine, Gabrielle Roy nous présente un miroir net où chacun peut se reconnaître et finalement, s'aimer. Comme le disait avec infiniment de grâce, notre cher Jean Éthier Blais « elle est, de toute évidence, notre écrivain le plus important, celui qu'il faut lire avec le plus d'attention dès lors qu'il s'agit de connaître les battements de notre cœur. »

En ce jour anniversaire de sa naissance, le merci du cœur pour toutes ces heures d'intime et parfait bonheur en sa compagnie.

THOMAS CHAPAIS
L'histoire vraie

J'ai toujours vu Thomas Chapais comme un grand-père un peu lointain, guindé dans une solennité qui me rappelle les notaires, médecins et curés de mon enfance. Ce secrétaire parlementaire, rédacteur en chef du « *Courrier du Canada*», Président du Conseil législatif, ministre de divers portefeuilles, délégué à la Société des Nations, m'était toujours apparu loin et pontifical. Sa seule photo dans les manuels d'histoire m'impressionnait par sa gravité silencieuse. Et il y a de quoi impressionner car la feuille de route de ce Monsieur est pleine : journaliste, orateur, politicien, polémiste, bref, une carrière bien remplie. De son temps, il jouissait d'une notoriété et d'un prestige incontestés.

Je ne m'intéresse pas à l'homme politique. Chapais est un conservateur, ultramontain en plus ! Que voulez-vous, il était de son temps, fin du XIXe siècle. Il défend les institutions britanniques avec une naïveté qui nous fait sourire aujourd'hui. Il reste quand même pondéré et mesuré dans ses jugements. Mais passons. Ce qui m'intéresse surtout chez lui, c'est l'historien. Chapais nous donne l'heure juste et cela est important. Il va aux sources et vérifie tout. En ce sens, il est pionnier et obtient la bénédiction des Frégault, Brunet et Trudel. Ce n'est pas sans justesse que les auteurs du *Dictionnaires des auteurs de langue française en Amérique du Nord*, (Fides, 1989) le mentionnent :» Une œuvre peut être surabondamment documentée, écrivait-il, et cependant n'en être pas moins inexacte et partiale parce que l'auteur a tout accepté, a recueilli pêle-mêle ce qu'il a trouvé dans les bibliothèques et les archives, en négligeant l'ardu mais urgent devoir de vérification qui s'impose en pareille matière. » Et les auteurs ajoutent : «Chapais a fait disparaître de notre histoire une foule d'erreurs que ses prédécesseurs, moins bien documentés et plus romantiques, avaient acceptées. » (p. 270) Son *Jean Talon, intendant de la Nouvelle-France* comme *Le Marquis de Montcalm* se lisent encore fort agréablement, même si la rhétorique ampoulée du temps enlève de la vigueur au style qu'on aimerait plus dépouillé. Mais pour lui, l'histoire était à la fois science et art. Dans cette perspective, on comprend mieux son intention. En ce 23 mars, bon anniversaire, Monsieur Chapais !

RÉMI BOUCHER
Le guitariste inégalable

Ce jeune guitariste a tout l'avenir à ses pieds, je devrais dire au bout de ses doigts. C'est tout simplement, un prodige. Un prodige de chez nous. Venu d'un tout petit village de l'Abitibi, Cléricy, environ 600 habitants, fiers de leur «p'tit gars de l'Abitibi», virtuose de la guitare électrique.

Après ses études au conservatoire de Montréal, Rémi est lancé dans le grand monde des classiques. Il rafle tous les concours, tous, sans exception. En peu de temps, il est propulsé sur la scène internationale et suscite l'intérêt partout. On le voit en Europe comme en Asie : Autriche, Inde, Japon, Chine. Je viens de lui parler au téléphone. Il partait en tournée pour l'Orient qui le reçoit toujours en triomphe.

Je lui ai demandé sa recette. Avec une simplicité désarmante- et je devinais à l'avance la réponse- il m'a dit «C'est le travail, le travail et encore le travail! Même sur les longs trajets d'avion, je me suis inventé des «trucs» qui me permettent de pratiquer sans déranger!» Il a la tête bouillonnante d'idées et aurait pu devenir inventeur. Mais tout son temps, il le donne à sa guitare. Technique? Parfaite, aucune bavure. L'analyse approfondie des partitions (qu'il peut même jouer à l'envers, dit-il et je le crois), lui donne une efficacité accrue.

Rémi est d'une grande simplicité. « La guitare est ma façon de m'exprimer comme individu. » Pas de jalousie mesquine devant la présence de nombreux jeunes guitaristes qui veulent envahir le marché. «Si ça va bien pour les autres, tant mieux! disait-il à Véronique Robert qui l'interviewait pour le magazine l'*Actualité*. Moi, pour pouvoir traduire en musique l'émotion, la douceur, l'amour, je dois être absolument libre de toute pensée négative. Cela m'a aidé dans les concours; je jouais pour le public, pas pour gagner. »

En fait, Rémi a bien raison de ne pas avoir peur des jeunes. Après tout, il sait pertinemment tout le temps qu'il faut donner pour exceller. Qu'ils fassent comme lui! Il me disait encore : «Je vous ai dit que le travail était la clé du succès. Je devrais ajouter la ténacité aussi.» Bien sûr, sinon le travail commencé ferait penser à certaines tours inachevées.

Ce jeune virtuose est resté québécois dans ses tripes même s'il est rarement au pays. Toujours en escale. Rien ne lui plaît autant que de dénicher des compositions de chez nous. On peut s'en rendre compte par ses deux disques sur le marché. Une réussite totale! Comme le vent qui siffle à travers les grandes épinettes de l'Abitibi dans des espaces illimités. A la mesure de son esprit! Le monde ne sera pas assez grand pour lui bientôt. En fan inconditionné de Rémi, je lui souhaite une carrière éblouissante. Puisse-t-il rester toujours ce qu'il est : simple et prodigieux !

PAUL VANNIER BEAULIEU

Un autre peintre de chez nous, méconnu par la plupart des amateurs de peintures. Né au début du siècle, Paul Vanier Beaulieu a fréquenté l'École des beaux arts de Montréal, fait connaissance de personnalités du milieu comme Jean-Paul Lemieux, Congrove, Stanley, Iacurto...Puis, il part rejoindre son frère Claude à Paris, installe son atelier dans le quartier Montparnasse, fréquentée les plus célèbres cafés où se rencontrent les Pellan, les Picasso, les Jean Dallaire, etc. Il est même fait prisonnier avec 160 autres Canadiens pendant la dernière guerre.

La période qui suivra sera une des plus fructueuses de sa carrière : des huiles, des gouaches, des aquarelles, des lithogravures où il explore toutes les techniques. On retrouve des paysages étonnants, des natures mortes, des portraits aux tons d'une grande richesse de coloris : oranges vifs, rouges éclatants, verts nuancés, roses brumeux, gris adoucis.

Revenu définitivement au Québec depuis 1973, Beaulieu s'est installé dans les Laurentides, à Saint-Sauveur-des-Monts. C'est là qu'il s'est éteint le 4 juillet l 996. Il nous laisse une œuvre fascinante qui témoigne d'un réel talent. Il se dégage une telle chaleur humaine de ses toiles que chacun voudrait en posséder une chez lui ! L'exposition qui vient de se tenir à Saint-Hilaire nous a permis de le connaître. On sort de là enchanté, avec un regain de vitalité !

MARCEL BARIL
Peintre conteur

C'est un peintre que je ne connaissais pas du tout. Mais son exposition au Marché Bonsecours l'a pratiquement sorti de l'ombre ou il se tapit depuis des années. Promeneur solitaire dans Paris ou il vit depuis plus de trente-cinq ans, Marcel Baril enregistre tout, du plus léger frisson des ondes jusqu'aux trémoussements les plus vifs de l'étreinte amoureuse. Il exagère quand il dit qu'il n'a pas de technique : il a tout de même étudié tant à l'école des beaux-arts de Montréal qu'à l'Académie Julian de Paris. Et même s'il n'a jamais obtenu de diplôme, le seul qu'il possède aime-t-il à répéter d'un petit air frondeur, c'est celui de son permis de conduire, il sait comment manier le pinceau pour exprimer un sentiment qui l'habite.

Marcel Baril fait sauter allègrement toutes les étiquettes. Il est peintre, un point c'est tout. Il n'a pas choisi d'être peintre, pas plus qu'on choisit de respirer, affirme-t-il avec sérénité. C'est sans doute l'étiquette peintre naïf qui lui plaît davantage, ce qu'il a été depuis son enfance quand il racontait à sa mère les histoires les plus abracadabrantes pendant qu'elle le séchait après l'avoir lavé. Il vivait déjà dans un monde de rêves comme son petit garçon couché dans les prés dorés et qui voit ses nuages convertis en chevaux, en anges ou en ogres. Comme il nous rejoint ce Pierrot poète! En somme, Marcel Baril est un habile conteur qui raconte en couleurs ses douleurs profondes comme la mort de son père (*Samedi, 9 novembre 1929,)* ses amours (*La commode bleue, Chuchotements dans un appartement, Le mur vert* et combien d'autres!), ses sarcasmes et ses satires de la société (*Enseber, La Bienheureuse échelle, L'évêque)* et ses canulars qui piège dangereusement une société bigote et hypocrite.

Mais qui donc est Marcel Baril? On le sait maintenant. Il est devenu célèbre du jour au lendemain. Devise di Candido parle « d'une œuvre gigantesque » qui fait appel à l'amour, à la mort, mais c'est encore la vie qui domine dans son œuvre et Marcel Baril la fait éclater avec un humour sarcastique parfois, mais subtil et toujours profondément humain. Il nous prévient : « Voyez-moi comme vous voulez, mais je vous en prie, ne me voyez pas comme un artiste-peintre... je déteste cela...Je suis moi et je fais de la peinture.... ce n'est pas la même chose. » Et comme on lui sait gré. Bref, une œuvre de fraîcheur qui ne peut laisser indifférent. Le thème de la musique vient bercer ou bousculer les sentiments avec une telle tendresse ou une telle densité qu'elle secoue au plus intime de l'être. Vraiment, nous voilà en présence d'un peintre exceptionnel, un grand!

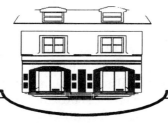
L.-OLIVIER DAVID
Fondateur du Monument National

Cet écrivain, avocat, journaliste, biographe, historien, député, sénateur, ardent patriote, était déjà rédacteur au journal *l'Union nationale* à vingt-quatre ans. Quelques années plus tard, il fondait son propre journal hebdomadaire *L'Opinion publique* qui restera une précieuse source de documentation iconographique sur le Montréal de l'époque. En 1880, il devint président de la Société Saint-Jean-Baptiste qu'il voulait combative et plus ardente.

Dans la lutte pour sauver Riel de l'échafaud, David se lança à fond de train. Il multiplie les réunions au Champ-de-Mars, fonde le comité *Les Amis de Riel;* met tout en œuvre pour sauver ce fils de «race canadienne française» mais en vain. Riel sera exécuté. Quelque temps après, Mercier remporte les élections et David fait partie de son cabinet. Il est élu dans une circonspection de Montréal. Le grand rêve de sa vie va alors prendre forme : Le Monument national! L-O. David avait quatre objectifs en tête : donner un siège social à la SSJB, en faire un lieu de rassemblement pour tous les francophones, rendre la Société indépendante par les revenus des boutiques qui logeraient au rez-de-chaussée et surtout nourrir la flamme nationaliste dans le cœur des francophones. Car l'objectif visé était surtout celui-là : faire du Monument National « le point de ralliement de tous les Canadiens français pour résister victorieusement aux ennemis de leur survivance et de leur homogénéité.» Le terrain fut acquis en 1884 pour la somme de 20 000 $ et les campagnes de souscriptione rapportèrent la somme de 70 000 $ pour la construction. L'ouverture était prévue pour l'anniversaire du 250ᵉ de la fondation de Montréal. Grâce à l'appui du gouvernement Mercier, David put obtenir les 10,000 $ qui manquaient pour son projet. Le site est changé pour l'actuel sur la rue Saint-Laurent. Et naît, malgré les remous, la première Loterie de la province de Québec qui devait aider la collecte des fonds.

Après bien des années de retard, le Monument national vit enfin le jour le 24 juin 1893. Il devait connaître encore bien des déboires. Laurent-Olivier David continuera à gérer cette difficile entreprise toujours aux prises à de nombreux problèmes financiers. Le Monument national a souvent frôlé le pic des démolisseurs. Dieu merci, grâce à l'intervention de *Sauvons Montréal,* il a été classé monument historique et rénové à grand prix. Il reste une rare survivance de l'architecture montréalaise dite « naïve. »

L.-O. David a consacré le reste de ses énergies à défentre la cause francophone. Sa plume élégante devenait épée lorsqu'on attaquait son peuple et cet homme tolérant de caractère et diplomate dans ses relations se changeait en lion quand il s'agissait de défendre les intérêts des siens bafoués.

Mais qui sait que le prix David accordé au meilleur écrivain du Québec à été créé par son fils Athanase, secrétaire de la province et en quelque sorte le premier « ministre des Affaires culturelles » au Québec ?

Je pense qu'en ce 24 mars, c'est un devoir patriotique de rappeler la mémoire de cet homme brillant par la plume, la parole et l'énergie redoutable pour la défense des francophones. Et le Monument National demeure le lieu qui nous rappellera toujours d'importantes séquences de notre histoire politique, sociale, économique et culturelle et le foyer d'un nombre incalculable d'activités publiques à Montréal.

Ses murs résonnent encore des discours politiques d'Henri Bourassa et de Wilfrid Laurier, des cours d'histoire, d'art plastique, de commerce, surtout de spectacles éblouissants, d'opérettes, théâtres religieux ou yiddish, Variétés lyriques, *Fridolinades* de Gratien Gélinas, du théâtre moderne québécois, des grandes voix d'Albani, d'Édith Piaff, de Félix Leclerc, du premier cinéma d'Ernest Ouimet, etc. Oui, vraiment le Monument National a une âme et Montréal vient de la lui rendre. Et en même temps, il met en relief la figure de ce pionnier, Laurent-Olivier David.

LOUIS-HONORÉ BEAUGRAND
L'avant-gardiste audacieux

Il était né une dizaine d'années après les troubles 1837-38 et sa vie devait en être marquée. Il n'a que seize ans lorsqu'il s'inscrit à l'Académie militaire de Montréal. Fougueux et téméraire, il s'engage tout de suite dans un bourbier inimaginable.Il part se battre pour l'empereur autrichien que les Français ont installé à la tête du Mexique. Blessé à plusieurs reprises, il passe ensuite en France où il reçoit les plus hautes distinctions. Et pendant deux ans, il visite musées, bibliothèques, villes de France « affinant, comme il dit, son esprit au contact de celui des intelligences les plus grandes. »

Mais il est influençable. La franc-maçonnerie l'attire. Son radicalisme connu éveille les soupcons. Discrètement, les autorités l'invitent à quitter le pays. Il tente lors l'aventure ailleurs. Il part pour La Louisiane, retourne au Mexique où pendant quelques années il touche à plusieurs métiers : journalisme, interprète, comptable. On le retrouve par la suite à Fall River où il épouse une Américaine et fonde un journal *L'Écho du Canada* qui se veut le défenseur de la cause franco-américaine. Beaugrand plaide en faveur du rapatriement des Canadiens français exilés aux États-Unis par la misère et la famine.

En 1878, il revient au pays. Toujours impatient et incapable de tenir en place, il fonde à la fois trois journaux : *Le Fédéral* à Ottawa et *Le Farceur* et *La Patrie* à Montréal. Combattif et agressif, il dénonce surtout dans *La Patrie* l'obscurantisme annihilant, le cléricalisme écrasant. Ses pages virulentes assènent de vigoureux coups à la droite du temps. Il revendique l' université neutre, prône l'instruction obligatoire, des réformes sociales, le travail pour tous et l'éradication de la pauvreté. Le peuple acclame cet orateur convaincant et ce réformateur hardi. En 1885, il est élu maire de Montréal.

Le nouveau maire réformiste voit trop large et trop loin. Le peuple ne le suit pas. L'urgence des politiques d'hygiène publique (canalisation des égouts à ciel ouvert, service des déchets, interdiction d'abattage des animaux en ville, etc) qu'il tente de mettre sur pied lui attirent des ennuis. Quelques mois après son élection, l'épidémie de choléra qui s'abat sur Montréal lui dicte l'imposition de la vaccination obligatoire. C'est l' émeute. L'armée doit intervenir. Néanmoins, Beaugrand continue son œuvre. On lui doit le réseau ferroviaire entre Montréal et l'Ouest, la création de la Chambre de commerce de Montréal, la fondation de l'Alliance française, etc.Sa grande largeur de vue l'avait poussé à maintenir un climat de bonne entente entre francophones et anglophones. À cet effet, en 1887, il quitte son poste pour permettre l'alternance à la mairie. Montréal moderne lui doit beaucoup.

JUDITH MOREAU DE BRÉSOLES
«Le soleil qui luit»

J'aime cette petite Judith audacieuse dont la vie pourrait faire le plus beau scénario d'un film. Elle naît sans doute le 25 mars 1620 puisqu'elle est baptisée ce jour-là, selon la coutume du temps. Toute jeune, elle prend plaisir aux jeux des enfants pauvres, se plaît à leur enseigner le catéchisme et partage ses repas avec eux. Très tôt, sa vocation d'infirmière se dessine. Vers l'âge de quinze ans, elle apprend à soigner les malades, à composer des remèdes et à faire la saignée en honneur à l'époque. Quand elle manifeste à ses parents son désir de se faire hospitalière, elle reçoit comme réponse un non catégorique. Et c'est là que commence le film de Judith.

Son confesseur jésuite lui conseille d'attendre. D'accord. Elle attendra. Jusqu'à vingt-six ans! Mais la patience a quand même ses limites. Finalement, le bon Père Diet l'autorise à suive sa voie. Et Judith décide de quitter le château paternel. A l'aube, elle fuit, à selle sur un cheval, accompagnée d'un serviteur fidèle, complice de son évasion. Il se rend à La Flèche avec elle. Là, elle est accueillie par Marie de la Ferre, fondatrice des Hospitalières de Saint-Joseph.

La nouvelle postulante est vite affectée à la pharmacie de l'hôpital. En quelques mois, elle devient aussi habile que le savant pharmacien. Elle s'enfonce ensuite dans le silence tant à La Flèche qu'à la nouvelle fondation des Hospitalières de St-Joseph à Laval. Mais un jour, son beau-frère la reconnaît et met sa famille au courant. Apeurée, Judith demande son retour à La Flèche. C'est de là qu'elle partira en 1659 avec Catherine Macé et Marie Maillet pour venir établir le premier Hôtel-Dieu des Hospitalières à Montréal que Jeanne Mance demandait depuis si longtemps. Le fondateur des Hospitalières, Jérôme Le Royer De La Dauversière, un laïc, avait vu juste en choisissant Judith, Catherine et Marie «bien que de l'avis de la communauté, elles étaient peut-être les moins satisfaisantes de toutes.» D'ailleurs, la mère Grasset écrit encore ce soir-là dans le registre de la communauté:« Le premier jour de juin mil six cent cinquante neuf, la dite soeur Judith Moreau de Brésoles est partie pour l'établissement de Montréal, sans le consentement de la communauté.» Elle a du caractère, cette Judith!

L'incompréhension continue. C'est au tour de l'évêque d'Angers qui s'oppose à ce départ, puis qui revient sur sa décision. En plus, on accuse le bon Le Royer de faire partir ces religieuses contre leur gré. Une émeute populaire se prépare. Au petit matin, les religieuses à cheval doivent se faire aider par des cavaliers qui se fendent un passage avec leur épée. Et ce n'est pas tout. Arrivées à La Rochelle, elles font face à l'obstination farouche des amis de Mgr Laval, opposé à la venue des Hospitalières à Montréal. Et sur le bateau, le typhus éclatera atteignant la plupart des passagers. Judith de Brésoles et Marie Maillet se dépensent jour et nuit au soin des malades. Enfin, elles arrivent « dans la terre de promission » à Montréal le 20 octobre le 1659.

Elles s'installent tant bien que mal dans leur maison « trouée en plus de deux cents endroits, le vent et la neige passaient sans peine dans leur chambre commune. » Quant aux repas, ils consistaient » en hiver d'un petit morceau de lard, non tous les jours, de la citrouille en plusieurs sauces, des racines, des pois, des fèves. » Judith se hâte d'installer dans un coin du rudimentaire hôpital, une pharmacie régulière, fort modeste. Elle savait « le secret de tirer les esprits, les essences et autres choses les plus difficiles de la pharmacie. » Le printemps suivant, elle plantera elle-même son petit jardin d'herbes médicinales qu'elle cultivera de ses mains. C'est la période la plus rude de la colonie. Au printemps 1660, les Iroquois avaient réduit Montréal aux abois. Scalpés, grands blessés arrivaient fréquemment à l'hôpital dépourvu d'enceinte et proie facile pour les Indiens. Un jour même, un Indien convalescent tenta d'étouffer Judith, sauvée de justesse par Marie Morin arrivée au bon moment. Mère de Brésoles avait assez de problèmes sans ceux « de la persécution des justes. » Vers la même époque, les trois Hospitalières apprirent la mort de leur bienfaiteur, Jérôme le Royer. Elles se trouvaient désormais sans aucun soutien. Mgr de Laval en profita pour leur suggérer de retourner en France. Pour l'évêque, c'était l'unique solution à leur malheur. Ou encore,... l'incorporation aux Hospitalières de Québec. Il l'avait déjà suggéré fortement à leur arrivée. Fermement, Judith refuse les deux propositions et s'en remet à la Providence qui ne lui manqua pas dans la personne du baron de Fancamp, successeur de La Dauversière.

Où puisait-elle le secret de sa force? Dans la prière. Il y avait une petite fenêtre dans sa cellule qui donnait sur le sanctuaire. Elle mettait toute sa confiance dans l'Enfant-Jésus, son pourvoyeur infaillible de la cuisine qu'elle pratiquait avec beaucoup de raffinement. Elle alimentait son âme des cantiques de saint Jean de la Croix et ajoutait les siens que Soeur Morin trouvait « d'une poésie et d'un air tout particuliers qu'on aurait pris plutôt pour des gémissements que pour un chant. » Espiègle, notre Soeur annaliste avait pratiqué dans la cloison du plancher qui séparait leur cellule pendant plus de quinze ans, une ouverture qui lui permettait de voir et d'entendre Judith louant le Seigneur. Le seul défaut qu'on ait pu reprocher à cette chère Mère Brésolles, était son ardeur démesurée pour la pénitence. Le Père Diet, son premier directeur spirituel qui l'avait bien connue, disait d'elle : « C'est l'une des plus grandes servantes de Dieu qui fut sur la terre à cette époque! » Les Indiens, eux, l'appelaient « le soleil qui luit » Je crois que nous devons saluer très bas une femme d'un si grand courage, ferme et forte comme la Judith de la Bible. Elle a formé toute une génération d'hospitalières québécoises et a magnifiquement servi chez nous. En vraie « poisson, » elle a su laisser déborder son être pour se confondre elle-même avec une conscience aiguë d'une valeur qui la dépassait. Chapeau!

MADELEINE DE LA PELTRIE
L'Amazone du nouveau monde

La vie de Madeleine est une véritable cavalcade. Dès sa tendre enfance, cette jeune fille n'a rien de conformiste. Elle résiste aux pressions de ses parents qui veulent la marier et ne se sent à l'aise qu'avec les malheureux et les pauvres. Elle fugue pour entrer chez les Clarisses mais ses parents l'obligent de revenir au foyer. Très tôt, elle entend parler du lointain Canada, particulièrement par les jésuites. Nous sommes peu de temps après Cartier. Madeleine n'a qu'un an lorsque Champlain fonde Québec. Finalement, Madeleine se marie en 1622 avec Charles Gruel, d'une noble famille. La voilà châtelaine à La Peltrie, un très beau manoir dans un paysage idyllique de Perche. Madeleine donne ensuite naissance à une petite fille qui meurt au berceau. Et en 1628, son mari meurt à son tour, au combat du siège de La Rochelle. Madeleine se trouve veuve après seulement six ans de mariage et au moment même de la fondation de la « Compagnie des Cent-Associés. » Sur les entrefaites, Robert Giffard, jeune médecin revient en France. Il parle de son séjour à Québec où il a vécu de 1621 à 1626. Il vante les lacs, les forêts, le gibier, les fourrures, les Indiens. Ses récits enchantent la jeune veuve qui voit s'ouvrir un avenir devant elle. Elle sent un appel de se rapprocher des Indiens.

Mais ses parents ont d'autres visées sur elle. Ils pensent à un mariage prestigieux. Madeleine refuse carrément. Elle continue de s'occuper des pauvres, des mères célibataires, chose assez délicate dans son temps. Les parents insistent. Alors, elle montre son caractère de Taureau. Furieuse, elle fulmine et se retire chez les Visitandines. L'annaliste parle des soeurs qui «admiraient en cette femme forte un courage au-dessus de son sexe. » La mort de sa mère arrange les choses. Elle est enfin libre.Elle n'a désormais qu'une idé en tête : consacrer ses vie et ses biens à l'instruction des petites filles du Canada. Soudain, elle tombe si gravement malade que les médecins l'abandonnent. Dans son agonie, elle fait voeu à saint Joseph, que « s'il lui plaît d'obtenir de Dieu sa santé, elle ira en ce pays et y portera tout son bien. »Et, évdemment, de se consacrer elle-même au service des filles amérindiennes et de bâtir une église sous son nom.Le lendemain, elle est guérie.«La fièvre est allée au Canada. » Son projet ne la quitte pas. Elle veut respecter sa parole à saint Joseph. Les obstacles ne sont pas disparus pour autant. Ce que les jésuites veulent ce n'est pas tant une fondatrice qu'une fondation moins encombrante. Pour contourner les obstacles, on lui propose un mariage en blanc avec Jean de Bernières, un homme au bon coeur et qui passe son temps à s'occuper de bonnes oeuvres ! Toutes les jalousies s'émoussent envers elle. Sa propre soeur et son beau-frère fomentent un procès. Après des démarches et des ennuis inextricables, elle est déclarée capable du «maniement de son temporel.» On trouve une communauté religieuse, en l'occurence les Ursulines, pour l'éducation des jeunes filles, et c'est Marie de l'Incarnation et deux autres religieuses qui l'accompagneront. Après des péripéties dignes du meilleur roman policier, elles sont enfin sur l'océan qui les amène à Québec. Dès son arrivée, Madeleine voudrait «courir en personne toutes les forêts, les lacs, les montagnes de ce grand pays, pour crier à ces nations infinies qui les habitent qu'il y a unDieu, un enfer, un Jésus-Christ crucifié pour l'amour et le salut de tous les hommes.» La réalité est toute différente. Elle se rend immédiatement à Sillery, visite les cabanes, voudrait embrasser toutes les filles sales et enduites de graisse. Elle ne semble étonnée de rien. Les choses s'organisent. Madeleine reçoit les filles qui se présentent dans la minable maison. Madeleine est d'une souplesse incroyable. Elle lave, dégraisse, peigne, taille, coud, nettoie. Elle est heureuse. Les petites lui rendent bien. «Je ne pense pas, confie-t-elle que j'aurais pu aimer davantage mes propres enfants.» Elle devient institutrice, enseigne à coudre et à broder. Elle découvre des qualités que les autres ne voient pas. Bien sûr qu'elle n'a pas toujours la perspicacité de Marie de l'Incarnation. Sa fougue l'empêche de voir les choses avec objectivité. Mais c'est une femme de cœur. Elle fournit tout l'argent nécessaire à la fondation du monastère : un bâtiment de trois étages à quatre cheminées! L'arrivée de Jeanne Mance avec son projet nouveau l'emballe. Elle réoriente alors sa fondation en faveur de Montréal. Elle voudrait aller plus loin encore, jusqu'au pays des Hurons. La guerre iroquoise la fait revenir à la réalité. Et c'est le retour à Québec. Ses petites lui font un accueil des plus chaleureux. Elle s'installe définitivement à côté du couvent, toute proche de ses petites et continue comme avant de vaquer aux besognes les plus humnles : laver la vaisselle, balayer la maison, assister les malades, gérer la lingerie. Partout, elle prend la dernière place. Dans son testament, elle laisse tout aux Ursulines. Et quand on lui demande si elle regrette de mourir, elle s'exclame avec enthousiasme «Point du tout, dit-elle, j'estime mille fois plus le seul jour de ma mort que toutes les annés de ma vie.» Le mercredi 18 novembre 1671, elle s'écrie : «Ah! que je serais heureuse de mourir aujourd'hui, c'est un jour destiné pour honorer saint Joseph.» Elle est exaucée. Elle meurt à soixante-huit ans dont trente-trois au pays.

Dans son livre sur *Madeleine de la Peltrie* (Bellarmin, 1992), Françoise Deroy-Pineau écrit : « Inventive, fidèle à ses mouvements profonds, ouverte aux nouveautés, rétive aux organisations trop planifiées, elle s'est attirée les foudres de plusieurs des tenants de l'ordre établi, mais elle a enfoncé des portes pourtant fermées à double verrou qui bloquaient la circulation dans sa propre société et l'ouverture à d'autres cultures. Avec Marie de l'Incarnation et Jeanne Mance, elle est parmi les premières coopérantes, une sorte de commando de choc contre la précarité de la vie des Amérindiens et des premiers colons... et contre une politique centrale d'homogénéisation culturelle. Toutes trois, sans oublier leurs compagnes, ont été à la découverte d'une vision autre du monde : celle des Amérindiens. Elles ont établi les bases de la construction d'un nouveau monde interculturel.» (p. 249) En ce 25 mars, date de sa naissance, cette femme exceptionnelle mérite notre respect.

JEAN DE BRÉBEUF
Le géant des missions huronnes

Nous connaissons tous le grand saint Jean de Brébeuf, homme de haute stature, solidement charpenté, chef de file des premiers jésuites arrivés chez nous en 1625. Sa vie n'est qu'un long acte d'héroïsme, digne des légendes dorées.

Quand il entre chez les Jésuites, il a déjà vingt-quatre ans. C'est un homme mûr qui sait ce qu'il fait. Il est doué de belles ressources humaines et surnaturelles. Il se décrit lui-même ainsi : « Dieu par sa bonté m'a donné une mansuétude, une bénignité et charité à l'endroit de tout le monde..., une patience à souffrir les adversités. »C'est un grand don qu'il ne tardera pas à pratiquer chez nous. Il a connu toutes les souffrances imaginables dans les temps les plus difficiles de la colonie : le froid, la faim, le vent qui traverse les cabanes en branches de sapin dont la fumée saisit « la gorge, le naseau et les yeux », plus de 35 portages sur une distance de 800 milles pour se rendre en Huronie où il vivra seize années, communication difficile avec les Amérindiens déroutants et impénétrables, absence de tout outillage linguistique, insuccès dans l'apostolat, suspicions, haine, bouc émissaire de toutes les épidémies.

Brébeuf nous étonne par sa ténacité, son courage paisible, sa douceur habituelle, son calme imperturbable. Il réussira, dans ces conditions inhumaines à composer une grammaire, un dictionnaire et un catéchisme, premiers outils indispensables aux missionnaires. Fait tout à fait inusité à l'époque : Brébeuf ne pense pas à franciser les Hurons. Tout au contraire, il tente par tous les moyens de maîtriser leur langue, première étape d'acculturation. Il se fait Huron avec les Hurons pour les gagner au Christ. En somme, il vit dans un climat continuel de martyre. Il prononce même le voeu du plus parfait . Sa vie mystique est si extraordinaire que ses supérieurs lui demandent d'en faire la rédaction. Quelque temps avant sa mort, il voit dans le ciel une immense croix qui s'étend du pays des Hurons à celui des Iroquois. Le Père Ragueneau a raconté comment Brébeuf vivait dans un climat de courage perpétuel. Premier levé le matin, il fait le feu et prépare les repas. En voyage, il porte les plus lourds fardeaux et rame du soir au matin. Au temps du portage, c'est encore lui qui porte le canot. Il est toujours le premier à se jeter à l'eau et en sort le dernier malgré la rigueur du froid et des glaces. « Je suis un boeuf, disait-il en badinant sur son nom, je ne suis propre qu'à porter la charge. » Aussi, quand il écrit aux futurs missionnnaires, il les met en face de la réalité qui les attend : Jésus-Christ, dit-il, est la seule vraie grandeur du missionnaire. C'est lui seul et sa Croix que vous devez chercher...N'appréhendez aucune difficulté, il n'y en aura point pour vous puisque toute votre consolation est de vous voir crucifiés avec le Fils de Dieu. Quel contentement d'aller par ces sauts(chûtes et rapides de rivières), de gravir sur les roches pour celui qui a devant les yeux cet aimable Sauveur harassé de tourments et montant le Calvaire chargé de sa Croix. L'incommodité du canot est bien aisée à souffrir à qui Le considérera crucifié... »

Les Indiens qui l'ont baptisé le grand « Echon » ou le plus dangereux des sorciers décident finalement d'en finir avec lui. Un frère coadjuteur, le Frère Régnault, témoin de son supplice, nous relate ses derniers moments : « Le Père de Brébeuf, écrit-il, avait les jambes, les cuisses et les bras tout décharnés jusqu'aux os ; j'ai vu et touché quantité de grosses ampoules qu'il avait en plusieurs endroits de son corps, de l'eau bouillante que ces barbares lui avaient versé en dérision du saint baptême. J'ai vu et touché la plaie d'une ceinture d'écorce toute pleine de poix et de résine qui grilla tout son corps. J'ai vu et touché les brûlures du collier des haches qu'on lui mit sur les épaules et l'estomac ; j'ai vu et touché ses deux lèvres qu'on lui avaient coupées à cause qu'il parlait toujours de Dieu pendant qu'on le faisait souffrir. J'ai vu et touché les endroits de son corps qui avait reçu plus de deux cents coups de bâton ; j'ai vu et touché l'ouverture que ces barbares lui firent pour lui arracher le cœur. » Pas un cri ! Pas un soupir ! Brébeuf souffre en silence, impassible comme un rocher. De tout son corps carbonisé s'échappe une vapeur comme une chaudière en ébullition. Les traits de flamme qui voltigent autour de sa tête semblent déja le couronner d'un nimbe mystique.

Pour connaître davantage cet homme exceptionnel à taille de géant, il faut lire l'incontournable livre du Père René Latourelle, s.j., *Jean de Brébeuf, Quatre siècles après*, 1593-1993, éditions Bellarmin, 1993, 300 p. La lecture de cet ouvrage campe devant nous l'une des plus grandes figures de notre histoire. La haute personnalité de Brébeuf prend des dimensions d'épopée. La forte stature physique de cet homme symbolise bien son élévation spirituelle, sa grande humanité, son acculturation, son courage surhumain et son exemple entrainant pour notre époque désoeuvrée.

MARCELLE MALLET
Femme de tête et de coeur

Elle était née dans une famille modeste. Très tôt, elle connut les souffrances de la séparation. Son père meurt alors qu'elle n'a que cinq ans et sa pauvre mère se voit obligée de la «donner en adoption«à une tante de Lachine. Marcelle y coulera des jours tranquilles jusqu'à son entrée chez les Soeurs Grises de Montréal. Elle aurait pu faire bonne figure dans la société distinguée du temps. Sa famille adoptive avait toutes ses entrées. En effet, son oncle adoptif avait été officier du troisième régiment à la fameuse bataille de Châteauguay. Mais non. Elle se sent faite pour soulager la misère, à l'instar de Mère d'Youville.

Chez les Soeurs, elle s'initie à diverses tâches qui lui seront utiles dans la vie : soin des enfants, des vieillards, des femmes, des malades sans comper les cinquante-six métiers que toute femme devait apprendre à l'époque. Marcelle apprend son métier sur le tas, obligée de faire face aux situations. En l832, par exemple, le choléra fauche six cent trente-deux personnes à Montréal. Elle devait être bien débrouillarde. En effet, on dit, que lorsque quelqu'un se trouvait en difficulté, on lui disait : «Allez chez Soeur Mallet; vous trouverez ce qui vous manque.» De même, en 1846, c'est le typhys apporté par les Irlandais qui fait trois mille huit cent soixante-deux victimes.

Mais c'est en 1849 qu'elle commence une nouvelle vie. Elle est désignée comme fondatrice des Soeurs de la Charité à Québec. Elle part avec quatre jeunes professes prendre en charge un orphelinat et une école gratuite pour les filles pauvres. Quand elle arrive à Québec, le glas sonne. Le choléra sème la mort partout. Déjà plus de onze cent quatre-vingt-cinq décès ! Marcelle souffre de la myopie mais son regard intérieur est lucide. Sa force calme et sereine la fait courir vers les besoins urgents.Elle commence les visites à domicile, les veilles jour et nuit au chevet des mourants. En quelques semaines, elle se ramasse avec deux cent cinquante orphelines, trente-trois enfants immigrés irlandais. Il faut loger, nourrir et vêtir tout ce monde ! Elle avait tout ce qu'il faut pour faire valoir l'ingéniosité dont elle était capable !Elle réussit a prendre soin du trousseau, s'occupe du blanchissage et du raccomodage, obtient la classe gratuite pour ses enfants.

Toute sa vie sera un long cheminement de visites aux pauvres, de consolations auprès des malades,de deuils, de maladies, d'incendies, de départs. Femme d'affaires lucide, fidèle intendante des pauvres, elle veille sur tout avec grand jugement, perspicacité surnaturelle, cœur sur la main. Elle donne sans cesse et plus souvent qu'elle n'a. On sollicite ses soeurs de partout. Elle fonde Lévis, Cacouna,

Deschambault, Plessisville, Carleton. Pendant dix-sept ans, elle est sur la brèche. Prête à recommencer la construction de bâtiments que le feu détruit; auprès des malades que personne ne veut visiter à cause de leur contagion; accueillante aux orphelins qui trouvent toujours chez elle un toit; gagnant de ses mains la vie de ses pauvres et la sienne; bref, elle est le cœur des personnes âgés, la mère des orphelins, l'abri des déshérités, la bouée de tous les S.O.S. Elle ne raisonne pas longtemps mais court quand le malheur s'abat sur quelqu'un.

Comme on le voit souvent dans la vie de fondateurs de communauté, leurs derniers jours sont assombris par de lourdes épreuves. Mère Mallet n'y échappe pas. La nouvelle règle de sa communauté est imprimée sans que l'archevêque la voit au préalable. Puis, c'est la période «de rajeunissement.» En 1866, une autre la remplace à la tête de la communauté à laquelle elle avait insufflé un tel dynamisme.« Je ne puis louer la Communauté » écrira Mère Bruyère, toujours reconnue pour son jugement et sa perspicacité surnaturels. «Mere Mallet accepte tout sans se plaindre. J'irai partout où l'on voudra» dit-elle.On l'affectera au dispensaire et au jardin. Mais le cancer commence son œuvre néfaste. Elle est clouée sur son fauteuil, la colonne vertébrale tordant le cou qui retombe sur sa poitrine. Elle vit ainsi prostrée jusqu'au jour de Pâques, le 9 avril 1871. Elle meurt en balbutiant :« Jésus, Marie, Joseph ! »

Pour en savoir davantage sur cette belle âme, lire *Une fondatrice et son œuvre* de Soeur Sainte-Blanche, Québec, 1939, 622pp. ou *La bonne Mère Marcelle Mallet* de Mgr André-Marie Cimichella, o.s.m.. Québec, 1986, 102 pp.

En ce 26 mars, il est bon de rappeler la belle figure de cette femme de chez nous qui n'a eu qu'un rêve dans sa vie : aider les autres.

ROCH VOISINE
L'enchanteur mystérieux et envoûtant

Il est bien de chez nous car son ancêtre, Antoine dit Roy-Desjardins faisait partie du régiment de Carignan arrivé à Québec en 1668. Ce n'est qu'en 1866 que les Roy-Desjardins émigrent au Nouveau-Brunswick et prennent le patronyme de Voisine. On connaissait peu ce jeune hockeyeur avant 1986. Pour la première fois, Roch démarrait sa carrière devant une foule de 50,000 personnes à Montréal lors de la fête du Canada. Puis en 1989, il lance sa fameuse *Hélène* et le voilà célèbre en quelques mois. Au Gala de l'ADISQ, il obtient quatre Félix! En France, les jeunes filles s'évanouissent devant tant de beauté, de fraîcheur et de sérénité qui se dégagent de tout son être!

C'est que Roch est bien dans sa peau. Il soigne son image mais semble l'ignorer. Il a l'air fragile mais il est sûr de lui-même. Il sait se donner mais il a des zones de réserves qu'il protège. Sa pudeur est discrète. Elle impose le respect de certaines bornes qu'il ne faut pas franchir. Il disait a Anne Richer qui l'interviewait pour *La Presse* : « Je peux m'asseoir devant des milliers de personnes, contrôler la situation et me préserver. » J'aime cette franchise. Les gens friands de stéa-tease restent sur leur appétit. Roch conserve son calme. Sur son visage erre un sourire sybillin. Il peut maîtriser ses nerfs comme sa voix à la fois endiablée d'un rocker déchaîné et viril ou douce et suave comme une colombe qui vous effleure ou comme une source qui chuchote à vos oreilles.

Ses trois premiers albums? Plus de dix millions d'exemplairs vendus! Son quatrième entièrement en anglais : seulement 200,000 copies vendues la première semaine. Les succès ne semblent pas ébranler ce jeune homme «Chevalier des Arts et des Lettres» de France en 1992 et qui a sa statue au Musée de Cire, le Musée Grévin à Paris où les jeunes Françaises vont rêver! Au fond, Rock Voisine est humble. «Je connais la fragilité de ce métier» dit-il. C'est qu'il est profondément artiste, donc sensible à toute forme de beauté qui, forcément, est évanescente.

CYRILLE LABRECQUE
Une grande âme méconnue

Ils sont rares ceux qui connaissent le chanoine Cyrille Labrecque. Il est mort en 1977 âgé de 93 ans et 11 mois. Personnellement, je crois que c'était un saint. Et un homme de grande intelligence doublé d'un mystique.

Il fut successivement vicaire à la Basilique de Québec, directeur de la «*Semaine Religieuse de Québec*» de 1929 à 1955, Juge synodal et Juge du Tribunal Provincial des causes matrimoniales. Ces nombreuses tâches ne l'empêchèrent pas de travailler activement avec Julienne Dallaire à la fondation des Dominicaines Missionnaires Adoratrices de Beauport en 1945. C'était un homme de grand discernement, simple, dévoué, charitable, tout abandonné à Dieu et animé d'une grande dévotion au Coeur Eucharistique de Jésus.

Dans son testament spirituel, il écrivait ce qui suit : «Aussitôt que je serai dans la béatitude, où, par les mérites de Notre-Seigneur, j'espère parvenir, je m'occuperai de ceux que j'ai aimés, de ceux qui m'ont fait du bien, de ceux-là même qui ont pu me faire de la peine ou me nuire. Je promets à tous les miens et à mes filles, de les assister, selon la volonté du Souverain Maître : j'aiderai à tous et à chacun, j'aiderai la Congrégation et ses œuvres.»

Il est maintenant en train de réaliser ses promesses car de plus en plus de nombreuses faveurs lui sont attribuées. J'ai été toujours très allergique à tout ce qui sort de l'ordinaire dans le domaine du spirituel et je me méfie comme la peste du spectaculaire, de toute excentricité, apparitions ou visions. Néanmoins, je dois avouer que suis resté pantois devant le visage du Christ nettement dessiné dans le soulier du chanoine que remarqua soudainement une religieuse lorsqu'il était exposé en chapelle ardente. Dieu voudrait-il manifester sa bienfaisance envers celui qui a tant marché pour le faire connaître? Ses desseins restent insondables. Cependant, devant le nombre croissant de réponses positives du serviteur de Dieu à de nombreuses requêtes de personnes en détresse que je connais, je commence à penser que le chanoine Labrecque a peut-être beaucoup de crédit auprès de lui. Aussi, je crois opportun de signaler son jour anniversaire de naissance, au cas où...il existerait encore des gens qui auraient besoin de ses services ! Comme il a promis «d'aider à tous et à chacun,» personne ne perd rien à tenter sa chance..

Adresser toute faveur aux Dominicaines à 131, rue des Dominicaines, Beauport (Qc) G1E 6S8. Tél. (418) 661-9221.

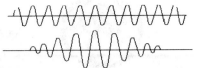
CÉLINE DION
Tout pour une chanson

Elle est incontournable! Elle m'avait toujours énervé avec sa voix nasillarde et ses efferts de voix. Tout le monde était pâmé. Moi, je trouvais qu'elle criait avec virtuosité. Je n'ai pas tout simplement pas compris son succès à Tokyo en 1982 pour la chanson «Tellement j'ai d'amour pour toi». Elle n'avait pourtant alors que 14 ans! Et ça été ensuite le triomphe à Cannes au MIDEM. Et les disques d'or s'amoncellent : 500,000 copies vendues pour sa chanson «D'amour et d'amitié»; quatre trophées Félix au Gala de l'ADISQ; elle chante devant le Pape au Stade Olympique devant 65,000 spectateurs. La gloire semble l'auréoler partout où elle va : à l'Olympia de Paris, en Allemagne, au Japon, aux États-Unis où elle décroche la première place au palmarès du Billboard.

Enfin, dirais-je, elle rencontre Jean-Jacques Goldman à Paris. Cette rencontre a été déterminante dans sa vie. Elle est sûrement intelligente car il lui explique ce qui l'énerve chez elle. Au bout d'une seule chanson, il n'a plus rien à lui dire. Elle a tout compris. Elle chante tout simplement mais cette fois avec une maîtrise de sa voix inégalée. Il faut écouter attentivement son dernier disque «D'eux». Jamais elle n'a été aussi impressionnante. Surtout dans sa chanson »Vole» adressée à sa petite nièce morte de la fibrose kystique. Goldman en est lui-même étonné : «Pour moi, avouait-il à Marie-Christine Blais pour *La Presse,* 1er avril 1995, Céline Dion est une des cinq voix mondiales. Absolument exceptionnelle. D'ailleurs, tous ceux qui écrivent des chansons ne se sont pas trompés : Eddy Marnay, Michel Berger, Prince, Phil Spector, Aretha Franklin, ils ont tous écrit pour elle. »

La renommée de Céline ne cesse de grandir. En Angleterre, selon son impressario et son époux, René Angeli, «elle a battu un record que les Beatles détenaient depuis 30 ans : un »single» et un album simultanément en première position du palmarès pendant cinq semaines consécutives, grâce à la chanson *Think Twice* (1,400 000 exemplaires vendus) et à l'album *The Colour of my Love.* »

Depuis sa petite enfance, Céline dit à tout le monde que la chanson» est toute sa vie ». Ils sont rares ceux qui vivent continuellement de leur rêve! Pour Céline, cela semble tout naturel. Et elle n'a que 27 ans! Longue, longue vie artistique, Céline!

LOUIS-ZÉPHIRIN MOREAU
Un homme bon, un rassembleur

Un homme de petite santé qui dut quitter le Séminaire de Nicolet et réorienter sa vie autrement. Mais Mgr Bourget, visionnaire sans doute, l'accueillit à Montréal. Une fois ordonné prêtre, il servira pendant 29 ans les premiers évêques de Saint-Hyacinthe. En 1875, il se voit contraint, contre son gré, d'accepter l'épiscopat. Pendant vingt-cinq ans, il sera un pasteur intrépide et manifestera grande patience et respect envers les personnes. On l'appelait « le bon Mgr Moreau. »

Dans son intéressant volume, Rolland Litalien esquisse en quelques lignes la forte personnalité de cet évêque exceptionnel. « Mgr Moreau est reconnu comme un homme particulièrement équilibré. On trouve en lui, dans une bonne harmonie, la bonté et la fermeté, l'humilité et la fierté, la pauvreté et l'efficacité, une franchise totale mais empreinte de charité. Il est à la fois calme et dynamique, pieux et entreprenant, sérieux et capable d'humour, contestataire à ses heures, mais toujours soucieux d'unité. » Il ne vivait que pour le bien de ses ouailles. Plus de quatre mille pages de documents publics ! Huit mille pages de lettres !

C'est un rassembleur qui fait l'unité par l'amour, le « lien de la perfection ». Il sait reprendre vertement quand il faut. À un curé intempestif, il ne craint pas d'écrire : « Que vos paroles et vos expressions en chaire soient toujours empreintes de douceur, de charité et d'humilité, même lorsque vous élevez contre les abus et les désordres. Traitez tous vos paroissiens, mauvais et bons, en père tendre et charitable, les aimant tous d'un égal amour, et les entourant tous d'une même bienveillance. » Difficile au curé de riposter car l'exemple venait de haut et entraînait !

Cette charité lucide savait s'incarner dans les besoins matériels de son temps. Il recevait les pauvres à sa table, visitait les paroisses et les écoles, fonda l'Union Saint-Joseph (genre de coopérative dont les épargnes allaient aux membres dans le plus grand besoin), encourageait les Cercles agricoles dans le but de fixer les « habitants » sur leur terre et stopper l'émigration aux États-Unis, forma un comité de secours pour venir en aide aux 800 enfants dans la rue lors des deux incendies qui détruisirent trois cents maisons dans Saint-Hyacinthe en 1876, consultait ses proches, tâchait d'apporter une prédication illuminée par sa foi profonde, multipliait les initiatives pour l'éducation religieuse, les soins à donner aux malades, la formation des prêtres, etc, etc. Son zèle ne connaissait pas de frontières. Il s'est engagé dans la question de l'Université de Montréal. « Je l'ai immensément à cœur cette université de Montréal, écrivait-il, et tant que j'aurai un souffle de vie, je travaillerai de toute mon âme à son avancement et à sa prospérité. » Il se prononça en faveur des écoles du Manitoba, tenta de nouer des liens de solidarité avec les autres Églises, se faisant ainsi précurseur de l'oecuménisme moderne. « Ce sont des frères, répétait-il, même s'ils sont séparés.» Avec la collaboration d'Elisabeth Bergeron, il fonda les Sœurs de Saint-Joseph de Saint-Hyacinthe. Il fonda également les Sœurs de Sainte-Marthe pour témoigner des valeurs évangéliques auprès des étudiants.

Bref, il s'est montré capable d'initiatives audacieuses en son temps, sans cesse proche des plus démunis, accueillant à tous. Ne disait-il pas : «Qui que vous soyez, très chers Frères, infirmes et malades, pauvres et riches, ignorants et savants, âmes pieuses et épouses du Seigneur, prêtres et fidèles, vous êtes tous dans mon cœur, et vous aurez tous une part égale à mes sollicitudes et à mes travaux, à ma bienveillance et à mon amour. »

Un vrai pasteur selon le cœur de Dieu. Le cardinal Bégin disait de lui :« Je le vénère comme un saint. » Il avait raison. Le procès apostolique en vue de la Vénérabilité s'est déroulé à Rome du 13 mai 1953 au 30 décembre 1955. Exactement 111 sessions. 50 témoins entendus. Finalement, le décret d'héroïcité des vertus fut déclaré par Rome le 10 mai 1973. Rome attestait que Mgr Moreau avait pratiqué toutes les vertus chrétiennes à un degré héroïque. Enfin, suite à la guérison miraculeuse d'une fillette atteinte d'un double cancer, guérison attribuée au bon Mgr Moreau, l'affaire fut étudiée à la loupe par six médecins romains impartiaux qui conclurent à une intervention miraculeuse hors de tout doute.

Jean-Paul 11 a béatifié Mgr Moreau le 10 mai 1987. Le quatrième évêque de Saint-Hyacinthe devenait ainsi le premier évêque québécois à être déclaré bienheureux.

Pour en savoir davantage, on lira avec profit :

Houpert, Jean, *Monseigneur Moreau, quatrième évêque de Saint-Hyacinthe*, Montréal, Ed. Paulines, 1986 ;

Litalien, Rolland, *Le prêtre québécois à la fin du XIXe siècle - style de vie et spiritualité d'après Mgr Louis-Zéphirin Moreau*, Montrél, Fides, 1970.

FRÈRE MARIE-VICTORIN
Le père du jardin botanique

Le créateur du Jardin Botanique de Montréal est passé à l'histoire. Ce Frère des Écoles Chrétiennes n'avait pourtant pas une bonne santé. Il dut apprendre à flâner en pleine nature, respirer l'air pur et prendre du soleil. C'est ainsi qu'il »partit à la conquête du monde innombrable et muet de la flore laurentienne. » Il nous a raconté l'éveil de sa vocation scientifique. « J'avais vingt ans, écrit-il. On ne se doute de rien à cet âge...Dans l'érablière du Collège Saint-Jérôme, il faisait ce matin-là un beau soleil de mai. De toutes parts, dans les feuilles mortes, pointaient des feuilles luisantes, maculées de pourpre, et par-ci par-là, une clochette jaune inclinée sur sa hampe. Assis sur un erratique moussu, je demandais au livre ouvert sur mes genoux de me dire le nom de cette plante...Comme il arrive à tous les débutants, je n'arrivais pas à manier les clés analytiques. Vint à passer France Bastien, sa hache sur l'épaule.

- Qu'est-ce que vous cherchez, mon Frère ?

- Le nom de cet herbage à fleur jaune.

- Comment ? Vous ne connaissez pas ça ! Bénite ! C'est l'ail douce, mon Frère, c'est l'ail douce ! Sans France Bastien, ajoute l'homme de science, je me serais peut-être dégoûté là, sur cette pierre. Je la revois parfois, cette pierre, dont la mousse n'a pas grandi, et je rencontre aussi le vieux France. J'ai voulu lui faire entendre qu'il est responsable de ma carrière de botaniste. Il n'a jamais compris complètement. Il a retenu seulement que je ne suis pas bien connaissant dans les « racines. »

Mais le génie en herbe fait de rapides progrès. Il commence à écrire des articles dans « *Le Naturaliste canadien* » qui attirent l'attention. Encouragé par le professeur M.L. Fernald, de l'Université Harvard de Boston et secondé par le Frère Rolland-Germain, il se met à explorer le Québec, l'Ontario, les Maritimes ; herborise dans des régions vierges comme la Gaspésie, les îles Mingan, l'Abitibi. Et voilà que l'université de Montréal le réclame pour l'organisation d'un laboratoire de botanique. En 1931, l'Institut Botanique est créé. Période dure s'il en est. Pas de local, pas de matériel pédagogique. Ni cartes, ni livres, ni diapos. Les trois élèves inscrits doivent s'asseoir sur des boîtes vides. Cependant que la renommée du savant gagne le monde entier. Huit cent institutions ou laboratoires du monde entier le consultent. Pendant trente ans, il travaille à *La Flore Laurentienne* publiée en 1935 : 917 pages, 22 cartes, 2800 dessins, 1917 plantes décrites avec leurs propriétés, leur histoire, leurs manières de vivre. Un livre passionnant dédié à la jeunesse du pays laurentien. Un ouvrage qui nous a tous marqués dans les écoles du temps où chacun avait son herbier! Le Frère Marie-Victorin désirait voir son beau livre sur le bureau du savant, du professeur, «sur la table de famille, à la campagne, sous la lampe de pétrole, La tête appuyée sur son poing, un petit garçon regarde ses belles images. Ailleurs, une fillette aux yeux bleus, les traits tendus d'étonnement, demande à la Nature la leçon du *Célastre* et de la *Sarracénie.*»

Après le livre de papier arrive le grand livre fait de fleurs: le Jardin Botanique. Henry Teuscher arrive à Montréal en 1936 et seconde le Frère Marie-Victorin comme horticulteur en chef et surintendant du Jardin Botanique.

En importance, Le Jardin est devenu le deuxième au monde après celui de Londres. 73 hectares, 36,000 espèces, 10 serres, 30 jardins, 1200 variétés d'orchidées!

Le Frère Marie-Victorin fut un savant de réputation internationale. Il nous a laissé quatre-vingt-dix-neuf travaux de science pure, deux cents vingt-sept articles de littérature et vulgarisation scientifique. Même dans le secteur littéraire, il a écrit *Récits laurentiens* et *Croquis laurentiens*. Et qui ne se souvient de «La chanson de la neige« qu'on apprenait par cœur à la petite école. Vous vous souvenez?

«La neige tombe, muette et blanche, la neige tombe sur nos maisons...La neige dessine sur les toits en pente de grands rectangles éclatants. Elle borde les gouttières, coiffe les lucarnes, saupoudre les tourelles. Elle capitonne l'appui des fenêtres, met des croissants aux œils-de-bœuf, embrouille les à-jours des balustrades, étend des tapis blancs sur les marches du balcon, pose des calottes d'ouate sur les pommes de bois de l'escalier. La neige abolit les allées du jardin, charge sur son poteau les chalet des hirondelles, pénètre sous l'abri des berceaux. Sur la place publique, elle remplit la vasque de l'abreuvoir et la conque des tritons; aux grands hommes de bronze, nu-tête dans la gloire, elle ajuste des perruques à marteau.

Elle fait aimer le feu de l'âtre, la neige qui tombe, mette et blanche, sur nos maisons!»

Devant ce grand savant de chez nous, celui qui nous a ouvert le grand livre de la Nature, qui nous l'a fait scruter avec attention, analyser avec respect, aimer éperdument, j'exprime ma vénération profonde en ce jour anniversaire de sa naissance.

Pour en savoir davantage sur ce grand homme de science, lire: *Le Frère Marie-Victorin et son temps* de Robert Rumilly. Un volume de 450 pages fort intéressant.

FRANÇOIS DE BELMONT
Un homme de panache

François de Belmont appartenait à une famille importante de France. Son père était conseiller au Parlement de Grenoble et sa mère, fille du Président du Parlement. Il reçut une brillante éducation, apprit plusieurs langues, la musique, la peinture, le dessin, la théologie. Il fut même page de la reine. Par la suite, il occupa un poste dans la magistrature. Mais on ne sait trop pourquoi, il mit fin à cette carrière prometteuse pour entrer chez les Sulpiciens. Autre chose étrange chez lui, il n'était que diacre lorsqu'il arriva au Canada en 1672. Il ne fut ordonné prêtre qu'en 1681. Il avait alors 36 ans bien sonnés.

Le Dictionnaire de Biographies du Canada (tome 11, pp 669-670) nous dit qu'il enseigna aux Iroquois de la mission près de Ville-Marie et qu'il organisa un petit village agréable de 20 arpents de front sur 30 de large avec une chapelle artistiquement décorée. Il avait même une basse-cour assez sophistiquée pour l'époque. On y retrouvait des outardes, des canards et des oies. Il y avait même un verger, une vigne et une fontaine. Monsieur de Belmont pouvait faire des choses semblables car il jouissait d'une fortune personnelle importante et il y allait de ses propres deniers.

Malheureusement, il était imbu des idées du temps et travaillait à l'assimilation totale des Indiens. L'enseignement de la langue française, le catéchisme faisaient partie de ses priorités. La journée débutait par la messe obligatoire suivie du catéchisme. Suivaient les travaux des champs. Le soir, il clôturait la journée par la prière du soir. Quelque chose de positif tout de même : il accompagnait au luth les offices religieux chantés en langue indigène ! Quelques Indiens apprirent aussi des métiers qui pouvaient éventuellement leur être utiles un jour : cordonniers, maçons, tailleurs.

C'est également Monsieur de Belmont qui organisa la mission iroquoise de Sault-au-Récollet en 1692. Cependant, devant la menace constante, il dut déménager ses ouailles dans la seigneurie du lac des Deux-Montagnes.

Le cauchemar de sa vie fut l'eau-de-vie qu'il ne cessa de condamner. Il écrivit même un petit opuscule sur l'*Histoire de l'eau-de-vie*. Il considérait que les Indiens buvaient pour couvrir d'impunité leurs crimes les plus crapuleux. Est-ce que je me trompe ? N'ai-je pas entendu récemment à la télé que le viol d'une femme par un homme en état d'ébriété pouvait trouver des motifs atténuants sa gravité !

L'*Histoire du Canada* de Monsieur de Belmont qui raconte la période de 1608 à 1700 ne mérite pas notre attention. Il ne fait que répéter les erreurs des autres sans aller aux sources. En revanche, son *Éloge de quelques personnes mortes en odeur de sainteté à Montréal en Canada* vaut la peine d'être approfondie. On y retrouve entre autres l'oraison funèbre prononcée à l'occasion de la mort de Jeanne Le Ber qu'il considère comme une sainte. Il lui rend un vibrant hommage. C'est lui qui prononça également les oraisons funèbres de Mgr de Laval et du gouverneur Callière.

En 1701, Monsieur de Belmont succéda à Dollier de Casson comme supérieur des Sulpiciens. Il devenait par le fait même seigneur de l'île, poste qu'il occupa pendant trente-et-un ans avec beaucoup de panache. Il fit construire le Vieux Séminaire Saint-Sulpice dont Dollier de Casson avait dessiné les plans de la partie la plus ancienne. Vraisemblablement, Monsieur de Belmont fit construire les deux ailes perpendiculaires. Il fit aussi construire le fort de la Montagne et un moulin. Comme d'habitude, il défraya le coût de toutes ces constructions avec son argent personnel. Il mourut le 22 avril 1732.

Même si on dit qu'il était «de caractère instable et foncièrement inquiet», il a trop investi de ses ses forces et de son argent à Montréal pour laisser passer la date de sa naissance sans penser à lui.

LE BIENHEUREUX ANDRÉ GRASSET DE MONTRÉAL

Il est regrettable qu'on connaisse si peu André Grasset. Un collège a Montréal porte son nom. Mais à part cela, qui le connaît? C'est pourtant le premier de nos martyrs québécois puisque les saints martyrs canadiens étaient tous nés en France. André Grasset est bel et bien né à Montréal, le 3 avril 1758, quelques années seulement avant les tristes événements qui devaient changer le cours de l'histoire chez nous. Deux ans après sa naissance, son père, perspicace sans doute face à l'avenir incertain, décide de retourner en France avec sa femme et ses quatre enfants. Le jeune André avait alors six ans et demi. C'est assez pour se souvenir du berceau de ses origines.

La famille s'installe ensuite à Paris, puis à Sens, au sud de la métropole. André fait de brillantes études. Il est ordonné prêtre et à peine âgé de 23 ans, il est nommé chanoine. Quand la révolution française éclate en 1789, il a 31 ans. Il est en pleine force de l'âge mais l'horizon est sombre car la Constituante vient de supprimer les droits du clergé. Les prêtres doivent prêter serment à la nouvelle constitution civile. La grande majorité des évêques et des prêtres s'y refusent. André est de ceux-là. Il part alors pour Paris au début de l'année 1792 et demande l'hospitalité chez les Pères Eudistes. Il ne devait pas y loger longtemps puisque vraisemblablement, en août suivant, les autorités civiles viennent chercher une soixantaine de prêtres réfugiés chez les Eudistes pour les faire prisonniers au Couvent des Carmes. Le deux septembre suivant, ils sont tous déclarés coupables. Aussitôt, une bande de Marseillais, en particulier celle des Maillard, s'acharnent sur eux avec des pieux, des piques et des bâtons. Au milieu du carnage, ils se rendent compte soudain qu'il serait peut-être mieux de les juger sommairement pour donner un simulacre de justice à leur barbarie. On installe alors un tribunal fantôme et les survivants qui refusent tous de prêter serment sont immédiatement précipités dans le jardin où les baïonnettes, les sabres et les piques les attendent.

Ainsi moururent ce 2 septembre 1792 trois évêques et quatre-vingt-douze prêtres parmi lesquels figuraient André Grasset de Montréal. Il n'avait que 34 ans. Le jardin des Carmes a été remplacé aujourd'hui par l'Institut catholique de Paris. Sur l'escalier qui mène au jardin, une plaque commémorative rappelle le tragique incident. L'inscription porte ces mots: «Hic coeciderunt», «ici, ils sont tombés.»

Pie XI a béatifié les martyrs du Couvent des Carmes le 17 novembre 1926 sous le nom de «Bienheureux Martyrs de Septembre.»

En ce 3 avril, anniversaire de la naissance du bienheureux André Grasset de Montréal, j'estime qu'il est important de nous souvenir du courage de l'un des nôtres qui versa son sang pour la défense de sa foi intrépide.

ARLETTE COUSTURE
La romancière québécoise la plus lue

Elle a été propulsée au premier rang de la littérature québécoise,. Tout naturellement. Et depuis le téléroman *Les Filles de Caleb* à la télé, ses lecteurs s'arrachent ses livres. L'establishment littéraire la reluque d'un certain œil narquois, de moins en moins cependant car avec *Ces enfants d'ailleurs* et *L'envol des tourterelles*, la réputation d'Arlette Cousture n'est plus a faire. On dit qu'actuellement, elle est l'auteur la plus lue dans tout le monde de la francophonie.

Pourquoi cette soudaine montée? Je crois tout simplement qu'Arlette Cousture est une fine psychologue qui fouille les recoins les plus profonds de l'être avec une lucidité sans pareille. Elle se glisse dans la peau de ses personnages et leur donne un ton et une assurance naturelles. Et c'est une passion frénétique qui anime ces personnages sortis on ne sait d'où. De son imagination? Des petits villages du Québec ou de Pologne que nous avons tous l'impression d'avoir rencontrés?

Une autre chose qui frappe chez cette romancière prolifique c'est cette recherche soigneuse qui donne une coloration si vraie dans ces romans. Une solide documentation historique vient étayer le récit. Arlette Cousture est une femme organisée qui ne laisse pas les choses aller à vau-l'eau. Chez elle, tout est longuement mûri et planifié. « Je suis mentalement très structurée, disait-elle à Pierre Cayouette, dans une entrevue pour « *Le Devoir* » le 20 novembre 1994. Je déteste échapper une maille à mon tricot » ajoutait-elle. Qui n'a ressenti cette impression en parcourant son envoûtant roman *Ces enfants d'ailleurs?* Plus de 300,000 exemplaires vendus au Québec, en France, en Suisse et en Belgique!

Non seulement l'histoire s'inscrit tout naturellement dans les romans d'Arlette Cousture mais aussi des événements tout proches de nous et des personnages réels y évoluent et semblent s'y trouver bien à l'aise. Avec beaucoup de justesse et d'émotion, elle raconte le destin qui écrase les êtres humains. Je pense à Claude Saint-Jean dans *Aussi vrai qu'il y a du soleil derrière les nuages*, à Émilie dans *Les Filles de Caleb*, à Jan, Jerzy ou Élisabeth de l'*Envol des tourterelles*, par exemple. Dans n'importe lequel de ses romans, elle réussit soit par la révolte et la peur ou par le désenchement qui ne supporte pas la résignation à faire surgir l'espoir chez les centaines de Québécois qui se reconnaissent dans ses héros tellement ces derniers sont proches de leur réalité quotidienne.

Enfin, ce qui m'a particulièrement frappé chez elle, c'est le contact direct qu'elle garde avec son lecteur. Que de fois j'ai entendu la réflexion suivante dans la bouche de personnes qui sont de ses fans : « On dirait qu'elle parle avec moi et qu'elle me raconte une histoire. Elle est tellement vraie. Il m'arrive même de lui répondre à haute voix. Oui, c'est vrai. Alors les autres me disent : «Qu'est-ce que tu dis?» Et je leur réponds : «Excusez-moi. Je parlais avec Arlette Cousture!» Arlette Cousture ne disait-elle pas elle-même : « Ma raison d'être, ce sont mes lecteurs. À quoi bon écrire s'ils ne sont pas au rendez-vous?» Elle a sûrement réussi ce pari et ses lecteurs lui répondent bien.

J'ajouterais une qualité qui me plaît beaucoup chez elle, c'est sa grande simplicité. Elle reste abordable et le fumet de la gloire ne l'étouffe pas. Elle m'a parlé au téléphone quand je lui ai demandé sa date de naissance et la conversation s'est engagée comme si nous nous connaissions depuis des années.

En ce 3 avril, anniversaire de sa naissance, je souhaite que notre chère Arlette Cousture nous revienne avec d'autres enfants d'ici ou d'ailleurs. Puisse le ciel clair de son imagination nous ramener ses tourterelles, des oies sauvages et des colombes.

PHILIPPE AUBERT DE GASPÉ
Miroir des anciens canadiens

On le connaît surtout par *Les Anciens Canadiens*. Mais qui sait que Philippe Aubert de Gaspé était avocat, compagnon de Louis-Philippe Papineau au Petit Séminaire de Québec, fondateur de la Banque de Québec, capitaine du premier bataillon de la ville de Québec, intéressé à la vie sportive, shérif du district de Québec, père d'une nombreuse progéniture ? Dans son manoir de Saint-Jean-Port-Joli, il faisait grand train de vie et ne distinguait pas trop si l'argent qui roulait venait de la poche des contribuables ou de la sienne. Il se révéla piètre administrateur dans sa fonction de shérif du district de Québec et il dut quitter son poste et se réfugier dans son manoir familial. Mais le «vieux gentilhomme» n'échappa pour autant à la justice qui lui mit le grappin et il fut incarcéré pendant trois ans! Qui sait cela aujourd'hui? Philippe Aubert de Gaspé en prison! Inimaginable, n'est-ce pas ? Il ne fallut pas moins qu'un acte du Parlement pour   lui redonner sa liberté!

C'est alors qu'on rencontre le Philippe Aubert de Gaspé mieux connu de tous. Il est septuagénaire quand il publie *Les Anciens Canadiens* en 1863. Qui d'entre nous n'a pas passé des heures et des heures dans ce récit qu'on ne sait trop situer : roman historique ou de mœurs? tableau de la société québécoise au début du XIXe siècle? petites estampes de la vie rurale et urbaine des gens de chez nous? Philippe Aubert de Gaspé suit les lois du roman historique de Walter Scott mais il déroge par ses notes explicatives qui viennent de ses souvenirs personnels. Il abonde aussi dans ses longues digressions qui sont bien la marque d'un vénérable patriarche qui raconte.

En réalité *Les Anciens Canadiens* sont un peu comme le pont d'Avignon où passe tout le monde. On y voit des juges, des avocats, des ecclésiastiques, des politiciens, des médecins de campagne, des militaires. C'est toute une galerie de portraits décrite avec perspicacité, entrain et vivacité. Des récits piquants racontés de façon familière. Comme une conversation amicale au coin du feu. On apprend une foule de choses sur les chansons, les légendes (v.g. la Corriveau, les sorciers de l'île d'Orléans), les fêtes du coin (célébration de la Saint-Jean-Baptiste), les gens (leur sens de l'honneur et du devoir, leur loyauté, leur courage).

Et cela est raconté de façon malicieuse, un sourire en coin, une bonhomie toute naïve. Comme le dit si bien Maurice Lemire : « Gaspé a une vivacité de répartie, un sens de l'humour et une affection pour les propos joyeux, qui le rattachent à la tradition des Rabelais et des Montaigne. Comme eux, ils n'est pas un artiste de l'écriture mais il réinvente le langage. Sous sa plume, certains mots ont souvent la saveur de l'inouï. » (*Dictionnaire des Œuvres Littéraires du Québec*, Montréal, Fides, tome 1, p. 23)

On ne sait plus s'il faut classer Philippe Aubert de Gaspé comme mémorialiste ou romancier. En réalité, cela n'a aucune importance. Ce qui compte, c'est le produit, c'est-à-dire une œuvre savoureuse, un miroir de la société du temps qui donnera à son auteur une notoriété de son vivant et une place de premier plan dans les débuts de notre littérature. C'est aussi une mine de renseignements pour les folkloristes. Aussi Luc Lacourcière y a puisé abondamment.

Pour en savoir davantage et pas encore assez, lire l'ouvrage de Jacques Castonguay, *Philippe Aubert de Gaspé, Seigneur et homme de lettres*, Sillery, Septentrion, 1991.

PAUL MORIN
«Le somptueux poète»

Carrière surprenante que celle de Paul Morin. Son cours classique terminé, il fait son droit à l'Université Laval mais à peine est-il admis au barreau qu'il quitte Montréal pour Paris où il décroche un doctorat ès lettres à la Sorbonne, s.v.p. et à vingt et un ans! Il revient ensuite à Montréal. Il enseignera la littérature successivement à l'Université McGill, au Smith College de Northampton (Massachusettes) et à l'Université du Minnesota. Rares sont les hommes d'une aussi vaste culture que lui à l'époque. Il est à la fois avocat, spécialiste en littérature, pianiste, traducteur, linguiste, journaliste, professeur. Un homme de lettres canadien disait de lui qu'il était » the most cultured of the younger group of French-Canadian poets » (O »Hagan dans *Intimacies in Canadian Life and Letters*, Ottawa, 1927, p. 24, cité par Jean-Paul Plante dans le petit livre consacré à Paul Morin de la collection «Classiques canadiens»). Il sera reçu par la comtesse de Noailles qui parle de lui comme le «somptueux poète» du *Paon d'Émail»*.

Paul Morin est un homme étincelant. Il a donné au verbe un chatoiement absolument inédit chez nous. Il exige de la langue française une clarté, une pureté et un soin des plus raffinés. Son esprit critique vif, sa brillante intelligence, sa logique rigoureuse, la valeur musicale de ses poèmes, son humour fin, sa vaste érudition, les résonances exotiques qu'on retrouve dans sa poésie, son ouverture à l'univers, bref il est un égaré et un paradoxe vivant dans notre littérature du début du siècle enfermée dans le corset étriqué du terroir. Il en a souffert amèrement, surtout dans les dernières années de sa vie par la mort de sa femme, l'incendie qui ravagea sa maison à Pointe-aux-Trembles en 1957 et qui lui ravit en même temps la traduction en français moderne de Montaigne qu'il avait préparée pendant de nombreuses années et sa précieuse correspondance avec la comtesse de Noailles.

Il se sentait un peu comme ces fleurs séchées qu'on enferme dans les livres. Belle fleur sans doute mais uniquement décorative, un simple souvenir du passé. Un de ses poèmes, « Hommage », un des plus accessibles, nous revient en mémoire :

> Les fleurs doivent subir l'étrange et lent tournant
> De se faner dans quelque livre ,
> C'est entre deux poèmes que, secrètement,
> Leur frêle âme s'obstine à vivre;
>
> Car il sied que la fleur, ce poème immortel
> Dont chaque strophe est un pétale,

Trouve dans de beaux vers son linceul éternel
Et sa tombe sentimentale.
Ainsi, pour que sa mort soit douce et qu'un peu d'art
L'enveloppe encor, et la charme,
J'ai mis dans les feuillets des *Amours de Ronsard*
Une violette de Parme.

Et si j'ai consacré cet amoureux tombeau
À sa légère et fine cendre,
Si j'ai mêlé son culte au souvenir si beau
Que j'ai d'Hélène et de Cassandre,

Si ses pétales frais déployés un à un,
Meurent entre deux pages closes
D'où monte à chaque ligne un noble et pur parfum
De lauriers, de femmes, de roses,

Ce n'est pas à la fleur, mais à vous, que je rends
Ce tendre et puéril hommage,
Puisque d'un doigt pieux, entre les feuillets blancs,
J'enferme votre chère image;

Et puisqu'il me faudra, malgré moi-même, unir
Cette violette fanée
Au lointain, au cruel et rare souvenir
De celle qui me l'a donnée.

En feuilletant notre calendrier, au 6 avril, j'ai mis une fleur fanée qui ressemble un peu à un paon par sa couleur bleue parsemée d'ocelles jaunes. Je pense à Paul Morin l'artiste incomparable qui ciselait ses poèmes et sculptait l'invisible. Hélas ! tout disparaît si vite. Il ne nous reste souvent, du passé, qu'un peu de « cendre et d'or. »

SUZOR COTÉ
«Le maître d'Arthabaska»

J'ai eu la chance de vivre à Arthabaska, d'être imprégné des paysages qui ont inspiré Suzor Coté et qui sont, à mon sens, parmi les plus beaux au monde. En automne, par exemple, je ne me souviens pas d'avoir vu dans ma vie une telle profusion de couleurs comme à Arthabaska. C'est pourquoi j'ai choisi de le représenter par un érable en feu. Bien entendu, c'est un privilège de vivre dans un milieu où tout nous parle du maître : ses toiles, ses bronzes, ses aquarelles, ses gravures faites de pointes-sèches, ses eaux-fortes. Car le «maître» a touché à tout et avec un égal succès. Dans sa main, la brosse, le pinceau, le pastel, le burin, l'ébauchoir s'accordaient aux sentiments pour faire surgir une œuvre d'art.

Ce qui m'a toujours frappé chez Suzor Coté, c'est son amour des petites gens de chez nous. Il a glorifié «les travaux et les jours» de nos braves paysans et de nos travailleurs, leurs dures besognes, leur attachement à la terre, leur courage. Comme il le disait lui-même :« J'ai travaillé sérieusement avec toute l'application dont un peintre est capable quand il aime son art, en est imprégné et qu'il en fait le but de sa vie...Puis à écrire sur la toile la vie si poétiquement naïve du travailleur de la terre, le paysan. »

Suzor aurait pu faire carrière en Europe où il était admiré. Il avait étudié toutes les techniques des maîtres, les tendances, les écoles. Il avait cherché à percer le secret des chefs d'œuvre au Louvre où il a passé des journées entières. Il avait tout inventorié sur l'art figuratif. Il avait admiré Courbet, le père du réalisme et l'avait magistralement imité. Il avait même pris des cours de sculpture de Laliberté qu'il avait sorti de sa misère à Paris et qui deviendra son meilleur ami. Ce dernier ne lui avait-il pas établi un vaste studio au deuxième étage de sa maison de la rue Sainte-Famille à Montréal? Suzor a préféré revenir chez nous. Son inspiration, il l'a tirée de sa terre natale. Il a voulu exalter les gens et les choses du Québec, leur donner une luminosité inouïe. Il a préféré la vie des petites gens de son village.

Rarement on a vu une telle polyvalence chez un artiste. Généralement, on connaît Suzor Coté comme peintre. Et cependant, qui sait qu'il a laissé plus de cinquante sculptures. Je pense, entre autres, à la grande statue de son « Joliet, à ses « Femmes de Caughnawaga, » à son « Vieux Fumeur, » au « Portageur, » et à son fameux « Haleur de bois » dont un journaliste du Toronto Globe disait «qu'il sera reconnu comme l'une des œuvres les plus fortes et les plus originales jamais produite par l'art canadien. » Que dire de son bronze « Le retour du bûcheron »? Une grande paix semble habiter ce bûcheron détendu et qui respire l'air frais avant de gagner sa maison. C'est toujours les gens de sa race et ses racines qui inspirent Suzor. L'histoire de *Maria Chapdeleine* de Louis Hémon, par exemple, nous vaut 25 beaux fusains. Suzor a voulu être le chantre des débuts de la Nouvelle-France et nous a laissé des tableaux inoubliables. Je pense, entre autres, à son « Jacques Cartier et les Indiens de Stadacona », au pastel de « Champlain », vestige d'une toile qu'il a déchirée parce que le gouvernement ne savait pas reconnaître son véritable talent, à la « Mort de Montcalm », etc.

Le réalisme de Suzor est précis, puissant de vérité, sans artifice, sans fard, accroche à la vie. Cependant, on ne peut oublier la qualité du regard du peintre. Il s'agit de regarder attentivement « Neige/ Dégel d'avril à Arthabaska » pour s'en rendre compte. L'impressionisme pour Suzor Côté répand sur ses paysages une luminosité à nulle autre pareille. Il faut passer des heures à contempler. Les jeux du soleil sous la neige ne sont pas distincts de ceux qu'on voit dehors lorsque redescend dans la rue et qu'on admire la neige bleue dans la nuit. C'est l'exaltation du moment, la glorification de l'instant, la luminosité qui se dégage de l'objet, tout l'œil de l'artiste qui capte cette beauté fugace.

Suzor Coté était bon vivant, fin causeur, plein d'humour, chanteur à l'occasion et ami des bons repas plantureusement arrosés. Il avait connu la gloire en Europe et au retour au pays. Sir Wilfrid Laurier le protégeait et achetait toiles et bronzes pour lui et le gouvernement. Sa mère le soutenait constamment comme ses mécènes au gouvernement du Québec. Mais en 1919, la mort de Laurier, puis celle de sa mère, vinrent assombrir l'existence du peintre. Des difficultés financières, la perte de ses appuis politiques, le manque d'intérêt pour son œuvre et finalement l'hémiplégie l'obligèrent à émigrer en Floride où il s'éteignait le 29 janvier 1936.

On ne peut laisser passer le 6 avril, anniversaire de sa naissance, sans penser à celui qui a magnifié la nature comme les petites gens de chez nous. À ce grand peintre, l'admiration de mon adolescence, un grand salut d'un ancien d'Arthabaska !

OLIVIER GUIMOND
Le plus grand comédien du Québec

On peut difficilement parler d'Olivier Guimond sans voir s'esquisser un sourire en coin chez son interlocuteur. Car Olivier Guimond a sans doute été l'un des meilleurs comédiens que le Québec ait connu. Ses amis les plus intimes le reconnaissent d'emblée: Gilles Latulippe, Paul Berval, Gilles Pellerin, Denis Drouin, etc. La liste serait interminable car il ne connaît que des amis. Un être extrêmement attachant, humble, et qui savait rendre son entourage heureux par ses «Qua qu'a fa la la?» ou ses «Lui, y connaît ça!» Mais timide aussi et réservé, «profondément bon et humain, dit de lui Paul Berval, infiniment chaleureux. Il était croyant, ainsi dans les moments difficiles, il priait dans l'ombre.»

Que ce soit à la télé dans la série «Cré Basile» ou «Capitaine Bonhomme» qui amusa les enfants pendant tant d'années, au cabaret ou sur les planches, ce clown savait arracher les rires du public pour lui faire oublier, ne serait-ce qu'un petit moment, la dureté de la vie. Sa mimique incomparable, ses dangereuses cascades d'homme soûl dans les escaliers resteront longtemps dans la mémoire des Québécois. Comme le disait Doris Lussier : «tu (Olivier Guimond) faisais rire les autres et tu pleurais tout seul. De l'autre côté des coulisses du temps, nous te garderons dans le coin le plus chaud de notre mémoire(....) Un de ces jours, on va se retrouver tous ensemble, en haut, au Grand Théâtre. Il y aura bien une scène pour les artistes québécois. Et tel que je te connais, tu serais bien capable de faire rire le bon Dieu...»

Le grand comique, fils de TIZOUNE, est mort en 1971. Ses amis intimes Jean Lapointe, Claude Blanchard et Gilles Latulippe ont réuni des témoignages d'affection dans un bouquin - *Olivier* paru chez Stanké. Sa femme, Manon Brunelle, pour sa part, a publié un ouvrage aux éditions Quebecor en 1994.

En ce 6 avril, c'est tout un peuple qui se lève pour saluer celui qui les a tant faire rire pendant trente ans. Un vibrant hommage à Monsieur Télévision, l'éternel Olivier Guimond!«Oui, nous l'aurons dans la mémoire longtemps!»

ROGER LEMELIN
Notre romancier «indéquoisable»

C'est ainsi que l'appelait Doris Lussier, alias le père Gédéon. Roger appartient maintenant à la légende de notre patrimoine. Il fait partie des meubles, comme on dit parfois chez nous. Au milieu des années de la grande noirceur, il a réussi à décrire avec une verve satirique et un réalisme prenant la petite vie des milieux populaires les plus défavorisés du Québec. *Au pied de la pente douce* en 1944 a lancé l'auteur comme l'un de nos plus remarquables écrivains. Cette chronique sociale qui raconte les espoirs et les déboires d'un jeune homme né «pour un petit pain» et publiée à compte d'auteur en a fait «le troubadour des pauvres» et lui a valu plus d'un prix. Roger Duhamel dira de ce roman : « *Au pied de la pente douce* denmeurera un grand roman, un roman robuste et sain où l'on retrouve, grouillant de vie et aperçu à travers le prisme d'un tel artiste, l'un de nos faubourgs urbains. »

Vint ensuite *Les Plouffe* connu par la radio, la télévision. C'est la consécration. Diffusé dans les deux langues à travers tout le pays, une cote d'écoute de 4,4 millions de téléspectateurs énorme à l'époque!«avec ses *Plouffe*, disait Gaston Miron, Roger Lemelin a tendu pour la première fois un miroir dans lequel ils se sont reconnus et aimés. » «Lemelin devenait, ajoutait-il, l'un des fondateurs du roman québécois moderne. » Gilles Carle abondait dans le même sens : «Lemelin, selon lui, demeure le plus grand romancier populaire d'ici, et un créateur de personnages inégalé. »

Lemelin s'était vite adapté à la télévision. « Sur le plan dramatique, la TV est formidable, disait-il, à cause des possibilités de la simultanéité. Songez que, durant une demi-heure par semaine, 5 millions de personnes passent par l'émotion que je leur dispense. Par contre, si j'écris un livre où je mets le meilleur de moi-même, en espérant que ce livre circulera à vingt mille exemplaires, il peut s'écouler de deux à trois ans avant que j'obtienne la réaction des lecteurs (quand je l'ai...!) Quand les gens me parlent avec enthousiasme de ce livre, je ne suis plus le même homme...ils me parlent d'un mort. »

Lemelin restera pour moi un bâton de dynamite capable de faire sauter dans un roman tout un univers hirsute et à la fois, proche du nôtre. Il le dit lui-même : «Je suis en train de devenir plus célèbre par les attaques dont je suis victime que par mes œuvres. Malgré tout, je suis demeuré le plus optimiste de nos écrivains, Dés mes premiers livres, j'étais dénoncé pour une raison ou pour une autre, et les vitres de ma maison volaient en éclats…j'aime la bataille, tout cela n'est pour moi qu'un début. Mon œuvre reste à faire. »

Ses personnages semblent venir tout droit des milieux que nous fréquentons tous les jours. D'un tempérament fougueux, Lemelin apparaît aux yeux de plusieurs comme un être provocateur, fantaisiste, frondeur jusqu'au bout, même dans son ultime combat contre la mort. Ils lui pardonnent tout à cause de sa créativité débordante et de la peinture fidèle de notre milieu. Ses personnages occupent une place spéciale dans le cœur des Québécois qui placent leur auteur au rang des grands littérateurs qui les font rêver. « Je ne cherche pas à créer des personnages collectifs, représentant totalement un groupe donné, écrivait-il encore. Je me projette à travers mes comédiens. Ce qui compte pour moi, c'est de créer des personnages vraisemblables. Si je crée des personnages que tout le monde accepte, et qui, paraît-il, ne représentent personne, c'est extraordinaire. C'est le plus beau compliment que l'on puisse me faire. »

Lemelin mérite aussi notre admiration pour cet admirable lutte qu'il a menée pour la défense de notre langue contre l'abêtissement par le joual. À cette question qu'on lui posait à savoir si notre langue était récupérable, il répondait admirablement : «Ce n'est pas notre langue qui est malade. Qu'on forme d'abord le caractère des gens, qu'on forme leur pensée, qu'on leur enseigne la tolérance, la charité, la bonne humeur, qu'on leur ouvre les yeux sur le monde, qu'on fasse un autodafé avec toutes les œillères qui nous embarrassent, qu'on développe leur goût de la connaissance, qu'on leur insuffle lentement l'amour de la musique et des beaux arts…ils s'exprimeront mieux ensuite. La langue n'est pas une religion en soi mais un instrument, et on a l'instrument que mérite notre culture. En somme, pour citer Boileau : « Ce que l'on conçoit bien s'énonce clairement et les mots pour le dire arrivent aisément. » Ce n'est pas en remplaçant un tabarouette par un peuchère dans la bouche de Ti-Mé, ni en faisant dire zut au lieu de peau de chien au père Gédéon que l'on va régler le problème. »

Toute sa vie, Lemelin a également travaillé pour donner à la langue française un caractère universel. Il restera dans notre mémoire comme ses personnages truculents. En ce 7 avril, il nous fait plaisir de rappeler son anniversaire de naissance.

JEAN BRUCHÉSI
Un grand homme

Ce grand homme a marqué toute une génération par son savoir, son érudition, sa brillante intelligence, le sens de l'histoire qu'il a su inculquer à je ne sais plus combien de ses élèves. Qui ne connaît son *Histoire du Canada* pour tous et *Canada, Réalités d'hier et d'aujourd'hui*? Jean Bruchési reste comme un phare qui peut encore orienter vers un avenir meilleur. Par son analyse de l'histoire, il nous indique ce qui a fait notre force et qui peut encore resurgir aux heures sombres de marasme et de doute. De même dans le domaine du savoir, on gagne toujours à le consulter.

Jean Bruchési a touché à tout : journalisme, histoire, critique littéraire, sciences politiques, lettres, droit, politique, diplomatie, arts, écriture. Partout où il est passé, il a laissé sa marque: celle d'un homme profondément convaincu, d'une grande maturité, d'une sagesse clairvoyante, d'un sens poussé de l'analyse, d'une ouverture d'esprit peu commune, d'une lucidité à toute épreuve. Aussi, les prix les plus prestigieux lui furent-ils décernés et les responsabilités les plus hautes, confiées. Sa carrière féconde, couronnée de succès, n'a pas connu de déclin.

Il avait été préparé par de solides études à l'Université de Montréal, l'École libre des sciences politiques de Paris, l'École des Chartres, la Sorbonne. Aussi, quand Jean Bruchési parlait, tous écoutaient. On savait qu'il dirait quelque chose de pensé, fruit d'une longue méditation. Son jugement sûr peut encore nous guider. On peut toujours se procurer *Histoire du Canada pour tous*, aux éditions Beauchemin. Le Régime français comprend 367 pages; *le Régime anglais*, 364. De même ses *Documents historiques* restent une mine d'informations précieuses pour tout amateur d'histoire sérieuse. Une brique de quelques 2000 pages! Mais une ouverture et une compréhension du pays qui font de Jean Bruchési, un maître insurpassable.

En ce 9 avril, anniversaire de sa naissance, je rappelle avec respect cet homme qui a donné au Québec un grand rayonnement.

LÉO-PAUL DESROSIERS
Romancier de la résistance

Fortement influencé par Lionel Groulx, Léo-Paul Desrosiers est devenu un mordu de notre histoire, surtout celle des débuts de la colonie. Homme de vaste culture - il était à la fois avocat, chroniqueur, journaliste, il trouva le temps d'écrire surtout des romans teintés par la nature et l'histoire du pays. En ce sens, on ne peut passer sous silence son roman *Les Engagés du Grand Portage* qui le classe indéniablement parmi les plus grands romanciers du roman historique. Dans cet ouvrage, la langue harmonieuse s'allie aisément à la reconstitution historique et en un attachant roman historique. Nous revivons l'entreprise audacieuse du commerce des fourrures des années 1800 dans le Nord du Québec. Avec le Musée de la fourrure de Lachine et le livre fouillé de Bruce G. Tigger, *Les Indiens, la fourrure et les Blancs*, nous avons là tout ce qu'il faut pour comprendre cette période. L'art de Desrosiers fait oublier la psychologie faible de ses personnages.

Comme tant d'autres, Desrosiers a voulu chanter sa patrie, le Québec et la terre de chez nous. Parfois, les accents grincent. Il y a à la fois le déchirement d'un peuple abandonné et malgré tout, attaché à ses racines. Michelle Gélinas le faisait remarquer avec justesse : « Globalement, elle (son œuvre) témoigne d'une fidélité au passé » ; mais au niveau des intentions profondes, inconscientes, s'inscrit le rejet de ce passé.(...) L'œuvre de Desrosiers est une œuvre douloureuse et pitoyable comme l'est une littérature de survivance, dont l'incertitude, la méfiance, le ressentiment sont le pain quotidien. Elle est une œuvre de résistance, qui éclaire notre passé et notre présent collectifs, et qui témoigne de notre volonté de vivre. » (cité dans *Dictionnaire des auteurs de langue française en Amérique du Nord*, Fides, 1989, p. 411)

On peut lire avec un intérêt qui n'a pas vieilli les principaux ouvrages de Desrosiers : *Nord-Sud, Les Opiniâtres, Iroquoisie, L'Ampoule d'or, Dans le nid d'aiglons, la colombe* (vie de Jeanne Le Ber) et *Paul de Chomedey, sieur de Maisonneuve.* Toujours aux éditions Fides. Saluons en cet anniversaire de sa naissance ce défenseur de la survivance et de la résistance.

GUY ROULEAU
Un neurologue passionné

J'ai découvert le neurologue Rouleau suite à un article de Yanick Villedieu dans « *l'Actualité* » de janvier 1995. Cette journaliste a toujours le don de dénicher des personnalités inconnues qu'elle nous fait découvrir. C'est en réalité un être exceptionnel qui mérite toute notre admiration. Après son doctorat en génétique à l'université d'Harvard, il revient à l'hôpital général de Montréal ou il ouvre son laboratoire de neurogénétique. Ce jeune neurologue n'a pas fini de faire parler de lui. Il a déjà découvert le gène de la NF2 et le gène d'une autre maladie neurologique, la SLA (la sclérose latérale amyotrophique) appelée également « maladie de Lou-Gehrig ». On pense aussitôt à Nancy B. et Sue Rodriguez. Et le Dr Rouleau imagine un traitement et commence des essais qui vont durer des années. Mais il est sur la piste !

Une petite équipe gravite autour de lui. Des chercheurs avides, curieux comme lui, enthousiastes. Ils viennent de toutes les parties du monde. Et le petit laboratoire travaille comme une rûche. Plus de 25 ! La perspicacité de Guy Rouleau est d'avoir détecté, et cela dès les années 1984, que toute la neurologie allait être secouée par des découvertes sensationnelles. Une véritable révolution commençait avec la localisation du gène d'une maladie du système nerveux, la maladie de Huntington. Une ère nouvelle s'ouvrait, celle de la neurogénétique moderne !

Évidemment, les offres pleuvent de partout. Chaque université voudrait posséder un tel chercheur. Mais dans l'entrevue qu'il accordait à Yanick Villedieu, le Docteur Rouleau expliquait il a décidé de s'établir à Montréal. « Parce qu'on peut y faire de la très bonne science, dit-il. Et pour vivre dans notre langue. Jocelyne (sa femme) et moi, nous voulions élever nos trois enfants en français. Et pas aux frontières de la francophonie et de l'assimilation ». Cet amour de la langue vient de loin. Il racontait encore à las journaliste que sa grand-mère avait fait la « bataille des épingles à chapeau, » cette histoire rocambolesque qui avait dérouté les inspecteurs dans une école d'Ottawa en 1916, au moment du règlement 17 qui voulait empêcher l'enseignement en français. Toute sa famille a dû lutter pour la conservation de la langue. Son frère Paul, avocat, s'est battu contre le gouvernement ontarien, lui aussi pour des questions de droits scolaires. Paraît-il que son père, médecin d'un quartier pauvre de la capitale, n'apprécia guère se faire adresser la parole en anglais. On comprend pourquoi il a décidé de venir vivre à Montréal.

Maintenant en paix, il se donne tout entier à la recherche. Mais il ne néglige pas pour autant la clinique. Simplement « parce qu'il aime ça. Et pour rester proche des malades et des maladies. »

Ce jeune chercheur de 37 ans semble promis à une brillante carrière. Sa jovialité, sa grande simplicité, sa curiosité sans cesse aux aguets, sa ténacité, font de lui, comme le disait le Dr George Karpati « un esprit exceptionnel ».

En ce 12 avril, nous lui souhaitons un bon anniversaire. Ad multos annos !

ROBERT LAPALME
Caricaturiste imbattable

Qui ne s'est follement amusé en regardant les caricatures tordantes de La Palme? Et pourtant, ce dessinateur audacieux avait été refusé à la «trop bien» École des beaux-arts alors que le jeune homme prodigieusement doué n'avait que 17 ans!

C'est aux environs des années 1930 qu'on commence à connaître La Palme. Dans les journaux de Québec, de Montréal, d'Ottawa et même de New York et de Philadelphie. En 1941, le manège militaire du camp de Val-Cartier songe à se faire une nouvelle toilette. La Palme soumet une série de vingt tableaux de 6'x 12' qui racontent l'histoire de chaque arme utilisée par les soldats. Chaque tableau est accompagné d'un autre petit tableau de 6'x 6' illustrant l'arme contemporaine. Malheureusement, ce projet ne vit pas le jour. La Palme décida alors de faire à ses propres frais sa propre exposition qui se promena de Montréal à Toronto, Rio de Janeiro, Sao Paulo, Rome et Paris. Partout, ce fut un succès, salué élogieusement par la critique.

En 1950, poussé par ce vent de poupe, on retrouve La Palme comme caricaturiste au *Devoir* puis en 1959, à *La Presse*. C'est là qu'il gagne la faveur du public par ses caricatures inoubliables. J'avoue m'être abonné au sérieux *Devoir* pour ça, d'abord. En 1964, il fonde le Salon international de la caricature et en devient l'animateur de 1964 à 1989. En 1966, il entreprend un travail qui le rendra célèbre à jamais: trois grandes murailles pour le Pavillon de l'accueil à *Terre des Hommes*. Aujourd'hui, on retrouve ces murales à la station de métro Berri-UQAM, direction Longueuil-Île-Sainte-Hélène. Une autre de ses murales, *Orphées chez Dionysos* orne la Place des Arts.

Réjean Leclerc, son agent et l'éditeur du magazine Ces *Gens de mon Pays* dit de lui: «À 86 ans, courtois et chaleureux, il conserve son espièglerie d'adolescent qui rend agréable toute rencontre avec lui. Il est encore très productif puisqu'il complète présentement une série de 12 tableaux représentant les 12 signes du zodiaque.» La Palme restera pour tous un peintre doué, un habile conteur et le plus savoureux des caricaturistes.

En ce 14 avril, anniversaire de sa naissance, saluons son immense talent et la touche habile, moqueuse et inimitable de son crayon. Si le ridicule tue, on peut dire que La Palme a fait écrouler plus de campagnes électorales de politiciens que les discours les plus pompeux.

Un grand coup de chapeau à ce génie du pinceau et de l'humour caustique!

ESTHER PARISEAU
Une femme dépareillée

C'était une femme faite pour les grandes œuvres. Elle avait une personnalité qui échappe à toute classification. Raffinée et à la fois capable des besognes les plus vulgaires; d'un caractère fortement trempé et capable des travaux les plus difficiles que normalement seuls les hommes peuvent faire.

Cette jeune Lavaloise était entrée chez les Sœurs de la Providence à 20 ans. Elle se dépensera pendant 58 ans au service des autres. Elle fut envoyée dans l'Ouest et exerça une influence immense comme économe talentueuse. Son rayonnement s'étendit vite sur toute la côte ouest. Elle y passera quarante-six années de sa vie. À Vancouver, on se plaisait à l'appeler « la femme extraordinaire. »

En 1856, c'est elle qui dirige un groupe de Sœurs vers Washington, sur la côte du Pacifique. Elle s'y révéla une administratrice de génie. Elle réussit à bâtir et gérer des hôpitaux, des orphelinats, des écoles, des maisons pour personnes âgées, des asiles pour malades mentaux, des écoles pour les Indiens. Rien ne surprend cette femme. Ni les travaux exténuants, ni les entreprises démesurées, ni les plans les plus audacieux, ni les initiatives les plus généreuses, ni la ténacité et la persévérance qui assurent la pérennité des œuvres. À cheval, à pied, en bateau, quand elle à quelque chose à faire, elle y va. En un mot, elle était le modèle de la femme forte, la vraie Sœur de la charité, proche des plus démunis, des plus abandonnés, des plus délaissés de la société du temps. À son nom de Mère Joseph (qui indiquait bien son rôle de pourvoyeuse à tous les besoins)elle ajouta celui du «Sacré-Cœur» comme pour réaliser la continuation de la mission de charité du Christ qui s'est fait tout à tous.

Les États-Unis se souviennent. En 1980, Mère Joseph du Sacré-Cœur devint la première religieuse catholique et la cinquième femme à être reconnue comme leader historique de renommé nationale. Sa statue se retrouve dans la rotonde du Capitole à Washington D.C.

L'intrépide religieuse s'éteignit le 19 janvier 1902. Ses restes reposent dans le cimetière des Sœurs de la Providence à Vancouver. On ne peut laisser passer le jour anniversaire de sa naissance sans rappeler cette bâtisseuse au cœur large et à l'intelligence pratique. Elle reste un modèle pour toute personne engagée au service des autres. La logique de sa foi en en fait un géant à la démesure de son dévouement, ses initiatives florissantes, ses œuvres qui parlent encore d'elle. On s'en souviendra toujours...

GERMAINE GUÉVREMONT
Notre Colette québécoise

Elle vous fait penser tout de suite au « *Survenant* », j'imagine. Toutes les personnes d'un certain âge se souviennent du téléroman. Mais qui sait que le roman valut à son auteur plusieurs prix prestigieux ? Madame Guèvremont s'y révélait remarquable romancière par un art fait de discrétion pudique, de sobriété adroite, de finesse psychologique et de mesure tempérée. Elle sait révéler l'âme paysanne dans la profondeur de son intimité et de ses rêves nostalgiques comme dans son prosaïsme âpre et ses limites. Les personnages qu'elle campe devant sont faits de chair. On ne les oublie pas. Ils font partie de notre histoire : le Survenant, le père Didace, Alphonsine, Angélina. On connaît leur famille, leur monde réel, leur milieu. C'est cette reconstitution d'un monde qui fait la valeur d'un auteur. C'est aussi ce qui donne de la saveur à son œuvre. Qui ne se souvient du petit monde du « *Chenal du Moine* » et de la silhouette robuste du Survenant ?

Sans fard et en toute simplicité, Madame Guèvremont nous peint la vie rude de ces paysans, leur foi humble, leur attachement à la terre, leur sensibilité un peu fruste, leur esprit de solidarité au clan, leur capacité de rebondissement, le respect des amitiés franches, leur sens de la justice, leur gaieté un peu bruyante. Elle sait que leur existence est difficile, leurs travaux harassants, le terreau qui les enracine, résistant et exigeant. Elle sait que l'écorce rude cache des sentiments profonds. Sous leurs dehors grossiers, elle atteint l'âme dans ses profondeurs et y découvre la compassion cachée, la tendresse muette, la poésie secrète. Sous sa plume, la vie semble plus vraie que la réalité ! Didace, Amable, Angélina, Alphonsine, ils font partie de notre paysage. On ne saurait les oublier. Ils ne peuvent être différents. Ils sont ce qu'ils sont. On les accepte comme tels.

Dans sa peinture de l'âme des paysans de chez nous, Madame Guèvremont montre surtout qu'elle aussi est de notre milieu. Sa connaissance est expérimentale. Elle nous le révèle par touches subtiles, avec un humour fin, une douce ironie mais toujours avec une émotion et une simplicité qui captent l'attention du lecteur ravi qui se reconnaît dans ses pages. Son art a la simplicité de la nature sauvage qui l'inspire. Je pense, entre autres, à un exemple qui me revient en mémoire. La rivière lui fait penser soudain à la fugacité de la vie :

> « Ainsi donc la vie est comme la rivière uniquement attentive à sa course sans souci des rives que son passage enrichit ou dévaste. Et les êtres humains sont les roseaux impuissants à la retenir, qu'elle incline à sa loi : des joncs pleins d'élan, un matin, et le soir, de tristes rouches (roseaux)

desséchés, couleur de paille. De jeunes joncs repousseront à leur place. Inexorable, la rivière continue à couler : elle n'y peut rien. Nul n'y peut rien. » (p. 84)

Ou encore un peu plus loin, sur le même thème :

« Au moment de s'asseoir, il y eut une minute de forte émotion devant la place vide de Mathilde : depuis sa mort personne ne l'avait occupée. Marie-Amanda alla chercher sa petite et l'y installa : une feuille tombe de l'arbre, une autre feuille la remplace. » (p. 88)

Les personnages de Madame Gueévremont sont des terriens pliés au rythme de la nature et des saisons. Ils sont par le fait même dotés d'une sagesse qui s'apparente sans aucun doute à celle de son auteur. Je ne peux m'empêcher de citer encore un extrait de *Marie-Didace* :

« Marie-Amanda s'arrête dans le vent afin de respirer, puis reprit :

— C'est le temps. Le temps qui vient à bout de tout. T'as l'exemple de mon père. Il aimait ma mère. À sa façon, si tu veux. Mais il l'aimait gros. Et à c't'heure qu'elle est morte, il en a une autre.

La voix enrouée de chagrin, elle ajouta :

— Ma mère avait fait son temps.

Des parcelles de neige et des larmes brillant à ses cils, Angélina se retourna tout d'une pièce.

— Je te comprends pas. L'autre fois, tu me prêchais que le temps arrange tout. Aujourd'hui, tu dis le contraire.

— Je te dis le contraire. Je t'ai dit que tout se calme à la longue, notre joie comme notre peine. Tout s'en va avec le temps. (pp 68-69)

J'aime Madame Guévremont. Bien entendu, elle n'a pas la somptuosité du style de Paul Morin ni la solennelle luxuriance d'Alain Grandbois ni le regard étoilé d'un Saint-Denys Garneau. Mais cependant, il se dégage de ses pages un charme discret comme la fraîcheur de la nature, l'odeur du trèfle dans les champs, la senteur du foin qu'on vient de couper. Je suis porté à la comparer à Colette. Comme elle, c'est la terre qu'elle chante. Pas avec la volupté de Colette mais avec autant de poésie. Elle a le don de capter l'âme de choses, ces choses qui font vibrer l'âme avec intensité et que seuls les poètes savent deviner.

En ce 16 avril, anniversaire de sa naissance, rien de mieux ne saurait honorer cette grande dame que la relecture du *Survenant* ou de *Marie-Didace* publiés aux éditions Beauchemin. Et un petit pèlerinage à l'ilette de Pée pour traverser le ponceau et visiter sa petite maison jaune et blanche.

OCTAVE CRÉMAZIE
Notre poète national

Le petit libraire de Québec ne connut pas une destinée des plus heureuses. Il faisait figure de lettré dans le Québec du temps. Malheureusement, une triste affaire de contrefaçon de signatures vint assombrir son destin. Il dut quitter Québec clandestinement pour ne plus y revenir. Il s'installa en France où il vécut dans la plus grande pauvreté. À certains jours, c'était même la misère sordide. Dans « *Le Journal du siège de Paris*, il écrit : « J'ai été obligé de me rabattre sur le chien, et, dans les plus mauvais jours, sur les rats. Je ne parle pas des chats, qui étaient devenus un mets d'aristo. »(lettre du 18 février 1871). Il mourut au Havre le 16 janvier 1879 et fut inhumé le lendemain dans la fosse commune.

Malgré ses déboires financiers et le scandale de ses signatures forgées pour échapper à la faillite, Crémazie a toujours joui d'une grande renommée chez les Québécois. Tout le monde se souvient de son «Drapeau de Carillon» qui, cependant, ne nous émeut plus. Pas plus d'ailleurs que son patriotisme grandiloquent et ses lugubres vers sur les morts. Ce qu'on connaît moins de lui, ce sont ses pages sur la critique et ses lettres qui révèlent un écrivain authentique. Au dire de Michel Dassonville, «ses pages de critique sont parmi les plus intelligentes, les plus fines et les mieux écrites que nous ayons. » (*Crémazie*, Collection classiques canadiens, Fides, 1956, p. 18) «Ce qui manque au Canada, écrivait-il, c'est d'avoir une langue à lui. Si nous parlions iroquois ou huron, notre littérature vivrait. Malheureusement, nous parlons et écrivons d'une assez piteuse façon, il est vrai, la langue de Bossuet et de Racine.(...) Nous ne serons toujours, au point de vue littéraire, qu'une simple colonie(...) de simples colons littéraires.(...) Je le répète, si nous parlions huron ou iroquois, les travaux de nos écrivains attireraient l'attention du vieux monde. Cette langue mâle et nerveuse, née dans les forêts de l'Amérique, aurait cette poésie du cru qui fait les délices de l'étranger. On se pâmerait devant un roman ou un poème traduit de l'iroquois, tandis que l'on ne prend pas la peine de lire un livre écrit en français par un colon de Québec ou de Montréal.» (lettre à l'abbé Casgrain, 29 janvier 1867).

Dieu merci, Crémazie s'est trompé, Il serait fier de voir le succès des Nelligan, Grandbois, Anne Hébert, Michel Tremblay, etc. Nous avons maintenant notre littérature à nous, nos poètes, nos chansonniers qui ont réussi à gagner Paris. Pour ce qui a trait à l'intérêt des Français et Européens pour les Amérindiens, c'est une autre chose. Il s'agit d'être guide de la ville de Montréal ou de Québec pour s'en rendre compte. Aujourd'hui encore, parlez-leur de Loretteville ou d'Oka, ils tout yeux, toutes oreilles et crient « merveille » devant la plus insignifiante poupée indienne fabriquée à Taiwan ! Vu de mes yeux, vu ! Entendu de mes oreilles !

Mais revenons à Crémazie. Rendons hommage à ce « cher vieux maître » comme l'appelait Fréchette. À ce Crémazie qui, dans sa correspondance intime, avouait « être mort à l'existence littéraire. » Il serait surpris de se voir publié en édition de luxe, lui qui se disait « mauvais marchand et médiocre poète. » Surpris aussi de voir l'effervescence littéraire de tant d'écrivains québécois, lui qui écrivait encore désabusé à l'abbé Casgrain : « Dans ces natures pétrifiées par la routine, la pensée n'a pas d'horizon. » Dans sa « Promenade des trois morts, » il écrivait : « Oui, les absents ont tort et les morts sont absents. » C'est faux puisque nous pensons encore à lui. À Montréal, à l'angle du boulevard Crémazie qui porte son nom et du boulevard Saint-Laurent, un monument sculpté par Philippe Hébert rappelle sa mémoire. Une lyre, symbole de la poésie, orne le centre du piédestal. À la partie inférieure, un bronze d'un soldat à l'agonie, illustre son célèbre poème « Chant du vieux soldat canadien. »

Crémazie a aussi sa station de métro où un masque de fer le représente en compagnie d'autres poètes québécois comme Fréchette et Nelligan..

Après la mort de l'historien, Crémazie disait : « Qui pourra jamais dire de combien de déceptions, de combien de douleurs, se compose une gloire ? » Il ne pensait pas si bien dire. Il a été chez nous le précurseur du romantisme. Fréchette a trouvé chez lui la source de ses inspirations comme Garneau d'ailleurs. Un homme ne peut mourir quand il a trouvé dans son cœur les accents de toute une nation. Jusqu'à aujourd'hui, on considère toujours Crémazie comme le premier poète authentique de chez nous.

En cet anniversaire de sa naissance, j'aime à me rappeler ce « vieux maître » qui nous rappelle la source de sa poésie :

> « Je ne chante que pour moi, la poésie est plus qu'une distraction, c'est un refuge. Quand le trappeur parcourt les forêts du nouveau monde, pour charmer la longueur de la route solitaire, il chante les refrains naïfs de son enfance, sans s'inquiéter si l'oiseau dans le feuillage ou le castor au bord de la rivière prête l'oreille à ses accents. Il chante pour ranimer son courage et non pour faire admirer sa voix : ainsi de moi. »

Bref, ce vieux poète me donne soudain la fierté d'être ce que je suis. La fierté, cela m'apparaît une vertu qui a disparu dans les vieux placards...

MARGUERITE BOURGEOYS
La mère de la colonie

Marguerite naît à Troyes, le 17 avril 1620 d'une famille intégralement chrétienne. En vain, elle frappe à la porte des Clarisses et des Carmélites. Dieu la voulait ailleurs. Un concours de circonstances la met en relation avec Maisonneuve et, «ce chevalier, courageux comme un lion, pieux comme un moine» l'engage, dit-elle, comme institutrice des enfants des soldats et des colons de Ville-Marie. La Vierge lui apparaît et la réconforte en lui disant : «Va, va, je ne t'abandonnerai pas.» Elle part «sans denier ni maille, un petit paquet sous son bras.» Pendant 47 ans, Marguerite devait être «les mains visibles de Marie sur la terre.» La peste se déclare sur le navire qui porte Marguerite et les colons vers le nouveau monde. Marguerite devient alors la garde-malade des corps et des âmes. Quand les cent soldats survivants arrivent à Québec, ils «étaient changés comme du linge dans la lessive.» Elle avait gagné la confiance de ces forts-à-bras. Elle deviendra par la suite leur confidente et leur conseillère. Elle se prête volontiers à ce genre de travail «à cause que c'était pour faire des familles» écrit-elle dans ses Mémoires. Arrivée à Québec, « elle reste seule avec eux pour fournir les provisions aux soldats» Quatre ans après son arrivée, elle peut enfin ouvrir sa première école dans une étable que Maisonneuve lui donne. Elle devra gagner le grenier par une échelle.

On la verra ensuite cheminer au bord des forêts infestées par les Iroquois, franchir cinq fois l'océan, assister, imperturbable, à l'incendie de ses maisons, céder ses couvertures à des soldats et dormir sur la dure, faire à pied le voyage de Montréal à Québec à travers les neiges, la glace et les rafales. On la trouvait partout où il y avait du bien à faire : cuisinière, conseillère, catéchète, providence de la jeune colonie, auprès des malades, des ignorants, des mourants. Elle fondera un foyer pour les « Filles du Roi » où les colons et les soldats viendront « voir leur blonde » comme elle dit avec le vocabulaire d'une Québécoise, mettra sur pied la Congrégation Notre-Dame pour l'instruction et l'éducation des petites sauvagesses, ouvrira un hôpital «La Providence» pour les filles pauvres, fera construire la chapelle Bon-Secours.

Tant d'initiatives lui attirèrent les croix de tous les côtés. Avec calme et sérénité, elle parut devant les grands de ce monde : Colbert, Louis X1V, Monseigneur de Laval, Monseigneur Saint-Vallier. Elle souffrit les affres de la nuit de l'esprit, les tracasseries dans la communauté qu'elle avait elle-même fondée mais gardera toujours une confiance inébranlable. Malgré sa vie toute de prière, de pénitence, de dévouement, elle se croyait damnée. Sa confiance la sauvera car elle avouera sur la fin de sa vie :«Au milieu de mon abattement, écrit-elle, je n'ai jamais perdu la confiance dans la bonté de ma mère céleste et dans la miséricorde de mon Dieu et quand même je me verrais avec un pied dans l'enfer, j'espérerais encore en l'une et en l'autre»

Elle mourut le 12 janvier 1700 et fut canonisée en 1982. On peut toujours aller prier auprès de son tombeau au Centre Marguerite-Bourgeoys : 4877, avenue Westmount, H3Y 1X9. Un audiovisuel et un diaporama sur sa vie nous permettent de nous replonger dans son histoire merveilleuse.

Un monument à la mémoire de Marguerite Bourgeoys a été élevé au 85, rue Notre-Dame est, face au Vieux Palais de Justice. C'est une œuvre du sculpteur Jules Lasalle. Dans ce quartier qu'elle a habité, sa présence inspire les valeurs de générosité, de partage et de foi qui ont marqué sa vie. Le sculpteur a représenté la sainte les bras largement ouverts, prête à accueillir les enfants. Deux jeunes au regard souriant s'apprêtent à la rejoindre. Mais par delà les limites du temps et de l'espace, elle semble vouloir accueillir les jeunes de tous les temps et de tous les lieux.

Marguerite Bourgeys reste pour nous la femme audacieuse, «libérée,» capable d'entreprendre une œuvre nouvelle au plan éducatif. Mettre sur pied une communauté « séculière » pour les femmes à l'époque était quelque chose de tout à fait inédit. Elle eut à lutter pour faire triompher son idée. Elle le fit avec foi, courage et fermeté. Ses «filles voyagères» proches de la réalité de la vie imiteront la Vierge prête à voler au secours de ceux qui sont dans le besoin. Et les besoins au début de la colonie étaient criants, comme ceux d'aujourd'hui d'ailleurs. Il nous manque seulement quelques Marguerites...

En ce 17 avril, saluons avec respect la Mère de la colonie.

On lira toujours avec un intérêt respectueux Les Écrits de Mère Bourgeoys, autobiographie et testament spirituel, Montréal, C.N.D., 1964, 302p. Comme d'ailleurs La vie de la sœur *Marguerite Bourgeoys* de Charles Glandelet, 1715, Montréal, C.N.D., 168p. Et dans un style plus moderne : *Quand l'Évangile s'empare d'une vie*, de Michelle Lamoureux, brochure de 30 pages publiée à la Congrégation Notre-Dame et *Au temps de Marguerite Bourgeoys quand Montréal était un village*, de Suzanne Martel, Montréal, Éd. du Méridien, 1982, 331 p.

KATERI TEKAKWITHA
Le lys des Agniers

Kateri est née en 1656 d'une mère alquonquine chrétienne et d'un père agnier. Quatre années plus tard, une épidémie de petite vérole lui fait perdre à la fois son père, sa mère et un petit frère. La petite Kateri échappe à la mort mais elle restera toute sa vie avec la vue affaiblie, le visage grêlé et une santé fragile. Elle est alors confiée à un oncle très dur qui lui fait vivre des heures pénibles. On lui cherche un mari. On use de ruse et de force pour fléchir sa volonté. Mais Kateri s'oppose carrément à ce projet et, pour échapper aux représailles, elle décide de s'enfuir à Sault-Saint-Louis, près de Caughnawagha où, en arrivant, elle a l'impression « d'entrer dans le paradis. »

Le Père de Lamberville lui confie une lettre à l'intention du Père Frémin, supérieur. « C'est un trésor que nous vous donnons, écrit-il, comme vous le connaîtrez bientôt. Gardez-le donc bien... » On ne pouvait mieux dire. La douceur inaltérable de Kateri, sa discrétion, sa bonté envers tous, sa délicatesse, son charme et son humour gagnèrent vite tous les cœurs des siens. Elle devint un modèle pour la petite communauté par ses mortifications excessives (que ses supérieurs tentaient de modérer), sa prière continuelle, son ardente dévotion à l'Eucharistie (les églises à l'époque étaient toujours ouvertes) et son dévouement constant. On la voyait toujours le chapelet à la main ou en prière devant une croix de bois érigée dans une clairière. Chaque matin, à quatre heures et ensuite à sept heures, elle assistait à la messe avec la fidélité des étoiles du firmament.

Quelques mois après son arrivée, le jour de Noël 1677, elle fit sa première communion. Dès lors, elle fit des progrès extrêmement rapides dans les voies du surnaturel et parvint à «l'union mystique» au dire des théologiens du temps. Le 25 mars 1679, le Père Frémin lui permettait de prononcer privément le vœu de virginité et de se consacrer à Notre-Dame qu'elle aimait éperdument. «Elle pria aussi Notre-Dame, écrit le P. Hholenec, pour qui elle avait une tendre dévotion, de la présenter à son divin Fils; puis, en même temps qu'elle se voua à Jésus-Christ, elle se consacra à Marie lui demandant très instamment de vouloir bien être sa mère et de la prendre pour sa fille. »

Elle songea même à fonder une communauté de religieuses indigènes mais son directeur spirituel la considérait trop jeune dans sa foi pour entreprendre une telle œuvre si inédite au début de la colonie. Rien de surprenant cependant que sa biographie traduite en espagnol quarante ans plus tard suscita l'établissement des premières clarisses indiennes au Mexique, parmi lesquelles une descendante de l'empereur Montezuma.

Au début de 1680, par un froid sibérien, elle se rend à Laprairie avec des compagnes et prend froid. Elle meurt prématurément le 17 avril 1680 en prononçant deux mots qui résument toute sa vie : « Jesos, Wari : Jésus, Marie. » Elle avait à peine 24 ans. En moins d'un quart d'heure, son visage devint d'une beauté à ravir les missionnaires et tous ses amis.

Peu de temps après, le Père Claude Chauchetière, s.j. écrivait la *Vie de la bonne Catherine Tekakwitha* à cause des nombreuses guérisons, révélations et visions et de la dévotion du public qui se trouvent dans les procès de canonisation des saints ». Un second biographe, le Père Pierre Cholenec, s.j. , supérieur de la mission Saint-François-Xavier pendant les années où Kateri y avait vécut, n'écrivit pas moins de trois biographies de la jeune Indienne, dont une en latin. De son côté, le Père de Lamberville qui l'avait baptisée écrivit parle d'elle dans *Narration annuelle de la Mission du Sault* depuis la fondation jusqu'à l'an 1686.

En plus de ces écrits, une floraison de miracles et faveurs n'arrêtèrent pas d'attirer l'attention de toute la Nouvelle-France sur son tombeau. Le Père Charlevoix écrivait ces lignes révélatrices :« Son tombeau devint bientôt célèbre par le concours des fidèles qui y venaient de toutes les parties du Canada et par les miracles qui s'y opérèrent. ».(.....) En 1744, il écrivait : encore : « Elle est depuis plus de soixante ans universellement regardée comme la protectrice du Canada, et il n'a pas été possible de s'opposer à une espèce de culte qu'on lui rend publiquement. » Rien d'étonnant de voir encore aujourd'hui la même admiration pour celle qu'on a appelée « la plus belle fleur épanouie chez les Indiens » et que sa biographie ait été publiée en plus de quatorze langues.

Son souvenir se perpétue à travers le monde. En 1943, Pie XII la déclarait « Vénérable » proclamant qu'elle avait ainsi pratiqué les vertus chrétiennes à un degré héroïque. Jean-Paul II l'a déclarée « Bienheureuse » le 22 juin 1980.

ESTHER BLONDIN
Ou la force évangélique

Il est presque impossible de parcourir la vie d'Esther Blondin sans ressentir une profonde indignation devant la malhonnêteté et le machiavélisme dont elle a été victime au cours de sa vie. Elle nous apparaît aujourd'hui prophétique. Elle avait connu la dureté et la souffrance de l'analphabétisme jusqu'à 22 ans et savait qu'il fallait du ressort pour en sortir. Dans un temps où l'ignorance était répandue partout et «les vides à combler» à tous les coins de rue, la jeune Esther fait preuve d'initiative rare en s'inscrivant au pensionnat de Terrebonne tenu par les CND. En 1833, on la retrouve institutrice à l'école paroissiale de Vaudreuil puis directrice de l'école devenue depuis «l'Académie Blondin.»

Esther est femme d'imagination ajustée à son temps. Une idée germait dans sa tête. À l'époque, une mesure disciplinaire de l'Église interdisait aux hommes d'enseigner aux filles et aux femmes, d'enseigner aux garçons. Une telle aberration avait de quoi surprendre Esther. Dans une famille normale, pensait-elle, n'y a-t-il pas filles et garçons ? Elle projette alors de fonder une communauté religieuse «pour l'instruction et l'éducation non seulement dans les écoles de filles, mais aussi dans les écoles mixtes voulues par la loi et qu'il est impossible de détruire». Elle pense d'abord aux enfants pauvres des campagnes. Le projet est soumis à Mgr Bourget qui l'accepte même s'il lui « paraît tout d'abord téméraire, subversif de l'ordre et contraire aux principes de la saine morale.» En 1850, la communauté des Filles de Sainte-Anne est sur pied. Peu de temps après, deux conciles se tiennent successivement à Québec en 1851 et en 1854. Avec autorité, ils rappellent la discipline ecclésiastique sur la loi ecclésiastique au sujet des écoles. On veut ramener dans le bon chemin cette communauté naissante «subversive». Mais Esther tient bon. Avec courage, elle rappelle à Mgr Bourget que si celle loi promulguée par les conciles doit s'appliquer, « elle regardera le but qu'elle s'est proposé comme manqué, parce que ce sont les pauvres qui ont fait appel à son zèle et à sa charité.»

Cependant, la croissance de la communauté amène l'obligation de déménager. En 1853, la maison mère est transférée à Saint-Jacques-de-l'Achigan. Les dures épreuves allaient commencer à pleuvoir sur Esther. Dans cette paroisse prestigieuse, de 1858 à 1904, trois frères se sont succédés comme curés : les fameux frères Maréchal ! Le nouveau chapelain de la communauté, est justement l'un d'eux, l'abbé Louis-Adolphe Maréchal nouvellement arrivé comme vicaire à la paroisse. Il est presque impossible de décrire toutes les humiliations qu'il fit subir à Esther dès son arrivée. Il s'immisçait continuellement dans les affaires internes de la communauté et imposait sa cynique autorité. L'évêque, pourtant au courant de la situation, ne semblait pas voir le problème et prenait sa part (!) Comment expliquer pareille cécité ? Quatre ans après la fondation de sa communauté, en 1854, Esther se voit obligée de démissionner. On la remplace en tant que supérieure générale par une jeune sœur de 26 ans plus souple aux ordres de l'abbé Maréchal. Esther accepte en toute humilité sachant bien que dans l'Église, « le don qu'on a reçu est toujours limité et bridé par celui des autres » comme le rappelait Odette Saint-Pierre, citant Rahner, dans un article publié dans l'*Église canadienne*, en août 1990, p.406. L'humble religieuse n'en exprime pas moins sa surprise et celle de ses sœurs à l'évêque. Il venait de leur enlever « la liberté d'agir selon l'esprit de la Constitution en ôtant l'éligibilité d'un de leurs membres. »

Les humiliations suivront partout où elle ira par la suite car Maréchal la poursuit sans cesse et l'accuse de tous les maux. Il a décidé que « la Sœur Marie-Anne n'a jamais eu la vocation et qu'elle ferait mieux de retourner dans le monde. » Mais non, elle n'y retournera pas et restera en communauté !

Déposée comme supérieure générale, Esther est nommée directrice de l'école Sainte-Geneviève. Là encore, Maréchal veut lui soutirer les allocations gouvernementales accordées pour son école. Esther refuse par « charité pour ses sœurs » et par souci de « justice pour les élèves. » Maréchal fulmine. Les intrigues ont finalement gain de cause et Esther est ramenée à la maison mère. Elle y vivra les trente-six dernières années de sa vie dans le silence et les besognes les plus humbles : sacristine, robière, portière, repasseuse à la buanderie. Curieusement, c'est là, dans les caves de la communauté qu'elle exercera une influence prépondérante sur de nombreuses générations de novices plus perspicaces que le chapelain. Elle devient pour elles l'humilité personnifiée. Une novice s'étonne de son attitude. Mère Marie-Anne n'a perdu son intelligence et sa vivacité. « Plus un arbre enfonce profondément ses racines dans le sol, lui dit-elle, plus il a de chance de grandir, de s'élever dans l'air et de produire des fruits. » Sur son lit de mort, elle trouvera encore le courage de pardonner à celui qui avait été « son instrument de sanctification. »

Pour en savoir davantage sur cette martyre du silence, sur cette femme intrépide, toute de jugement, de perspicacité, de finesse, de délicatesse et de courage, il faut lire le *Esther Blondin, prophète d'aujourd'hui* de Christine Mailloux, Montréal, Éd. Paulines, 1987, 166p. ou, du même auteur, *Une femme dans la tourmente*, publié aux Éd. Ste-Anne en 1992.

Mère Marie-Anne est décédée à Lachine le 2 janvier 1890. Jean-Paul II l'a déclarée « Vénérable » le 14 mai 1991. Jamais l'héroïcité des vertus n'est apparue aussi naturelle et comme allant de soi que chez cette chère Esther Blondin, Mère Marie-Anne ! En ce 18 avril, anniversaire de sa naissance, notre profond respect.

JANINE SUTTO
Une femme admirable

Elle est toujours prête à se battre pour les bonnes causes. Vivante et dynamique, cette petite femme a un courage du tonnerre.

Elle vit au Québec depuis l'âge de neuf ans alors qu'elle nous arrivait de Paris où elle est née. Rien d'exceptionnel dans son enfance modeste. Mais un jour, — elle travaillait à l'époque à la radio c'est la rencontre avec Henri Deylun et les tournées de théâtre et la télévision s'ouvrent pour elle. Fait assez curieux, on lui confie la plupart du temps des rôles de personnes blessées ou écrasées par les autres dans la vie. Elle joue avec une grande sensibilité. Elle entre naturellement dans la peau de ses personnages avec une aisance reconnue par tous. Peut-être parce qu'elle est toujours proche de la souffrance des autres. On sait qu'elle s'occupe d'une enfant handicapée avec une affection et un dévouement jamais démentis en dépit de tous les dérangements et les pressions qu'une comédienne de métier peut rencontrer.

Ce que tout le monde admire chez elle, c'est sa réceptivité, son accueil constant, son écoute facile et naturelle (elle est l'oreille de Janette Bertrand !),sa vitalité et son dynamisme, sa compréhension de la vie moderne, son enthousiasme des adolescents et des parents dans la trentaine qu'elle « trouve plus conscients que jamais de leurs responsabilités. » On se demande où elle puise toute son énergie.

Elle aime ce qu'elle fait et cela paraît. Elle n'a pas besoin de l'expliquer. Peut-être trouve-t-elle sa source dans la famille,« le dernier refuge où on se retrouve » comme elle dit. Chaque fois qu'elle s'implique, Janine Sutto, le fait à fond, surtout quand il s'agit de la cause des enfants ou des malades.

Une grande dame qu'il nous fait plaisir de saluer en son anniversaire, en ce 20 avril. On a besoin de femme engagée et stimulante comme elle. Bon anniversaire, chère Janine Sutto !

21 avril au 20 mai
TAUREAU

fleur du mois :

le muguet. Cette charmante petite fleur à clochettes blanches est abondamment utilisée en parfumerie à cause de son arfum délicat.

pierre de naissance :

l'émeraude, pierre presque aussi populaire que le diamant. Cette belle pierre verte est symbole du printemps et gage de fertilité.

signe du zodiaque :

le Taureau

Le taureau symbolise la puissance et la fougue irrésistible, la virilité dont la semence féconde la terre. Dixième signe du zodiaque, il est symbole de la puissance au travail, des instincts primitifs, de la sensualité.

planète :

VËNUS

Les natifs du Taureau envisagent généralement la vie avec un sein réalisme, possèdent un solide sens de l'humour et jouissent d'une excellente santé. Soif de vivre, caractère robuste, endurance au travail, elles sont aussi dévouées à leur famille et à leurs amis.

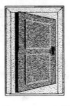

GAËTANE GAREAU
L'espérance folle

Gaétane était la onzième d'une famille de douze enfants. Le milieu rural où elle vivait l'amena tout naturellement à *Jeunesse agricole catholique»*, dont elle fut secrétaire nationale de 1948 a 1956. Avec une collègue et amie, Angèle Patenaude, elle fonde un groupe qui s'apparente à un institut séculier «Les auxiliaires rurales catholiques» qui deviendront par la suite «Groupe Monde et Espérance.» Gaétane devait rester fidèle à ce groupe toute sa vie. Elle poursuit ses études à l'université et décroche sa maîtrise en psychologie de l'Université de Montréal. Elle exerce ensuite sa profession au Centre psycho-social de Valleyfield et est engagée par après comme psychologue à l'Institut de formation et de rééducation de Montréal où elle occupe le poste de directrice et est responsable du secteur psychoreligieux,

Tous ceux qui l'ont connue sont unanimes. Gaétane était une psychothérapeute dynamique, une personne-ressource recherchée, particulièrement par les groupes religieux, une femme remarquable par ses qualités d'accueil, d'empathie, de cordialité, d'aide chaleureuse et exigeante, une femme de foi profonde, une femme de réflexion et de contemplation, une femme d'action et de solidarité.

Elle est décédée le 22 janvier 1985 au terme d'une longue et courageuse lutte contre le cancer et est restée lucide et tenace. Elle s'est battue jusqu'à la limite de ses forces avec une force étonnante et une intensité de présence alliée à une « folle espérance » en Jésus-Christ. L'évêque de Valleyfield déclarait à l'occasion de son décès : « Quand on a le privilège de connaître des êtres comme Gaétane Gareau, dans l'engagement de leur vie, dans leur expérience de la souffrance et dans leur accueil de la mort, on sent le sens de la vie humaine, on sait que Dieu existe et que son nom est amour. »

Quatre ans après sa mort, en 1989, le Centre diocésain de Valleyfield lançait un volume intitulé *Une espérance folle* qui réunissait des écrits et des propos de Gaétane Gareau. Ces textes sont le reflet de sa riche personnalité. «À travers toute sa vie, tous ses engagements, la maladie est la compagne assidue de Gaétane, écrit Angèle Patenaude, compagne de Gaétane depuis les premiers jours. Très lucide et très réaliste devant cela, Gaétane n'a pourtant pas pleuré sa vie, sa maladie, sa mort. Au contraire, partout où elle passe, elle projette une lumière, une lueur qui redonne confiance aux personnes et les engage à sa suite dans la voie de l'espérance. »

Quelques mois avant sa mort, dans une entrevue télévisée, Gaétane Gareau déclarait : «La transformation de l'être psychique en un être spirituel (ressuscité), cela m'a accrochée. Avec mes connaissances psychologiques, je ne suis pas capable de découvrir ce que c'est, ça me dépasse un être spirituel, mais puisque le Christ est ressuscité, puisque saint Paul nous parle de transformation... J'ai réfléchi profondément, silencieusement à tout cela : ces paroles toutes simples, je les ai ramassées, puis je les barattées dans mon cœur, je les ai remuées dans ma tête pour en arriver à une foi très grande, à une certitude qu'il y a quelque chose au-delà de la mort et que c'est la vie. »

Telle était sa « folle espérance. »

On peut se procurer le volume *Une espérance folle* au Groupe Monde et Espérande, 5362, rue McKenna, Montréal, H3T 1V1.

Une femme de tant de force et de courage impose le respect. En ce jour anniversaire de sa naissance, en ce 21 avril, nous rappelons cette belle figure, stimulante et sereine. Pour elle, la mort n'était pas une porte qui se ferme mais qui ouvre largement sur la vie, la vie qui ne finit jamais !

ANDRÉ MAJOR
L'écrivain de la quête et du désir

Le moins qu'on puisse dire de cet écrivain engagé, c'est qu'il poursuit sans cesse le même itinéraire pour revenir sans cesse à son point de départ initial. Major a touché à tous les genres : poésie, roman, théâtre, journalisme, critique. Avec un constant entêtement, une quête perpétuelle du sens de l'existence, une rigueur dans la démarche, une beauté de l'écriture sans bavure. Dans les années 70, sa trilogie romanesque, *Histoire des déserteurs*, avait été saluée par la critique qui faisait de l'auteur « l'un des plus importants romanciers de sa génération » (Gabrielle Poulin). De son côté, Jean Ethier Blais disait de roman qu'il »était admirablement construit » comme Gilles Marcotte qui écrivait que « de tous les romans parus au Québec ces dernières années, *Histoire des déserteurs* était, l'un des plus graves, l'un des mieux construits et l'un des plus significatifs ».

Après une trentaine d'années de silence, André Major revient avec *La vie provisoire*. (Boréal) Même lucidité chez l'auteur, même transparence dans la démarche, même trajectoire suivie. C'est la fuite, la quête, le désir de rompre avec un passé, la même déroute intérieure. Cette fois, l'auteur l'avoue lui-même : « J'imaginais écrire un livre très décroché de la réalité québécoise, ce que je n'ai jamais fait » (on trouve quand même dans tous ses romans antérieurs, un peu partout, de grands pans de la réalité montréalaise ou du Québec.) Major est obligé de passer à l'aveu et il le faisait dans le « *Voir* » d'avril 1995 : « Finalement, j'ai été rattrapé. » On dirait que le Québec lui échappe continuellement. Cette impression de mal à l'aise, d'inconfort dans l'existence, il la retrouve aux Antilles aussi bien qu'au Québec où il se sent déjà en exil. À un moment donné dans le roman, sa femme qui finit par le retrouver dans les îles, lui demande : « Le Québec ne te manque pas ? » et il répond avec une difficulté viscérale : « Il me manquait déjà. »«

« C'est un peu ça, reconnaît-il ; ça correspond bien à ce que le personnage vit par rapport au Québec. C'est sûr que c'est une crise personnelle, individuelle. Je ne veux pas généraliser, mais ça correspond à quelque chose qui le dépasse, comme s'il voyait la société évoluer dans un sens qui lui donne l'impression que le Québec lui échappe. C'est pourquoi il n'a l'impression là-bas, d'un véritable exil, parce qu'il était déjà en exil au Québec. Quand il revient, c'est moins parce que le pays lui manque que parce qu'il n'a pas tout a fair réglé ses comptes avec cette réalité. »

Dans son entrevue avec André Major, Raymond Bertin analyse le dernier roman de l'écrivain. Le héros du roman ressemble étrangement à l'auteur désenchanté de la réalité. C'est la mémoire qui flanche dit Bertin qui continue : « tout paraît matière à critique. «les débats de toujours marinent dans le même jus» C'est l'avis de Major. Il trouve que nous piétinons au lieu d'avancer. Et pourquoi? Faute de perspective historique. «Le propre de toutes les idéologies actuelles, c'est d'être non historiques. Comme si on considérait les choses en dehors du temps, en dehors de leur vérité historique.» Et avec une lucidité qui l'a toujours habitée, Major enchaîne : «Le manque de notions historiques peut être une des causes de l'indifférence générale entourant le débat référendaire. Ce débat n'a pas évolué depuis quinze ans. On observe un durcissement des deux côtés, et non un mûrissement ; et cela, au détriment de la complexité des choses.» Il faut pourtant trancher. L'amnésie qui nous gruge peut être néfaste. Un peuple qui a perdu le sens de son histoire ne mérite pas de survivre.»

Major le crie fort : «il faut trancher, et ensuite assumer notre choix. Il faut dire la vérité : voter pour le statu quo, c'est aussi dangereux. En ce moment, c'est à qui rassurera le plus la population. Les nationalistes tentent de chiffrer l'indépendance. On voudrait qu'ils fournissent une garantie de dix ans, sur papier, que le niveau de vie ne baissera pas, qu'il n'y aura pas de problèmes...Si c'est pas plus nécessaire que ça, prendre le risque de l'indépendance, les carottes sont cuites. Et c'est ça qui manque : le sentiment de nécessité.»

Tant que nous aurons des hommes de la trempe de Major pour réveiller le sens de la fierté, tout n'est pas perdu. Mais les hommes qui cherchent, qui sont en quête d'une plénitude, qui s'engagent comme lui, sont rares.

Il faur lire *La vie provisoire*. Elle nous remet en route, en recherche de quelque chose qui nous manque. Elle éveille le désir, elle fait prendre conscience de la fugacité des choses, de l'importance de bons moments, hélas ! toujours de courte durée. Comme dit Major prêtant la voix à son héros : «Bien que ça n'eût servi a rien, il aurait voulu lui dire que c'est à la beauté qu'on se raccroche toujours - celle d'un paysage, d'un livre ou d'une musique mais qu'elle n'est jamais aussi bouleversante que chez un être vers qui la passion vous jette.» Ne serait-ce que pour retrouver une ambiance, la reconstitution d'un lieu, il faut lire André Major. Il a cette magie de savoir créer des atmosphères qui vous ensorcellent..

En ce 22 avril, anniversaire de sa naissance, heureuse quête, cher André Major!

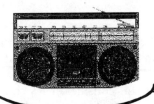
ROBERT CHOQUETTE
Le prince des ondes et des poètes

Né à Manchester, oui, mais corrigeons vite. Robert Choquette est bien des nôtres car il était de parents canadiens-français émigrés là-bas au début du siècle. D'ailleurs, à la mort de sa mère en 1913, Robert revient à Montréal. Il tâte le journalisme avant de trouver sa voie. Mais c'est à la radio qu'il fera carrière. Pendant une trentaine d'années, il fournira une quantité incalculable de textes à CKAC.

Bien des gens de chez nous ignorent qu'il a occupé des postes prestigieux comme représentant du pays en tant que consul général (Bordeaux) ou comme ambassadeur (Argentine) mais tout le monde se souvient de « *La Pension Velder* » qui rejoignait, par ses personnages, toutes les couches de la société du temps. « La personnalité littéraire de Robert Choquette a marqué notre histoire de la littérature radiophonique et télévisuelle, écrit Robert Legris. Et dans les domaines de media électroniques plus encore que dans celui de la publication romanesque, il est un chef de file. Ses préoccupations d'esthète tout autant que de technicien de l'écriture radiophonique lui ont permis de trouver des formules nouvelles et de transformer, par un choix plus élargi de sujets, des personnages et des milieux, le contenu de son œuvre. » (*Dictionnaire des auteurs de langue française en Amérique du Nord*, Fides, 1989, p. 310)

On gagnerait toutefois à relire sa poésie. Elle est pleine de sève, touchante, humaine, vigoureuse et profondément nationale. Un souffle lyrique court et soulève le lecteur, particulièrement dans *Suite marine*. Rarement, on rencontre un tel souffle épique dans notre littérature. Le Dictionnaire précité donne la parole à notre critique avisé, Jean Éthier Blais qui commente ainsi l'édition des Œuvres poétiques, « Pour lui, « Metropolitan Museum » est l'un des plus beaux, des plus profonds poèmes de notre littérature. » Et à ceux qui trouvent dépassés la technique classique de *Suite marine* (1953), il répond : « Et pourtant non ! Quelle source de poésie, que de patience dans l'élaboration et la méditation de ces pages qui chantent et qui volent comme l'écume de la mer ; on s'incline devant le mystère de cette musique et de ce talent. »

Il faut conclure avec Pierre de Grandpré, un autre connaisseur de notre littérature, et le dire sans ambages : « En compagnie d'Alfred DesRochers - et de pair avec lui il aura, et de loin, dominé son temps. » En cet anniversaire de naissance du Prince des ondes, le salut ailé de toute une génération.

GEORGES VANIER
Ou la dignité tranquille

La vie de cet homme de paix devait être pourtant bien tumultueuse. Né d'un homme d'affaires québécois et d'une pieuse mère irlandaise qui lui transmit le sens de la persévérance et le souci de la détermination, Georges, aîné de cinq enfants, reçut une éducation soignée au collège de jésuites et à l'Université Laval où il obtint sa licence en droit. Il n'eut pas le temps de flâner car la guerre se déclare en 1914 et comme bien d'autres, Georges s'enrôle dans le 22e bataillon et part pour l'Europe à titre d'officier mitrailleur.

Cette responsabilité le mettait sur la ligne de feu. Il participe à une opération des plus périlleuses (ramper jusqu'à une ligne allemande pou faire sauter un poste allemand) qui est couronnée de succès. Il est renversé dans une autre bataille par un obus et doit retourner en Angleterre. Il suit les fameuses batailles de Vimy où 11297 Canadiens sont fauchés sur le champ de bataille de cette grande « débâcle » comme le disait lui-même un haut commandant allemand. Puis, c'est au tour de celle d'Amiens où il perd une jambe. La guerre est finie. Il rentre au pays après quatre années d'absence. Il revient brisé, une jambe amputée, le cœur broyé devant tant d'atrocités et l'incapacité des pouvoirs politiques.

Revenu à Québec, il se marie avec Pauline Archer, une femme exceptionnelle, fille unique d'un Juge de la Cour supérieure. Il est alors nommé aide de camp du gouverneur général qui a remarqué la haute valeur de ce jeune militaire. Il poursuit alors sa formation à Kingston et à Camberley en Angleterre où naît sa première fille, Thérèse. En 1925, il est nommé commandant du 22e. Mais Georges n'est pas fait pour les choses qui ne bougent pas. La guerre est terminée. Il veut plus d'action. Il n'a pas à attendre longtemps puisque, en 1927, il est nommé attaché militaire à la Société des Nations à Genève. Il part avec sa famille afin de s'initier aux rouages de la diplomatie. Même s'il est diplomate de cœur, il se heurte à ce monde artificiel, ni chair ni poisson et incapable de prendre des décisions fermes sur des sujets brûlants. C'est là que naît Jean, son fils, connu maintenant internationalement avec son mouvement de l'Arche et les handicapés. Georges est envoyé à toutes les conférences internationales comme représentant du Canada. Il se fait remarquer par sa grande courtoisie, son sens aigu du respect des autres, sa bonté de cœur, sa franchise.

Peu après, il est nommé adjoint du Haut-commissaire du Canada à Londres puis Ministre du Canada à Paris. Et à nouveau, c'est la guerre. En diplomatie, Vanier avait comme slogan, qu'il faut toujours dire la vérité et user de bon sens.

C'est difficile avec le gouvernement de Vichy! Vanier croit plus prudent et sensé d'abandonner la France et de passer en Angleterre. C'est là qu'il rencontre de Gaulle. Les bombardements sur Londres l'amèneront à quitter le pays pour revenir à Québec. Il s'y retrouve brigadier-général et commandant de la région militaire de Québec. La période est difficile. C'est la conscription. Georges a en tête de brillants compagnons morts sous ses yeux : Brillant, Keable, et tant d'autres. Il retournera comme ambassadeur en France en 1943. Puis, il rentre définitivement au pays.

Un nouveau défi l'attendait car il appréhendait la retraite. En 1959, il est nommé gouverneur général du Canada. Il occupera ce poste avec grande dignité. Son attaché militaire, le colonel Dollard Ménard, dira de lui : « Il ne tolérait aucune gaffe. Son esprit était vif et clair. Il lisait et pensait beaucoup mais parlait peu, et chaque parole qu'il prononçait avait un sens exact... » « Partout où il allait, sa présence se faisait sentir. »

Chacun garde de lui l'image d'un grand homme dans tous les sens du mot : brave soldat, général humain, chef responsable, chrétien sincère qui puisait sa force dans la prière constante et l'union profonde avec Dieu.

Lire : *Georges Vanier, soldat, diplomate, gouverneur général*, de Robert Speight, aux éditions Fides, 1972, 516 p. ou le secret de sa vie intérieure dévoilée par son fils, Jean, dans *Ma force, c'est ma faiblesse*, Bellarmin, 1970, 90 p.

GASTON DE RENTY
Un mystique laïc, au cœur de la fondation de Montréal

Qui connaît Gaston de Renty ? Je serais sûrement atterré des résultats d'un sondage sur son identité. Et cependant, il appartient à la petite équipe à l'origine de la fondation de Montréal avec Jérôme le Royer de La Dauversière, Maisonneuve, Jean-Jacques Olier et le baron de Fancamp. Il sera le bras droit de La Dauversière tout au long de sa vie, secrétaire de la Société Notre-Dame de Montréal, dépositaire de l'argent destiné à Ville-Marie, tâche assignée par la Reine Anne d'Autriche. C'est à lui que Madame de Bullion confiera ses largesses en faveur de l'Hôtel-Dieu afin de les constituer à rentes. On dirait aujourd'hui qu'il était responsable des levées de fonds en faveur de Montréal. Voilà assez de titres qui mériteraient les remerciements de Montréal ! Mais il y a plus.

Gaston, baron de Renty, appartenait à l'une des plus illustres familles de France. Il était né à Beny-Bocage, dans la Basse Normandie. Henri Béchard affirme qu'à l'Académie militaire, « il deviendra habile escrimeur, excellent officier, mathématicien exceptionnel ; il compose même des traités sur l'art de la fortification, sur la géographie et sur la cosmographie. » (*Les audacieuses entreprises* de Le Royer de la Dauversière, Méridien, 1992, p.70)

Mais un jour, Gaston lit *l'Imitation de Jésus-Christ*. C'est la révélation. Il s'enfuit à la Chartreuse pour vivre dans l'intimité de Jésus. Sa famille qui ne compte que cet unique et riche héritier ne l'entend pas ainsi. On ramène le jeune fugueur au château familial, contre son gré. Et Gaston s'ajuste aux désirs de la famille. Il épouse même Élizabeth de Balzac dont il aura cinq enfants. Il aurait pu briller en société au milieu des grands de ce monde. Toutes les entrées lui étaient permises. Au désespoir des siens, il préfère visiter les pauvres et les catholiques anglais exilés en France pour sauvegarder leur foi. Un jour, il confie à un ami qui l'accompagnait : « Voilà de bons chrétiens ; ils ont tout quitté pour Dieu. Nous autres, nous avons abondance de biens et rien ne nous manque ; eux se contentent de deux écus par mois, après avoir quitté les quinze et les vingt mille livres de rentes...Ah ! Monsieur, le christianisme ne consiste pas en paroles ni en apparence, mais en effet. » Et il met en pratique ce qu'il dit en glissant des écus d'or dans la main des malheureux.

Gaston deviendra bientôt le bras droit de Jérôme Le Royer, secrétaire de la Société de Montréal, directeur de la Compagnie du Saint Sacrement, et, grâce à son prestige, celui qui ouvre les portes et les goussets. Une nuit, il a la révélation qu'il « aura un grand emploi pour la Nouvelle-France (...) en la fondation de l'Église dans l'île de Montréal.» En fait, il se dépensera corps et âme en faveur de Montréal, particulièrement pour l'Hôtel-Dieu de Madame de Bullion. Dans une lettre du 1ᵉʳ avril 1644, il écrit à la prieure du Carmel de Beaune : «Le Canada m'a beaucoup occupé cette année et je suis pour ainsi dire seul qui puisse agir dans une affaire d'une si grande importance.»

C'est lui qui envoya à Jeannne Mance le «petit Jésus de bois» placé dans la première chapelle de l'hôpital. La dévotion à l'Enfant Jésus occupera la place centrale dans la vie de Gaston. Il répandra partout cette dévotion, prêchera les vertus «d'innocence, de pureté et de simplicité,» du divin Enfant, vivra dans son intimité par la prière, l'imitation et les œuvres de charité. Bessières dira de lui qu'il a été «une sorte de saint Vincent de Paul laïque» et «un des plus grands modèles que la France ait fournis au XVIIᵉ siècle.»

Jeanne Mance considérait M. de Renty comme un très grand ami. Elle gardera précieusement la statuette de bois donnée par le baron, un de ses portraits qu'elle put obtenir par l'entremise du Père Saint-Jure, leur directeur spirituel commun, et la biographie écrite par le même P. Saint-Jure. (biographie qui devait connaître treize éditions).

Quand la guerre se déclara (Paris assiégé par Condé), la vie des pauvres en campagne devint extrêmement difficile. Gaston se dépensa sans compter, en distribuant vivres, vêtements, remèdes aux malades des quartiers pauvres et même aux contagieux abandonnés à eux-mêmes. La maladie le frappa à son tour. Il succomba, à peine âgé de 37 ans en répétant sans cesse le nom de Jésus. Il laissait le monde étonné de voir qu'en si peu de temps, il ait réalisé tant de choses!

Même s'il n'est jamais venu chez nous, Montréal lui doit beaucoup. Le 24 avril nous rappelle son entrée dans la gloire, en 1649.

LOUIS LORTIE
Un pianiste-interprète talentueux et envoûtant

Louis Lortie ! Son nom court sur toutes les lèvres dès que vous arrivez au Japon. « Ah ! vous venez de Montréal ! Connaissez-vous Louis Lortie ? » C'est une des premières questions qu'on vous pose à votre arrivée à l'hôtel... Si vous avez le bonheur de répondre : « Bien sûr, il habite le même immeuble que moi ! », alors, vous êtes comblé par une avalanche de questions les plus curieuses les unes que les autres. C'est que Louis Lortie a conquis depuis longtemps l'Asie : le Japon et la Chine ont un culte pour lui. Ensuite, il a fait de brillantes tournées en Allemagne, en Angleterre, en Belgique, en Finlande, au Danemark et aux États-Unis. Chez nous, c'est une tristesse, il ne fait pas salle comble ! Plusieurs esthètes ne le connaissent même pas. Tant il est vrai que nul n'est prophètes dans son pays !

Dieu merci, il vient de conquérir Paris. C'était la première fois qu'il attaquait la Ville lumière où « il reste incompréhensiblement peu connu dans le pays de ses ancêtres » soulignait *Le Monde*. Paris a été séduit, comme le dit le même journal, par ce « pianiste magnifique. » Le Théâtre des Champs-Élysées lui a réservé un accueil triomphal. Il est revenu cinq fois saluer la foule. Et le charme s'est effectué des deux côtés. Louis vient de s'installer dans le coquet quartier Place des Vosges. Il peut répéter à son goût, même tard dans la nuit, sans craindre de déranger ses voisins. À Montréal, même s'il avait fait insonoriser ses murs, il a dû mettre son appartement en vente car de vieux encroûtés dans leurs habitudes se disaient énervés par ses répétitions tardives. Moi, je laissais ma porte ouverte pour mieux entendre un concert gratuit toutes les nuits ! C'était divin...

Louis est pourri de talents ! Je me souviens qu'au cinquantième anniversaire de la mort de Ravel, en 1987, il avait interprété l'intégrale des œuvres pour piano de cet auteur ! Je me souviens aussi d'une critique d'Eric Mc Lean, un connaisseur, dans le *Montreal Star* : « Louis Lortie, écrivait-il, est sans contredit, l'un des pianistes les plus doués produits en ce pays ces récentes années...Une telle facilité et un tel tempérament sont ce qui font les grands artistes. »(3 avril 1978).

Ce « grand artiste » reste d'une simplicité désarmante. Je le rencontre souvent à la boîte aux lettres, là où nous allons recueillir le courrier. Une chaleur humaine, une facilité de contact, une simplicité surprenante, une égalité d'humeur ! Et un travailleur infatigable. Des heures et des heures de répétion. Beaucoup d'ordre et de méthode. En ce 23 avril, un bon anniversaire et longue carrière, cher Louis ! De nombreux imitateurs ! Des ambassadeurs du Québec avec autant de génie !

FRANÇOIS DE LAVAL
Le père de l'Église canadienne

François de Laval appartenait à l'illustre famille de Montmorency. Sa mère, était issue d'une famille distinguée de la magistrature et elle comptait deux de ses frères évêques. François fit ses études au célèbre collège de LaFlèche et fut formé par les jésuites. À quinze ans, il est nommé chanoine de la cathédrale d'Évreux, par son oncle, l'évêque de l'endroit. Au XVIIᵉ siècle, on pouvait être chanoine avant d'être prêtre! François était un élève fervent, membre de la congrégation de la sainte Vierge et par la suite, de la société des Bons Amis à Paris (genre d'Amicale des anciens de La Flèche). Quand ses deux frères aînés meurent coup sur coup sous les armes, le jeune homme se retrouve chef de la famille et héritier des patrimoines seigneuriaux. Un an plus tard, il renonçait à son droit d'aînesse et ses titres de seigneur en faveur de son frère cadet, Jean-Louis de Laval. Et, en 1647, il était ordonné prêtre. Nommé alors archidiacre de la cathédrale d'Évreux, il se dépense avec énergie. 155 paroisses à visiter en pleine guerre civile (de 1648-1652, la Normandie est à feu et à sang.) C'était encore insuffisant pour son zèle. Il s'offre pour l'Extrême-Orient. Le pape le désigne comme vicaire apostolique du Canada.

Il arrive chez nous à trente-six ans. Un diocèse a la largeur d'un continent qui s'étend du grand nord du Canada jusqu'au golfe du Mexique! Mᵍʳ de Laval doit faire face à tous les problèmes sur tous les fronts à la fois. Pendant trente ans, il travaille avec acharnement. Ses confrontations avec les autorités civiles dans le commerce de l'eau-de-vie sont restées célèbres. L'évêque combat pour faire respecter la dignité des Indiens qu'on exploite « pour tirer d'eux des castors » comme dit savoureusement Marie de l'Incarnation. Quand il s'agit des intérêts de l'Église, il devient farouche. Profondément désintéressé en tout ce qui lui est personnel, il est inflexible quand il estime que des choses essentielles en son Église sont en jeu! » écrit Marcel Trudel.

Il fonde le Séminaire de Québec, achète même des terres et des seigneuries avec ses revenus personnels pour lui assurer une vraie pérennité, organise des paroisses, installe des missions chez les Indiens, visite les malades, fonde une école d'arts et métiers pour les garçons, innove sur tous les plans. La visite pastorale, particulièrement, lui tient à cœur. C'est une entreprise ardue dans un diocèse aussi étendu. On le voit « mené dans un petit canot d'écorce par deux paysans, sans aucune suite que d'un ecclésiastique seulement » racontent les *Relations*, « sur les neiges dès son premier hiver pour visiter ses ouailles, non pas à cheval ou en carrosse, mais en raquettes et sur les glaces. » Il ne savait pas se ménager. Il fera à pied toute la côte de Beaupré en hiver pour visiter les gens chez eux. De même, il se rendra à La Prairie pour visiter les Iroquois.

C'était un homme d'une grande rectitude, d'une piété remarquable, un organisateur perspicace, un ascète d'une très grande austérité. Il donnait tout ce qu'il avait. Le second supérieur de Québec disait de lui : « Le prélat ne faisait rien de considérable que de concert avec nous tous. Nos biens étaient communs avec les siens. Je n'ai jamais vu faire parmi nous aucune distinction du pauvre et du riche, ni examiner la naissance et la condition de personne, nous regardant tous comme des frères. » De son côté, le Père Ragueneau pourra écrire : « Toute la France le reconnaît comme un prélat d'une éminente vertu...On peut dire véritablement qu'il a un cœur selon le cœur de Dieu et qu'il est un modèle parfait des véritables évêques. » Marie de l'Incarnation ne cache pas non plus son admiration : « C'est un homme saint, écrit-elle, le père des pauvres et du public...Pour dire en un mot ce que je conçois de son mérite, il porte les marques et le caractère d'un saint. »

Jusqu'à la fin de sa vie, il fait lui-même son ménage, couche sur le bois dur, se lève à deux heures du matin, dit sa messe à quatre heures et demie et devient en quelque sorte le bedeau de la cathédrale. Monsieur de Villermaula, prêtre de Saint-Sulpice résumera fort bien : « C'était un pasteur plein de l'esprit des apôtres et tout semblable à ces saints évêques qui sont aujourd'hui l'objet de notre culte. » On n'en finira pas de citer des témoignages aussi éloquents les uns que les autres.

Quelques ombres au tableau : cela est encourageant car même les saints ont leurs petits défauts ! À plusieurs reprises, il fit preuve de mauvais jugement (dans l'affaire du choix du gouverneur Mézy, de son coadjuteur Mgr Saint-Vallier). Il se montra intransigeant dans les futiles questions de préséance. Il fut très dur aussi à l'endroit de Jeanne Mance qui avait utilisé les vingt-deux mille livres de Madame de Bullion, avec l'approbation de la donatrice, pour sauver Montréal. Il ne cessa de harceler la co-fondatrice, lui reprochant d'avoir détourné l'argent destiné à une œuvre d'Église à des fins profanes. De son côté, Marguerite Bourgeoys eut à se défendre crânement pour échapper au cloître. Le projet inédit de religieuses non cloîtrées échappait totalement à l'idée que se faisait l'évêque d'une religieuse. Il finit par approuver la Congrégation Notre-Dame mais deux ans seulement avant la mort de la voyagère Marguerite ! Ces ombres montrent qu'il n'échappait pas à « l'hommerie » qui se cache dans tout être humain. Mgr de Laval mourut des suites d'une engelure le 6 mai 1708. Les colons ont gardé de lui l'image d'un homme courageux, pieux, humble et surtout d'une immense charité. Jean-Paul II l'a béatifié le 22 juin 1980. Son souvenir reste bien vivace au Québec. Rappelons l'Université Laval, la statue de Philippe Hébert devant la basilique de Québec, la ville de Laval au nord est de Montréal et combien de rues un peu partout. Comme d'ailleurs Montmorency, une autre composante du patronyme de Mgr Laval. Une nouvelle chapelle à l'intérieur de la basilique abrite ses restes.

DINA BÉLANGER
«Une mystique remarquable»

Personne ne connaissait Dina avant sa béatification. Ou si peu. Fille unique d'un comptable de St-Roch de Québec et d'une véritable sainte, Séraphia Matte, Dina Bélanger avait tous les atouts pour faire une brillante carrière dans le monde. Elle fait ses études au Conservatoire de musique de New York -fait assez inusité à l'époque et, une fois revenue à Québec, donne des concerts en faveur des œuvres de charité de sa ville. On disait d'elle qu'elle était d'une nature très droite, plutôt timide, extrêmement sensible, d'une exquise délicatesse, ordonnée en tout, tenace et opiniâtre. De son père, elle tenait le goût de l'ordre et de l'exactitude mathématique. La bonté, la discrétion et la forte abnégation de sa mère l'ont aussi profondément marquée.

Cette jeune fille effacée mène déjà une profonde vie intérieure. Dans ses entretiens avec Jésus, elle entend ses appels et tente d'y répondre jour après jour dans la fidélité. Jésus lui dit au plus profond d'elle-même : « Je te veux à Jésus-Marie. » Alors, elle quitte tout pour entrer au couvent des religieuses de Jésus-Marie de Sillery. Elle a 24 ans. Elle mène la vie d'une religieuse exemplaire, enseigne la musique mais bientôt la maladie la frappe. Elle est atteinte de tuberculose. Elle vit les dernières années de sa vie à l'infirmerie de la communauté où elle s'éteint de 4 septembre 1929 à l'âge de 32 ans. Elle meurt en disant : « Je m'en vais chez le bon Dieu travailler pour mon Jésus-Marie jusqu'à la fin du monde. »

Et voilà que l'autobiographie qu'elle avait écrite à la demande de sa supérieure «l'acte qui lui a coûté le plus dans toute sa vie» nous révèle soudain une âme d'une très grande fidélité aux plus subtils appels de l'Esprit. Mystique assoiffée d'absolu, Dina s'est offerte en victime. Elle a souffert toute sa vie pour rétablir l'harmonie du monde. Son autobiographie traduite en anglais, en allemand, en italien, en espagnol, en tamoul, en hollandais, en autrichien, en slave, en chinois, montre à quel point elle est devenue populaire dans le monde entier à la recherche d'un sens à la vie.

C'est la petite Thérèse de chez nous. Passionnée comme elle, radicale dans sa recherche de l'absolu, déterminée en tout, souffrante devant le déséquilibre du monde, engagée par sa générosité et son cœur ouvert aux dimensions de l'univers, fidèle dans les plus petites choses vécues dans l'amour, proche de nous, avant son temps par sa formation mais d'une étrange actualité. En la béatifiant le 20 mars 1993, Jean Paul II parlait d'elle comme «d'une remarquable mystique.»

Pour aller plus loin, il faut lire : *Autobiographie de la bienheureuse*, Québec, Religieuses de Jésus-Marie, 1984, 466 pp. Aussi : *Dina Bélanger, Itinéraire spirituel*, par Ghislaine Boucher, Ed. Paulines, 1983, 221 pp. qui complètent harmonieusement la lecture de l'autobiographie.

En religion, Dina s'appelait Sœur Sainte-Cécile de-Rome. La patronne des musiciens l'a bien protégée et a fait jaillir de son cœur de suaves pensées. En ce jour anniversaire de la naissance de notre petite Thérèse de chez nous, je lui dédis ce poème.

1. Comme sainte Cécile,
Tu portes l'Évangile,
Tout au fond de ton cœur,
Et ton âme jubile,
Sous les touches subtiles,
De l'Esprit du Seigneur.
Bienheureuse Dina Bélanger.

2. Ton âme de musique,
En des accents mystiques,
Vibre au diapason,
De Dieu qui communique,
Toutes ses harmoniques,
Au cœur de tes actions.
Bienheureuse Dina Bélanger.

3. Tu rêves d'harmonie,
Et tu offres ta vie,
Pour continuer Jésus.
Ta longue maladie,
Fait de toi une hostie,
Victime de salut.
Bienheureuse Dina Bélanger.

4. Pour toi, des jours, la prose,
Des plus petites choses,
Est signe d'amitié.
Vivement, tu transposes,
Les croix d'instants moroses,
En fleurs d'éternité.
Bienheureuse Dina Bélanger.

MARTINE ÉPOQUE
Mère de la danse moderne québécoise

Cette femme a vraiment plusieurs vies, comme un chat! Elle réussit à mener de front plusieurs vies et avec la même vitalité. C'est un pur hasard qui l'amène au Québec en 1947. Elle est alors détentrice d'un bac en éducation physique. Sa tâche consistait à mettre sur pied des cours de gymnastique rythmique au sein d'un programme de baccalauréat en éducation physique à l'Université de Montréal.

Elle a peine mis les pieds à l'université qu'elle fonde le groupe «Nouvelle Aire» qui est en réalité le premier groupe de danse moderne chez nous. Elle travaillera d'arrache-pied pendant douze ans à cette «merveilleuse aventure.» Grâce à son entêtement et à sa méthode dynamique, elle permettra l'émergence de chorégraphes professionnels au Québec. Paul André Fortier, Ginette Laurin, Édouard Lock, pour n'en nommer que quelques-uns, ont été tous formés à son école. C'est elle encore qui fondera en 1977, le premier Regroupement des compagnies professionnelles de danse du Québec.

On la retrouve ensuite à l'UQAM. Elle crée en 1983 le Département de danse! Unique au Québec! Les étudiants peuvent maintenant s'inscrire à une maîtrise en danse. C'est elle encore qui crée l'Agora de la danse. Les idées bouillonnent sans cesse dans cette tête. Elle étudie avec passion la micro-informatique et les logiciels de composition chorégraphique (la technochorégraphie), met sur pied des cours de vidéo-danse, organise une conférence internationale sur «La création artistique et les nouvelles technologies».

Pas surprenant qu'en 1994, le Québec lui décerne le Prix Denise-Pelletier en «Arts d'Interprétation.» À cette occasion, Valérie Lehmann l'interviewait pour *Le Devoir*. Elle ne tarie pas d'éloges sur cette «femme de tête, volontaire, directe, positive.» Mais laissons donc la parole à cette Martine «boulimique de la vie» :

«La danse, pour moi, explique-t-elle, n'est pas seulement synonyme de spectacles chorégraphiques professionnels. La danse signifie aussi la fête, la musique et le mouvement collectif, à l'image des festivités que les habitants d'un village organisent pour célébrer un événement. Selon moi, les concepts de communion, de partage, de joie, vont de pair avec la notion de danse. Je souhaiterais qu'il y ait plus de danse dans la rue, d'animation publique informelles et formelles. En ces temps conformistes, j'ai la nostalgie de cette créativité et de cette fantaisie qui, il me semble, étaient présentes dans les années 70. Mais la danse québécoise a tellement grandi depuis mon arrivée à Québec qu'il serait maladroit de se montrer difficile. La danse moderne me paraît maintenant un fait acquis. Plus besoin de se battre contre le ministère des Affaires culturelles du Québec comme en 1980, pour que cette institution d'État reconnaisse la création contemporaine en danse... »(cité dans *Le Devoir*, 27 novembre 1994, E 11)

Bravo, Martine ! Le Québec a toujours aimé danser pour manifester sa joie. Depuis le temps de Champlain et des premiers feux de la Saint-Jean. Notre peuple a toujours eu des fourmis dans les jambes. Il retrouvait son courage en dansant. La vie l'emportait sur la mort et les dures épreuves de notre histoire.

À celle qui a donné un nouveau souffle à la danse chez nous, qui a éveillé le sens de l'esthétique et de la joie, qui a fait surgir des chorégraphes professionnels de classe internationale, un bon anniversaire en ce 30 avril.

RINGUET
Maître du roman régionaliste

Tout le monde le connaît, le docteur Panneton. Peu l'oto-rhino-laryngologue ou l'ambassadeur du pays. Beaucoup Ringuet et ses *Trente arpents*. Un roman qui a marqué toute une génération. « L'apogée du roman régionaliste canadien-français » a-t-on écrit. En un sens, Ringuet annonçait la fin d'une ère. Le beau temps de la symbiose entre l'homme et la terre, l'époque bucolique pour ceux qui écrivent et non pas pour ceux qui cultivent la terre tire à sa fin. L'exode vers les villes commence. Marcotte le faisait remarquer avec justesse : « *Trente arpents* fut un événement capital de notre histoire littéraire, surtout parce qu'il posait dans son ampleur le problème éternel de la terre, la terre insensible qui survit indifférente à tous ceux qui, croyant la posséder, en sont les esclaves. »

Mais ce qui est intéressant dans ce roman, quelques écrivains et critiques l'ont fait remarquer, je pense entre autres à Pierre Angers, c'est ce mythe de la terre, sacré chez nous, qui se marie chez Ringuet à l'art romanesque. « L'œuvre, dit Angers, projette sur le monde agricole une vive lumière ; l'observation la plus exacte s'allie à la poésie la plus intense. L'excellence du récit, conduit selon un dessin pur et achevé, qu'un art consommé rapproche des œuvres de Flaubert et de Maupassant ; le tableau d'une famille de cultivateurs dont la vie simple et unie est bouleversée par l'événement de la technique ; la peinture de l'existence quotidienne, saisie au fil des jours, est telle que l'a vécu le terrien du premier quart de siècle ; une puissance évocation de la terre ; un document sociologique, apparenté des renseignements les plus précieux sur les mœurs et les activités d'une ferme québécoise ; ce rapide inventaire donne à entendre la richesse d'une œuvre dotée de tous les sortilèges d'une langue que Ringuet a cultivée avec passion et maîtrisée avec puissance. »

Les autres romans de Ringuet, quoique fort intéressants, comme *Le Poids du jour* (1949) ne dépasseront pas dans la mémoire des Québécois les *Trente Arpents*. Qui n'a pas connu dans son entourage le même culte qu'Euchariste Moisan pour cette terre et les déchirements opérés lorsque vieux et sans descendance, le pauvre cultivateur doit se résigner à passer sa terre à d'autres mains pour s'exiler au village ? C'était toute une époque que Ringuet a fait vivre avec une intensité, une chaleur communicative, un style percutant, une douceur aussi et un réalisme parfois cru mais toujours gorgé d'une vitalité semblable à ces vigoureux terriens. Le conteur extraordinaire qu'est Ringuet a fait passer un souffle épique dans l'âme de Moisan qui nous rejoint tous, dans cette partie secrète, intime, paysanne que nous gardons jalousement au plus creux de nous-mêmes. Après tout, il ne faut pas remonter loin pour retrouver nos ancêtres, tous cultivateurs de près ou de loin! Ringuet nous rejoint dans nos racines profondes.

En cet anniversaire de sa naissance en ce 30 avril, surtout quand vient le «poids du jour» qui nous rapproche du jour où nous retournerons à la terre nourricière notre mère commune, toute notre admiration à Ringuet.

MARIE BARBIER
Une grande mystique ignorée

Marie était la dernière des enfants du couple Barbier. « Minime, » son père nous est plus connu. Il fut, en effet, le premier charpentier de Montréal. Arrivé parmi les douze premiers hommes de choix en août 1642, c'est lui qui construisit les premières maisons de Montréal. Il aida aussi Marguerite Bourgeoys à ériger, sur le mont Royal, une seconde croix entourée d'une palissade. Il était donc normal pour lui de confier sa petite Marie aux bons soins de la bonne Mère Bourgeoys, seule éducatrice des jeunes filles à Ville-Marie. Il faut croire que l'impulsion donnée fut forte car à quinze ans, Marie demandait son admission chez les Sœurs de la Congrégation.

D'une humilité foncière, elle demanda d'être affectée aux besognes les plus obscures. Elle fut exaucée à souhait. Elle fut chargée de la garde de deux vaches qu'elle devait aller chercher au pâturage, traire et ramener ensuite à l'étable. Elle portait sur son dos des sacs de blé au moulin et rapportait la farine de la même façon. C'est elle encore qui faisait cuire le pain : trois fournées par jour ! « Je me levais, dit-elle, deux ou trois heures avant la communauté afin d'avoir une fournée avant la messe des écoliers de huit heures car j'étais aussi employée à l'école. » Chargée de plusieurs autres occupations, elle n'arrivait pas parfois à tout faire en même temps. Elle disait alors à l'Enfant Jésus, objet de sa plus grande dévotion, « Seigneur Jésus, si vous ne voulez pas que mes Sœurs déjeunent par cœur, aidez-moi ! » Et cela marchait.

Marguerite Bourgeoys avait fondé une mission à la Montagne. Peu de temps après, Marie Barbier fut désignée à cette mission. Mais entre temps, sur les pressions du curé de l'Île d'Orléans, Marguerite accepta cette nouvelle fondation et décida d'y envoyer Sœur Anne Meyrand, experte dans la matière. Il fallait cependant une compagne à cette dernière. Le choix s'avérait difficile. Par hasard, le curé de Ville-Marie s'amena et, à brûle pourpoint, il demanda à Marie qui pourrait bien être envoyée. Elle répondit tout bonnement : « Moi ! C'est moi qui irai à l'île d'Orléans avec Sœur Mayrand. » Interloqué, le bon curé n'osa pas révéler sa pensée mais en son for intérieur il se disait : « Quelle impertinente ! C'est une femme intelligente et d'initiative qu'il nous faut. Pas une gardienne de vaches ! » Il se contenta de lui dire : « Mais non, votre envoi à la Montagne est définitif. » Marie insista et répliqua en riant : « Non, même si je voyais Sœur Bourbeault dans la barque, je ne le croirais pas, car c'est moi qui irai ! » Un fort pressentiment lui indiquait sa voie.

De fait, dans l'impossibilité de trouver une candidate, il fut décidé de prendre le vote secret. Sœur Barbier fut désignée à l'unanimité. Elle n'était restée à la Montagne qu'une journée.

La communauté se rendit bientôt compte des dons surnaturels étonnants de cette humble Sœur partout où elle passait : multiplication des pains, guérison des malades avec des petits pains « en forme de galette », multiplication de la farine, arrêt de l'orage qui inondait le grenier mais laissait intacte la farine, arrêt de l'incendie de la maison Gaulin à l'Île d'Orléans, don d'oraison, divination de l'avenir, lecture dans les consciences, nuits des sens et de l'esprit, angoisses et scrupules, pénitences démesurées, etc. La petite Marie était devenue une grand mystique.

Après plusieurs années passées à l'île d'Orléans et à l'ouvroir de Québec, elle revint à Ville-Marie et succéda à Mère Bourgeoys comme supérieure. Elle qui avait comme slogan : « Je ne suis rien. Je ne vaux rien. Je n'ai rien » resta égale à elle-même et fut, au dire de la sœur Gariépy, un « exemple de ferveur et de toutes les vertus », « l'âme et le soutien de la communauté. »

Les pénitences que Marie Barbier s'était imposés lui amenèrent des ennuis de santé. En 1698, un cancer du sein se déclara. Ce fut en fait la première opération du cancer faite au Canada. Le Docteur Sarrazin « aussy habile chyrurgien que sçavant médecin » comme l'écrit Mère Juchereau, fit l'intervention chirurgicale. Ce fut un vif succès. Marie Barbier revient à Montréal guérie. Elle regrettera ses austérités. Dans le placet contre la Règle de 1694 que voulait imposer Mgr St-Vallier, elle demanda qu'aucune pénitence corporelle ne soit imposée. Elle laissait le choix à chaque religieuse, de concert avec son directeur de conscience.

Marie Barbier mourra beaucoup plus tard, le 19 mai 1739, âgée de 76 ans. Elle laisse le souvenir d'une femme extrêmement fervente, en familiarité naïve avec l'Enfant Jésus comme saint Antoine de Padoue, une religieuse affable et aimée de tous, complètement oublieuse d'elle-même, d'une humilité rare, passionnée, un modèle en tout. Une grande mystique malheureusement trop ignorée ! Rumilly a écrit sa vie sous le titre *Marie Barbier, mystique canadienne*, éditions Albert Lévesque, 1935. En ce premier mai, anniversaire de sa naissance, quelle belle figure pour ouvrir le mois de Marie ! Qui mieux que Marie Barbier, dans la Congrégation Notre-Dame, a été une plus fidèle imitatrice des vertus de la Mère de Dieu !

JEANNE F. JUCHEREAU
Une annaliste fine et perspicace

Il fallait qu'elle eût du cran la jeune Jeanne-Françoise pour aller voir Mgr Laval et lui demander d'entrer chez les Hospitalières avant le temps. Car elle n'avait à l'époque que douze ans ! L'évêque arrangea habilement l'affaire. Il lui permit de rester comme pensionnaire. Ce fut une bonne décision. La jeune sut répondre à l'attente qu'on avait mise en elle.

Dès 1670, Mgr de Laval lui donne comme premier emploi de s'occuper du denier des pauvres. Elle s'en occupa avec grand soin. Trois ans plus tard, elle devient dépositaire (économe, dirions-nous aujourd'hui) de la communauté. Elle grimpe vite les échelons. En 1676, elle est assistante ; en 1680, maîtresse des novices et, finalement, en 1680, supérieure de sa communauté. Elle n'avait que 33 ans ! Elle occupera son poste pendant vingt-quatre ans.

Femme d'une grande piété, elle instaurera la dévotion au Sacré-Cœur fraîchement apportée de France chez nous. Femme d'austérité aussi. Quant à cela, elle était de son époque. Tous les religieux et religieuses du temps n'ont-ils pas tous été marqués par la spiritualité de l'ascétisme espagnol du siècle précédent.? Femme de dévouement enfin. On le remarquera surtout pendant les épidémies d'influenza, de rougeole, de fièvres. Le gouverneur Denonville louera sa « sagesse et sa conduite admirable. » Elle se montra charitable à l'endroit de Sarah Garrish, esclave des Abénaquis mais opposa un non catégorique à toute forme de jansénisme qui voulait s'infiltrer dans son couvent. De même, elle eut des démêlés avec les autorités qui voulaient obliger ses Sœurs à prendre en main un autre hôpital. Elle dut se soumettre mais essuya bien des ennuis par la suite pour réconcilier les deux communautés.

Enfin, et c'est surtout ce qui nous intéresse, une fois libérée de ses fonctions administratives, même malade, elle décida de rédiger les mémoires de l'Hôtel-Dieu. L'ouvrage fut publié sous le titre *Histoire générale du Monastère* aux éditions de Montauban en 1751, 28 ans après sa mort. Une nouvelle édition vit le jour à Québec sous le nom *Les Annales de l'Hôtel-Dieu* de 1636-1716.

Les *Annales de l'Hôtel-Dieu* restent une source importante pour la compréhension de l'histoire du XVII siècle chez nous. Mère Juchereau se révèle fine portraitiste, psychologue avisée, annaliste soucieuse du détail. La plume alerte court sans se soucier du style ampoulé et du fard tant recherché de l'époque. Ce qui donne au récit un air de grand naturel. Mère Juchereau est diplomate. Elle laisse lire entre les lignes. Elle ne dit pas tout. On devine parfois une certaine retenue, une hésitation de bon aloi. Ainsi, à l'occasion de la mort de Frontenac, elle écrit : « C'était un homme tout plein d'esprit, qui avait conservé toute la politesse d'un vieux seigneur de la cour. Il avait de grandes qualités naturelles, ses manières étaient engageantes et gracieuses ». Nul doute qu'il y a là exagération. Nous savons tous que Frontenac avait un bien vilain caractère. Il faut dire qu'il donnait chaque année une « barrique de bon vin » à l'Hôtel-Dieu pour « ravigoter les malades »...

Ce sont là quelques ombres que le temps et l'histoire ont vite corrigées pour tout remettre dans la lumière crue de la réalité. On peut dire que Mère Juchereau comme Marie de l'Incarnation ont apporté une saveur et du croustillant dans la description des faits et des personnages que nous pouvons savourer encore.

En ce 1ᵉʳ mai, anniversaire de la naissance de cette annaliste de qualité, notre souvenir et notre respect.

ÉTIENNE PARENT
Premier grand journaliste québécois

La vocation de journaliste d'Étienne Parent date des années de son collège. Malgré la défense de ses supérieurs dans l'étouffant Séminaire de Nicolet, il «écrivait déjà dans les papiers» et en 1822, il deviendra rédacteur du «Canadien». Malheureusement, la fermeture du journal en 1825, l'oblige à réorienter sa carrière. Il s'inscrit en Droit. Une fois avocat, il fait renaître le «Canadien» et choisit comme devise:«Nos Institutions, notre Langue, nos Lois!» Une pléiade de parlementaires se groupent autour de ce jeune et bouillant avocat qui connaît à fond les questions politiques.

En 1837, il est arrêté comme d'autres patriotes. En prison, il souffre et attrape un mal qui le rendra pratiquement sourd. Il avait été élu député en 1841 mais dès l'année suivant, il dut renoncer à sa charge à cause de cette maladie. Il est alors nommé par la suite Greffier du Conseil exécutif, sous-secrétaire de la Province et enfin sous-secrétaire d'État. Il meurt le 22 décembre 1874.

On peut dire qu'il a joué un rôle de premier plan dans la vie politique et littéraire de son temps. Son grand jugement lui faisait apporter la pondération dans les luttes acerbes des difficiles années 1837. Il rejetait la violence et voyait les conséquences funestes qu'elle pouvait engendrer. Thomas Chapais fera de lui cet éloge:«Il fit preuve du patriotisme le plus éclairé, de la plus remarquable supériorité de jugement et d'une admirable fermeté de caractère.» Il a été un sage modérateur, un défenseur éclairé de la cause des francophones, un homme intelligent et ouvert d'esprit à une période critique de notre histoire.

Comme journaliste, il a voulu relever le niveau intellectuel, social et économque de ses compatriotes. Ses écrits sur la nécessité de changement en éducation, sur nos ressources naturelles à mettre en valeur, sur la force du travail, sur la nécessité de lutter sans cesse pour occuper notre place comme peuple en dépit des humiliations que faisait subir l'oligarchie anglaise sont une source précieuse et peuvent encore servir de balises. Sa plume est incisive, son vocabulaire percutant, ses attaques précises. Il aimait son peuple, a voulu le défendre avec une vigueur jamais démentie.

Honneur à ce grand homme en ce 2 mai, anniversaire de sa naissance!

CATHERINE DE SAINT-AUGUSTIN
«celle qui rend l'intérieur plus beau»

Catherine Longpré née en Normandie d'une famille profondément chrétienne n'a que douze ans et demi lorsqu'elle entre au Monastère des Hospitalières de Bayeux. À seize ans, elle s'offre pour la mission difficile de Kébec. Arrivée chez nous en 1648, elle apprend les langues indiennes et se met au service des malades. Son sens pratique de normande la désigne comme économe de sa communauté pendant dix ans. Elle meurt en 1668 à l'âge de 36 ans après vingt années passées au Canada.

Mgr de Laval disait d'elle que « c'était l'âme la plus sainte qu'il ait jamais connue. » Marie de l'Incarnation, de son côté, la regardait comme « la fille du monde la plus charitable aux malades, servant les pauvres avec une force et une vigueur admirables. » Les religieuses qui l'ont bien connue parlent de son exquise charité, de sa douceur naturelle, de son charme auprès des malades. Elle était faite pour être aimée. Tout le monde n'en revenait pas : elle séduisait tous les cœurs. Au dire du Père Ragueneau, Catherine « avait un cœur tendre et compassif pour tout autre que pour elle-même, et une charité officieuse et si prévenante qu'elle eût pris volontiers sur soy, et qu'elle prenoit effectivement les misères et les maux des autres, sans jamais se rassasier de peines. »

Par ordre de ses directeurxs spirituels successifs, elle écrivit les merveilles extraordinaires dont son âme était le théâtre. Elle connut les plus grands phénomènes mystiques, des visions jusqu'au don de prédiction de l'avenir et de lecture dans les consciences. Rien n'apparaissait à l'extérieur. Personne ne pouvait s'imaginer que cette religieuse toute simple vivait un tel drame intérieur.

En plus de ses trois vœux, elle avait fait le vœu spécial du plus parfait et s'était offerte comme victime pour sauver la colonie « en prenant sur elle les maux et les misères des autres. » Les Indiens l'appelaient « Iakonikonriostha », c'est-à-dire « celle qui rend l'intérieur plus beau». C'était vraiment ce qu'elle était «puisque sa main comme son cœur n'étaient que charité envers les plus pauvres et les personnes rejetées du monde. » À juste titre, on la compte parmi les fondateurs de l'Église canadienne. Elle a été béatifiée par Jean-Paul II le 23 avril 1989. Le Centre Catherine-de-Saint-Augustin au Monastère des Augustines de l'Hôtel-Dieu de Québec garde la châsse qui contient ses ossements. À Bayeux, une statue on bronze de Catherine domine la PLACE DE QUÉBEC.

CATHERINE MERCIER
ET JEAN BOUDARD
Martyrs ignorés

On sait qu'aux environs de 1650, Montréal était au bord de l'abîme. Les Iroquois ne cessaient de harceler les colons qui travaillaient aux champs. Tapis dans des abattis, ils tombaient sur eux juste au bon moment. « L'effroi était si grand dans toute l'étendue du Canada, écrit Dollier de Casson, qu'il eût gelé les cœurs par l'excès de la crainte, surtout dans un poste aussi avancé qu'était celui de Montréal. » Le gouverneur Montmagny lui-même dissuadait les colons de s'y établir les assurant « qu'il n'y avait point d'assurance que ce lieu pût subsister ». « Même un pauvre homme, à dix pas de sa porte, n'était point en assurance. » L'année 1651 fut particulièrement sanglante. « Il n'y a pas de mois, cet été, écrit encore Dollier de Casson, où notre livre des morts ne soit marqué en lettres rouges »

C'est ce qui arriva malheureusement à Jean Boudard, maçon, et à sa courageuse femme, Catherine Mercier. Les Iroquois tuèrent d'abord son mari, piquèrent sa tête à un poteau où ils attachèrent Catherine. Puis, selon leurs habitudes, ils la torturèrent longuement, lui arrachant les seins, lui coupant le nez et les oreilles, dépeçant sa chair par lambeaux avant de brûler son corps mutilé encore à demi vif.

Pendant tous ses tourments, la pauvre Catherine se recommandait à Dieu et priait continuellement. Elle ne faisait que répéter le nom de Jésus jusqu'à son dernier soupir.

Un tel courage doit être mentionné. Notre histoire est jalonnée de pages maculées de sang. Ces deux martyrs mériteraient sans doute la gloire des autels. Personnellement, quand je pense à Jeanne d'Arc mourant en répétant le nom de Jésus au milieu des flammes, je pense instinctivement à Catherine Mercier et je les invoque ensemble. En ce cinq mai, je tiens à rappeler le courage de ce couple exemplaire.

PIERRE TISSEYRE
L'homme du livre

Pour nous tous, Pierre Tisseyre est un symbole, l'homme qu'on ne peut s'imaginer autrement qu'avec un livre à la main. Chez nous, il a été un pionnier. Il l'avouait d'ailleurs en toute humilité et vérité :« Je crois être celui qui a fait démarrer la littérature québécoise.» En effet, il a permis d'abord un accès aux livres solides de littérature par son «Cercle du livre de France.» Ensuite, il a permis la publication d'une quantité d'œuvres d'auteurs québécois. Plus de 400 tires publiés par ses soins. En 1990, l'Association des éditeurs lui rendait un vibrant hommage et reconnaissait sa «contribution exceptionnelle à l'édition québécoise.»

La carrière de cet homme ne semblait pas le destiner à l'édition de bouquins. Il avait commencé des études de droit mais arrive la guerre. Pierre est mobilisé et fait prisonnier les Allemands. Suit une longue captivité de cinq ans! Il en profite pour écrire. Son livre, *55 heures de Guerre,* qu'il envoyait à sa mère chapitre par chapitre, sera publié par la suite chez Flammarion et remportera un prix. Une fois libéré, il arrive à Montréal qu'il ne quittera plus. Il travaillera d'abord à établir l'édition canadienne du *Monde français,* fera du journalisme pour le journal sportif français *L'équipe,* s'associera à la maison d'édition Le Cercle du livre de France dont il deviendra le propriétaire et le président directeur général en 1960. En l987, il changera le nom pour les Éditions Pierre Tisseyre.

Il est quasi impossible d'esquisser le profil de cet homme actif et imaginatif. En plus de sa propre maison d'édition, il a mis sur pied une quantité incroyable d'autres éditions. Le Cercle du livre romanesque, le Cercle du nouveau livre, Le Cercle Historia, Le Cercle du livre chrétien, Les Messageries du Saint-Laurent, les Éditions du Renouveau pédagogique, les éditions Mirabel, la collection Deux solitudes! En un mot, il a été mêlé de près à tout ce qui touche les éditions chez nous.

Cet homme généreux, accessible, lucide, critique averti, avait la passion du livre. La passion du Québec. Il a cru à nos possibilités, à la valeur de nos auteurs, il les a mis sur la carte, il a tout fait pour les faire connaître. Il vient de nous quitter. Il laisse à Pierre comme ce dernier l'avoue «sa conception du métier d'éditeur, l'importance du livre, la nécessité d'accompagner les auteurs en travaillant avec eux sur le long terme,» et «une institution culturelle extrêmement importante au Québec.»

À ce grand homme qui nous a donné le goût de la bonne lecture, un grand salut en ce cinq mai, anniversaire de sa naissance.

JACQUES VIGER
Premier maire de Montréal

Jacques était le dernier d'une famille de quatorze enfants. Lui seul survivra car ses frères et sœurs mourront tous en bas âge. Il fait partie des grandes familles du temps. Il compte parmi ses cousins l'ardent patriote Louis-Joseph Papineau, Jean-Jacques Lartigue, le premier évêque de Montréal, Denis-Benjamin Viger, le riche avocat nationaliste, Côme-Séraphin Cherrier, l'avocat bien connu du milieu montréalais. Grâce aux nombreuses terres qu'il possédait, il pouvait vivre à l'aise et s'adonner à l'étude et à la politique municipale. On dit qu'il était grand travailleur, mordu de la recherche, une encyclopédie vivante. On l'a même surnommé « le bénédictin du Canada. » Il laisse un précieux document, *Ma Saberdache*, un ouvrage en 43 volumes, un ouvrage important sur les habitants et les mœurs du Montréal du temps. Sa *Néologie canadienne* nous renseigne aussi sur les termes en usage dans le Montréal du temps.

La feuille de route de Jacques Viger est impressionnante. On voit qu'il est industrieux et actif. Pendant la guerre 1812-1814, il avait combattu avec les Voltigeurs sous les ordres de Salaberry. Il avait alors reçu le commandement du 6e bataillon en qualité de lieutenant-colonel. On le retrouve ensuite, en 1813, responsable du développement de l'île de Montréal et « inspecteur des grands chemins, rues, ruelles et ponts. » Il s'acquitta de ses fonctions avec un sens des responsabilités très poussé. Puis, en 1825, il est chargé de faire le recencement de l'île de Montréal avec Louis Guy. Sa connaissance minutieuse de chaque citoyen lui facilita grandement cette tâche. Son influence auprès de Papineau et Denis-Benjamin Viger, députés à l'Assemblée lui permit de d'obtenir le droit de vote pour les petits propriétaires qui lui donnèrent toute leur confiance en le nommant sept fois commissaire pour l'amélioration des chemins publics et huit fois officier rapporteur d'élections.

En 1833, la ville divisée en deux quartiers (l'est et l'ouest) comptait six faubourgs : Saint-Louis, Saint-Laurent, Sainte-Anne, Saint-Joseph, Saint-Antoine et Sainte-Marie. Le 5 juin, les conseillers réunis pour la première fois, élisent Jacques Viger premier maire de Montréal. C'était dans un climat d'agitation fébrile. Le choléra devait peu après faire 2000 victimes à Montréal.

Avec la forte expérience d'une vingtaine d'années aux affaires municipales, Jacques Viger apporta des réformes urgentes dans différents secteurs : hygiène, ordre public, canalisation des égouts, aménagement du porte, assèchement des marécages, etc. Il s'efforça de créer un climat de cohabitation pacifique entre les deux communautés francophone et anglophone. Il dota la ville d'une charte, lui donna une devise « Concordia salus, » lui choisit des armoiries où figureront les emblèmes des quatre peuples développeurs de la cité : la fleur de lis pour les Français ; la rose pour les Anglais ; le chardon pour l'Écossais et le trèfle pour l'Irlandais.

En 1858, il est encore là à l'origine de la Société historique de Montréal dont le but était de « rétablir l'histoire dans toute sa pureté » par l'analyse rigoureuse des documents épars.

Cet homme a fait beaucoup pour la ville de Montréal. Il l'a mis au monde. Sa ville l'a oublié. Il ne reste que la rue Mayor ainsi dénommée en l'honneur du premier maire de Montréal et la rue de l'Inspecteur, poste qu'il occupa pendant quarante ans. Les autres rues portant le nom de Viger comme le parc Viger rappellent plutôt la mémoire de son cousin Denis-Benjamin Viger. La veuve de ce dernier avait cédé les terrains en 1818 pour en faire un parc dédié à la mémoire de son mari. Une verrière au métro Mc Gill unit dans le jeu des couleurs Jacques Viger et Peter Mc Gill qui lui succéda à la mairie. On trouve aussi une toute petite plaque sur la façade ouest de l'Hôtel de Ville. Et un portrait.. C'est tout ce qui reste de lui. C'est peu et c'est maigre. Un peu humiliant aussi de voir qu'une ville comme Montréal n'ait pas la mémoire de son maire fondateur. Jacques Viger a sûrement fait plus pour sa ville, Montréal, que Lord Sherbrooke, gouverneur de l'Amérique du Nord pendant deux ans et dont une des plus importantes artères de Montréal porte le nom. Je serais bien surpris des résultats d'une petite enquête auprès des Montréalais portant sur ce Lord Sherbrooke !

En attendant que la Ville lui redonne une rue qu'il mérite, rappelons-nous en ce 7 mai la mémoire de ce dévoué maire qui s'est dépensé toute sa vie au service de sa ville et lui a laissé un précieux document sur son histoire.

ALODIE PARADIS (MÈRE MARIE-LÉONIE)
La suavité rayonnante

Elle est peu connue du public. Pourtant, elle est des nôtres. Alodie ou Élodie comme on aimait à la surnommer est originaire de l'Acadie, près de St-Jean-de-Québec. Elle a connu tôt les séparations obligatoires qu'il fallait subir dans le temps pour aller chercher un peu d'éducation. Vers sa septième année, ses parents la confient aux Sœurs de la Congrégation qui tenaient un pensionnat à Laprairie. Puis, on la retrouve chez les Marianites de Sainte-Croix. Elle n'a que quatorze ans. Trop jeune encore pour porter l'habit. Elle devra attendre un an et attendre encore deux ans et demi avant de faire sa profession. Attendre, c'est ce qu'elle a fait toute sa vie.

Désormais, on la connaît sous le nom de Sœur Marie de Sainte-Léonie. Elle s'est fixé comme idéal le service sacerdotal à l'exemple de Marie à Nazareth. Mais vers la même époque, les Marianites jugent plus opportun d'abandonner le service domestique pour se consacrer à l'enseignement. Mère Léonie sera donc affectée à l'enseignement ici et là dans les écoles de Sainte-Scholastique, de Varennes et même de New York où elle aura la charge des orphelines de St-Vincent-de-Paul.

En 1870, un grand changement vient bousculer sa vie. Une des branches de la Congrégation de Sainte-Croix, Notre-Dame de l'Indiana, veut joindre le service domestique des prêtres à l'enseignement. Mère Léonie passe à l'Indiana. Mais curieusement, c'est encore à l'enseignement qu'elle se retrouve. Il faut encore attendre. Enfin, la lumière semble apparaître au bout du tunnel. Quatre ans plus tard, un Père du Nouveau Brunswick lui ouvre la voie. Il demande une Sœur qui connaît le français pour initier les jeunes Acadiennes à la vie religieuse et au service domestique dans le collège de Memramcook qu'il vient de fonder. Mère Léonie devient alors directrice d'un Ouvroir. On peut faire remonter à cette date -1880- la fondation de son Institut des Petites Sœurs de la Sainte-Famille. Même si l'approbation diocésaine ne viendra que vingt ans plus tard. L'essor vient, en effet, par l'entremise de Mgr Paul LaRocque, évêque de Sherbrooke qui ouvre toutes grandes les portes de son diocèse à l'Institut naissant. À partir de ce jour, les fondations vont se multiplier dans tout le Québec, le Canada et les États-Unis.

Enfin, Mère Léonie réalisait son rêve: servir le prêtre qui, déchargé des besognes domestiques, pouvait s'adonner plus facilement au ministère et à l'éducation dans les séminaires et collèges. Elle forma ses filles à donner un grand respect au prêtre dont elle disait: «Le Prêtre, c'est un être sacré, c'est une autre apparition de Jésus-Christ.»

Le père Eugène Nadeau, o.m.i., qui a écrit sa vie (*Mère Léonie*, Éditions Fides, Montréal, 1952) résume bien le cheminement de cette femme admirable, toute de dévouement : « Tout l'humble chemin de sa vie, Mère Léonie l'a jalonné de ses innombrables bontés de cœur. La bonté, tel est bien le trait dominant de cette physionomie, la plus suavement rayonnante qu'on ait connue. » (p. 187)

Elle reste pour tous un modèle de discrétion, de piété douce, de bonté maternelle, de dévouement silencieux, de disponibilité totale. Elle a trimé dur et jusqu'au bout. Elle s'éteignit presque subitement, le 3 mai 1912, elle qui avait comme slogan : « Travaillons, nous nous reposerons au ciel ! »

Le Pape Jean-Paul II l'a béatifiée le II septembre 1984, lors de sa visite à Montréal. En ce 12 mai, jour anniversaire de sa naissance, rappelons cette belle figure de simplicité, immortalisée dans le bois par le sculpteur Pierre Cloutier à la Basilique Notre-Dame. La figure rayonnante de la bienheureuse fait dire souvent aux touristes français : « Voilà une sainte qui a l'air drôlement aimable ! »

RENÉ DAUCIN
Un intrépide martyr

Dans la bataille du Long-Sault de Dollard et ses braves, un Français avait été capturé vivant. Vraisemblablement, il s'agit de René Daucin. Celui-ci avait déjà accompagné les missionnaires et il voulait se faire «donné» ou bénévole des Pères jésuites. Il faisait partie de la troupe des dix-sept braves. Il était le seul à ne pas avoir de dettes. Il ne faut pas exagérer cette histoire de dettes des autres car il s'agit de sommes minimes, quelque chose comme 18,00 $ en moyenne. Pour des soldats à solde, ces sommes n'avaient rien d'inquiétant. La fin tragique de René Daucin nous a été rapportée par le troisième huron fugitif qui était sur le même échafaud et destiné à subir le même supplice. Un orage subit força les bourreaux à suspendre l'exécution et les tortures. Le Huron réussit à s'évader. Mais il a vu les Iroquois tailler les meilleurs morceaux du cadavre de son compagnon de supplice pour les manger, puis jeter le reste aux chiens. *La Relation* nous fait le récit émouvant de sa belle mort et de son grand courage.« Dans le combat dont nous avons parlé au chapitre 4, cinq Français furent pris par les Iroquois victorieux et partagés à toutes les Nations pour contenter leur rage sur ces pauvres captifs. »

« Le cinquième qui restait aux Onnontagheronnons est celui dont nous avons à parler présentement.(...) C'était un jeune homme qui avait eu le courage d'aller avec nous à Onnontagué, lorsque nous nous établîmes sur les rives du petit lac de Gannentaa pour la conversion de ces barbares. Ce fut là qu'il se mit dans la pratique d'une vertu extraordinaire et d'une rare dévotion pour de disposer à une mort qui est bien sainte et bien précieuse, puisqu'il a été tué cruellement par ceux mêmes au salut desquels il avait contribué par sa demeure en leur pays. C'était un naturel doux et paisible, mais généreux, et à qui je sais, que Dieu avait fait des grâces très signalées pendant le temps qu'il demeura avec nous dans le pays des Iroquois, où il fit l'apprentissage de la vertu et du courage qu'il y a fit paraître en ces derniers jours. Comme il a été soigneusement instruit dans la dévotion, aussi l'a-t-il conservée tout le temps de sa captivité, l'inspirant par gestes, par œillades et par le peu qu'il savait de mots sauvages, aux captifs hurons qui étaient menés avec lui à Onnontagué. Il demanda une fois à ce troisième huron, dont nous venons de parler, s'il était chrétien et s'il avait eu le bien de communier. Ayant appris qu'il l'était : « Á la bonne heure, lui dit-il, prions donc, mon frère, prions ensemble et faisons des églises de toutes ces forêts par lesquelles nous passons. » Il lui demanda aussi, lorsqu'ils approchaient du bourg, s'ils y seraient brûlés et si on ne se contenterait pas de leur casser la tête à coups de hache, ou de leur percer les flancs à coups de couteaux ; et ayant été assuré qu'ils seraient la proie du feu, cette nouvelle le toucha d'abord, mais en même temps s'étant offert à Dieu en holocauste » « À la bonne heure, mon frère, lui dit-il, puisque Dieu veut que nous soyons brûlés, adorons sa sainte Providence et nous soumettons à ses ordres. » Il pratiqua bien ce qu'il enseignait, car, outre qu'il faisait des chapelles de tous les gîtes où ils passaient les nuits, par de fréquentes et ferventes oraisons qui le faisaient même admirer à ces barbares ; étant arrivés au bourg, on ne tarda pas à exécuter les cruautés ordinaires de ceux qui sont destinés à mort. On commence par les mains, desquelles on lui coupe les doigts, les uns après les autres, sans en laisser un seul. Mais, ô spectacle digne d'être vu de Dieu, et admiré des Anges ! à chaque doigt qu'on lui coupait, il se jetait incontinent à deux genoux pour en remercier Dieu et lui offrir ses douleurs, joignant les mains et les doigts qui lui restaient, avec une dévotion qui eût tiré des larmes de ces bourreaux, s'ils n'eussent pas été plus cruels que les tigres. Enfin tous ses doigts ayant été coupés les uns après les autres, et autant de fois ayant adoré la majesté de Dieu, qui lui donnait le courage de souffrir si constamment ces tourments pour sa gloire, il se mit à genoux pour dernière fois et joignant ses deux pauvres mains sans doigts et toutes ensanglantées, il fit sa prière avant de monter sur l'échafaud qu'on lui avait préparé d'une façon plus que barbare et tout à fait inusitée dans la plus cruelle barbarie. Car au lieu d'un pieu auquel on attache le patient, de telles façon néanmoins qu'il puisse se remuer de côté et d'autres pendant qu'on lui applique le feu, la cruauté de ces barbares, ingénieuse à trouver de nouvelles tortures outre le pieu ordinaire, en avait tellement disposé d'autres, que notre pauvre François y fut garroté comme s'il eût été à cheval sur une perche, les pieds néanmoins et les mains étendus en forme de croix et tellement liés qu'il ne pouvait se tourner d'un côté ni d'autre, pendant l'application du feu. Et comme si les tisons et les écorces allumés, qui sont les instruments ordinaires de leur cruauté, n'eussent dus passer en cette rencontre que pour les préludes du supplice, ils firent rougir des haches, des limes, des scies, des bouts de canon de fusils et d'autres choses semblables, que nous avions laissés dans notre maison de Gannentaa quand nous partîmes, et lui appliquèrent ces ferrements tout rouges sur son corps avec des cruautés que ce papier ne peut souffrir et parmi lesquelles notre vertueux patient ne cessa de prier Dieu, jetant presque toujours des œillades amoureuses vers le Ciel, témoin des douleurs de son corps et de son cœur. Les bourreaux en furent émerveillés et ne pouvaienta ssez admirer sa générosité qui lui fit continuer ses prières aussi longtemps que dura son supplice, qui l'obligea enfin de céder a la violence de la douleur et de rendre son âme à Dieu. Âme sans doute bienheureuse qui a paru devant Dieu teinte de son propre sang, qu'elle a versé pour sa gloire ! Âme sainte et glorieuse, d'être tirée d'un corps tout grillé pour la défense de la Religion et par les ennemis de la Foi. Ce précieux corps ne fut pas traité après sa mort avec plus d'honneur que pendant qu'il était en vie ; on le hache en morceaux, on en méporte les plus délicats pour les manger et le reste fut abandonné aux chiens qui en faisaient curée, pendant que notre troisième Huron était sur le même échafaud, en attendant un pareil traitement que celui de ce vertueux Français. Il semble que ce lieu-là avait été consacré par ce généreux homme, car notre Huron n'y fut pas plutôt attaché qu'il se mit à chanter sa chanson de mort, mais chanson de piété, chanson par laquelle il invoquait tantôt un Saint et tantôt un autre, s'adressant à nous, quoique bien éloignés, et se promettant bien que nous accompagnerions ses derniers soupirs et ses prières. »

En ce 12 mai, anniversaire de la mort de René DOUCIN, saluons la mémoire de ce valeureux martyr ignoré.

ALFRED LALIBERTÉ
Sculpteur de nos bâtisseurs

Ce jeune «gosseur de bonhommes» comme aimaient l'appeler les gens de son village, devait nous laisser une quantité incroyable d'œuvres d'art: 925 sculptures, plus de 200 statuettes en bronze (aujourd'hui au Musée de Québec), 500 peintures. En plus, il a trouvé le temps d'écrire ses réflexions sur l'art et les artistes: plus de 900 pages! Il nous parlera sur 122 artistes de son temps. Seize pages sont consacrées à Suzor Côté, son ami, natif des Bois Francs comme lui; treize sur lui. Pendant environ soixante ans, dans le silence, avec détermination, Alfred Laliberté s'est voué à son art. «Toute ma vie, je n'ai vécu que pour l'art» avouera-t-il.

Sans instruction, il a réusssi quand même à percer son univers clos. Encouragé par Sir Wilfrid Laurier (dont il avait sculpté la statue) et N. C. Cormier, maire de Plessisville et conseiller législatif, il est accepté à l'École de dessin et de modelage de Montréal. Son talent naturel lui fait décrocher la première bourse du Conseil des Arts et Métiers. Il part pour cinq ans à Paris où il est admis à l'École des Beaux Arts (1902-1907). Cinq années de labeur acharné, de rencontres enrichissantes (v.g. celle de Suzor Côté), de découvertes (v.g. le grand mouvement symbolique européen; l'esthétique de l'inachevé de Rodin, modeleur comme lui; l'emprunt de ses modèles amérindiens au Cirque de Buffalo). Cinq années difficiles aussi: il vivait dans une pauvreté extrême, se nourrissant la plupart du temps que de pain et de lait!

Une fois revenu au pays, il devient professeur de modelage à Montréal. C'est une période d'effervescence et de créativité stimulée par les concours, les Salons et les commandes qui lui viennent de partout. Alfred consacre une grande partie de ses efforts au genre monumental, surtout commémoratif. Ses sculptures, ses bronzes, ses terres-cuites, ses marbres nous racontent la société québécoise de la première moitié du XXe siècle avec ses défricheurs, ses colons, ses bâtisseurs et leurs légendes, leurs coutumes, leurs métiers.

A Montréal, Alfred Laliberté est présent partout, tellement il est lié à notre histoire. Je pense au Monument aux Patriotes (1926) situé devant l'ancienne prison du Pied-du-Courant, là où douze de nos patriotes furent pendus; au Monument à Dollard des Ormeaux (1920), au Parc La Fontaine à deux pas de chez moi; au Semeur (1925) et à la Femme au seau à l'entrée de l'Hôtel-de-Ville; à son saint Joseph de l'Oratoire (1923); à son buste (1953) — coulé en bronze après sa mort — au cimetière N-D-des-Neiges. Et comment oublier la Fontaine des petits baigneurs (1914) du Marché de Maisonneuve et sa Fermière si proche des cultivateurs qui arrivaient en bateau de la Rive-Sud et des campagnes avoisinantes avec leurs paniers et leurs charrettes pleines d'animaux vivants, de légumes et de fruits?

Alfred Laliberté reste l'un de nos plus prolifiques sculpteurs. Il s'est détaché de l'académisme classique pour adopter une forme plus simple. L'allure de ses monuments semble moins figée. L'ange torturé des Patriotes indique à ces malheureux un avenir plus serein; son «Dollard» debout, l'épée à la main, pousse tout un peuple à se tenir; son «Semeur» invite les édiles municipaux à semer des idées novatrices porteuses de fruits pour leurs concitoyens.

Par son élan viril, sa puissance au travail, sa fécondité prolifique, la fierté de ses racines, en véritable Taureau, Laliberté nous a laissé un bel héritage. Le Musée des Beaux Arts de Montréal conserve 60 de ses pièces; le Musée de Québec, 230. Bien dommage que sa maison de la rue Ste-Famille ait été démolie. On aurait pu en faire un musée intéressant comme il l'avait souhaité lui-même!

Pour en savoir davantage sur Alfred Laliberté, lire *Mes Souvenirs*, présentés par Odette Legendre, Ed. Boréal, 1978. Laliberté est mort le treize janvier 1953.

ALFRED PELLAN
Un peintre vif et multicolore

Un très grand artiste! Un de nos plus grands! Des plus colorés! Un magicien du pinceau! Il a ouvert le Québec aux courants modernes de la peinture comme le cubisme et le surréalisme. Mais son imagination prolifique n'est en réalité enfermée dans un aucun corset. Il nous apportait un grand courant d'air avec ses idées neuves. Dieu sait combien le Québec du temps en avait besoin!

Pellan était un homme au tempérament vif et cela apparaît dans ses toiles. Elles ont du tonus. Un homme qui travaillait intensément et avec fougue. La méticulosité des détails nous surprend encore. Il n'y a pas un tout petit espace de vide. Tout se tient, tout est organisé avec soin. Alors qu'il était adoré à Paris, ici on le boudait. Comme dit sa femme Madeleine, « Pellan n'était pas assez abstrait pour les non-figuratifs, et pas assez figuratif pour les figuratifs. » Et cependant, 150 de ses toiles ont été présentées au Musée d'art contemporain de Montréal et au Musée du Québec en 1993. Une splendeur! Une explosion de couleurs, une imagination débridée, des milliers de formes, des enchevêtrements de rêves les plus jeunes, les plus dynamiques, les plus animés. Je ne pense pas avoir vu quelque chose de plus beau dans toute ma vie! C'est la vie qui se dégage de ses toiles. Une vie souriante, ensoleillée, colorée, pleine, belle. Un génie dans toute la plénitude du terme. Et ce compliment n'est pas exagéré.

En ce 15 mai, un souvenir coloré des tons les plus vifs!

PAUL CHAMBERLAND
Poète d'une exigeante lucidité

L'engagement social de Paul Chamberland est connu. Pour lui, le rôle du poète est de **dire** et de **dire très haut** et de **dire vrai**. Aussi, les titres de ses livres parlent par eux-mêmes : *Le Pays* (1963), *Terre Québec* (1964), *L'afficheur hurle* (1969), *Éclats de la pierre noire d'ou rejaillit ma vie* (1972), *Demain les dieux naîtront* (1974), *Extrême Survivance* (1978), *Terre souveraine*(1980), *Fondation du territoire* (1967), etc., etc. On n'en finira pas s'il fallait faire une liste exhaustive de ses ouvrages.

À coups de boutoir, Chamberland veut enfoncer les portes de l'avenir bouchées par un lourd passé colonialiste. En vrai poète, il devient démiurge, visionnaire et prophète. Ses images apocalyptiques jaillissent en bouillonnements impulsifs et nous propulsent dans un monde éblouissant où la réalité apparaît en relief.

Car le poète ne perd pas sa lucidité. Elle est essentielle à son art fait de constante recherche, tension vers demain, lancée vers la découverte. Il nous fait regarder en haut. On dirait qu'il lance des ballons de toutes les couleurs qui dansent dans un ciel nouveau.

Comme Rimbaud, Chamberland est aussi révolutionnaire. Il crie, il hurle, il souffre. Sa poésie grince, écorche, saigne, explose. Elle se fait miroir des tendances socialistes qui l'habitent. L'expérience personnelle que poursuit le poète devient la sève même de son œuvre.

C'est une poésie riche, vraie, inhérente à l'être, profonde, dense et qui fleurit en images d'une rare beauté. Vraiment, nous avons en Chamberland un vrai poète.

Aussi, en ce 16 mai, il faut saluer ce grand poète de notre littérature québécoise, ce «compagnon chercheur», ce «phoenix intégral, nouveau»fondateur du territoire».

FRANÇOIS-ALBERT ANGERS
Un de nos grands

L'apport de François-Albert Angers à notre société n'est pas mince. Sa longue et fructueuse carrière le montre éloquemment. Bien formé à l'École des Hautes Études commerciales de Montréal et de l'École libre des Sciences politiques de Paris, monsieur Angers a été par la suite un brillant professeur de sciences économiques, expert auprès d'un nombre incalculable d'associations et d'institutions financières où il a joué un rôle clé, collaborateur à de nombreuses revues scientifiques comme « *L'Actualité économique* », « *L'Action nationale* », « *Culture* », « *Canadian Journal of Economic and Political Science* » pour n'en nommer que quelques-unes. Sa longue carrière, son prestige universitaire, ses travaux de tous ordres, son acuité d'esprit, sa généreuse contribution à tous les champs d'activités relevant de son domaine lui ont valu les prix prestigieux.

Dans *le Dictionnaire des auteurs de langue française en Amérique du Nord*, un nom moins réputé universitaire, Fernand Dumont, résumait ainsi la haute valeur de cet intellectuel de marque : « On sait quelle contribution décisive François-Albert Angers a apporté au développement de la recherche et de la science économique en notre pays. Ses publications techniques, les initiatives diverses qu'il a suscités auraient suffi déjà à bien remplir la carrière d'un savant très laborieux. Pourtant, Angers a poursuivi en parallèle une autre carrière aussi chargée que la première, vouée à l'engagement social et national(...) : l'éducation, l'économique, le national, la constitution. » (p. 17)

Les ouvrages d'Angers très nombreux restent une source importante pour les chercheurs. Leurs titres sont souvent extrêmement révélateurs. Qu'il me suffise de n'en citer que quelques-uns : (*L'Art de déplacer les questions : À propos du bilinguisme mercantile*) — *Le Culte de l'incompétence* — *Deux modèles d'inconscience : Le Premier Ministre St-Laurent et le commissaire Lévesque* — *Le rôle des caisses populaires* — *L'école confessionnelle* — *Les Droits du français au Québec* — *À quand le biculturalisme ?* etc., etc.

Toujours, avec beaucoup d'acuité et de perspicacité, Angers analyse avec justesse et pose des jalons pour l'avenir. Ah ! si nos politiciens savaient suivre des sages comme lui ! Ils construiraient un avenir meilleur, basé sur des valeurs sûres.

En ce 18 mai, il faut rappeler la mémoire d'un si grand homme comme François-Albert Angers, un de nos meilleurs !

MAURICE L'ABBÉ
Un mathématicien chevronné

Ce qu'il y a d'admirable chez cet homme c'est son enthousiasme, c'est son attachement et sa constance dans la recherche, c'est sa vision large et sa confiance qui le fait foncer tête première dans l'avenir. Toute une vie à la promotion de la recherche ! Et dans des temps difficiles...

Il est le premier Québécois à décrocher un doctorat en mathématiques. Et de l'Université de Princeton, s.v.p.. On l'appelait alors «le génie de Princeton.» À son retour, il devint vite le directeur du département des mathématiques de l'université de Montréal, une institution avec laquelle il ne fait qu'un.

Il vient d'obtenir le Prix du Québec pour le développement d'institution de recherche. C'est la consécration de son travail acharné pendant plusieurs années, de son rôle prépondérant dans la création de nombreux centres de recherche, d'organisation de séminaires de mathématiques supérieures. En effet, depuis 1962, les plus grands universitaires en mathématiques se réunissent à l'université de Montréal pour échanger. Dans une entrevue qu'il donnait pour «Le Devoir», il avouait qu'il s'agissait là «d'une idée remarquable.» L'Université publie ensuite les exposés de ces sommités internationales et assure ainsi un plus grand rayonnement.

C'est un fait. Maurice L'Abbé est un rassembleur. Il garde un esprit lucide, vif, critique. Il dénonce depuis longtemps les failles des cégeps. Il s'est battu contre l'idée de deux nouvelles universités francophones à Montréal. Et son livre *L'Université dit non aux jésuites*, publié en collaboration, en fait foi. Tant qu'on aura des hommes éveillés comme lui, le système risque moins d'aller à la dérive.

Longue carrière à monsieur L'Abbé en ce 20 mai, anniversaire de sa naissance.

21 mai au 20 juin:
Les Gémeaux

fleur du mois :	la rose, la reine des fleurs, associée à l'amour.
pierre de naissance :	la perle, pierre lisse et lustrée dont la couleur varie entre le blanc, l'ivoire, le jaune, le rose et même le noir. La croyance populaire a attribue à la perle le don de redonner la santé, de donner la force et d'allonger la vie.
signe du zodiaque :	les Gémeaux

Les Gémeaux sont le symbole de la dualité, des oppositions intérieures, des tensions et parfois des contradictions. Mais heureusement, tout débouche sur l'épanouissement de l'été.

planète : MERCURE

Mercure, c'est le messager ailé, symbole lui-même de la légèreté, de la volatilité, de l'élancement dans l'air, du grand large,

Les personnes nées sous ce signe ont généralement besoin de stimulation à la maison comme au travail. Elles vivent constamment un dédoublement intérieur et se regardent d'un œil narquois ou désabusé. Les Gémeaux extrêmement versatiles s'expriment bien. Ils aiment les jeux de mots, le théâtre et la politique, symboles du petit théâtre intérieur qu'ils vivent, entre le jeu du possible et la réalité cruelle ; entre le besoin d'agir et celui de regarder faire.

ERNEST LAVIGNE
Le père de l'Orchestre symphonique

Un artiste aimé de tous les Montréalais et qui avait du panache. Un grand homme, mince, aux traits fins, aux yeux brillants, toujours bien mis. Il était à la fois cornettiste, chef d'orchestre, imprésario, marchand de musique et de musique en feuilles, co-propriétaire du parc Sohmer, homme avisé qui savait s'entourer de bons et fidèles exécutants.

La musique, il l'avait dans le sang. Sa famille ne comptait que des musiciens. Un frère organiste; un autre, violoncelliste et marchand de musique à Québec. À 17 ans, Ernest réalise un rêve : il s'engage comme cornettiste de la fanfare des zouaves pontificaux qui vont défendre le pape Pie 1X contre les troupes agressives de Garibaldi. Nous sommes en 1868. Mais l'Italie est bien belle...Le jeune artiste néglige vite ses devoirs religieux pour visiter les villes les plus importantes d'Europe. Il vit de son talent de musicien, semble-t-il, et se voit offrir des contrats lucratifs dans de grands orchestres et même comme soliste ! Il noue des amitiés partout. Il excelle pour le P. R. Plus tard, quand il se verra imprésario et chef d'orchestre, ces relations lui seront de grande utilité.

Le voilà de retour en 1872. La musique a évolué en Amérique. Ernest se met vite à la page. Il s'installe à Montréal à l'angle des rues Notre-Dame et Saint-Laurent. Avec Louis-Joseph Lavoie, il ouvre un magasin de musique et de musique en feuilles. Sa maison représente les prestigieux pianos Sohmer.

Puis, on le retrouve à la direction de la fanfare du 65ᵉ bataillon. Il en fera un orchestre populaire. Il donnera des spectacles populaires au square Viger. La popularité de l'artiste attire un grand nombre de personnes. De même, il est l'âme dirigeante du Parc musical Sohmer qui devient, en quelques semaines, l'endroit le plus fréquenté de Montréal. Lavigne fait œuvre de pionnier et de pédagogue. Il initie le public à la musique classique. On dit que les gens restaient un peu estomaqués à l'audition des grandes œuvres de Mozart, Verdi ou Strauss! Lavigne garde le mérite d'avoir éveillé l'oreille des Montréalais aux airs raffinés et à la vraie musique. Il est indéniablement le père du véritable orchestre symphonique de Montréal. Il a formé un nombre incalculable d'artistes qui ne l'oublieront jamais.

Sa mort en 1909, apparut comme une véritable catastrophe. Plus de 75 000 personnes se pressèrent à l'église de du Gesù pour lui rendre un dernier hommage. Les membres de son orchestre et quelques autres musiciens s'unirent pour interpréter la marche funèbre de Chopin.

Avec raison, on a dit de son œuvre qu'elle était «toute de musique, chant, joie, amusement et gaieté. » Celui qui a éveillé le sens musical des Montréalais mérite qu'on souligne son anniversaire de naissance. Il a trop fait pour qu'on passe sous silence une date aussi importante.

FRONTENAC
Le coriace Gouverneur de la Nouvelle-France

Son vrai nom était Louis de Buade de Frontenac et de Palluau. Il appartenait à une vieille famille de noblesse d'épée. Fils unique de Henri de Buade, comte de Frontenanc, il eut rien de moins que Louis XIII comme parrain à son baptême. Il fit de brillantes études et s'enrôla jeune dans l'armée française. Il participa à plusieurs campagnes pendant la guerre de Trente Ans (de Flandre, de Catalogne, d'Italie) et fut même blessé. Sa femme, très riche par ses origines, savait manipuler toutes les ficelles à la Cour. Les Frontenac menaient une vie fastueuse et quand l'illustre époux fut nommé gouverneur de la Nouvelle-France, il était criblé de dettes.

Il arrive à Québec en 1672. Son caractère irascible, son manque d'entregent et son esprit dominateur lui amenèrent immédiatement des ennuis. La Sœur Juchereau est plus tolérante à son sujet. « C'était un homme tout plein d'esprit, écrit-elle, qui avait conservé toute la politesse d'un vieux seigneur de la cour. Il avait de grandes qualités naturelles ; ses manières étaient engageantes et gracieuses. » Il avait tous les pouvoirs dans les affaires militaires mais il avait le tort de se mêler de tout et de faire emprisonner qui que ce soit à tout moment. L'affaire de Perrot et de l'abbé Fénelon nous est plus connue mais ils ne sont pas les seuls à avoir essuyé la vindicte de l'ombrageux gouverneur. Il s'immisça aussi dans les fourrures et fit construire un fort sur la rivière Cataracoui (le Kingston d'aujourd'hui). Ses démêlés continuels avec l'intendant, le Conseil souverain et le clergé, ses abus d'autorité et ses excès en tout obligèrent son rappel en France en 1682.

Il revint cependant en 1689 avec le mandat de sauver la colonie du désastre. En 1690 — et c'est par ce fait qu'il nous est plus connu — il repoussa avec fermeté l'attaque de Phips qui lui exigeait la reddition de Québec. Sa réponse est dans toutes les mémoires : « Je nay point de Reponse a faire a vostre general que par la bouche de mes cannons et a coups de fusil. » Il défendit aussi la colonie contre les incessantes attaques de la confédération iroquoise et les ambitions anglaises par sa tactique habile de guérillas meurtrières. Ses expéditions à Corlaer, Salmon Falls sur la côte du Maine et le fort Loyal, sur la baie de Casco furent des succès. Il fallut non moins que cinquante chevaux pour rapporter le butin.

Il mourut à Québec le 28 novembre 1678 après s'être réconcilié avec tout le monde, y compris le clergé. Dans notre histoire, Frontenac occupe une place presque mythique et légendaire. Toutes les villes du Québec ont leur rue « Frontenac ». À Montréal, il a sa station de métro. Et il compte aussi son comté. Sa renommée ne semble pas vouloir s'éteindre. Laliberté l'a immortalisé par sa statue au Parlement de Québec. Le grand sculpteur réussit à nous révéler la puissance et la fierté du bouillant gouverneur: ses traits, les moindres détails de son costume, sa colère qui semble sourdre de l'intérieur, le geste ferme de sa main pointant le sol. Jusque son épée, sa cuirasse, ses jambières soulignent sa solidité et sa détermination.

En ce 22 mai, anniversaire de sa naissance, saluons ce bon défenseur de Québec à une époque critique pour notre survivance. Sans son énergique opposition, le Québec ne serait pas ce qu'il est.

JULIENNE DALLAIRE
Une flamme incandescente

Une femme que personne ne peut oublier. Toute sa compassion se reflétait dans ses grands yeux bleus. Elle était comme un miroir vivant. Avec une ardeur qui tenait de la témérité à l'époque, elle fonde en 1945 une communauté vouée à l'adoration sur les hauteurs de Beauport.

Femme toute simple, sans aucune prétention, profondément humaine. Très jeune, elle se sent directement interpellée par cette parole du Christ à la Samaritaine: «Si tu savais le don de Dieu...L'heure vient où les véritables adorateurs adoreront le Père en esprit et en vérité, car tels sont les adorateurs que cherche le Père.» Toute sa vie devait dès lors être transformée.

Sa santé fragile semblait être un obstacle insurmontable. Elle avait été refusée aux vœux de religion dans trois communautés pour cette raison. Mais elle tient bon. Encouragée par le chanoine Cyrille Labrecque, soutenue par une compagne Colette Brousseau, elle pose les fondements de sa nouvelle communauté missionnaire et adoratrice. Le cardinal Villeneuve approuve le projet et va même jusqu'à dire: «C'est une grande œuvre qui se fonde aujourd'hui; elle est voulue de Dieu et elle vivra.»

Les débuts furent extrêmement difficiles. La nourriture manquait mais la Providence arrivait toujours au bon moment. Les frères des Écoles chrétiennes donnaient leurs vieilles soutanes qui servaient aux sœurs qui s'en confectionnaient des robes...La vie était dure et en plus, c'était le temps de la guerre.

Souple aux appels de l'Esprit, Julienne tente de répondre aux besoins multiples des milieux: enseignement, soins hospitaliers, œuvres caritatives, pastorale sous toutes ses formes, catéchèse, les Dominicaines Missionnaires Adoratrices se font présentes partout où il faut faire du bien. Et le monde s'ouvre à elles. l'Alberta (1955), le Pérou (1962), Haïti (1967). Une Fraternité Dominicaine se forme à leur école pour vivre un engagement centré sur la prière, la recherche de la vérité, l'apostolat, la fraternité et vivre dans l'esprit de saint Dominique.

Mais le focus incandescent qui irradiait le cœur de Julienne, c'était l'amour du cœur eucharistique de Jésus. Saisie par cet amour, elle n'a eu d'autre ambition que de le faire connaître et rayonner. «J'ai senti, disait-elle, l'amour immense avec lequel Notre-Seigneur se donne dans son Sacrement....Le Cœur de Jésus, l'intérieur de son Cœur, c'est sa vie intime: il veut que par l'Eucharistie nous vivions de cette vie à lui.» Chaque jeudi, elle livrait un message sur le mystère de l'Eucharistie qui avait envahi sa vie. Pour elle, «l'évangile n'est pas seulement un livre à lire, comme elle disait, mais à vivre. Ce qui importe, c'est d'approfondir le sens des scènes évangéliques, de les méditer avec le désir de pénétrer la pensée, les sentiments et les vouloirs de Jésus, de nous nourrir de sa doctrine ; en un mot, de nous mettre à son école et d'orienter nos actions dans cette voie qui conduit au Père. Ce qui importe, c'est d'y chercher le cœur de notre bon Maître pour connaître les dimensions de son amour, le reproduire et donner au monde d'aujourd'hui des témoins authentiques, des évangiles vivants, afin que se multiplient les adorateurs en esprit et en vérité. »

Mère Julienne du Rosaire s'est éteinte le 6 janvier 1995. Elle est maintenant dans la pleine lumière, dans la manifestation sans voile. En ce 23 mai, anniversaire de sa naissance, une pensée discrète, comme toute sa vie simple et fructueuse.

SYLVIA DAOUST
Sculpteure montréalaise inégalée

Sylvia Daoust figure parmi les premières femmes sculpteures du Québec. Après de brillantes études à l'École des beaux-arts de Montréal et un séjour en Europe, elle enseigne à l'école des beaux-arts de Québec et à celle de Montréal pendant 28 ans. Parallèlement, elle trouve le temps de se livrer à son art. Une œuvre prolifique devait sortir de ses mains. Seulement avec ses 41 bronzes, Sylvia Daoust mériterait une place spéciale parmi nos meilleurs sculpteurs. Celui de son frère Denis est un pur chef d'œuvre. Et que dire de celui de son grand-père, de sa mère, de son père, de sa mère, de son autoportrait, du «portageux» son frère Roland, de la Huronne «Le jour qui se lève» etc. Avec audace, Sylvia trouvait que la tête des personnes de sa parenté avait tout aussi fière allure que celle des étrangers. Et le résultat prouve son intuition. Dernièrement, le Musée Saint-Laurent a fait une exposition de la plupart de ses œuvres. Pour moi, c'était comme ouvrir un album de famille sculpté dans la pierre éternelle où l'artiste fixait dans la mémoire du temps les personnes qui l'ont influencée.

Il faudrait aussi parler de ses bas-reliefs, de ses médaillons finement ciselés, de ses chemins de croix sculptés sur pin, acajou, tilleul, tulipier, etc. On connaît mieux Sylvia Daoust par ses grandes réalisations : l'impressionnant Monument *Marie Victorin* en face du Jardin botanique de Montréal, le Monument *Père Viel* qui orne la façade de l'Hôtel du Gouvernement à Québec, la Murale en béton de l'édifice de la Société Nationale de Fiducie, le Monument *Édouard Montpetit* à l'Université de Montréal et surtout l'une ou l'autre de ses Madones. Elle en a sculptées 55 ! Une des plus belles reste sans doute *La Maternité*. C'est une sculpture taillée en polystyrène et coulée en aluminium qu'on retrouve à la Maison des arts de Laval. Le thème de la maternité revient d'ailleurs comme un leitmotiv constant dans l'œuvre sculpturale de Sylvia Daoust autant dans la pierre, le bronze ou l'aluminium.

Madame Daoust s'est surtout intéressée à l'art religieux. Parmi ses sculptures en bois, il faut absolument prendre le temps de regarder avec attention son admirable *sainte Cécile* aux traits si fins et qui respirent tellement l'harmonie; sa douce et sereine *Jeanne D'Arc*; son jeune et robuste *Jean Baptiste*; son surprenant *Thomas d'Aquin* au regard profond et méditatif et, ô surprise !, qui sort d'une cure d'amaigrissement. Détail intéressant: Sylvia donne au bois un reflet lumineux par la couleur qu'elle ajoute délicatement sur ses sculptures. Tout le monde connaît ses deux saintes sculptées sur bois à la Basilique Notre-Dame : *Mère Bourgeoys* paisible et contemplative tenant le livre de ses Règles dans les mains et *Mère d'Youville* à la charité universelle qui semble encore toute préoccupée des besoins humains.

J'ai eu le privilège de rencontrer cette prolifique artiste à son exposition au Musée d'art Saint-Laurent. Sa grande simplicité, son ardeur au travail (elle est en train de sculpter une Vierge et l'Enfant à 92 ans!), son sens de l'harmonie et des proportions, cet œil pétillant qui sait donner l'âme au bois ou au bronze, sa jeunesse de cœur et sa virtuosité dans tous les genres font de Sylvia Daoust une grande artiste dont nous avons raison d'être fier.

En ce 24 mai, soulignons la noblesse de cette grande dame de chez nous.

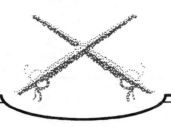

DOLLARD DES ORMEAUX
Le brave sauveur de la colonie

La mort de Dollard et de ses compagnons au Long-Sault est dans toutes les mémoires. On a voulu récemment ternir la réputation de ces dix-sept volontaires en faisant d'eux de jeunes téméraires indisciplinés, désireux de se faire remarquer par une belle cueillette de fourrures aux dépens des Iroquois. Il faut cependant éclairer cet exploit par des témoignages irrécusables de contemporains, entre autres la *Relation des jésuites* de 1660, des lettres de Marie de l'Incarnation, le *Journal* de voyages de Pierre-Esprit Radisson, une lettre et un mémoire du gouverneur d'Argenson et l'acte de décès des dix-sept braves.

Replaçons d'abord ce combat dans le contexte du temps. Après la destruction des Hurons, les Iroquois coupèrent toutes les routes de la traite des fourrures et résolurent de chasser par la famine les Français du pays. Leurs bandes infestaient la colonie, tuaient et capturaient les colons dans leurs champs. En 1658, on s'attendait à un assaut général. Des prisonniers révélèrent qu'une armée considérable était en marche sur Québec, Trois-Rivières et Ville-Marie. La colonie vivait des heures d'angoisse indescriptible. Marie de l'Incarnation parle du monastère des Ursulines « converti en un fort gardé par vingt-quatre hommes bien résolus. » Maisonneuve édicta des ordonnances sévères. Les colons ne pouvaient aller «plus loin à la chasse que dans l'étendue des champs défrichés, ni à la pêche sur le fleuve, plus loin que le courant. » C'est à ce moment qu'une offensive se constitua pour faire face à l'ennemi. La *Relation* parle de «quarante de nos Hurons» sous la conduite de Anahotaha qui « partirent de Québec pour aller à la petite guerre et dresser des embûches aux Iroquois à leur retour de la chasse. Ils passèrent par Trois-Rivières, et là six Algonquins se joignirent à eux.(...) Étant arrivés ensuite à Montréal, ils trouvèrent que dix-sept Français, gens de cœur et de résolution, avaient déjà lié partie dans le même dessein qu'eux, s'immolant généreusement pour le bien public et pour la défense de la Religion. Ils avaient choisi pour leur chef le sieur Dollard, homme de mise et de conduite ; et quoiqu'il ne fût arrivé de France que depuis assez peu de temps, il se trouva tout à fait propre pour ces sortes de guerre ».

La *Relation* nous donne ensuite tous les détails du combat : le «méchant reste de fort» où ils s'abritèrent, la sauvage attaque des Iroquois, la vive riposte des Français et de leurs alliés, l'arrivée massive de plus de cinq cents Iroquois, les «attaques rudes et fréquentes, les dix jours de combat, la trahison des Hurons qui vont se joindre aux ennemis, le fameux «baril de poudre poussé par-dessus la palissade», la branche qui le fait retomber dans le fort, le sang et le carnage qui suivit, et la conclusion de ce sinistre combat : « Tout était perdu (pour la colonie) s'ils n'eussent péris, et **leur malheur a sauvé ce pays**, ou du moins a conjuré l'orage qui venait y fondre, puisqu'ils ont arrêté les premiers efforts et détourné tout à fait le cours. » De son côté, Radisson écrit dans son *Journal* : « Notre petite troupe de 21 réussit à résister pendant cinq jours contre 800 ennemis, plus les deux jours précédents contre 200, ce qui fait sept en tout, sans interruption, et le pire était la disette d'eau, comme nous vîmes, car ils avaient creusé un trou dans la terre qui ne leur en fournit que très peu, parce qu'ils étaient sur une colline. C'était pitoyable à voir. Il n'y avait pas un arbre qui ne fût criblé de balles. » Radisson parle de 7 jours de combat. La *Relation* fait mention de 10 jours, chiffre qui semble aux yeux des experts plus précis. La combat aurait commencé le 2 mai et se serait terminé le 12.

Un seul document nous révèle les noms et l'âge de Dollard et de ses compagnons de combat. C'est l'acte de décès inscrit dans le premier registre de la paroisse Notre-Dame de Montréal. On y lit ceci : « Nous avons receu nouvelles par Un huron qui s'estoit sauvé d'entre les mains des Iroquois qui L'avoient pris prisonier au combat qui s'estoit fait 8 jours auparavant entre les d. Iroquois qui estoient au nombre de huict cent Et dix sept françois de cette habitation et quatre Algonquins et environ quarante hurons au pied du long Sault. que treize de nos d. françois avoient esté tuez sur la place et quatre emmenez prisoniers lesquels du depuis nous avons appris par 4 autres hurons qui se sont sauvez avoir esté cruellement bruslez par les d. Iroquois en leur pays. Or les noms des d. françois estœint. Adam Daulat commendant âgé de 25 ans.

Jacques Brassier 25 ans.
Jean Tavernier dit la Lochetière armurier 28 ans.
Nicolas Tiblement serrurier 25 ans.
Laurent hébert dit la Rivière 27 ans.
Alonie de l'estre chaufournier 31 ans.
Nicolas Josselin 25 ans.
Robert Jurie 24 ans (en marge : no' avons appris qu'il s'est sauvé par Les hollandais et retourné en France.)
Jacques Boisseau 23 ans.
Louys Martin 21 ans.
Christolphe Augier dit des Jardins 26 ans.
Estienne Robin dit des forges 27 ans.
Jean Valets 27 ans.
René Doucin 30 ans.
Jean Le Compte 26 ans.
Simon Genet 25 ans.
François Crusson dit Pilote 24 ans.
En ce 24 mai consacré chez nous à Dollard, saluons ces braves qui ont sauvé la colonie de l'extermination totale.

CHARLES GARNIER
La douceur personnifiée

Il était né à Paris en 1606 la même année que Corneille. Il aurait pu scander de beaux vers lui aussi. L'élégance de sa correspondance le prouve. Et son père n'était-il pas secrétaire particulier du roi Henri III ? Quand celui-ci donnait un peu d'argent à son fiston pour ses divertissements, le jeune Charles le déposait immédiatement dans le tronc des prisonniers du Petit Châtelet. Et la même année où Corneille lance le *Cid*, Garnier s'enfonce dans les forêts ténébreuses du Nouveau Monde. Par la suite, *Les Relations* parleront de temps en temps d'un certain Garnier qui accompagnait le Père Jogues chez les Pétuns. Le Père de Brébeuf mentionne à son tour que le Père Charles parle les langues huronnes avec aisance. Et c'est tout.

À son père inconsolable de la perte de cet enfant « qui n'a jamais commis la moindre désobéissance et ne lui a causé la plus petite peine » ; Charles écrira que « c'est un honneur et une faveur d'être semblable à Jésus Crucifié et que c'est sur cet aimable portrait que nous devons tenir les yeux collés ». Les occasions ne lui manqueront pas de concrétiser cet amour de la croix semée partout, au début de la colonie. Quand le jeune missionnaire tente une première expérience auprès des Pétuns, c'est un échec cuisant. Il l'avoue en toute humilité : « Nous avons pensé mourir deux fois dans les chemins » écrit-il. Mais son courage n'est pas abattu pour autant. Il revient à la charge une seconde fois et enfin, une troisième. « Il est vrai que ces missions sont remplies de croix, écrit-il à son frère, et dans la difficulté des chemins pendant l'hiver et pour le vivre, le vêtement, la fumée... » Son supérieur attendri lui offre alors de revenir en France. Charles répond : « Il est vrai que je souffre du côté de la faim, mais non pas jusqu'à la mort...Ce que je redouterais davantage serait qu'en quittant mon troupeau en ces temps de misère et dans ces frayeurs de la guerre, alors qu'il y a plus besoin de moi que jamais, je ne manquasse aux occasions que Dieu me donne de me perdre en Lui. » Toute la noblesse de cœur de Garnier est là. Marie de l'Incarnation, experte dans les choses de l'âme, l'avait soupçonné. Parlant de la vie intérieure du Père Garnier, elle assure « qu'il faudrait un gros livre pour la décrire. »

Garnier vivra chez nous de 1636 à 1649 dans le même climat que les autres jésuites du temps. C'était une âme douce, un homme d'entregent, d'une grande amabilité, un grand serviteur de Marie qui lui accorda la grâce du martyre à l'aube de la plus virginale de ses fêtes, le 7 décembre 1649. Il était chez les Pétuns quand il fut abattu alors qu'il prêtait assistance à un Indien mourant.

Gardons la mémoire de ce grand missionnaire dont la sérénité du visage pacifiait les gens de son entourage. Un collègue dira de lui : « Son âme elle-même, parlait plus haut que ses paroles et le faisait entendre même dans le silence. J'en ai connu qui se sont convertis rien qu'à son air angélique. » Lui-même écrivait encore à son frère : « Élargissons nos petites cabanes, (il fait ici allusion à la cabane de son cœur en référence aux cabanes de bois du temps) élargissons-les par un amour fidèle et un courage sans borne... »

Dans sa dernière lettre, on note cette constante virilité alliée à l'humilité la plus sincère. « Mais la justice me fait craindre que je ne demeure toujours indigne d'une telle couronne, écrit-il, en parlant d'un éventuel martyre. Toutefois, j'espère que sa bonté me fera la grâce de l'aimer un jour de tout mon cœur et cela me suffit... Quand il me l'aura donnée, il m'importe peu de quelle mort je mourrai. »

Ainsi parlent les saints. Car le martyre ne s'improvise pas. En ce 25 mai, jour anniversaire de la naissance de saint Charles Garnier, un regard vers ce visage lumineux et reposant.

ANTOINE-OLIVIER BERTHELET
Gentilhomme de cœur

Pour la plupart des gens, cet homme d'affaires est un parfait inconnu.. Mais pas pour certaines communautés religieuses du temps qui lui doivent pratiquement la survie. Ainsi dans la *Positio* de Rosalie Cadron-Jetté, on lit ces lignes significatives :

« Antoine-Olivier Berthelet, né à Montréal le 25 mai 1798, est fils de Pierre Berthelet, médecin, et de Marguerite Viger de Boucherville. Après ses études au Collège de Montréal, il s'engage dans une carrière commerciale dont le succès est immédiat. La fortune héritée de sa famille (environ 30 000, 00 $) devient, par d'habiles investissements, plus considérable encore, et rencontre, sous l'inspiration de Mgr Bourget, les besoins urgents des nécessiteux de l'époque. » (tome 1, p. 100)

Ils sont innombrables les services qu'il rendit, entre autres aux Sœurs de Miséricorde. Quand la veuve Jetté commence son œuvre sur la rue Saint-Simon, c'était dans un temps de misère noire. Elle couchait sur le plancher et donnait son lit aux filles qu'elle recevait. Le bon monsieur Berthelet fut ému aux larmes devant cette grande pauvreté. À l'instant, il fournit à Rosalie quelques lits, trois ou quatre chaises, une table, un poêle, les ustensiles de cuisine indispensables. Il lui apportera tantôt du bois de chauffage, tantôt des meubles ou des paniers de provisions. C'est encore lui qui a fourni pratiquement tout pour la construction de l'édifice des Sœurs de Miséricorde, rue Dorchester. Quelque chose estimé à l'époque à environ 15,000,00 $. On comprend que ce bon monsieur Berthelet était considéré à bon droit comme l'ange ou la Providence des Sœurs.

La Positio rapporte qu'au lendemain de son décès survenu le 24 septembre 1872, on calcula qu'il avait retiré de son compte de la Banque d'Épargne un montant de près de 400,000,00 $ pour ses bonnes œuvres.

Si le Pape cherche des bons laïcs pour les proposer comme saints aux gens de notre temps, Monsieur Berthelet pourrait occuper un rang honorable parmi ceux-ci. Comme il serait bon de pouvoir prier et honorer publiquement le « Bienheureux Antoine-Olivier Berthelet, Vincent de Paul québécois du siècle dernier. En tout cas, je ne peux laisser passer sous silence sa date de naissance et, en ce 25 mai, je salue bien bas ce grand gentilhomme de cœur.

ALAIN GRANDBOIS
L'étoile pourpre des poètes

C'est le poète d'un long voyage dans la nuit, en quête d'un éternel matin. Il se révèle surtout dans *Les Îles de la nuit*, ce recueil sourcier de notre littérature et foyer de son œuvre. Une poésie grave, mythique. Un événement dans notre littérature. D'aucuns se sont interrogés. Est-ce là une poésie exotique ou enracinée? C'est discutable et discuté à cause de l'opacité des images. Grandbois se rapproche de St-Denys-Garneau par les thèmes : solitude, enfance, amour impossible, fuite du temps, omniprésence de la mort, recherche de l'absolu, malaise de vivre.

Au terme du voyage, il retrouve la même solitude, cette «ivresse qui (le) poussait. «Et pourquoi cherchait-il si ce n'était pour «suspendre le temps»,» homme de fièvre», il avait besoin d'un ordre, il était «à la recherche d'un ordre qui pourrait le libérer de l'absurde» dans «cette marche lente à travers limbes fantomatiques.» Prisonnier à cette ligne frontière entre le rêve et la réalité, il voulait atteindre l'authenticité, le cœur de l'être. De ses expérience désabusées, il retient le chaos en lui et en dehors de lui.

Grandbois est notre premier poète de la condition humaine. *Né à Québec* raconte la vie aventureuse de Louis Jolliet mais exprime aussi la quête insatisfaite de Grandbois et son désir de l'au-delà. Il voudrait percer les secrets de l'univers, élucider cet inconnu qui le fascine. L'itinéraire sera pénible. La nature risque de l'empêcher. Les rocs se dressent sur le fleuve du temps dans le voyage nocturne vers ces îles miraculeuses du paradis perdu de l'enfance. Le poète remonte à sa source comme à contre-courant pour réintégrer cette nuit primitive. Il s'arrêtera au seuil de ce pays interdit pour constater : «L'au-delà, c'est nulle part.»

Marco Polo va dans le même sens. Grandbois nous fait prisonniers par l'attrait de la beauté et nous jette dans l'hermétisme d'un abîme étrange «qui nous enveloppe d'un monde incommunicable et glacé.» C'est un cri pétrifié au point de vue sonore et rythmique, «un monde admirablement fini,» sculpté «une dure et superbe exigence.» Cependant, au sein de cette matière dure, il y a le feu qui établit la fraternité, la ferveur humaine, la présence de la tendresse, «un mystère d'amour dans le métal repose.»

Grandbois est poète authentique. Il a été le premier à utiliser le vers libre avec une force et une vigueur inédites, le premier à chanter l'érotisme aux heures de la grande noirceur. C'était un être libre.» Elle coûte la liberté, disait-il. En effet beaucoup, mais elle vaut encore davantage, et je referais tout ce que j'ai fait, pour cette chose merveilleuse d'être libres.»

O tourments plus forts de n'être qu'une seule apparence
Angoisse des fuyantes créations
Prière du désert humilié
Les tempêtes battent en vain vos nuques bleues
Vous possédez l'éternelle dureté des rocs
Et les adorables épées du silence ont en vain défié vos feux noirs...

Ainsi, toujours avec des images évocatrices aux résonances symboliques, il nous entraîne dans des archipels de rêves à des voyages fantastiques ou fantasmagoriques. L'hermétisme n'enlève pas le charme de se laisser emporter dans des voyages hallucinants, bercés par une musique incantatoire, au milieu d'îles fuyantes et inaccessibles. Il faut lire et relire Alain Granbois. Il occupe l'un des plus hauts rangs parmi nos écrivains. Il donne la véhémence du goût de vivre et ses poèmes comme « le cristal me renvoie » « l'étonnante image » « de l'étranger que je suis. »

ÉLISABETH BERGERON
La bonté souriante

La lecture de la vie de cette femme toute simple est un rafraîchissement. Son visage d'ailleurs exprime toute son âme. C'est un sourire très doux, très fin, sans crispation artificielle, un sourire qui dit toute la paix et la sérénité de son bon cœur. Mais comme il a été long le chemin qui mène à cette maîtrise de soi!

Née d'une de nos bonne familles chrétiennes, la petite Élisabeth montrait déjà toute jeune la force et la détermination de son caractère. Comme les enfants de son temps, elle fréquenta l'école du rang, apprit à lire mais pas à écrire. Ce n'était pas une priorité à l'époque. Il fallait du papier, de l'encre, des plumes, des choses chères pour les pauvres cultivateurs. À l'âge de huit ans, Élisabeth veut «marcher au catéchisme» qu'elle connaît mieux que quiconque. À cet effet, elle se sauve de la maison et se rend à l'église (quatre milles de chez elle !). Le curé étonné de ses réponses l'admet car il lui semble «que ce serait aller contre les desseins de Dieu, de l'empêcher de faire sa première communion.» Elle a de l'initiative la petite! Elle le prouve un peu plus tard encore. Un jour qu'elle garde la maison toute seule, un «quêteux» se présente. Elle l'accueille, le fait manger, lui prête les vêtements de son père, lave son linge sale, le fait sécher et lui remet au moment où sa mère revient. Le mendiant, sans doute inspiré, dit à la mère: «Quelle enfant vous avez, madame! Le Seigneur a sans doute des vues sur elle ! » Il ne pensait pas si bien dire.

À quatorze ans, Élisabeth veut entrer chez les Sœurs Grises mais la Générale lui conseille de suivre ses parents qui ont décidé de s'exiler aux États-Unis pendant quelque temps. Elle les suit au printemps de 1865, travaille comme ses frères dans une filature de Brunswick (Maine) et après l'incendie de cette usine, à Salem (Mas.) Là encore, on la retrouve audacieuse et perspicace. Étonnée de voir l'ignorance religieuse des jeunes de dix-sept, dix-huit ans, elle les regroupe autour d'elle et les prépare à leur première communion. Et c'est le retour à La Présentation, la longue attente, les incertitudes, les essais infructueux dans plusieurs communautés: Adoratrices du Précieux-Sang, Sœurs de Miséricorde, Sœurs de la Présentation. À la fin, son père impatienté lui dit d'un ton péremptoire : « Tes échecs prouvent que ta place est dans le monde. Contente-toi de vivre en bonne chrétienne ! » Élisabeth se soumet humblement et suit ses parents qui déménagent à Saint-Hyacinthe. Là, elle fréquente régulièrement l'église tous les jours, fait la connaissance du bon Mgr Moreau, entre dans le Tiers-Ordre dominicain et soutenue par son directeur spirituel, elle ose rencontrer l'évêque et lui propose de fonder une communauté de religieuses dominicaines contemplatives. L'évêque est préoccupé par bien d'autres problèmes. C'est l'éducation et l'instruction de la jeunesse des écoles primaires qui fait l'objet de ses pensées. Un jour, il fait venir Élisabeth et lui dit tout simplement : « Je veux me **servir** de vous, non pas pour fonder une communauté contemplative, mais pour être la base d'une communauté de religieuses enseignantes. » Élisabeth répond : «Je ne possède aucune instruction ! » Mgr Moreau réplique : « Le bon Dieu n'a pas besoin de nous. Plus l'instrument est faible, plus il en retire de gloire. » Il n'en fallait pas plus pour convaincre Élisabeth qui voit dans le message de son évêque la manifestation de la volonté de Dieu. Elle se met immédiatement en quête de compagnes et le 12 septembre 1877, dans une modeste école du village de La Providence, commence l'œuvre des Sœurs de Saint-Joseph de Saint-Hyacinthe. Dans la pauvreté la plus absolue, la piété la plus angélique, le dévouement le plus total, Élisabeth et ses trois compagnes commencent leur apostolat. Les premières années furent pénibles : mort d'une première compagne, abandon des autres, blâme et mépris de la société bien pensante, déposition de la supérieure (Élisabeth) jugée incapable à cause de son manque d'instruction et de sa santé fragile, maladies fréquentes, déménagements, froid, faim, installations précaires, fondations répétitives. Élisabeth ne flanche jamais. Pendant plus de cinquante ans, elle sera comme «l'animatrice silencieuse» et discrète, l'âme de la communauté. Dieu merci, jamais les supérieures majeures ne laissèrent de côté la Fondatrice. Toujours, elles lui manifestèrent un grand respect.

Dans son livre complet sur la servante de Dieu, *Dieu choisit les humbles*, le Père André Guay, o.m.i., a résumé les traits caractéristiques d'Élisabeth : «foi confiante, obéissance absolue, humilité de cœur, profond esprit de prière, bonté infiniment douce. » Femme de foi, elle « acquiesce les yeux fermés, à la demande humainement parlant absurde de Mgr Moreau » de fonder une communauté. Obéissance absolue qui s'enracine dans la foi lors de sa déposition. Humilité «jaillissant d'une foi profonde, de la conviction de se savoir là où Dieu la voulait et d'une simplicité de cristal. » Esprit de prière qui lui faisait transmettre les demandes de toutes et de chacun au ciel. Quelle assurance d'être exaucée ! Un jour, sa supérieure lui demande de prier saint Joseph de leur envoyer des sujets. Elle se rend à la chapelle et revient en disant : « Saint Joseph vous fait dire de bâtir. Quand vous aurez de la place pour les recevoir, il vous enverra des sujets. » «L'agrandissement fut décidé et exécuté. Et à la date de la rentrée, quarante-deux jeunes filles se présentaient. Presque toutes ont persévéré. » Et sa bonté ! Œil perspicace qui devinait les peines et les gênes et savait les dissiper par un bon mot, un sourire, un encouragement. Depuis sa mort, le 29 avril 1936, Mère Saint-Joseph (Élisabeth) est toujours disponible aux démunis, aux personnes dépressives, aux malades, aux travailleurs qui ont perdu leur emploi, aux personnes en difficultés financières, bref à toutes les bonnes gens aux prises avec des problèmes. En ce 25 mai, rappelons-nous la naissance de cette femme exceptionnelle. Le nombre incalculable de faveurs obtenues auprès de son tombeau laisse augurer la glorification prochaine de celle qui a été sur terre un ange de bonté souriante. L'Église vient de la déclarer «Vénérable.» Elle était déjà bien vénérée et aimée dans le cœur de plusieurs.

ANTOINE DANIEL
Le missionnaire au grand cœur

Il arrive à Québec le 24 juin 1633. Il devait partir immédiatement pour la Huronie, «le pays de la Croix» mais les tactiques des Indiens l'obligèrent à retarder le voyage. Il passa donc l'hiver à Québec à l'étude de la langue huronne, sous la conduite de Brébeuf. «Tous les Français qui sont ici, écrit Jean de Brébeuf, s'y sont ardemment portés, ramenant l'ancien usage d'écrire sur des écorces de bouleau faute de papier. Les PP. Davost et Daniel y ont travaillé par-dessus tous; il y savent autant de mots que moi, et peut-être plus. Mais ils n'ont pas encore la pratique pour les former et assembler promptement, quoique le P. Daniel s'explique déjà passablement.» Il finit par partir pour la Huronie mais à quel prix! Multiplier les présents, faire intervenir le gouverneur, promettre de faire les portages et de ramer tout le long du voyage... Un voyage de neuf cents milles!

Les difficultés commençaient. La vie de ces missionnaires demandait des nerfs solides et une bonne santé. Même Marie de l'Incarnation dira d'eux: «Les travaux inconcevables qu'il leur faut endurer sont des miracles plus grands que de ressusciter des morts...»

Un des collègues du Père Daniel, le Père Le Jeune, le décrivait ainsi:«La face toute gaie et joyeuse, mais toute défaite; pieds nus, l'aviron à la main, couvert d'une méchante soutane, son bréviaire pendu au cou, sa chemise pourrie sur le dos...» On distingue déjà un des traits caractéristiques d'Antoine, confirmé par plusieurs de ses contemporains.«Il a ravi le cœur de tous ceux qui l'on rencontré» dira de lui le Père Ragueneau.

Les jésuites voulaient alors fonder un séminaire pour les Hurons à Québec. Et le Père Daniel avait justement pour mandat de faire du recrutement dans cette lointaine Huronie. Aussi impensable que cela puisse paraître à nos yeux contemporains! Il fallait donc s'attendre à bien des déceptions. Obéissant comme un enfant, le Père Daniel s'attelle à la tâche. Il déniche douze petits Hurons, intelligents et débrouillards. Mais au moment de s'embarquer pour Québec, ils font faux bond et l'abandonnent. Un seul, Satouta, accepte de partir. Les *Relations* notent la déception d'Antoine. «Le pauvre Père Daniel, y lit-on, allait et venait de tous côtés, amadouait les uns, faisait quelques présents aux autres; et après tout cela, il se vit quasi maître sans écoliers et pasteurs sans ouailles.» Une fois arrivé à Trois-Rivières, il se démène tellement qu'il finit par trouver quelques autres enfants pour son Séminaire. L'entreprise était de taille: faire passer ces jeunes habitués de la liberté totale des Indiens à la vie disciplinée des chrétiens. Les différences trop grandes apportèrent leur cortège d'ennuis. Malgré tout le dévouement du Père Daniel, un des jeunes mourut . Puis, Satouta le suivit dans la tombe. C'en était trop. Antoine tomba malade là son tour. On était si sûr de l'imminence de sa mort qu'on fit appel au Père Pijart pour venir le remplacer. Mais Daniel se rétablit. Une fois sur pied, il dut envisager la triste situation : il ne lui restait plus que deux séminaristes. Au printemps de 1638, il regagnait la Huronie avec ces deux jeunes.

Une halte de dix ans ponctuée de souffrances et de labeurs. Puis vint l'heure solennelle du sacrifice. Le 4 juillet 1648, il venait à peine de terminer sa messe, qu'il entend le cri de guerre des Iroquois. Il sait que cette fois, il n'échappera pas au sort. La scène a été conservée par écrit. Aussitôt, lit-on,

« les uns courent au combat, les autres à la fuite ; ce n'est qu'effroi et que terreur partout. Le Père se jetant des premiers où il voit le péril plus grand, encourage les siens à une généreuse défense ; et comme s'il eût vu le paradis ouvert pour les chrétiens et l'enfer sur le point d'abîmer tous les infidèles, il leur parle d'un ton animé de l'esprit qui le possédait ; puis, ayant fait brèche dans les cœurs qui jusqu'alors avaient été les plus rebelles, il leur donna un cœur chrétien. Le nombre s'en trouva si grand que ne pouvant y suffire, les baptisant les uns après les autres, il fut contraint de tremper son mouchoir en l'eau (qui était tout ce que la nécessité lui présentait alors) pour répandre plus tôt cette grâce sur ces pauvres Sauvages qui lui criaient miséricorde ; se servant de la façon de baptiser qu'on appelle aspersion. »

Antoine exhorte les plus solides à la fuite. Et pour protéger ceux qui restent, il sort et va au devant des ennemis afin de retarder leur arrivée. La stupeur arrête un moment les assaillants. Mais ils se ravisent vite, reprennent leur élan et le transpercent de flèches. Un coup d'arquebuse lui traverse la poitrine. Il meurt en prononçant le nom de Jésus. Aussitôt, les barbares s'acharnent sur son cadavre avec une rage inouïe. Finalement, ils jettent son corps déchiqueté dans l'immense brasier de la chapelle en flammes. Pendant ce temps, plusieurs de ses protégés ont eu le temps de s'enfuir, « redevables de leur vie à la mort de leur Père. »

Saluons en ce 27 mai, anniversaire de sa naissance, la mémoire de ce valeureux martyr.

MARCEL MASSE
Un Québécois de grande dignité

Impressionnante la feuille de route de M. Masse. Administrateur de profession. Des études en pédagogie et en psychologie. Des études en histoires contemporaine, en sciences politiques à Paris, en civilisation française à la Sorbonne, en histoire politique et économique du Commonwealth au City of London College, en marketing international à l'Institut européen d'administration des affaires à Fontainebleau.

Pas surprenant de le voir très tôt en politique. Sous l'Union nationale dirigée par M. Daniel Johnson, père, il devient le plus jeune ministre de l'histoire du Québec. Il n'a que 30 ans. Au sein du gouvernement tant provincial que fédéral, il assumera plusieurs portefeuilles : ministre d'État à l'Éducation, à la Fonction publique, aux Affaires intergouvernementales, à la Planification et au Développement, aux Communications, à l'Énergie, aux Mines et aux Ressources, à la Défense nationale. Partout où il a passé, il a laissé l'image d'un homme compétent, intègre, d'une grande dignité, sûr de ses convictions (par exemple, après l'échec de Meech, il a exprimé publiquement son incapacité de continuer à défendre le statu quo fédéraliste). Pendant une dizaine d'années, il a été administrateur à la société Lavalin où il détenait les postes de directeur de projet dans le cadre du programme des Nations Unives pour le développement et de vice-président responsable du marketing et du développement commercial pour le Canada.

Toujours, il a parlé en faveur du Québec. Il a favorisé les initiatives des musées au Québec, facilité les subventions, exprimé sa fierté d'être d'abord Québécois. Aussi, le gouvernement du Québec retint ses services pour la Commission régionale de Montréal sur l'avenir du Québec en vue du référendum de 1995. Finalement, il vient d'être nommé président du Conseil de la langue française. Personne mieux que lui ne pouvait occuper un poste aussi prestigieux. Nul doute, comme nous le connaissons, qu'il fera tout pour donner à notre langue tout le rayonnement possible.

En ce 27 mai, nous voulons saluer ce grand homme, fier de ses racines et dont nous sommes aussi très fiers !

MARCEL TRUDEL
Un historien de grande classe

L'influence de Monsieur Trudel est considérable. Partout où il est passé, il a initié ses élèves à la recherche méticuleuse et scientifique, à la précision de l'information, à une méthodologie rigoureuse. Sa pensée toujours claire, ses exposés nets et complets, son humour fin, ses synthèses lumineuses ont marqué je ne sais plus combien d'étudiants. Je l'ai connu à l'université Laval où il occupait la chaire de directeur d'histoire. Le nombre et la qualité de ses ouvrages le placent parmi les plus grands professeurs d'histoire que nous ayons eus chez nous. Son *Histoire de la Nouvelle-France* et *Les débuts du régime seigneurial* et sur *Montréal : la formation d'une société* resteront des outils indispensables pour une compréhension éclairée de nos origines en Nouvelle-France. Parmi ses ouvrages les plus marquants, il faut aussi signaler *L'influence de Voltaire au Canada et Chiniquy* et *Louis XVI, le congrès américain et le Canada.*

Monsieur Trudel a obtenu les prix les plus prestigieux et fait partie des commissions les plus honorables : Prix Duvernay, Prix David, Prix Molson, etc. Il est membre de l'Académie canadienne-française, de la Société royale du Canada, de la Société historique du Canada, de la Commission des lieux et monuments historiques du Canada, etc. Il reste un témoin lucide de son époque et dans une autobiographie, *Mémoire d'un autre siècle,* il nous révèle plusieurs facettes de sa personnalité sur un ton amusant et ironique.

Personnellement, je dois beaucoup à Monsieur Trudel : l'exactitude des sources avant tout, leur analyse rigoureuse et scientifique, la logique et la concision de la pensée, ses références toujours notées. Malheureusement, on m'a recommandé de ne mettre que des parenthèses, sinon cet ouvrage aurait doublé d'épaisseur ! Excusez-moi, monsieur Trudel ! Mais je vous assure que je peux les fournir toutes à tout lecteur avide de renseignements plus complets...

En ce 29 mai, je tenais à saluer cette grande figure de notre histoire, cet éminent professeur, ce puits de science, à qui l'historiographie de notre pays doit tant !

HENRY TEUSCHER
Le grand concepteur du jardin botanique

Quand il arrive chez nous comme bras droit du Frère Marie-Victorin, Henry Teuscher était bien préparé pour remplir son mandat. Diplômé comme horticulteur et architecte paysagiste du Collège de Dahlem (Berlin), architecte paysagiste pour le Service des Parcs de la ville de Hambourg, maîtrise en horticulture et architecture du paysage(sa thèse portait le titre *De la conception d'un Jardin botanique idéal*), architecte, paysagiste et botaniste à l'Arnold Arboretum de Boston, dentrologue au Jardin botanique de New-York !

Enfin, en 1933, le Frère Marie-Victorin le rencontre. Ils discutent longuement d'un Jardin botanique idéal et au printemps de 1936, avec un maigre budget de 20, 000 $, il réalise en un an l'étude et la planification complète du Jardin botanique que nous avons aujourd'hui, le deuxième au monde en importance.

Le Frère Marie-Victorin lui donne carte blanche comme surintendant et horticulteur en chef. La crise économique du Québec lui permet l'embauche de deux mille hommes grâce à un programme d'aide aux chômeurs. Et le rêve d'une vie devient une réalité en couleurs.

Teuscher eut à souffrir pendant la seconde guerre mondiale. On l'accusa d'être un espion à la solde de l'Allemagne nazie. La ténacité de son caractère lui permit de surmonter ce malencontreux incident. À la mort de Marie-Victorin, il eut encore à passer une dure épreuve. Jacques Rousseau devint surintendant du Jardin botanique. Teuscher dut se contenter du poste de conservateur. Il n'en continua pas moins son travail de défricheur, fit de nombreuses expéditions à l'étranger, compléta les collections, herborisa en Équateur, Hawaï, Trinidad et Tobago, etc, organisa les serres des Gesnériacés, la serre tropicale, la serre des Cactées et plantes grasses, la serre des Broméliacées et donna une attention toute particulière aux orchidées. D'ailleurs, une orchidée porte fièrement le nom de « Tuescheria » en son honneur. Le grand intérêt qu'il portait à l'horticulture l'amena à écrire deux livres et plus de cinq cents articles.

Il mourut à Toronto en 1984 à l'âge de 93 ans. C'est dire que s'occuper des plantes conserve une verte jeunesse...

En ce 29 mai, date anniversaire de ce grand homme, rappelons-nous ce qu'il a fait pour le Jardin botanique. La roseraie comme le ruisseau fleuri restent comme des témoignages floraux de son œuvre qu'il voulait éternelle.

P. JOSEPH-OLIVIER CHAUVEAU
Patriote et écrivain

Carrière difficile que celle de l'avocat Pierre Joseph-Olivier Chauveau ! Surtout après avoir été « excessivement choyé » par sa mère, ses tantes et son grand-père qui avaient veillé sur ses premières années à la mort prématurée de son père. Il appartenait à une vieille famille française établie à Charlesbourg depuis le début du XVIIIᵉ siècle. L'échec des troubles de 1837 marquèrent profondément le jeune Chauveau comme plusieurs de ses compatriotes. Ce fut, comme il écrit, une « épreuve cruelle et difficile à traverser. » Il commence alors la publication de quelques poèmes qui attirent l'attention, tels « L'Insurrection » où il fait l'éloge des Patriotes et « Adieu à sir John Colborne. » Chauveau s'affiche farouchement opposé à l'Acte d'Union qu'il qualifie « d'iniquité la plus monstrueuse. »

Même s'il pratique le droit pour assurer ses revenus, c'est la littérature qui l'attire. Il fréquente des cercles et sociétés savantes et patriotiques de Québec, participe à la fondation de la Société Saint-Jean-Baptiste et à la Société canadienne d'études littéraires et scientifiques et profite de toutes les occasions pour dénoncer dans ses discours l'absolutisme et le colonialisme. Ses billets publiés dans les journaux sont vifs et polis mais le ton est juste et l'analyse perspicace. Il s'attache à notre histoire. « La littérature d'un peuple, dit-il, c'est son histoire. » Fougueux et ardent dans des temps difficiles, il souffre de l'état où sont réduits les Canadiens francophones du temps. Même s'il ne partage pas toutes les idées de La Fontaine, il se range de son côté. Il choisit la politique, par défaut. Peut-être aussi parce que la politique conduit au prestige et à la possibilité de prises de décision. Il écrit avec justesse à un ami : « Ma vie est le ruisseau détourné de sa source et forcé d'accomplir un destin prosaïque. »

En 1844, il se lance activement en politique avec le slogan populaire : « Le grand bien du plus grand nombre. » Il sera élu facilement dans l'opposition. Son éloquence en fera un ardent défenseur de l'usage de la langue française à l'Assemblée législative où il siège comme député.

Dans toutes les fonctions qu'il occupera par la suite, les difficultés et les oppositions vont se multiplier. Comme solliciteur général, surintendant du bureau d'éducation, premier ministre, shérif de la ville de Montréal, sénateur, et même professeur à l'université. Et pourtant, Chauveau a mis sur pied les écoles normales, défendu les grandes causes, protégé les immigrants, mis en place la fonction publique, lutté pour le partage de la dette d'une façon équitable. Les dernières années de sa vie furent particulièrement pénibles : situation financière critique, mort de sa femme et de plusieurs de ses enfants, persécution et rejet des autres, et ultimement, longue maladie, paralysie et mort survenue le 4 avril 1890.

Pour la majorité d'entre nous, il restera célèbre surtout par son roman d'analyse de mœurs *Charles Guérin*, publié à Montréal en 1853. Jean Hamelin et Pierre Poulin ont longuement analysé la carrière de ce turbulent politicien et littérateur encyclopédique dans le *Dictionnaire de Bibliographie Canadienne*, volume X1, des pages 194-203.

Le 30 mai nous donne l'occasion de saluer sa mémoire. Il fut un vaillant patriote et un ardent défenseur de notre langue et de notre peuple.

CHARLES-ÉMILE GADBOIS
Père de la «bonne chanson» de chez nous

Tout le monde le connaît, l'abbé Gadbois, du moins les gens d'un certain âge...En puisant dans le vieux répertoire français, il a réussi à faire chanter tout le Québec et tout ce qu'il y a de français en Amérique, du Nouveau-Brunswick jusqu'en Louisiane. Ces vieilles chansons, apportées de France par nos ancêtres de Normandie, de Bretagne, du Poitou, de Picardie etc., ces vieilles chansons que nous chantaient nos mères et nos grand-mères, il les a recueillies comme un trésor, les a précieusement mis dans des albums de famille, les a distribuées à travers le monde pour faire revivre la cause française et faire connaître la richesse des valeurs de ténacité, d'efforts, de vigueur, de bonne humeur de ces agriculteurs, marins, bâtisseurs de notre pays.

C'est lors d'une visite de Mgr Camille Roy de Québec au Séminaire de Saint-Hyacinthe que le coup de pouce lui fut donné. «Un des meilleurs moyens de conserver et de cultiver l'esprit français c'est de chanter et de faire chanter nos belles chansons» avait dit le conférencier. «Vous, vous devriez faire quelque chose pour propager nos belles chansons!»

Charles-Émile se mit à l'œuvre. Pendant dix-huit ans, il fit connaître 150 millions de nos belles chansons françaises dans le monde. Les premières ont été publiées à la petite polycopieuse achetée avec son maigre salaire de vingt dollars par an (sic) comme professeur au Séminaire. Il s'installe dans le sous-sol, et, soutenu par quelques bénéboles, il commence l'œuvre de «La Bonne Chanson.» Les abonnés se multiplient. Charles-Émile n'hésite pas. C'est un homme d'action qui voit loin. Il achète alors une machine à imprimer électrique, adopte le procédé photo-lithographique qui permet la reproduction de dessins et d'illustrations, installe un laboratoire de photographies qui permet de faire sur place les clichés nécessaires à l'impression. Le papier entre au rythme d'une tonne par mois à son atelier. Les relations entre patron et employés sont au meilleur. L'abbé Gadbois encourage la famille. Il veut des foyers heureux où l'on chante comme chez lui. À son mariage, chaque employé reçoit une prime de cent dollars et une augmentation automatique, à la naissance d'un enfant. On ne voyait cela à nulle part ailleurs au pays à l'époque!

En 1938, le Comité Catholique du Conseil de l'Instruction Publique — il n'y avait pas encore de Ministère de l'Éducation — approuve l'album de la «La Bonne Chanson» et en recommande la diffusion dans toutes les écoles. Dans les années 1940, la Compagnie RCA Victor enregistre sur disques les chansons, ce qui permet encore une plus large diffusion. En 1942, pour le troisième centenaire de la fondation de Montréal, l'abbé Gadbois dirige au Forum un orchestre symphonique et un chœur de cinq cent voix. De partout, il est ovationné, adulé et félicité.

Le succès attise la jalousie de collègues clercs et la persécution des justes commence. Le nouvel évêque de St-Hyacinthe, Mgr Douville, oblige l'abbé Gadbois à vendre sa puissante voiture (pourtant nécessaire pour les fréquents voyages qu'il doit effectuer en Ontario, Québec, Nouveau-Brunswick et Nouvelle-Angleterre). Peu après, il obtient l'autorisation de mettre sur pied la station CJMS. Aussitôt, l'évêque lui demande de s'en départir. Raoul, frère de Charle-Émile en prendra la charge. Le pire devait venir. En 1955, Mgr Douville l'écrase complètement. Il lui demande d'abandonner «la Bonne Chanson» et de vendre l'entreprise. Charles-Émile écrit ces lignes laconiques qui en disent long: «Au printemps de 1955, il (Mgr Douville) me demanda de cesser toutes mes activités à la Bonne Chanson et au poste CJMS et de lui donner tous mes biens meubles et immeubles sans exception, c'est-à-dire une valeur que j'estimais à 300,000 $. C'était la plus grande épreuve de ma vie. Après avoir prié et bien réfléchi, j'ai accepté par obéissance... » Dans un autre document, il apporte avoir vidé complètement son portefeuille sur le bureau de Mgr Leclaire à l'évêché et jusqu'à sa petite poche de soutane qui contenait 0.51 $. Il se retrouvait sans le sou. Lui, toujours d'une générosité sans borne, ajoute sans penser à lui: «Si je rencontrais un pauvre sur le chemin ce serait la première fois de ma vie que j'aurais même pas un sou à lui donner. »

L'épreuve avait durement frappé l'abbé Gadbois qui dut quitter son diocèse. Il se retrouva vicaire dans la paroisse Ste-Famille de Sherbrooke pendant trois ans. Puis, il pensa trouver la paix en entrant a la Trappe des Cisterciens. Il y fit même ses vœux monastiques temporaires en 1961. Cette sérénité qu'il venait de gagner de haute lutte fut de courte durée. Le 29 septembre 1962, il est hospitalisé d'urgence pour une opération grave et délicate à l'Hôtel-Dieu de Montréal. Conséquence d'une sinusite mal soignée. On le déclare même cliniquement mort. On lui ferme les yeux et on commence à parler des funérailles. Coïncidence ou Providence? Un orage éclate au même moment. Le tonnerre gronde et stupéfaction, il cligne des yeux. «Il n'est pas mort!» De fait, Charles-Émile s'en remettra difficilement et commencera une très longue convalescence de plus de deux ans. Il traînera l'aile jusqu'à la fin de ses jours. Une crise cardiaque le terrassera à l'âge de soixante-quatorze ans.

Dans la crypte du Séminaire, ses amis ont érigé un épitaphe qui rappelle sa mémoire: «Ici repose M. l'abbé Charles-Émile Gadbois, FERVENT DE LITURGIE ET DE MUSIQUE, FONDATEUR DE LA BONNE CHANSON, CONVIÉ AUX CÉLESTES CONCERTS le 24 mai 1981. »

Pour plusieurs d'entre nous, l'abbé Gadbois restera toujours dans nos mémoires comme un vrai patriote, un homme d'une foi intègre, un violoniste raffiné, un très grand musicien qui a fait chanter la fierté de nos racines.

La Fondation Abbé Charles-Émile Gadbois continue son œuvre. Sous la plume de Manuel Maître, elle a publié un intéressant ouvrage : *La vie d'un vrai patriote abbé* Charles-Émile Gadbois en 1993.

MARIE TRAVERS
Miroir d'un peuple gai et serein

Elle était née dans une des régions les plus pauvres du Québec mais cette jeune fille décidée aimait les rudes besognes, la vie dure et ne s'en laissait imposer par personne. Elle était gaie, vive, pleine d'entrain. Encore toute jeune, elle jouait avec habileté de la bombarde, de l'harmonica et du violon. Pour gagner sa vie, Mary (le «ry» a fini par supplanter le «rie»), quitte sa belle Gaspésie. On la retrouve à Montréal comme servante au Carré Saint-Louis, puis dans une manufacture de robes. Elle se marie avec E. Bolduc, un violoneux le 17 août 1914. C'est désormais madame Bolduc.

Sa vocation tient du hasard. Un jour, Conrad Gonthier, directeur des *Soirées du Bon Vieux Temps* la demande pour remplacer son violoneux. Mary ose improviser un petit couplet et turlute avec son violon. C'est le triomphe au Monument National. On en redemande: encore, encore! Et Mary se met à composer chanson sur chanson.

Elle a du cran, la petite même si elle n'arrivera jamais à maîtriser le trac. Elle se rend un jour rencontrer le directeur de la compagnie *Campo* et lui demande d'enregistrer une de ses chansons, « La cuisinière. » De mauvais gré, le directeur finit par accepter. En un rien de temps, il vend plus de 10,000 à 12,000 disques. Sans aucune publicité, Mary est projetée sur la scène et gagne d'un seul coup la sympathie populaire. Pourquoi donc un si vif succès? Tout simplement parce que «La Bolduc » — on l'appellera ainsi désormais — fait oublier les temps difficiles, les problèmes et la misère des gens. Dans ses chansons, la bonne humeur domine et elle rejoint les gens dans leur langage direct, leurs manières frustes, leurs préoccupations quotidiennes. Quand elle se met à turluter, les spectateurs se tordent les côtes. Elle enchaîne une litanie de voyelles et d'onomatopées qui s'accrochent à la queue-leu-leu et suscite un comique irrésistible. Personne ne peut l'imiter. Trenet, un de ses grands admirateurs, définit ainsi sa méthode: «son turlutage, dit-il, consiste à rouler sa langue dans la bouche en la faisant claquer contre son palais, ce qui produit des sons assez amusants, assez inattendus même, qui font des variations très heureuses autour du thème des mélodies qu'elle interprète. » Ses chansons sont comme des pieds-de-nez espiègles mais sans malice aux personnes bien élevées, comme la revanche des petites gens contre les beaux esprits détenteurs de la vérité et des normes artistiques. Par ses par-par-lan-dil-di-diou, La Bolduc les entortille et fait éclater tous les tabous.

On a dit que ses chansons étaient comme une chronique du temps. C'est vrai. Tout y passe : le chômage, la crise économique, la colonisation, les touristes américains, la prohibition, l'émancipation des jeunes filles, le temps des Fêtes (qui ne sait par cœur sa populaire chanson «C'est comme ça que ça se passe dans le temps des Fêtes!»), les jumelles Dionne, l'avènement de l'automobile, les assurances avec leur peu d'assurance, la religion, sa petite patrie. Et elle chante avec tout son cœur, toute sa bonne humeur, toute son ardeur patriotique

Sa popularité l'amènera forcément en tournées. On veut la voir partout. Elle parcourra le Québec de la Gaspésie à l'Abitibi, le Nouveau-Brunswick, la Nouvelle-Angleterre, l'Ontario. Elle prendra sa place également à la radio, à C.K.A.C., à C.F.C.F. Plus de cent chansons! Mais soudain, un grave accident d'automobile stoppe cette brillante carrière. Elle est transportée à Rimouski où on s'attend au pire. Mais non, elle se relève et retourne à Montréal. Aux applaudissements des gens qui l'accueillent, elle trouve le courage de chanter : «Ça va venir, ça va venir, découragez-vous pas!»

Elle reprend le boulot et ses chansons. Cependant, l'accident l'avait marquée plus qu'elle ne pensait. Les médecins découvrent un cancer. Mary fait face à ce nouveau défi et pendant quatre ans, elle luttera jusqu'au bout. Elle s'éteint tranquillement le 20 février 1941 à 46 ans seulement.

Cette femme exceptionnelle, courageuse et toujours de bonne humeur, artiste dans le cœur, mère de treize enfants (neuf moururent en bas âge) avait conquis le cœur d'un peuple. Par le folklore, elle savait le rejoindre par sa simplicité, ses chansons truculentes et pleines de santé. En fait, le folklore, n'est-il pas l'esprit d'un peuple, sa nature profonde, ce qui sourd de l'intérieur du cœur? En ce sens, La Bolduc a été le miroir de l'âme populaire qui sait rire à travers ses malheurs et sait les dépasser.

En ce 4 juin, rappelons-nous en chantant sa douce mémoire et celle de sa petite patrie :

> La Gaspésie c'est mon pays, j'en suis fière, je vous le dis
> C'est ici que Jacques Cartier sur nos côtes planta sa croix
> France, ta langue est la nôtre et on la parle comme autrefois
> Si je la chante à ma façon, j'suis Gaspésienne et j'ai ça de bon.

NORMAND HUDON
Un caricaturiste insurpassable

Comme le disait Pellean — et c'est quelqu'un qui sait de quoi il parle — «Normand Hudon est un artiste complet: il a le sens de la caricature, il est peintre et il travaille sa toile dans un agencement sculptural. Comme Daumier, par exemple. Je le considère comme le caricaturiste le plus complet du Canada, un artiste qui peut rivaliser avec les meilleurs du genre, sur la scène internationale. J'attache une très grande importance au dessin et Normand Hudon possède cette qualité de base. Il est un excellent coloriste. Bien des peintres savent dessiner mais ils n'ont pas le sens de la couleur. On le voit dans leur dessin. Rodin dessinait avec le sens de la couleur. Hudon aussi : on retrouve cette qualité aussi bien dans ses peintures que dans ses affiches et ses collages. Doué d'une belle imagination poétique et d'une compréhension solide de la composition, il est capable de faire la transposition du réel au surréel ; il vit donc non seulement dans son temps mais se projette également vers l'avenir. Normand Hudon ? un esprit curieux... Il se renouvelle constamment. Il cherche ; il approfondit. Cet auteur ne refuse aucun défi et se s'embarrasse pas d'étiquettes ni d'appellations contrôlés; il fait preuve d'un esprit d'indépendance qui est tout à son honneur.» (préface du livre de Jacques Roussan sur Normand Hudon, collection Panorama, 1967.)

Cet éloge mérite toute notre attention. Nous connaissons tous ce caricaturiste talentueux mais moins le peintre. Parti au bas de l'échelle, il déploie ses ailles en faisant un voyage à Paris où il capte tout. De retour au pays, il travaille d'abord comme caricaturiste dans les cabarets et dans plusieurs journaux : *La Patrie, Le Petit Journal, Le Devoir, La Presse*. Il fait même de la télévision (émission de variétés et *Ma ligne*) avec Robert La Palme. Aucun succès avec ses toiles. Mais soudain, ses 350 caricatures à l'Exposition de l'île Sainte-Hélène déclanchent un délire d'enthousiasme. Il ira de succès en succès. En 1967, on lui confie la décoration du Pavillon de l'Énergie. Le Pavillon du Canada demande ses services pour une murale. Il est lancé. Il travaille avec acharnement: affiches pour le théâtre, illustration de nombreux volumes, divers recueils de caricatures.

C'est le caricaturiste que nous retenons. Roussan le dit avec justesse :« D'un coup de crayon, il souligne un trait de caractère ou amplifie une attitude. Avant tout, il est observateur ; il saisit un geste, un sentiment, un défaut et nous le transmet avec un petit sourire sardonique.» Hudon place la caricature dans les arts majeurs car il faut, selon lui, savoir allier la valeur artistique et satirique, ce qui n'est pas une mince tâche. On pourrait en dire autant de ses collages, véritables clins d'œil amusants à la société ou sourires de connivence complice. C'est la joie qui transpire. Hier est oublié si cauchemardesque qu'il ait été. Mais aujourd'hui est là, plein d'espérance qui assurera la pérennité de demain. Hudon reste un grand caricaturiste, un fin psychologue, un peintre habile de la comédie humaine, un observateur fidèle de toutes les grimaces qui masquent les intentions secrètes, un révélateur de la vérité enfouie au cœur de chacun.

Bravo, Normand Hudon pour ces bons moments, pour le rire que provoquent tes caricatures tordantes, pour l'humour, soupape de nos défauts collants et nos tics indéracinables.

En ce 5 juin, date anniversaire de ta naissance, nous nous rappelons.

DOM PAUL BELLOT
Le moine architecte

Paul Bellot était né d'un père architecte. Il entra aux Beaux Arts en 1894. Il n'avait que 18 ans. Il dut interrompre ses études pour son service militaire et obtint son diplôme d'architecte à vingt-quatre ans, en 1900.

Dès 1902, on le retrouve à l'Abbaye de Solesmes, en exil en Angleterre. Son supérieur lui demande alors de travailler à la construction de monastères tant en Hollande qu'en Angleterre. Par la suite, il édifia un nombre impressionnant de maisons religieuses en Belgique, en Hollande, en France, au Portugal, à Madagascar et à Montréal. Avec la collaboration de l'architecte montréalais Lucien Parent, il termina le dôme de l'Oratoire Saint-Joseph. Enfin, il construisit les deux premières ailes de l'Abbaye Saint-Benoit-du-Lac, un chef-d'œuvre de beauté et de simplicité.

On a surnommé Dom Bellot «le poète de la brique.» Chez nous, il est surtout connu par le travail du dôme de l'Oratoire en béton soufflé. Il donna un cachet spécial à l'intérieur de l'Oratoire en le dépouillant de tout ornement superflu. Il travailla aussi à la reconstruction de l'église-cathédrale Saint-Jacques.

À son décès survenu dans la nuit du 4 au 5 juillet 1944, Dom Mercure écrivait dans *Le Devoir* les lignes suivantes :« Dom Bellot part en pleine gloire, mais cette gloire d'artiste devant laquelle le monde s'incline en cache une autre que le monde ignore. Qui croirait que ce grand missionnaire de l'art montrait une fidélité de novice à l'intérieur du cloître? Toujours présent au chœur, ami de l'oraison et des Saintes Écritures, obéissant jusque dans les détails au moindre officier de la maison, il ne se soustrayait à aucun service commun, servait à table à son tour, épluchait les légumes et faisait lui-même le ménage de sa cellule.(...)

Dom Bellot ne se mettait jamais en présence de Dieu : il y était toujours. Il voyait Dieu partout où des chrétiens ne le voyaient plus. Initié depuis de longues années à une spiritualité antique, large et libre, mais prenant toute la vie, Dom Bellot ne se souciait pas trop de tout cet appareil extérieur et artificiel qui entretient trop souvent l'illusion de la vraie piété chez un grand nombre d'âmes. Simple et grand, il découvrait dans son art le moyen le plus normal pour lui d'adresser à son Créateur la louange que toute créature lui doit.» À cet artiste de la pierre qui inventa une nouvelle forme d'architecture chez nous, notre respect à l'occasion de son anniversaire de naissance, le 7 juin 1876.

JACQUES LABRECQUE
Un grand folkloriste

Sans contredit, Jacques Labrecque a été l'un de nos meilleurs artisans de la renaissance de la chanson française au Québec. L'historien de la chanson, Philippe Laframboise, n'hésite pas à dire à son sujet: «Cet homme était une véritable encyclopédie du folklore. Il a non seulement chanté *Joe Montferrand* et *La Parenté est arrivée*, il a également poursuivi l'œuvre de Marius Barbeau et de Luc Lacourcière. »

Il avait d'abord fait de longues études musicales avant de se révéler comme ténor lyrique. Il participa par la suite à des émissions radiophoniques et se fit remarquer aux *Variétés lyriques* dans les années 40. Il part ensuite pour la France où il travaille avec le groupe de Dhéry au Théâtre des variétés. On le retrouve comme folkloriste. Il enregistre ses premiers disques tant en France qu'en Grande Bretagne. Il profite de son séjour en Europe pour effectuer plusieurs tournées sous les auspices de l'Alliance française, participe à plusieurs émissions de l'ORTF et de la BBC. Le Canada trouve en lui un excellent ambassadeur au festival de Venise. Il revient au Québec vers la fin des années cinquante. Il se lance immédiatement dans la promotion de la chanson de chez nous et fait connaître partout dans ses tournées les chansons de Gilles Vigneault et de Jean-Paul Filion. Jean-Claude Germain dira de lui: «Il a joué un rôle important dans l'éveil de toute une génération à la chanson québécoise en se situant entre Félix Leclerc et les chansonniers. » Il révélait à Gilles Paquin dans une entrevue pour *La Presse*: « il a été le plus grand ambassadeur de la chanson québécoise en Europe et ailleurs dans le monde. Il a d'ailleurs donné des conférences à la Sorbonne et environ 80 concerts pour les Jeunesses musicales, en plus de produire une série de 14 émissions sur la chanson pour Radio-Canada. »

Dans les dernières années de sa vie, Jacques Labrecque tenait sa propre maison d'édition aux Éboulements où il produisait la collection connue *Géographie sonore du Québec.* Philippe Laframboise ajoute que « cette série de disques et de textes répertoriant le patrimoine des différentes régions du Québec était devenue sa principale occupation depuis qu'il avait décidé de se retirer du monde du spectacle. »

Jacques Labrecque est décédé le 18 mars 1995 à l'âge de 77 ans. Une lourde perte pour le Québec car après Mgr Savard et Luc Lacourcière, Jacques Labrecque était l'un des derniers à recueillir et diffuser le folklore traditionnel régional.

En ce 8 juin, anniversaire de sa naissance, saluons ce grand folkloriste de chez nous.

MARIE GÉRIN-LAJOIE
Une femme supérieure très actuelle

Marie Gérin-Lajoie sera toujours d'aujourd'hui car ses vues prophétiques et sa vision du monde embrasse des horizons tellement vastes qu'on l'imagine mal en retard sur l'actualité. Cette femme pourrait se résumer dans un mot : elle est authentique. Pleinement. Sans gêne. Vraie. Responsable. Sa pensée haute et visionnaire la plonge sans cesse au cœur de l'action parce qu'elle est enracinée dans une foi solide et nourrie de convictions. C'est le levain agissant dans la pâte du milieu pour le faire lever. Pour elle, chaque personne a une mission particulière, unique, irremplaçable. Mais comme personne n'est une île, elle s'accorde à l'action des autres et devient complémentaire et enrichissante par le fait même. « Il ne faut pas éteindre la mèche qui fume encore aurait pu être sa devise. » Il faut toujours encourager les moindres efforts, valoriser chaque talent, laisser jaillir l'Esprit multiforme, collaborer au concert universel, ré-inventer la vie qui ne demande qu'à éclater, faire grandir et éclore tout le potentiel qui dort en chaque personne, rendre présent Dieu au cœur du monde comme au plus intime de chacun.

Marie Gérin-Lajoie se sert continuellement du passé pour préparer un avenir meilleur dans un présent agissant. Comme elle le disait elle-même : « un chrétien doit précéder son époque et non être à sa remorque. » C'est en vérité ce qu'elle a fait car sur plusieurs plans, elle fait figure de proue, avant-gardiste dans un monde en continuelle mutation, féministe si on entend par là qu'elle prend tout simplement sa place de femme sans gêne et sans arrogance. Elle est interpellante, dérangeante pour plusieurs, bien sûr, car elle vise à établir une société dans la justice et la solidarité complémentaire où chacun sera respecté dans sa dignité fondamentale.

Elle est conscientisante si je peux ainsi m'exprimer. Encore étudiante, elle met sur pied des « cercles d'études » car elle sait que ces échanges peuvent enrichir par la complémentarité des points de vue. Elle rejette tout paternalisme d'où qu'il vienne. Elle remet la personne en face de ses responsabilités. Elle chasse toute peur paralysante pour l'action, tout préjugé obstacle au changement nécessaire et à l'avancement. « Les changements, le progrès, l'évolution sont pour elle des signes de l'intelligence humaine qui intervient pour améliorer sans cesse son environnement. Elle est aussi convaincue que ce mouvement est aussi un signe de l'Esprit Saint qui anime toute personne et toute chose et conduit chaque être vers son épanouissement, quels que soient les chemins qu'il prenne. » Ainsi s'exprimait Marie-Claire Chrétien, lors du centenaire de la naissance de Marie Gérin-Lajoie.(*Église canadienne*, avril 1990, p.246)

En 1923, elle fonde une communauté religieuse vouée à l'action sociale : l'Institut Notre-Dame du Bon-Conseil de Montréal. Bien avant le Concile Vatican II, Marie Gérin-Lajoie voyait le parténariat religieuses-laïques comme une nécessité et une voie d'avenir, une garantie pour la survivance des œuvres, une plus grande souplesse dans les interventions, une originalité vraiment surprenante pour son temps.

Comme l'affirme Marie-Claire Chrétien, témoin des premiers temps de la communauté, « dès les premières années de la fondation, avec ses compagnes de vie, Marie Gérin-Lajoie fait des expériences sociales diverses : insertions en quartiers populaires, visites aux familles, essais pour modifier l'organisation de la bienfaisance. Elle entreprend la formation sociale de la jeune fille et de la femme en vue d'en faire des citoyennes à part entière. Ses études antérieures éclairant sa pratique, (il faudrait dire ici que Marie Gérin-Lajoie fut la première bachelière québécoise) Marie se met à former des auxiliaires sociales qui prolongent son action. C'est ainsi que progressivement s'ouvrent, dans le secteur privé, les agences de service social, que naît le programme d'études sociales qui devra préparer des agents et des agentes d'intervention et de changement de la pratique de la charité au Québec. » (id, p. 248)

C'est ainsi que sont nés les Centres sociaux pour soutenir les femmes en difficulté. Pour les soulager un tant soit peu, Marie organise les terrains de jeux, les camps de vacances. Elle fonde en 1936, l'École d'éducation familiale et sociale à Montréal et en 1939, l'École de service social professionnel, intégré à l'université de Montréal un an plus tard. En 1947, elle ouvre le Centre social d'aide aux immigrants.

Quelle femme ! Quel dynamisme ! Quel engagement ! Quand elle décède le 7 janvier 1971, elle laisse une quantité d'œuvres bouillonnantes d'activité et plus de cent cinquante religieuses engagées dans l'éducation populaire auprès des femmes et des enfants et des immigrants et dans divers secteurs de la santé et des services sociaux au Québec, en Équateur, en Haïti, à Cuba...

Avec grand respect, saluons en ce 9 juin, anniversaire de sa naissance, cette femme qui restera chez nous éternellement d'aujourd'hui par la jeunesse de ses œuvres. Notre souvenir ému et nos mercis à la grande Marie Gérin-Lajoie.

LOUIS D'ARCE DE LAHONTAN
Palpitant observateur

Louis appartenait à une famille importante. Il semble avoir reçu une éducation soignée car il montre dans ses écrits une vaste culture et une curiosité intellectuelle certaine. Son père connaissait bien Talon. Eut-il un coup de pouce de l'intendant ? Toujours est-il qu'il se trouve à Québec avec un contingent de troupes de la Marine venues prêter main forte au gouverneur La Barre en guerre avec les Iroquois.

Le jeune Louis n'a alors que 17 ans. Les dix ans qu'il vivra au pays ne seront qu'une série d'expéditions avec les Indiens un peu partout. Il ramassa une foule d'informations qu'il emmagasina dans sa mémoire. À son arrivée, il note déjà «l'esprit d'indépendance des habitants qui vivent sans mentir plus commodément qu'une infinité de Gentilshommes en France. » Il gravit vite les échelons : lieutenant en 1687, capitaine en 1691, lieutenant du roi, la même année. Il se fait ami de Frontenac qui l'invite à sa table et le soutient. Mais son indépendance d'esprit n'accepte pas de compromis. Il se brouille avec le gouverneur de Trois-Rivières et, sans permission, il abandonne tout et se sauve en France. Il ne pourra plus revenir en Nouvelle-France malgré toutes ses acrobaties. Suivront des années d'errance en Europe dans différents pays qui l'accueillent avec plaisir. La publication des *Nouveaux voyages en Amérique septentrionale* et des *Mémoires de l'Amérique septentrionale* en 1702 consomment la rupture avec son pays. Il meurt complètement ignoré le 21 avril 1716.

Dans son ouvrage, Lahontan critique vertement les institutions politiques et militaires, la cupidité des Français, leur manière de traiter avec les Indiens, l'acculturation des indigènes par la religion, bref, comme écrit Michelet, ces deux ouvrages sont comme un «vif coup d'archet qui, vingt ans avant les *Les Lettres persanes*, ouvre le dix-huitième siècle. »

Lahontan a été pillé, plagié, copié, imité, parodié, traduit, cité, en un mot, il a connu une grande notoriété en contrefaçon. C'est dire l'intérêt suscité par ces 25 lettres — la forme épistolaire du temps l'a sans doute amené à ce choix — car elles fourmillent de détails passionnants sur tout : flore, faune, géographie physique, coutumes, mœurs, habitudes des gens du pays, culture des Indiens, leurs alliances, leur sens politique, leurs sentiments à l'endroit des Européens, leur culture, etc., etc. On lui a reproché des extrapolations, des extravagances, des imaginations(v.g. récit à la rivière Longue) mais indéniablement, ces écrits sont une source savoureuse d'informations. Bien entendu, il n'est pas toujours exact. Il cite 40 espèces de fleurs, 140 animaux et oiseaux. Il ne pouvait être spécialiste en tout. Ainsi, quand il parle du colibri (oiseau-mouche), il dit qu'«il se nourrit de la rosée et de l'odeur des fleurs sans se poser sur icelles.» Chacun sait qu'il n'en est rien mais n'est-ce pas délicieux comme définition de cet oiseau mignon?

Monsieur Réal Ouellet de l'Université Laval vient de publier une édition critique de l'œuvre de Lahontan. Deux volumes passionnants: 1474 pages! (Bibliothèque du Nouveau Monde). Il fait revivre Lahontan et en même temps, tout un passé, tout un continent que cet homme aventurier aimait éperdument. C'est un ouvrage indispensable dans sa bibliothèque.

En ce 9 juin anniversaire de sa naissance, profitons-en pour relire quelques pages, entre autres son vigoureux portrait du grand chef indien, le Rat (Kondiaronk). De la vraie littérature!

JACQUES MARQUETTE
L'explorateur infatigable

Jacques appartenait à une vieille famille de notables et de guerriers. Depuis toujours, il avait caressé le rêve d'être missionnaire. Il entre chez les jésuites à l'âge de dix-sept ans avec cette intention. Mais les études théologiques lui pèsent. Aussi, presse-t-il son supérieur de l'envoyer en mission. Il s'ennuie dans les volumes poussiéreux. «Je vous demande comme une grâce de m'ordonner de partir pour des terres étrangères auxquelles je songe depuis mon jeune âge, supplie-t-il. Ses études ne sont pas terminées? Qu'à cela ne tienne! «Une des raisons que j'ai de ne pas vouloir différer davantage, est que j'éprouve peu de goût pour les sciences spéculatives et que par nature et par tempérament je n'y suis peu porté.»

Il partira. Et dès 1666! Il arrive à Québec en septembre et en octobre, il est aux Trois-Rivières où il se lance dans l'étude du montagnais. On dit qu'il finira pas parler couramment cinq à six langues indigènes.

Puis, il va. Ses explorations commencent. En 1668, c'est la mission des Outaouais à Sault Sainte-Marie; en 1669, il fonde une mission à la pointe de Saint-Esprit à l'extrémité du lac Supérieur. C'est là qu'il rencontre les pacifiques Illinois auxquels il se lie d'une amité indéfectible; en 1671, il fonde la mission St-Ignace à Michimimakinac. Et en 1672, c'est la rencontre décisive avec Louis Jolliet.

Les deux explorateurs partent explorer la vallée du Mississipi. Ils sont accueillis à bras ouverts par un vieil Indien par la phrase désormais célèbre gravée sur le socle près de la statue de Marquette à Laon: «Le soleil n'est jamais aussi éclatant, ô Français, que lorsque tu viens nous visiter!» Enthousiasmés par cette réception, Marquette et Jolliet continuent leur expédition jusqu'à l'Arkansas et la Louisiane. Ils reviennent par la rivière Chicago et arrivent au lac Michigan en septembre. Marquette est complètement épuisé au terme de ce long périple. À peine rétabli, il tient à remplir sa promesse de visiter les Kaskakias. Il arrive dans la semaine de Pâques, parle devant 500 chefs aînés et 1500 jeunes guerriers et veut ensuite revenir à la mission Saint-Ignace. Ses forces l'abandonnent et il meurt en route à l'embouchure de la rivière qui porte aujourd'hui son nom. Deux ans plus tard, une longue file de plus trente canots de ses amis Kiskakias ramèneront son corps en triomphe à sa mission.

Le personnage Marquette a pris chez nous des dimensions mythiques, symbole de l'explorateur qui n'a peur de rien et qui franchit les obstacles impossibles. C'est aussi la figure du missionnaire intrépide, ami avec les Indiens qu'il sait gagner au Christ par son entregent, son don de persuasion, son optimisme souriant, sa diplomatie habile et sa robustesse au travail. Le nombre de rues, de villes, de rivières, de collèges qui portent son nom en sont la preuve. On trouve même sa statue au Capitole de Washington. Occupe-t-il une place excessive dans l'histoire? La question est âprement discutée. Un connaisseur, le Père Campeau, a vigoureusement défendu le Père Marquette dans la *Revue d'Histoire de l'Amérique Française*, X1V, 1960-1961. En tout cas, il représente l'audace de ces explorateurs prêts à tout pour réaliser leurs rêves.

Cet exemple de courage vaut la peine d'être souligné. En ce 10 juin, anniversaire de la naissance du Père Marquette, saluons cet ardent pionnier.

HECTOR DE SAINT-DENYS GARNEAU
Notre plus grand poète

Pour Saint Denys Garneau, la poésie est un «jeu» mais un jeu sérieux. Le symbole du jeu, c'est le « regard » que le poète porte sur le monde. Et ce regard a quelque chose de neuf puisque l'enfant est symbole du poète. Comme l'enfant, le poète est créateur avec ses «blocs de mots» «pour faire de merveilleux enlacements.» L'œuvre d'un poète-enfant ne peut être qu'empreinte de fraîcheur et de spontanéité mais elle a « une gravité de l'autre monde ». Le poète est aussi «oiseau«car il a en lui quelque chose «qui est oiseau et qui répond à l'appel de son nom par un vol magnifique en plein air et le déploiement vaste de ses ailes.» Son expérience devient communicable car la vraie poésie est selon la belle expression de Charles du Bos, «le lieu de rencontre de deux âmes.»

Saint-Denys Garneau prête ainsi sa voix aux choses de la création. On le voit peindre et musicien pour exprimer son frémissement devant la nature. Il veut communiquer son contact chaud par une musique aérienne, par des aquarelles en vers, par des images originales, par un rythme d'une souplesse admirable.

Mais voici la maturation précoce et déjà l'annonce de la mort. Sa vie se déroule « de gris en plus noir » avec quelques brèves trouées de soleil et une progression inexorable qui mène à la solitude :

> « Je songe à la désolation de l'hiver
> Seul
> Dans une maison fermée. »

Le voilà solitaire. L'avenir lui semble «une steppe effroyable de désolation». Il s'enferme dans le silence comme un «colimaçon», dans une «cage d'oiseau.» Le poète cherche une issue au réseau que la vie tisse autour de lui. Il goûte à tout: nature, poésie, amour, amitié, chair, mort, et rejette tout. Il s'aperçoit soudain qu'il lui faut «s'engager jusqu'aux os.» La vie lui devient alors un «boulet» pénible à tirer. Il souffre de la bassesse humaine. Son «voyage au bout du monde» ne lui a rien donné. Il ne lui reste qu'à se retirer dans la Nuit, dans « cet illustre désespoir qui achève de crever son lit. »

La vraie poésie n'est jamais simple divertissement. Celle de Saint-Denys Garneau nous introduit insensiblement parfois, mais souvent sans ménagement, dans un mystère, celui de la destinée humaine où le vrai sens de la vie se révèle si nous avons le courage de tenir les yeux ouverts car » il est allé jusqu'au bout de l'allée». Il se résigne. C'est alors«le consentement au désert.» Il va jusqu'à adhérer à la Réalité substantielle qui peut seule combler l'espérance du rêve.

Saint-Denys Garneau est le plus grand des nos poètes parce qu'il a « cet élan pour éclater dans l'Au-delà ». Il n'a pas écrit un traité de la vie mystique mais une somme poétique. Il a vécu sincèrement sa vie. Le Christ est présent aux dernières pages des *Solitudes*, de la présence la plus authentique qui soit : celle de la croix, « à la place du glaive acide du dépit. » Et nous avons le plus beau poème qui sourd de toute une vie qui s'y donne comme en son fruit dernier :

> Et je prierai ta grâce de me crucifier
> Et de clouer mes pieds à ta montagne sainte
> Pour qu'ils ne courent plus sur les routes fermées
> Les routes qui s'en vont vertigineusement
> De toi
> Et que mes bras soient aussi tenus grand ouverts
> À l'amour par des clous solides, et mes mains
> Mes mains ivres de chair, brûlantes de péché,
> Soient, à te regarder, lavées par ta lumière
> Et je prierai l'amour de toi, chaîne de feu,
> De me bien attacher au bord de ton calvaire
> Et de garder toujours mon regard sur ta face
> Pendant que reluira par-dessus ta douleur
> La résurrection et le jour éternel.

Et maintenant que le poète est cloué à la Croix, que lui importe la souffrance. Après tant de fatigues, il rend grâce au ciel d'un peu d'espoir :

> Après tant de fatigues
> Espoir d'un sommeil d'enfant.
> Et il ne reste plus qu'à
> S'endormir à cœur ouvert
> Mince feuille, endroit, envers
> De s'en aller en sommeil
> En musique de sommeil
> Par ondes qui nous pénètre
> Simplement et bonnement
> Comme on s'en irait au ciel.

En ce 13 juin, l'anniversaire de la naissance de ce grand poète nous rappelle son « être en éveil » « déroulé sur une grande étendue » et son cœur « ouvert comme une plaie d'où s'échappe aux torrents du désir » son « sang distribué aux quatre points cardinaux. » Fides a publié toute l'œuvre du grand poète. Giselle Huot vient de publier une œuvre colossale : *Œuvres en proses — édition critique* : 1183 pages !

FRANÇOIS-XAVIER GARNEAU
Notre historien national

Dans son volume *Nos hommes de lettres*, L.M. Darveau écrit de Garneau qu'il est « le plus laborieux, le plus modeste et le plus distingué des écrivains du Canada. » Cet éloge montre à quel point notre historien national était estimé de son temps. Il n'avait pourtant pas fait son cours classique! Donc, il ne passa pas par le Séminaire de Québec. Il fut d'abord à l'emploi de Perreault, dans un bureau de la Cour du Banc du Roi. Perreault était un professeur chevronné en qui toute la survivance du passé retrouvait son âme. Bel apprentissage dont le jeune Garneau fut profondément marqué. Il passa ensuite chez Campbell, écossais et notaire du roi, qui compléta sa formation professionnelle et sa culture humaniste. Et, à 21 ans, François-Xavier passait son examen de notaire.

En réalité, il était plutôt poète. Mais comment vivre avec sa plume comme poète? Il fallait bien gagner sa vie. Il le fit comme journaliste, traducteur, greffier. Sa vocation d'historien vint comme ça, lors de son séjour chez Campbell. D'autres stagiaires de culture anglaise se moquaient des francophones à la façon de Durham: «C'est un peuple sans culture, sans histoire!» Gustave Lancot dit de Garneau qu'il « savait conserver à sa pensée une franchise absolue et une fermeté inébranlable. La plaisanterie, même gauloise, le trouvait toujours prêt à sourire, car son esprit savait manier l'ironie et s'amuser à l'humour. » Mais cette fois, il ne rit pas. La mauvaise plaisanterie le piqua au vif et il répliqua du tac au tac: «Nous n'avons pas d'histoire, eh bien, je l'écrirai, moi, cette histoire!»

Après un séjour de deux ans en Angleterre pour avoir une «meilleure connaissance de la politique britannique et des multiples institutions impériales avec le peuple du Bas Canada qui se trouvait alors en difficulté croissante», Garneau passa quelques mois en France et revint au pays. Suivront des années difficiles : reprise de la tâche monotone de tabellion qui n'a rien à faire exulter de joie un être foncièrement poète. Arrivent ensuite les années troublées de 1837. Garneau se range du côté de Papineau et combat en 1840 le principe de l'assimilation. Sa situation financière est difficile. Il change jusqu'à neuf fois de domicile de 1835 à 1866 ! Grâce à l'appui d'Étienne Parent, député de la circonspection de Saguenay, il obtint le poste de traducteur français adjoint à l'Assemblée législative puis en 1844, celui de greffier de la ville de Québec.

Entre temps, il avait commencé la publication de son *Histoire du Canada* en trois tomes. Ce fut un franc succès. Garneau devenait notre premier historien. Il fut un historien de son temps, celui des pionniers et des défricheurs. Il ne faut pas lui demander d'écrire à la manière des Brunet, Frégault ou Trudel. Comme le disait Casgrain « il a été le flambeau qui a porté la lumière de notre courte mais héroïque histoire, et c'est en se consumant lui-même qu'il a éclairé ses compatriotes.» Son ouvrage couvre la période du début de la colonie jusqu'à 1792. La largeur de vue de Garneau, le ton modéré qu'il emprunte, ses synthèses denses, son style calme et pondéré, donnent à son Histoire une valeur qui ne vieillit pas. Comme l'écrit Gilles Marcotte dans *l'Actualité* (sept. 95, p.96) « il y a un miracle chez Garneau, qui tient à l'ampleur du projet, à la solidité de l'organisation, à la sobre élégance de l'écriture, à la vastitude des perspectives, à l'incertitude des temps — on avait quelques raisons de craindre, à cette époque pour la survie du Canada français—, il a répondu par une œuvre de respiration profonde où s'exprime avant tout non pas quelque patriotisme de pacotille mais une belle, une grande passion de justesse et de justice.»

Sans cesse, Garneau rappelle la bonne conduite des Québécois lors des années 1755, leur loyauté lors du siège de Québec en 1775-76, leur bravoure pendant la guerre de 1812, leur courage aux combats de St-Denis, St-Charles et St-Eustache. À Lord Elgin, il ne craint pas de rappeler que « leur conduite atteste assez de leur courage pour qu'on les traite avec respect.» Personne n'a appris à Garneau à écrire l'histoire. Il l'a fait à son corps défendant. Souvent, en recevant de bons coups de baguettes sur les doigts de la part des autorités cléricales. Il était un homme libre. Autant à l'endroit de l'évêque de Québec que du roi de France. Par exemple, il condamnera la décision royale d'interdire la venue des Huguenots au Canada.

Garneau est mort prématurément, à 56 ans, suite à la maladie d'épilepsie qui le minait depuis plusieurs années. Québec, fier de son historien lui a érigé un Monument magnifique, près de la porte Saint-Louis, face à la Grande-Allée. Le nombre de rues, de comtés, d'écoles et de cégeps qui portent son nom attestent le culte que le peuple québécois voue à ce poète et historien. Un de ses titres de gloire est d'avoir suggéré et d'avoir fini par faire accepter dans la toponymie le nom de «Laurentides» pour nommer l'endroit touristique par excellence de nombreux de ses compatriotes d'aujourd'hui. Et un autre titre de gloire — et non le moindre — de compter dans ses arrières petits-enfants, Saint-Denys Garneau, l'un de nos plus grands poètes et, la non moins célèbre, Anne Hébert.

En ce 15 juin, jamais ne s'est appliqué avec autant de vénération et de gratitude le « JE ME SOUVIENS ! » d'un peuple fier de lui. On lira avec profit et intérêt l'ouvrage que vient de publier Gérard Bergeron : *Lire François-Xavier Garneau,* Institut québécois de recherche, 1994, 236 p. C'est une excellente introduction ou une délicieuse invitation à la lecture de l'Histoire de Garneau.

GUY FRÉGAULT
Au premier rang de nos historiens

Avec Michel Brunet et Marcel Trudel, Guy Frégault faisait partie du trio de nos meilleurs historiens. Il a été longtemps professeur d'histoire, directeur de l'Institut d'histoire et directeur du Département d'histoire à l'université de Montréal. Lionel Groulx eut sur lui une influence prépondérante. C'est pourquoi, même si Frégault tient beaucoup à une documentation fouillée, à une méthodologie rigoureuse et scientifique, il sait aussi regarder l'histoire non seulement comme une étude sèche et aride mais comme un élément essentiel de notre devenir. Il sait analyser le passé garant de l'avenir dans toute son ampleur mais avec une rigueur qui ne farde rien.

Les ouvrages de Guy Frégault resteront des sources indispensables, des référence de base pour toute personne désireuse d'approfondir ses racines. Qu'il suffise de mentionner son *Iberville, le Conquérant,* son *François Bigot, Le grand Marquis Pierre de Rigaud, La Société canadienne sous le régime français, Lionel Groulx tel qu'en lui-même* et surtout *La Guerre de la Conquête* qu'on pourrait classer de chef-d'œuvre. Spécialiste du XVIIIe siècle, Frégault a consacré de longues heures à scruter cette période troublée de notre histoire.

Il n'est pas surprenant de voir toutes les distinctions honorifiques dont il a été gratifié : Prix Duvernay, Prix David, médaille Tyrrell de la Société royale, Prix France-Québec, Prix de l'Académie française, etc. Sans compter les innombrables commissions sur lesquelles il a siégé, les revues prestigieuses auxquelles il a collaboré, les ministères où il a travaillé comme conseiller.

L'influence de Guy Frégault est considérable. Son nom restera gravé dans toutes les mémoires et son nom reviendra toujours sur les lèvres de tout chercheur consciencieux et sérieux qui veut approfondir son histoire.

En ce 16 juin, anniversaire de sa naissance, saluons un des plus grands noms de nos historiens.

FRANCOISE LORANGER
Écrivaine libre et passionnée

Quelle femme que cette Françoise! Apparemment bourrue et rébarbative au premier contact, même rugueuse et difficile d'accès. Mais tellement franche! Incapable de tout compromis, solide dans ses arguments, ennemie de toute complaisance, vive, intense, chaleureuse, frémissante dans ses convictions, très réaliste sur le sens de la vie, enflammée, voire véhémente dans les discussions, d'une énergie volcanique. Hélas! elle vient de s'éteindre. On peut à peine le croire: Françoise Loranger vient de mourir. On pensait qu'elle vivrait au-delà des cent ans, qu'elle avait plusieurs vies...

Mais elle vit encore dans son roman *Mathieu* et dans ses pièces comme *Médium Saignant* ou ses téléromans, *Sous le signe du lion,* entre autres. Ses personnages sont à l'image de l'auteur: vivants, souffrants, inquiets, toujours en quête du sens de l'existence. « Leurs souffrances et leurs indignations sont pareilles aux nôtres, » écrit Hélène Pedneault qui ajoute: « Mathieu est un grand brûlé qui s'immole à chaque pensée. Jérémie est un vieux lion blessé qui donne des coups de griffes à tous les êtres qui s'aventurent sur son territoire. La Gertrude de *Encore cinq minutes* est un volcan qu'on croyait éteint qui se met à cracher un fiel infini.. »

Pleine d'admiration, Hélène Pedneault explique ce qui donnera aux écrits de Françoise une pérennité : « Nous n'avons pas fini de découvrir l'univers de Loranger. Je me demande même si le milieu littéraire a jamais commencé à le découvrir.(...) Quand ses œuvres seront du domaine public, il y aura encore des gens stupéfaits qui découvriront dans ses livres des pans entiers de leur propre vie, des convictions et des pensées qu'ils croyaient secrètes, que l'écrivain a décortiquées pour lui et pour eux. Et ça les sauvera. Comme le Mathieu de Loranger m'a sauvée à seize ans.... » Françoise a aimé le beau, la nature, le mariage des couleurs, les jardins, l'eau, la terre qu'elle cultivait de ses mains, Charlevoix, «le comté métaphysique » de Mgr Savard, et Percé où elle a tellement contemplé l'immensité des eaux et l'infini de sa destinée. A-t-elle compris là le labyrinthe de l'existence humaine? Le public l'a toujours aimée. Elle savait le rejoindre dans ses attentes, dans ses interrogations, dans ses regards. Ses références historiques ou politiques ne gênaient pas ses amateurs. Ils lui pardonnaient tout, subjugués qu'ils étaient par tant de force, de passion, de magnétisme. Françoise Loranger ne peut mourir.

En ce 18 juin, anniversaire de sa naissance, bravo pour cet écrivain de chez nous, unique, exceptionnelle!

KRIEGHOFF
Le poète de la peinture

Krieghoff arrive aux États-Unis à l'âge de vingt-un ans. Il passe ensuite au Canada en 1840, épouse Émilie-Gauthier dit Saint-Germain de Boucherville, s'établit à Longueil et finalement à Montréal. Il peint, il peint , il peint. Des commandes d'abord. Qui lui viennent de partout. Surtout des anglophones et des personnes qui ont un peu de pognon.

En peu de temps, sa célébrité est assurée. Pourquoi? Krieghoff est un fin observateur, il a le sens de l'humour, il est ébloui devant la majesté de la nature, la somptuosité des couleurs en automne et la limpidité des paysages en hiver. La vivacité de son interprétation donne à ses toiles un éclat tout particulier.

Il explore à fond le thème de l'Indien, un ton de couleur locale très recherché par les amateurs. Ses huiles nous racontent à la manière d'un conteur, des Indiens descendant les rapides en canot d'écorce, près d'un feu de camp et entourés de forêts idylliques, faisant du portage près de sources géantes, à la pêche ou à la chasse, servant de guide aux Blancs, vendant des paniers d'osier. Qu'on se rappelle par exemple *Le Campement de Caughnawaga* (Kahnawake).

De même, il explore à fond le thème de « l'habitant » ainsi désigné par les Anglais. Krieeghoff peint la rusticité de leur vie, leurs costumes et leurs modes de vie, leur joie de vivre, leurs occupations. Je me rappelle que nous avions chez nous, dans la cuisine, une reproduction de *Merrymaking*, 1860. Que d'heures j'ai passées à regarder tous les détails de cette grande maison, le vigueur des gens en hiver, leurs costumes colorés, les arbres tout autour, les animaux familiers un peu partout, les chevaux surtout! Car Krieeghoff est un expert pour peindre les chevaux.

Ah ! je sais que sa façon de nous représenter est un peu caricaturale. Il sait se moquer de nous avec un sourire aux lèvres mais il n'y a rien de malin chez lui. Il aime ce pays, ces braves gens, leur environnement grandiose. Toujours dans le terne des jours ou des paysages les plus blafards, une petite tache rouge, quelque chose qui pétille comme son œil ou son pinceau moqueur. En somme, c'est la gaieté qui l'emporte. Pour mieux comprendre Krieeghoff, il faut toujours en revenir à John Russell Harper. Il a écrit un ouvrage de fond sur le peintre. Exceptionnel. Irremplaçable ! Krieeghoff est mort le 8 mars 1871 à Chicago.

En ce 19 mai, anniversaire de sa naissance, rappelons-nous ce peintre habile qui nous sourit encore par ses taches de couleur dans le ciel sombre.

JEAN-JACQUES LARTIGUE
Premier évêque de Montréal

De famille distinguée, intelligent et studieux, neveu ou cousin des noms les plus prestigieux du temps, comme Joseph Papineau, Denis Viger, Benjamin-Hypolithe Martin Cherrier, député à la Chambre d'Assemblée du Bas Canada, Denis-Benjamin Viger, presque admis au barreau, le jeune Jean-Jacques Lartigue aurait pu faire une brillante carrière dans le monde. Toutes les portes lui étaient ouvertes par ses relations. Soudainement, il abandonne tout pour se faire prêtre. Il sera ordonné le 21 septembre 1800 à Saint-Denis sur le Richelieu.

Sa santé fragile ne le destinait pas aux fréquents déplacements. Il dut cependant accompagner l'évêque qui fit de lui son secrétaire. Il l'accompagna le prélat jusqu'au Nouveau-Brunswick où il faillit mourir, à Miramichi. Afin de mener «une vie plus calme, plus solitaire, plus recueillie», il demanda son admission chez les Sulpiciens et devint ainsi le premier Canadien à faire partie de cette Société. On lui confia la rédaction du «cahier des cérémonies», l'édition française du Nouveau Testament. Il dut remplir d'autres tâches beaucoup plus délicates, entre autres cette mission en Angleterre pour revendiquer au nom des Sulpiciens, les seigneuries de l'île de Montréal, du Lac-des-Deux-Montagnes et de Saint-Sulpice. Lartigue ne parvint pas à obtenir gain de cause auprès des plus hautes autorités. Cependant, vingt ans plus tard, les concessions demandées furent accordées aux Sulpiciens par la couronne britannique.

En 1821, Lartigue devint auxiliaire de Mgr Plessis qui lui confia la responsabilité du district de Montréal. Montréal comptait alors environ 200,00 habitants dont 170,000 catholiques. Mgr Lartigue s'attaqua immédiatement à la tâche. Son épiscopat difficile fut marqué par son souci pour la formation des prêtres, ses revendications pour la reconnaissance civile des paroisses, l'essor qu'il donna aux écoles et aux œuvres de charité, sa lutte pour l'indépendance absolue de l'Église contre toute ingérence de Londres, l'affrontement d'une quinzaine d'années avec le Séminaire Saint-Sulpice qui se voulait une petite Église dans l'Église, le conflit ouvert avec les Patriotes en 1837. Mgr Lartigue croyait que l'action des Patriotes était imprudente et néfaste. Après leur défaite, il n'abandonna pas les Canadiens à leur triste sort. Le neuf novembre de la même année, lui et tous ses prêtres, firent une requête à Londres en faveur des patriotes emprisonnés. En 1838, il en fit une autre pour supplier Londres de pas unir les deux Canadas.

En 1836, il avait obtenu de Rome l'érection de Montréal comme diocèse. Il devenait ainsi premier évêque de Montréal. Il mourut quelques années après, le 19 avril 1840, épuisé par ses travaux.

En ce 20 juin, anniversaire de sa naissance, rappelons la mémoire du premier évêque de Montréal.

WILFRID PELLETIER
Le symphonique toujours présent

Ce fils d'un modeste boulanger de Montréal commença sa carrière musicale à l'âge de douze ans comme percussionniste. En 1910, il avait décidément du talent pour être accepté comme pianiste de l'orchestre du théâtre National, l'établissement le plus réputé du temps. Il se tourne ensuite vers le théâtre lyrique, part pour l'Europe, décroche le Prix d'Europe en 1915 mais la guerre mondiale le ramène au pays et l'insécurité d'emploi le pousse à l'exil aux États-Unis.

Ses talents sont vite reconnus. Pierre Monteux le fait entrer dans le monde musical et lyrique de New-York. Wilfrid devient rapidement répétiteur du répertoire français au Metropolitan Opera. Rien de moins. Pas trop mal pour le fils d'un modeste boulanger !

Il travaille alors avec les plus grandes célébrités des chanteurs : Caruso et Moore, entre autres. En 1920, le 21 mai exactement, la chance ! Il dirige pour la première fois il Trovatore à Memphis (Tenn.) Et la chance continue à lui sourire. En 1922, il devient chef adjoint au Metropolitan Opera et en 1929, chef régulier.

Entre temps, des mécènes voulaient un Orchestre symphonique à Montréal (les célèbres familles Béique et David et Jean C. Lallemand). Réticent au début mais continuellement talonné par son père qui lui parle de fierté nationale, Wilfrid se laisse finalement convaincre et l'aventure commence en 1934. Wilfrid devient le premier directeur artistique de l'orchestre de l'OMS d'aujourd'hui. Puis voient le jour «Les Matinées symphonique de Montréal» (1936), le Conservatoire de musique (1943) The Young People's Concerts (1947), la direction de l'Orchestre de Québec, des créations à Radio Canada : *Pelléas et Mélisandre* de Debussy ; *Jeanne D'Arc au bûcher* d'Honegger ; *L'Enfant et les sortilèges* de Ravel, des disques, des enregistrements de piano !

Wilfrid Pelletier mérite bien d'avoir son buste de bronze à La Place des Arts et la principale salle qui lui est dédiée. Il restera comme l'une des figures dominantes de la vie musicale au Québec. Son acharnement et sa ténacité au travail, l'espoir qu'il savait communiquer aux jeunes talents, les encouragements qu'il leur prodiguait, sa confiance indéfectible en eux, son pouvoir magique de persuasion, le regard confiant qu'il portait sur l'avenir prometteur de la musique chez nous, en font un très grand homme qu'on ne peut oublier.

Il est mort aux États-Unis le premier septembre 1978. Son corps repose à Wayne près de Philadelphie. Dommage que de si grands talents nous abandonnent si tôt. Il avait écrit une biographie, *Une symphonie inachevée*, en 1972. On a l'impression qu'il savait qu'il aurait pu durer encore. Un musicien ne devrait pas mourir. C'est toute l'harmonie du monde qui se brise. Et on en a tellement besoin.

La mémoire de Wilfrid Pelletier ne saurait s'éteindre. La Place des Arts y veille. En ce 20 mai, anniversaire de sa naissance, rappelons-nous harmonieusement le grand Wilfrid Pelletier.

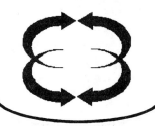

22 juin au 23 juillet
Le CANCER

fleur du mois : le pied d'alouette, fleur qui pousse sous forme d'épi et fleurit dans une variété de tons qui vont du bleu pâle au pourpre en passant quelquefois par le blanc, le rose ou le jaune.

pierre de naissance : le rubis dont le nom veut dire tout simplement rouge. C'est une pierre précieuse symbole de satisfaction. Dans l'antiquité, le rubis était l'emblème du bonheur. On appelle parfois le rubis la pierre de sang. On l'emploie en homéopathie. En Russie, la légende fait dire que le rubis est bon pour le cœur, la mémoire, le cerveau, qu'il donne de la vigueur et clarifie le sang.

signe du zodiaque : le CANCER

Le Cancer est entièrement dominé par l'univers aquatique. Il est associé aux valeurs internes d'intimité, d'intériorité et s'identifie à l'archétype maternel qui abrite, conserve, protège et nourrit.

planète : LUNE

La lune est le symbole de ce principe matriciel, du psychisme inconscient qui s'associe au silence, à la pénombre, au monde de l'imaginaire et de la rêverie, du romanesque et du lyrisme.

Les personnes nées sous le signe du Cancer ne livrent pas facilement leurs sentiments. Ce sont des êtres très émotifs, méditatifs, un peu fantaisistes, calmes et même renfermés sur eux-mêmes. Ils sont également très conventionnels en ce qui concerne la notion de la famille.

ALBERT LOZEAU
Un poète tout proche de nous

Albert Lozeau notre poète souffrant, paralysé pendant des années, a appris à apprivoiser la souffrance. Complètement isolé du monde, il nous livre son monde intimiste avec une sincérité touchante. De son fauteuil roulant, il va « comme le papillon qui va de fleur en fleur, amant du rythme, épris de couleur, de la chimère blonde à l'illusion du rêve. » Son cœur « ouvert comme une porte » attendait l'amour qui forcément lui apporta bien des souffrances. Mais, de la fenêtre de sa chambre ou de son balcon, la nature le consolait, les « bons arbres » « aux frémissements de feuilles infinis, » « les arbres aux douceurs graves et maternelles. » Et « pour me sentir le cœur déçu moins malheureux », dit-il, « il me suffit d'un peu de musique et d'automne. »

Lozeau ne s'apitoie pas sur son sort. Sa force intérieure lui donne un ressort qui le fait rebondir. « Le plus vrai des bonheurs, assure-t-il, c'est de croire au bonheur. » Il se penche alors sur lui-même « quand la fenêtre est close et que tout bruit s'éteint » et, dans sa souffrance, il se sent solidaire de tous les humains. Pour lui, les cœurs humains sont semblables au ciel : « dans un morceau d'azur luit tout le firmament. » Parfois, des sorties furtives. Mais « l'inconvénient du voyage, c'est qu'il faut toujours revenir. » « Dans les bois que l'automne dépouille, » il tente de « respirer la fleur que l'aube mouille; » il cherche à s'en aller » tout seul, » « sous les arbres aux nids tristes d'adieux secrets, » « dont les feuilles toujours tombent comme des larmes. » Là, « dans la paix murmurante et profonde, » il s'efforce de « goûter les charmes » « de la mort magnifique et lente de l'été... »

Nous avons tous en mémoire son *Érable rouge* « dont tous les rameaux saignent » « sur le bord d'un chemin sombre et silencieux. » et qui, « par instant, échappe une feuille de sang. » « Une splendeur claire que rien n'égale ! »

Lozeau est nostalgique, bien sûr. La mélancolie coule dans ses vers finement ciselés. Mais elle nous rejoint par l'évocation » des jours qui fuient, « pareils à des oiseaux sauvages», par « la mauvaise solitude» qui le torture parfois, par sa sérénité au fil des jours où il tente « d'extraire le bonheur des plus petites choses, » par son intériorité quand il nous dit: « C'est en moi que je sens mon bonheur et mon ciel. » Dans les moments difficiles, sa solution reste bien simple :

> « Barricade la porte et ferme les volets;
> Ton cœur est la maison qui doit rester secrète. »

Lozeau est mort prématurément le 24 mars 1924, à peine âgé de 45 ans. *Le Devoir* a publié ses Poésies complètes l'année suivante.

En ce 23 juin, Lozeau, date de ton anniversaire, nous nous souvenons. La nation est comme ta grande maison que « le souvenir habite. » Si « l'âme des parents morts dans les chambres palpite, » la tienne vibre encore pour nous. « Des générations y viennent s'émouvoir. »

FERNAND DUMONT
Un nationaliste québécois, un grand

Voilà un homme fier de son identité, fier de nous, un homme qui depuis une trentaine d'années ne vit que pour nous faire prendre conscience que le Québec existe. Toute sa vie n'a été qu'une longue recherche sur nous-mêmes : d'où venons-nous et où allons-nous comme peuple? Dumont est indéniablement l'un des plus grands penseurs de notre temps. L'un des plus féconds aussi. Ses nombreux ouvrages en font foi, surtout *Le lieu de l'homme* et ses deux derniers *Genèse de la société québécoise* et *Quelle nation?* Sans parler, bien sûr, des prix prestigieux qu'il a reçus comme reconnaissance. Dans un article de *l'Actualité*, Léon Dion confiait à Micheline Lachance un fait révélateur : « Fernand Dumont porte la nation comme un drame personnel. Il est unique. Le seul à qui j'arrive à le comparer, c'est André Laurendeau. Lui aussi aimait le Québec d'un amour physique, intellectuel et spirituel. »

C'est simple. Dumont n'a pas oublié, lui. Il se souvient de tout : le régime français, la conquête, l'union forcée, la prétendue confédération. Il analyse ces faits historiques avec lucidité et intelligence. « Notre drame, dit-il, c'est d'avoir oublié. » Dumont se rappelle sa petite enfance, son père obligé de travailler à la *Dominion textile*, la deuxième guerre mondiale, Chaloult et Hamel, adversaires farouches de la conscription, leur paroles martelées sur le droit des peuples à décider de leur destin. Le petit Fernand écoutait et nous révèle aujourd'hui : « Une grande interrogation est montée en moi. » Pour mieux comprendre ou mieux s'équiper pour comprendre, Dumont puise à toutes les sources du savoir. Il veut tout savoir, tout saisir. Ses livres sont, au dire de Luc Cyr, (entrevue donnée pour la revue *Lecture*, avril 1997) « des ouvrages qui marquent une avancée de la pensée sur l'ombre, l'inconnu, l'insaisissable. Des livres que, demain, nos enfants consulteront encore pour leur éternelle fraîcheur, pour la beauté en marche, pour les échappées lyriques qui donnent une vie à l'organisation des choses, pour l'immensité de la culture d'un homme qui n'a rien boudé : poésie, philosophie, épistémologie, sociologie, théologie. »

Vers la fin des années 70, il écrit avec Guy Rochon le livre blanc qui allait devenir la loi 101. Il s'y montre ardent de notre langue. « Une langue qui est confinée à la vie privée, qui ne joue pas de rôle important dans la vie économique ou au travail apparaît fatalement à ceux qui la parlent comme une langue inférieure » affirme-t-il. Sans la langue qui nous lie, que nous resterait-il ? C'est pourquoi Dumont est nationaliste. Nous n'avons pas de choix, résume-t-il. « Je n'hésite pas à me dire nationaliste, parce qu'au Québec, compte tenu de la situation fragile dans laquelle se trouve la nation française, on n'a pas le choix de l'être. Je suis nationaliste parce que j'appartiens à une culture éminemment problématique, ce qui appelle à une particulière vigilance. Si j'étais britannique, français ou allemand, je ne le serais pas. Il ne semble pas y avoir de menaces décisives pour l'avenir de la culture allemande ou française. Mais pour la nôtre, il y en a une. Donc, je n'ai pas le choix d'être vigilant, et par conséquent, d'être nationaliste. Je le suis par nécessité.»

Ce qui ne fait pas de Dumont un fanatique pour autant. Personne n'a plus de tolérance que lui. Comme notre peuple d'ailleurs. Trouvez-moi une nation plus tolérante que le Québec?

Et souverainiste, évidemment qu'il l'est. Pas comme finalité mais comme moyen d'être soi-même. «On a besoin d'un support politique. On aurait pu le trouver dans la confédération canadienne; théoriquement, cela aurait été possible. On ne l'a pas trouvé. Surtout depuis que le biculturalisme est devenu le bilinguisme et que le bilinguisme est devenu le multiculturalisme. C'est la négation des nations, tant francophone qu'anglophone. Donc, on n'a pas le choix : il faut se créer une autre communauté politique(...) Par ailleurs, le prix de l'assimilation paraît à Dumont trop élevé. Luc Cyr rappelle ici «la misère culturelle des Amérindiens, le mal à l'âme des Cajuns, la détresse de tous les apatrides culturels qui souffrent de la destruction de leurs anciennes références et qui s'égarent dans un nouveau monde dont le sens se présente à eux comme une énigme non résolue.» «Pour moi, c'est aussi grave que la pauvreté économique, insiste Dumont. Nous sommes responsables du fait que nos concitoyens aient encore le droit de parler une langue convenable, qui reflète une pensée structurée. Cela m'apparaît aussi important que la justice économique. Cela relève de la dignité humaine(...) On n'a pas le droit de laisser se défaire une culture. C'est pour cela que je suis nationaliste. Et finalement, Dumont explique que la nation est une donnée fondamentale de notre humaine condition. Elle nous rappelle que des êtres concrets font «l'apprentissage des valeurs dans l'humilité des appartenances.» Notre façon d'être dans le monde nous a d'abord été transmise «dans une famille et dans une patrie.»

Cependant, Dumont est trop intelligent pour boucher ses frontières. Il sait que son appartenance à la nation francophone du Québec le lie à la communauté humaine dont il fait aussi partie. Il faut qu'il y ait singularité pour qu'il y ait solidarité.«Être nationaliste, c'est défendre les droits à la solidarité, le droit à la diversification de l'appartenance.»

Il faut lire à petites doses tout ce qu'a écrit Dumont. C'est la sentinelle de notre peuple. Un homme dans toute la largeur du mot. Du veilleur, il a toute la lucidité intelligente, l'ardeur de la jeunesse et la largeur de vue. *Raisons communes* pour le mieux apprécier.

En ce 24 juin, date sans doute prophétique pour lui, saluons avec grand respect ce grand Québécois, un peu l'âme de notre nation.

FRANÇOIS-CHARLES BOURLAMAQUE
Un vaillant défenseur

Bourlamaque suivit les traces de son père et s'engagea très tôt dans la carrière des armes. Il servit dans plusieurs campagnes en Europe pendant la guerre de Succession d'Autriche. En 1756, il était nommé colonel d'infanterie au Canada et arrivait à Québec le 15 mai suivant. Immédiatement, il se mit à l'œuvre dans les préparatifs de la défense des forts Oswego et Frontenac. Dans la nuit du 10 au 11 août de la même année, il était à la tête d'un détachement et s'occupa activement du transport et du creusage des tranchées. Il reçut même «une contusion à la tête» au dire de Montcalm. Et, comme on sait, les Anglais battirent en retraite et les Français devenaient maîtres du fort de Chouagan.

Il joua également un rôle de premier plan l'année suivante à la prise du fort William-Henry au lac George. (lac Saint-Sacrement). Et, en 1758, à la fameuse bataille de Carillon, pendant que Montcalm commandait le centre, Lévis la droite, Bourlamaque était posté à la gauche. Il fut grièvement blessé et obligé d'aller se reposer à Québec.

Il participa néanmoins à la fameuse bataille de 1759. Pendant que Wolfe attaquait Québec et que Montcalm et Levis lui faisaient face, Bourlamaque fut talonné par la puissante armée de Amherst (11,000 hommes). Il tenta de le retenir à l'île aux Noix avec à peine 3,000 à 4,000 hommes. Trois de ses navires furent coulés. Un autre échoua. Quand Ahmerst apprit la capitulation de Vaudreuil, il cessa «cette stupide campagne» comme s'exprime Bourlamaque. À la bataille de Sainte-Foy, il subit une autre blessure grave pendant qu'un boulet tuait son cheval sous lui.

Après la capitulation, il rentra en France. Dans un long *Mémoire sur le Canada* au ministre Choisel, au moment même où se négociait le traité de Paris, il tenta de faire comprendre aux autorités «que le pays serait une précieuse colonie pour la France si on améliorait certains aspects de son administration. Il valait la peine de ne pas l'abandonner. La colonie avait été victime du trop grand intérêt porté à la traite des pelleteries et à la fondation des postes éloignés et du peu d'attention dont avait été l'objet l'exploitation des ressources de la vallée du Saint-Laurent.»

La France ne l'écouta pas. Elle préféra la Guadeloupe «aux quelques arpents de neige.» Et Bourlamaque, promu maréchal de camp en 1763, fut nommé gouverneur de la Guadeloupe où il mourut en 1764.

Chez nous, plusieurs rues portent encore le nom de ce vaillant guerrier. Tout près de Val-d'Or, en Abitibi, on avait donné le nom de Bourlamaque à un tout petit village annexé plus tard à la ville. On y retrouve cependant un canton, un lac et une rivière qui portent son nom. Au territoire du Nouveau-Québec, un lac et une pointe sont aussi appelés Bourlamaque. Enfin, l'un des quartiers résidentiels les plus chics de la ville de Québec a son avenue Bourlamaque.

Nous gardons bien fidèlement la mémoire de celui dont Lévis disait « qu'il avait défendu la frontière avec la plus grande distinction. »

En ce 24 juin, jour de fierté nationale, il convient de rappeler les exploits de ce brave Bourlamaque.

MICHEL TREMBLAY
L'homme-plume le plus connu du Québec

Personne n'aurait pu imaginer que ce jeune linotypiste de l'Imprimerie Judiciaire, ce magasinier de costumes à Radio-Canada, serait un jour le plus prolifique des dramaturges québécois, le plus connu de nos romanciers, la figure dominante de la littérature québécoise, le plus traduit dans toutes les langues. Eh oui, Michel Tremblay s'est révélé avec *Les Belles-Sœurs* (1965). Sa pièce, qui est en réalité une satire virulente de l'aliénation de la société québécoise dominée par la religion étouffante d'antan, fut créé par André Brassard au Rideàu Vert! Ce fut un succès délirant. Un triomphe. La consécration!

On sait que André Brassard a toujours le flair pour détecter ces dramaturges qui savent créer des personnages vivants au langage truculent, photocopies conformes de la société où ils évoluent. Mais cela suppose une technique habile, une maîtrise de la langue, une psychologie des personnages que Michel Tremblay semblait tenir comme naturellement. La pièce fut ensuite jouée à Toronto, Paris, Londres, Tokyo, un peu partout avec le même accueil chaleureux, la même critique élogieuse, le même enthousiasme des foules. Tremblay était lancé. Il n'en fallait pas plus pour faire rebondir l'auteur qui fit surgir de ses cartons toute une gamme de personnages les plus hirsutes les uns que les autres : des gens de la rue, des paumés de l'existence, des travestis, des homosexuels, bref tous ces êtres que la société puritaine rejette comme des déchets. Mentionnons en passant une de ses meilleures *ta Marie-Lou*. Ou encore *Albertine en cinq temps*. Selon plusieurs critiques, cette pièce serait son chef-d'œuvre. Inutile de dire que tous ces succès méritèrent à Michel Tremblay une quantité de prix et décorations inimaginables. Tremblay aborde ensuite le roman avec le même succès. Il s'y révèle un analyste perspicace de la société particulièrement dans ses romans chroniques de la vie des gens du Plateau Mont-Royal (*La grosse gemme d'à côté est enceinte, Thérèse et Pierrette à l'école des Saints-Anges*). Dans d'autres romans comme *Le cœur à découvert* et *Le cœur éclaté*, il étudie les phénomènes marginaux de la société, leurs souffrances, leur rejet. Il en parle avec toute son expérience vécue. Son dernier volume *Un ange cornu avec des ailes de tôle* est pour moi un pur chef-d'œuvre. Tremblay nous dévoile tout son amour de la littérature et de la lecture (qui lui vient de sa mère Rhéauna). Également, l'amour de sa mère et pour sa mère apparaît dans des pages d'une grande tendresse. C'est sans doute une de ses meilleures œuvres sorties de sa plume. Mais qui sait, Michel Tremblay n'a pas fini de nous étonner...En ce 25 juin, bon anniversaire de naissance, prolifique Michel!

NICOLAS VIEL
Notre premier martyr

Ce fut l'un de tout premiers missionnaires récollets. On se rappelle que lors de son voyage à Montréal, Champlain avait visité les Indiens et traversé l'île pour atteindre la rivière des Prairies où le Père Jamet et le Père Le Caron célèébrèrent la première messe en sol de la Nouvelle-France. En juillet 1623, le Père Viel arriva à son tour à Québec. Il n'y avait pas grand monde ici à cette époque ! Immédiatement, il fut envoyé pour évangéliser les Hurons. Un néophyte, Ahuntsic, le suivait partout.

Le Père Viel passa deux années à étudier la langue et à compléter le dictionnaire du Père Le Caron. En 1624, on le laisse seul avec quelques Français. Il fallait sans nul doute un caractère solide pour vivre ainsi dans la plus complète solitude. C'est pourquoi, on n'est pas surpris de le voir vouloir se rendre à Québec en 1625. Il part donc avec Ahuntsic et des Indiens qui font la traite des fourrures.

Arrivés au dernier rapide, le sault de la rivière des Prairies actuelle, les Indiens qui occupent la même embarcation que lui décident de se débarrasser du missionnaire. Ils le massacrent tout simplement et jettent son corps à l'eau. Le même sort attend le jeune Ahunsic dans l'autre chaloupe.

Le corps du Père Viel fut repêché quelques jours plus tard et inhumé à Québec. Les témoignages des personnes les plus autorisées sont unanimes sur le fait : Sagard, Jean de Brébeuf, Le Clercq, Paul Le Jeune. C'est également ce qu'affirme M. Dumas dans le *Dictionnaire des Biographies canadiennes,* tome 1, p. 677. Ces témoins considéraient le Père Viel comme le premier martyr du pays.

Devant l'église du Sault-au-Récollet (appelé ainsi depuis ce naufrage), deux statues de Charles Carli rappellent le tragique accident. Pour sa part, notre sculpteure Sylvia Daoust a immortalisé le Père Viel dans la pierre et la statue du martyr figure devant le Parlement de Québec. On peut voir également une peinture de Delfosses rappelant la noyade du Père Viel et d'Ahuntsic à la cathédrale Marie-Reine-du-Monde de Montréal. En 1897, le village d'Ahuntsic ainsi nommé en l'honneur du jeune martyr fut érigé en municipalité et finalement, cette municipalité fut rattachée à la ville de Montréal en 1910. En ce 25 juin, souvenons-nous du Père Viel et de son compagnon, nos premiers martyrs.

DENIS ARCAND
Cinéaste lucide et rigoureux

Denis Arcand a d'abord travaillé à l'ONF, dans le secteur privé, à la pige, un peu partout. Ses documentaires *La route vers l'ouest, Champlain et les Montréalistes, Québec : Duplessis et après* laissaient deviner d'abord un cinéaste attiré par l'histoire, nos grands découvreurs puis le réaliste déçu par le sempiternel recommencement dans le vide. Nos politiciens d'aujourd'hui, semblait-il dire dans son dernier, ne sont pas mieux que ceux d'antan. De même avec *On est au coton* et *Gina.* C'est toujours l'exploitation de l'homme robot ou l'argent qui seul compte. Allait-il en rester là ?

On s'est rendu compte que Arcand reste toujours lucide, voire caustique avec *Le déclin de l'empire américain*, (1986) parodie virulente de la société québécoise désabusée après le référendum et qui se réfugie dans les plaisirs faciles. De même dans *Jésus de Montréal* (1988) où il confronte les morales artistiques et religieuses.

Le cinéma québécois doit ses lettres de noblesse à Claude Jutra et de dignes descendants. On ne pourra pas parler de notre cinéma sans parler désormais de Denis Arcand, présent partout dans le monde avec ses productions. Avec lui, notre cinéma reste miroir d'une réalité qu'il sait regarder avec une grande lucidité pour en percevoir les moindres failles. Il sait la présenter dans une œuvre artistiquement structurée, d'une rigoureuse technique mais il est aussi capable d'en rire avec un humour narquois toujours présent qui fait oublier la triste vérité.

En ce 25 juin, anniversaire de sa naissance, longue carrière à ce brillant cinéaste toujours éveillé, jamais désabusé et sans cesse aux aguets.

ANGÉLIQUE FAURE (Mme de BULLION)
«La bienfaitrice inconnue»

Parler de Mme de Bullion, c'est parler de générosité sans limites. Sans elle, nous n'aurions pas l'Hôtel-Dieu de Montréal. *Les Notions abrégées* nous disent «qu'elle étayait la colonie dans l'ombre plus que tous les autres au grand jour.» Le nom lui est resté : c'est «la bienfaitrice inconnue» car elle avait interdit à Jeanne Mance de divulguer son nom pour quelque raison que ce soit.

Angélique Faure était fille d'un conseiller du roi et nièce du commandeur de Malte, Noël Brûlard de Sillery, qui fondera en 1637, Saint-Joseph de Sillery près de Québec. On ne connaît pas la date de sa naissance. On sait qu'en 1612, Angélique épouse Claude de Bullion, surintendant des finances sous Louis XIII, ministre d'État, marquis de Gallardon, ami personnel de Richelieu. De leur mariage, naquirent cinq enfants. À la mort de son mari en 1640, madame de Bullion restait avec une fortune considérable, environ un million de livres. Comme elle était une femme d'une grande piété, modeste et humble, elle voulait faire profiter les autres de sa fortune. C'est vers la même époque qu'elle rentre dans notre histoire.

Sur la recommandation du Père Rapine, en 1641, Jeanne Mance lui rend visite. Madame de Bullion lui soumet une idée surprenante : elle veut fonder un hôpital en Nouvelle-France. À la quatrième rencontre, la bonne dame se dit prête à pourvoir à l'entretien personnel de Jeanne Mance si celle-ci accepte l'administration de cet hôpital. Jeanne Mance hésite et allègue sa santé fragile. Néanmoins, madame de Bullion lui demande de s'informer auprès de ses connaissances du montant versé par la duchesse d'Aiguillon pour la fondation de l'Hôtel-Dieu de Québec. Pendant que madame de Bullion recommande son projet « à tout ce qu'elle connaissait de serviteurs de Dieu, » Jeanne Mance entre en retraite pour connaître la volonté de Dieu. Son conseiller spirituel la rassure : Dieu la veut en Nouvelle-France ! Alors, confiante dans la Providence, Jeanne Mance, toute sereine, se rend auprès de madame de Bullion et lui apprend que la duchesse d'Aiguillon et son oncle, le cardinal Richelieu, ont versé 40,500 livres pour l'Hôtel-Dieu. Qu'à cela ne tienne ! Madame de Bullion versera 42,000 livres ! En sus, Jeanne Mance recevra 1000 livres annuelles. Et dans sa libéralité, la duchesse comble Jeanne de «bijoux de dévotion» et lui fait don d'une bourse de 1200 livres pour son entretien pendant l'année en cours. Le sort en est jeté. L'œuvre de l'Hôtel-Dieu de Ville-Marie vient de prendre corps.

Madame de Bullion, constamment lucide, fixe alors les buts de sa fondation : les 42,000 livres serviront «pour faire bâtir et fonder un Hôpital en la dite Île de

Montréal au nom et l'honneur de St-Joseph, pour y traiter, panser, médicaments, et nourrir les pauvres malades du pays. Et les faire instruire des choses nécessaires à leur Salut. De cette somme, Monsieur de La Dauversière a employé 4,000 livres pour la nourriture, entretien et paiement de dix ouvriers envoyés dans l'île en juin 1643 pour bâtir le dit hôpital. »

En 1648, la situation de Montréal était extrêmement critique. Madame de Bullion ajoutera 24,000 autres livres au fonds déjà versé. Bref, les 74,000 livres versées dépassaient de beaucoup ce que la duchesse d'Aiguillon avait donné pour l'hôpital de Québec. À ce moment, par contrat, madame de Bullion ajoute une autre clause. Dans sa perspicacité, elle voyait loin. Elle verse l'argent « à condition que damoiselle Mance demeure administratrice dudit hôpital sa vie durant. Après son décès, une communauté d'hospitalières sera établie, qui serviront les pauvres gratuitement. » L'histoire nous a démontré la perspicacité, l'intuition sûre et le sens des affaires de madame de Bullion.

Quand Jeanne Mance lui propose en 1643 de transférer l'hôpital en Huronie (sans doute sur la suggestion de madame de La Peltrie), la duchesse reste inflexible. Sa fondation est pour l'île de Montréal et doit rester là. Comme on sait, les Iroquois détruisirent complètement la mission des Hurons en 1649. Que serait devenu le petit hôpital de la Huronie ? Sans doute la proie des flammes comme le reste. Madame de Bullion a eu une intuition sûre. Nous lui devons le premier hôpital et la persévérance de Jeanne Mance à qui elle ne retirera pas sa confiance.

La munificence de cette grande dame n'a d'égale que son cœur. Elle est toujours sans bornes. En plus de tous les dons déjà offerts, elle assure une rente annuelle de 1,000 livres destinées à l'entretien des quatre premières religieuses hospitalières, donne des ornements d'église pour la chapelle de l'Hôtel-Dieu, de l'argent pour les familles les plus nécessiteuses de Ville-Marie.

Même les porteurs (taxis du temps) se rendirent compte des largesses de madame de Bullion. « D'où vient, mademoiselle, firent-ils remarquer à Jeanne Mance, que quand vous venez ici, vous êtes moins pesante que quand vous en sortez ? Assurément, cette dame vous aime et vous fait des présents. » À partir de ce jour, Jeanne Mance trouva plus prudent de changer de porteurs à chaque jour.

Madame de Bullion a continuellement soutenu Jeanne Mance dans son projet. En 1645, quand l'infirmière lui écrit pour lui demander un autre 2 000 livres, « j'ai de la peine à demander, mais vos bontés sont si grandes ! » lui dit-elle, madame de Bullion, toute heureuse de voir son projet enfin sur pied, répond aussitôt : « J'ai plus envie de vous donner les choses nécessaires que vous n'en avez de me les demander. »

Pour sa part, Jeanne Mance assure que « sans elle, (Madame de Bullion) il aurait fallu quitter l'habitation de Montréal. J'en possède la connaissance parfaite, renchérit-elle. Et elle ajoute avec assurance : « Je ne parle pas de cœur, mais je dis la vérité et Dieu en est témoin.(...) Je sais qu'il est sorti de sa bourse plus de 150,000 livres qui ont été employées tant aux fonctions des rentes de l'hôpital qu'aux bâtiments et ameublements. Jugez, Messieurs, si l'habitation de Montréal lui est redevable et par conséquemment tout le pays qui a été soutenu par ce moyen. »

La chère bienfaitrice inconnue mourut le 26 juin 1664 en son hôtel de la rue Plastrière et fut ensevelie à Paris, sous le grand autel des Récollets, où elle avait fait bâtir un chapitre cloîtré et une bibliothèque. Toute notre admiration pour son humilité constante, sa charité magnifique, son dévouement constant, son ouverture de cœur.

YVES BEAUCHEMIN
L'écrivain le plus matou du Québec

Il manquait à notre littérature un roman picaresque. Yves Beauchemin a réussi à nous en donner un et pas n'importe lequel. Un roman de 583 pages ou s'enchevêtrent les aventures les plus cocasses, des personnages hurluberlus, cousins germain du plus extravagant Don Quichotte, une intrigue politico-fantastique, des dialogues piquants, un souffle littéraire époustouflant, un récit apparemment banal mais endiablé et déroutant, une langue savoureuse, un humour subtil, bref, quelque chose de neuf, de frais, de typiquement québécois à la mesure démesurée de ce que nous sommes parfois, du moins dans nos rêves. Le tout sur fond de scène surréaliste décoré de cordes à linge, de ruelles délabrées, de tavernes grises, de «bineries» tirées des bas-fonds de l'Est de Montréal.

On peut considérer *Le Matou* comme l'un des grands best-sellers de notre littérature: 130 000 exemplaires vendus au Québec, 600 000 en France! Une traduction pour le Canada anglais. Et ce n'est pas tout. Le réalisateur Jean Beaudoin s'est emparé du roman. Il en a fait un long métrage qui a obtenu le prix Air-Canada comme film le plus populaire au Festival des films du Monde! Voilà de quoi étourdir un écrivain à son second roman.

Mais Yves Beauchemin n'a pas l'allure de ses personnages. C'est un homme discret, effacé, rangé, simple, qui ne fait pas plus de bruit qu'un chat. Dans une interview, il avouait lui-même: «Il y a des écrivains comme Gaston Miron, par exemple, qui ont un look, une prestance, qui se promènent avec leur théâtre. Moi, ce n'est pas mon genre.»

Cela ne signifie en rien que Beauchemin n'a pas d'idées. Tout au contraire. C'est un homme engagé, qui fait du porte à porte pour le Parti québécois, qui vendrait sa chemise pour l'indépendance du Québec ou la défense de la langue française. Il pourrait se lancer à fond de train pour la cause des baleines ou du flétan noir de l'Atlantique; travailler bénévolement pour Green Peace à l'assainissement du Saint-Laurent; partir en campagne de levées de fonds pour les enfants handicapés ou abandonnés du monde entier. C'est un homme généreux qui va jusqu'au bout de ses convictions. Quand il parle du Québec, sa fierté se réveille. «Le mot Québec me parle de liberté, de destin assumé» dit-il. Comme on le voit, il n'a rien d'un écrivain des gouttières mais toute la noblesse d'un persan de race.

En ce 26 juin, un bon anniversaire, cher matou de notre littérature!

UCAL-HENRI DANDURAND
Promoteur immobilier, père de l'automobile à Montréal

Cet homme était un mordu de l'automobile. En 1899, ce fut tout un exploit de le voir à côté du maire Préfontaine, faire une randonnée dans Montréal. Pour la première fois, on voyait cela à Montréal. Son nouveau véhicule, construit au Massachusetts, « a monté la côte de la rue Windsor sans arrêt, et facilement, d'une grande vitesse ; il a ensuite descendu la côte du Beaver Hall sans que le conducteur ait été obligé d'appliquer les freins se servant simplement du cylindre à air. » Ce promoteur immobilier permettait aux Montréalais de connaître le développement de l'automobile dans le monde entier. En 1910, il installa un pullman sur un système de traction motorisée. Ce fut un exploit ! Il représentait les marques McLaughlin et Charmers à Montréal et fut l'âme dirigeante de la fondation du *Royal Canadian Automobile Club*.

Dans la revue *L'Actualité*, Hélène-Andrée Bizier écrit à son sujet : « Dandurand est présent partout. Catholique militant, Chevalier de Colomb et père de famille nombreuse, il figure parmi les organisateurs locaux du Congrès eucharistique de 1910. » Son édifice de 10 étages à l'angle de rue Sainte-Catherine, était le plus élevé érigé jusqu'alors dans le secteur.

L'automobile devint pour lui un moyen extraordinaire de promotion et une expérience inoubliable pour ses clients : faire une randonnée en pullman vers Sainte-Rose et Verdun ! Il avait du flair l'agent immobilier...Sans contredit, Rosemont (ainsi nommé du prénom de sa mère Rose) reste sa principale réussite.

Grâce à toutes ses relations, il trouve facilement un terrain pour le Canadien Pacifique en quête d'un terrain pour la construction de ses usines ferroviaires car au tournant du siècle, le Canadien Pacifique étendait son réseau d'un bout à l'autre du pays et connaissait un essor considérable. C'est alors la construction des usines Angus. Dandurand vend des terrains aux ouvriers qui désirent s'installer tout près des usines. Il s'associe ensuite avec l'irlandais Holt. Les affaires roulent sur l'or pour les deux promoteurs. La municipalité de Rosemont construite en 1905 sera par la suite annexée à la ville de Montréal en 1910.

Quand Dandurant meurt en 1941, il laissait derrière lui une quantité impressionnante de succès. Il a contribué beaucoup au développement de Montréal. Sa maison sur la rue Sherbooke a été malheureusement détruite en 1981. Le Club Canadien occupa pendant de nombreuses années une autre de ses maisons. En ce 26 juin, anniversaire de sa naissance, rappelons-nous ce personnage quelque peu excentrique mais homme d'affaires imaginatif !

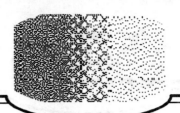

JEAN-CLAUDE TURCOTTE
Un homme ouvert et humble

Tout le monde a été surpris de sa nomination au Sacré Collège. Cependant, le cardinal Turcotte était bien l'homme qui correspondait à l'Église de notre temps. L'époque triomphaliste est définitivement révolue et Mgr Turcotte est un homme du temps présent, c'est-à-dire proche de la réalité concrète, des démunis et laissés pour compte, des jeunes, du partenariat avec les laïcs engagés, du tissu social à colmater, bref, de l'essentiel. Il n'est pas morose ni nostalgique à l'endroit du passé et reste optimiste face à l'avenir. Il fait confiance à l'Esprit Saint, à un clergé de plus en plus multi-ethnique, à une Église renouvelée par l'intérieur. Sa devise «Servir le Seigneur dans la joie» indique par elle-même le fond de son caractère et de son engagement. C'est un homme serein, calme, simple et paisible. Il sait regarder les problèmes en face, sans dérobade habile cléricale. Il est « abordable, » généreux dans sa manière de traiter les autres, de franche camaraderie avec ses collègues, estimé de tous.

Lors de l'hommage qui lui était rendu à son retour de Rome, le plus jeune prêtre du diocèse parlant au nom des autres, disait: «Vous savez, lorsque nous rencontrons Jean-Claude Turcotte, nous nous sentons écoutés, soutenus, aimés. Si cela nous frappe tellement, c'est que rares sont ceux qui prennent le temps aujourd'hui de se passionner du mystère des personnes. Peut-être votre passé à la J.O.C. et l'intérêt dévolu au projet de la génération montante ont-ils contribué à faire de vous un homme vrai. »(...) En plus de ces qualités humaines, vous avez démontré combien votre bon sens, vos dons extraordinaires d'organisateur et de rassembleur pouvaient aider à l'édification temporelle du Royaume. Homme attentif aux autres et qui s'oublie aisément. Organisateur recherché et rassembleur réputé, voilà, Éminence, un éventail bien sommaire des vertus qui vous sont propres et qui nous rendent fiers de vous. »

Pour sa part, une jeune, Marie-Claire Faucher, joua de la fable du *Petit Prince* de Saint-Exupéry avec le nouveau Prince de l'Église. Chacun sait que «contrairement à Saint-Exupéry pour qui l'aviation était une passion» Mgr Turcotte n'est pas très exalté par les grandes envolées» Mais il a quand même «pris le risque de venir retrouver les jaunes à Denver, en 1993, lors de la Journée mondiale de la jeunesse.» C'est là, dit-elle qu'il «a saisi l'importance d'apprivoiser» les jeunes. Et elle demandait au nouveau Prince de les soutenir dans leur marche difficile et de ne pas désespérer d'eux. Elle rêve même d'un jour où «l'on pourra davantage se rapprocher, pour mieux se parler et s'écouter...Des liens seront crées ; on se sera finalement apprivoisé. On aura besoin l'un de l'autre pour vivre, pour bâtir. Alors, Petit Prince, doucement vous vous approcherez et demanderez: «S'il te plaît...aide-moi à dessiner notre Église.»

Ces paroles ont dû plaire particulièrement à Mgr Turcotte, homme de dialogue par excellence. Comme on dit souvent chez nous, il ne se prend pas pour un autre. Il le disait d'ailleurs dans ses mots de remerciement. Il sait qu'une Église se construit dans le partage des responsabilités, que chacun et chacune sont des «pierres vivantes» qui forment l'édifice spirituel qu'est l'Église et que sans eux, «l'Église de Montréal ne serait qu'une coquille vide. Sans eux, il serait impossible de penser à annoncer l'Évangile dans tous les coins et recoins du diocèse : dans les familles, dans les hôpitaux, dans les écoles, les cégeps et les universités, dans les usines, dans les commerces, dans les maisons de courtage comme dans les milieux populaires...partout!»

Ce n'est pas pour rien qu'il avait choisi comme Parole de proclamation l'évangile du semeur. «Le champ que nous avons à ensemencer, disait-il, c'est le vaste monde.(...) Rien n'est vain et nous devons vivre d'espérance car «nuit et jour, que le semeur dorme ou qu'il se lève, la semence germe et grandit, il ne sait comment.» C'est Dieu qui la fait lever, au rythme qu'il veut et à l'heure qui est la sienne.(...) Ces paroles, ajoutait-il, sont pour moi capitales. J'aime m'appuyer sur elles, chaque jour qui recommence et qui me presse de «servir le Seigneur dans la joie.» J'ai tenu à ce qu'elles soient clairement proclamées ce soir afin qu'elles nous aident à demeurer des femmes et des hommes d'espérance.»

Et il concluait : «L'espérance ne s'oppose pas au réalisme. Elle n'est pas aveugle. Elle n'est pas naïve. Elle n'est pas non plus inactive et béate. Elle la force tranquille de ceux et celles qui ont la ferme conviction que le sort du monde est entre les mains d'un Dieu qui veut non pas sa mort mais son salut. «Et il citait Jean Sullivan qui disait: «Qui ne cède pas à l'espérance, ne connaîtra jamais l'Inespéré.»

Un homme d'une telle lucidité qui sait allier la simplicité à la profondeur, la sérénité à l'audace, l'action à la parole, mérite tout notre respect. En ce jour anniversaire de sa naissance, notre souvenir pour un printemps nouveau dans l'Église dont il a la charge.

PIERRE PERRAULT
Le cinéaste sauvage

J'aime cet entêtement chez Pierre Perrault, sa confiance indéfectible à l'ONF. C'est un homme secret. Il se décrit lui-même «comme un ours qui fuit la société. Il vit en marge, plus à l'aise au milieu d'un bois que dans un salon, absent des premières qui font courir le Tout-Montréal.» Il aime la vie sauvage et dit avec virilité que «les sauvages sont sauvages.» Autrement dit, laissez tomber le maquillage, les colifichets, l'artificiel, le clinquant. Allez direct au naturel. C'est vraiment le cinéaste naturel, ami de la chasse, des bœufs musqués. Il a un faible pour les bœufs musqués, vedettes de ses derniers films.

À son crédit, une vingtaine de documentaires. La France l'a découvert bien avant le Québec qui vient de lui remettre sur le tard le Prix Albert-Tessier qu'il méritait tant.

Son enfance l'a profondément marqué. Quand son père commerçant déménagea de la rue Saint-Denis à la campagne...d'Ahuntsic, c'était le paradis pour lui. Il se retrouva au milieu des aubépines et des animaux. *Pour la suite du monde, La Bête lumineuse, l'Outumimag* sont sortis tout droit de ses souvenirs d'enfance enrichis, bien entendu, de nombreuses excursions qu'il fit par la suite. Avec le chanteur français Jacques Douai, il s'est mis à l'écoute des gens pour les émissions à la radio *Au pays de Neufve-France.* «C'est ainsi, dit Odile Tremblay qui l'interviewait pour *Le Devoir,* qu'un beau jour, sur une proposition de l'ONF, le voilà embarqué dans l'aventure de faire parler la pêche au marsouin sur les bâtures de l'Île aux Coudres.» «Ce fut le début de la rencontre avec la parole» avoue-t-il. Au lieu de me prendre pour un poète, je les ai pris pour des poètes» déclare-t-il à ceux qui ont fait la trame de ses documentaires. Il mettait ainsi ses gens en situation. Son *Alexis Tremblay* nous donna un véritable poème sur l'Île aux Coudres que Perrault continua dans sa trilogie *Le Règne du jour* (un voyage de Marie et Alexis au pays des ancêtres) et *Les Voitures d'eau* ou l'épopée de ces élégantes goélettes de bois.

L'aventure de la souveraineté-association devait forcément tenter Perrault toujours attentif à capter les pulsations du Québec. Il plongea dans *Un pays sans bon sens* qui exprime toute son appartenance et en fait un chef d'œuvre de fierté nationale. Puis, il s'intéressa aux autochtones et visite l'Abitibi. Son personnage Hauris Lalancette devait en sortir vigoureux et puissant.

On n'en finirait pas de parler de ce grand poète qu'est Perrault. Tout vibre avec lui : les choses, les animaux et les êtres humains. Ne dit-il pas lui-même. Le cinéma, pour lui, c'est «une tentative de capter des moments de vie, de traduire en images une réalité qui n'est pas romanesque.»

Un grand salut en ce 29 juin, anniversaire de ce cinéaste sauvage!

LÉOPOLD LEMIEUX
Un maître de musique incomparable

Pour des milliers d'entre nous, c'est le Frère Barnabé. Le professeur de musique et d'harmonie, l'organiste virtuose, le chef des grandes chorales, le pianiste à la technique parfaite, l'initiateur à la beauté du chant grégorien, le religieux sérieux qui ne badinait pas avec le travail, celui qui donnait aux grandes fêtes de Noël et de Pâques un aspect festif insurpassable, l'âme des concerts, opérettes, soirées artistiques, chorales de la Maison provinciale d'Arthabaska où il a été professeur de musique pendant près de trente ans. Ces souvenirs affleurent encore à nos mémoires cinquante années plus tard et nous émeuvent.

Pour les plus intimes, le frère Barnabé, c'était l'ami du poète et musicien aveugle, le grand Arthur Charlebois. Ah! qu'ils sont revenus souvent à ma mémoire ces airs tirés des *Prémices*, l'oratorio consacré aux martyrs canadiens composé pour son doctorat en musique. Particulièrement la fugue! Une de ses réussites.

Quand il s'agissait de composer des vers pour des cantates ou des pièces de circonstances qui ne me transportaient pas au ciel, le frère Barnabé savait me trouver. Il y avait entre nous une certaine connivence du cœur et de l'esprit. Je garde encore tous ces poèmes — si j'en ai baillé! — écrits sur demande «circonstancielle» ou par obéissance! Pour m'amadouer, il me dit un jour: «Ne pensez pas que cette occasion me pâme d'enthousiasme! Après tout, nous sommes dans le même bateau. Aussi bien essayer de faire de notre mieux.«Il me jouait alors un air improvisé et me demandait si cela collait avec ce que je venais d'écrire. Parfois, je disais bêtement «non». Alors, il se reprenait et trouvait autre chose. Je me souviens qu'un jour où l'inspiration avait été plutôt pénible, il me dit: «Que vous êtes exigeant. Cela va vous faire souffrir dans la vie.» À brûle-pourpoint, j'avais répondu: «Vous aussi, vous êtes exigeant. Vous le savez, l'art n'accepte pas de bavures.» Lui qui souriait rarement, avait éclaté d'un rire tonitruant. Un jour, je lui apportai une phrase de Montherlant qui dit dans sa pièce *Port-Royal*: «Je ne tolère que la perfection.» Il m'avait rétorqué: «Je vous assure que pour des pièces de circonstance comme celle-ci — il s'agissait de chanter l'arrivée du supérieur général — on nous demande le plus-que-parfait!»

Un collègue qui l'a bien connu parle de l'homme qu'il a côtoyé pendant des années: «un être secret et discret, toujours égal d'humeur, fier sans forfanterie, aimable sans sensiblerie, philosophe mais silencieux, joyeux mais réservé, pieux sans religiosité, charitable sans ostentation, artiste sans prétention... Il me rappelle, dit-il, ces monuments célèbres que tous connaissent mais dont tous — ou peu s'en faut — ignorent de quels matériaux précieux ils sont constitués. Le frère Barnabé, pour moi, c'est une espèce de point d'orgue triomphal, intemporel, au terme de la toccate et fugue de J.S. Bach après la grand-messe de Pâques... Le frère Barnabé, pour moi, c'est un capitaine qui a navigué presque toute sa vie sur un long fleuve tranquille mais qui a su, lors des tempêtes, se réfugier dans les baies tranquilles que la vie religieuse lui prodiguait. Au soir de sa vie, il a vu se profiler à l'horizon les plages inconnues de l'éternité mystérieuse et insondable, il s'en est approché, serein comme le sont les enfants de Dieu, a jeté l'ancre pour toujours, conscient d'avoir accompli ce que l'Éternel attendait de lui. » (Maurice Mercier, *Hommage au Frère Barnabé*, 12 septembre 1992)

À ce professeur qui a initié tant de jeunes à la beauté, qui nous a donné le goût de l'harmonie et du rythme, qui a consacré sa vie à cet art difficile, en ce jour anniversaire de sa naissance, notre profonde gratitude.

LE Dʳ JEAN COUTURE
Le Béthune québécois moderne

La renommée du Dʳ Couture n'est pas à faire en Chine populaire. Il est cependant moins connu chez nous. Nul n'est prophète dans son propre pays. C'est pourtant lui qui a mis sur pied une unité multidisciplinaire d'oncologie à Changchun (Chine) grâce à un jumelage universitaire Canada-Chine. L'Acdi a investi plus d'un demi million de dollars dans ce projet. Le travail gigantesque opéré par le Dʳ Couture, les étudiants chinois et les professionnels de la santé de l'hôpital Saint-Sacrement de Québec, du Centre hospitalier de l'université Laval et de l'Hôtel-Dieu de Québec a débouché sur la création de l'unité précitée. Et cela, dans des conditions de pauvreté extrême, l'absence de toute logistique et d'instruments sophistiqués.

« Tout était à faire, dit le Dʳ Couture et c'était décourageant ! » Il souligne cependant un point important qui explique en partie le succès de cet audacieux projet.« Les Chinois, dit-il, sont des gens très disciplinés qui travaillent pratiquement jour et nuit pour réussir. Le français n'est pas leur langue première et il leur faut redoubler d'ardeur pour atteindre les objectifs. »

Le Dʳ Couture avait la largeur d'esprit nécessaire et la souplesse requise pour comprendre un milieu si différent. Docteur en médecine, formation post-graduée en chirurgie à New York, Fellow du College royal des chirurgiens du Canada, spécialiste de la Corporation professionnelle des médecins du Québec, Fellow de l'American College of Surgeons, toute sa vie, Le Dʳ Couture a poursuivi une carrière académique et universitaire. Il a, par ailleurs, occupé plusieurs postes dans des organisations internationales. En 1980, il avait établi une unité d'oncologie dans le département de chirurgie de l'hôpital Saint-Sacrement de Québec. C'est sur ce même modèle d'ailleurs qu'il a établi son unité d'oncologie à l'université chinoise Norman-Bethune dans le nord-est de la Chine. Les décorations et les prix qu'il a obtenus au cours de sa longue carrière ne se comptent plus. Il tient cependant précieusement sur sa table de travail une médaille qu'il a reçue au cours d'une imposante cérémonie à Béijing. «Votre projet, lui a-t-on dit lors de la remise de cette décoration, a été couronné de succès grâce à votre travail acharné. Il a été mené dans l'esprit de coopération et d'amitié qui lie nos deux pays. Vous avez gagné le respect et l'admiration de tous vos collègues chinois. » En ce 1ᵉʳ juillet, saluons ce nouveau Béthune et souhaitons-lui tout le succès possible dans son travail titanesque dans un des milieux des plus complexes.

PIERRE-ESPRIT RADISSON
Coureur des bois audacieux et ingénieux

Le moins qu'on puisse dire de Radisson, c'est qu'il était courageux. Il arrive à Québec, seul, vers l'âge de quinze ans. Il va ensuite rejoindre sa sœur mariée à un colon de Trois-Rivières. Quelques mois plus tard, il est capturé par les Iroquois. Il décide alors de jouer d'astuce d'autant plus qu'il était « désireux d'avoir vu leur pays. » Il se montre tellement intéressé aux coutumes de ses ravisseurs que ceux-ci l'adoptent comme l'un des leurs. Il vivra chez eux dix-huit mois, protégé par une vieille squaw, femme d'un chef important. Il profite de son passage chez les Indiens pour apprendre une foule de choses utiles à un coureur des bois : chasser, pagayer, fabriquer des canots d'écorce, jouer à la crosse, et surtout apprendre leur langue. Rusé — il est allé à bonne école — il réussit à s'enfuir. Il est repris et soumis aux pires tortures. Il l'écrira lui-même : « une vraie peinture de l'enfer sur terre. » C'est sa résistance à la torture qui lui vaudra la vie sauve. Il devra par la suite accompagner les Iroquois dans des raids contre les Hurons, ensuite contre des Hollandais. Ceux-ci lui offrent sa liberté mais il refuse. « Je ne voulais pas, écrira-t-il, devoir ma liberté à des ennemis. » De plus, ajoute-t-il, « je commençais à aimer mes nouveaux parents qui étaient si bons pour moi. » Il ajoute une troisième raison : « Je voulais attendre une meilleure occasion de me retirer chez les Français, plutôt que de faire un long circuit de deux mille lieues. C'était ma destinée que de découvrir de nombreuses nations sauvages. Je ne voulais pas lutter contre ma destinée. Je me remettais entre les mains de la Fortune comme une chose ordonnée par Dieu pour sa plus grande gloire ! »

Cette ambivalence dans ses sentiments entre les siens et les autochtones, « les ennemis les plus cruels qui furent jamais sur la face de la terre » vont osciller dans son cœur tout au cours de sa vie. On le voit dans sa soudaine décision, à peine revenu chez les Indiens, de s'enfuir pour de bon. Et il s'embarque pour l'Europe en 1654. Mais il ne parvient pas à se réadapter là-bas. En mai 1954, le survenant refait surface à Trois-Rivières. Sa sœur s'est remariée avec Des Groseilliers. Désormais, Radisson et Des Groseilliers vont faire un duo inséparable pour des expéditions surprenantes.

On connaît son habileté, son ingéniosité et son audace chez les Onontagués de 1658 où il sauve la vie d'une cinquantaine de fugitifs aux mains des Iroquois. Ce jeune homme n'a tout de même que vingt-deux ans ! Il peut désormais rêver grand et en couleur. Il veut rien de moins que « marcher l'Amérique. » Une première expédition l'amènera dans l'Ouest avec son beau-frère DesGroseilliers, sur la « route des trafiquants. » Il fallait du cran pour parcourir plus de mille milles, sans leur nourriture (volée), faire plus de soixante portages, se nourrir uniquement de mousse avant d'arriver au lac Huron ! Les explorateurs continuent toujours plus avant et atteignent ensuite le lac Michigan « le lac le plus délicieux du monde. » Après un hiver rigoureux, c'est la découverte du Mississipi « magnifique fleuve, grand, impétueux, profond et comparable au Saint-Laurent. »

Après deux années d'absence, ils reviennent en triomphe ! Cependant, un nuage obscurcit ce retour. Le gouverneur impose un impôt du quart sur leur lourde provision de fourrures. Ce qui fera dire à Radisson, amer : « Considérant le service que nous avons donné à notre pays, cela devrait décourager ceux qui, à notre exemple, voudraient risquer leurs vies pour le bénéfice du pays, voyant un gouverneur s'enrichir par les travaux et les dangers des autres. »

Puis, c'est le nord qui les attire, la baie d'Hudson. Le gouverneur consent à leur départ mais pose une condition ridicule : il veut la moitié des bénéfices. Cette fois, Des Groseilliers et Radisson trouvent l'ambition exagérée et décident d'agir seuls. Ils refont la route habituelle des lacs Huron, Michigan et Supérieur, traversent le pays des Cris, passent des Grands Lacs aux prairies de l'ouest. Quand arrive l'hiver, c'est la catastrophe. Cinq cents Indiens qui les accompagnent meurent de froid et de faim. Les deux Français eux-mêmes sont « l'image de la mort. » La foi de Radisson refait surface. Il écrit : « Dieu bon, ayez pitié de ce peuple innocent ! Ayez pitié de nous qui croyons en vous ! » Finalement, « en danger de périr mille fois, écrasées par les blocs de glace, » ils arrivent à la baie James. Aucun Blanc n'y était parvenu par voie de terre avant eux. Le retour devait leur apporter de tristes ennuis. Le même gouverneur s'empare de leurs fourrures et leur impose une lourde amende. Cette attitude des autorités françaises à leur endroit fait réfléchir les deux explorateurs. Ils décident alors de passer du côté des Anglais qui ont plus le sens des affaires. C'est la fondation de la Hudson's Bay Company qui suivra.

Dans sa brochure sur Radisson dans *Célébrités canadiennes*, Lidec, 1993, André Durand a raconté dans le détail les exploits de notre héros. Il termine ainsi la vie de son personnage : « Dans une époque pleine de tensions et de dangers, il a vraiment connu les expériences les plus diverses et les plus exceptionnelles. Il est passé de la « sauvagerie » du Nouveau Monde aux cours royales de l'Europe, des glaces de la baie d'Hudson aux mers du Sud, connaissant partout des aventures étonnantes (....) Ardent explorateur, amoureux des pays découverts, curieux des peuples rencontrés, conscient des possibilités futures de ce pays, hardi entrepreneur qui est à l'origine de grands succès commerciaux, amoureux de la vie, épris de liberté, il nous séduit par sa vitalité et sa sensibilité, par son courage et son audace, par son énergie et sa gaieté, par son aisance et son intelligence, par son habileté et sa ruse. »

Radisson finit ses jours paisiblement à Londres où il mourut entre le 17 juin et le 2 juillet 1710. Cet homme mérite qu'on se souvienne de lui. Comme le dit encore Durand, « il fut un des hommes les plus audacieux de son temps et, s'il ne fut pas un pur héros, il n'en n'est que plus proche de nous, plus fraternel. »

ÉTIENNE BRÛLÉ
Explorateur énigmatique et fascinant

J'ai choisi le 3 juillet en lieu et place de sa date de naissance car nous ne savons rien sur l'enfance d'Étienne Brûlé. Vraisemblablement, il serait né à Champigny-sur-Marne en 1591 ou 1592. Mais sa vraie naissance ou sa véritable vie, il la commence à son arrivée à Québec le 3 juillet 1608, en compagnie de Champlain. C'est une seconde naissance pour ce jeune homme qui survit au dur hiver qui suit son arrivée. Il plonge dans cette nouvelle civilisation qui le fascine. Il apprend la langue des Amérindiens tout naturellement et se sent tout à fait à l'aise avec eux. De plus en plus, il se mêle à eux et participe à leurs activités de chasse. Il veut davantage. Il demande même à Champlain l'autorisation d'aller vivre parmi eux. Champlain accepte. Il lui conseille toutefois « d'observer le pays, ses rivières et communications, voir s'il y a des minéraux et autres ressources ; et si possible se rendre à l'ouest vers le grand lac(Huron). » « Garde les yeux ouverts et à ton retour, fais un bon rapport de tout ce qui peut nous être utile » lui recommande-t-il. On voit ici tout l'intérêt et le désintéressement...des Français.

Brûlé passera une première année avec les Alquonquins (1610). À son retour, il était complètement transformé, parlait aisément la langue alquonquine et servait habilement d'interprète. Il avait parcouru un vaste territoire, des rapides de Lachine jusqu'en Huronie. L'année suivante, Champlain le confie à un chef huron. Cette fois, Brûlé parcourt la Huronie, les rivières Outaouais, Mattawa, le lac Nipissing, la baie Georgienne et le lac Huron. Il se sent complètement chez lui dans ce pays de découvertes. Il vivra dans ces grands espaces pendant quatre ans. Il apprendra une foule de choses: pagayer ces légers canots d'écorce, vivre à la façon des Indiens, s'adapter à leur manière de se vêtir, de manger, de cohabiter dans la même « maison longue, » s'exercer à l'endurance, à divers jeux (v.g. la crosse) plutôt brutaux, assister à la torture des prisonniers. Il se laisse gagner facilement dans ce nouvel univers si différent du sien au plan intellectuel et moral. Il aime particulièrement la vie libre des Indiens et se laisse séduire par leur hédonisme sans frein. Quatre années complètes ont fait de lui un membre à part entière du clan de l'Ours. Il repart ensuite au pays des Andastes afin de préparer une expédition contre les Iroquois.

Champlain impatient ne l'attend pas et le combat tourne au désastre pour lui et ses alliés. Quand Brûlé arrive, tout est terminé. Il ne lui reste plus qu'à accompagner les Andastes dans leur pays et à continuer ses explorations. Il se rend sans doute l'hiver suivant jusqu'en Pennsylvanie. Au printemps, il est fait prisonnier des Iroquois et conduit au poteau de torture et... relâché. Car au moment fatidique, le ciel se couvre de lourds nuages et le tonnerre éclate. Pris de panique, les Iroquois s'enfuient car Brûlé leur fait croire que c'est son dieu qui était fâché. Par son astuce, il échappe habilement à la mort. Sans doute, les Iroquois craignant les représailles des Français préféraient-ils attendre pour pouvoir ouvrir de meilleures relations commerciales avec eux...

De 1621 à 1623, Brûlé repart en expéditions. Il se rend au lac Supérieur, à la rivière Saint-Louis. Il repartira avec Sagard en 1623. Une expédition très périlleuse où Sagard faillit se noyer. Mais on n'attache pas Brûlé. Il est toujours sur un pied, toujours prêt à repartir pour découvrir de nouvelles terres. Et arrive le jour fatidique de la prise de Québec en 1629. Brûlé aurait trahi la France et serait passé du côté des Anglais...Sans doute qu'il avait agi pour faciliter les relations entre les gens de son clan et les futurs occupants de Québec.

Le plus difficile à cerner, c'est la mort de Brûlé dont le Père Brébeuf nous parle dans un de ses écrits. «Je vis pareillement, écrit-il, l'endroit où le pauvre Brûlé a été barbarement et traîtreusement assommé. » Sagard, de son côté, parle de Brûlé « condamné à mort, puis mangé par les Hurons. » Nul ne saura jamais la cause réelle de cette triste fin. Comme l'écrit encore Sagard «pendant plusieurs années, il avait vécu au milieu d'eux, suivant les coutumes de leur pays et servant d'interprète; et tout ce qu'il a reçu en récompense est une mort douloureuse, une fin abominable et malheureuse. »

Étienne Brûlé nous apparaît comme le coureur des bois né pour vivre une intense aventure. Victime de son aculturation. Il avait tout fait pour s'adapter à ce nouveau pays, aux coutumes si différentes des siennes, à la langue, à la vie dure des saisons tant en forêt que sur les eaux. Il nous montre qu'il n'est pas facile de faire tomber les tabous, les méfiances, les ambiguïtés et les différences.

Pour en savoir davantage, lire la brochure de Jean-François Beaudet parue dans le collection *Célébrités canadiennes* de Lidec.

Je pense qu'il vaut la peine de souligner la mémoire de ce premier coopérant, dans le sens le plus plein du mot. Quand on parle d'aculturation, on ne peut pas oublier son audace, son engagement et même sa témérité.

CLAUDE-HENRI GRIGNON
Le redoutable «lion du nord»

Peut-être le roman de Claude-Henri Grignon — *Un homme et son péché* — est-il le plus connu des romans au Québec. On ignore tout de l'auteur : fonctionnaire, journaliste, collaborateur de nombreux journaux. Les plus érudits savent sans doute quelque chose de la revue qu'il a fondée *Les Pamphlets de Valdombre*. C'est tout. Mais *Un homme et son péché (1933)*, pas un Québécois qui n'en ait entendu parler! Ce roman restera, à n'en point douter, l'œuvre principale de Claude-Henri Grignon. Grâce aux ondes de la radio et de la télévision, il a connu dans le temps, au Québec, un succès sans précédent. «Séraphin» est devenu pour tout Québécois symbole de l'avare invétéré. Son nom revient encore dans toutes les conversations pour parler d'une personne pingre. Donalda, en revanche, incarne le mythe de la femme «encabanée, victime d'un homme sans pitié et objet de manipulation facile.»

Il faut dire que Grignon a le don de camper des personnages vivants, issus du milieu populaire, représentatifs des couches les plus communes de la société. Il a su leur prêter le langage, les réactions, les émotions et les mettre dans des situations vécues par les gens. Chacun pourrait presque mettre des noms sur tel ou tel de ses personnages, tellement ils semblent sortis des rangs de la société de l'époque. Cette manière d'écrire a donné une popularité extraordinaire à son roman et une cote d'écoute peut-être inégalée.

Claude-Henri Grignon n'est pas seulement un romancier puissant. C'est aussi un pamphlétaire coriace, sans doute l'un de nos meilleurs. Son esprit d'indépendance ne lui faisait pas mâcher ses mots. Comme polémiste, il n'avait pas son pareil. À juste titre, on lui a donné le surnom de «lion du Nord.» Jean-Charles Harvey disait que «sa prose est la plus verte et la plus pittoresque que l'on écrive au Canada.»

En ce 8 juillet, saluons le père de Séraphin toujours bien vivant parmi nous.

THÉRÈSE GASGRAIN
La grande Montréalaise

Issue de la haute bourgeoisie de Montréal (son oncle était sénateur; son père, important homme d'affaires fut député de Charlevoix), Thérèse semblait avoir un avenir tout tracé devant elle. Elle mena une enfance paisible tant à Montréal dans la belle maison qui devint le Cercle universitaire qu'à la résidence de ses parents à Gil'Mont «bercée par le murmure des vagues et vivifiée par l'air salin et le parfum des conifères.»

Après de solide études, elle se lança très tôt dans la solution des problèmes de la société de son temps. En 1843, le Parlement du Canada-Uni avait voté une loi qui privait les femmes de leur droit de vote pourtant concédé depuis 1791. Thérèse devait être le porte-parole des femmes brimées. En 1928, elle se retrouvait à la présidence du *Comité provincial pour le suffrage féminin* qui devint l'année suivante *La ligue des droits de la femme*. Elle occupa ce poste pendant quatorze ans. Elle prit tous les moyens à sa disposition pour conscientiser les gens de cette aberration. Elle appuya Adélard Godbout, réélu en 1939 premier Ministre du Québec. Malgré la forte opposition, notamment du clergé, la loi fut votée et le 25 avril 1940, les femmes retrouvaient leurs droits légitimes. Quarante ans plus tard, Thérèse pouvait dire: «Quant à moi, l'une des dernières survivantes de cette épopée, je ne suis pas loin d'admettre que, si on y met le temps, on arrive à cuire un éléphant dans un petit pot.»

En 1916, elle avait épousé un jeune avocat, Pierre Casgrain, qui devint ministre dans le gouvernement King, Président de la Chambre des Communes, et Juge de la Cour Supérieure en 1941. Les relations de sa famille amenèrent Thérèse Casgrain a côtoyer les plus grands personnages. Elle ne négligeait pas pour autant ses devoirs civiques: fondatrice de la Ligue de la jeunesse féminine, membre fondateur de la Fédération des œuvres de charité canadienne-française, vice-présidente du Club des femmes libres du Canada, membre actif de la Société des concerts de Montréal, trois fois Présidente de la Fédération des femmes du Québec, fondation et vice-présidente de la Fondation canadienne des droits de la personne.

Pas surprenant que fille d'un député conservateur, épouse d'un ancien ministre, elle ait pensé à la politique. Elle osa se présenter dans cette circonspection de Charlevoix où sa famille avait tenu la bannière pendant quarante ans. Quatre adversaires masculins lui firent une lutte acharnée. Elle fut battue. Le

Québec du temps n'était pas mûr pour voir des femmes siéger à l'Assemblé nationale.

Entre temps, Thérèse Casgrain étudie le programme des partis. Elle se rend vite compte que c'est toujours le C.C.F. aujourd'hui le N.P.D. qui prône le mieux le socialisme démocratique comme il existe en Angleterre, en Suède, en Norvège. En 1946, elle adhère au C.C.F. pour «faire comprendre aux Québécois la nécessité d'adopter des mesures qui favorisent le bien commun.» Elle est élue trois fois chef du Parti et huit fois candidate sous cette bannière. Et elle voyage partout dans le monde pour préconiser les idées de justice, de paix, de tolérance, du respect des droits humains, de la fraternité nécessaire entre les peuples.

Le 8 octobre 1970, elle est nommée au Sénat à un moment critique de notre histoire. Pendant le peu de temps qui lui reste, elle est active et dynamique comme toujours. Elle s'intéresse à tout : le statut de la femme au Canada, le Vietnam, le contrôle abusif dans le domaine agricole.

En 1980, on lui décerne le titre tant mérité de «GRANDE MONTRÉALAISE.» Toujours ouverte et compréhensive, madame Casgrain pouvait dire avec son acuité d'esprit et sa perspicacité intelligente : «Ma participation aux événements sociaux et politiques qui ont marqué mon pays depuis vingt ans me font comprendre le sentiment patriotique qui sommeille au cœur de tout Québécois.»

En ce 10 juillet, anniversaire de sa naissance, saluons cette championne des droits de la femme, avant-gardiste, souple aux changements qui s'imposent, éprise de fraternité et de justice sociale. Une grande dame qui a fortement marqué son époque! Les femmes lui doivent toutes quelque chose.

WOLFRED NELSON
L'éveilleur du patriotisme

Wolfred naquit d'un père loyaliste qui se réfugia au Canada après la guerre de l'indépendance américaine. Rien ne semblait le destiner à la vie tumultueuse qu'il devait mener par la suite. Il exerçait sa profession de façon paisible. Médecin habile, estimé et compatissant. Plus tard, il montrera qu'en médecine, il connaît son métier. Il sera en effet le premier médecin à utiliser l'anesthésie avec l'éther.

Soudain, il se lance en politique. Aux élections de 1837, il bat le procureur général Stuart du Bas-Canada. C'est Wolfred Nelson qui présidera la fameuse «assemblé des dix comtés.» Il est aussitôt arrêté. Mais Nelson a la couenne dure. Il résiste et combat Gore à Saint-Denis et le défait. Malheureusement, l'écrasement de Saint-Charles l'oblige à prendre la fuite.

Des années noires. Il est ruiné. Ses biens sont confisqués. Il est incarcéré pendant six mois puis exilé aux Bermudes pour «rébellion contre la mauvaise administration coloniale!» Il rebondit toujours. En 1838, on le retrouve à Plattsburg où il ouvre un cabinet de médecin. Puis, à la faveur de la procédure que fait adapter Papineau à l'Assemblée, Woldred revient à Montréal en 1842.

Il s'installe dans le faubourg Saint-Lambert, exactement là où *La Presse* tient aujourd'hui ses bureaux, c'est-à-dire à l'angle des rues Saint-Jacques et Saint-Laurent. Tout le monde pense que Wolfred va se la payer douce. Mais non. C'est un mordu de la politique. En 1844, il se porte candidat dans le comté de Richelieu. Il est élu et sera député pendant six années.

Il meurt à Montréal le 17 juin 1863. En cet anniversaire de sa naissance, saluons la mémoire d'un grand patriote qui a eu le courage de ses convictions.

JUDITH JASMIN
Une exceptionnelle journaliste

Parler de Judith Jasmin, c'est s'obliger à être incomplet en partant. Cette femme a reçu les hommages — un peu trop tardifs — qu'elle méritait à sa mort le 20 octobre 1972. Colette Beauchamp vient de publier un passionnant ouvrage sur la vie de cette grande dame qui mériterait plus que le nom d'un pavillon à l'UQAM.

René Lévesque, journaliste avec elle à Radio Canada et qui fonda avec elle encore *Carrefour*, un magazine radiophonique, disait d'elle le jour de sa mort : «Dans le métier — il et s'y connaissait — c'est un des cas les plus exceptionnels que j'ai rencontrés. Cultivée, honnête, Judith Jasmin était aussi très attachante et d'une grande générosité. » On l'a connue comme comédienne d'abord. Elle excellait. Ensuite à la radio où elle a fait sa marque. Première femme à faire du journalisme politique et international. Comme speakerine à *Voix du Canada*, elle a conquis d'emblée son public. À Radio Canada, elle a réussi, par sa détermination et sa compétence, à s'imposer comme reporter. Elle fut notre première Québécoise correspondante à l'étranger. Je me souviens encore de ses émissions sur la révolution cubaine, sur l'indépendance de l'Algérie, sur le duvaliérisme en Haïti, etc. Ses commentaires courts et concis étaient des capsules denses et riches. Comme dit sa biographe, « au-delà des faits, qu'elle savait mettre en perspective avec une rare intelligence et une exceptionnelle rigueur, elle communiquait une autre dimension des réalités. Elle dégageait aussi autre chose : une intensité d'être, une conscience de la responsabilité sociale, une volonté de cerner le réel dans son endroit et dans son envers. »(op. cit., p. 10)

Quand arriva la révolution tranquille, Judith Jasmin devint une exceptionnelle éveilleuse de consciences. Elle s'est engagée comme elle faisait en tout, à 100%. Il faudrait plusieurs épithètes pour la résumer : volonté de fer, courage constant, indépendance d'esprit, féministe déterminée. «Nous ne supportons pas de sentir notre identité de Canadiens-français niée un seul instant, écrivait-elle. Il ne s'agit pas d'une réaction épidermique, d'une susceptibilité passagère. La racine en est profonde.(...) Il faudra bien un jour avoir le courage de récurer le fond de notre conscience nationale!» Il n'y a qu'une chose que Judith ne supportait pas: la bêtise. Elle était trop exigeante pour elle-même, trop lucide, trop intelligente. On l'a accusée d'être parfois tranchante et dérangeante. Bien sûr. Elle n'acceptait pas les gens écrasés ou résignés. À ceux-là, sa parole comme un coup de fouet claquait l'épiderme douillet.

Sa quête spirituelle était à la hauteur de ses aspirations. Sa grande fragilité émotive lui avait rendu douloureuse sa recherche de l'absolu. Elle n'était pas agnostique mais spiritualiste, comme elle disait elle-même. Un jour, elle parlait du Québec appelé à sa propre révolution spirituelle. Elle voyait de loin une Église nouvelle aux cent visages. Et je me rappelle de ces paroles quand, étudiante à Paris, elle écrivait dans son *Journal* : « Me soumettre aux lois de l'Église ? Je ne crois pas y parvenir entièrement mais je crois en Dieu et j'aime Jésus et je tâche de l'aimer mille fois plus et surtout de pratiquer, d'imiter cette vertu si grande, illimité (sic), sa patience, son indulgence, sa sagesse en tout, son amour sans bornes pour tous, tous. » (17 février 1932) Une sainte n'aurait pu mieux dire !

En ce 10 juillet, anniversaire de cette femme exceptionnelle de chez nous, rappelons sa mémoire stimulante pour un peuple qui se veut debout.

AURÉLIE CAOUETTE
Apôtre du Précieux sang

Aurélie était la septième d'une famille de neuf enfants. Toute jeune encore, on devinait quelque chose d'étrange chez une tout petite fille. Elle pouvait passer des heures à écouter avec attention le récit de la passion de Jésus. Cependant, ce qui peut surprendre aussi, elle était en même temps, d'une gaieté remarquable et d'une grande vivacité dans les conversations. Elle affichait un sourire constant et gagnait l'amitié de tous ceux qui l'entouraient.

Ses parents voulurent lui donner la meilleure éducation possible à l'époque. Ils la confièrent aux sœurs de la Congrégation Notre-Dame dès sa douzième année. Aurélie resta égale à elle-même et se montra élève appliquée et compagne recherchée. Ses études terminées, elle commença la traversée d'un long tunnel. Pendant dix longues années, elle cherche à connaître la volonté de Dieu sur elle à travers la maladie et des tensions intérieures. En 1854, elle est admise dans le Tiers-Ordre de saint Dominique. Elle prend le nom de Catherine en mémoire de la séraphique Catherine de Sienne. Pieuse et attentive aux moindres souffles de l'Esprit, Aurélie consultait. Dieu mit sur sa route de sages directeurs spirituels. Mgr Prince, convaincu de la véracité de sa vocation spéciale, crut bon l'envoyer consulter Mgr Bourget, reconnu pour son discernement des esprits. Ce dernier, frappé par les propos d'Aurélie prononça cette parole dans son oratoire : « Si j'étais l'évêque de St-Hyacinthe, je vous dirais : fondez une communauté d'Adoratrices du Précieux Sang, filles de Marie Immaculée. »

Néanmoins, il fallut attendre encore deux ans. Le nouvel évêque de S-Hyacinthe, Mgr Larocque, demanda un signe spécial à saint Joseph qui lui accorda. Enfin, le 14 septembre 1861, le rêve d'Aurélie devenait réalité. C'était la naissance de cette première communauté de contemplatives cloîtrées au Canada.

La spiritualité de Mère Catherine-Aurélie est toute centrée sur la passion du Sauveur, symbolisée par son sang rédempteur. Le « J'ai soif » de Jésus en croix avait dans le cœur d'Aurélie les plus profonds retentissements. Avec autant de force que Paul, elle pouvait dire : « Je ne veux rien savoir que Jésus et Jésus crucifié. »

Aurélie guida sa jeune communauté avec beaucoup de tact, de discernement, de mansuétude et de hauteur d'esprit. Sa charité envers les pauvres était toute spéciale. Elle envoyait des paniers de provisions, les comblait d'attentions et de prévenances, les gâtait presque. Je pense aux premiers temps de la communauté des Sœurs de Saint-Joseph fondée par Mgr Moreau et Élisabeth Bergeron à Saint-Hyacinthe. Aurélie savait par expérience combien sont difficiles les débuts de toute communauté. Le premier jour, elle envoie en plus d'une statue de saint Joseph, une table de frêne, un grand panier de provisions, du bon pain et du beurre, une bureau-secrétaire rempli de papiers, enveloppes, plumes, encre, un assortiment de serviettes, du thé, du café, des épices, etc. Tous les mercredis, une sœur tourière apportera légumes et fruits. Elle continuera ses largesses pendant encore plus de trois ans et encore...On peut dire qu'elle se montrait magnanime.

C'était Aurélie. Une adoratrice, oui, mais un cœur qui voyait toute la misère du monde et y apportait toute son attention. La contemplation ne l'a jamais coupée de la dure réalité de la vie. Au contraire. Au fond de son monastère, elle entendait la misère du monde. Par sa prière constante, sa vie immolée par amour, sa joie communicative, elle a été sur cette terre un témoignage vivant de l'amour qui répond à l'amour.

Mère Aurélie est décédée le 6 juillet 1905. Sa cause de canonisation a été introduite. Le procès diocésain favorable a été validé par Rome le 7 septembre 1994. Espérons voir le jour où l'Église proposera cette apôtre au cœur de feu comme modèle au monde asséché et en quête d'amour.

En ce 11 juillet, date anniversaire de sa naissance, réjouissons-nous de voir une si belle âme choisie par Dieu pour accomplir tant de bien !

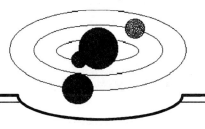

HUBERT REEVES
L'astrophysicien, fils des étoiles

Hubert Reeves est un vulgarisateur de la science hors pair. Il sait s'adapter à des enfants de cinq ans comme à des experts en cosmologie les plus érudits. Sa connaissance scientifique n'a rien de désincarné. Elle s'inscrit dans une histoire qui s'est développée au cours de millénaires. Et c'est un mordu de la science. Il sait communiquer sa flamme en sortant parfois des programmes rigidement structurés. « Je n'enseigne jamais la même chose, soulignait-il dans un entretien au *Devoir*. Beaucoup d'enseignants ânonnent ce qu'ils ont appris et ne transmettent pas leur feu sacré aux élèves. Le plus important est que le professeur soit passionné par ce qu'il fait et qu'il crée un climat affectif avec ses élèves. Ça ne dépend pas de ce qui se raconte, mais de ce qui se vit dans cette salle de cours. » Cela commence très jeune. Le premier rôle appartient encore aux parents. « L'enthousiasme est communicatif, ajoutait-il. Si dans la famille la science est quelque chose d'important et qu'on en parle, ça va se transmettre. »

Hubert Reeves, proche de son public, raconte l'histoire de l'Univers comme une histoire mais une histoire vraie. Il le fait avec passion parce que, pour lui, l'univers est beau. Frères des étoiles, amateur du ciel, rêveur concret, poète de l'univers et des espaces sidéraux, infiniment grand parce que toujours proche des infiniment petits. Il faut lire *Patience dans l'azur* vendu à des centaines de milliers d'exemplaires. Cette vulgarisation de l'histoire de l'univers fit grimper Reeves direct dans le ciel des étoiles. Depuis, il s'y est maintenu. Avec *Poussière d'étoiles*, Reeves dédiait une «ode à l'Univers», un «hommage à sa splendeur et à son intelligibilité.» Suivirent *L'heure de s'enivrer, Malicorne, Compagnons de voyage, Les Dernières Nouvelles du cosmos.*

Personnellement, je suis porté à croire que Reeves prête une intention à tout le cosmos. Il ne le dit pas carrément car la science, c'est la science et la métaphysique est autre chose. Mais je commence à opiner fortement que pour lui, le « d'où venons-nous » est intimement lié au « où allons-nous ? »

En ce treize juillet, anniversaire de sa naissance, comme il nous fait plaisir de saluer ce grand vulgarisateur, à la fois fils de la terre et frère des étoiles.

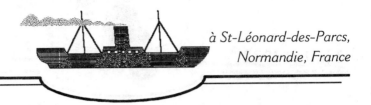

Décédé le 14 juillet

à St-Léonard-des-Parcs, Normandie, France

NOËL LANGLOIS
Pilote royal et grand défricheur

Il était pilote royal! Je n'ai jamais pu savoir exactement ce que cela signifiait. Sans doute travaillait-il comme pilote sur les bateaux du roi. Ma surprise a été grande quand j'ai reçu, il y a environ un mois, une lettre de Queensland, Australie, m'assurant ceci: «Does the Langlois have Royal Ancestry? Yes, family tree research offers fame and fortune prooviding Yvon Langlois returns this card and qualifies. Your hutt Royal Award will bi dispatched immediately!» Évidemment, je n'ai pas réclamé ma toge royale, moi qui ai déjà payé une amende pour ne pas revêtir celle qu'on me destinait lors de la collation des grades à la remise de mon doctorat à l'université Laval. Je n'y puis rien: ces parades mode m'ont toujours fait rire!

Plus de 350 ans sont passés depuis l'arrivée de Noël Langlois au pays avec Champlain en 1633. Il fait donc figure de tout premier colon et il apparaît dans notre histoire au tout début de la Nouvelle-France qui reprenait possession de Québec après le traité de Saint-Germain-en-Laye, signé en 1632. En arrivant au Québec, il s'établit sur la côte de Beauport. C'est là que le seigneur Giffard lui fit une concession en 1637. Noël Langlois fut le quatrième Français à se marier en Nouvelle-France. Lui et son épouse, Françoise Grenier, élevèrent une nombreuse famille. Chose étrange, les trois fils prirent des noms différents: Jean, celui de Bois-Verdun et s'établit à l'île d'Orléans. C'est peut-être pour cette raison que cette île m'a toujours été particulièrement chère. Les racines, sans doute...Le second fils, nommé également Jean, garda le nom de Langlois et vécut à Beauport, puis alla demeurer à Cap-Saint-Ignace. Enfin, le troisième, Noël, décida de s'établir à Beauport et prit le nom de Traversy.

On assure que dès 1667, Noël Langlois avait soixante arpents de terre défrichée, une étendue considérable, compte tenu des moyens et des outils disponibles à l'époque. À sa mort, survenue le 14 juillet 1684, on lit ce qui suit dans les registres de paroisse:

«Noël LANGLOIS âgé d'environ 80 ans et plus ancien habitant du pays, décédé le jour de devant dans la piété chrétienne après avoir reçu les sacrements de l'Église et mené une vie exemplaire avec l'approbation de toute la paroisse.»

Il faut dire cependant que ce sont deux femmes qui furent les premières à apporter le nom de Langlois au Québec, au tout début du XVIIᵉ siècle. Françoise Langlois, mariée à Pierre Desportes, et Marie Langlois, mariée à Abraham Martin, dit l'Écossais qui donna son nom aux Plaines. Françoise et Marie arrivèrent au pays en 1617 et 1619, ce qui en fait les toutes premières aïeules Langlois de la Nouvelle-France. Chacune d'elles, notent les *Mémoires de la Société de Généalogie canadienne-française*, a donné un prêtre au pays, les deux premiers prêtres catholiques nés en Nouvelle-France. Il faudra attendre jusqu'en 1634, pour que le premier mariage de Langlois ait lieu à Québec, soit celui de l'ancêtre commun, Noël Langlois qui fonda ainsi la deuxième des plus anciennes familles québécoises.

Savez-vous qu'une petite ville de l'Oregon, sur la côte ouest des États-Unis porte le nom de Langlois? Bien plus, dans l'île Alexandro-Shelkirk, au large de la côte chilienne, en Amérique latine, un certain Langlois, *apatride aux semelles de vent* j'imagine, a donné son nom à une pointe (la punta Langlois!) Et à Beauport, un petit parc a été érigé à la mémoire de notre ancêtre commun.

En ce 14 juillet, fête des Français et anniversaire de la mort de mon ancêtre, (impossible de connaître la date de sa naissance), il est bon de savourer le goût de ses racines. Honneur à toi, Noël Langlois, grand défricheur et citoyen exemplaire!

DR ALBERT J. AGUAYO
Un chercheur tenace

Le Dr Aguayo est directeur du Centre de recherche en neuroosciences de l'université McGill à l'Hôpital Général de Montréal. Il vient de recevoir le prix du Québec Wilder-Penfield en recherche biomédicale, conjointement avec le Dr Yves Lamarre. Le Dr Aguayo est conscient que cette distinction prouve le sérieux des recherches qui se font chez nous. Il avoue lui-même : « cette reconnaissance exprime plus que tout la vigueur de la recherche en neuroscience qui se fait dans la province et au pays. » Avec l'humilité qui caractérise tout homme de science véritable, il ajoute aussitôt : « Il n'y a jamais rien qui se fait seul dans mon domaine. Tout est réalisé au sein de larges équipes de recherche. »

Dans l'excellent article qu'il écrivait à l'occasion de la remise de ce prix, Marc Thibodeau (*Le Devoir*, 27 novembre 1994) s'exprimait ainsi à l'endroit du Dr Aguayo : « Au début des années 80, l'idée prédominante était que les cellules nerveuses du SNC n'avaient pas la capacité de se régénérer ou de reformer des connexions interrompues. Par cette conception, la communauté scientifique avouait implicitement qu'il n'y avait peu d'espoir pour soigner les handicapés chroniques victimes de lésions à la moelle épinière. Peu d'espoir également pour les personnes atteintes de maladies dégénératives comme le Parkinson et l'Alzheimer, qui entraînent la perte de cellules nerveuses et l'interruption des connexions entre neurones. Paradoxalement, il était reconnu à l'époque que les cellules du système nerveux périphériques étaient généralement capables de se régénérer suite à une lésion. En s'inspirant de cette observation, le Dr Aguayo et ses collègues étudièrent le comportement de cellules endommagées du SNC en présence de nerfs issus du système nerveux périphérique. »

Le résultat fut spectaculaire. « Nos travaux ont démontré, ajoute le Dr Aguayo, que les cellules du SNC chez les mammifères adultes, contrairement à la conception populaire, pouvaient croître dans un tel environnement. Elles conservaient donc une capacité tout à fait extraordinaire de régénération. » « C'est une période très excitante, estime-t-il. Je me suis intéressé à la neurologie parce que j'étais fasciné par ce petit organe de trois livres, le cerveau, qui détermine tout ce que nous sommes comme être humain. Je suis tombé en amour avec le sujet, et mon intérêt n'a cessé de croître depuis. »

Bravo ! Longue vie et bonnes recherches, Dr Aguayo ! En ce 16 juillet, anniversaire de votre naissance, nos meilleurs souhaits pour de fructueux travaux ! Ad multos annos !

RONALD MELZACK
Grand chercheur sur la douleur

Il vient de recevoir le prix du Québec en sciences pures et appliquées. Paraît-il qu'il est reconnu mondialement comme une autorité sur la douleur. Pardonnez-moi, D'Melzack, je l'ignorais complètement. Et dire que tout a commencé par pur hasard !

« J'ai commencé à m'intéresser à la douleur, dit-il, à cause d'une expérience que j'avais réalisée comme étudiant à l'Université Mc Gill sur des scotch-terriers avec Donald Hebb, qui était alors directeur du département de psychologie. » Il s'agissait d'identifier comment les expériences sensorielles en bas âge peuvent affecter le développement ultérieur de l'intelligence. À cet effet, M. Melzack isola les chiots dans des cages séparées. À la fin, lorsqu'il les sortit, il se rendit compte avec stupéfaction que les chiots semblaient complètement insensibles à la douleur. Ils allaient jusqu'à plonger leurs narines dans la flamme sans manifester la moindre douleur, ni ne criaient lorsqu'on leur marchait sur la queue, etc.

Cette expérience ouvrait un vaste champ d'exploration au chercheur. Une fois terminé son doctorat à Mc Gill, le jeune Ronald décida d'aller approfondir ses connaissances en physiologie au sein du laboratoire du D'William Livington aux États-Unis.

L'illustre D'Livington fit comprendre au jeune chercheur qu'il ne pouvait alléger la douleur s'il ne voyait pas des gens aux prises avec la douleur et il l'invita à une clinique. Là, il vit, non seulement de manière cérébrale mais fit face à la douleur réelle de patients qui se tordaient dans des souffrances que personne ne pouvait soulager. Ce fut le déclenchement. « J'ai senti, dit-il, que je devais apprendre quelque chose qui puisse leur servir. » Par la suite, il fit la rencontre d'une dame Emily Hull qui dut se faire amputer une jambe, puis la deuxième, à cause de la gangrène. M. Melzack était témoin muet de ses souffrances horribles qu'elle décrivait de façon imagée. Il se souvient encore d'elle et la décrit se plaignant de ses jambes disparues qui lui faisaient horriblement mal. M. Melzack notait attentivement les mots employés par madame Hull et par d'autres patients. C'est ainsi qu'il mit au point un questionnaire qui sert encore d'instrument de l'évaluation subjective de la douleur chez les malades. L'ouvrage a été traduit en douze langues.

Par la suite, M. Melzack travailla conjointement avec le réputé physiologiste Moruzzi au Massachusetts Institute of Technology. C'est là qu'il rencontra le physiologiste britannique Wall. De leur collaboration, parut en 1965 l'ouvrage sur la théorie dite du «portillon» (*Gate control theory of pain*). «En bref, dit M. Melzack, notre théorie postulait que l'information qui est transmise vers le cerveau en provenance d'une blessure peut être freinée ou encouragée en cours de route par des signaux en provenance de la moelle épinière, du cerveau ou des deux à la fois. »

L'ouvrage qui avait suscité un tres grand intérêt dans le monde fut reformulé en 1983 dans *The Challenge of Pain*, traduit en français sous le titre *Le défi de la douleur*. Dans une entrevue qu'il donnait à Marc Thibodeau pour *Le Devoir*, le journaliste est en mesure d'affirmer que le volume «entraîna une forte croissance dans le domaine de la recherche et des connaissances reliées aux mécanismes de la douleur et a ouvert la voie à de nouveaux traitements. L'hypothèse a notamment mené à la découverte des opiacés naturels, les endorphines et les enképhalines. »

Le Dr Melzack est actuellement titulaire de la chaire E.P. Taylor de psychologie à l'université McGill. Il s'attaque maintenant à faire disparaître le tabou de la dépendance des médicaments utilisés par les malades. Selon lui, il est extrêmement rare que survienne une dépendance lorsque des médicaments (morphine, codéine, etc.) sont utilisés pour traiter la douleur. Il travaille également au problème des membres manquants et aux douleurs fantômes. Semble-t-il que le cerveau contient un ensemble particulier de neurones qui génèrent en permanence l'impression que le corps est intact.

En ce 19 juillet, anniversaire de sa naissance, nos meilleurs vœux accompagnent le Dr Melzack dans ses recherches. Chacun de nous ne peut qu'en bénéficier. La douleur nous atteint tous à quelque coin de la vie. Tant mieux s'il réussit à la débusquer !

PIERRE LE MOYNE D'IBERVILLE
«Le plus célèbre fils de la Nouvelle-France»

Il était né pour les chevauchées glorieuses et les exploits. D'Iberville, comme nous l'appelons chez nous, était le troisième fils du célèbre Charles Le Moyne bien connu. Iberville était le nom d'un fief que possédait la famille de son père près de Dieppe en Normandie. Pierre était né sur la rue Saint-Paul dans le Vieux Montréal d'aujourd'hui. Très jeune, il montre qu'il sait ce qu'il veut dans la vie. À douze ans, il s'embarque clandestinement sur un bateau en route vers l'Acadie. Quand il revient trois ans plus tard, il est assez expérimenté puisque son oncle Jacques lui offre un poste de second pour une expédition difficile dans la région des Grands Lacs. Deux semaines de canotage, vingt-cinq portages, des rapides dangereux à traverser, des campements, des explorations, des rencontres avec les Indiens, l'hivernage dans une cabane et de belles fourrures. C'est sur le tas qu'on apprend son métier !

Il repartira et repartira encore. Sur les eaux glauques de l'Atlantique à bord de *l'Esterlet* en partance pour le golfe du Saint-Laurent, il sera maître timonier et responsable de la sonde. Il vivra sur l'eau comme il rêvait de le faire, de Tadoussac à l'île Saint-Jean, de la péninsule acadienne à Québec et même jusqu'à La Martinique. Au retour, le jeune timonier passe second maître sur un bateau du roi et visite La Rochelle. Il devient officier sur les navires du roi en «reconnaissance des mérites de son père.» Il se dit alors à lui-même : «Le temps ne serait-il pas venu qu'à mon tour je ne doive qu'à moi-même ce qui m'arrive de remarquable?» Mais un soldat-marin n'a pas le temps de penser. Il doit obéir aux ordres qui l'envoient au détroit de Belle-île et à la côte du Labrador. Il participe ensuite à une expédition à la baie James avec ses frères Jacques et Paul et se distingue dans la prise des forts Monsoni, Rupert et Albany. On lui confie même le commandement des forts conquis. Il devient le piège des Anglais dans la baie James. Il les harcèle continuellement, s'empare de leur butin, torpille leurs navires, fait de nombreux prisonniers. En 1690, il combat encore avec ses frères dans la grande offensive contre les établissements anglais de la côte est. Il est ensuite nommé commandant de tous les navires français à la baie d'Hudson.

Grand stratège militaire, il s'était endurci dans les glaces polaires, il savait déjouer les plans des Anglais, les attaquer à l'improviste, les surprendre par d'habiles tactiques. Pendant dix ans, il s'acharnera contre les forts anglais du nord et de la côte atlantique. Une de ses plus éclatantes victoires, c'est celle de Terre-Neuve : 36 établissements détruits, 200 personnes tuées, 700 prisonniers. Son exploit sur

Le Pélican contre trois bateaux anglais est inoubliable. Avec 44 canons et d'habiles manœuvres, il vint à bout des 144 canons des trois navires ennemis.

Ses services éminents lui valurent l'estime du roi et des stratèges militaires de France. On lui confia par la suite le soin d'étendre la domination française au-delà des Grands Lacs et de la baie James, là où les neiges et ses frimas sont inconnus, la verdure luxuriantes et les fleurs perpétuelles. D'Iberbille partit pour La Louisiane, explora l'embouchure du Mississipi où il construisit un fort pour bloquer aux Anglais et Espagnols la remontée du fleuve. Il devint ainsi le premier gouverneur de La Lousiane. Le roi le fit chevalier de Saint-Louis.

Malheureusement, les ambitions trop grandes de Pierre Le Moyne d'Iberville ne laissèrent pas sa réputation sans tache. Ainsi en 1706, sa campagne de harassement contre la population de Nevis fit beaucoup de victimes. « Quand les Français quittèrent l'île, écrit Pothier dans le *Dictionnaire biographique du Canada*, ce jardin des Antilles n'était plus qu'une lamentable ruine. La campagne avait semé la terreur, non seulement aux Antilles mais tout le long de la côte de Atlantique, de la Caroline jusqu'à Terre-Neuve. »

Iberville mourut en pleine gloire, victime de la fièvre jaune, à La Havane en juillet 1706. Il n'avait que quarante-cinq ans. Comme l'écrit Louis-Martin dans sa récente et palpitante petite biographie du héros : « En Amérique septentrionale, la France de Louis XIV était alors maîtresse d'un vaste territoire. Il allait de la baie d'Hudson, réservoir de pelleteries, aux côtes du Labrador, de Terre-Neuve et de la majeure partie de l'Acadie, riches en poissons, de la vallée du Saint-Laurent et de ses affluents bordés de terres plantureuses. Il se prolongeait par les terres entourant les Grands Lacs et, par les vallées de l'Ohio et du Mississipi, rejoignait le golfe du Mexique, englobant la Louisiane où Iberville avait établi de solides positions sur la baie de Biloxi et la région de la Mobile. Le grand rêve de Champlain et de Jean Talon était réalisé. » (*Pierre Le Moyne d'Iberville, le conquérants des mers*, Ed. XYZ, Montréal, 1995).

Tous les efforts de ce grand aventurier et colonisateur, de ce corsaire audacieux et de ce militaire sans peur, furent vains. Quelques années après sa mort — en 1713 — la France signait le traité d'Utrech et rendait l'Acadie, Terre-Neuve et la baie d'Hudson à l'Angleterre. « Ainsi, les grands efforts militaires d'Iberville, d'un trait de plume, étaient annulés. »

En ce 20 juillet, saluons la mémoire de ce brave dont la vie ressemble presque à un roman. Une petite ville de la Montérégie garde le nom de cet invincible guerrier. Dans son livre qui ne sera jamais dépassé, *Iberville le Conquérant*, Guy Frégault qualifie Iberville de *Cid canadien*.

23 juillet au 23 août
Le Lion

fleur du mois :	le glaïeul dont le nom signifie épée en référence à ses longues feuilles. La floraison des glaïeuls est très colorée et dure longtemps.
pierre de naissance :	le péridot appelé aussi émeraude de nuit à cause de sa belle couleur vert sombre. Pierre plutôt inconnue et cependant très utilisée dans les ornements ecclésiastiques et les bijoux royaux pendant des centenaires.
signe du zodiaque :	LION

Le Lion est symbole de puissance, de souveraineté et aussi de soleil, de l'or, de la force pénétrante, de la lumière et du verbe. Le lion occupe, comme cinquième signe du zodiaque, le milieu de l'été caractérisé par l'épanouissement de la nature sous les chauds rayons du Soleil, son maître planétaire.

planète : SOLEIL

Le soleil, c'est l'astre symbolique de la vie, de la puissance, de l'éclat, de la pleine maturité Les Lions ont un tempérament passionné, une grande générosité, le sens des responsabilités, beaucoup de charme personnel. Personne n'a d'aussi grandes chances de réussir que le natif du Lion. Il atteint toujours ce qu'il recherche, impose par son autorité, sait se faire respecter tout en restant amical.

JEAN-CHARLES BONENFANT
«L'encyclopédie vivante» de l'université Laval

Cet homme était vraiment universel. Avocat, directeur de la bibliothèque de la Législature, journaliste à *l'Événement*, chroniqueur judiciaire (*Billets du matin*), professeur de droit, collaborateur à plusieurs journaux, analyste de théâtre à Radio-Collège, conférencier apprécié et toujours sur la sellette, fin commentateur de débats, versé en histoire et en littérature, expert sur un nombre incalculable de Commissions importantes (Commission Laurendeau-Dunton, Commission de géographie du Québec, Commission Gendron, etc.), ce n'est pas pour rien qu'on l'a appelé « une encyclopédie vivante. »

Personnellement, je le compte parmi mes anciens professeurs de littérature. Il était méthodique dans son analyse, clair et précis dans sa documentation, calme et serein dans ses explications, profond et juste dans ses jugements. Un très bon professeur. L'humaniste parfait comme on pouvait se l'imaginer à l'époque.

En histoire, Jean-Charles Bonenfant avait l'air complètement à l'aise, dans sa matière. Il savait ouvrir de perspectives larges sur l'avenir à partir du passé qu'il survolait à vue d'aigle en faisant remarquer les erreurs et les réussites.

Homme d'une réelle érudition, d'une ample culture, d'une grande disponibilité, d'un accueil toujours souriant, d'un calme imperturbable, d'une grande générosité pour la mise à la disposition de ses sources et documentations. Ne l'a-t-on pas appelé « un bon samaritain de l'esprit ? » (E. Capparos)

La bibliothèque de l'université Laval porte aujourd'hui son nom. Et l'Assemblée nationale a eu la bonne idée de créer la Fondation Jean-Charles-Bonenfant pour l'étude des sciences politiques.

Que sa mémoire nous soit fraîche comme l'était son caractère très humain. En ce 21 juillet, anniversaire de sa naissance, je me souviens avec beaucoup de reconnaissance. Saluons la mémoire d'un grand homme, d'un très grand homme !

MICHEL BRUNET
Historien lucide et intelligent

Encore un homme qui est disparu trop tôt. Un grand esprit dont on aurait encore tellement besoin. Après de brillantes études en pédagogie, en sciences sociales, économiques et politiques, en histoire, Michel Brunet obtient une bourse de la Fondation Rockfeller et, en 1949, il décroche un doctorat en histoire de l'Université Clark de Worcester. (Mass)

Sa vie se confond par la suite avec l'enseignement de l'histoire à l'université de Montréal. Comme l'explique avec justesse le *Dictionnaire des auteurs de langue française en Amérique du Nord*, Fides, 1989 p. 219, « il étudie l'histoire du Canada sous l'angle des conséquences de la Conquête. Il en arrive à la conclusion que le changement de régime a brisé le processus normal de développement de la nation canadienne-française en Amérique. »

Profondément influencé par Lionel Groulx, il voit l'historien comme un phare de la nation. Et en vérité, ses livres qui reviennent à la mode, jouent ce rôle. Les politiciens feraient bien de s'en inspirer pour leur discours.

Il fallait entendre Michel Brunet comme conférencier. C'était un batailleur, un ardent patriote qui maniait l'histoire comme une arme. Mais sa vaste culture, sa haute compétence, le sérieux de ses arguments, ses preuves à l'appui, les conséquences logiques de ses raisonnements serrés, faisaient taire certains fédéralistes qui fulminaient à la sortie de ses cours. Ses conférences ont été réunies en volumes aux titres évocateurs : *Canadians et Canadiens* (1955), *La Présence anglaise et les Canadiens* (1958), *Québec-Canada anglais, Deux itinéraires un affrontement* (1968).

Michel Brunet a obtenu plusieurs prix prestigieux pour ses écrits (prix du Gouverneur général, prix France-Québec, prix Duvernay, prix Léon-Gérin). Il a aussi occupé des fonctions importantes au sein de commissions et sociétés importantes (Société historique du Canada, Académie canadienne-française, Institut d'histoire de l'Amérique française).

Ses écrits lui survivront. Quelques-uns méritent une lecture attentive : *Les Canadiens après la Conquête, 1759-1775*, Fides, 1969 ; *Notre passé, le présent et nous*, Fides, 1976 ; *Précis d'histoire du Canada de la Nouvelle-France à nos jours*, La Librairie de l'Université de Montréal, 1972 ; *Histoire politique, économique et sociale du Québec et des Québécois*, Librairie de l'Université de Montréal, 1975. Et surtout, surtout, *Le Québec, à la minute de vérité* (1976).

Brunet espérait un regain de vie face à l'ultimatum du référendum de 1980. Sa déconfiture fut grande. «Le fait brutal, disait-il, c'est que nous n'aimons pas notre passé...plusieurs semblent conclure qu'il vaudrait mieux l'enterrer.»

Il s'éteignait lui-même quelques années plus tard, en 1985, à peine âgé de 68 ans, lui qui aurait pu encore éclairer nos pas incertains dans cet avenir brumeux où nous avançons péniblement. Il apparaît dans notre ciel comme une étoile qui tient toute sa luminosité des autres étoiles qui l'ont précédé.

Je considère Michel Brunet comme un Lionel Groulx contemporain. C'était un éveilleur de consciences. Hélas ! en reste-il encore dans ce Québec toujours indécis et incapable de trancher le noeud gordien ?

En ce 24 juillet, anniversaire de sa naissance, un hommage ému et très patriotique à ce grand maître de pensée qui savait toujours nous donner l'heure juste !

ÉLISABETH BÉGON
Fidèle miroir de son siècle

Elle était fille d'un haut fonctionnaire de la Nouvelle-France et, vu le rang de son père, elle fut plongée dans le feu des activités de la société bourgeoise du temps. Elle épousa Claude-Michel Bégon, frère de l'intendant Bégon malgré l'opposition de ce dernier. Elle eut le loisir d'analyser la société du temps puisqu'elle accompagnait son mari dans ses déplacements continuels à Trois-Rivières et à Montréal.

En 1748, elle se retrouve veuve. Elle quitte alors Trois-Rivières où son mari était gouverneur depuis en 1743 et vient s'installer dans une confortable maison à Montréal. Il ne lui reste qu'un fils de ses quatre enfants et ce fils va s'installer en France. Elle reste seule avec son père et sa petite-fille.

Entre les années 1748 et 1752, elle entretient une correspondance suivie avec son gendre, veuf de sa fille Marie-Catherine-Élisabeth. Puis, elle quitte Montréal à son tour pour aller vivre en France où elle mourra en 1755 dans la solitude la plus complète. Son pays lui manquait et c'est de ce pays, de Montréal, qu'elle entretient son gendre, Michel de Villebois de la Rouvillière. À la mort de ce dernier en 1752, elle abandonne cette correspondance.

Les lettres d'Élisabeth Bégon, retrouvées en 1932 seulement, sont un précieux document. Elles nous renseignent et nous donnent une foule de détails sur la vie mondaine du Montréal des années 1740. Fine observatrice, Élisabeth Bégon note avec attention les gestes, les ressorts, les coutumes, toute cette société frivole avide de plaisirs. Mais elle parle aussi du peuple, les Canadiens du temps, leur vie simple, leur courage, leur détermination.

On a pu dire avec justesse que ces lettres pourraient s'intituler : « Les Canadiens du XVIIIᵉ siècle peints par eux-mêmes. »

Profitons de ce 27 juillet, anniversaire de la naissance de cette fine observatrice, pour rappeler sa mémoire et celle des « Canadiens » de son temps.

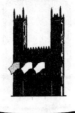
PIERRE GRAND'MAISON
Le somptueux et étincelant organiste

Qui ne le connaît ? Il est titulaire des grandes orgues de la Basilique Notre-Dame de Montréal depuis 1973. Il avait alors 24 ans. Bien jeune pour occuper un tel poste mais adéquatement préparé pour occuper une telle responsabilité. Ancien élève de l'École Vincent-d'Indy, études brillantes à Paris avec les meilleurs maîtres, nombreux concerts à la Société Radio Canada, connu et apprécié de tout le monde. Sa nomination comme titulaire des grandes orgues de Notre-Dame n'a surpris personne.

Depuis, il occupe ce poste avec une compétence professionnelle exceptionnelle. Pierre Grand'Maison a eu l'occasion de nous prouver sa valeur artistique à plusieurs reprises. Entre autres, par sa « Messe Notre-Dame de Montréal » composée pour les fêtes du 350e de Montréal. À cette occasion, il dirigea un ensemble pour trompettes, trombones, timbales, orgues et un chœur mixte de cent cinquante voix. De même, à l'occasion de la canonisation de Mère d'Youville, il composa une autre messe en l'honneur de la nouvelle sainte (1991). Il a aussi enregistré un grand nombre de disques.

Rares sont les personnes qui viennent à Montréal, surtout les touristes étrangers, sans vouloir se rendre à la Basilique avec l'espoir d'entendre les grandes orgues de Notre-Dame (orgue de Casavant : 4 claviers, 83 jeux, au-delà de 6800 tuyaux). La réputation du grand organiste est connue à travers le monde entier. On dit qu'il connaît la valeur de la répercussion des sons et sait s'y ajuster avec une flexibilité incroyable. « La musique...l'orgue est l'expression de ma foi, dit-il. Je ne sais pas si je serais devenu organiste sans être croyant. Dificile de ne pas être croyant quand on joue Bach qui était lui-même un grand croyant. » Une telle cohérence fait de l'interprétation des pièces musicales de M. Grand'Maison de véritables actes de foi qui résonnent avec puissance à Notre-Dame.

Et pour ce qui a trait à la puissance et à l'éclat de ses pièces musicales, on peut avec fierté classer monsieur Grand'Maison comme un des meilleurs organistes au monde. Il a touché les orgues à Saint-Pierre de Rome avec brio et s'est manifesté dans plusieurs capitales européennes où sa haute valeur est reconnue.

En ce 27 juillet, anniversaire de sa naissance, saluons le mérite de ce distingué artiste de chez nous. Ad multos annos !

FRÈRE DIDACE PELLETIER
Une âme toute angélique

Le frère Didace fut le premier récollet né sur le sol québécois. On sait que les Récollets (pour nous aujourd'hui, les Franciscains) furent les premiers missionnaires de la Nouvelle-France. À un moment donné, ils étaient plus de 386 au pays! Claude Pelletier, de son vrai nom, était né sur la côte de Beaupré d'une famille honorable puisque son père fut le premier marguillier de Sainte-Anne-de-Beaupré en 1669 et qu'il y deviendra bedeau pendant vingt-cinq ans. Claude deviendra un garçon robuste. Comme on dirait aujourd'hui, il apprit sur le tas le métier de charpentier. En effet, en 1676, on le retrouve à la construction de l'église de Saint-Anne. On le dit « doué de beaucoup d'esprit et de pénétration pour tous les arts. »

En 1678, âgé de 21 ans, il décide d'entrer chez les Récollets en qualité de frère convers. Pendant son noviciat, le Frère Didace — ce sera désormais son nom — travaille à la construction de la sacristie de l'église adjacente au monastère, au choeur des religieux ainsi qu'à une aile en pierre. Par la suite, sa vie se confond avec celle du Père Joseph Denys qu'il accompagna pour le seconder partout de Québec, à Percé, l'Île-Bonaventure, Plaisance, Terre-Neuve, Montréal et Trois-Rivières. Le Père Denys qui fut son directeur spirituel et son confesseur pendant quatorze ans en parle ainsi: « Il est venu en religion âgé de 21 ans, de parents pauvres à la vérité de biens temporels, mais riches de vertu. Quoiqu'il fut leur unique garçon et toute l'espérance de leur vieillesse, ils le donnèrent cependant à Dieu d'un grand cœur quand ils connurent qu'il était véritablement appelé ; contre le sentiment de leurs meilleurs amis et pour des raisons fondées sur le droit naturel. »

Il parle ensuite de ses vertus: « Il a conservé toute sa vie non seulement la première ferveur de son noviciat mais encore la première grâce de son baptême. Son obéissance était parfaite dans les petites choses comme dans les plus grandes, et sa pauvreté si extrême qu'il n'a jamais voulu avoir seulement qu'une tunicelle pour changer dans les plus grandes chaleurs de l'été où il était continuellement exposé, travaillant à la charpente de toutes les églises et maisons de nos établissements, non plus que de s'exempter du jeûne dans les plus grands et pénibles travaux, ni de se lever à minuit. Lorsque je lui représentais qu'il ne pouvait pas vivre longtemps(en) ne donnant aucune relâche à la nature, il me priait non seulement comme son confesseur, mais encore comme étant presque toujours son supérieur, de le laisser faire, aimant mieux mourir dix ans plus tôt et avoir la consolation d'avoir observé sa règle que de vivre dix plus tard et avoir à se reprocher de s'être épargné, que la religion s'était bien passée de lui avant qu'il y fut, et qu'elle s'en passerait encore bien après sa mort, que le travail qui faisait le plus d'honneur à son état était de sa sanctifier soi-même.

Son humilité était si profonde qu'il s'estimait toujours serviteur inutile, quoique doué de beaucoup d'esprit et de pénétration pour tous les arts....Il avait une grande et solide dévotion à la Très Sainte Vierge Mère de Dieu, il lui rendait continuellement des tributs comme un esclave à sa maîtresse.. »

C'est en travaillant au couvent de Trois-Rivières que le frère Didace contracta une pleurésie qui devait l'emporter. Quand il vit la mort approcher, il demanda de recevoir les derniers sacrements « contre le sentiment du chirurgien qui en avait soin, assurant que ce serait son dernier jour, et il expira en répondant lui-même aux prières de l'agonie. » C'était le 21 février 1699. Encore aujourd'hui, les Ursulines de Trois-Rivières considèrent comme « un des plus touchants souvenirs des premiers jours de leur hôpital, le décès d'un saint canadien, le Frère Didace, mort en odeur de sainteté. »

Peu de temps après sa mort, le bruit des miracles opérés par son intercession se répandit dans tout le pays. Mgr de Saint-Vallier relate pas moins de dix-sept prodiges attribués au serviteur de Dieu. Les Actes de la communauté rapportent vingt-deux faits miraculeux et de nombreuses faveurs obtenues par son intercession. Une quantité incroyable de guérisons suivirent au cours des années de telle sorte que sa réputation de sainteté n'a jamais été contredite.

En 1957, ses concitoyens de Sainte-Anne-de-Beaupré lui élevèrent une statue à l'occasion de son 300e anniversaire de naissance.

En ce 28 juillet, anniversaire de sa naissance, rappelons sa mémoire. Espérons que l'Église reconnaisse un jour officiellement le premier saint de notre histoire québécoise dont la puissance n'a pas diminué avec les années.

JOSEPH CHARBONNEAU
Évêque trop grand pour son temps

Il était aimé de son peuple, proche des petites gens, loin de la basse politique dans le temps de la dictature de Duplessis. Il était grand apôtre des œuvres sociales, propulseur de la JEC, initiateur du laïcat, éveilleur des vocations, propagateur de la doctrine sociale de l'Église. Pendant dix ans archevêque de Montréal, il s'était gagné l'estime, le respect et l'affection de toutes les classes de la société.

Non pas de toutes. Pas des intégristes à ficelles dans les hautes sphères. Pas non plus du gouvernement pendant la fameuse grève de l'amiante d'Asbestos. Nous nous rappellerons toujours ces courageuses paroles : « La classe ouvrière est victime d'une conspiration qui veut son écrasement, et quand il y a conspiration pour écraser la classe ouvrière, c'est le devoir de l'Église d'intervenir. Nous voulons la paix sociale, mais nous ne voulons pas l'écrasement de la classe ouvrière. Nous nous attachons plus à l'homme qu'au capitalisme. Voilà pourquoi le clergé a décidé d'intervenir. Il veut faire respecter la justice et la charité et il désire que l'on cesse d'accorder plus d'attention aux intérêts d'argent qu'à l'intérêt humain. »

Alors, il s'attira la méfiance et les foudres des défenseurs de l'obscurantisme. C'était le mouton galeux dans la bergerie. Un évêque communiste gênant. À l'époque, presque une catastrophe. Cet homme trop grand pour son temps risquait de saper et de démolir l'autorité du «seul gouvernement catholique en Amérique du Nord. » Un long rapport — de 128 pages ! — fut porté à Rome par un évêque de Rimouski bien connu (il devint archevêque par la suite !). Le rapport *Custos*! Une honte ! Mais nous n'étions pas encore au temps de Jean XXIII. *Mater et Magistra* n'était pas parue. Un mélange de circonstances complexes analysées avec soin par Renaude Lapointe dans son livre *L'histoire bouleversante de Mgr Charbonneau,* amena la destitution rapide du prélat. Mgr Charbonneau fut obligé de s'exiler dans une clinique de Victoria en Colombie Britannique. Il n'avait que 57 ans ! Les ayatolahs du temps triomphaient. Je me rappelle d'un article de *Mc Leans* qui ne leur laissait pas cependant les mains nettes dans cette affaire.

Plusieurs années plus tard, même après son décès en 1959, un prêtre osa soulever le voile sur cette triste histoire. Il cita une lettre que Mgr Charbonneau lui adressait depuis Victoria : «C'est pour des raisons de haute politique que je suis forcé de démissionner. Hier, j'étais un dieu ; aujourd'hui, je ne suis rien. J'en ai appelé à la Secrétairerie d'État à Rome ; mon appel fut rejeté. J'ai envoyé un télégramme au Saint-Père lui demandant d'aller en personne présenter ma cause... » Cela aussi lui fut refusé.

Mgr Charbonneau fut remplacé par le flamboyant cardinal Léger. Et on n'en parla plus. Lui-même s'enferma dans un profond silence. Il accepta cette épreuve avec une foi exemplaire. L'oubli total. Dans son testament, il avait même demandé d'être inhumé à Victoria.

Mais le 19 novembre 1959, sa mort en fit un autre homme. On ramena son corps à Montréal où on lui fit des obsèques solennelles. Je me souviens encore de l'éloge funèbre prononcé par Mgr Baggio qui avait choisi comme thème de son homélie la parole évangélique: «Nous sommes des serviteurs inutiles...» Oui, bien sûr. Cependant, il n'en reste pas moins que cette histoire de Mgr Charbonneau, soudainement presque déclaré saint à son décès, reste une page bien triste de l'Église du Québec.

Mgr Charbonneau dépassait son temps. Sa mort, comme un soleil couchant, annonçait une aurore nouvelle. La tâche serait plus facile pour ses successeurs. Et pour nous aussi. Cette liberté dont nous jouissons, il nous l'a payée, en partie, et chèrement.

En ce 31 juillet, anniversaire de sa mort, chaque année, je vais m'incliner devant sa tombe à la cripte de la cathédrale de Montréal où sont conservés les restes des anciens évêques. Et j'emprunte la dernière phrase de Renaude Lapointe dans son livre, que je répète au fond de mon cœur: «Saint Monseigneur Charbonneau, priez pour nous!»

31 juillet 1618

Né à Charly-sur-Marne
(France)

MÉDARD CHOUART DES GROSEILLIERS
Grand explorateur et fondateur de «La Baie»

Il était arrivé chez nous très jeune, à seize ans, peut-être. *Les Relations* des jésuites mentionnent son nom dans une expédition chez les Hurons en compagnie des Pères missionnaires en 1646. Pour sa part, le *Dictionnaire de Biographies Canadiennes* nous dit qu'il agissait comme «donné», ou laïc, sans doute comme soldat. Quoi qu'il en soit, le jeune avait le goût de l'aventure. Il revient à Québec en 1647 et il épouse une jeune veuve, fille d'Abraham Martin (qui a donné son nom aux Plaines) demi-sœur de Radisson. Elle mourra quelques années plus tard et Médard épousera une autre veuve qui lui donnera plusieurs enfants.

C'est dans ces entretiens avec Pierre-Esprit Radisson qu'il projette de se rendre à la Baie d'Hudson. Les conjonctures le favorisent d'une certaine façon car les incursions constantes des Iroquois avaient rendu la traite de la fourrure extrêmement périlleuse.

En 1659, il retourne dans les «pays d'en haut» par les lacs Huron, Supérieur. L'hiver est rude mais Ménard est courageux. Il rencontre plus de 18 nations différentes d'Indiens, entre autres les Sioux et les Cris qui voient des Français pour la première fois. Il revient à Québec avec une riche moisson de pelleteries au printemps de 1660. Lui et Radisson passent par le Long-Sault et se rendent compte du massacre qui vient tout juste d'avoir lieu. Radisson nous en donnera une description dans son récit de voyage. En un sens, Des Groseilliers sauvait la colonie en proie à une vive crise économque. Mais le gouverneur d'Argenson ne l'entendait pas ainsi. Les deux explorateurs sont partis sans sa permission. Il les fait emprisonner et saisit leurs fourrures. Radisson et Des Groseilliers sont furieux et jurent de se venger.

À leur sortie de prison, ils font alors appel aux Hollandais et aux Anglais en quête d'hommes de cette trempe. Ils partent pour l'Angleterre et passent « de l'autre côté de la clôture. » Puisque la France les renie, ils ne voient pas d'autre issue. On peut comprendre la mésaventure des deux explorateurs encore hérissés de leur emprisonnement. Soutenu par le roi Charles `d'Angleterre, Des Groseilliers fonde en 1670, la Compagnie de la Baie d'Hudson, la « Hudson's Bay Company» qui gardera toujours un Français comme fondateur...

Les explorations continuent de plus belle. Frontenac, Talon, et même Marie de l'Incarnation parlent des «transfuges». Il fallait alors danser sur la corde raide. On leur envoie le Père Albanel en ambassade. Il réussira plus tard à ramener «les brebis égarées au bercail. » Et Des Groseilliers repartira explorer la Baie d'Hudson sous pavillon français, cette fois.

Cet homme avait le goût de l'aventure vrillé au cœur. Il lui fallait de l'audace pour oser braver les plus hautes autorités. Mais Des Groseilleirs était convaincu qu'une grande mer au Nord pouvait transporter de lourdes cargaisons de fourrures beaucoup plus aisément que de simples canots d'écorce. Sa diplomatie avec les Indiens comme avec les étrangers, mérite notre estime. Son nom durera et la meilleure preuve reste encore la Compagnie de la La Baie qu'on retrouve partout au pays trois cent cinquante années plus tard.

En ce 31 juillet, anniversaire de sa naissance, saluons ce grand explorateur et cet aventurier des plus périlleuses expéditions.

GILLES CARLE
Le cinéaste du réel

Tout semblait laisser croire que Gilles Carle s'orienterait vers la littérature. N'avait-pas fait les Beaux-Arts et fondé avec des amis les éditions L'Hexagone ? Mais non. Il se tourne vers le cinéma par hasard. Il présente un premier film à l'ONF. Suivent 8 cours métrages connus de la plupart d'entre nous. Qui ne se souvient des *Mâles* et de *La vraie nature de Bernadette*? Ces films eurent un grand succès à Paris qui découvrait qu'il n'y avait pas seulement Félix Leclerc «Le Canadien,» au Québec. Et son histoire amusante d'un déneigeur *La mort d'un bûcheron* où Carle révélait ses qualités de conteur. *La vie heureuse de Léopold Z* est peut-être le chef-d'œuvre de Carle. C'était «le premier film du monde qui montrait une vraie tempête de neige.»

Après plusieurs expériences à l'ONF, dans le secteur privé, avec des documentaires, des films publicitaires, plusieurs longs métrages (une trentaine, je crois), et 80 documentaires!, la réputation de Gilles Carle n'est plus à faire. Pour tous, il est l'auteur des *Plouffe* qui vrillait des millions de Québécois à la télévision. Juliette Huot incarnait la mère possessive qui veillait sur sa couvée comme tant de mères des années 50. Ce fut le chef d'œuvre qui mérita à Gilles Carle 7 Génies. Un très grand succès que ni *Maria Chapdeleine* ni même *Le crime d'Ovide Plouffe* ne purent supplanter. Au total, Carle obtint 25 Génies! Ce qui fait de Gilles Carle une figure importante dans le cinéma québécois.

Carle nous a prouvé qu'il n'excelle pas seulement dans le tragique ou la fiction avec *La postière*, une charmante comédie picaresque qui nous replonge dans le Québec des années 30. On a l'impression de lire parfois un bulletin de nouvelles raconté avec truculence. Les figures qui apparaissent ne sont pas des plus nobles mais Carle ne juge jamais. Une voix douce court à travers tous ses films et qui nous le rend si attachant.

Michel Coulombe vient de publier ses *Entretiens avec Gilles Carle* ou *Le chemin secret du cinéma*. Un livre passionnant (227 pages) qui nous révèle le Carle franc et lucide. «Je m'applique à dire les choses vraies» avoue-t-il (p. 41) On revit avec lui son émerveillement quand il voit des films dans les salles paroissiales, on se questionne avec lui sur le pourquoi «des roues qui tournent à l'envers» et on reste ébahi et à la recherche du mot magique révélé par le curé du coin : «la stroboscopie!»

Imprévisible Carle! «Je rêve que ma tête est un projecteur capable de projeter toute la réalité, surtout celle des autres.»(p.21) Il faut dire que, jusqu'à aujourd'hui, il a plutôt réussi assez bien. Il nous rappelle avec beaucoup d'à propos le mot de Tchehov : « On devient vieux quand on ne fait plus rêver personne. »

En cet anniversaire de sa naissance, un grand salut à ce rêveur qui ne semble pas vouloir vieillir. Car il ajoute tout de suite : « Faire rêver les autres, oui. Rêver soi-même, c'est autre chose. » « Au cinéma, le plus difficile, ce n'est pas la technique. C'est de saisir le réel. Ça c'est autre chose ! »

PIERRE BOUCHER
«Le patriarche de la Nouvelle-France»

Les Canadiens Français du temps l'appelaient le « patriarche de la Nouvelle-France. » Pour sa part, l'historien Guy Frégault le surnomme « l'homme le plus complet du Canada français. » Les raisons de ces titres sont nombreuses.

Pierre n'a que treize ans quand il foule le sol de la Nouvelle-France encore bien jeune elle-même, puisque nous sommes en 1635. Le jeune homme accompagne d'abord les missionnaires jésuites dans leurs expéditions, apprend la langue huronne et sert d'interprète au poste des Trois-Rivières. Il entre ensuite au service de la Compagnie des Cent Associés au même endroit. La même année, il épouse une Amérindienne qui meurt peu de temps après avec le fils qu'elle lui avait donné. Pierre fonde un nouveau foyer en 1652 avec Jeanne Crevier. Quinze enfants naîtront de cette union. On lui confiera le poste de gouverneur des Trois-Rivières à plusieurs reprises, notamment de 1653 à 1658 et de 1662 à 1667.

Pierre Boucher nous a laissé un ouvrage intéressant qui décrit la vie des premiers colons. Il était passé en France pour se disculper de fausses accusations contre lui et pour stimuler la venue de colons en Nouvelle-France. Le roi le reçut et l'écouta avec attention. Son *Histoire véritable et naturelle des mœurs et productions du pays de la Nouvelle France vulgairement dite le Canada* parut en France, en 1664. Pierre exhortait Colbert (à qui l'ouvrage est dédié) à envoyer davantage de bons colons en Nouvelle-France. «Ne vaut-il pas mieux que le Roi conserve ses sujets, les faisant passer dans la Nouvelle-France, et que le nom français soit également florissant en l'un et l'autre monde, dans l'Amérique et dans l'Europe?» écrivait-il avec conviction.

Pierre Boucher ne fut pas écouté pour autant mais il revint ennobli. En 1672, on lui octroyait la seigneurie de Boucherville. C'est là qu'il finira ses jours. Le patriarche mourut au milieu des siens en 1717, âgé de 95 ans. Il laissait 10 enfants, 64 petits-enfants et 23 arrière petits-enfants. « Il était bien juste et bien naturel, rapporte le *Récit* du monastère des Ursulines des Trois-Rivières, de pleurer un tel père qui léguait à ses enfants les bénédictions précieuses d'un noble héritage et l'honneur d'un beau nom. »

Dans sa descendance, il est bon de noter et tout à son honneur, le nom de sa petite-fille, Marguerite d'Youville, la première sainte née au Québec.

Le nom de Pierre Boucher reste bien vivant chez nous. D'abord, la ville de Boucherville perpétue sa mémoire. De plus, sa statue (œuvre du célèbre sculpteur Alfred Laliberté) orne fièrement l'Hôtel du gouvernement à Québec à côté de celles de Talon, de Frontenac et des grandes figures de notre histoire. Également, à Boucherville, une stèle, érigée à l'occasion du troisième centenaire de la localité, rappelle la mémoire de son illustre fondateur. Sans parler d'un vitrail en l'église de Mortagne-au-Perche qui présente Pierre Boucher au moment de son départ pour la Nouvelle-France.

En ce 1ᵉʳ août, rappelons nous aussi la mémoire de celui que Guy Frégault qualifie «l'homme le plus complet du Canada français. »

ANNE HÉBERT
La grande magicienne du rêve

Anne Hébert fait figure à part dans notre littérature. Elle échappe à toute définition. Elle plane haut dans le ciel littéraire et transfigure tout ce qu'elle touche : poèmes, théâtre, romans, conte, nouvelles. La poésie la plus légère devient parfois violente et éclate dans des réalités qui sont nôtres : solitude, amour, mort. Le rythme vient alors épouser une forme nouvelle dans un vers libre, dégagé de toute contrainte. Pierre Emmanuel le faisait remarquer avec justesse : « Le langage d'Anne Hébert veut être absolument concret, et traverse, de l'apparence de l'être des choses, toute l'épaisseur des sens. Aussi peu de mots sont-ils employés, mais tous nécessaires et pris dans leur signification exhaustive ; si loin que vous les sondiez, vous ne les épuiserez pas. »

Toute la complexité de la vie, elle est là, dans son œuvre : la solitude pesante et le désir de solidarité ; la nuit peuplée de songes et le jour étincelant de promesses ; le silence nécessaire et la parole qui en sourd, riche et résonnante ; la mort inéluctable et brutale et l'affirmation de la vie bouillonnante ; l'exil accablant et le royaume bienheureux ; l'enracinement dans la terre nourricière et le légèreté du rêve. C'est là un peu de cette Anne Hébert, magicienne du verbe, mystérieuse et exubérante, lointaine et si proche de nous.

« Dans tout ce que j'écris, dit-elle, il est question du Québec. C'est le Québec que j'ai dans le cœur, c'est le Québec qui est mon pays, qui est vraiment mon pays. Je ne l'ai jamais renié. » C'est vrai. Anne Hébert vit depuis longtemps à Paris mais revient toujours aux paysages de son enfance. Un pays qui est difficile à couper comme le cordon ombilical avec la mère ; une nature dense et abondante mais parfois dévastatrice ; une quête de liberté qui risque parfois de lui faire tout perdre ; une enfance vers laquelle on revient comme à une source ; des châteaux de rêves et des chambres de bois closes et feutrées de chimères ; les ombres démesurées des sortilèges du passé, etc., etc.

Et un style précis, incantatoire, dépouillé. L'acuité du regard sur les personnes et les choses. La justesse du ton, l'équilibre constant entre l'imaginaire et la réalité concrète, un lyrisme enveloppé d'images et d'allégories propres à un monde inconnu, des comparaisons surprenantes, une phrase qui coule comme un torrent vers sa fin catastrophique. C'est bien Anne Hébert. Et cependant, elle avoue qu'il lui semble difficile de parler de la vie. « Quand il est question de nommer la vie tout court, dit-elle, nous ne pouvons que balbutier...La terre que nous habitons depuis trois cents ans est terre du Nord et terre d'Amérique ; nous lui appartenons biologiquement comme la flore et la faune. Le climat et le paysage nous ont façonnés aussi bien que toutes les contingences historiques, culturelles, religieuses et linguistiques. Mais notre réalité profonde nous échappe ; parfois c'est à croire que tout notre art de vivre consiste à la refuser et à la fuir (...) Cette terre dont nous sommes matière vivante, parmi les villes et les forêts, les champs et l'eau, cette terre quotidienne et sensible, qui est nôtre, la voyons-nous vraiment et prenons-nous conscience de notre être, enraciné dans un lieu particulier du monde, avec toutes ses contradictions existentielles?(...) Il appartient à l'artiste et à l'écrivain de saisir ce que peut avoir à la fois de pathétique et de passionnant, cette prise de conscience et cette recherche de la vérité, dans la lumière de l'expression retrouvée. »

C'est ce que fait Anne Hébert dans ses poèmes, ses contes et ses romans. Les titres eux-mêmes sont éminemment suggestifs. *Les Songes en équilibre* nous plongent dans un univers onirique ; *Le torrent* amène la mort dans son écoulement ; *Les tombeau des rois* laissent deviner des merveilles mais vouées à la mort ; *Les Chambres de bois* enferment dans un espace restreint où on peut suffoquer. Et l'on pourrait continuer avec son chef d'œuvre *Kamouraska* porté à l'écran par le cinéaste Claude Jutra ; *Les Fous de Bassan*, prix Fémina en 1982 ; *Les Enfants du sabbat* ou son dernier roman ou récit d'*Aurélien, Clara, Mademoiselle et le Lieutenant français.*

Il faut relire Anne Hébert. Pas parce qu'elle a reçu à peu près tous les prix. Ou que c'est une des meilleures écrivaines modernes. Mais plutôt parce qu'elle nous révèle la face cachée du monde. Parce qu'elle apporte à la terre « un rayonnement de surplus, » parce qu'elle nous convie à « une aventure nouvelle, » parce qu'elle prête aux choses une seconde vie, parce qu'elle nous signifie par sa poésie la « beauté surabondante du monde ». Comme elle le dit si bien encore : « l'artiste n'est pas le rival de Dieu. Il ne tente pas de refaire la création. Il demeure attentif à l'appel du don en lui. Et toute sa vie n'est qu'une longue amoureuse attention à la grâce. Il lutte avec l'ange dans la nuit. Il sait le prix du jour et de la lumière. Il apprend, à l'exemple de René Char, que « la lucidité est la blessure la plus rapprochée du soleil. »

En ce premier août, anniversaire de sa naissance, un retour à sa poésie, « à la solitude rompue comme du pain par la poésie. »

ANDRÉ GAGNON
Un prodigieux talent

C'est toujours un ravissement d'entendre André Gagnon au piano. Déjà à six ans, il composait des pièces musicales. Comme Mozart. Évidemment, il fit de solides études en piano, ici comme en Europe. À son retour au pays, il accompagna Léveillée et fut son organisateur, son interprète, son arrangeur, bref, l'homme à tout faire. Il accompagna d'ailleurs plusieurs artistes comme Pauline Julien, Renée Claude, Monique Leyrac et combien d'autres! C'est en 1969, enfin! qu'il met fin à cette carrière d'accompagnateur pour devenir soliste, arrangeur et compositeur. Il ira même à Londres pour enregistrer *Mes Quatre Saisons,* un pur chef d'œuvre sur des thèmes de Félix Leclerc, Gilles Vignault, Claude Léveillée, Jean-Pierre Ferland.

Ne parlons plus de ses tournées de concert dans tous les pays du monde où son talent est salué et applaudi. Pour moi, c'est l'homme de l'album *Neiges* qui a toutes mes prédilections. Ce fut un succès international qui lui mérita un Juno Award. Je ne peux entendre cet album sans me revoir glisser sur la neige en traîneau comme on le faisait dans le Bas du Fleuve, sa patrie d'origine. On dirait que c'est la même neige qui glisse, tourbillonne en farandoles endiablées, brille sous les feux du soleil, crisse dans l'air sec, danse en tourbillons qui éclaboussent, fait éclater des rires tonitruants. J'ai fait écouter son disque à plusieurs étrangers qui partagent mes impressions.

André Gagnon a vraiment un don exceptionnel pour combiner la musique classique (Vivaldi, Bach, etc.) à la musique populaire en incorporant des pans de cultures populaires à cette époque très distinguée. Je pense que tout le monde connaît ses disques. Mais sait-on qu'il est l'auteur de la musique de plusieurs émissions à la télé? Qui sait que c'est André Gagnon qui est l'auteur de la musique de *La Souris verte,* des *Dames de cœur,* d'*Un signe de feu?* Sans parler de son opéra romantique *Nelligan.*

En ce 1er août, c'est un plaisir pour moi de souhaiter bon anniversaire à mon pianiste préféré.

FÉLIX LECLERC
L'âme d'un peuple au son d'une guitare

Tout notre pays en devenir vibrait dans sa voix sourde et profonde, grinçait dans nos secousses d'être sous les cordes de sa guitare, éclatait dans les mots auxquels il donnait une âme. Félix, un poète bâti comme un roc qui nous faisait respirer l'odeur du printemps et des blés mûrs, humer l'odeur des arbres, écouter les crapauds qui chantent la liberté, élargir nos horizons frileux, plonger au cœur de nos racines, tracer les routes d'un avenir ouvert. Félix, c'était un phare qui dissipait les brouillards, un semeur de jeunesse, d'équilibre, de sagesse, de beauté, de simplicité et de sérénité. Un être en quête du «petit bonheur» comme chacun de nous.

Bien sûr, il a été le précurseur de la chanson québécoise. Les Français l'ont découvert avant nous. Il a été notre meilleur ambassadeur. Il nous a mis sur la carte dans les années 50. Il a chanté le Québec avec humour. On a tout dit sur lui: conteur, comédien, écologiste, animiste, dramaturge, poète, fabuliste, moraliste, écrivain. En réalité, il est surtout poète. Et un poète enraciné dans le Québec. Il raconte inlassablement nos longs hivers, nos forêts, notre désir d'être. Il fait circuler un sang de vie dans nos racines, éveille notre fierté d'être ce que nous sommes et notre puissance de devenir. Il a ouvert les portes à Gilles Vigneault, Pauline Julien, Robert Charleboix, Diane Dufresne, tous des chanteurs engagés.

On a érigé une solide statue de bronze de Félix dans le Parc Lafontaine, à deux minutes de mon appartement. Quotidiennement, je lui rends mes hommages. Roger Langevin, sculpteur a représenté Félix solidement campé, debout, la veste sur l'épaule, tel un paysan qui revient des champs après une lourde journée de travail. Une phrase inscrite dans le bronze tout près du socle résume notre ardent patriote : '«Nous sommes des Québécois issus de la vieille France, maîtres chez nous et loin des rois. Après trois siècles de patience, nous sommes Québécois depuis et pour des siècles. »

L'œuvre littéraire de Félix mérite une place particulière dans notre bibliothèque. Tout le monde a lu *Adagio, Andante, Allegro, Pieds nus dans l'aube, Le calepin d'un flâneur.* Pour le bonheur de tous, Henri Rivard vient de nous présenter toute son œuvre «endimanchée» : 2000 pages réunies en quatre tomes, les hommages illustrés de 51 peintres et le témoignage de 33 personnalités. Un coffret à la mesure du «fou de l'île.» Et pour nous aider à tout replacer avec le cœur, une biographie toute récente : *Félix Leclerc, l'homme derrière la légende,* de Marcel Brouillard, publiée chez Québec-Amérique. Brouillard raconte avec passion l'histoire de la chanson québécoise et fait le portrait intimiste de celui qui a chanté notre pays qui vient. Quelque chose pour fouetter la fierté de tout Québécois inquiet sur son identité et son futur !

Mais c'est encore par ses chansons qu'on connaît mieux Félix. *L'alouette en colère* composée à l'occasion de la crise d'octobre nous rappelle « qu'on ne peut plus rester indifférent. Il faut se secouer et manifester nos convictions. Que ceux qui ont quelque chose à dire le disent, c'est l'heure. » *Les 100,000 façons de tuer un homme* invite les gouvernements à revoir leur position face au chômage. *Un soir de février* nous met « en beau sifflette » parce que la défaite de 1760 nous a fait perdre notre langue.

On n'en finirait pas s'il fallait étudier attentivement chacune de ses chansons. Toutes véhiculent avec humour un message subtil. Ainsi, dans *Races de monde*, Félix condamne les politiciens véreux qui mènent « le monde le monde à grands coups de canons » ; dans *Le train du Nord* qui « a perdu le Nord » et dans *Moi, mes souliers,* il nous invite à l'évasion ; se fait philosophe dans *Comme Abraham* qui « met le cap sur l'infini ; » montre les désillusions de l'amour dans *Bozo,* bref, exprime notre recherche constante du « p »tit bonheur. » Est-ce l'enfant en nous qui sommeille ou qui s'en va « toujours la tête haute, sans joie, sans haine ? » C'est toujours le poète ingénu qui chante la vie, la beauté de chez nous, l'âme de notre nation qui palpite dans chaque phrase avec frémissement.

En ce 2 août, anniversaire de sa naissance, saluons l'unique, le grand, l'éternel Félix Leclerc, toujours présent dans le cœur de tout Québécois.

MAURICE RICHARD
L'idole des Québécois

C'est ainsi que le qualifie le professeur Jean-Marie Pellerin, dans la biographie détaillée de Maurice Richard qu'il a écrite en 1976. Maurice Richard a été sans contredit le hockeyeur le plus célèbre et le plus applaudi des Québécois. Il a participé à 978 matchs, accumulé 544 buts et obtenu 421 mentions d'assistance.

Mais ce qui a projeté Maurice Richard au « Temple de la renommée québécoise, » c'est l'émeute au Forum de Montréal. Tout un peuple humilié a laissé exploser sa colère. Replaçons les faits dans l'histoire. Depuis plusieurs semaines, les arbitres et les joueurs abusaient de la patience de Maurice Richard sur la glace. Le 13 mars 1955, le Canadien est à Boston pour affronter les Bruins. Il ne reste que trois matchs pour terminer la saison et le Tricolore dispute le premier rang aux Red Wings de Détroit. En troisième période, le bâton de Hal Laycoe des Bruins de Boston atteint Maurice Richard au-dessus d'un œil, d'un violent coup de bâton. La figure toute ensanglantée, Maurice Richard se rue sur son rival pendant que le juge des lignes, Cliff Thomson lui paralyse les bras et l'empêche de se venger. Laycoee en profite pour marteler son adversaire. Enfin, Richard réussit à se dégager et tente de se ruer à nouveau sur Laycoee. Dans la confusion, il frappe Thomson d'une droite en plein visage. La punition ne se fait pas attendre. Richard est suspendu non seulement pour les trois derniers matchs mais pour les séries éliminatoires.

Le 17 mars suivant, au Forum de Montréal, Clarence Campbell se fait huer et gifler. L'affaire dégénère en émeute populaire. Comme l'écrit Pellerin « toute la frustration d'un peuple écœuré d'être exploité et qui tentait timidement de redresser l'échine »resurgit.« Un souffle de nationalisme envahissait ce petit peuple.(...) La foule qui clamait sa colère jeudi soir dernier n'était pas animée seulement par le goût du sport ou le sentiment d'une injustice commise contre son idole. C'était tout un peuple frustré, qui protestait contre le sort. Le sort s'appelait jeudi, M. Campbell ; mais celui-ci incarnait tous les adversaires réels ou imaginaires que ce petit peuple rencontre.(...) Pour ce petit peuple, au Canada français, Maurice Richard est une sorte de revanche (on les prend où l'on peut.) Il est vraiment le premier dans son genre, il allait le prouver encore une fois cette année. Un peu de l'adoration étonnée et farouche qui entourait Laurier se concentre sur lui; mais avec plus de familiarité, dans un sport plus simple et plus spectaculaire que la politique. Or, voici surgir Campbell, pour arrêter cet élan. On prive les Canadiens français de Maurice Richard. On brise l'élan de Maurice Richard, qui allait établir plus clairement sa supériorité. Et cet « on » parle anglais, cet « on » décide en vitesse contre le héros, provoque, excite. Alors, il va voir. On est soudainement fatigué d'« avoir toujours eu des maîtres, d'avoir longtemps plié l'échine... »

Quarante années se sont écoulées. Maurice Richard garde toujours l'estime et l'admiration des Québécois. Il tient une chronique hebdomadaire dans *La Presse* lue par des milliers d'admirateurs. Depuis 1961, il figure au Temple de la Renommée du hockey et en 1991, il entrait au Temple de la Renommée des sports du Québec. À Montréal, notre héros national, étoile des Canadiens, a donné son nom à l'aréna qui fait partie du complexe olympique.

Bref, comme disait Louis Chantigny, directeur des pages sportives de *La Presse* lorsque Maurice Richard prenait sa retraite en 1960 : « Maurice Richard, c'est vous, c'est moi, c'est nous tous, Canadiens français. »

Une sourdine, s.v.p. Au référendum de 1995, Maurice Richard a voté non. C'était son droit. Mais alors a-t-il oublié tous ses compatriotes qui l'ont soutenu pendant des années ? Pourquoi ne pas partager l'idéal de tous ces porteurs d'eau assoiffés de liberté ? Rosario E. Morin le rappelait avec justesse dans *Le Devoir* au lendemain du référendum : « Un nombre impressionnant d'esclaves prirent leur liberté avec réticence après que la loi américaine eut aboli l'esclavage. Ils se disaient : « Notre maître nous traite bien. Nous sommes bien nourris et logés. »

En ce 4 août, anniversaire de sa naissance, redisons à Maurice Richard toute notre admiration pour ce qu'il a fait dans le passé mais rappelons-lui aussi qu'il s'est rabattu lui-même dans notre fierté collective.

BÉNIGNE BASSET
Un de nos premiers notaires

Bénigne Basset est arrivé à Montréal en 1657 avec les premiers sulpiciens. Il remplaça Jean St-Père, traîtreusement assassiné par les Indiens. Il fut nommé notaire seigneurial et greffier du tribunal. Il servait également de secrétaire à la Fabrique de la paroisse Notre-Dame. Nous conservons 2525 actes de sa main, soigneusement écrits d'une belle écriture déliée. Il fut aussi nommé notaire royal, poste qui fut aboli en 1666 quand la justice royale fut abrogée. Basset redevint alors notaire seigneurial. On dit qu'il avait la meilleure clientète du Montréal d'alors.

Sa carrière ne fut cependant pas de tout repos. On l'accusait de négligence dans ses fonctions. Aussi, le juge Migeon de Branssat lui interdit la pratique du notariat. Il perdit en même temps son poste de greffier. Il mangea alors son pain noir mais il fut réhabilité par après.

Avec Dollier de Casson, Bénigne Basset dressa les plans des principales rues de la ville. Comme arpenteur, en 1672, il traça les rues Notre-Dame, Saint-Jacques, Saint-Paul, Saint-Joseph (devenue Saint-Sulpice), Saint-Pierre, Saint-Gabriel, etc.

Il obtint une concession à l'ouest de l'avenue du Parc actuelle. Une toute petite rue porte son nom et nous rappelle sa mémoire. Quand on fait un peu d'histoire, on voit son nom à peu près partout.

En ce 4 août, j'estime qu'il faut souligner l'apport de ce notaire aux affaires de la ville en ces années si difficiles de la colonie.

RINA LASNIER
La harpe des anges sur notre terre

Je ne connais pas de poète qui ait atteint chez nous un tel degré de densité dans la poésie comme Rina Lasnier. Personne qui a su marier avec autant de puissance et de force évocatrice ce mariage de notre terre de misères avec le ciel. Pour elle, la poésie est la « turbulente aventure et le sonore de son impatience. » « Je traîne sur mon échine la lumière, je fais voler la lune en éclats sur les pierres aiguës, je désaltère les étoiles aux cieux de mes spirales » dit-elle encore. Tout en elle est « fermentation de la parole en bulles vives. »

Oui. La parole est pour le poète son outil de travail comme le pinceau pour le peintre ou le clavier pour le pianiste. Le vocabulaire utilisé par Rina Lasnier est à la fois précis et étendu. Il a, comme l'écrit Jean Marcel, « l'éclat des cuivres et la discrétion de l'eau. Il ne serait pas abusif de dire, ajoute-t-il, que Rina Lasnier est de tous nos poètes, voire de tous nos écrivains, celle qui manie avec le plus d'adresse un vocabulaire aussi vaste que précis. »

La poésie de Rina Lasnier se vêt d'images qui jaillissent en étincelles, « tout à fait comme un diamant que l'on fait pivoter chaudement sous la lumière jusqu'à l'instant de l'éclair. » Elle devient incantatoire, chargée de pouvoirs magiques, solennelle comme un psaume, envoûtante comme un choeur, sourde comme un violoncelle ou triomphante comme une trompette. Elle exprime une vie spirituelle profonde, dense, authentique. Avec beaucoup de discrétion. Sans doute, elle parle d'une expérience humaine mais son paysage intérieur reste fidèle à son Québec d'origine; sa symphonie est faite de notes terrestres mais l'air est divin. On a l'impression d'entendre la harpe des anges. Elle sait marier harmonieusement la terre et le ciel. Non sans souffrances car il y a parfois des cris de désespoir mais ces désespoirs sont les nôtres. C'est l'éternel drame humain qui se joue sans aucun compromis. Comme le disait Guy Robert, « c'est un vide jamais comblé, une soif inconsolable, une forme sans contours, un élan sans accueil, un visage sans trait. »

Parfois, on pense à Claudel, parfois à Jean de la Croix, parfois à Rimbaud. Mais non. C'est une insulte pour elle. Elle est elle. Sa perception du monde est originale et ne se peut comparer à aucune autre expérience. C'est elle. Unique. Incomparable. Une voix neuve. Le « langage des sources, » un lyrisme d'une ampleur enveloppante, un symbolisme évocateur d'étoiles, une poussière soudain transfigurée en lumière, l'angoisse étreignante et l'espérance soulevante sensuellement enlacées, l'acuité de la « présence de l'absence, » les « miroirs qui font éclater les images en poussières d'étoiles scintillantes, l'unité appréhendée entre ciel et terre, la sève qui bouillonne au sein de la terre endormie, le printemps qui explose, la nature qui sommeille, un bondissement de vie nouvelle, de la musique avant toute chose!

Surtout *Le Chant de la Montée*. C'est debout qu'il faut lire ce poème. De la poésie pure. Un de nos plus grands chefs d'œuvre dont on entend parler rarement.

En ce jour anniversaire de la naissance de cette grande dame de notre poésie, notre touchant hommage et le souhait qu'elle sache gagner le cœur des adolescents perdus dans leurs mirages. Ils trouveraient chez Rina Lasnier, eaux jaillissantes et combien désaltérantes en joies éternelles!

PAUL LE JEUNE
Chroniqueur missionnaire

Le Père Le Jeune est un converti du calvinisme. Après des études de philosophie au collège royal Henri-le-Grand, il enseigne dans différents collèges, Rennes, Bourges, Rouen, prêche des retraites à Caen. Soudain, en 1631, il est nommé supérieur des jésuites au Canada. Il avoue lui-même sa surprise : « Je ne pensais nullement venir au Canada quand on m'y a envoyé. Je ne sentais aucune affection particulière pour les sauvages. » Il accepte cependant sa nouvelle nomination avec grande sérénité et même avec joie. Il écrit à son provincial : « L'aise et le contentement que j'en ai ressenti en mon âme fut si grand que de 20 ans, je ne pense pas en avoir eu un pareil.(...) Je sortis de Dieppe le lendemain. »

Quand il arrive à Québec, en 1632, tout est à refaire. La France vient de reprendre la colonie livrée temporairement aux Anglais de Kirke. « Quand on est en un mauvais passage, avoue le Père Le Jeune, il s'en faut tirer comme on peut. C'est beaucoup qu'un tel hôte (Kirke) soit sorti de notre maison et de tout le pays ! »

Il se met donc à apprendre la langue pour pouvoir communiquer avec les personnes qu'il doit « convertir. » Pas de dictionnaire, ni de grammaire, rien. Nous sommes en 1632. Il décide donc d'accompagner les Indiens dans leur chasse d'hiver de 1634-35 et réussit dans un court laps à maîtriser la langue. Entre temps, il structure sa pensée sur l'évangélisation dans ce pays. Il rêve de sédentariser les Indiens, d'ouvrir des écoles et hôpitaux, de recruter des Européens en qualité plutôt qu'en quantité. « J'y ai plus envie de voir ce pays défriché que peuplé » avoue-t-il.

En 1639, le Père Vimont le remplace comme supérieur. Le Père Le Jeune fait alors du ministère un peu partout : Québec, Sillery, Trois-Rivières, Tadoussac. En 1641, il repart pour la France demander du secours contre les Iroquois acharnés. Là, il rencontre La Dauversière et l'encourage dans son projet. Pour lui, ce n'est pas une « une folle entreprise » mais « une entreprise sainte et hardie. » Sur les instances de La Dauversière lui-même, il passera même tout un hiver à Montréal avec le Père Jogues (1645-46). Il obtiendra la construction du fort Richelieu à l'emplacement de l'actuel Sorel.

De 1632 à 1641, il rédige chaque année un compte-rendu ou une « relation de ce qui s'est passé en la Nouvelle-France » qu'il adresse à son provincial de France, le Père Barthélémy Jacquinot. La première relation est datée du 28 août 1632 et est écrite « du milieu d'un bois de plus de 800 lieues d'étendue à Québec. » Ses écrits pittoresques de choses extrêmement différentes de celles de France, connurent un grand succès en France. La chaleur du récit, le style coloré et la limpidité des descriptions donnaient une allure de merveilleux très recherché en France. Il n'a pas cherché à faire œuvre d'historien. Il le dit nettement : « Pour nos François, ils s'occupent à se fortifier, à bastir, à défricher, à cultiver la terre ; je ne prétends pas d'écrire tout ce qui se fait en ce pays, ains seulement ce qui tend au bien de la foy et de la Religion. » En somme, il voulait simplement attirer l'attention de bienfaiteurs et d'amis sympathisants pour les missions de la France sur ce coin perdu d'Amérique.

Il reste quand même qu'il a réussi à créer tout un mouvement d'enthousiasme pour la Nouvelle-France et à déclancher des vocations de valeur. C'est le cas de Marie de l'Incarnation, de madame de La Peltrie, de Catherine de Saint-Augustin, de Jeanne Mance et de Maisonneuve.

Le Père Le Jeune revint à Paris en 1649. Il devint procureur des missions du Canada. Il continua la rédaction des relations suspendues, particulièrement de celle des années 1653, 1655, 1657, 1658, grâce à ses relations épistolières avec des amis. Il fut donc à l'origine de 41 « relations. » En 1673, ce fut la fin. Le roi Louis X1V encouragea vivement les jésuites à poursuivre cette œuvre car, au dire du Père de la Chaize, confesseur du roi, « elles (étaient) réclamées avec insistance par tous ceux qui désirent le progrès de nos colonies, la propagation de la foi et du nom français. »

Le Père Le Jeune mourut à Paris le 7 août 1664 à l'âge de 73 ans. On le considère à bon droit comme le fondateur des missions des jésuites en Nouvelle-France. M. Léon Pouliot lui a consacré un long article dans *Dictionnaire de Bibliographies canadiennes*, tome 1, pp. 468 et suiv.

Comme nous ne connaissons pas la date de sa naissance, honorons du moins celle de son départ pour l'au-delà.

ANNE DE NOUË
Missionnaire des neiges

Le Père de Nouë appartenait à une famille noble de France. On le voit à la cour de Henri 1V comme « page« au service de M. de La Vieuville. Il devint par la suite officier de la Chambre du roi. Puis, il abandonne tout pour entrer chez les jésuites. Il sert dans plusieurs collèges de France avant d'arriver chez nous en 1626.

Dès son arrivée, il part avec le Père Brébeuf en Huronie et se rend chez les Montagnais. Malgré son intelligence perspicace, il ne parvient pas à apprendre leur langue et souffre énormément de leur manières de vivre. Il retourne en France en 1629 — histoire de Kirke — et travaille dans les collèges d'Amiens et d'Orléans. Avec la reddition de Québec à la France, il revient au pays. On l'affecte alors aux soins des ouvriers à la résidence des jésuites. Il y restera un bon bout de temps. Jamais ouvriers ne furent mieux traités. Anne de Nouë était un homme d'une douceur aimable, très humble, noble de tempérament, raffiné et distingué, d'un zèle infatigable.

À l'hiver 1646, une garnison de soldats est affectée à Sorel. Il faut aller leur porter les secours de la religion. Le Père de Nouë est désigné à cet effet. Il part avec deux soldats inexpérimentés au port de la raquette et un Huron. Il se rend bien compte que ses compagnons ne pourront pas finir la route. Alors, il décide de prendre les devants pour demander à la garnison de leur porter secours. Mais la tempête s'élève et il s'égare. À six milles en amont de Sorel, on retrouva son corps agenouillé, tête nue, les yeux levés vers le ciel. C'était le 2 février 1646.

Rina Lasnier dans sa pièce théâtrale *Les fiançailles d'Anne de Nouë* a fait revivre la noble figure du missionnaire charitable. Le choeur des neiges qui voltigent comme des oiseaux au-dessus de la tête du missionnaire évoque ses moments ultimes :

> Il a ceint le cilice du froid
> et allumé la lampe de l'amour
> avant de monter au temple à son tour
> vers Notre-Dame de Joie.
> Il neige des roses blanches
> parfumées de silence
> pour celui qui sommeille
> dans l'allégresse éternelle
> Une voix reprend alors :
> Marie a fiancé Anne de Nouë

qui vient de tomber à genoux
il est entré dans sa maison
le jour de la Purification.
Ce n'est plus la neige
Ce n'est plus la neige
C'est la phalange des anges
et des archanges
et sur la terre
C'est l'innocence en prière.
C'est l'innocence en prière.

Rappelons la mémoire de ce bon Père de Nouë, victime de son zèle, mort en pleine tempête, à peine vêtu d'une vieille soutane. J'ai toujours été fasciné par cette mort tragique. Que de fois lorsque la tempête fait rage au dehors, je le revois seul, en pleine forêt, au milieu des vents qui hurlent et de la neige qui pince.

DAVID-FLEURY DAVID
Un très grand sculpteur ignoré

À mon humble avis, la plus belle église de Montréal est celle de la Visitation de la Bienheureuse Vierge Marie du Sault-au-Récollet, classée d'ailleurs monument historique. Selon Pinard, un connaisseur, « c'est un des plus beaux joyaux de l'art religieux au Québec. »

Or, c'est à l'artiste David-Fleury David qu'on doit la riche décoration de la voûte, du choeur et de la nef considérée par plusieurs comme « la plus belle voûte de bois sculpté de la province. » (Ramsay Traquair)

David-Fleury David était un élève de Quévillon. Il ne tarda pas à devenir très vite son émule dans la sculpture. On lui confia la tâche de refaire la voûte de l'église en 1816. Par la suite, vu le succès de ses travaux, il décora presque tout le reste de l'église. Il devait y travailler jusqu'à 1830. Au dire de Pinard, spécialiste de notre histoire architecturale de Montréal, David travailla pendant quatorze ans « à la décoration des murs et de la fausse voûte jusque-là recouverte d'un crépi blanchi à la chaux : caissons losangés et hexagonaux, rosaces, arabesques de lacis de feuilles de vigne, de feuillages et de fruits, pilastres supportant des arcs en plein cintre, un entablement et une corniche richement ciselée, etc. L'ouvrage de David (on lui doit également la statue de la Madone et le crucifix) mériterait tellement d'être admiré que lors de la restauration, il fut décidé d'amputer le jubé d'une travée afin de permettre d'examiner à souhait la voûte de la nef éclairée par des lustres victoriens. » (Pinard, Guy, *Montréal, son histoire, son architecture,* tome 2, La Presse, 1986, p.102)

La visite de cette église peu connue à cause de son éloignement, reste tout de même, une nécessité. Ces dentelles de bois et cette extraordinaire profusion de dessins de la voûte nous laissent suspendus au ciel. J'y ai fréquemment amené des touristes français qui m'ont maintes fois avoué y avoir goûté là quelque chose d'ineffable, d'inscriptible, un morceau du ciel.

On doit réhabiliter la mémoire de ce grand sculpteur David-Fleury David. En ce huit août, anniversaire de sa naissance, je ne trouve rien de mieux que d'aller contempler son oeuvre à l'église de la Visitation, la plus ancienne église de l'île de Montréal au 1847, boulevard Gouin est.

ALFRED BESSETTE
Fondateur de l'Oratoire Saint-Joseph

La plupart des Québécois savent que le Frère André, grand thaumaturge, est l'âme de l'Oratoire Saint-Joseph. Peu savent que ce petit homme frêle, fragile de santé, a été cordonnier, boulanger, garçon de ferme, ferblantier, cocher, employé de filature aux États-Unis et enfin religieux, frère de la communauté de Sainte-Croix. Alfred était le sixième d'une famille de onze enfants. Il n'avait que neuf ans lorsqu'il perdit son père, bûcheron, tué par la chute d'un arbre. Sa mère restait sans le sou avec dix orphelins sur les bras. Trois ans plus tard, elle suivait son époux dans la tombe. « Oh ! qu'elle était bonne ! » dira le frère André quand il se rappelait sa mère.« J'ai rarement prié pour elle, ajoutait-il, mais je l'ai bien souvent priée. »

Alfred doit alors abandonner l'école pour gagner sa vie. Sans instruction, pauvre et maladif, il cherche de l'ouvrage dans les villages avoisinants, goûte à cinquante-six métiers, fait face aux dures réalités de la vie. Des années de vie errante bien difficiles car il ne peut durer dans aucun métier à cause de sa minable santé. C'est alors qu'il tente sa chance au Connecticut tantôt chez des cultivateurs, tantôt dans des filatures de coton. En 1867, il revient au pays et, sur les recommandations du curé Provençal, il est admis chez les frères de Sainte-Croix. On lui confie les tâches les plus obscures : laver les planchers, nettoyer les lampes, rentrer le bois de chauffage, faire les commissions, etc. À sa profession, on le nomme portier du collège Notre-Dame. Le frère André dira avec un brin d' humour : « Quand je suis entré en communauté, mes supérieurs m'ont mis à la porte et j'y suis resté quarante ans sans partir. »

C'est là qu'il commence à recevoir des malades. Toute sa vie, il aura le souci des pauvres, des malades, des gens simples. Dans son petit bureau, il les écoute, tâche de les consoler, leur parle des souffrances du Christ, leur demande de prier saint Joseph. Une fois la journée terminée, le frère André visite les malades, fait un long chemin de croix, prie des heures et des heures pour les personnes qui se sont recommandées à lui. Pour eux encore, il vit dans une austérité effrayante : jamais de feu dans sa chambre, un simple grabat, une pauvreté extrême. Rapidement, on parle de faveurs obtenues, même de miracles. « Le monde est bête de penser que je puis faire des miracles, réplique l'humble frère. C'est le bon Dieu et saint Joseph qui peuvent guérir, pas moi ! » Cependant, le flot grandissant de visiteurs encombre passablement le collège et l'on craint aussi la contagion de certains malades. Il faut songer à un endroit plus propice pour « ces dévotions.« Avec les sous gagnés en coupant les cheveux des étudiants du collège, le frère André obtient la permission de construire une première petite chapelle de l'autre côté de la rue, sur le flanc de la montagne. Le 19 octobre 1904, c'est l'inauguration du premier oratoire (15 pieds par 18). Cette chapelle devient rapidement trop petite. Il faut l'agrandir en 1908 et encore en 1910.

Enfin, en 1914, les architectes Viau et Venne commencent à tracer les premiers plans de l'Oratoire que nous connaissons aujourd'hui. La construction de la crypte, capable de recevoir mille personnes, commence au printemps de 1916 et est inaugurée en décembre 1917. La crise économique arrête temporairement les travaux en 1931. On pense même à tout abandonner. On fait alors venir le frère André pour le consulter. Il répond naïvement : « Ce n'est pas mon œuvre, c'est l'œuvre de saint Joseph. Mettez donc une statue au milieu du chantier. S'il veut un toit, il s'arrangera bien pour trouver l'argent qui manque. » Deux mois plus tard, la communauté avait en main l'argent nécessaire à la continuation des travaux. Le parachèvement de l'Oratoire eut lieu en 1966, trente ans après la mort du frère André. Il accueille aujourd'hui plus de deux millions de pèlerins chaque année.

Le frère André était doué de belles qualités. Fin psychologue, il détectait vite les vrais malades des gens avides de sensationnel. Il savait manier l'humour de façon vive. Il était surtout bon, très bon. Ses supérieurs durent renoncer à lui confier la tâche de l'enseignement à cause de son « extrême indulgence » avec les étudiants. Il avait, disaient-ils de lui, « la voix trop douce, le regard trop bon, et l'âme trop tendre. »

Le frère André mourut le 6 janvier 1937, âgé de 91 ans. Plus d'un million de personnes défilèrent devant son cercueil. Le Pape Jean-Paul 11 l'a béatifié le 23 mai 1982. Depuis toujours, miracles et faveurs obtenues ne se comptent plus.

Proche des gens, des petits et des pauvres, le frère André est tout à fait représentatif des Québécois du temps. Il est enraciné dans notre milieu. C'était un stimulateur de la foi dans le cœur des gens. Il garde toujours un œil sur la montagne. Il nous y invite pour rejoindre ce qu'il y a de plus profond en nous.

En ce 6 janvier, anniversaire de la mort de ce simple religieux, de cet homme de Dieu, de ce portier qui ouvrait les cœurs, de ce bâtisseur infatigable, de cet ami des petits et des pauvres, de ce protégé de saint Joseph, l'hommage de tout un peuple, le tien, bon frère André !

JACQUES PARIZEAU
Un grand «monsieur,» un grand Québécois

J'ai toujours eu beaucoup d'estime pour Monsieur Parizeau. D'abord, avec sa formation, il aurait pu assumer les postes les plus lucratifs dans le privé. Il a préféré sacrifier sa carrière personnelle pour promouvoir la souveraineté du Québec pendant plus de trente années de sa vie. Il est passé par l'École des Hautes Études Commerciales de Montréal, l'Institut d'études politiques, la Faculté de droit de Paris, le London School of Economics de Londres.

Il s'est converti à notre cause lors d'un voyage dans l'Ouest canadien. Depuis, Jacques Parizeau a mis toutes ses énergies au service du Québec. Il était bien placé pour le faire après avoir été conseiller économique et financier des gouvernements Lesage, Johnson et Bertrand. Dans le gouvernement de René Lévesque, il a occupé une place centrale comme ministre des finances. C'est lui qui a mis sur pied La Caisse de dépôt et de placement, la Société québécoise d'exploration minière, lui qui a assuré la parité salariale pour les femmes et les hommes. Ses adversaires en chambre parlent beaucoup moins de ses réussites. On voit l'homme qui fait des discours mais on oublie le lutteur acharné pour les justes causes qu'il a menées sur tous les fronts, notamment la réforme des institutions financières qui permet au Québec de rivaliser maintenant avec les grandes institutions financières torontoises.

Jacques Parizeau n'a pas suivi René Lévesque qui voulait tenter — inutilement d'ailleurs — le «beau risque» qui nous a menés à un cul-de-sac. Mais quand il revient en triomphe à la tête du Parti québécois et qu'il devient Premier ministre en 1994, tout le monde sait de quel bois il chauffe. Le peuple savait où s'en allait Jacques Parizeau. Il n'a jamais dévié d'une ligne dans son engagement. Ses positions étaient claires. Il voulait nous donner un pays. Il jugeait que nous étions assez *grands* pour l'avoir. Pas d'entourloupettes, pas de discussions vagues, pas de compromis éternels avec lui. Il va droit au but, avec une énergie déterminée, un courage à toute épreuve, une lucidité constante, en dépit des obstacles, des pièges, des mirages.

Aussi, quand au référendum de 1995, son Parti n'obtient pas les 50% dont il rêvait et qui nous eut donné un pays, avec sobriété et dignité, il a tiré sa révérence. J'en suis resté attristé car j'avais une profonde admiration pour cet homme qui s'est battu farouchement pendant trente ans pour le souveraineté du Québec. Ferme et dur, il a tiré les conclusions qui s'imposent

Il finira pas avoir raison, j'en suis sûr. La «prochaine fois sera la bonne.» D'autres concrétiseront son rêve, le nôtre, celui d'un peuple écrasé qui s'est relevé et qui finira bien par se tenir debout, seul, fier et libre.

Bravo Monsieur Parizeau pour votre longue lutte! En ce 9 août, un bon anniversaire à ce grand chevalier de la souveraineté!

PIERRE LE BER
Peintre de la beauté intérieure

Il était le cadet des cinq enfants de Jacques Le Ber et de Jeanne Le Moyne, une des familles les plus fortunées du Montréal du temps. Sa sœur, Jeanne, devait se faire recluse à la Congrégation Notre-Dame mais elle avait vécu plusieurs années cloîtrée dans sa chambre, ce qui a sans nul doute, marqué profondément le jeune Pierre.

On ne sait pas grand chose sur l'éducation qu'il reçut. Mais une chose est certaine, il s'adonnait à la peinture. L'inventaire de ses biens fait par le notaire Rimbault permet de conclure qu'il possédait un atelier complet. En 1697, il reçoit des Sulpiciens une concession d'un arpent pour la construction d'une chapelle dédiée à sainte Anne, à Pointe-Saint-Charles. Jacques Viger rapporte les propos d'un abbé Sattin qui raconte que Pierre « travailla lui-même à l'orner intérieurement par un grand nombre de tableaux qu'il faisait de sa propre main. » À sa mort, il laissa 200 livres aux Sulpiciens pour l'entretien de sa chapelle.

On lui doit aussi le fameux portrait de Mère Bourgeoys restauré en 1964. Le jour du décès de la sainte, le 12 janvier 1700, Pierre se sentit pris soudainement d'un violent mal de tête. Il prit alors un peu de cheveux de la défunte qu'il mit sous sa perruque. Il se sentit soulagé à l'instant. Il exécuta alors le portrait de Mère Bourgeoys avec une rapidité incroyable. Sa peinture est un chef d'œuvre de sérénité, de compassion, de recueillement. Elle synthétise toutes les qualités de la Mère de la colonie qui tient dans ses mains cette flamme, symbole de son amour ardent, qu'elle veut léguer aux Sœurs de sa Congrégation comme à tous les braves colons qui ont été éclairés par sa chaude lumière malgré les vents et tempêtes déchaînés sur Ville-Marie. Deux jours plus tard, Pierre fit une chute et s'en tira indemne selon lui, grâce aux cheveux de Mère Bourgeoys. On lui doit beaucoup d'autres peintures mais malheureusement, elle n'ont pu être identifiées avec assurance.

Depuis quelques années, Pierre vivait chez les Frères Charon dans une « chambre ayant vue du côté de la Chapelle Sainte-Anne » dit Raimbault. Il faisait partie de la communauté sans toutefois y avoir prononcé de vœux. Il avait été l'instigateur de cette communauté avec François Charron et Fredin qui voulaient s'occuper des pauvres, des mendiants et des infirmes pour contrer les problèmes sociaux du temps. Il s'agissait de mettre sur pied des ateliers (« des manufactures ») sur le modèle de l'École des métiers d'art fondé à Saint-Joachim par Mgr Laval.

La générosité de Pierre fut très large envers sa communauté de même qu'à l'endroit des communautés religieuses de Montréal, notamment la congrégation Notre-Dame où Jeanne s'était retirée en 1695.

Pierre mourut « en odeur de sainteté » le 2 septembre 1707, laissant 10,000 livres à la Congrégation avec son cœur que les sœurs conservent encore précieusement. Il n'avait que 38 ans. Il fut inhumé le 2 octobre 1707 dans l'église des Frères Hospitaliers (Frères Charon).

Je suis personnellement convaincu de la haute valeur spirituelle de cet homme. Il a le don de répondre rapidement, rapidement, aux besoins qu'on lui expose. Aussi, en cet anniversaire de sa naissance, c'est pour moi un devoir de rappeler sa douce mémoire. Au cas où...d'autres auraient besoin de lui ! Comme sa sœur Jeanne, il fait partie des grands oubliés de notre histoire.

CAMILIEN HOUDE
Un maire coloré, tout un maire

Sans nul doute, Camilien Houde est le maire le plus connu de l'histoire de Montréal. Indéniablement. Ce petit homme, issu d'un milieu populaire très pauvre n'avait que son cours commercial lorsqu'il entre à la Banque d'Hochelaga en 1912. Il en devenait directeur quatre ans plus tard. Mais il abandonne vite ce poste pour se lancer dans le commerce où il essuie un retentissant échec. Grâce à l'appui de Joseph Dufresne, pilier à l'époque du parti conservateur, Camilien se lance en politique et à la grande surprise de tous, il est élu député du comté Sainte-Marie en 1923. Son charisme irrésistible auprès des foules qu'il soulève lui fait gravir vite les échelons de la hiérarchie. En 1929, le voilà chef du Parti conservateur et de l'opposition. Sa défaite en 1931 l'oblige à céder sa place au non moins coloré Maurice Duplessis.

Camilien Houde a cependant plusieurs cordes à son arc. Déjà en 1928, il venait de battre Martin à l'Hôtel de Ville. Après les années folles et excentriques, c'est le crash, le chômage, la misère. Dans l'adversité, on reconnaît la valeur des hommes. C'est là que Camilien montre son vrai visage. Il lutte de toutes ses forces pour assainir le budget de la ville, fait distribuer 100,000 $ aux plus démunis par le biais de la Saint-Vincent-de-Paul, et grâce au conseil exécutif qu'il finit par contrôler, multiplie les travaux publics. C'est la période du Jardin Botanique, du Chalet de la Montagne, du parc Lafontaine, des viaducs, des bains publics. Cependant, malgré tous ses louables efforts, la pauvreté sème ses ravages chez les pauvres gens. Camilien Houde tente l'impossible. Il distribue son salaire, ouvre sa maison aux sans-abri, donne tout ce qu'il a. Il rencontre l'opposition féroce et sourde des Banques.

En 1939, la guerre éclate. Houde s'oppose vigoureusement à la conscription obligatoire. Sincère dans ses convictions, il va jusqu'à recommander la désobéissance civile. Alors que tout le monde voit rouge et ne pense qu'à la menace du communisme, Camilien Houde explique que le fascisme est beaucoup plus dangereux et insidieux que le communisme. En 1940, il est incarcéré! Il restera derrière les verrous pendant quatre ans sans demander l'aide de quiconque. Avec franchise, il dira : « Je n'ai pas eu besoin jusqu'ici, je n'ai pas besoin à présent, et je n'aurai pas besoin demain de me mettre à la remorque politique de qui que ce soit. »

Camilien Houde est un homme libre. À sa sortie de prison lorsqu'il revient à Montréal, la foule l'accueille en triomphe à la gare Windsor. Six mois plus tard, il est réélu maire. Il le sera pendant trois autres années.

Montréal n'est cependant plus ce qu'il a connu. La prospérité d'après-guerre demande un autre style de gestion. Camilien Houde s'en rend compte. En 1954, il prend sa retraite. Il aura battu tous les records à la mairie : 18 ans ! Il meurt quatre ans plus tard, le onze septembre 1958.

Contradictoirement, lui qui avait voulu protéger l'intégrité de la Montagne à toute voie d'accès qui pourrait la dénaturer, voit son nom donné à l'avenue qui la ceinture aujourd'hui.

En ce 13 août, anniversaire de ce maire exceptionnel, saluons la mémoire du populaire Camilien Houde, homme de cœur et de principes.

MARIE-CLAIRE DAVELUY
Comme un grand livre d'histoire imagé

Voilà une autre grande dame. On devrait voir sa photo dominer au Salon du livre de Montréal, chaque année. Du moins, à la bibliothèque municipale de Montréal où elle travaillé en collaboration avec Aegidius Fauteux de nombreuses années. N'a-t-elle pas fondé la première école française de bibliothéconomie en Amérique, *l'École de bibliothécaires de l'Université de Montréal*?

Toute sa vie, la dynamique Marie-Claire Daveluy n'a vécu que pour le livre. En bibliothéconomie, elle a joué un rôle de premier plan comme pionnière en fondant entre autres, l'Association canadienne des bibliothécaires de langue française. De plus, sa collaboration à diverses revues par la publication d'articles fouillés et d'études littéraires et historiques est impressionnante. Elle scrute nos racines en profondeur et nous livres des réflexions toujours d'actualité sur nos fondatrices de communauté, Jeanne Mance, Mère Marie-Rose, Marguerite Bourgeoys, et sur les premières associations au pays, tels la Société Notre-Dame de Montréal, les Récollets de Montréal, etc.

Elle est également connue pour ses romans écrits pour la jeunesse. Là encore, elle fait œuvre de pionnière. En pédagogue, elle sait allier l'affabulation romanesque à l'histoire. Ainsi, le *Richelieu héroique* nous présente toute l'époque de Papineau et des patriotes autour de aventures de Michel et de Josephte.

Parce qu'elle aime notre histoire et la connaît bien, avec grande subtilité, dans une prose envoûtante, Marie-Calire Daveluy met tout son cœur et son érudition au service des jeunes qu'elle sait atteindre. Elle réussit à leur donner fierté et attachement à leurs racines, dignité de leur identité, noblesse et respect du passé. On a pu dire que « ses romans pour les jeunes sont d'une valeur exceptionnelle. » Par exemple, *Les aventures de Perrine et de Charlot* (6 volumes) racontent la vie de deux orphelins aux origines de la Nouvelle-France.

Quant à ses jeux historiques présentés sous forme théâtrale, ce sont de pures féeries ! Je me demande si les écoles savent encore les utiliser...Je sais qu'aujourd'hui, l'histoire fait plutôt figure de parent pauvre à côté des ordinateurs mais je reste convaincu que jamais ils ne procureront la découverte et l'enthousiasme que Marie-Claire Daveluy pourrait faire jaillir dans leurs cœurs !

Cette femme est une pédagogue-née. Son style est savoureux et accessible. Quand on a fini un de ses livres, on veut en lire un autre. Elle ouvre des horizons, suscite des élans, éveille la fierté de son passé, réchauffe le cœur, renseigne sur ses origines, ouvre à l'admiration. Il faut la redécouvrir. Pour les jeunes, c'est une ins-

piratrice; pour les moins jeunes, un retour aux sources; pour tous, un enchantement.

En ce quinze août, anniversaire de sa naissance, toute notre admiration pour
cette jeunesse de cœur qu'elle procure à tous ses lecteurs!

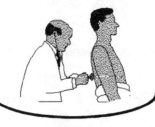
YVES LAMARRE
Un chercheur par vocation

En 1994, le Dr Yves Lamarre recevait le Prix du Québec en recherche biomédicale. Dans une entrevue qu'il accordait à Marc Thibodeau pour *Le Devoir*, le 26 novembre de la même année, il expliquait que son intérêt pour le système nerveux est beaucoup plus « qu'une simple curiosité intellectuelle. « J'ai perdu une sœur de treize ans à cause d'une maladie très rare, une tumeur du système nerveux, explique-il. Je n'étais alors âgé moi-même que de quatorze ans. Ce fut un événement déterminant dans mon cheminement professionnel. »

Après ses études en médecine à l'université de Montréal, le Dr Lamarre entreprend des études supérieures en Europe où il rencontre à Stockholm le neurophysiologiste Ragnar Granit, Prix Nobel de médecine en 1967. Comme il le mentionne au journaliste « l'idée qu'il puisse exister dans le cerveau des groupes de cellules ayant une activité indépendante d'influx sensoriels a pris du temps à être acceptée. À l'époque, on voyait le cerveau comme un simple centre de traitement de l'information qui se contentait de produire des réponses en réaction aux stimulis issus de l'environnement. »

Le Dr Lamarre fait maintenant partie du Groupe de recherche sur le système nerveux central à l'Université de Montréal. Il travaille également à l'Hôtel-Dieu où il pu rencontrer « des patients qui présentaient des atteintes neurologiques très rares. Si je ne les avais pas rencontrés, dit-il, il y a un grand nombre de mes études que je n'aurais pu compléter. » C'est avec des patients qui présentaient des anomalies de ce genre qu'il a pu approfondir la compréhension du contrôle de la motricité. Il rappelle l'exemple d'une dame dans la quarantaine dont « le système moteur était parfaitement normal mais dont la majorité des fibres nerveuses qui relaient des informations sensorielles en provenance de la périphérie du corps étaient détruites. Seules des sensations de douleur et de température étaient encore présentes. Cette dame était totalement « désafférentée. » Même en l'absence de presque toute information sensorielle, elle était en mesure de commander des déplacements simples de ses membres. »

Le chercheur a voulu élargir ses activités aux questions complexes du contrôle moteur chez les humains et les primates. Il en est arrivé à la conclusion que l'activité du cortex moteur représente une commande centrale liée à la genèse des mouvements, indépendante d'une réaction attribuable au système périphérique.

Le Dr Lamarre consacre le plus temps possible à la recherche. C'est pour lui quelque chose de stimulant car il aime ce qu'il fait. « J'ai eu l'occasion de faire toute ma vie ce que j'aime passionnément, dit-il. C'est déjà un grand privilège. »

C'est aussi un privilège pour nous de compter parmi les nôtres un chercheur de cette envergure. Aussi, en ce 16 août, nous nous souvenons de son anniversaire de naissance et nous lui souhaitons une longue carrière et de fructueuses recherches.

ARTHUR LEBLANC
Un très grand violoniste

Il est né tout près de Moncton mais il est bien des nôtres puisqu'il a fait toutes ses études au séminaire de Québec, a été encouragé par ses maîtres du Québec, étudia à l'École de musique de l'université Laval, fut boursier du gouvernement de Québec, a travaillé presque toute sa vie chez nous.

Son père était luthier et professeur de violon. Le petit Arthur avait sans doute quelque chose dans les gênes car à trois ans, il étonnait tout le monde par sa virtuosité au piano. À cinq ans, on le considérait comme un prodige. Et c'était vrai. Pas étonnant qu'Arthur Leblanc ait fait sa marque partout où il passa dans les capitales les plus prestigieuses de la musique, New York, Londres, Paris, etc. En 1936, il jouait comme premier violon de l'Orchestre symphonique de Paris. Il avait 30 ans!

Il fit des brillantes études musicales tant à Québec qu'aux États-Unis et en Europe. Quand il rentra au pays en 1938, il travailla au Town Hall de New York, fit des tournés étourdissantes et interminables dans un grand nombre de villes canadiennes et américaines, joua même à la Maison Blanche devant le président Roosevelt en 1941, enseigna à l'université Laval (de 1943 à 1947) et goûta aussi à la télévision comme à la radio. Il composa des pièces musicales de belle facture comme *Petite suite canadienne pour violon et piano, Chant de pins,* etc.

Arthur Leblanc possédait une technique parfaite, un jeu d'une exceptionnelle et rare expérience, une dextérité étonnante. Il savait donner à son violon une sonorité d'une beauté éblouissante. Je ne me souviens pas avoir assisté à des concerts plus beaux que ceux que donnait Arthur Leblanc. Les salles étaient combles chaque fois.

Par ailleurs, c'était un homme d'une grand simplicité. Il donnait parfois jusqu'à cinq et six rappels, souriait calmement et maniait son violon comme sans doute les anges le font dans le ciel. C'est là qu'il nous transportait. Aussi, quand je pense au ciel, si Arthur Leblanc n'est pas là comme premier violon, ça va jaser!.

Il est mort le 19 mars 1985. En ce 18 août, rappelons l'anniversaire de la naissance d'un des plus grands violonistes que le Québec ait connus jusqu'à ce jour! Des artistes comme lui, on en trouve un par siècle et encore...

VICTOR BARBEAU
Sentinelle de notre langue et de notre culture

Il vient de nous quitter. Il lui manquait quelques jours pour devenir centenaire. Il laissera dans la mémoire de tous l'image du journaliste puissant à *La Presse*, à *La Patrie*, au *Devoir*, Au *Nationaliste*, à *l'Action Nationale*. On le voyait partout. Co-fondateur de la Société des écrivains canadiens dont il devient directeur, fondateur de l'Académie canadienne-française (1944) pour qui il concevra les fameux *Cahiers* qui nous révéleront un critique virulent, passionné et ardent défenseur de notre langue et de notre culture.

Plusieurs lui ont reproché sa fermeté de ton, ses analyses virulentes, sa vigueur et ses dénonciations intempestives. Il faut alors leur faire remarquer une chose : pour cette tête de Turc (Turc était son nom de plume), la littérature est un combat. Barbeau veut prouver au monde entier que la littérature québécoise reflète un peuple fort qui peut produire des écrivains de grande valeur et qui écrivent avec autant de raffinement et de clarté que les meilleurs d'outre Atlantique. D'ailleurs, il n'agit ainsi que «pour nous faire grandir» selon le titre d'un de ses ouvrages. Le seul relevé des études faites sur lui pourraient nous faire voir les différentes facettes de sa personnalité : *Mesure de notre taille* de Mgr Olivier Maurault ; *Un ex-pamphlétaire au service de l'ordre* de Mauride Hébert ; *Initiation à l'humain* de Roger Duhamel ; *Les Pieds dans le plat...culturel* de Yerri Kempf ; *Le Combat pour l'esprit* de Roger Duhamel, etc., etc.

Victor Barbeau a rêvé grand pour notre peuple. Il a tenté de nous indiquer nos forces latentes avec une grande franchise. Il faut lui en savoir gré.

En ce 18 août, rappelons-nous cette sentinelle toujours prête à nous réveiller dans notre engourdissement. Il n'aboyait jamais pour rien.

DENIS-BENJAMIN VIGER
Patriote d'abord et avant tout

Cet homme devait jouer un rôle de premier plan dans l'histoire de Montréal. Avocat, orateur recherché, journaliste prolifique, fondateur de la Banque du Peuple, homme politique, leader du parti patriote pendant les troubles 1837, cousin de Louis-Joseph Papineau et de Jacques Viger, premier maire de Montréal, il avait tout en main pour réussir. Sa mère était la fille d'un autre patriote célèbre, le notaire François-Pierre Cherrier.

Il fut élu député de Montréal-Ouest en 1806, en même temps que Louis-Joseph Papineau. Comme le mentionne Guy Pinard dans ses ouvrages sur Montréal, « pendant sa carrière politique, il (Viger) défendit les institutions de l'ancien régime comme le régime seigneurial, la coutume de Paris, et les droits et privilèges de l'Église. Il s'opposa farouchement au projet d'union des Canadas au point de faire deux visites à Londres pour tenter d'infléchir le gouvernement britannique. Sur le plan religieux, il supporta son cousin, Mgr Jean-Jacques Lartigue, dans la querelle soulevée par la création d'un diocèse indépendant de celui de Québec à Montréal. » (*Montréal, son histoire, son architecture*, vol. 2, La Presse, Montréal,1988, p.315).

Viger joua un rôle actif dans le journal *La minerve* qu'il supporta financièrement. Il fut même emprisonné en 1838 et resta dix-mois derrière les barreaux. Il tenta par la suite de se rapprocher du gouvernement conservateur et fut accusé de trahison. Aux élections de 1844, il fut battu. Cette défaite l'humilia profondément. Il reprit son siège en 1845 pour le comté de Trois-Rivières mais démissionna en 1846. Il fut alors élu conseiller législatif en 1848 mais déçu, il n'assista à aucune réunion.

Il mourut le 13 février 1861, âgé de 86 ans. Dans son dernier souffle, il murmura : « J'aime mon Dieu, et j'aime mon pays. »

Le Séminaire de Saint-Hyacinthe hérita de sa bibliothèque : plus de 3000 volumes. Il a laissé son nom au parc Viger, à la rue Viger et à la rue Saint-Denis qui porte le premier prénom de cet homme engagé.

En ce 19 août, anniversaire de sa naissance, un grand salut.

FRANÇOIS-GASTON DE LÉVIS
Un stratège vif et intelligent

Lévis appartenait à une vieille famille de France appauvrie. Il entra très jeune dans l'armée, à treize ans peut-être. Il eut de fréquentes occasions de manifester sa bravoure pendant la Guerre de Succession. Il gravit graduellement les échelons de la hiérarchie car il est le modèle parfait du carriériste. Il faut dire qu'il bénéficia de l'appui d'un parent, le puissant maréchal Mirepoix.

Quand il arrive à Québec en 1756, il est déjà brigadier. Il occupera le second rang, après Montcalm, il va sans dire. Dès son arrivée, il se rend à Montréal et rencontre Vaudreuil. À la différence de Montcalm, Lévis gardera toujours d'excellentes relations avec Vaudreuil. Comme il était second, Montcalm l'envoie à la défense du fort Saint-Sacrement (George). Son expédition est un succès. À l'été, c'est l'attaque du fort William Henry. Lévis était toujours sur un pied d'alerte, prêt à servir.

Vaudreuil lui confia une expédition difficile au pays des Agniers. Pour empêcher la reconstruction de New York (Chouaguen), il lui donna 3000 des meilleurs soldats. Mais soudain, la menace d'une armée de 25,000 hommes prêts à envahir le pays obligea Vaudreuil à stopper l'opération. Et ce fut la grande victoire de Carillon où Lévis commandait à droite. Abercromby subit de très lourdes pertes. À la suite de cette éclatante victoire, Lévis demanda et obtint le titre de maréchal de camp.

Il était brave, compétent, continuellement maître de lui mais ausi très ambitieux. Il voulait sans cesse pousser ses pions pour son avancement personnel. Un carriériste qui pourrait servir de patron à beaucoup de fonctionnaires...

Rappelé à Québec, Lévis s'apprêta à fortifier les rives de Beauport et plaça des lignes de défenses sur les hauteurs de Montmorecy. Le 31 juillet 1759, Wolfe essuya à son tour une cuisante défaite. Cette fois, Lévis commandait à gauche. Malheureusement, il dut courir vers le lac Ontario où la menace d'une armée envahissante montait vers Montréal. Lévis n'était pas là le 13 septembre à la bataille des Plaines d'Abraham. Vaudreuil le regretta amèrement. Sa présence aurait sans doute tempéré l'ardeur fébrile de Montcalm qui aurait peut-être attendu des renforts avant de se lancer dans une bataille aussi hasardeuse. Quand Lévis apprit la nouvelle de la défaite, il devint, dit-on, blanc de rage.

Il tenta alors de remettre de l'ordre dans les troupes et de préparer une attaque le printemps suivant. Les choses semblaient bien augurer. Des 7000 hommes qu'il avait, Murray en avait perdu 2500 du scorbut au cours de l'hiver.

Le 20 avril 1760, Lévis essaya de reprendre Québec. Ce fut une victoire sur les mêmes plaines d'Abraham. Restait à attendre les vaisseaux de France. Le 9 mai, une frégate arrivait mais... c'était une frégate britannique. Trois armées puissantes encerclaient les troupes françaises: Murray à Québec; Amherst qui venait par le lac Ontario et Haviland par le Richelieu. Devant l'évidence, Ramezay avait déjà capitulé. Vaudreuil convoqua un conseil de guerre et décida la reddition.

Lévis ne voulut rien entendre. Il préféra brûler ses drapeaux et il s'embarqua rapidement pour l'Europe où il fut promu lieutenant général et gouverneur de l'Artois. Quelques années plus tard, il accédait au rang de maréchal de France (1783) et de Duc l'année suivante. Il mourut le 26 novembre 1787 à Arras.

Figure de courage et de fierté, de bravoure et de droiture (il se tenait toujours loin des intrigues), Lévis mérite un grand salut à l'occasion de son anniversaire de naissance en ce 20 août. La ville de Lévis, face à Québec, où il livra sa dernière bataille, perpétue son souvenir chez nous.

GÉRARD RAYMOND
Un jeune de chez nous qui visait haut

Chaque pays a son jeune saint. Pier Giorgio Frassetti, Jean Berchmans, Louis de Gonzague, Dominique Savio. Pourquoi n'aurions-nous pas le nôtre un jour ? Après tout, ce n'est pas le nombre des années qui compte mais leur plénitude.

Gérard Raymond est né à Québec, dans la paroisse de Saint-Malo, le quatrième d'une famille de huit enfants. Une bien courte vie que celle de Gérard. Il est mort à dix-neuf ans. Il n'a pas fait d'actions d'éclat comme son patron Gérard Magella. Il n'a été qu'un simple étudiant du Séminaire de Québec. Il allait terminer sa deuxième année de philosophie lorsqu'il fut fauché par une hémorragie pulmonaire le 5 juillet 1932. Personne ne parla plus de lui.

Mais un jour, sa pieuse mère ouvrit son «journal» intime et fut frappée par la pensée profonde de son fils. Elle montra le journal aux prêtres du Séminaire. Ce fut une découverte. Ce jeune séminariste avait l'âme d'un saint. En effet, par le journal. on peut voir le cheminement de ce jeune homme sur le chemin ardu de la sainteté. Pendant quatre ans, Gérard livre ses pensées les plus secrètes. Il voulait que son journal «soit un long colloque» où il pourrait exposer «ses pensées et ses joies.» Dom Grenier, prieur de l'abbaye St-Benoît-du-Lac, a pu écrire à propos de cet écrit: «Il faut tout lire le *Journal*» pour saisir la montée graduelle de cette âme.»

Gérard avait posé très haut la barre de son idéal: «Aimer, souffrir, aimer.» Sa devise indique la profondeur de son engagement spirituel: «Quid nunc Christus?» Autrement dit: «Que ferait le Christ à ma place.» À dix-sept ans, il faisait le vœu de chasteté. Son avenir, il le voyait très nettement : rien de moins que devenir missionnaire, prêtre et martyr. Il dut se contenter de la prose banale de tous les jours, le devoir d'état accompli le mieux possible avec courage et ténacité, la souffrance acceptée sereinement face à un futur bloqué par une maladie implacable. Dans la dernière page de son *Journal*, Gérard montre à quel degré éminent de sainteté il est parvenu quand il écrit: «Je viens de cracher un peu de sang..., il se peut que cela ne soit pas grave du tout. Il se peut que ce soit grave....peu importe. Je suis prêt à tout accepter. Donner mon sang en pleine vigueur de jeunesse, cela vaut bien le martyre lointain et problématique d'un vieillard de demain.»

Arthur Robert a écrit la vie de Gérard Raymond, *Une âme d'élite* : 20,000 exemplaires vendus en peu de temps. Un livre traduit en anglais, en allemand, en hollandais, en italien, en portuguais et en japonais. Cela montre la popularité de ce jeune homme mort dans la fleur de l'âge. À son tour, Dom Gérard Mercier, o.s.b., vient de publier *Un défi aux jeunes: Gérard Raymond*. Dans son livre, il présente

Gérard comme un entraîneur pour les jeunes désireux de réussir leur vie de façon peu banale.

Jusqu'à ce jour, plusieurs faveurs — et non des moindres — ont été obtenues par Gérard Raymond. Je me souviens de ma sœur Yvonne qui souffrait énormément d'un doigt attaqué par une tumeur : elle a été guérie en quelques heures. Gérard est devenu depuis lors — il y a bien 60 ans de cela — son intercesseur favori. Je ne peux résister à l'envie de vous citer une de ses lettres (4-10-95) où elle me parle de son déménagement. Quand on arrive à 80 ans, la nécessité vous oblige à faire des choix difficiles. Elle s'en va donc dans un tout petit appartement. Mais il lui restait «un sofa-lit qui pesait une tonne et qui ne se vendait pas, un lazy boy, une table de cuisine, deux chaises et quelques autres articles. » Elle décide de mettre Gérard de la partie et lui dit en toute simplicité: «Aujourd'hui, dimanche, il faut que cela parte ! Pas croyable mais vrai : un jeune vient et il aime le sofa. Je lui vends ainsi que la chaise lazy boy, la table de cuisine, les deux chaises, un tapis, ma table et une chaise de travail. Un autre de ses amis achète le réfrigérateur, la laveuse, la sécheuse d'un coup! Je sentais Gérard près de moi qui m'aidait en tout. J'ai écrit pour faveur obtenue pour sa cause à Québec. Il m'a aussi fait trouver un appartement dans le complexe où je voulais aller. »

Gérard est puissant, c'est certain. Aussi, « Les Amis de Gérard Raymond » poussent-ils sa cause pour qu'il soit reconnu un jour comme modèle de sainteté à proposer aux jeunes en quête d'absolu qui ne se contentent pas de frelaté et de médiocrité.

Pour toute faveur spéciale obtenue par l'intercession de Gérard Raymond, prière de communiquer à l'adresse suivante:

Les Amis de Gérard Raymond
1, rue des Remparts,
C.P. 460, Québec
(Québec) GR 5L7.

En ce 20 août, anniversaire de la naissance de Gérard Raymond, souvenons-nous de cette petite étoile toute douce dans notre ciel québécois.

JULES FOURNIER
Le journaliste dérangeant

C'est sûr que Jules Fournier dérangeait. Il ne pensait pas comme les autres. Il ne suivait pas comme un bon mouton de Panurge. Au séminaire de Valleyfield, on lui fit savoir vers la fin de son cours classique qu'il était mieux de chercher ailleurs...Partout où il passa, à *La Presse,* au *Nationaliste,* comme courriériste parlementaire, au très correct *Le Devoir,* à *l'Action* qu'il fonda et dirigea pendant cinq ans. Et parce que sa voix sonnait fort, il eut des ennuis de tous côtés. Quand il écrivit son article sur « la prostitution de la justice » (1909) et qu'il attaquait des juges de la Cour supérieure de Québec, par exemple. Ou encore quand il signe un article sur les « trois ex-voyous » qui ne sont autres que deux juges et le lieutenant-gouverneur, il s'attire un procès et la prison.

Chose certaine, il ne se gêna jamais pour dénoncer les abus des profiteurs du bien public. Il fut un défenseur acharné de la langue française, un patriote ardent, un éclaireur avisé, un homme très désintéressé, un esprit fin qui savait user d'humour et de sarcasme parfois démolisseurs. Je pense à son article sur « Notre députation » où il attaque les députés aux phrases vides et à la pensée creuse. Un maigre extrait : « Il y a au parlement fédéral : 1. une tabagie ; 2. une vaste salle où l'on peut jour et nuit se faire servir du scotch ou de l'eau minérale, au choix ; 3. des chambres où les députés son censés faire leur correspondance, mais où l'on peut tout aussi bien jouer aux cartes et aux dames. C'est entre ces différents endroits que nos représentants, pendant les séances de la Chambre, partagent leurs heures. C'est là qu'on est toujours sûr de les trouver. Quelquefois cependant ils sont ailleurs : soit au restaurant, soit dans les couloirs...Il n'y a que deux endroits où ils ne mettent jamais les pieds, sauf par accident : c'est la Chambre et c'est la bibliothèque. »

À sa sortie de prison, Fournier s'embarque pour l'Europe, à titre de correspondant pour la *Patrie* Sur les quatre-vingt-seize passagers de l'Empress, il est le seul de langue française. Il en profite pour décocher quelques flèches aux Anglais qu'il n'aime pas. « Oh ! je n'ai rien à dire contre les Anglais d'Angleterre, écrit-il. « Peuple modèle », je l'ai écrit moi-même dans mes articles et je continue de le penser ; mais, il n'y a pas à dire, pour un tempérament français, ce n'est pas précisément une société « désennuyante. » Ah ! mon cher rédacteur, si vous les voyiez comme je les vois depuis hier. — On se dirait dans entrepôt frigorifique. »

Plus loin, il ajoute : « Ce matin, nous avons rencontré une banquise. Les Anglais s'en sont étonnés. Moi, pas du tout : en fait de glace, ce qui m'étonne, ce ne sont pas les banquises, ce sont les Anglais. » Et quand il regarde l'immensité de l'océan, il fait cette réflexion : « J'ai vu, ce matin, l'océan pour la première fois. Jamais, avant cet instant, je n'avais pu me figurer parfaitement l'étendue démesurée de l'ineptie humaine. Maintenant, je comprends. L'infini de flots m'explique, l'infini de la Bêtise. » Et comment ne pas rire de la fine psychologie du journaliste quand il raconte son déjeuner avec une Anglaise : « Ma voisine, ce midi, m'a dit (en anglais) :

— Ce potage est excellent, n'est-ce pas, Monsieur ?

— Délicieux, Madame !

J'ai voulu, la-dessus, lui causer littérature. Elle m'a répondu :

— Yes.

Quelques instants plus tard, elle s'est penchée vers moi :

— Ne trouvez-vous, Monsieur, ce rosbif très bon ?

— Oh ! très bon, Madame.

Et j'essayai de lui parler musique. Elle m'a déclaré alors :

— I dont' know.

— Ce pudding me paraît exquis ; ne vous semble-t-il pas de même ? m'a-t-elle dit au dessert.

— En effet, Madame ! Ce cuisinier français est vraiment très fort.

Et je lui dis, à ce propos, quelques mots de la France. Mais, cette fois, elle ne me répondit seulement pas. »

Je ne fais que mettre l'eau à la bouche. Il nous reste de Fournier un recueil de morceaux choisis, *Mon Encrier*, publié en 1922 : Fournier nous communique sa flamme par un style dru, alerte, toujours mordant. Malheureusement, la mort le faucha au printemps 1918 à l'âge de 33 ans.

En ce 23 août, saluons la mémoire de ce vibrant patriote.

24 août au 22 septembre
La Vierge

fleur du mois :	l'aster qui offre une floraison très colorée, allant du pourpre au bleu en passant par le rose et le blanc. Cette fleur tire son nom de ses pétales en forme d'étoiles.
pierre de naissance :	le saphir, pierre précieuse, généralement bleue, très dure et transparente comme le diamant. Au Moyen Âge, on utilisait le saphir pour guérir les maladies des yeux.
	Dans le christianisme, le saphir symbolise à la fois la pureté et la force lumineuse du royaume de Dieu. Comme toutes les pierres bleues, le saphir est considéré comme puissant talisman contre le mauvais œil.
signe du zodiaque :	VIERGE
	Ce sixième signe du zodiaque se situe avant l'équinoxe d'automne. Symbole de la moisson, du travail, de la récolte des efforts. Le cycle végétal s'achève. L'épi se couche pour être fauché avant que le cycle ne recommence pour une terre nouvelle qui va recevoir la prochaine semence. D'où la symbolique d'une Vierge portant gerbe ou épi.
planète :	MERCURE
	Les natifs de la Vierge ont un tempérament sobre et ordonné. Ils sont perfectionnistes. Ce sont des êtres disciplinés, peu enclins à se livrer. Toujours courtois et polis, ils aiment les choses difficiles et ont un sens inné du civisme et des responsabilités.

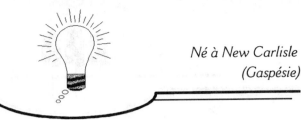

RENÉ LÉVESQUE
L'âme «d'un peuple au printemps inachevé»

Un homme secret, emmuré dans ses sentiments. D'une intelligence pétillante. Son *Point de mire* vrillait tous les Québécois à leur petit écran devant ce professeur vulgarisateur hors pair. Un être torrentiel aux ambitions démesurées. Un être intègre, profondément. Un être libre qui voulait libérer les autres. Qui voulait aussi cette liberté pour le Québec : «Il faut que nous osions saisir pour nous l'entière liberté du Québec» écrivait-il dans *Option Québec*, sans nul doute le chef-d'œuvre de la littérature politique parue chez nous. Un démocrate-né. Le principal artisan d'une véritable démocratie au Québec. Un homme transparent. Qu'il suffise de rappeler sa *Loi sur l'accès à l'information*, la réforme des partis politiques, la loi des élections, la démocratie municipale, la loi sur le financement des partis politiques, l'élimination du patronage (NDRL), la Loi sur la consultation populaire. Un avant-gardiste dans sa vision de cohabitation avec les autochtones. Un homme d'une profonde humilité. Quand il répétait «À mon humble avis!», chez lui, c'était vrai. Un communicateur charismatique. D'une chaleur authentique. Fier d'être Québécois. Le premier à faire entendre la voix du Québec sur la scène internationale. Fidèle à son peuple dont il comprenait toute l'ambivalence et l'insécurité mais qu'il poussait à la fierté d'être soi-même.

S'il y avait des litanies politiques, je réciterais bien volontiers les suivantes :

Toi qui as cristallisé et symbolisé l'identité québécoise, René, rappelle-nous ;
Toi qui par ton « point de mire » nous a éveillés aux autres, René, rappelle-nous ;
Toi qui voulais la transparence et l'intégrité politique, René, rappelle-nous ;
Toi qui voulus les soumissions pour éviter le patronage, René, rappelle-nous ;
Toi qui mettais ta confiance dans le vote démocratique, René, rappelle-nous ;
Toi qui incarnais si bien la fierté d'être Québécois, René, rappelle-nous ;
Toi qui a été le révélateur de notre éveil collectif, René, rappelle-nous ;
Toi qui étais la conscience d'un peuple debout, René, rappelle-nous ;

Toi, le porte-étendard de la souveraineté du Québec, René, rappelle-nous ;
Pour que nous revienne *la passion du Québec*, attends, que je me rappelle ;
Toi, si grand au soir de la grande défaite, attends, que je me rappelle ;
Toi qui demandes de continuer avec acharnement, attends que je me rappelle ;
Toi tellement authentique et vrai en politique, attends que je me rappelle ;
Toi qui nous a redonné confiance en nous-mêmes, attends que je me rappelle ;

Toi qui as donné impulsion à notre prise en charge, attends que je me
rappelle ;
De toi si grand après la nuit des longs couteaux, oui, je me souviens.
De ton silence plus éloquent que les discours, oui, je me souviens.
Du la fierté du respect de soi comme collectivité, oui, je me souviens.
Du défi que tu n'as pu mener à terme, oui, je me souviens ;

De la «deuxième page d'une belle histoire du Québec qu'il nous reste à écrire»,
oui, je me souviens.

À la prochaine, René !

LE PÈRE EUGÈNE PRÉVOST
Un Curé d'Ars des temps modernes

Huitième de quinze enfants! Son père, cinquante ans médecin à Saint-Jérôme, marguillier, conseiller, secrétaire du comté, candidat aux élections provinciales, appartenait à une famille appelée fièrement «Les Lions du Nord» à cause de leur ténacité, de leur énergie et de leur vaillance au plan politique. Un foyer où régnait un climat de bonne humeur et de gaieté constante car la musique y attirait tout le monde.

Au collège, le jeune Eugène faisait le désespoir de ses parents. C'était un élève paresseux, dissipé et peu travaillant. Il passait son temps à s'amuser. Petit lion en cage, il ne rêvait que de vacances et de liberté. Un jour, il se fit même geler pour revenir à la maison. Ce qui lui valut une grave maladie de rhumatisme qu'il traînera toute sa vie. Et voilà qu'un jour, c'est la conversion. Le jeune espiègle de 17 ans décide de changer de vie. Son entourage croit difficilement à un si brusque changement de conduite. Néanmoins, Eugène demande son entrée au Séminaire de Philosophie de Montréal. M. Lecocq, pss, oriente ce jeune homme talentueux vers la congrégation des Pères du Saint-Sacrement.

Malgré sa maladie, Eugène part en Belgique y faire son noviciat, fait plutôt exceptionnel à l'époque! Le petit Québécois arrive en Europe avec sa canne et le cœur malade. Malgré ces obstacles, il se lance à corps perdu dans la spiritualité. Mais la santé chambranle toujours. Son supérieur l'envoie alors consulter don Bosco à Lille. Huit jours, Eugène est complètement sur pied. Rome l'attend pour parfaire ses études. Il y court avec ardeur et enthousiasme.

En plus de ses études, des deux heures d'adoration journalière, on lui confie la chronique eucharistique dans *La Semaine religieuse de Montréal*, l'économat et l'établissement des Prêtres adorateurs en Italie. En 1887, il reçoit l'ordination sacerdotale. Ses dons d'administrateur devaient sans doute être bien réels puisque, à peine ordonné, il est nommé Directeur général de l'Œuvre des Prêtres Adorateurs à la Maison-mère de Paris et, quelques mois après, consulteur général. Il travaillera avec zèle à cette œuvre pendant treize ans (sauf deux années passées à Marseille) et la répandra dans toutes les parties du monde. On dit alors du Père Prévost qu'il est religieux fervent, compagnon agréable, qui ne critique ni ne murmure jamais mais montre continuellement un entrain communicatif et une gaieté joviale.

Son ardente dévotion à l'eucharistie l'amène imperceptiblement vers le prêtre qu'il voit submergé par ses besognes. Eugène pense aux prêtres fatigués, âgés, délaissés, usés prématurément. Il voudrait fonder une Fraternité pour eux. Son rêve l'oblige à quitter sa communauté pour en fonder une autre. Il soumet d'abord son projet au pape Léon XIII qui l'encourage. Et non seulement une communauté mais deux voient le jour simultanément : La Fraternité Sacerdotale et les Oblates de Béthanie. Le Père Prévost reçoit l'appui des papes Pie X, Benoît XV et Pie XI. Malgré ses forts appuis, il lui faudra goûter à la persécution des justes : dénonciations, calomnies auprès des plus hautes autorités, suspicions, défiances, départ de plusieurs de ses collègues et surtout, défection de sa sœur Léonie, avec qui il avait fondé les Oblates de Béthanie. On le traite d'emballé, d'illuminé, d'irréfléchi. Le Père Prévost accepte tout et boit à la large coupe, au calice amer de la souffrance. Il s'offre même en victime. Jamais de murmure, de critique, de rebuffade. Il ne fait que répéter la parole de Jean de la Croix : « Souffrir et être méprisé pour vous. » Avec une foi intense et un amour courageux.

Les quarante-cinq années de sa vie, il les passera de fondation en fondation pour les prêtres qu'il veut heureux. Il nous laisse des milliers de lettres, douze cahier de Notes intimes, dix volumes de Journal personnel sur les fondations, des Mémoires, les Archives de la communauté. Un travail épuisant réalisé dans une union intime avec le Souverain Prêtre, dans un grand esprit d'abandon au bon vouloir divin. Comme il le disait lui-même dans son testament : « Je m'abandonne avec une amoureuse et absolue confiance à la tendre Miséricorde comme à l'adorable Justice de Jésus, mon Sauveur et mon Juge, voulant conserver jusqu'à mon dernier soupir l'unique désir dont j'ai cherché à m'inspirer dans tous les actes de ma vie : accomplir en tout ses adorables et divines volontés. »

C'était le 1er août 1946. Au moment même de sa mort, un énorme chêne, octogénaire lui aussi, s'abattit dans le parc, faisant dans sa chute, un fracas formidable. Symbole puissant de cette perte irréparable pour sa communauté. Mais du haut du ciel, le bon Père Prévost, veille encore avec sa paternelle bonté.

En ce 24 août, rappelons sa douce mémoire. Puisse l'Église le proposer bientôt comme un Curé d'Ars des temps modernes !

VALENTINE BELLAVANCE
Mère au cœur si bon, si grand!

C'était la bonté personnifiée. Une femme d'une grande simplicité, douce et aimable envers tous. Et combien accueillante! En plus de ses douze enfants, elle recevait des cousines qui nous arrivaient de partout pour passer leurs vacances chez nous en Gaspésie. Et avec leurs enfants, deux ou trois... Et la bonne tante, généreusement, recevait tout ce monde-là et réussissait, je ne sais trop par quel miracle, à les loger et à les nourrir tous. Si elle en a passé des heures au milieu de ses chaudrons! En été, la chaleur suffocante la faisait ruisseler de sueurs; en hiver, elle devait chauffer le poêle, se lever vers les cinq heures pour l'allumer, préparer le déjeuner, créer une ambiance festive.

Jamais un mot plus haut que l'autre, jamais la plus légère impatience, jamais un mot en mal sur personne, toujours des excuses pour expliquer la conduite des autres, un sourire continuel au visage.

Femme de travail. C'est elle qui faisait le « train, » écrémait le lait, faisait le beurre. Elle qui préparait la bouffe pour tout ce monde-là! En cuisine, elle nous épatait tous. D'où lui venaient ces talents? De son imagination, sans doute car, à cette époque, il n'y avait pas de recettes de Sœur Angèle ou d'autre. Elle était l'âme de la maison toujours ordonnée. Je pense encore à tous ces lavages faits au petit moulin! Ces carcasses froides qu'il fallait entrer et suspendre sur des cordes en plein hiver (il n'y avait pas de laveuses et sécheuses automatiques alors!) Et les planchers brossés et lavés à la main, « à quatre pattes, » comme on disait. Surtout après une veillée qui avait tout mis sans dessus dessous! Je me rappelle mes répulsions lorsque je la voyais faire cette besogne humiliante et les larmes me viennent encore aux yeux. Et je ne parle pas de la couture, du tricotage, du repassage, du reprisage, du rapiéçage, tous ces menus travaux qui prennent des heures et des heures! Son moulin à filer comme son rouet étaient continuellement occupés et remplissaient les vides laissés par l'absence de télévision non encore créée. C'étaient les seuls moments où je la voyais assise.

Comme la vie était dure pour les femmes du temps! Ce qui me choquait le plus, c'était la visite des curés des environs qui venaient lui voler ces tapis crochetés avec art, ces mitaines et ces tuques pour leur bazar! Ils me faisaient écumer. Une de ses consolations, mais qui prenait aussi beaucoup de son temps, c'était le potager où elle cultivait tous les légumes. Et j'allais oublier son parterre de fleurs, un des plus beaux de la paroisse! Je revois les dahlias, les cœurs saignants, les «vieux garçons,» les lis tigrés, les œillets d'Inde, le lilas et les roses...

Où puisait-elle donc cette force pour mettre tant de cœur dans tout ce qu'elle faisait? Ça, je le sais. Incontestablement dans la prière. Car cette femme vivait continuellement en présence de Dieu. C'est sur ces genoux que nous avons tous appris à prier. Pendant la deuxième guerre mondiale qui lui l'avait privée de deux fils, nous l'avons vue prier de longues heures les bras en croix, jeûner trop souvent, parfois le visage transfiguré, comme en extase. Son ardente dévotion à saint Joseph lui faisait obtenir tout ce qu'elle voulait par ce grand saint.

Elle était naturellement pédagogue et ne semblait pas trouver difficile sa besogne d'éducatrice, dans le sens le plus large du mot. Par la douceur, elle nous amenait à agir mieux. Pas de sermons, pas de paroles acerbes, pas d'élévation de la voix. Jamais. Ce qu'on appelle «des querelles de ménage,» cela n'existait pas chez nous Je l'ai vite appris cependant par le contact avec la vie. Alors, je me rappelais «chez nous» et je me demandais comment ma mère faisait pour maintenir un climat constant de paix au sein de la famille. Cela ne signifie pas que des rivalités ne pouvaient survenir entre frères et sœurs. La mère se faisait alors arbitre et rappelait avec suavité: «C'est le plus fin qui arrête le premier!» Les belligérants se rangeaient, surtout pour ne pas l'offusquer. De ma part, du moins!

Chère et sainte mère à qui je dois tout le bien qui peut exister en moi. En ce 25 août, je ne peux plus lui présenter les premières fraises qu'on cueillait sur le bord de la ligne du chemin de fer ni les humbles marguerites blanches qu'elle aimait tant, mais je me souviens de son grand cœur. Ah! si elle vivait encore, je lui enverrais chaque jour des gerbes de roses! Victor Hugo l'a dit avec tant de justesse: «le cœur d'une mère? Chacun en a sa part mais tous l'ont en entier!» Comme c'était vrai pour elle! J'avais ma place, bien grande, privilégiée. Elle nous a quittés depuis déjà 42 ans! Il me semble que c'était hier. Et le funèbre écho du glas de mes beaux jours, tinte encore dans mon cœur, tinte encore et toujours!

Bonne fête, maman!

MARIE SAINT-PIERRE
Une talentueuse designer de chez nous

Le succès est rarement le fruit du hasard. Il est un coktail d'imagination, d'inspiration, de détermination et de travail constant.

C'est la parfaite illustration de la designer Marie Saint-Pierre. C'est ainsi qu'elle le conçoit. «Il ne faut pas céder à la facilité, assure-t-elle. Pour ne pas rester médiocre, il faut viser plus haut. Donner le maximum, c'est d'abord une façon de vivre.» Quand on a vu cette talentueuse créatrice présenter une collection de prêt-à-porter à Paris (56 pièces !), c'était la consécration d'un travail de plusieurs années car «il n'est pas de succès qui se mérite s'il n'est construit sur l'excellence.»

Cette jeune Montréalise a fait de bonnes études à l'école Sainte-Marcelline, au couvent d'Outremont et au collège Brébeuf. Elle se destinait normalement à l'architecture. Mais voilà qu'en 1986, elle présente sa première collection de manteaux. C'est un vif succès. Elle a 27 ans mais vient de découvrir sa vraie vocation! Elle sera designer de mode!

Elle puise son inspiration chez les meilleurs couturiers. D'ailleurs, elle le dit elle-même: «Je ne nie pas mes sources.» Cependant, elle ajoute sa touche personnelle. Et cela vient du meilleur d'elle-même, du cœur. «Lorsque ça part du cœur, dit-elle, le public le ressent.» N'est-ce pas là la trouvaille de Musset: «Frappe-toi le cœur, c'est là qu'est le génie!»

Elle recevra l'appui de partout: deux bourses accordées par le *Faschion Group* de Montréal; *Prix Woolmark*; lauréate de *La Griffe d'or*; bourse de la *Fondation Mode Matinée*; élue *Vidal Sassoon Buyers Choice Designer of the year* au Toronto ready-to-wear, et finalement, Paris, la capitale de la mode lui ouvre ses portes. Elle peut montrer ses créations au Tout-Paris. Elle y voit un puissant stimulant. «Donner une dimension internationale à son travail est une véritable source d'inspiration.» C'est aussi pour elle une poussée vers plus d'exigence encore car dans ce domaine, rien n'est assuré. Aujourd'hui, la gloire, demain un cuisant échec.

La jeune entrepreneure le sait. Elle a confiance en elle, compte sur son talent, bien entendu, mais sait aussi qu'il faut composer avec les pressions du milieu, les aléas quotidiens qui sont le lot de tout designer. Elle reste cependant convaincue d'une chose: «un bon vêtement ne se démodera pas s'il est authentique.»

«Faire des choses, dit-elle, est plus important que le but à atteindre.» Marie Saint-Pierre a fait ses preuves en créant les uniformes du Musée d'art contemporain, du Biodôme, du Planétarium et de l'Orchestre Musici de Montréal. Il lui reste à durer. C'est le plus difficile dans un tel métier où la concurrence est féroce. Marie Saint-Pierre semble prête à affronter tous les défis.

En ce 25 août, anniversaire de sa naissance, nous lui souhaitons toute la chance possible !

FRÈRE JÉRÔME (ULRIC-AIMÉ PARADIS)
Le guide intuitif de tant de peintres de valeur

Cet homme a profondément marqué des générations de peintres chez nous. Il n'était pourtant qu'un simple professeur d'arts plastiques au Collège Notre-Dame, le même collège où le Frère André a passé toute sa vie dans la même humilité.

Pédagogue-né, le Frère Jérôme avait un don spécial, celui de savoir diffuser ses connaissances avec toute son âme d'artiste ; celui de faire surgir et éclore les énergies que tout artiste porte en lui et qui ne demande qu'à éclater en toute liberté d'expression. Ce n'étaient pas des connaissances sèches qu'il livrait, mais une vision différente du monde. Bref, c'était un artiste dans toute la profondeur de son être. Parmi ses élèves, Borduas, le rebelle, « le pourfendeur de l'académisme en arts visuels » comme l'appelle Raymond Bernatchez ! On peut dire que le professeur avec ses « barbouillages » honnis de ses confrères en religion et l'élève rebelle s'influencèrent mutuellement. Le Frère Jérôme appuya le *Refus global* mais il ne put le signer en tant que religieux. Cependant, ses supérieurs jugèrent qu'un « repos » forcé dans les Laurentides et l'Estrie s'imposait. Histoire de calmer les esprits.

À son retour à Montréal, le Frère Jérôme se rendit compte que la poussière était tombée. Les Automatistes s'étaient taillés une place. Ils ne méritaient plus l'excommunication. On ne les regardait plus comme les suppôts de Satan. Un vent avait secoué les vieilles poussières.

Le frère Jérôme reprit son enseignement et sa recherche picturale avec la même ardeur. Dans une entrevue qu'elle accordait à *La Presse,* le 15 octobre 1994, Diane Dufresne expliquait ce qu'elle doit au grand pédagogue. Chaque peintre qui est passé par l'atelier du frère Jérôme pourrait en dire autant: « Je n'avais pas l'impression d'aller étudier, dit-elle, j'avais l'impression d'aller jouer, comme lorsque j'étais enfant. Cet homme-là comprenait tout. J'avais beau expliquer à mon entourage que j'étais en train de changer, le seul qui s'en rendait compte, c'était lui. En regardant mes dessins, il décodait tout. Le frère Jérôme comprenait Gainsbourg, même s'il vivait enfermé dans sa chambre avec une berçante, près d'un lavabo rouillé. Il m'a enseigné le mouvement, il nous apprenait l'instinct de la créativité. Mon écriture vient de là (...) Si j'écris comme j'écris, je le dois au Frère. C'est mon maître. C'était un rebelle aussi. Les automatistes ont créé le premier mouvement rebelle et ils avaient raison. Ce texte-là je le signerais encore.(...) Pour le frère Jérôme, le *Refus global,* ce n'était pas la fin, c'était le début...»

L'œuvre du Frère Jérôme est le résultat d'une tumultueuse lutte intérieure, de grands moments de désespoir et de lumières fulgurantes. C'est le fruit d'un long et patient travail. Le nombre impressionnant d'expositions qu'il a tenues dans le monde entier le prouve. On trouve de ses collections à l'ambassade du Canada à Paris, à la Caisse populaire Desjardins, à Hydro-Québec, au Musée du Québec, à Radio Canada, etc. En 1990, Fides lui a consacré un livre d'art de grand prestige.

En ce 29 août, saluons le courage, la lucidité, la grand ouverture d'esprit de ce «barbouilleux», un des plus grands noms de l'histoire de la peinture québécoise!

JACQUES LEMAÎTRE
Le martyr au saint suaire

Ce sulpicien arriva au pays en 1659 à titre de confesseur des Hospitalières de Ville-Marie. Il était également chargé de voir au logement de ses confrères. Comme le rapporte Dollier de Casson «il rendait très utilement ses services depuis deux ans que le séminaire St-Sulpice l'y avait envoyé.» Il dit encore «qu'il avait de fort beaux talents.» Il avait entrepris la construction d'un bâtiment non loin de l'hôpital.

Le 29 août alors qu'il accompagnait les ouvriers à la ferme Saint-Gabriel à la Pointe Saint-Charles, les Iroquois, tapis dans les buissons, épiaient les moindres gestes. Mais c'est le Père Lemaître qui les surprit. Au lieu de prendre la fuite, il essaya de retenir les Indiens furieux d'avoir été découverts. Il tenta de s'interposer entre les Indiens et les ouvriers avec un grand couteau. Il espérait ainsi gagner du temps pour que ses compagnons « eussent le loisir de prendre leurs armes qui étaient d'un côté et d'autres. »

Dollier de Casson le rapporte ainsi : «Il prit alors un couteau avec lequel il se jeta entre les Français et les barbares en criant bon courage et que chacun tente de garantir sa vie.» «Les Iroquois voyant ce prêtre leur boucher le passage et leur faire obstacle, le tuèrent à coups de fusil.« Par la suite, le capitaine qui avait abattu le Père fut blâmé des siens «parce qu'il avait tué celui qui les nourrissait lorsqu'ils venaient au Mont royal.» Dollier de Casson ajoute que le Père Lemaître «avait des entrailles de père pour eux» et pouvait tout leur donner.

Selon leur coutume barbare, ils le scalpèrent et Dollier ajoute un dernier trait typique à son récit. Il rapporte que «le sauvage qui emportait sa tête l'ayant enveloppée dans son mouchoir, ce linge reçut tellement l'impression de son visage que l'image en était gravée parfaitement dessus et que, voyant le mouchoir l'on reconnaissait M. Lemaître.» Personne ne pouvait voir ce linge qu'ils gardaient précieusement.

Saluons la mémoire de ce martyr en cet anniversaire de sa mort tragique. Il laisse dans nos annales une marque de sang que nous ne pouvons pas oublier.

FÉLIX-ANTOINE SAVARD
Poète de l'énergie nationale

31 août 1896: Une date à inscrire en or au calendrier du Québec. C'est en effet la date de la naissance à Québec de Félix-Antoine Savard. Quel homme que ce Félix-Antoine! Poète, romancier, dramaturge, folkloriste, défricheur, éducateur et en tout, patriote d'une extraordinaire humanité.

Il a vécu avec les bûcherons, célébré leur dur labeur, leurs mains calleuses, leurs sueurs. Il a gardé un contact profond avec la nature. Son livre *Menaud, maître-draveur* résume à lui seul toute cette sagesse et cette violence de la nature qui commande le respect. « Je me mets au pied des êtres et j'en fais le tour, je les regarde et les interroge... » dit-il, en toute humilité.

Savard a pris le temps de faire le tour des êtres, de regarder, de s'interroger et de questionner avec grand respect. Il a passé une bonne partie de sa vie dans ce beau coin de Charlevoix qu'il nomme poétiquement « le comté métaphysique du Québec. » En somme, il est un vrai bleuet comme il aimait à le rappeler lui-même: « Mon grand-père était de Charlevoix. Constructeur de navires, grand propriétaire, commerçant. Comme tant d'autres, il est allé dans le Saguenay quand le Saguenay s'est ouvert en 1837. Je suis pas mal un type du Saguenay. Un "beluet" comme on dit. »

Sa santé délabrée (heureuse maladie qui nous a donné un tel poète!) l'amène à Ste-Agnès (dont l'église paroissiale a servi pour le téléroman *Le temps d'une paix*' où il passe son temps dans les bois. « J'allais aussi rencontrer les draveurs sur la rivière Malbaie et c'est ainsi que je me suis trouvé à coucher dans la tente d'un maître-draveur que j'ai appelé Menaud. Il y avait chez lui une sorte de souffrance patriotique venant du fait qu'il n'a était conduit que par des étrangers dans son propre pays....J'avais vu la même chose à Chicoutimi: toutes les ressources naturelles, moins la terre, appartenaient aux étrangers ; réserves de chasse, rivières à saumons, terres à bois, pouvoirs d'eau. La rencontre de Menaud a été une circonstance déterminante et j'ai commencé à griffonner ce qui devrait être plus tard *Menaud, maître-draveur...* On s'est mépris souvent sur le sens de Menaud. Le sens, c'est qu'un peuple doit être maître de ses biens. La liberté ne peut s'exercer sans la possession de son bien. Il faut que le sol sous nos pieds soit à nous. Je ne sais pas pourquoi. Peut-être parce que les pieds sont des racines. C'est comme ça. Menaud a été écrit dans un grand moment d'exaltation. Un moment de grande fierté! Cette fierté, je l'ai encore. » Le maître-mot de Lesage « Maître chez nous » a peut-être sa source dans Menaud...

Puis arrive la crise des années 35 et le chômage. Savard se sent solidaire des siens. À Clermont (dont il est curé), le moulin marchait quand il y avait de l'eau, six ou sept mois. « J'étais pris avec ce peuple que j'aimais beaucoup et qui n'avait pas de travail, écrit-il. A ce moment-là, le gouvernement a voté dix millions de piastres pour l'Abitibi. C'était formidable à l'époque. Je suis donc parti avec trente-cinq de mes paroissiens, avec des gens de Charlevoix et du Saguenay. On est parti en autobus, par le train, et on est entré dans un pays neuf. Le pays, je l'aurais mangé tout cru, avec ses grandes rivières mystérieuses. Un pays neuf, une société nouvelle. Un projet exaltant. Nous avons travaillé avec de l'étoffe humaine : des chômeurs, des loups de bois, quelques véritables terriens, C'était une entreprise remplie de virilité tout de même. Épique. L'Abitibi est un très grand pays et nous l'avons maintenant sous les pieds. Un pays de mines, de terres, de forêts, de pouvoirs d'eau. La richesse est là. Ce dont je suis sûr, absolument sûr, c'est que malgré les avatars de la colonisation, l'Abitibi sera un jour, un très grand pays pour la province de Québec. »

On parle aujourd'hui de redonner le pouvoir aux régions ! Ce n'est pas là une trouvaille bien originale puisque Savard écrivait déjà en 1965 : « On parle de plus en plus de régionalisme, de régionalisation. On se rend compte que les régions sont une richesse pour un pays, que c'est là où l'esprit s'anémie le moins. Il ne faut pas attendre ça des faubourgs de Montréal. »

Félix-Antoine est un ardent patriote et la sève de son patriotisme, il la puise dans la terre comme cet autre Félix que nous aimons tant. Et pour nous communiquer cette ardeur, Félix-Antoine écrit dans un style dont l'incantation magique nous gagne d'emblée par la puissance d'évocation exceptionnelle et la justesse et son réalisme. Ses images sont aussi belles que ces enluminures du moyen âge où les moines mettaient toute leur âme. Il nous rejoint encore. Il touche cette corde sensible de notre fierté par sa poésie. « C'est quelque chose d'authentique, jailli du sol et des héros de notre pays » écrit-il dans *Le Barachois*, p. 167). Et qui n'a pas en mémoire cette lecture que fait la fille de Menaud :

« Ces gens sont d'une race qui ne sait pas mourir. » Avec ferveur, Menaud répéta : « Une race qui ne sait pas mourir. » Il se tenait là, fixé sur ces mots d'où jaillissaient une force, un élan de jeunesse, quelque chose de comparable au printemps miraculeux de Mainsal avec ses enthousiasmes de vie après le froid, la neige, les six longs mois d'hiver. « Une race qui ne sait pas mourir ! » Il se fit un long silence. Il ouvrit la fenêtre; et, dans le soir immobile, contempla longtemps la campagne endormie, laissant aller ses regards qui volaient jusqu'aux horizons lointains et revenaient ainsi que des engoulevents au nid de ses pensées. »

Le nid des pensées de Menaud fait surgir en nous ce jaillissement de force, cet élan de jeunesse, ce printemps miraculeux qu'on retrouve toujours à l'origine de pays neuf. Puisse la lecture de *MENAUD, MAÎTRE DRAVEUR* réveiller en nous cette fierté d'appartenir « à une race qui ne sait pas mourir » mais qui sait aussi se lever fière et sereine devant les défis, vaillante comme Menaud pour défricher l'avenir, prête à tout pour préserver cette liberté conquise au prix de hautes luttes par ceux qui nous ont précédés.

JEAN BÉLIVEAU
Un homme d'équilibre et de maturité

Jean Béliveau est un homme, tout un homme. Homme de ténacité d'abord. Nous le savons par sa longue carrière sous les couleurs des Canadiens (1953-1971) pendant 18 saisons. Les plus anciens savent par cœur le nombre de buts qu'il a enregistrés. 507 exactement! En 1125 matchs réguliers et 79 en 162 joutes éliminatoires. Sans oublier, il va sans dire, sa participation à dix équipes gagnantes de la Coupe Stanley. Il est devenu chez nous symbole d'endurance et de ténacité.

C'est aussi un homme donné, d'un dévouement loyal et tellement sincère. Il répète constamment qu'il faut être constants dans ses décisions. Dans une entrevue qu'il donnait à André Trudelle pour *La Presse,* le samedi 22 octobre 1994, il disait: «J'ai travaillé pendant 18 ans comme joueur de hockey et pendant 22 ans comme administrateur et représentant du Canadien. J'ai accepté, au fil des ans, de faire partie de nombreux conseils d'administration et d'organismes de bienfaisance. J'ai été à l'œuvre sept jours sur sept pendant bien longtemps. Si j'ai pris délibérément la décision de me rapprocher des miens, je dois m'en tenir à cette décision.»

Cet homme d'une logique imperturbable est constant dans ses décisions. Par deux fois, il a refusé le poste de sénateur parce qu'il considère que le poste de sénateur doit être un poste ratifié par des élections. «Les sénateurs sont trop près de la politique, avoue-t-il, et toute ma vie, je m'en suis tenu éloigné.» Plus encore, — ce qui est peut-être unique dans notre histoire — il a refusé le poste prestigieux de gouverneur général du Canada! J'en connais plusieurs qui se seraient agenouillés et qui auraient léché des savates pour représenter la Reine! Jean Béliveau, reste humble et seigneur de son intériorité — ce qui constitue la royauté suprême — et préfère donner plus de temps à son épouse Élise, à sa fille Hélène et à ses deux petites filles. En voilà un qui comprend le sens de la famille, les valeurs principales, les attaches les plus profondes. Avec l'autorité d'un sage, il constate: «Nous vivons dans une société très mêlée. Bouleversée. On se cherche. La famille a éclaté. Les enfants reviennent de l'école avec la clé du foyer monoparental au cou. On n'a plus de discipline. L'oisiveté est mauvaise conseillère. On s'en remet trop facilement à l'État qui ne peut pas tout faire. En voulant maintenir un certain standard de vie, on a hypothéqué celui de nos enfants et de nos petits-enfants. L'État doit emprunter. Nous vivons au-dessus de nos moyens. Les individus qui font de même sont acculés à la faillite.»

D'une lucidité d'aigle, avec la diplomatie du cœur, en toute simplicité, il va son bonhomme de chemin mais son exemple rassure en nos temps troublés. C'est l'homme de la parole donnée qu'il n'a jamais trahie. «Je n'ai jamais repris la parole donnée» dit-il encore.

J'ai cependant énormément regretté de voir Jean Béliveau voter non au référendum de 1995. C'était son choix, bien entendu. Cependant, un homme public comme lui a des engagements envers son peuple. On s'attendait à plus de sa part. On s'attendait à rien de moins que de le voir soutenir notre projet de société avec noblesse. Il aurait eu droit à l'affection de tous ceux qui l'on encouragé pendant des années. Regrettable! Bien regrettable. La fierté de ses racines oblige parfois à des choix cruciaux.

En ce 31 août, anniversaire de sa naissance, je me contenterai de rappeler qu'il a été notre idole et lui répéter un vieux proverbe: «Noblesse oblige.»

Jean Béliveau a publié l'histoire de ses souvenirs dans un livre palpitant d'intérêt, publié en 1994.

HENRI BOURASSA
Symbole ardent de notre race

Henri Bourassa était le fils du peintre et architecte Napoléon Bourassa et petit-fils de Louis-Joseph Papineau. Il était appelé à connaître une fulgurante carrière politique et journalistique. À vingt-deux ans, il était élu maire de Montebello! Par la suite, il fut député aux gouvernements fédéral et provincial. Partout, il se montra un fougueux orateur, passionné pour la défense des Canadiens-français. Le chanoine Groulx le décrit comme un homme « fortement racé, d'un caractère tout d'une pièce et d'une conscience inflexible. »

C'est vrai. Bourassa n'est pas le personnage ondoyant nageant entre deux eaux. Ses idées sont claires, son intelligence vive et toujours en alerte, sa culture vaste et riche, ses dons d'orateur impressionnants. Son éloquence puise sa force dans son attachement aux siens, à ses racines, à sa passion pour la justice.

Il prêche la dualité culturelle et linguistique à l'intérieur du pays. Il n'a pas peur de rappeler en pleine crise de la conscription: «La nation canadienne n'atteindra ses suprêmes destinées, elle n'existera même, qu'à la condition d'être bi-ethnique et bilingue, et de rester fidèle au concept des Pères de la Confédération: la libre et volontaire association de deux peuples, jouissant de droits égaux en toutes matières. »(*La conscription*, 1917, p. 20) Toute évolution politique pour lui doit s'appuyer sur ce fondement: la dualité linguistique. On pourrait même dire que c'est la clé de voûte de sa pensée politique. Son nationalisme est basé sur la dualité des races et sur les traditions qui en découlent. Avec fougue, il a combattu l'impéralisme britannique car, selon lui, cet impérialisme viole le pacte confédératif. Il condamne l'idéologie impérialiste qui empoisonna pendant cinquante ans la politique canadienne, fustige l'attitude britanniques à l'endroit des hindous, prend parti pour les Juifs qui réclamaient des écoles de leur confession, démissionne à Ottawa lorsque la Grande Bretagne s'accorde l'aide canadienne sans l'approbation du Parlement à l'occasion de la guerre des Boers.

Bourassa était un homme intègre. Un homme libre. Un nationaliste pur et dur. Le champion incontesté de la cause des francophones.

Il avait dépassé la quarantaine quand il décide de mettre sur pied un journal *Le Devoir* auquel il devait consacrer le meilleur de sa vie. Il s'était déjà fait la main au journalisme à *l'Interprète* qu'il avait acheté en 1892 et au *Ralliement* qu'il avait acquis en 1894 comme à *La Patrie* où il avait été rédacteur en chef quelque temps. Mais au *Devoir*, c'était autre chose. Le journalisme, ce n'est pas de la politique. L'un peut préparer à l'autre: on l'a vu avec René Lévesque. Mais le contraire n'est pas toujours vrai. D'ailleurs, Bourassa l'avoue lui-même. Le métier n'allait pas de soi : « Le bon Dieu m'a peut-être donné quelque facilité de parole, mais comme journaliste, ce que je suis devenu, je l'ai conquis. »

Et quelle conquête ! Il fera de son journal un journal libre de toute attache de doctrine ou de parti. C'est un journal fait pour « appuyer les honnêtes gens et dénoncer les coquins. » Et il ajoute encore : « *Le Devoir* est né d'une pensée qui me hantait depuis longtemps. Quinze ans d'une vie publique remplie d'expériences nombreuses et diverses avaient dissipé maintes illusions sur les hommes et sur les choses de la politique. J'avais acquis la conviction qu'il est inutile de poursuivre dans la vie publique un idéal national et d'espérer le relèvement des mœurs politiques avant d'avoir tenté la réfection de l'opinion publique qui l'entoure, inspire et dirige les hommes et les partis. C'est cette pensée maîtresse qui associa dans un effort commun les amis intelligents et dévoués dont le concours m'a permis de fonder de de soutenir *Le Devoir*. »

On peut reprocher à Bourassa des idées qui nous semblent anachroniques : son opposition à la scolarisation obligatoire, ses dénonciations du libéralisme économique, ses condamnations tant du capitalisme comme du communisme, son exclusion de l'État du domaine de l'éducation. Mais on ne pourra jamais lui reprocher son engagement total à la cause de sa RACE, le respect et l'acceptation loyale qu'il exige du partenaire, la défense de nos droits.

Henri Bourassa restera l'un des grands de notre histoire. Tant que le Canada anglais n'aura pas compris sa pensée, il rêvera de façon illusoire à un Canada uni. Il n'y a pas d'union durable sans respect. Comme un lion rugissant, Bourassa l'a prêché pendant quarante ans. Aurait-il prêché dans le désert ?

En ce 1er septembre, anniversaire de sa naissance, rappelons-nous la mémoire de ce grand homme. Penser à Henri Bourassa, c'est réveiller en nous la fierté de nos racines. Pour les anglophones, c'est un cri d'alarme.

JULES-PAUL TARDIVEL
Ardent nationaliste d'adoption

Étrange destinée que celle de Tardivel. Né aux États-Unis d'une mère d'origine anglaise et d'un père français, il passe les premiers temps de sa jeunesse dans les campagnes de l'Ohio puis vint continuer ses études au séminaire traditionaliste de Saint-Hyacinthe. Il sera marqué à jamais par l'influence de ses maîtres et par son maître à penser, Louis Veuillot, alors à l'apogée de sa gloire. Le jeune Tardivel trouve sa vocation : il sera le porte-parole du Canada français traditionnel et de l'Église ultramontaine d'avant Vatican 11. Surprenante décision chez ce jeune Américain de dix-sept ans qui écrit dans l'introduction de son roman *Pour la patrie* : «Tout anglais que je suis par un côté, j'aspire ardemment vers le triomphe définitif de la race française sur ce coin de terre.»

Pendant un quart de siècle, dans le journal qu'il fonde (titré pédamment *La Vérité),* il défend le catholicisme «intégral» et la cause canadienne française qu'il a épousée. Il est le premier, si je ne m'abuse, à parler d'indépendance. Le 12 octobre 1905, il écrit dans son journal : «Dans 50 ans, peut-être, notre race serait prête à prendre sa place parmi les nations de la terre. Voilà l'indépendance vers laquelle il faut tendre.» Inévitablement, il a fini par croire que le Québec deviendrait un jour indépendant. À moins que le Canada finisse par comprendre la spécificité du Québec. Pour lui cependant, l'indépendance est pour la protection de l'identité religieuse catholique du Québec.

Les idées de Tardivel sont dépassées, bien entendu. Bourassa l'avait déjà compris. Pour lui, l'indépendance, c'était « un rêve légitime et attrayant ». Tardivel nous fait rêver encore, mais de façon plus intelligente, j'espère !

Alors, Tardivel, puisque Pie IX t'a donné un coup de pouce pour ton entrée au paradis, dans **la patrie**, toi qui es dans la vérité, saint Tardivel, change notre rêve en réalité !

GUY LALIBERTÉ
Créateur du Cirque du Soleil

Le *Cirque du Soleil*, cette «odyssée baroque» québécoise est maintenant connu internationalement. C'est un fleuron de notre fierté. Quels prodiges! Quelle virtuosité! Quel talent déployé par ces artistes! Quelle imagination aussi de la part de ces créateurs depuis le début! Cela tient du miracle ou tout au moins de haut voltige de la pensée en dépit du mince filet de protection dont il jouissait au début.

Un documentaire de 90 minutes — *L'Odyssée baroque* — un produit de Télémagik, raconte les grands moments de cette prodigieuse aventure.

«L'énergie créatrice de chacun des participants, la magie qui renaît à chaque spectacle, le côté mythique des saltimbanques et autres personnages colorés du cirque, le goût de défier jour après jour la loi de la gravité et de repousser toujours un peu plus loin les frontières de l'équilibre sont autant de thèmes soulignés» (André Duchesne) dans ce produit de Télémagik. Le réalisateur explique son dessein : «J'ai voulu, dit-il, transposer les inspirations, les états d'âme et l'énergie des membres qui forment le *Cirque du Soleil*. Par exemple, tout au long du document, je fais référence à la légende d'Alexis le Trotteur. C'est un spectacle ayant pour thème ce personnage un peu saltimbanque qui fut en partie à l'origine de la naissance du cirque, alors que les fondateurs se sont rencontrés à la Fête Foraine de Baie-Saint-Paul en 1982.» On se rend compte combien cet Alexis aux longues jambes occupe une valeur symbolique. «Il traverse le temps» dit justement Jean-Philippe Duval.

Partout où il est passé, *le Cirque du Soleil* a été salué avec enthousiasme. Le plus récent, *Allegria* est un véritable délice. La thème de la chanson trotte encore dans toutes les têtes. C'est un travail titanesque. Il faut penser à toutes les facettes de la représentation. Il s'agit d'un cirque-spectacle où il n'y a que des humains. Il faut s'imaginer un instant les longues heures de répétition, l'orchestration musicale, la conception et la mise en scène, les sensations trépidantes à communiquer.

Travail, travail, travail. C'est la recette de Guy Laliberté qui travaille sans cesse en équipe et vingt-huit heures par jour! On peut dire qu'il frôle le génie. Jamais, semble-t-il, on a pu obtenir tant de virtuosité unie à tant de beauté artistique (décors, couleurs, musique). Une véritable féerie pour les yeux! Des papillons au cœur! Une frénésie sans cesse en appétit! On est proche du miracle.

À ce Guy Laliberté, créateur du *Cirque du Soleil* et à son plus proche associé Gilles Sainte-Croix (dont l'anniversaire est le 5 septembre) un bon anniversaire de naissance. Que le miracle continue!

MARC-ANDRÉ HAMELIN
Le virtuose des œuvres impossibles

On classe ce pianiste génial parmi les cinq plus importants du monde. On dit qu'il a quatre mains, qu'il est le « spécialiste des œuvres impossibles. » Une fois qu'on l'a vu, on le croit.

Marc-André a eu la chance d'avoir un père pianiste qui a éveillé son intérêt pour la musique dès sa tendre enfance. A cinq ans, il caressait le piano. Puis, il s'est lancé. Sa curiosité l'invite aujourd'hui hors des sentiers battus. Il s'intéresse à ce qui est inédit, veut faire découvrir des choses inconnues, ouvre des perspectives, propose des œuvres que plusieurs n'osent pas aborder. C'est un être curieux, passionné, calme, pacifique, serein, d'une désarmante humilité. Il aime l'original et affiche un souverain mépris pour les conventions. Ce petit côté rebelle est fort intéressant.

Hamelin reste cependant d'une grande rigueur intellectuelle. Sa technique est parfaite. Et chose surprenante chez un artiste de sa classe, — mais n'est-ce pas là le propre des grands hommes? — il reste d'une grande simplicité, sans aucune prétention. Aucun flash qui attire l'attention chez lui. Il garde toute sa concentration et son énergie pour l'essentiel. Il serait, selon ses amis, l'archétype du nouveau soliste. Mais il y a plus qu'une bonne technique chez lui. Son raffinement s'allie à une aisance pianistique phénoménale. Et il le fait avec une grande intelligence et une économie de moyens.

Il regrette que les écoles de musique n'encouragent pas davantage la composition et l'improvisation. Selon lui, la composition et l'improvisation permettent de mieux comprendre la pensée d'un compositeur et facilitent par la suite l'interprétation.

Marc-André Hamelin pense qu'il existe des choses difficiles à exprimer verbalement. La musique, au contraire, permet d'exprimer l'indicible !

Très bon anniversaire, cher pianiste de l'indicible et de l'impossible !

GEORGES-ÉTIENNE CARTIER
Un patriote bien rangé

On retrouve fréquemment le nom de Georges-Étienne Cartier au cours des années tumultueuses de 1837-1838. Il était encore avocat frais émoulu (admis au barreau en 1835) lorsqu'il participa à la fondation de la société Saint-Jean-Baptiste et s'engagea activement dans la campagne électorale de Louis-Joseph Papineau et de Wolfred Nelson. De même, il était à côté des patriotes et batailla avec eux à Saint-Denis-sur Richelieu en 1837. Il devait payer son patriotisme par l'exil aux États-Unis. Il franchit les frontières américaines caché dans un tonneau!

Il lui fallut ensuite plier l'échine et faire amende honorable, en somme, montrer pattes blanches à la Couronne pour pouvoir revenir à Montréal en 1838. À partir de ce moment, son patriotisme paraît ambigu. Se rendit-il compte de l'impossibilité du rêve des patriotes? On ne sait. En tout cas, il mobilisa toute son énergie en se donnant corps et âme à sa profession. Il se lança aussi dans l'immobilier. Il put ainsi se tailler une place dans la bourgeoisie comme le prouvent les nombreuses propriétés qu'il acquit.

En 1848, il se relance en politique et est élu député de Verchères. Il devint vite le porte-parole des francophones du Bas-Canada. Non pas qu'il soit brillant orateur — on dit qu'il était plutôt terne — mais il avait le sens de la persuasion, l'art du compromis et l'entregent pour obtenir les consensus. C'est lui qui présida la Commission des chemins de fer et aussi celle du port de Montréal.

À partir de 1855, ses responsabilités deviennent plus lourdes. On lui confie le poste de secrétaire de la province. Il est aussi à l'origine d'un profond changement dans le domaine de l'éducation. En 1856, il est nommé procureur général du Bas-Canada. Il jouera un rôle clef dans la réforme du code civil. En 1858, il est Premier ministre. Il devient alors l'artisan de la Confédération de 1867. Cartier est devant l'évidence: il doit ménager la chèvre et le chou. On le voit tour à tour ministre de la Milice et de la Défense sous McDonald. Il négocie l'achat des Territoires du Nord-Ouest et ne songe qu'à l'expansion du Canada d'un océan à l'autre.

Puis c'est le triste déclin. En 1872, il est défait aux élections. Il est cependant élu par acclamation dans le comté de Provencher au Manitoba...Sa santé ne va pas non plus. Il part pour l'Angleterre consulter des spécialistes de la maladie Bright mais le mal avait déjà fait trop de ravages. Il meurt à Londres le 20 mai 1873. Montréal lui fit des funérailles nationales.

On range Georges-Cartier parmi les « Pères de la Confédération. » Il avait réussi à gagner la confiance des autorités britanniques car on lui confia plusieurs projets qu'il sut mener à bon terme grâce à son habileté politique. Il restera aussi l'un des principaux artisans de l'expansion territoriale canadienne.

Sa résidence de l'époque victorienne est devenue un musée qui fait revivre l'atmosphère bourgeoise et la vie de ce politicien. À l'ouest de l'avenue du Parc, on a érigé un monument à sa mémoire en 1919. Le personnage central est entouré de figures qui représentent les différentes provinces de la Confédération. L'ange tient légèrement sur un pied, prêt à s'envoler. Est-ce là un signe de la fragilité de cette union forcée? Quoi qu'il en soit, Georges-Étienne Cartier qui a donné vingt ans de sa vie pour la réunification des deux peuples fondateurs est maintenant témoin muet de concerts de percussion de différents groupes ethniques. Sans doute qu'il serait partisan aujourd'hui du multiculturalisme...et ami de Trudeau!

Saluons la mémoire de ce patriote ardent et de conciliateur obligé.

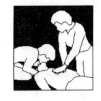

JEAN-FRANÇOIS CHARON
Fondateur de l'hôpital de Montréal

Parfois on appelle Jean-François Charon, François de la Barre d'après le surnom que son père avait accolé à son nom lorsque des terres lui furent octroyées à son arrivée au pays.

On sait peu de choses de l'enfance de Jean-François. Il apparaît d'abord comme un homme d'affaires dont le commerce est florissant. Une maladie soudaine le cloue au lit en 1687. Il a alors 33 ans. Il prend une décision qui peut nous surprendre. C'est ce qui était arrivé à Ignace de Loyola après le siège de Pampelune. Une véritable conversion. Jean-François décide de consacrer tous ses biens et sa vie au service des plus pauvres de la société du temps. Avec quelques amis tels Pierre Le Ber, frère de Jeanne Le Ber la recluse, de Jean-Vincent Le Ber, son autre frère et de Jean Fredin, Jean-François Charon fonde une nouvelle communauté pour s'occuper des démunis à tous points de vue : les frères de la Charité connus encore sous le nom de frères hospitaliers de la Croix et de Saint-Joseph de Montréal et aussi parfois dénommés les frères hospitaliers de Montréal et même tout simplement, les Frères Charon. Ils ouvrent le premier hôpital de Montréal en 1694.

En réalité, il s'agit plutôt d'un hospice ou d'une maison d'accueil. En effet, le 17 mai 1702, ils reçoivent d'abord un premier malade mental. Selon Pinard, jusqu'à 1745, ils hébergeront «65 indigents, dont 38 vieillards caducs, 16 anciens soldats, 6 idiots et 5 malades.»(Guy Pinard, *Montréal, son histoire, son architecture,* tome 3, La Presse, 1987, p.267)

L'établissement ne servit d'hôpital qu'à l'occasion de l'épidémie de la petite vérole qui frappa Montréal en 1755. Mais le pauvre frère Charon n'était pas au bout de ses peines car les autorités étaient bien chatouilleuses à l'époque. Jean-François avait agi de bonne foi. En 1702, six frères avaient même prononcé leurs trois vœux de pauvreté, de chasteté et d'obéissance. L'interdiction royale vint soudain frapper la jeune communauté d'interdiction. Le roi, qui n'avait décidément pas beaucoup de chats à fouetter, alla même jusqu'à défendre le port d'un costume distinctif ! On est loin des punks et des hippies ! Les interdictions pulluleraient aujourd'hui. Le frère Jean-François Charon passa donc en France pour faire valoir ses droits. Il n'obtint pas gain de cause. Tout ce qu'il put obtenir de la cour fut l'autorisation de ramener avec lui six frères enseignants.

Ses malheurs n'étaient pas pour autant terminés. Le dix-septième jour de la traversée qui le ramenait à Montréal, il succomba d'une maladie « d'origine inconnue. »

Son successeur à la tête de la communauté devait la mener à la ruine en peu de temps. De fait, la mauvaise gestion des affaires l'obligea à la faillite quelques années plus tard. En 1745, la communauté n'existait plus. Mère d'Youville devait prendre la relève et en saine et perspicace administratrice, remettre l'hôpital sur la bonne voie.

En ce 7 septembre, anniversaire de naissance de ce bon frère Charon qui a mis Mère d'Youville sur notre route, saluons sa mémoire et son dévouement. Le grain a porté ses fruits. Sa communauté nous a donné Pierre Le Ber mort en odeur de sainteté et l'échec apparent de l'œuvre du Frère Charon a permis le réveil de la vocation de celle qui prendra la relève et deviendra notre première québécoise canonisée.

MARIUS DUFRESNE
Le rêve de la survivance française

Cet ingénieur et entrepreneur, comme son frère Oscar, entretenait un grand rêve : faire du quartier Maisonneuve une ville typiquement française. Dans les années 1893, une cinquantaine de familles habitaient l'est de la ville de Montréal. C'étaient des familles bien connues et solidement françaises de tradition. Quelques noms nous reviennent en mémoire : l'industriel Barsalou, le célèbre Alphonse Desjardins, le biscuitier Théodore Viau et quelques autres. Ils profitèrent donc de l'annexion de Hochelaga à Montréal en 1883 pour créer une nouvelle ville. Par leur habile tactique d'indemnisations de taxes, ils attirent un nombre impressionnant d'industries : raffinerie de sucre, briqueterie, fabriques de chaussures, de biscuits, etc. De 18,000 habitants à ses départs, la nouvelle ville au si beau nom de *Maisonneuve* comptera 32,000 habitants en 1915 et se classera deuxième parmi les villes les plus industrialisées au Québec et quatrième au Canada.

En 1910, Marius est nommé ingénieur municipal de Maisonneuve. Il le sera pendant huit ans. Il n'entendait pas laisser passer une si belle occasion. Pendant son mandat, on vit surgir des édifices prestigieux qui rappellent encore aujourd'hui le Paris des années fastes : l'Hôtel de ville (l'actuelle Maison de la culture) de style beaux-arts, un majestueux marché public vaste et orné de bronzes du sculpteur Alfred Laliberté : une maraîchère — de plus de six mètres — entourée d'enfants, des bains publics également décorés de la célèbre sculpture des petits baigneurs du même Laliberté, une caserne de pompiers dans le même style, aujourd'hui hélas! désaffectée. En plus, un plan de zonage fut établi. De larges avenues découpèrent la ville plantée d'arbres (boulevard Pie IX et Morgan). Le rêve d'une ville-jardin n'est pas une invention de Bourque ! Et le Parc Maisonneuve devenait le plus grand, même plus que celui du Mont Royal. Le rêve d'une ville française prenait des ailes. La Montréal anglaise du temps, de langue et d'affaires, dominée par les marchands britanniques et écossais, s'éclipsait devant cette réalisation de petits bourgeois francophones.

Mais il y avait un hic. La construction de tous ces édifices coûtait cher. Et la guerre avec ses misères s'estompait à l'horizon gris. En 1915, aux élections municipales, l'équipe Dufresne est battue et la ville de Maisonneuve est annexée à Montréal. Le cerf-volant si haut dans les airs tombe brusquement dans les ornières de la banale réalité. Le rêve s'était éteint.

Les frères Dufresne, toujours influencés par l'architecture française, se font construire un magnifique château, inspiré du Petit Trianon de Versailles. Les

Dufresne occupent leur château de 44 pièces richement meublées jusqu'en 1947. Il servit par la suite à l'externat classique des Pères de Sainte-Croix, de Musée d'art contemporain et finalement, après un abandon de huit ans, il abrite maintenant le Musée des Arts décoratifs.

Profitons de ce 9 septembre pour saluer ce propagateur de la culture française chez nous, Marius Dufresne, ambitieux et rêveur.

CÉCILE CHABOT
La féerie de l'enfance

Pour moi, Cécile Chabot évoque un monde de féerie, un monde de paix sereine, un monde de communion avec la nature. Chez nous, il n'y avait pas de fée Carabosse. Je m'endormais avec les contes de Cécile Chabot que je relisais plus tard avec émerveillement. Je pense à *Imagerie*, à son *Conte des rois*, entre autres. Ce dernier m'avait plongé dans un monde que je n'oublierai jamais. Je revois encore la sainte Famille en route vers Sainte-Pétronille de l'île, « Monseigneur Jésus » qui sourit « aux petits paysans de l'île, maladroits et timides, s'agenouillant à la balustrade pour « contempler de plus près, l'Enfant, dans son berceau d'érable, » « de sous son couvre-pieds, quadrillé de bleu et de blanc, sortant les bras, et les tendant aux petits paysans, sous les regards émerveillés de l'âne et du bœuf, et des moutons de laine frisée. »

Et je revois « les fleurs de lis et les croix d'or qui sommeillent le dos dans les fenêtres et dans le jubé replié sur lui-même, sans ronfler, l'harmonium (qui) dort à poings fermés. Le long des murs, le chemin de croix (qui) s'est arrêté de tourner. L'ombre de la voûte, sur les nœuds des bancs raboteux (qui) s'est couchée. Et dans le chœur, le prie-Dieu sculpté de monsieur le curé (qui) cogne des clous, sans égards pour le beau tapis rouge qui s'éteint petit à petit sur le plancher de bois mou. » Et saint Joseph qui rend visite au curé au presbytère et qui repart penaud « son cauchemar à la main. » Et l'arrivée spectaculaire des rois mages modernes, le bedeau, triomphant, tenant par la bride un cheval, suivi de trois paysans. » Les voilà tous agenouillés devant l'Enfant. L'offrande du cheval en guise de chameau. Les paysans qui remplacent les « rois, ça ne se trouve plus. Paraît que c'est passé de mode. Des paysans, c'est plus commode et puis, ceux-là sont bien pourvus. » Le bœuf « un peu jaloux, » croyant que le cheval va prendre sa place et « qui roule vers Jésus des yeux si doux, que les anges qui volent s'arrêtent de voler pour le regarder. » Médard qui donne son « trois-mâts avec des petites voiles blanches que sa femme Marie-Ange a collées dessus. » La catalogne mise à la cachette de leur mère dans le fond de la poche. Ferdinand « un habitant pur-sang » avec son blé « pesant comme de l'or », le « vin de nos cerisiers », sa « brique de lard, » la crème douce « dans le vaisseau bleu » et ses pommes, tout « un minot de pommes fameuses, les pommes de l'île d'Orléans qui n'ont pas de ver dedans comme dans leurs cœurs. Et enfin, Marguerite avec ses enfants qui « se dégèlent comme des ruisseaux au printemps » avec leur « tuque rouge, comme des papillons écarlates qui vont de droite à gauche et sonnent leur joie et sonnent leur foi. »

Et surtout, Jésus qui détache « avec la lumière de ses yeux les pointes de l'étoile des Rois et les pose comme des couronnes sur le front des trois paysans agenouillés » pendant que le cheval qui se met à genoux « et du bout de son sabot ferré fait le signe de la croix tandis que les clochettes et les grelots suspendus à son cou et rangés sur son dos sonnent à toutes volées « Sanctus...sanctus... sanctus. »

Et je pourrais continuer avec chacun de ses contes. Toujours, avec la même émotion, je relis *Chasse-galerie*, *La Sainte Famille s'en allant promener*, *Et le cheval vert*, *Contes du ciel et de la terre*, *Cris pour les quatre coins du monde*, et chaque fois, c'est la même rebondissement : j'ai sept ans !

Merveilleuse Cécile Chabot. Féerique Cécile Chabot avec ses contes qui font revivre les joies et l'émerveillement de l'enfance, la beauté exubérante de la nature, la spontanéité de la vie.

En ce 11 septembre, anniversaire de sa naissance, je voudrais lui dire merci pour toutes ces joies qu'elle a procurées aux enfants et qu'elle donne encore à cet enfant qui sommeille en chacun de nous.

PAUL PICHÉ
Un chansonnier nationaliste, un rocker tendre

Qui ne se souvient de sa chanson *À qui appartient l'beau temps?* Son cri strident devant les injustices dans notre société avait rallié tant de gens! Piché avait su, avec habileté, raviver la force de nos racines en rappelant La Bolduc, Maurice Richard, Gilles Vignault et tant d'autres. Mais c'était en 1976 avec Beau Dommage. Les choses ont depuis beaucoup changé depuis.

Pourrait-on dire que Paul Piché est plus rock qu'avant? Plus romantique? Il se peut bien. L'instant le laisse penser. Lui-même d'ailleurs ne se gêne pas pour le dire. «J'ai effectivement plusieurs chansons d'amour parce que j'ai vécu et que j'ai eu envie d'en parler. Je voulais parler des relations hommes-femmes, de l'amour... et de l'angoisse et du bonheur qui est vécu là-dedans. Finalement, je n'ai pas décidé que je parlerais de ça.» Et alors, pourquoi l'angoisse s'il est comblé en amour? Il répond sans ambages: «Pour moi, la vie est un drame. Même quand t'es heureux, t'as déjà la crainte, l'angoisse que ça s'arrête. Si t'es amoureux par exemple, à l'instant que t'as le bonheur de te rendre compte que t'es en amour et que c'est réciproque, à cet instant même, la peur s'installe tout de suite parce que tu te demandes si ça va durer ou si tu vas te faire mal.»

Piché fait partie du paysage de la chanson québécoise pour toujours. 100 000 exemplaires vendus de son premier microsillon. Disque d'or pour son album *Sur le chemin des incendies*. Et disque de platine en 1990! Tout naturellement, Paul Piché passe du Club Soda à la Place des Arts. On ne compte plus le nombre de tournées partout au Québec.

Lui, archéologue d'abord! Intéressé aux Amérindiens...impliqué dans toutes sortes de batailles des SOS Garderies, les coopératives alimentaires, les groupes communautaires et que sais-je encore! Depuis quelques années, Piché a abandonné ces luttes inutiles de Don Quichotte protecteur des veuves et des éprouvés de la vie pour chanter simplement l'amour. «L'amour est une chose fondamentale pour moi, avouait-il à Christian Belleau dans une entrevue pour *Magazine* en janvier 1994. Ça fait des amours troublées, oui c'est sûr. C'est l'extase aussi bien que le drame. L'amour, finalement, c'est la vie ou la mort. L'amour est une seconde naissance, mais toujours près de la mort. Quand on tombe en amour, on est prêt à mourir. On veut mourir en pensant que l'autre ne sera plus là...L'amour, c'est la vie et la mort en même temps. On rejoint l'univers.»

Côté fanfaron: Piché semble assagi. Semble, je dis bien, car il peut encore exploser. «J'éclate à un moment donné!» nous avertit-il. C'est un passionné. Pour lui, «un spectacle c'est comme une partie de hockey; je me brûle en chantant.» Au cap de la quarantaine, il est resté toujours ardent, toujours intense. C'est ce que nous aimons chez lui.

Côté souverainiste? Aucune crainte. Il avait déjà tout décidé à seize ans. «La souveraineté du Québec m'est apparue indispensable, dit-il.» Comme on le connaît, voilà un ami sûr qui ne virera pas son capot!

En ce quinze septembre, anniversaire, encore, encore, Piché!

ÉDOUARD-RAYMOND FABRE
Un patriote discret mais efficace

Fabre était un homme discret, doué pour l'administration, un patriote sincère, une personne modérée, ennemie des excès. Il tenait une librairie-dépanneur-mercerie dans le Vieux-Montréal d'aujourd'hui. Elle devint vite le lieu de rassemblement des patriotes de 1834. Fabre ajouta une imprimerie qui leur rendit de grands services. Son établissement logeait la Maison canadienne de commerce car Fabre voyait loin. Il rêvait de voir briser un jour le monopole anglo-saxon sur l'import-export. « Il nous faut, disait-il, des banques, des compagnies d'assurance, une marine marchande à nous, les Canadiens-français ! » Il croyait fermement que la nation canadienne-française pouvait assurer son avenir socio-économique et arriver au même niveau que celui des anglophones. Lui-même était propriétaire d'un bateau à vapeur « Le Patriote » reconnu à l'époque comme le symbole de l'homme d'affaires francophone moderne.

C'est chez lui que se concocta le fameux banquet patriotique de Ludger Duvernay en 1834. Chez lui aussi que se préparèrent les « 92 Résolutions » soutenues par Ludger Duvernay, Jacques Viger, Côme-Séraphin Cherrier, Louis-Joseph Papineau, O'Callaghan et tant d'autres ardents patriotes. Chez lui toujours que s'ourdissaient les assemblées insurrectionnelles. Fabre participa à la bataille de St-Denis-sur-Richelieu, finança les opérations, aida à la fuite de Papineau et d'O'Callaghan aux États-Unis, tenta de fuir lui-même mais fut arrêté et emprisonné. À sa sortie de prison, il redevint simple libraire mais s'occupa activement de la gestion des biens des insurgés bannis et participa au rapatriement de plus de 58 exilés d'entre eux. Quand Papineau revint d'exil, il trouva en Fabre un allié fidèle dans sa campagne aux élections pour l'Assemblée législative du Québec d'alors.

En 1849, Fabre devint maire quasi malgré lui. Il ne sentait aucun goût pour cette fonction. Il préférait le travail feutré des petites réunions à celui des tribunes à paroles fracassantes. Le temps était par ailleurs très dur et le climat tendu. La ville croulait sous les dettes. En homme intelligent et intègre, Fabre fit tous les efforts nécessaires pour assainir les finances. Mais les émeutes répétitives et l'incendie du Parlement en 1849 ne lui facilitèrent pas la tâche. Pour contrer aux ravages occasionnés par le feu, il créa un service permanent d'incendie et fit prolonger le réseau d'aqueduc. De même, lors de l'épidémie de choléra, il mit sur pied deux hôpitaux temporaires et se dévoua sans compter. Il fut lui-même victime de la terrible maladie et mourut le 16 juillet 1854.

Parmi ses onze enfants, Fabre comptait une fille, Hortense qui épousa Georges-Étienne Cartier ; son fils, Édouard-Charles, premier archevêque de Montréal se montra un prélat d'un modernisme équilibré ; et Hector, un autre fils, journaliste, devint le premier ambassadeur canadien à Paris.

En ce quinze septembre, anniversaire de naissance du père de cette dynastie honorable, saluons ce libraire curieux, ce patriote efficace, cet homme d'affaires dynamique, ce maire dévoué, intègre et intelligent.

ALEXANDRE BOULLON
Un prêtre selon le cœur de Dieu

Le petit Alexandre eut la chance de naître d'une bonne famille du Bas du Fleuve. Il parlera plus tard de ses parents « qui se consultaient sans cesse avant d'entreprendre quelque chose. » Sa mère surtout « était gaie, toujours contente, d'une conduite irréprochable, douce, patiente, constamment invariable, même quand les contrariétés semblaient s'être ruées sur elle. Dans ma famille, dira-t-il, je n'ai jamais vu de ces misères que l'on appelle «querelles de familles.» Les pauvres faisaient l'objet d'une prévenance particulière. « Jamais elle (sa mère) ne laissait partir un pauvre sans lui donner quelque chose. Ce sont les amis du bon Dieu, disait-elle, il faut les bien traiter. » Après ses études au Séminaire de Rimouski, l'abbé Bouillon fut ordonné prêtre le 27 mai 1899. Jusqu'en 1907, il fut sans cesse en déplacements, six mois ici, un an là comme le prouve sa feuille de route : St-Moïse, Ste-Félicité, Trois-Pistoles, Cacouna, Amqui, Grande Rivière, Baie-des-Sables, Rimouski, Iste-Verte, St-Eusèbe. Partout, il tâche de semer la parole et des œuvres comme s'il était appelé à vivre dans cet endroit de longues années. Mais à peine le grain semé qu'on le mute ailleurs.

Enfin, il est nommé curé fondateur de Lac-au-Saumon. Il y arrive. Personne ne l'attend. Alexandre est débrouillard. Il devra compter sur lui-même, uniquement. C'est un homme d'action. Il dépiste deux maisons non loin de la gare. Moyennant 6,00 $ par mois, il en obtient l'usage. Immédiatement, il les transforme en chapelle. Un an plus tard, sa mission était érigée canoniquement en paroisse. Et c'est la construction de la première église terminée en 1907. Parallèlement aux tâches matérielles, il veille à l'organisation spirituelle. Il met sur pied L'Apostolat de la Prière, La Ligue du Sacré-Cœur, les Dames de Sainte-Anne, les Enfants de Marie, le Tiers-Ordre de Saint-François, l'Union de la Prière, l'Association de Saint-Joseph, œuvres pieuses qu'on retrouvait dans toutes les paroisses bien structurées d'antan.

Alexandre est aussi un homme éveillé sur les besoins de son milieu. Il obtient des autorités fédérales la francisation de la gare du chemin de fer « Salmon Lake. » En mai 1908, la gare change de nom pour « Lac-au-Saumon ». La même année, commence la construction du presbytère. En 1913, celle de la première école. Il s'empresse de doter cette école d'une «bibliothèque paroissiale de cinq à six cents volumes bien choisis. » Et, comme il sait que la formation intellectuelle et morale des enfants est la pierre d'angle d'une société saine, après maintes demandes plusieurs fois réitérées, il obtient le service des Sœurs du Saint-Rosaire fondées justement pour les petites écoles. En 1913, il organise un journal paroissial de « fort belle apparence et rempli d'excellentes choses» trouve son évêque. *La Voix du Lac* couvre bientôt toute la vallée de la Matapédia. Puis, le bon curé se lance dans un projet que les écologistes encourageraient aujourd'hui. Il veut la plantation d'arbres, stimule l'organisation de jardins, offre ses conseils aux paroissiens qui manqueraient d'idées. Lui-même donne l'exemple. Près du presbytère, il crée un verger de 30 pommiers, 6 cerisiers et 2 pruniers. Il obtient même du Département de l'Horticulture à Québec, un champ de démonstration avec outillage complet. Viennent ensuite les abeilles. Son rucher sera le premier établi dans la vallée Matpédia.

Le petit Oratoire Saint-Joseph si cher au cœur de tout Gaspésien est également son œuvre. Il le fit construire sur un coteau, non loin de l'église, le long de la route qui conduisait au 111e rang. Il existe encore. Chaque fois que je descends dans la vallée, je ne manque pas de m'y rendre pour un petit pèlerinage comme au temps de mon enfance. Vraiment actif, le petit curé. Il ne s'arrête jamais.

Il lui faut maintenant un orgue! Remettons-nous dans le temps. C'était toute une décision à prendre et à concrétiser! Il publie ensuite la monographie de la paroisse, veille à l'ouverture de la desserte du Lac-à-Pitre (Saint-Alexandre-des-Lacs) et enfin, sa lucidité le pousse à vouloir fonder une communauté religieuse vouée au service des prêtres dans les presbytères.

Le curé Bouillon s'adresse à Marie-Anne Ouellet, originaire de Saint-Anaclet, comme lui. Cette demoiselle avait été institutrice pendant vingt-six ans et s'occupait alors de l'éducation des dix enfants de son frère Anaclet, deux fois éprouvé par la perte de sa femme. Sur l'insistance de l'évêque, mademoiselle Ouellet finit par accepter cette lourde responsabilité. Le 8 décembre 1929, une nouvelle communauté, les Servantes de Notre-Dame, Reine du Clergé, voyait le jour.

L'œuvre naissait dans la pauvreté extrême, la suspicion des uns, le mépris des autres, les constructions sans argent, l'accident grave de la fondatrice, les tribulations de toutes sortes, l'incendie de l'église, les tergiversations de l'évêque (qui, un jour veut fusionner la nouvelle communauté puis ensuite en faire un Institut séculier), les difficultés pour obtenir les approbations canoniques, etc. Ce n'était pas assez. Une autre tuile lui tombe sur la tête : l'évêque nomme un autre aumônier chargé de veiller au bien temporel et spirituel de la communauté naissante. L'abbé Bouillon s'était pourtant donné corps et âme pour le bien spirituel de son œuvre. Instructions, retraites, entretiens, billets, il profitait de toutes les occasions pour stimuler l'ardeur.

Au cours des années 1932-1943, il eut la joie de voir la communauté ouvrir quinze maisons au Canada et neuf aux États-Unis. Le 18 juin 1943, il mourait, foudroyé par la paralysie. Sa mémoire ne devait pas s'éteindre. Un Mausolée était érigé en 1950 où ses restes mortels reposent depuis. De nombreuses faveurs ont été obtenues par son intercession. Les religieuses du Clergé, entre autres, comptent des guérisons qui tiennent du miracle. Il n'est pas impossible qu'un jour nous parlions du saint curé de Lac-au-Saumon, prêtre parfait, à l'exemple de celui d'Ars.

En ce 16 septembre, anniversaire de sa naissance, rappelons sa douce mémoire.

JEAN JACQUES OLIER
Au cœur de la fondation de Montréal

Quel personnage attachant que ce Jean Jacques impulsif, indiscipliné, gâté par la vie et la fortune de ses parents! Dire que sans lui, Montréal n'existerait peut-être pas! Il appartenait à une famille de haute magistrature et menait la grande vie avec valets, carrosses, festins, argent. Tout lui était permis. Mais voilà qu'au cours d'un stage d'études en Italie, il tombe malade: il va perdre la vue. Il part aussitôt en pèlerinage à Lorette. Dieu a sans doute ses vues sur lui et sur nous, puisque, soudain, il recouvre la vue! Il revient ensuite à Paris et, aidé par son ami saint Vincent de Paul, il est ordonné prêtre en 1633. Suivent quelques années de tergiversations. On lui offre de devenir coadjuteur de l'évêque de Langres. Il hésite. Vincent de Paul l'incite à accepter, l'éminent Condren, à refuser.

C'est vers cette époque qu'il rencontre inopinément La Dauversière à Meudon. Sans se connaître, les deux hommes se donnent l'accolade, se nomment par leur nom et parlent du projet de la colonisation de l'île de Montréal. Une amitié étroite se noue entre les deux hommes. Elle ne faillira pas. Jean Jacques écrira plus tard: «Me trouvant lié de société comme miraculeusement à celui à qui Notre-Seigneur a inspiré le mouvement et commis l'entreprise de Ville-Marie, je me suis toujours senti porté d'aller finir mes jours en ces quartiers, avec un zèle continuel d'y mourir pour mon Maître.» Emballé par le projet de La Dauversière, Olier lui fait immédiatement don de quatre-vingts pistoles d'or «pour commencer l'ouvrage de Dieu.»

Le deux février suivant, fête de la Chandeleur, Jean Jacques entre dans l'église de Saint-Germain-des-Prés pour prier et recevoir des lumières sur la décision qu'il doit prendre à propos de l'épiscopat de Langres. Tout à coup, une conviction surgit en lui. Il sait avec une certitude qu'il est appelé à devenir «une lumière pour la révélation aux gentils.» Nul doute, ces «gentils» sont les Indiens de la Nouvelle-France dont vient de lui parler son nouvel ami La Dauversière. Le rêve de la crosse et de la mitre laissent place à celui d'immenses étendues de forêts dans le lointain Canada. Olier, pour le moment, ne sait pas encore comment tout cela se fera, mais sa certitude est totale. Entre temps, il reçoit une autre offre d'épiscopat: devenir coadjuteur du diocèse de Châlons-sur-Marne, un des épiscopats les plus prestigieux du royaume. Richelieu approuve la nomination signée par Louis XIII. Malgré ces pressions, Jean Jacques refuse encore. «L'épiscopat n'est pas pour vous, lui assure La Dauversière; Dieu a d'autres desseins sur vous.» Peu de temps après, La Dauversière et Olier fondent la Société Notre-Dame de Montréal. C'est Jean

Jacques qui contribuera financièrement au premier envoi à Ville-Marie. C'est lui qui réunit « ducs, comtes, magistrats, dames de première qualité » pour subventionner le projet. C'est encore lui qui les consacre à la sainte Famille le 27 février 1642, et spécialement à Notre-Dame. C'est probablement à partir de ce moment, qu'on commence à désigner Montréal sous le vocable Ville-Marie. Sans l'aide de Jean Jacques Olier, la fondation de Montréal n'aurait probablement pas vu le jour. Lui-même en eut l'intuition. Il voit un jour un pilier sur lequel repose deux églises, l'une vieille et l'autre nouvelle, symbole du service qu'assureront ses successeurs. « Je me voyais, dit-il, comme une pierre fondamentale, sur laquelle deux arcades ou deux Églises venaient se reposer, et que je recevais dans mon sein grand nombre de personnes, qui après en sortaient tout enflammées pour le service de Dieu et porteraient son saint Nom dans le monde. »

Pour réaliser une telle œuvre, Jean Jacques dut passer par le creuset des épreuves. Elles lui vinrent de partout. »Peines de réprobation et du dédain de Dieu ; continuel ressentiment de la superbe ; privation d'élévation à Dieu ; obscurité d'esprit ; embrouillement ; environnement du démon ; rebut des gens de bien ; délaissement de mon directeur ; condamnation dedans les Écritures ; mépris universel de tout le monde, parents, amis, serviteurs, grands et petits ; croyance d'être un Judas. » On se moque partout de l'évêque manqué. « Je fus, écrit-il encore, la fable de tout Paris : le roi, le cardinal de Richelieu, messeigneurs les évêques, surtout le chancelier (Séguier), tous mes parents, toutes les personnes de ma condition, commencèrent à faire des moqueries étranges. » Mais sa foi tient bon et Jean Jacques sort victorieux de ses épreuves.

Nommé curé de la paroisse Saint-Sulpice à Paris, il s'acharne au relèvement spirituel de cette paroisse dissolue. Un jour, une horde hostile enfonce le presbytère, le roue de coups, le traîne dans la rue et saccage tout. Dans ces pénibles conditions, c'est quand même là, à Saint-Sulpice, qu'il fondera son Séminaire pour la formation des prêtres dans l'esprit de concile de Trente. Il se consacrera uniquement à cette œuvre à partir de 1652. Une autre fois encore, on lui offre l'évêché de Babylone. Et il refuse toujours. Par la suite, il prépare le roi Charles II d'Angleterre à abjurer en secret et songe à évangéliser la Grande-Bretagne. Enfin, il se sent prêt à partir pour le Viêt-nam quand Dieu coupe court à tous ses désirs. Une attaque d'apoplexie le paralyse du côté gauche. À la demande pressante de Maisonneuve et de Jeanne Mance, il aura le temps d'envoyer ses premiers missionnaires en Nouvelle-France, à peine quelques jours avant sa mort. Il meurt dans les bras de saint Vincent de Paul le 2 avril 1657, à peine âgé de quarante-huit ans.

Vie tumultueuse, criblée de souffrances. Son enseignement à la portée de tous veut ramener à l'intérieur. Pédagogue né, il utilisait les images pour véhiculer son message qui portait le feu. « Je voudrais avoir des bras qui puissent embrasser le monde entier pour le porter à Dieu et le remplir d'amour » disait-il.

Montréal n'aurait pas le même visage sans M. Olier. Pour nous en convaincre, il faudrait nous rappeler ce que nous rapporte la chronique des Hospitalières de Saint-Joseph. On lit que pour relever le courage de Sœur Maillet, première économe doublée d'une mystique, La Dauversière et M. Olier lui apparurent et l'assurèrent «de la part de Dieu que cette œuvre était sienne qu'elle subsisterait malgré l'opposition des hommes.» Oui, vraiment, «l'Église de Montréal n'est pas moribonde.»

LOUIS JOLLIET
Vaillant explorateur, toujours prêt à partir

Rien ne présageait une carrière d'explorateur chez cet élève studieux, versé en musique et organiste du Séminaire des Jésuites. Il semblait tout naturellement destiné à la vie religieuse. Il reçut même les ordres mineurs, soutint une thèse de philosophie en latin, et tout à coup, vlan, il abandonne tout et part pour la France avec l'argent prêté par Mgr Laval! Il y a des questions à se poser. Quand il revient au pays, c'est pour faire un virage à 365 degrés. Le clerc devient trafiquant! Et c'est lui que choisit Talon, avec l'approbation de Frontenac, pour partir « à la découverte de la mer du Sud. » Bien entendu, les *Relations* parlaient d'une « belle rivière, grande, large, profonde, comparable à notre franc fleuve Saint-Laurent» mais personne ne savait dans « quelle mer se déchargeait cette belle rivière. » Golfe du Mexique? Mer Vermeille? Le temps semblait venu pour découvrir le secret.

L'expédition n'est pas soutenue par le gouvernement mais par une société commerciale que doit fonder Jolliet. Le 8 décembre 1672, une première escale à Michilimakinac où le Père Marquette se joint au petit groupe : 7 hommes et 2 canots. Jolliet a tout préparé : cartes soigneusement annotées avec le nom des rivières, des peuples, des lieux. Les voilà qui s'enfoncent vers l'ouest. Après 20 jours de navigation, ils arrivent aux limites des territoires connus jusqu'alors. Commence alors les longs portages. Enfin, c'est la rencontre du Missouri et de l'Ohio qui vont se perdre dans le Mississipi. Les vaillants expéditionistes en sont à leurs 1200 milles quand ils arrivent à l'embouchure de l'Ohio. L'hostilité des habitants et les dangers de tous ordres les obligent à rebrousser chemin et à revenir à leur point de départ. Jolliet ne s'est pas rendu jusqu'à l'embouchure du Mississipi mais il revient avec une certitude: le Mississipi ne se jette pas dans la mer de Chine mais bel et bien dans le golfe du Mexique. Malheureusement, à son retour vers Québec, il fait naufrage à Sault Saint-Louis. Trois compagnons de voyage périssent dans les eaux. Il perd ses cartes et son récit de voyage !

Revenu à Québec, il devient un marchand important. L'intendant Duchesneau lui concède les îles Mingan et l'île d'Antigosti. En 1679, il repart pour une expédition hasardeuse vers la Baie d'Hudson : 200 chutes, 200 portages, 400 rapides à traverser ! Là encore, le jugement perspicace de Jolliet lui fait prendre conscience du commerce lucratif des Anglais. Il recommande au roi de stopper cette dangereuse expansion. Il fera une autre expédition au Labrador en 1694 et donnera une description détaillée des côtes du Labrador, des habitants Esquimaux et nous laissera 16 croquis cartographiques. En 1697, il sera nommé « hydrographe » et professeur au collège des jésuites. Il enseignera comment assurer la navigation maritime dans le golfe et le fleuve Saint-Laurent.

Toute sa vie ne fut pas cependant semée de roses. Phipps s'empare de sa barque en 1690 et de toute sa cargaison de peaux de castors. Une année plus tard, les Anglais brûlent tous ses établissements aux îles Mingan et à l'île d'Anticosti. En dépit de tous ses obstacles, Jolliet rebondit sans cesse et recommence avec la même ténacité et le même courage qu'au début de ses expéditions.

Dans le *Dictionnaire Bibliographique du Canada* (tome 1, pages 404-410), André Vachon a consacré à Jolliet six longues pages fouillées et bien documentées. Je m'en suis largement inspiré. Il termine par cet éloge bien mérité : « Sans conteste, Louis Joliet est l'une des plus authentiques et des plus puissantes réussites de cette bâtisseuse d'hommes que fut la Nouvelle-France. »

En ce 21 septembre, saluons ce vaillant explorateur, sa largeur d'esprit, son courage, sa ténacité, sa diplomatie et sa perspicacité.

23 septembre au 23 octobre
La Balance

fleur du mois :   le souci ou oeillet d'Inde dans tout un éventail de couleurs vives : le rouge, le jaune, l'orange.

pierre de naissance :   l'opale considérée comme pierre précieuse, unique par le jeu des couleurs qu'elle reflète. L'opale est symbole de l'espoir.

signe du zodiaque :   BALANCE

Par son entrée dans ce signe, le Soleil se trouve au point médian de l'année astronomique. À l'extérieur, c'est le crépuscule de l'automne qui dépouille ; à l'intérieur, c'est tout le bouillonnement du printemps qui s'amorce.

planète :   VÉNUS

Il s'agit de la déesse Vénus, Vénus Aphrodite des roses d'automne, déesse de la beauté parfaite, de la beauté intérieure, de la grâce du cœur.

Les personnes nées sous ce signe tentent sans cesse de neutraliser des forces contraires en elles-mêmes : élan et retenue ; spontanéité et réflexion ; abandon et crainte ; appel de la nature et recul. Elles pèsent toujours et pour et le contre afin d'en arriver à l'esprit de justice, l'harmonie avec les autres et l'harmonie personnelle.

SOPHIE DESMARÊTS
Sage femme dévouée et discrète

Sophie était d'abord couturière. Elle vint s'établir à Montréal où elle épousa Michel Raymond dont elle eut sept enfants. Un seul survécut. Avant même l'arrivée des sœurs du Pasteur venues de France sur la demande de Mgr Bourget, la veuve Raymond travaillait déjà à l'œuvre du Bon Pasteur et des enfants abandonnés.

Puis, on ne sait pourquoi, elle retourne momentanément dans sa famille et revient de nouveau à Montréal pour devenir, sur les instances de Mgr Bourget, la première compagne de madame Jetté à l'Hospice Sainte-Pélagie, rue Saint-Simon. Elle fera profession le même jour que la fondatrice des Sœurs de Miséricorde le 16 janvier 1848.

On la disait industrieuse, habile et versée dans les affaires. En plus, elle avait de grandes qualités de compassion et de générosité si nécessaires au début d'une œuvre aussi difficile. La biographe dit encore d'elle qu'elle était « de nature vive et gaie, expansive et avait une conversation pleine de charmes. Elles était douce, patiente, et d'une activité qui ne savait reculer devant aucune besogne. » C'était aussi une femme de grand jugement. Quand elle se rendit compte de l'extrême pauvreté dans laquelle vivait Rosalie Cadron-Jetté, elle en avertit un bienfaiteur, monsieur Berthelet, l'ange de la communauté naissante, qui fit tout en son possible pour aider.

Cette femme effacée et efficace vécut dans les moments les plus difficiles de sa communauté et, après de longues années de dévouement obscur, mourut prématurément à 57 ans le 20 février 1853.

Elle ne pensait pas voir son nom honorer ici. Cette humble femme toute dévouée à l'œuvre difficile des enfants abandonnés et des mères célibataires honnies par la société du temps, mérite notre estime. En ce jour anniversaire de sa naissance oubliée, profitons-en pour saluer une de ces femmes qui a rendu tant de services à notre société.

SONIA BENEZRA
L'actuelle reine des ondes

Depuis longtemps qu'on la voit à TQS. Je me demande comment elle fait pour se renouveler sans cesse. Plusieurs artistes se sont brûlés à la même tâche. Sonia, elle, semble tout à fait à l'aise, naturelle, fraîche, emphatique à l'endroit des artistes qu'elle rencontre et qu'elle met à l'aise spontanément. On lui reproche même son humanité! Bizarre quand même. Je serais tenté de dire que seulement ceux qui sont usés peuvent lui reprocher cette éminente qualité à la télévision. «Je ne suis pas là pour descendre les gens, dit-elle. D'autres s'en chargent. Un album, un livre, c'est un rêve, ça a pu prendre 10 ans d'une vie. Est-ce que j'ai le droit de venir tout briser? «Paul Sarrazin qui a travaillé plusieurs années avec elle à *Musique Plus* est d'accord: «Sonia est quelqu'un de généreux, elle voit toujours le bon côté des choses. On ne la changera pas. Elle aime donner, aimer, et elle le dit!» Hélène Dallair, la directrice musicale de son spectacle abonde dans le même sens: «C'est une vraie Balance, elle fait partie des gens qui ne jugent pas.» Tant mieux!

L'humanité» de Sonia ne lui enlève rien de son cran. Car elle en a. Rien non plus à son sens de l'organisation. Pour mener tant de choses de front, il faut être chronométrée comme une horloge. Et il faut du doigté pour diriger une équipe comme la sienne. Sonia semble avoir cette qualité naturelle de tout orchestrer avec aisance. Et elle n'oublie personne quand c'est le temps de remercier. Je la trouve humble aussi. Elle sait écouter. Ce qui est rare pour un interviewer. Qui ne pense spontanément à certaines vedettes jouant aux psychanalyses devant nous, à la télévision! Tout le monde sait exactement ce qu'elle est. «Tout le monde sait que je suis une vraie personne. C'est important pour moi que la télévision soit un reflet du vrai monde» avouait-elle dans une entrevue pour *Cumberland*.

C'est une animatrice extravertie, naturelle, fille de Juifs immigrés du Maroc en 1957, d'abord éduquée en anglais (Bedford Elementary School, Northmount High School, Concondia University) puis l'étoile météorite de TQS, trois fois Métro Star du meilleur talk show, Prix Gémeaux, personnalité féminine du grand public! À Sylvie Halpern qui l'interviewait pour *l'Actualité*, Luc Harvey, directeur de la programmation à Quatre Saisons, révélait: «Elle était (quand son émission a démarré) l'incarnation rêvée du nouveau Québec moderne, nord-américain. Par son ouverture d'esprit, ses origines, sa culture, elle nous est apparue comme la femme qui casserait nos préjugés.»

On ne saurait mieux dire. Cette Sonia bourrée de talents, parlant aussi bien l'espagnol, l'anglais et maintenant le français, toute attentive pendant ses entrevues, aussi à l'aise avec Dan Bigras qu'avec Francis Cabrel, comédienne de talent, audacieuse et vraie, énergique et chaleureuse, et chanteuse de surcroît, choyée par la critique, est présentement et restera longtemps la reine des ondes à Quatre Saisons.

En ce 25 septembre, anniversaire de sa naissance, des vœux pour Sonia. Puisse-t-elle continuer à incarner ce Québec chaleureux, ouvert et dynamique qu'elle représente si bien !

CATHERINE MACÉ
Femme au cœur d'or et au courage de lion

Malheureusement, je ne connais pas la date de naissance de Catherine Macé mais je tiens à parler d'elle. Exceptionnellement, je me vois forcé de choisir la date de sa mort survenue le 25 septembre 1698.

Ah ! cette petite Catherine, elle avait du caractère ! Elle est née à Nantes d'un commerçant à l'aise et armateur prospère. Rien de spécial chez cette jeune fille rangée si ce n'est ce goût de la prière qui marque sa petite enfance. On la voit souvent prier dans « de petits oratoires cachés dans la maison de son père. » Elle ne connaît pas encore sa voie mais elle cherche. Elle apprend soudainement l'existence de la nouvelle communauté des Hospitalières de La Flèche. Elle veut s'y rendre « incessamment » raconte Sœur Morin, la fidèle annaliste de l'Hôtel-Dieu de Montréal, qui vivra de nombreuses années en sa compagnie. Le père de la petite Catherine ne l'entend pas ainsi. Pourquoi ne pas choisir parmi une des communautés de Nantes? Son frère René, jeune ecclésiastique, tente à son tour de la persuader de suivre les conseils de son père. Mais Catherine «ne l'écoute point et reste ferme comme un rocher. » Elle réussit à convaincre les deux et finalement, arrache la permission du père.

Catherine ne perd pas un instant. Elle accourt à La Flèche où elle « est reçue avec beaucoup d'agrément, » se trouvant « la dixième de tout l'institut qui était encore dans le berceau. » À peine arrivée qu'elle demande «ce qui est de plus bas et pénible dans la maison, cherche la compagnie des sœurs domestiques pour les soulager, les emplois les plus laborieux et les plus dégoûtants auprès des malades. » Je m'imagine facilement qu'elle a dû être servie à souhait.

Elle vivra une vingtaine d'années dans la maison de La Flèche et de Laval (en 1650, elle apparaît parmi les huit fondatrices de cet hôpital) «dans les emplois les plus vils et laborieux. »

Puis, c'est le grand départ. Au cours de ses prières, La Dauversière se demande si elle n'accepterait pas d'aller en Canada. Il «la trouve pleine de ce désir» mais par humilité, Catherine ne se sent pas digne d'un tel appel. En 1650, elle partira avec deux compagnes pour Montréal et y vivra trente-neuf ans. Elle devra accepter la charge du supériorat pendant dix-huit ans. Même dans ce poste, elle cherchait à remplir les tâches les plus humbles, comme nous le décrit Sœur Morin: «donner à manger à deux vaches l'hiver ; tirer leur lait ; les envoyer garder aux champs l'été ; leur ouvrir la porte de la cour le soir ; donner à manger à cinq ou six cochons ; leur donner à manger ; nettoyer les auges ; cueillir tous les jours l'herbe dans le jardin ;

avoir soin des poules, leur donner à manger, les faire couver et pondre très adroitement; faire la lessive», etc.

En tout, Catherine Macé est un modèle. «Elle jugeait bien de toutes les actions et intentions, même en certains cas où les autres en jugeaient mal.» «Ses robes et autres hardes n'étaient que pièce d'un bout à l'autre; ses souliers étaient souvent liés avec des cordes.» «Sa chambre était la plus froide et mal commode.» Aussi, comme le dit avec humour Sœur Morin, «chacune la vénérait comme une relique vivante.» Il n'est pas étonnant qu'à sa mort, il fallut couper ses habits pour en distribuer des morceaux. Faillon assure que plusieurs personnes lui attribuèrent l'obtention de grâces extraordinaires.

J'ai toujours eu une grande admiration pour les personnes de la trempe de Catherine Macé. Cette application à bien faire les choses les plus simples provoque mon respect. Souvent, j'ai remarqué le grand équilibre qui accompagne cette humilité. Sœur Catherine a vécu cinquante-cinq années de vie religieuse dans ces conditions pénibles à un moment très difficile de la colonie. Elle mérite un moment de recueillement au jour anniversaire de sa mort.

ÉDOUARD MONTPETIT
Un très grand universitaire

Édouard Montpetit, septième d'une famille de quatorze enfants, est né à Montmagny d'un père avocat qui préférait se dire poète et amateur d'ouvrages didactiques sur les poissons du pays. La famille vint s'installer à Montréal où Édouard s'inscrivit au collège de Montréal et ensuite à l'université à laquelle il s'attacha pour le reste de sa vie. Il commença par le droit comme son père mais sa voie semblait dessinée. Ce qui l'intéressait, c'était l'économie politique, une science peu en vogue alors à l'université. Mais Édouard Montpetit voyait loin. Il pressentait que l'avenir du Québec passait par les affaires. Sans la maîtrise de son économie, le Québec ne pouvait revendiquer son indépendance politique. Cette idée, obvie pour nous aujourd'hui, ne l'était pas pour autant en son temps.

Mais voilà que les choses s'arrangent. Montpetit obtient une bourse pour aller étudier en Europe. Il sera le premier boursier officiellement délégué par la province de Québec à Paris. Il prend les bouchées doubles et s'inscrit à l'école libre des sciences morales et politiques (section économique et sociale) et, à la fois, suit des cours au Collège des sciences sociales. Deux ans plus tard, il sera diplômé des deux institutions. Pour arrondir les fins de mois, il parcourt la France et fait connaître le pays avec ses diapositives. Un vif succès de relations publiques.

Quand il revient au Québec en 1910, il inaugure ses cours dans le nouvel édifice de l'École des Hautes Études Commerciales (carré Viger). Les étudiants sont attirés par ce cours à saveur inconnue : économie politique, finances publiques, statistiques, politique commerciale, etc. Édouard Montpetit est un travailleur acharné. Il mène le même style de vie qu'à Paris, donne des cours à l'université de Montréal encore dépendante de l'université Laval. Ce qu'il a lutté pour obtenir l'autonomie de l'Université de Montréal !

La carrière de l'éminent professeur est semée de luttes intenses dont il sort toujours vainqueur : trois incendies des locaux, obstination et insistance pour obtenir l'indépendance de son université enfin obtenue en 1920, déplacement des locaux sur la montagne, levées de fonds, construction en dépit du maigre appui du gouvernement, dépression économique, guerre, émissions culturelles à CKAC (l'Heure provinciale), etc.

On pourrait dire d'une certaine façon : l'Université de Montréal, c'est lui tellement il fut lié à son épanouissement, de sa construction jusqu'à l'organisation académique et administrative. Il occupa toutes les fonctions : secrétaire général, doyen de la faculté des Sciences sociales, membre du Sénat académique, membre de la Commission d'administration, sans interruption de 1920 à 1950. Professeur surtout. À l'École des hautes études commerciales, de 1910 à 1939 et à la faculté de Droit, de 1910 à 1954.

Tous les postes lui ont été offerts: mairie de Montréal, ministère au gouvernement, fauteuil au Sénat. Toujours, il refusa avec cette grande courtoisie qui le caractérisait. Pour lui, une seule chose comptait : l'Université de Montréal à laquelle il s'identifiait comme bâtisseur, professeur, pédagogue, gestionnaire et penseur. Il a tout sacrifié pour elle. Même ses dons d'écrivain car il était également doué pour la plume, comme son père. Sur la fin de sa carrière, il entreprit la rédaction de ses Mémoires. Une symphonie inachevée puisque la mort vint le cueillir en 1954.

Sylvia Daoust a immortalisé dans le bronze la mémoire d'Édouard Montpetit. La Ville de Montréal a inauguré ce monument en 1967 sur le boulevard qui porte le nom de ce grand homme. Le monument érigé sur le campus de l'Université de Montréal le montre bien assis sur sa chaire de professeur d'université, en toge. Les trois monolithes symbolisent les disciplines qu'il a enseignées toute sa vie: le droit, l'économie et la sociologie. L'endroit est bien choisi. Chaque fois que je passe par là, j'ai la même impression que Louis-Martin Tard qui parle de ce monument «adossé à la colline qu'il (Montpetit) semble retenir de toute sa force et, avec elle, l'université tout entière.» Sur le socle de la statue, on ne voit que ces simples mots: «avocat, économiste, sociologue.»

En réalité, Édouard Montpetit dépassait largement ces trois petits mots. Cet homme était grand! En ce 26 septembre, anniversaire de sa naissance, notre profond respect.

AEGIDIUS FAUTEUX
Conservateur de bibliothèque hors pair

Quelle personnalité attachante que celle d'Aegidius Fauteux! Pendant vingt ans, il étudia avec les Sulpiciens car il se destinait d'abord au sacerdoce. Il fit les quatre années de théologie puis bifurqua vers le Droit. Admis au Barreau, il ne pratiqua jamais le droit. Il se tourna plutôt vers le journalisme. Après quelques années à Québec comme courriériste parlementaire pour *La Patrie*, il gravit les échelons et devint rédacteur en chef à *La Presse* de 1909 à 1912. Lorsqu'il quitta son poste pour revenir à Montréal, le *Bulletin* dira de lui: «M. Fauteux est un journaliste de carrière. Chez lui, l'esprit d'observation et le tact le disputent à l'érudition et à un jugement éprouvé. Il est par ailleurs le plus charmant camarade qu'il soit possible de trouver dans une salle de rédaction.»(5-12-1909) Il laissa la même réputation à *La Presse*. Aussi, quand les Sulpiciens voulurent fonder une bibliothèque publique canadienne-française, ils pensèrent normalement à lui. Fauteux s'était signalé chez eux par son intelligence pénétrante, sa droiture à toute épreuve, sa vaste érudition, sa facilité de plume, sa distinction et surtout, par son sens aigu de patriotisme à l'endroit des francophones. Ces qualités réunies en faisaient l'homme tout désigné.

Fauteux sut organiser la bibliothèque Saint-Sulpice avec doigté. De son ouverture à sa fermeture en 1931, il la dota d'une collection de 200,000 volumes dans un édifice prestigieux qui abritait en même temps une bibliothèque universitaire et publique en plus d'un centre d'animation culturelle. Quand, en 1936, l'université de Montréal lui décerna un doctorat ès Lettres pour ses quinze années de service fidèle, le recteur déclarait: «Pour l'étendue de ses connaissances dans le domaine non seulement de nos archives nationales mais de l'histoire générale; par l'exactitude et la distinction de ses exposés historiques, par les services qu'il a rendus aux chercheurs en leur ouvrant libéralement le trésor de ses propres archives et en les mettant sur la piste d'heureuses découvertes, M. Fauteux est devenu une autorité qui s'impose à l'étranger tout autant que parmi ses compatriotes.»

Le journaliste-archiviste-bibliothécaire-historien-poète avait réussi ce tour de force dans des temps extrêmement difficiles. Au dire au chanoine Groulx, il fut «l'un des hommes les plus consultés; on lui demandait des renseignements de tout le Canada, de France, des États-Unis et d'ailleurs. Je crois, ajoute l'historien qui s'y connaissait, que ce fut même l'homme que l'on consulta le plus sur une foule de choses. Il avait sur l'histoire du Canada une documentation que l'on ne trouverait nulle part ailleurs. Monsieur Fauteux était un grand érudit et un grand historien.»

À la fermeture de la bibliothèque en 1931, Fauteux accepta le poste similaire de conservateur de la bibliothèque municipale de Montréal jusqu'à sa mort le 22 avril 1941. Fauteux fut aussi président de la Société historique de Montréal de 1928 à 1941 et membre de l'École littéraire de Montréal. Il avait également fondé en 1937, l'École des bibliothécaires affiliée à l'université de Montréal et inauguré des cours de bibliothéconomie à l'université McGill en 1932.

Ce qu'on remarquait surtout chez lui, c'était sa grande disponibilité, son inépuisable charité intellectuelle, son dévouement constant pour donner aux siens ce qu'il y avait de meilleur.

D'un tel exemple de ténacité au travail et de curiosité intellectuelle, nous nous souvenons aujourd'hui, 27 septembre, anniversaire de sa naissance. Aegidius Fauteux reste une source d'inspiration. Sa bibliothèque a retrouvé sa vocation. C'est aujourd'hui la Bibliothèque nationale du Québec depuis 1967.

FRANÇOIS DOLLIER DE CASSON
Explorateur, urbaniste, historien,
seigneur de l'île de Montréal

François Dollier naît d'une famille de petite noblesse, bourgeoise et militaire. Il s'engage d'abord dans l'armée. Sa bravoure lui mérite le titre de capitaine de cavalerie avant même ses vingt ans. Brusquement, il change de carrière et entre au Séminaire Saint-Sulpice à Paris et est ordonné prêtre. En 1666, il arrive à Québec. Sa nomination n'a rien de surprenant. Ce colosse de six pieds pouvait asseoir deux hommes sur les paumes de ses mains et les promener à la surprise de tous. Son énergie morale allait de pair avec sa force physique. À peine une semaine après son arrivée, on lui demande d'accompagner deux jésuites en qualité d'aumônier militaire du célèbre régiment de Carignan-Sallière qui se rend chez les Agniers, au lac Champlain. Il revient affaibli de cette expédition périlleuse faite dans de pénibles conditions. Pas un instant de répit pour lui. Dès son retour, il est envoyé d'urgence porter secours à la garnison du fort Sainte-Anne qui se meurt du scorbut. Il doit parcourir quarante lieues en raquettes! Puis, on le nomme curé de Trois-Rivières, alors petit poste commercial et militaire. Il ne restera pas en place longtemps. Un an plus tard, le voilà reparti en 1668 chez les Népissingues (entre les Grands Lacs et la rivière Outaouais) où il doit « cabaner » et apprendre la langue des Indiens du coin. Il aurait bien aimé demeurer dans cette région qui lui plaisait mais encore une fois, le devoir l'appelle. Cette fois, il va accompagner un géographe, Brabant de Galilée, et Cavelier de La Salle. Ce dernier désirait découvrir la route qui mène à la Chine! 347 jours de misère. Les explorateurs reviennent à Montréal sans avoir découvert la route vers la Chine mais ils savent dorénavant que les Grands Lacs communiquent entre eux.

En 1671, Dollier de Casson devient supérieur des Sulpiciens à Montréal et par le fait même, seigneur de l'île. Il le demeurera jusqu'à sa mort en 1701 (un petit intermède entre les années 1674-1678). Immédiatement, Dollier de Casson se met à l'ouvrage avec une ardeur frénétique. Il trace le plan des premières rues de Montréal qui remplacent les pistes boueuses. Il leur donne des noms : Saint-Paul (en l'honneur du patron de Maisonneuve), Notre-Dame (la patronne de l'île qui donne aussi son nom à Ville-Marie du temps), Saint-Jacques (en l'honneur de Jean-Jacques Olier, le fondateur des Sulpiciens), Saint-Pierre, (en l'honneur de Pierre Chevrier, grand bienfaiteur de Montréal), Saint-François, (en l'honneur de son patron), Saint-Joseph (patron du Canada), Saint-Gabriel (en l'honneur de Monsieur de Queylus, premier supérieur des Sulpiciens à Montréal). Pour maintenir la propreté, Dollier de Casson édicte des règlements nets: défense de dépasser les limites imposées pour son jardin, de construire en dehors des alignements, de laisser paître les animaux en liberté, de jeter des ordures n'importe où, etc. Comme seigneur de l'île, il pouvait agir de la sorte.

Il entreprend ensuite la construction de la première église Notre-Dame. Il en sera curé pendant trente ans. En février 1672, un accident l'oblige à un repos. Parti en raquettes, il s'enfonce sous l'eau et reste pendant des heures suspendu à la surface par la force de ses poignets. Il profite de sa convalescence pour écrire ce document unique, son *Histoire de Montréal*. Il devenait ainsi premier historien de Montréal.

Il se lance par la suite dans la construction du Vieux Séminaire qu'il ouvre pour l'éducation des jeunes garçons, réglemente le commerce de l'eau-de-vie qui faisait des ravages, prête de l'argent pour la première brasserie, se fait le conciliateur entre les soldats, matelots, coureurs de bois comme entre les autorités religieuses et civiles pointilleuses sur plusieurs points (v.g. l'affaire du « prie-Dieu » entre Frontenac et Mgr St-Vallier). Il sera le meilleur appui de l'Hôtel-Dieu, de la Congrégation Notre-Dame, des Frères Charon et de Jeanne Le Ber dans son projet inédit. Son rêve, la construction du canal Lachine, fut entravé par le massacre de Lachine en 1689. De même, celui de Saint-Gabriel dut être abandonné à cause des coûts exorbitants.

À sa mort le 27 septembre 1701, Monsieur de Belmont dira de lui que « son caractère particulier fut de rendre la vertu aimable.« Il parle de son « abord accueillant, de ses manières policées, honnêtes et prévenantes, de sa conversation facile et pleine de bonté. » Mgr de Saint-Vallier dira à son tour qu'il savait «l'art de ménager tous les esprits, et sa prudence jointe à sa douceur et à ses autres vertus lui a gagné l'estime et l'affection de toutes sortes de personnes. »

En cet anniversaire de sa mort, saluons ce grand bâtisseur de Montréal, sa vison large du futur, son énergie indomptable, son courage constant, son habileté et son apport considérable pour le développement de Montréal où toute trace de son passage est complètement ignorée. Nous, nous nous souvenons, Dollier de Casson.

Une nouvelle édition critique de son *Histoire du Montréal* a été publiée récemment par Marcel Trudel et Marie Baboyant (1992). Un ouvrage indispensable dans toute bibliothèque personnelle.

GUIDO NINCHERI
Une âme toute de lumière

Chez nous, plus de cent églises et 2000 vitraux témoignent de la sensibilité exquise de ce grand Nincheri. Ce qu'il a appris est le fruit d'un dur apprentissage. Ému dès son enfance par les fresques vivantes de Filippo Lippi illustrant la vie de saint Jean Baptiste dans l'église de son patelin, Guido est vite attiré par la peinture. Il quitte de façon fracassante son père qui s'oppose à son départ pour Florence. Il y vivra comme un mendiant pendant trois ans. Ses maîtres perçoivent son talent et des médailles de bronze et d'argent de l'École des Beaux Arts prouvent sa valeur. Boursier, — enfin — il peut étudier les choses qui l'intéressent davantage: l'architecture, le dessin en perspective, la peinture plastique ornementale et figurative. Son habileté lui vaut des médailles d'argent et d'or. L'avenir semble tracé. Il deviendra une autre étoile de l'École de Florence.

Mais non. Des amis lui font miroiter un avenir des plus doux en Argentine. En 1913, il s'embarque pour ce lointain pays. La guerre se déclare en pleine traversée et change la destination du tout au tout. On accoste à New Yok. Perdu dans cette ville tant différente de Florence(!), Nincheri se tourne vite vers Boston qu'on appelait alors «l'Athènes de l'Amérique du Nord.» Il y obtient des contrats intéressants comme la décoration de la Boston Opera House. Encore influencé par des amis qui lui conseillent une ville où il se sentirait plus proche par sa culture, il arrive — merci, mon Dieu ! — à Montréal. Son premier chef d'œuvre, l'église Saint-Michel-Archange sur la rue Saint-Urbain. Vient ensuite le château Dufresne légué aux Pères de Sainte-Croix. Nincheri y avait dessiné plusieurs scènes de mythologie. La pruderie des bons Pères les masqua de peinture blanche. Nincheri put en récupérer quelques-unes à temps ! Les temps étaient durs, la mentalité étroite, les finances corsées. Pour cet immigrant qui n'arrivait pas à faire reconnaître ses diplômes, la tentation était forte de retourner chez lui. C'est ce qu'il fit en 1923. Mais il se rendit compte que là-bas n'était pas mieux qu'ici et il nous revint, cette fois, définitivement.

Les temps changent vite en Amérique ouverte à tous les vents. Alors que son élève Borduas se dégage de toute contrainte, casse avec les mœurs et la mentalité par de nouvelles méthodes et signe le *Refus global*, Nincheri, lui, reste fidèle aux grands artistes de la Renaissance. Il excelle dans la fresque tant à l'honneur au siècle d'or de la Renaissance. Son maître reste Michel-Ange. La fresque attire Nincheri. Mais comme le disait Dino Fruchi en rendant hommage à Nincheri lors du XXe anniversaire de sa mort, «la fresque est une technique complexe qui exige des connaissances approfondies des matériaux, une précision sévère dans leur composition. » Comme Michel Ange, Nincheri utilise des teintures végétales dans la composition du mortier et un mélange pétri de façon à ne pas altérer les couleurs. Il tente une première expérience avec la chapelle des Sœurs des Saints Noms de Jésus et Marie (boulevard Mont-Royal). C'est une réussite totale. Les commandes lui arrivent de partout.

À Montréal, on pourrait faire un pèlerinage intéressant « sur les pas de Nincheri » tellement il a laissé sa trace chez nous. Les églises Saint-Jean-Baptiste, St-Viateur-d'Outremont, Notre-Dame-du-Rosaire, St-Léon-le-Grand de Westmount restent les meilleurs témoignages, comme d'ailleurs la cathédrale de Trois-Rivières et celle de Valleyfield. Nincheri était à décorer l'église de Ste-Amélie (Baie Comeau) quand il fut arrêté au cours de la seconde guerre mondiale et emprisonné comme tant d'Italiens innocents.

C'était un homme souple comme une plume. À soixante-quatorze ans, il sautait encore sur les échafaudages avec agilité (90 pieds de hauteur) et travaillait avec ardeur pour terminer la voûte de l'église Notre-Dame-de-la-Défense. Un pur chef d'œuvre ! D'une intelligent pénétrante et perspicace, d'une activité incroyable, d'une simplicité désarmante dans ses relations, d'une conscience professionnelle à toute épreuve, d'un désintéressement rare, Nincheri mettait tout son cœur et tout son talent au service de la beauté. Sa foi profonde passait par son pinceau ou par le verre. Pour ses vitraux, il utilisait des « couleurs minérales réduites en poudre et mélangées avec la poudre de verre. » Il obtenait ainsi plus de 400 nuances ! Il a également travaillé aux États-Unis dans 27 églises. Son œuvre magistrale restera, sans nul doute, l'église Ste-Anne de Woonsocket (R.I.). Huit années de travail acharné. Le résultat : l'harmonie, la majesté, la grâce, l'équilibre, la splendeur, la simplicité. Bref, la beauté intrinsèque ou son plus pur reflet.

Nincheri est mort à Providence, le premier mars 1973. Son corps repose au cimetière Notre-Dame-des-Neiges. On ne peut laisser passer ce 29 septembre, anniversaire de sa naissance, sans souligner la beauté qu'a semée partout cette âme de lumière.

RENÉ GOUPIL
Chirurgien martyr

René Goupil était un « donné » de la Compagnie de Jésus. On dirait aujourd'hui un missionnaire laïc. Il fut le premier des Martyrs canadiens. Enthousiasmé par les nouvelles qui venaient du Canada (les *Relations*), il arrive à Québec, en Nouvelle-France à l'âge de 33 ans pour soigner les malades. C'était au temps où le Père Jogues revenait de Huronies pour réclamer de l'aide. Le sort en pouvait pas mieux tomber. René décide d'accompagner le Père Jogues et, le 2 août 1642, ils tombent tous les deux aux mains des Iroquois.

Roués de coups de bâton, torturés de mille façons, Jogues et Goupil endurent tout sans se plaindre. Goupil demande alors au Père Jogues la permission de faire les vœux de religion dans la Compagnie de Jésus qu'il a toujours fidèlement servie. Le Père Jogues, qui, comme on le sait, put échapper au massacre grâce aux Hollandais nous raconte avec émotion le profession de René Goupil. Il y là le témoignage d'une force d'âme chez René Goupil, exemplaire.

« Lentement, avec dévotion, dit le Père Jogues, à genoux sur ses plaies, redressant son corps chancelant, tenant dans ses mains mutilées et encore sanglantes la formule maculée de son sang qu'il a réussi à écrire avec ce qui lui reste de doigts, face au bûcher qui pétille déjà peut-être, de ce qui lui reste de lèvres, il articule les mots qui en font un Jésuite. Dieu tout-puissant et éternel, quoique je sois en toute façon très indigne de me présenter devant vous, me confiant néanmoins dans votre sagesse et votre miséricorde infinies, je fais vœu à votre Majesté, en présence de votre cour céleste et de la très sacrée Vierge Marie, de pauvreté, de chasteté et d'obéissance perpétuelle dans la Compagnie de Jésus. Je prie votre bonté et votre clémence infinie, au nom du sang de Jésus-Christ, de recevoir cet holocauste en odeur de suavité; et de même que vous m'avez inspiré le désir de vous l'offrir, vous me donnez aussi la force de l'accomplir. »

Quelques heures après, René est surpris à tracer le signe de la croix sur le front d'un enfant. Il demande ensuite à l'enfant de le faire lui-même. Le grand-père du jeune garçon en fureur dit à l'un de ses neveux : « Tue ce Français car ce signe va faire mourir mon petit-fils. » René est frappé d'un coup de hache et tombe en murmurant le nom de Jésus.

À Auriesville, dans « Le Ravin », on peut suivre pas à pas les dernières heures du chirurgien martyr. En ce 29 septembre, anniversaire de sa mort héroïque, rappelons-nous la mémoire de cette âme si belle, toute « donnée » à Dieu et aux autres.

DIANE DUFRESNE
Notre «diva» nationale

Diane Dufresne est une star. Qui en douterait. C'est un star, oui! Toute une. C'est-à-dire un phénomène! Chez elle, les extrêmes se rencontrent fréquemment. On aimerait bien parfois oublier ses procès et ses problèmes avec Plamondon ou d'autres et ne voir que l'artiste. Pouvoir parler avec elle tout simplement comme Ducharme a dû le faire avec elle avant d'écrire sa biographie trop louangeuse. Il la qualifie de «plus grande chanteuse francophone du monde« et dit encore «qu'elle est la seule à soulever le public comme le fait.» Passons...J'ai dit que les extrêmes se rencontrent. Revenons à l'artiste.

Une chose est sûre. Pendant trente ans d'une carrière sans cesse renouvelée, d'une surprenante diversification, d'une grande exigence, Diane Dufresne a parcouru le monde et l'a enthousiasmé par sa forte personnalité, ses extravagances, ses souffrances à fleur de peau, ses révoltes étincelantes. Mais quelle voix! En connaît-on une autre qui peut ainsi couvrir tant de registres? Elle rejoint les étoiles et va juqu'aux profondeurs abyssales. Sur la scène, c'est un démon. Et tout à coup, elle devient un ange d'une tendresse à faire pleurer tous les spectateurs. Ses chansons sortent de ses tripes, de son cœur meurtri, de ses expériences douloureuses, de ses exigences, de ce qu'elle demande à la vie.

Diane Dufresne est une artiste d'une sensibilité exquise, le cœur sur la main ou en écharpe, c'est selon. « Un peu Carmélite sué-bords » comme elle le dit elle-même. Écoutez n'importe quelle chanson. N'importe laquelle. Vous la reconnaîtrez égale à elle-même. La force, la vigueur, l'énergie éclatent de partout. Mais il y a aussi une souffrance en sourdine, omniprésente, une longue plainte, parfois un cri strident devant l'insupportable de l'existence. Alors, elle devient hystérique. Tigresse. Menaçante. Écorchée vive. Complètement folle et complètement attirante à la fois. «Les chants désespérés sont les chants les plus beaux« disait Vigny. « Et j'en sais d'immortels qui sont de purs sanglots. » Cela Diane Dufresne le sait et nous le fait sentir. Si fragilement proche de chacun de nous. Empalée en plein spectacle. Proche de l'absolu qui se mire au fond des eaux boueuses. Étoile de chair perdue au fond d'un ciel diamanté. Étincelle divine au profond des enfers. Pudique et osée. Forte et vulnérable. Isolée mais étonnamment sociale. Exagérée et toute simple. Étonnante et variée. Peintre. Élève du Frère Jérôme pendant douze ans. Auteure. Scénographe. Créatrice. Jeune. Éternellement jeune. Loin de nous mais présente partout dans le monde pour faire connaître le Québec qu'elle porte dans son cœur. Qu'elle chante. Qu'elle aime. Comme nous l'aimons.

Diane Dufresne vient d'unir sa destinée à Richard Langevin, directeur du département d'infographie de la compagnie NAD, filiale de Softimage. Elle a enfin rencontré « l'homme de sa vie ! » Le mariage, selon les rites catholiques, a été célébré dans un petit village de la Toscane, en Italie. Internationale Diane. Elle est partout chez elle à Montréal comme à Paris et maintenant en Italie !

En ce trente septembre, anniversaire de sa naissance, longue carrière à cette femme libre, franche et imaginative !

JUSTINE LACOSTE
Grande amie des enfants, des petits et des pauvres

Elle appartenait à une famille de treize enfants. Son grand-père, Louis Lacoste, avait été député du Comté de Chambly et sénateur lors de la Confédération en 1867. Son père, Sir Alexandre Lacoste, était conseiller législatif, ancien président du Sénat et juge en Chef de la Cour d'Appel au Canada. La petite Justine naissait sous une bonne étoile. Elle fit de brillantes études chez les religieuses des Saints Noms de Jésus et de Marie d'Hochelaga. À vingt-et-un an, elle épousait Louis de Gaspé Beaubien, fondateur de la Maison de change L. de G. Beaubien et qui en fut le président pendant cinquante ans. Tout va bien pour le couple mais ils n'ont pas d'enfants. Les circonstances allaient leur en donner des milliers.

Nous sommes à une époque où la mortalité infantile était préoccupante au Québec. 153 décès d'enfants de moins d'un an par mille naissances! Et il n'y a que 110 lits disponibles pour eux dans les hôpitaux. Le cœur de Justine est touché. Elle réunit un groupe de dames et, en 1907, l'Hôpital des Enfants ouvre ses portes au 644 de la rue Saint-Denis (aujourd'hui le 3772) dans un logis prêté par le sénateur Rolland. L'œuvre commence dans la pauvreté la plus complète puisque le premier enfant «hospitalisé» n'a pour lit qu'un tiroir de valise.

À partir de ce jour, la vie de Justine est confondue avec celle de son Hôpital. Elle en devient l'âme et veille sur tout: Corporation, Bureau médical, administration, Journée du Dollar, locaux, école d'infirmières, Filles de la Sagesse pour la régie interne, affiliation à l'Université de Montréal, constructions, Clinique de Psychiâtrie, Hôpital actuel sur le chemin Sainte-Catherine, Centre d'enseignement universitaire, pédiatrie, Centre d'enseignement en Nursing, Centre de développement scientifique, recherches en laboratoire, etc.

Pendant soixante ans, de 1907 à 1967, Madame Beaubien sera la Présidente-fondatrice de son Hôpital. Femme de persuasion avec une facilité de parole incroyable pour convaincre; femme au sourire continuel à qui personne ne pouvait refuser; femme de cœur qui répandait naturellement la joie comme un parfum subtil; femme de charité sans paraître sans s'en rendre compte elle-même; femme de caractère qui savait lutter crânement dans les temps difficiles; femme d'endurance qui portait allègrement les plus hautes responsabilités; femme de dévouement sans réserve qui donna tout: sa vie, ses talents et ses biens. Elle a sauvé la vie à des milliers d'enfants.

Son nom et son œuvre ne sauraient mourir. On la croyait immortelle. Dans un sens, elle le reste par ses enfants, l'Hôpital sainte-Justine, les miracles qui s'y font tous les jours.

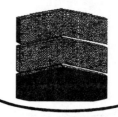

CHARLES DAUDELIN
Sculpteur présent partout à Montréal

Il est omniprésent à Montréal par ses sculptures. Je voudrais profiter de son anniversaire de naissance pour rappeler quelques-uns de ses chefs d'œuvre admirés par plusieurs.

Parlons d'abord de son «Allégrocube» au Palais de justice qui fascine bien des passants. Cette sculpture composée de feuilles de bronze forme un cube soudé en deux sections reliées par une articulation mécanique qui les fait mouvoir de façon imperceptible. Cependant, tout au long de la journée, le cube bouge et présente différentes configurations intrigantes pour l'œil.

De même, près du Palais des congrès, à l'angle des rues Saint-Antoine et Saint-Urbain, «Éolienne» placée a un endroit ou le vent joue sans cesse, Daudelin a fixé cinq éléments métalliques bleus mobiles au-dessus d'un bassin circulaire. Comme le précédent ouvrage, cette œuvre a été réalisée dans le cadre de l'intégration des arts à l'environnement. On rencontre encore «Polydède» sur l'avenue du Dʳ Penfield. Il s'agit de formes irrégulières, perpendiculaires les unes aux autres qui donnent par la surface du bronze richement texturé un effet surprenant.

Mais sans contredit, c'est le bronze du retable de la chapelle Sacré-Cœur qui attire davantage l'attention des visiteurs. 20 tonnes, 32 panneaux (17m, 06 X 6m, 09). Cette fresque de bronze coulé en Angleterre représente l'histoire de l'humanité à travers les chemins difficiles de la vie jusqu'à son éclosion complète dans la parousie avec le Père, le Fils et l'Esprit.

Bref, l'influence de Daudelin est omniprésente. On pourrait encore citer «Mastodo» sur la rue Saint-Louis, une autre sculpture sans titre à l'école Joseph-Charbonneau, le métro Mont-Royal avec son plafond de béton, ses planchers et murs revêtus de brique brune, les bancs de forme courbe. Les seuls éléments décoratifs sont les joints verticaux en aluminium. En somme, une réalisation plutôt discrète pour une station importante comme celle de Mont-Royal. J'aurais espéré davantage de Daudelin.

Tout de même, ce sculpteur mérite qu'on souligne son anniversaire en ce 1er octobre. Il a laissé sa marque profonde dans l'histoire de notre architecture à Montréal.

GASPARD CHAUSSEGROS DE LÉRY
L'ingénieur de Montréal, «ville fortifiée»

Chaussegros de Léry était de formation militaire. On lui avait confié la tâche de tracer les plans des fortifications. Chaussegros de Léry se prépara avec ardeur. Il rédigea un «traité de fortifications« en seulement 8 volumes! Les moyens financiers de la ville ne lui permirent malheureusement pas de donner suite à ce projet ambitieux. Il avait tout de même l'estime de ses supérieurs puisqu'il occupa son poste pendant quarante ans. On lui confia la direction d'importants travaux : les fortifications de Montréal et de Québec, des forts Niagara (New York), de Chambly, Saint-Frédéric (New York) et de Saint-Louis (Kahnawaké). Selon Pinard, « les forts n'étaient pas de toute utilité et ils n'auraient pas résisté longtemps aux attaques des boulets»...(*Montréal, son histoire, son architecture*, tome 2, La Presse, Montréal, 1986, p.58)

Les plans de Chaussegros de Léry pour la fortification de la ville furent acceptés par Vaudreuil en 1722 et la construction des fortifications fut terminée en 1741. Le mur en pierre des champs avait une longueur de 12000 pieds et une hauteur de 18 pieds et une épaisseur de 4 pieds à la base et de 3 pieds au sommet. On comptait quatre portes.

Selon le même auteur, Chaussegros de Léry fit aussi plusieurs constructions en matière de génie civil comme le pavillon du gouverneur au Château Saint-Louis, la façade de la première église Notre-Dame, la réfection du palais épiscopal de Québec, l'évaluation du creusage du canal de Lachine, les plans du chantier naval de la rivière Saint-Charles de Limoulou, la route Richelieu-Québec, etc., etc. Il fut en butte sans cesse avec les autorités de France et de Québec. C'est lui qui intervint auprès du roi de France et réussit à débloquer les fonds nécessaires à la reconstruction de l'Hôtel-Dieu ravagé par un incendie en 1695. De même, la première carte topographique de la place d'Armes porte son nom.

Les fortifications de la ville furent démolies entre 1801 et 1821. Chaussegros de Léry mourut à Montréal le 23 mars 1756. Il était encore en service actif. Malgré ses services rendus à la ville, jamais il ne reçut une décoration quelconque. Et même aujourd'hui encore, la ville de Montréal n'a rien fait pour l'honorer si ce n'est que donner le nom de ce grand ingénieur à un nouvel édifice à logements dans le Vieux-Montréal. C'est bien maigre pour un homme qui a fait beaucoup pour sa ville.

En ce 3 octobre, anniversaire de sa naissance, je tiens à souligner la mémoire de Chaussegros de Léry, ingénieur du roi et de Montréal fortifiée.

CHARLES-JOSEPH COURSOL
Un rassembleur

On sait que la Société Saint-Jean-Baptiste est née comme signe de rassemblement des Québécois. Quarante ans après sa fondation, la même flamme pétillait de patriotisme. En 1874, on fêtait son quarantième anniversaire de fondation. Le nouveau président n'était autre que Coursol, maire sortant de Montréal. Il réussit un tour de force : rassembler le plus grand nombre de francophones jamais comme auparavant. En effet, 20,000 Franco-Américains, Franco-Ontariens, Acadiens, Franco-Manitobains arrivèrent de partout dans le Montréal du temps qui ne comptait alors que 100,000 habitants. Un spectaculaire défilé de 4 kilomètres de long, 15 chars allégoriques et tout ce qu'il y avait de fanfares, bannières, oriflammes et décorations ! Une fête, une super franco-fête ! Toutes les classes de la société y était représentées, depuis les élites du pays (Wilfrid Laurier, le premier ministre de la province, Gédéon Ouimet, Mgr Fabre, archevêque de Montréal, jusqu'aux simples cordonnier ou boulanger du coin.

La fête se voulait apolitique. C'était une convention. Des retrouvailles. Bien sûr, il était question de mettre sur pied une fédération de toutes les sociétés Saint-Jean-Baptiste d'Amérique. Cependant, la triste affaire de Riel vient assombrir quelque peu les travaux. Coursol n'était plus le vif combattant des années de sa jeunesse.

Mais il en avait connu d'autres ce Coursol. Les années les plus noires de l'histoire. C'est lui qui en 1841 avait pris la tête des fiers-à-bras décidés à faire élire leur candidat au parlement. C'est encore lui qui organise la défense armée, s.v.p. pour protéger la résidence de Louis-Hippolyte La Fontaine que les tories voulaient détruire. Il faut dire que le caractère fougueux de Coursol lui fit faire aussi bien des impairs. On pense à la libération des quatorze soldats sudistes qui avaient ourdi une opération militaire contre le pays. L'impétuosité de Coursol s'exerça hélas parfois contre ses propres concitoyens. Les étrangers aussi y goûtèrent. Par exemple, les Irlandais qui tentèrent d'envahir le Canada en 1866. N'avait-il pas fondé lui-même une milice — les Chasseurs canadiens — armés pour protéger le pays contre les amis du sud ?

Coursol travailla de longues années dans le secteur judiciaire. Sa bévue de 1864 ne semble pas avoir porté ombrage à sa carrière. Au niveau politique, il jouissait d'une belle notoriété car il fut réélu trois fois comme député de Montréal-est. Et comme maire, sa candidature fut soutenue par une pétition de 50 pieds de long ! Grâce à ses relations, il sut mener une politique assez habile et ménager ses arrières. Ce qu'on gardera de lui, c'est cette image du grand rassemblement qui sut redonner de la fierté aux francophones. Pour cet exploit, il méritait qu'on souligne son anniversaire de naissance en ce 3 octobre.

LOUIS-HIPPOLYTE LAFONTAINE
Père de la démocratie parlementaire
défenseur de nos droits

Tout un personnage que Louis-Hippolyte Lafontaine ! Rebelle dès son plus jeune âge. Incapable de se soumettre au régime monacal des collèges classiques du temps, il quitte à la fin des belles-lettres et tout de suite, il est embauché comme clerc par Me François Roy. Le jeune clerc se fait remarquer par sa vive intelligence et sa prodigieuse mémoire. Deux ans plus tard, il était reçu au Barreau !

À 23 ans, il se présente comme député de Terrebonne. Patriote ardent, pamphlétaire virulent, anticolonialiste et anticlérical, il a beaucoup de cordes à son arc. Il obtient une éclatante victoire. Le voilà lancé en politique. Il n'en ressortira plus.

Les troubles de 1837-38 éclatent. Malgré son tempérament bouillant, Lafontaine tente de faire comprendre le point de vue des francophones aux autorités gouvernementales. Devant le refus du gouverneur Gosfort, il se rend même à Londres. Voyage inutile. À son retour, il est emprisonné puis relâché grâce à ses bons contacts avec Durham. Pour assurer la survivance des francophones, en habile politicien, il sait ménager la chèvre et le chou. Avec toute sa force de persuasion, il tente de montrer aux francophones les avantages qu'ils pourraient tirer des l'Acte d'Union. Comment de bouillant patriote qu'il était a-t-il appris l'art du compromis et celui de supputer les principes de la constitution britannique pour en tirer le meilleur parti ?

Ce virage, en tout cas, en inquiète plusieurs. Il se défend et tâche de persuader ces compatriotes. On croirait parfois voir Bourassa à Charletown !

L'Acte d'Union a lieu. Il faut alors tirer les marrons du feu. Lafontaine s'unit à Baldwin, chef du Haut-Canada. Lord Elgin lui confie le poste de premier ministre du Canada en 1848. Il devient ainsi le premier francophone à remplir une si haute fonction.

Dans son volume *Montréal, son histoire, son architecture*, vol. 11, p. 80, Pinard parle de ses nombreuses réalisations : « la refonte de la carte électorale du Bas-Canada ; le déménagement de la capitale nationale de Kingston à Montréal ; l'instauration du principe de la responsabilité ministérielle (i.e. un gouvernement formé de la majorité élue au Parlement de la colonie) ; la nomination de Canadiens français à différents postes importants ; l'adoption de la loi d'indemnisation des victimes de le rébellion de 1837-38 qui provoqua l'émeute du 25 avril 1849 au marché Sainte-Anne de Montréal ; l'établissement d'une organisation judiciaire bien structurée ; l'utilisation du français (il incita même Lord Elgin à lire le discours du trône en français à l'ouverture de la législature, le 18 janvier 1849!)» Je ne vois d'équivalent à ce dernier exploit que celui de M. Asselin, lieutenant-gouverneur du Québec, lisant le discours d'ouverture du nouveau gouvernement péquiste préparé par M. Parizeau qui mettait comme objectif de son gouvernement, la souveraineté du Québec! Pour nous, c'était aussi drôle de voir le représentant de la reine faire cette déclaration que d'entendre Elgin baragouiner un discours en français!

Lafontaine réussit même à faire reconnaître le français langue officielle du pays à l'égalité de l'anglais. Forcé de démissionner en 1851, il est aussitôt nommé juge en chef du banc de la reine. Jamais un francophone n'avait occupé ce poste auparavant. Lafontaine mourut le 26 février 1864.

Son souvenir est présent partout à Montréal : un tunnel, un hôpital, un parc — un des plus célèbres à Montréal — une statue de bronze qui trône en face, sans oublier sa maison à Boucherville où il vécut de 1813 à 1822.

On se souviendra de lui longtemps. Surtout parce qu'en 1845, il obtint la reconnaissance officielle de la langue française.

En ce 4 octobre, rappelons avec fierté la naissance de ce grand Québécois.

MARIE-CLAIRE BLAIS
Romancière mystérieuse et secrète

Je me rappelle encore le choc ressenti à la lecture de son premier roman *La Belle Bête* qui propulsa Marie-Calire Blais immédiatement au pinacle de la gloire. Le critique littéraire, Jean Fréchette, — et j'ai gardé l'article — écrivait dans *Le Devoir* du 31 octobre 1967 : « Son premier livre révélait déjà un très fort tempérament, portait déjà l'empreinte de ce je ne sais quoi d'indéfinissable qui n'est donné qu'à quelques privilégiés de l'écriture : une merveilleuse justesse de ton et d'image, une compréhension innée des êtres et des choses, un don de clairvoyance et de divination qui élève et sépare du commun. Dès son premier livre, Marie-Claire Blais se haussait d'emblée au niveau de l'art, elle réussissait à exprimer avec force des obsessions personnelles en images et en rythmes, à transcrire dans une richesse verbale somptueuse son monde imaginaire. » Plus loin, dans le même article, il poursuivait : « L'auteur de *La Belle Bête* est de cette race lumineuse, celle de Rimbaud et de Kafka, qui a le secret des clefs dont les reste des humains seront à jamais dépossédés. Comme le mystique possède le secret qui conduit à l'abandon en Dieu, elle a le don du visionnaire, elle aperçoit ce qui se passe au milieu de nous sans que nous y prenions garde. Son œuvre est le fruit d'une nécessité, le reflet d'une expérience vitale des profondeurs de l'être, la poursuite solitaire et silencieuse d'une vérité ; recherche poursuivie avec la gravité d'une expérience mystique, dans la contemplation du monde et de l'être, loin de toute vaine agitation, dans la négation, la transcendance du social comme le mystique dépasse la réalité sensible, et comme lui face à son Dieu, dans la même attention recueille, le même abandon actif. »

En effet, comme elle l'écrit elle-même : « L'écriture est une révolution nocturne faite de douceur et de silence, mais dangereuse et prophétique. » Pénétrer dans l'univers de Marie-Claire Blais, c'est entrer dans un monde d'où l'on ne veut plus et où on ne peut plus sortir. Une œuvre dense. Près de vingt romans, six pièces de théâtre, des recueils de nouvelles, des poèmes, etc. C'est notre univers fait de souffrances, de solitude, de déracinement, d'intolérance, d'hypocrisie, de marginalité, de mort, bref, le problème du mal sous toutes ces facettes. Cependant, comme elle l'avouait elle-même à Réginald Martel de *La Presse* à l'occasion de la parution de son dernier roman *Soifs,* « il y a autant de lumière que de ténèbres, autant de musique que de silence. »

Le monde où nous entraîne Marie-Claire Blais est un monde envoûtant, enveloppé de longues phrases, touffues, ourlées, vaporeuses. Une grande délicatesse de cœur enrobe tout. Et une lucidité constante. Une sensibilité frémissante. Une buée d'étrangeté efface la réalité des êtres et des choses. Des personnages saisissants, des atmosphères et des lieux qui sont nôtres même si on se promène de Key-West ou à Cambridge (Massachusetts). Pas un roman de Marie-Calire Blais ne vous laisse indifférent. Ils vous font tous pénétrer au cœur des choses. Il faut se faire tout silence pour entrer dans le cœur de son œuvre, se laisser bercer lentement par le flot de ses longues et rêveuses phrases proustiennes, écouter cette voix aux intonations séduisantes. Et, quand arrive la dernière page, nous arracher malgré nous de cette incantation et dire d'une voix triste : «Déjà!»

Les prix littéraires, les décorations, les honneurs qu'elle a reçus ne se comptent plus. Ses livres sont traduits en plusieurs langues. *Une saison dans la vie d'Emmanuel* l'a été en non moins de 14 langues dont le chinois! Il semble bien que Marie-Claire Blais occupe une place très importante dans notre littérature et qu'elle restera un auteur québécois lu outre-frontières car, comme le disait Jean-Roch Boivin, «elle écrit des romans qui courtisent l'avenir et risquent l'inévitable vertige, les bras tendus au-dessus du vide.»

En ce 5 octobre, anniversaire de sa naissance, longue, longue carrière à cette grande romancière, à cette artiste qui tisse patiemment sa toile dans la brume opaque des rêves mais qui nous apparaît toute scintillante à l'aube des matins gris.

EULALIE DUROCHER
Une petite flamme ardente et vive

La vie de notre bienheureuse de Montérégie est peu connue. On sait qu'elle est de santé fragile et cadette d'une famille de dix enfants. À la mort de sa mère, Eulalie devint la « ménagère du presbytère » de Belœil où son frère Théophile est curé. Pendant treize ans, elle s'empresse auprès des malades, des pauvres, des personnes âgées de la paroisse. Elle devint aussi la première présidente de la congrégation mariale des jeunes filles du temps. Son sens de l'organisation, son zèle constant et son esprit de prière ne passent pas inaperçus aux yeux de Mgr Bourget à la recherche d'une directrice pour une nouvelle congrégation d'enseignantes. En 1843, Eulalie fonde à Longueuil la Congrégation des Saints Noms de Jésus et Marie, vouée à la formation intellectuelle, sociale et religieuse des jeunes filles.

Les trois fondatrices, Eulalie et ses deux compagnes, Henriette Céré et Mélodie Dufresne, viennent habiter une modeste maison à Longueuil. Eulalie prend le nom de Sœur Marie-Rose, sans doute en l'honneur de la grande mystique Rose de Lima, première sainte d'Amérique canonisée en 1671. En dépit d'une santé frêle, Mère Marie-Rose sut imprimer à sa congrégation une forte impulsion. Malgré les privations qui ne manquèrent pas, les incompréhensions et les calomnies, cette femme fit preuve d'une grande patience dans les épreuves, d'une perspicace lucidité pour discerner les voies à suivre, et d'une magnifique générosité envers toutes les misères.

Elle mourut le 6 octobre, anniversaire de sa naissance, en 1849, à peine six ans après avoir fondé sa communauté. Elle n'avait que 38 ans. Jean-Paul l'a béatifiée le 23 mai 1982. Claire Ainsley, snjm a écrit *Eulalie Durocher, de l'histoire à l'imaginaire*. Ce livre captivant restitue le visage de cette femme brûlée par Dieu et par l'éducation des jeunes. L'auteure a « refait son visage…à la manière d'instantanés… » (Méridien, 1993, 388 pages.)

Les filles de Mère Marie-Rose essaimèrent rapidement de Longueuil. On les retrouve aujourd'hui aux États-Unis, au Lesotho, au Pérou, au Japon, au Brésil, au Cameroun, en Haïti, au Niger et j'en oublie sans doute. Partout, elles visent « le plein développement de la personne humaine» comme le souhaitait la fondatrice.

En ce 6 octobre, rappelons la mémoire de cette Québécoise qui travailla toute sa vie dans l'ombre pour la promotion féminine avant même qu'on en parlât.

JEAN-PAUL RIOPELLE
L'unique

Un être difficile à saisir ce Riopelle. Un vrai poisson ! Il vous glisse entre les doigts lors d'une entrevue sans que vous vous en rendiez compte. C'est une fine mouche. Il a plus d'un tour dans ses filets. Ou dans sa gibecière, pourrait-on dire aussi car Jean-Paul Riopelle est autant amateur de pêche que de chasse. L'ermite de l'Île-aux-Grues ne se révèle pas. Pour l'apprivoiser, il faut du temps. Comme pour le gibier. Un des rares à avoir réussi restera Fernand Seguin pour une émission du *Sel de la semaine*. Mais il a fallu auparavant passer un mois à la chasse et à la pêche...

Le plus grand peintre du Québec dit tenir sa passion du dessin de son père formé au Monument National. Il a vécu une jeunesse orageuse, pleine disons. Tant sur la patinoire dans l'équipe de Maurice Richard que dans l'armée comme patrouilleur de sous-marins dont le Saint-Laurent était infesté pendant la dernière guerre mondiale. Il s'est également adonné à la course automobile et a appris à naviguer sur la Méditerranée. C'était un homme d'une vigueur intense et d'une soif de vivre ardente. Septuagénaire, il conserve la même verdeur intellectuelle. Et il se s'embarrasse pas dans les fleurs du tapis. Ni de la diplomatie ! Son langage émaillé en fait foi.

Pour nous tous, c'est le peintre et on lui pardonne tout le reste. C'est le peintre qui a besoin d'espace. Comme ce pays qu'il porte en lui. En 1992, il a créé la gigantesque fresque *L'Hommage à Rosa Luxembourg* dans sa tanière de l'Île-aux-Oies. Je pense encore à *La Bestiaire* peint en 1988 à St-Cyr-en-Arthies (France). Et ses oies donc ? En 1992, il a peint une toile qui occupe tout un mur de sa résidence. Une autre de 45 pieds de longueur par cinq pieds de hauteur. Comme l'explique Raymond Bernatchez qui a eu la chance de l'interviewer pour *La Presse* en avril 1993, « la cosmogonie de l'univers de Riopelle se retrouve là avec ses oies en pleine envolée, les poissons des pêches d'antan dans les rivières du nord, les ronds de bûches, la neige, la forêt. Tout cela en hommage à une femme, Joan Mitchell, qui fut la grande amie et la confidente de Riopelle durant 25 ans, Américaine d'origine, peintre elle aussi, décédée en octobre 1993. »

Riopelle n'avait qu'une seule ambition : peintre. Il ne se souciait même pas de signer ses œuvres. Encore moins de les gérer. Sa fille, Iseult, est en train de répertorier ce fouillis inextricable. Elle veut faire un catalogue raisonné, « un inventaire qui s'approche le plus possible de la vérité » avoue-t-elle. Elle a déjà retracé 5000 toiles, sculptures, etc. Un travail monstre sur cet auteur prolifique dont l'œuvre est éparpillée à travers le monde. Elle doit garder aussi l'œil ouvert pour débusquer les faux qui rapportent beaucoup car Riopelle est le peintre qui se vend le plus cher au pays. Et elle ne peut sûrement pas compter sur le père brouillon pour ce travail de bénédictine ! Néanmoins, l'inventaire des sculptures est complété, celui des estampes quasi achevé. D'ici quelques années, nous aurons sans doute quelque chose d'unique sur ce peintre démesuré.

On ne peut laisser passer ce 7 octobre sans rappeler la mémoire de ce peintre unique chez nous : RIOPELLE !

LOUIS-JOSEPH PAPINEAU
Bouillant patriote

Pour nous tous, Papineau restera le politicien batailleur et agressif, le défenseur des « Canadiens » du temps, les francophones, le chef des Patriotes pendant l'insurrection de 1837-1838. Dès 1822, le jeune avocat avait tenté, avec succès d'ailleurs, de s'opposer au projet d'union entre le Haut-Canada et le Bas-Canada. Par la suite, il devint le président de l'Association des fils de la liberté.

Dans son livre *Montréal, la folle entreprise*, Robert Prévost rappelle comment naquit l'ardeur des patriotes. Il parle du nombre des Canadiens de souche française : 500 000 et des anglophones, 75,000. Cependant, les francophones étaient loin d'être représentés dans la magistrature et d'administration. « Sur 30 juges, écrit-il, nommés entre 1800 et 1830, 11 seulement sont des francophones. En 1835, la fonction publique compte 126 employés, dont 54 francophones. Et la discrimination se traduit jusque dans les traitements. Les fonctionnaires et les juges d'origine anglaise touchent respectivement 58,000 et 28 000 livres, et les francophones, 13,500 et 8000 ! » Aussi, au cours d'une assemblée houleuse tenue à Saint-Ours, Wolfred Nelson exhorte les patriotes à se serrer les coudes auprès d'un chef doué « d'une force d'esprit et d'une éloquence incomparables, d'une haine de l'oppression et d'un amour pour sa patrie que rien, ni promesses, ni menaces, ne pourra jamais ébranler. » Il s'agit, bien sûr, de Louis-Joseph Papineau. C'est dans ce climat survolté qu'est né le groupement *Les Fils de la Liberté ! Le 23 octobre suivant, l'assemblée Saint-Charles (dite des six comtés) regroupait plus de 5 000 personnes. Ce fut un soir de triomphe pour le fougueux Papineau. Il était néanmoins plus pondéré que Nelson qui s'écriait dans un grand élan oratoire*: «Le temps est arrivé de fondre nos cuillers pour en fabriquer des balles!» Les mandats d'arrestation ne tardèrent pas à être émis.

Les tristes événements sanglants suivirent : 58 exilés, 12 exécutés ! Contre 14 des exilés pour haute trahison, figurait Papineau déjà en fuite pour les États-Unis puis en France où il demeura jusqu'à son amnistie en 1845.

Quand il revint au pays, son arc était cassé. Il se fit construire un manoir qu'il nomma Montebello en l'honneur d'un de ses amis, le duc de Montebello, fils de l'un des généraux de Bonaparte. Ce manoir existe encore. Il a subi de nombreuses transformations au cours de l'histoire mais il garde encore une grande partie du mobilier massif de Papineau et une bibliothèque qui contenait 6000 volumes. À Montréal, la Maison Papineau (où le vieux chef résida périodiquement entre 1814 et 1837) avec son toit à forte pente percé de nombreuses lucarnes rappelle les bonnes maisons françaises d'antan.

Papineau mourut le 25 septembre 1871 à Montebello. Une de ses filles, Azélie, épousa Napoléon Bourassa, l'artiste peintre et architecte, père du célèbre Henri Bourassa, orateur comme son grand-père et ardent défenseur comme lui de la cause des francophones avec *Le Devoir* qu'il fonda. Son souvenir chez nous ne saurait périr. À Montréal, Papineau a sa station de métro (trois murales garnissent deux arches au-dessus des quais. Elles illustrent les pénibles événements de 1837-38. Le panneau central est un hommage à Papineau, le chef des bouillants patriotes. Montréal compte aussi une avenue, un square, un quartier et un pont qui portent le nom de Papineau.) Le nom de l'illustre patriote est devenu chez nous synonyme d'homme intelligent. Quand on dit « c'est une tête à Papineau », cela veut dire quelque chose ! Son gendre, Napoléon Bourassa — il avait épousé sa fille Azélie — nous a laissé un magnifique portrait du vieux patriote alors âgé de 71 ans. Papineau lui-même disait, en toute humilité « que c'était une perfection. » Il trouvait cependant que son gendre avait pris beaucoup de temps. Que voulez-vous, la politique n'a pas toujours les mêmes mesures que l'art...

En ce 7 octobre, anniversaire de la naissance de ce grand patriote, souvenons-nous.

RAYMOND LÉVESQUE
Chansonnier et poète bien-aimé

Il est connu partout. Il a fait de tout : la radio, la télé, les boîtes à chansons, la comédie (troupe des Bozos,) le théâtre, les tournées, les cabarets, les revues d'actualité, les disques, Ouf ! Une énergie du tonnerre ! Et un patriotisme vibrant, pétillant de vie, de bonne humeur et de jovialité !

Ses chansons resteront dans toutes les mémoires. Qui ne se souvient d'une des plus populaires : *Quand tous les hommes vivront d'amour*? Lévesque avait d'abord été influencé par Charles Trenet.. Mais du sentimental, Lévesque passe rapidement à l'humoristique et au patriotisme engagé. La propre compagnie qu'il avait fondée — Le P'tit Caporal — présentera pendant dix ans des revues d'actualité. Il a enregistré six microsillons. En 1965, Pauline Julien a endisqué plusieurs de ses chansons célèbres, dont entre autres, la très connue *Bozo les culottes*.

Le peuple aime Raymond Lévesque parce que ses chansons empruntent volontiers le langage de son quotidien.

Un aspect moins connu des gens, c'est l'écrivain. Et pourtant, Raymond Lévesque est rempli d'humour jovial autant dans son théâtre que dans ses poèmes. Je pense par exemple à *D'ailleurs et d'ici*, à *Électro chocs* ou à *Le malheur a pas de bons yeux*.

Raymond restera pour tous un homme simple, plein d'entrain, ardent patriote, ami des gens, cherchant à établir des liens de fraternité et de cordialité.

En ce 7 octobre, un bon anniversaire et puissions-nous, selon son rêve, voir tous les militaires se convertir en troubadours !

JEAN-CLAUDE MARSAN
Un architecte vulgarisateur de sa science

Monsieur Marsan, vous l'avez-vu sans doute écouté à la télévision? Il a donné un cours de treize émissions sur *l'histoire des formes urbaines* en 1990 et il vient de terminer une autre série de cours sur *Montréal en évolution* en 1994. Pour moi, guide touristique de la ville de Montréal, ces cours étaient faits sur mesure. M. Marsan est un grand vulgarisateur d'une immense science. Il a le don de faire aimer Montréal dont il connaît en profondeur chaque édifice important. L'architecture avec lui devient un plaisir, une invitation au voyage, une découverte renouvelée.

M. Marsan possède une solide formation académique. Il siège sur le jury de nombreuses commissions, a écrit plusieurs volumes, entre autres, sur Montréal, *Montréal en évolution, Histoire du développement de l'architecture et de l'environnement urbain* et *Montréal, une esquisse du futur*. On ne compte plus le nombre d'articles parus dans différentes revues, périodiques et revues spécialisées. Plus de 67! Et quant à ses articles bien connus dans *Le Devoir*, j'en ai calculé 228!

Une telle science et il faut bien le dire, une telle affabilité, ont facilité la demande de ses services pour des commissions importantes. J'en cite quelques-unes : président du comité consultatif chargé d'étudier l'avenir des installations olympiques; membre pour le design urbain de l'avenue de Mc Gill College; président du Comité consultatif d'aménagement du complexe Hydro-Québec; vice-président du comité consultatif sur l'Énoncé d'orientation de l'aménagement du Centre Ville; membre du Conseil régional du développement de l'île de Montréal; commissaire à la Commission des lieux historiques et monuments historiques du Canada! Ouf!

Il est aussi auteur en collaboration de 19 ouvrages. A participé et continue toujours à écrire dans des revues importantes comme *Archives-Bâtiments-Constructions,Plans, Habitations* ; *Architecture-Concept* ; *La Revue de Géographie de Montréal*; *Critères*; *Vie des arts*; *Maintenant*; *L'Action nationale*; *Revue d'Histoire de l'Amérique française*; *Questions de culture*; *Forces*; *Les chemins de la mémoire : monuments et sites historiques du Québec...* Et je ne fais qu'en mentionner quelques-unes!

Homme de grande culture, d'une vaste expérience, de rapprochements avec les autres pays du monde, d'accès facile et de grande simplicité, grand pédagogue qui sait captiver l'attention de son auditoire, la soutenir et lui révéler les secrets et les beautés de son histoire gravés dans la pierre, tel nous apparaît M. Jean-Claude

Marsan, l'architecture ambulante ou à la porté de tous. Il est l'œil vigilant qui voit au respect de l'environnement de la ville et un ennemi juré du pic des démolisseurs de l'époque Drapeau.

En ce 7 octobre, anniversaire de sa naissance, toute notre admiration, tout notre respect, tout notre gratitude pour son dévouement constant à cette noble tâche : faire aimer Montréal.

OZIAS LEDUC
Le Michel-Ange québécois

La réputation d'Ozias Leduc n'est pas à faire. Il s'impose avec majesté. C'est notre Michel-Ange québécois. Dès l'âge de 23 ans, il se lançait dans la décoration de l'église de Joliette. Mais en 1877, il part pour la France avec Suzor Côté. À son retour, il travaille à l'église de son village, Saint-Hilaire. C'est sans doute son principal ouvrage. Ce qui frappe à première vue, c'est l'harmonie qui règne entre le monde végétal et le monde spirituel. Leduc nous transporte comme dans un paradis terrestre où nous apparaissent «les cieux et la terre nouvelle.» Chaque fois que je vois ces décors floraux, (végétaux stylisés des voûtes, lauriers et lierres de la nef,) je pense instinctivement au poème de Dante qui louange la Vierge Marie : «Vierge Mère, humble et exaltée plus que toute créature, c'est toi qui as ennobli la nature humaine au point que son Créateur n'a pas dédaigné de devenir créature. En ton sein s'est allumé l'amour dont la chaude influence a fait germer dans une paix éternelle la fleur qu'est ton Jésus.»

Pour moi, les tableaux d'Ozias Leduc sont un court précis de théologie. Dans le chœur, deux tableaux illustrent *l'Adoration des Mages* et *l'Ascension du Christ*. Du début de la vie jusqu'à son élévation dans la gloire, Leduc nous dit par la couleur la suprématie du Christ qui résume tout. Le Christ est monté vers «son Père et notre Père.» Il nous entraîne à sa suite, nous, sa «multitude de frères.» C'est pourquoi, dans son ascension, une phalange d'élus «regardent où il est monté» pour un jour, le suivre. Nous sommes plongés dans le mystère ou la profondeur de Dieu mais du Dieu trinitaire. Leduc fait encore le lien avec l'autel gauche où apparaît le saint patron de l'église: *Saint Hilaire* s'apprêtant à écrire son important traité sur la Sainte Trinité. À la droite, c'est une *Assomption* qui montre dans la gloire une créature humaine, la plus belle sans doute, mais de notre race. De même, dans la nef, les sept sacrements sont illustrés et concrétisés par des scènes de la Nouvelle Alliance et non comme des vérités sèches.

Cette pédagogie de Leduc l'amène à rapprocher la religion (ne veut-elle pas dire en réalité « relier à Dieu ») des gens par des « paraboles » tirées de la vie des gens. Ainsi, *Le Baptême du Christ* se passe dans une érablière ; un des disciples d'Emmaüs est assis sur une chaise qui ressemble étrangement aux chaises utilisées par les Québécois du siècle dernier; la vocation de Pierre se passe devant une montagne qui s'apparente au mont Saint-Hilaire, etc.

Partout, l'œil est attiré et le cœur invité à la contemplation. Et je pourrais parler aussi de la quête spirituelle suggérée par les quatre évangélistes sous le jubé, de l'étincellement des vitraux qui faisait dire à un autre peintre de Saint-Hilaire, Paul-Émile Borduas, dans *Art*, été 1953 : « De ma naissance à l'âge d'une quinzaine d'années, ce furent les seuls tableaux qu'il me fut donné de voir. Vous ne sauriez croire combien je suis fier de cette unique source de poésie picturale à l'époque où les moindres impressions pénètrent au creux de nous-mêmes et orientent à notre insu les assises du sens critique. » (cité par Laurier Lacroix et Guy-André Roy, *La Presse*, 8 octobre 1994)

Bref, une visite à l'église Saint-Hilaire, c'est un pèlerinage. Comme, en moindre étendue, celle à la cathédrale de Joliette. Et même, quelques minutes de méditation devant les fonts baptismaux de la basilique Notre-Dame.

Ozias Leduc nous a laissé plus de 150 tableaux, plusieurs portraits célèbres, des dessins au fusain, à l'encre, au crayon, une vingtaine de natures mortes et combien de livres illustrés ! Il a décoré au moins 28 églises et chapelles ! Il est mort à Saint-Hyacinthe à l'âge de 91 ans. C'est à n'en point douter, notre Michel-Ange québécois.

En ce huit octobre, anniversaire de sa naissance, rappelons-nous toute la beauté qu'il a semée partout chez nous.

LÉON DION
Lucide éveilleur de consciences

Quand Léon Dion parle, on écoute. Cet homme solidement formé en sociologie et en sciences politiques ne parle pas pour rien dire. Il a particulièrement étudié l'évolution du peuple québécois depuis ses origines jusqu'aux récents soubresauts de nationalisme, entre autres, dans son ouvrage *Nationalisme et Politique au Québec,* Hurtibise, Montréal, 1975 ; *Quebec, the Unfinished Revolution,* Montreal/London, Mc Gill/Queen's University Presss, 1976 ; *Le Québec et le Canada. Les voies de l'avenir,* Montréal, Quebecor, 1980 ; *Québec, 1945-2000 (À la recherche du Québec,* Québec, PUL, 1987, etc., etc. Tout est à lire. Les larges perspectives que Léon Dion ouvre sur l'avenir à partir des réalités présentes devraient être davantage étudiées par les politiciens en manque d'idées.

Dion est un éveilleur de consciences. Quand vous refermez un de ses livres, immédiatement se lève en vous une question dont il a analysé tous les aspects et scruté attentivement les alentours. Il propose toujours des pistes qui débouchent sur un tout cohérent où toutes les couleurs s'harmonisent. Il vous laisse songeurs. Il vous ouvre à l'universel. Il nous sort de notre cocon confortable car Léon Dion est un homme lucide. Pour lui, l'histoire n'est jamais   la roue à réinventer. Il voit plus loin que l'immédiat qui bloque souvent, trop souvent hélas !, la vue étriquée de nos élus.

Son nationalisme n'a rien de frileux. Il est Québécois à part entière. Il ne renie jamais ses racines dont il garde une vive fierté. En même temps, il tente — en vain, du moins jusqu'à aujourd'hui — d'ouvrir les horizons de nos voisins anglophones.

Est-ce l'expérience du passé qui l'a instruit ou sa vue prophétique sur l'avenir qui l'a tenu drôlement muet pendant la campagne du référendum 1995? Je ne sais. Personnellement, j'aurais aimé l'entendre davantage. Il a laissé aller le bateau cahoter sur les mers agitées du doute. Ce n'est sûrement pas l'usure qui a amené Léon Dion à prendre une telle attitude. Il est trop intelligent. Parfois, il me fait penser à Lafontaine qui tentait de tirer le meilleur parti possible de la situation en tentant de sauver le pays menacé par un éventuel divorce. Selon lui, sans doute, un mariage accommodé vaut mieux qu'une séparation coûteuse. Je ne peux me résigner à penser cela à propos de Léon Dion. Il est trop courageux pour faire insulte ainsi à l'intelligence.

Quoi qu'il en soit, en ce 9 octobre, soulignons l'anniversaire de cet homme qui, toute sa vie durant, a essayé de nous ouvrir les yeux !

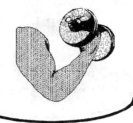
LOUIS CYR
L'homme le plus fort au monde

Cet homme semble sortir de la légende ou d'un roman de Rabelais. Il pèse rien de moins que dix-huit livres à sa naissance. On raconte qu'à douze ans, il porta un homme de soixante-quinze kilos sur une distance de plus de cent mètres. Exploit plus grand encore, à seize ans, il se promène avec un cheval sur ses épaules. Pas n'importe lequel : un percheron ! Deux hommes solides et réputés bien forts n'avaient même pas réussi à le soulever. À dix-neuf ans, il était couronné l'homme le plus fort du Canada.

Personne n'aurait pu croire que ce bûcheron-tavernier-violoneux-conteur d'histoires-policier-propriétaire et vedette de son propre cirque ferait une carrière internationale. C'est pourtant ce qui arriva pour Louis Cyr. *Le petit Jean* rapporte ses performances : « Pesait 165 kg. Champion Nord-américain(1885) puis champion du monde(1892) pour la levée de poids. En 1889, à Londres, il souleva successivement un poids de 250 kg sur son dos et, d'une main, 124 kg au-dessus de sa tête. En 1895, à Boston, il souleva sur son dos une plate-forme soutenant 18 hommes pesant en tout 967 kg. A soulevé à deux mains 860 kg, d'une seule main 447 kg, avec un seul doigt 250 kg. Avec un harnais appelé *Pig Shoulder* il a soulevé 1627 kg. Sans plier les genoux et à l'arraché, il a soulevé 165,5 kg. On dit qu'il était à son époque l'homme le plus fort du monde. »

Louis Cyr mourut à Saint-Jean-de-Matha en 1912. Ben Weider a publié un portrait fascinant de ce colosse : *Louis Cyr, l'homme le plus fort du monde,* aux éditions Québécor, avec une préface de Victor-Lévy Beaulieu. Un ouvrage qui fait revivre cet homme entré dans notre légende. Tous ses exploits y sont racontés avec un luxe de détails. Rien d'ennuyant comme une nomenclature. Un livre palpitant comme un bon roman. Amusant et qui pique la curiosité des gens attirés par la légende de « l'homme le plus fort de tous les temps » comme aimaient à le dire ses admirateurs..

Le sculpteur Robert Pelletier a réalisé un bronze de l'illustre athlète. Ce monument situé à l'angle des rues Saint-Jacques et Saint-Antoine à Montréal représente Louis Cyr, avec à ses pieds, un haltère, symbole de sa force herculéenne. La revue *Gens de mon pays* a consacré un article à Louis Cyr dans son numéro de l'été 1994, p. 26.

À mon tour, en ce 10 octobre, anniversaire de la naissance de notre héros légendaire, je m'amuse en rappelant la mémoire de ce colosse québécois.

PAUL-ÉMILE MARTEL
Un jeune québécois exceptionnel

Il y a des saints qui vont à Dieu à pas de tortue ; d'autres, propulsés en jets. Paul-Émile Martel a préféré le jet ! Plus direct et plus rapide. Ceux qui sont passés par Arthabaska le connaissent tous. Que de fois, on nous incitait à aller prier sur sa tombe. Au cours des longues retraites, 200, 250 religieux novices et scolastiques s'y agenouillaient. Il fallait parfois attendre son tour pour se recueillir sur la tombe ornée de célosis couleur de flammes....On nous parlait souvent de Paul-Émile. On nous le proposait comme modèle.

Et pourtant, Paul-Émile est mort bien jeune. Il n'avait pas encore 18 ans. Qu'a-t-il donc fait de spécial ce jeune homme ? Le frère Raoul Lafrenière vient d'écrire sa biographie : *Vie brève ! Vie ardente !* Il nous révèle les principaux traits de la personnalité de son ancien compagnon de classe, sa vie intime, son cheminement illuminé par la foi. Il ne faut pas s'attendre à des miracles spectaculaires dans cette biographie. C'est une vie toute simple, tissée de petits riens, un quotidien vécu dans la fidélité à son devoir, un grand esprit de prière, une bonne humeur constante, une ardente dévotion au Sacré-Cœur, un abandon filial à la Vierge Marie, une charité exemplaire.

Il était plutôt de caractère énergique le jeune Paul-Émile et acceptait mal la contradiction, les rires moqueurs de ses collègues et les taquineries trop poussées. En ces moments, on dit qu'il « crispait les poings et rageait ». De simples saillies passagères qui nous le rendent encore plus sympathique et le rapprochent de nous. Mais ces sorties de caractère duraient peu. Quand «le petit noiraud se dégrisait », il ravalait sa salive et demandait pardon.

Il entre tôt chez les Frères du Sacré-Cœur comme le faisaient plusieurs jeunes de son temps. Dès ses premiers jours au Juvénat, on remarque cependant chez lui une forte détermination à réaliser l'appel du Christ. Il devint modèle partout : au travail, à la prière, au jeu. Dans ses yeux une petite étincelle comme on en rencontre rarement, brillait. Une dure l'épreuve l'attendait quelques mois après son entrée en religion : il perd sa mère alors qu'il n'a à peine que quinze ans ! Le petit frère Denis — c'est ainsi qu'il s'appelle désormais — se jette alors littéralement dans les bras de la Vierge Marie qui devient sa mère inséparable. On peut dire que c'est la dévotion fondamentale qu'il cultivera intensément le reste de sa courte vie. Dans ses carnets spirituels, de très fréquentes prières et invocations montrent la place centrale qu'elle occupe dans sa vie. Il veut particulièrement imiter sa pureté et son humilité. Fréquemment, — aussi étrange que cela puisse paraître chez un jeune homme de seize ans — il lui demande son assistance à l'heure de sa mort.

Il n'avait même pas une année de vœux temporaires accomplie qu'une maladie le cloue au lit : une néphrite aiguë. On le conduit à l'hôpital qu'il quittera dans son cercueil. Bien conscient de la gravité de son mal, il demande à ses confrères de prier pour lui : « Priez pour moi afin que mon dernier acte soit un acte d'amour parfait » leur demande-t-il. Et le 3 avril, en la fête du Vendredi Saint, jour anniversaire du 19e centenaire de la mort du Christ, il quitte la terre en murmurant : « Oh ! que j'ai hâte ! Mon Dieu, je vous aime. »

Depuis sa mort, de nombreuses faveurs attestent le pouvoir spécial d'intercession du bon petit frère Denis. Souhaitons qu'on ouvre enfin sa cause et qu'il soit proposé aux jeunes comme modèle de fidélité aux plus hautes valeurs qui font la force de la jeunesse.

En ce 11 octobre, je veux rappeler la douce mémoire du bon petit frère Denis qui veillait sur nous comme un ange au cours de ces belles années de formation.

LOUIS HÉMON et... MARIA CHAPDELAINE

Impossible de comprendre l'engouement des Français pour Louis Hémon et sa *Maria Chapdelaine*. Que voulez-vous, c'est ainsi. Son roman a été le plus vendu de son époque. Plus d'une vingtaine de traductions. Des adaptations pour le cinéma, la télévision, la radio, le théâtre. Des éditions? Plus de deux cents dit le *Dictionnaire des auteurs de langue française en Amérique du Nord*. Rien à faire. Hémon a su conquérir un public qui lui reste fidèle. Le même Dictionnaire parle d'un monument érigé a Péribonka, d'une pierre tombale au cimetière de Chapleau (il a été happé par un train tout près de là en l913), d'une plaque sur sa maison natale à Brest, d'un autre monument à Péribonka, d'un groupe qui garde vivace sa mémoire *La Société des Amis de Maria Chapdelaine!* Que peut-on désirer davantage?

Et qui de nous n'a pas visité, du moins par curiosité le Musée Louis-Hémon à Pérobonka? C'est là qu'on apprend qu'un type de la place, Samuel Bédard en l'occurrence, avec «sa grand' façon» avait invité Louis Hémon à venir travailler chez lui comme garçon de ferme. Il n'en fallait pas plus pour faire jaillir l'inspiration au compatriote de Jacques Cartier. Malheureusement, Louis Hémon mourra accidentellement avant de voir son roman publié à Montréal d'abord puis en France, ensuite.

Encore aujourd'hui, Louis Hémon exerce une fascination inexplicable. J'ai vu des touristes français que j'accompagnais en tournée, demeurer plus de deux heures dans le petit Musée de Pérobonka et me parler abondamment de ce chef-d'œuvre qu'est *Maria Chapdeleine*, «peinture réaliste» du pays dont ils foulaient à peine le sol trois jours auparavant! La critique canadienne n'a pas toujours eu les mêmes éloges dithyrambiques pour le roman de Louis Hémon. Un bon roman sans doute mais tout de même!

Tout de même, dis-je? Mais cette vogue continue...L'artiste Fernand Labelle vient d'illustrer «les mille duretés d'une terre impitoyable» en redonnant à *Maria Chapdelaine* une pérennité, cette fois, impérissable. Il a « peint avec son cœur » l'environnement où la triste Maria attendait en vain son beau François perdu dans les neiges de cette terre de Caïn. 24 tableaux illustrent le roman. Mais quels tableaux! Comme l'expliquait Marie Laurier dans *Le Devoir* pour le lancement de cet album de qualité, Labelle «propose une vision tout à fait personnelle de ce coin de pays aux coloris changeants selon les saisons : vert-brun au printemps, jaune

435

doré l'été, orange brûlé l'automne et blanc bleuté l'hiver. Des paysages de bout du monde rendant bien l'atmosphère du récit de Louis Hémon, d'autant que chacune des reproductions des tableaux est assortie d'un extrait significatif du texte. Selon Fides, cette édition de 1994 de *Maria Chapdelaine* « revendique la distinction d'être établie d'après le manuscrit original de l'auteur et d'être illustrée par un peintre profondément marqué dans sa propre démarche par l'œuvre elle-même.»

L'album a été réalisé par Henri Rivard, le même qui a signé les quatre tomes des œuvres de notre Félix Leclerc. On ne peut se passer de voir ces « beaux livres » sur les étagères de sa bibliothèque quand on aime les livres. Surtout les beaux livres. L'auteur acquiert alors son titre de noblesse. Louis Hémon vient d'être consacré. *Maria Chapdelaine* a trouvé avec Labelle le peintre des hivers si longs, si durs, et parfois si tristes.

En ce 12 octobre, anniversaire de la naissance de Louis Hémon, un salut au romancier du siècle. Et bienvenue au Musée de Péribonka comme à la Maison historique Samuel-Bédard !

LOUIS-AMABLE QUÉVILLON
L'un de nos meilleurs sculpteurs

Louis-Amable Quévillon est à l'origine d'un nouvel essor de la sculpture architecturale dans la région de Montréal. Il commença bien humblement comme menuisier en faisant des toits de bardeaux, des châssis de fenêtres, des portes et des commodes. Par la suite, il se mit à sculpter des tabernacles, des tombeaux d'autels, des chaires, des chandeliers.

Un des endroits où l'on peut admirer son talent est et restera toujours l'église de La Visitation, sans nul doute l'une des plus belles églises du Québec. En novembre 1806, le Conseil de Fabrique de La Visitation avait commandé au maître des Écorres l'entreprise de trois tombeaux, « à la romaine ». La décoration comportait principalement des volutes et des guirlandes de roses. Quévillon se mit à l'œuvre. Au milieu du tombeau central, dans la partie supérieure, il sculpta un cartouche entouré de coquillages et de cornes d'abondance qui représente les monogramme des Sulpiciens qui, en 1749, avaient cédé les quatre arpents de terrain occupés par l'église et ses dépendances. Quévillon a également sculpté un chandelier pascal de 1,61 mètre de hauteur. Le motif de la décoration rappellent ceux de l'autel. Les tabernacles sont aussi son œuvre de même que le banc des marguilliers.

On compte au moins quarante églises décorées par Quévillon au Québec. On voit ses traces partout : Verchères, Boucherville, Lanoraie, Belœil, Vaudreuil, St-Denis-sur-le-Richelieu, Ste-Rose, Terrebonne, Pointe-Claire, et je n'en nomme que quelques-unes. Il a également formé une quinzaine d'apprentis. Malheureusement, plusieurs de ses œuvres furent la proie des flammes. Il nous reste heureusement une bonne quantité de ses sculptures dans quelques musées, églises. Le retable de l'église de Verchères, entre autres, à lui seul, mérite une visite.

Quévillon mourut le 9 mars 1823 dans son patelin qu'il n'avait pratiquement jamais quitté, excepté pour son travail à travers la province.

En ce quatorze octobre, je tiens à souligner l'anniversaire de la naissance de cet artiste qui a grandement enrichi notre patrimoine artistique dans le domaine de la sculpture.

HONORE MERCIER
Un grand Québécois

Son patriotisme, le jeune Honoré l'a puisé dans son enfance. En effet, lors des troubles de 1837-38, son père faisait l'impossible pour secourir les rebelles et faciliter leur fuite. Il fut même arrêté et emprisonné. Honoré s'en souviendra. Malgré ses maigres revenus, le père fit donner une bonne instruction à son fils. Il l'envoya au prestigieux collège Sainte-Marie, dirigé par les jésuites. Là, Honoré se fit remarquer par ses qualités de chef et son patriotisme. Il commença même à publier plusieurs articles dans le *Courrier de Saint-Hyacinthe* qui indiquaient nettement de quel côté il se rangeait. Admis au barreau en 1864, il exerça d'abord sa profession à Saint-Hyacinthe puis, avec la Confédération, il rompt brusquement avec les Bleus qui avalisent cette union. Contre mauvaise fortune, il faut faire bon cœur et essayer de tout faire pour aider les siens. À cet effet, Honoré se présente aux élections fédérales comme candidat dans le comté de Rouville.

Son intention est claire : il veut défendre les droits des francophones. C'est l'époque de la fondation du Parti national (qui en fait n'était autre que le parti libéral). Déjà, Honoré Mercier est connu. C'est un orateur passionné, engagé, organisateur habile, perspicace car il ne voit rien de bon dans la centralisation des pouvoirs par Ottawa. Il veut rien de moins que la chute du tandem Macdonald-Cartier. Ses convictions lui valent une cuisante défaite en 1878. Mais Joly lui offre le poste de solliciteur général. Mercier sera élu par la suite dans une élection complémentaire. Le voilà dans l'opposition. Il est de loin le plus féroce adversaire de l'équipe Chapleau. Les événements se précipitent : corruption du gouvernement conservateur (décidément, rien ne change !), pendaison de Riel, désintégration de parti au pouvoir.

En 1886, les libéraux prennent le pouvoir et Mercier devient premier ministre. Il le sera pendant quatre années fructueuses, cumulant à la fois les fonctions de ministre de l'Agriculture et de la Colonisation qui lui tenait à cœur.« Emparons-nous sol ! » criait-il avec véhémence.

Mercier était un homme large d'esprit. Pour faciliter l'union, il invite des conservateurs dans son cabinet et, pour calmer les craintes du clergé chatouilleux, il nomme le curé Labelle sous-ministre de la colonisation. Tout est à faire. Il faut organiser le réseau routier, les chemins de fer, freiner l'exode des francophones vers les États-Unis, encourager l'agriculture, rendre l'instruction obligatoire. En tout, Mercier se montre habile stratège. On le voit par exemple lorsque, dans un geste sans précédent, il convoque une conférence provinciale pour lutter contre l'empiétement du gouvernement central. Ou encore quand il fait appel au Pape pour trancher l'affaire des biens des jésuites confisqués par le roi Georges III. En 1890, Mercier remporte une victoire éclatante : 42 sièges sur 73 ! Il en profite pour faire une visite en France et en Italie. C'est un triomphe. Partout, on l'acclame avec enthousiasme.

Mais quand il revient au pays, c'est la chute brutale. Une affaire de pots de vins où il n'est pas personnellement impliqué — la transaction louche Armstrong/ Pacaud — où avait trempé son organisateur politique dans le chemin de fer de la Baie-des-Chaleurs. On ne peut prouver que Mercier a touché de l'argent. Sa réputation est entachée et il en ressent une profonde humiliation. Même si une enquête royale le blanchit de tout blâme, toute la vie de Mercier en restera marquée. La perte de ses biens, surtout de sa bibliothèque, le diabète qui commence à le ronger, les avanies de ses pairs en Chambre ne viennent pas l'aider.

Alors qu'on le pense tout à fait écrasé, un jour que ses adversaires veulent sa tête à tout prix, il se lève courageusement, passe devant chacun de ses opposants, les regarde droit dans les yeux, et, dans un discours enflammé mais d'une voix éteinte par l'émotion, il leur montre que «le cadavre« qu'ils voient en lui est bel et bien « vivant. » Cette improvisation oratoire est passée à l'histoire. Mercier meurt quelques années plus tard, le 30 octobre 1899.

Rumilly a vu dans ce 9e premier ministre de la province de Québec «le premier chef de gouvernement véritablement de la stature d'un chef d'État » (voir *Honoré Mercier et son temps*, Fides, 1975). De son côté, son biographe, Pierre Charbonneau a pu dire que «ses ambitions étaient trop grandes pour un peuple à qui on a fait accroire qu'il est né pour un petit pain. »(*Le projet Québec d'Honoré Mercier*, éditions Mille Roches, 1980).

C'est indéniable. Honoré Mercier a profondément marqué l'histoire du Québec. Avec lui, le Québec a retrouvé la fierté de ses racines. La France l'a reconnu. Paul Chevré, le sculpteur, a immortalité la figure de ce grand homme dans un monument à Québec. La maison natale d'Honoré Mercier à Sainte-Anne-de-Sabrevois a été déclarée monument historique. C'est un bâtiment modeste en bois, construit au cours des années 1820-1840. L'aménagement intérieur est également d'une grande sobriété. Elle représente bien l'habitat rural typique du début du XIXe siècle chez nous. Elle veut prouver autre chose : Mercier parti de rien s'est haussé au plus rang de la société.

En ce 15 octobre, anniversaire de la naissance de ce grand Québécois, rappelons-nous tout ce qu'il a fait pour nous donner ce culte de la fierté d'être ce que nous sommes.

15 octobre 1861

*Saint Née à St-Paul-
d'Abbotsford (Montérégie)*

LA GRANDE MARIE-AVELINE BENGLE
Mère Ste-Anne-Marie

La grandeur, c'est le caractère de l'altitude de l'esprit de cette grande dame. Elle est née le 15 octobre 1861 sous le signe de la Balance. Elle est vraiment une vraie « balance », en parfaite harmonie avec son signe du zodiaque. C'est-à-dire une femme d'équilibre, de mesure, de communication facile, d'intelligence clairvoyante à la hauteur de ses sentiments.

Telle est en quelques mots Mère Ste-Anne-Marie, digne fille de Marguerite Bourgeoys, éducatrice adaptée aux besoins de son temps comme la Mère de la colonie au sien. A la fin du siècle dernier, au Mont Ste-Marie, (ce pensionnat pour jeunes filles à Montréal), Mère Ste-Anne-Marie encourage l'étude des grands auteurs français, le latin, la philosophie et les sciences ! À l'époque, on ne pouvait même pas imaginer qu'une jeune fille — et encore moins une religieuse — pût fréquenter l'université. Qu'à cela ne tienne ! S'il n'est pas possible d'aller à l'université, les professeurs viendront vers elle. Et elle crée une chaire de littérature dans sa propre maison ! Ce n'est pas assez. Elle fait venir un professeur de la Polytechnique pour enseigner la chimie ! Et elle ouvre ses portes à toutes les religieuses des autres communautés.

En 1908, elle fonde l'École d'Enseignement supérieur pour jeunes filles qu'elle dirige avec tact, prudence et dévouement. Ses élèves seront les premières filles à décrocher un baccalauréat au Québec, entre autres la très célèbre Marie Gérin-Lajoie en 1911. A quarante-cinq ans, Mère Ste-Anne-Marie se remet aux études pour être à la hauteur de son poste de directrice des études et elle obtient son baccalauréat ès Arts et sa licence en philosophie ! C'est au début du siècle !

Mère Ste-Anne-Marie est une femme de vision. Elle sait qu'un pays ne vaut que par l'éducation de ses enfants. Elle voudrait voir ses sœurs dispenser l'enseignement le plus adapté possible aux besoins du temps. À cet effet, elle met sur pied des cours de pédagogie pour les religieuses enseignantes et songe même à fonder un Institut pédagogique Mais en véritable balance, elle hésite entre l'élan de son ardeur et le frein de son équilibre. Elle se demande si elle ne va pas trop loin et trop vite. Le doute s'installe en elle. Alors, elle fait appel à sa sainte préférée, la petite Thérèse. Mère de Ste-Anne-Marie demande un signe ! « Envoyez-moi des roses, lance-t-elle comme défi à sainte Thérèse, beaucoup de roses ! » C'était à la mi-avril, bien loin de l'éclosion des roses. Le 29 avril suivant, elle reçoit le diplôme d'Officier d'Académie de France. Le lendemain, des gerbes de fleurs commencent à arriver. Quand Mère Ste-Anne-Marie se rend compte qu'il y a plus de cinq cents roses, elle comprend que la petite Thérèse vient de lui faire un clin d'œil.

Et l'Institut Pédagogique voit le jour. Plus d'une vingtaine de communautés religieuses le fréquentèrent. Mère Ste-Anne-Marie visite alors les principales capitales européennes pour établir quelque chose de solide. Elle pense à tout: organisation des programmes et des cours réguliers, cours d'extension pour les religieuses au loin, cours de vacances pour les institutrices laïques, section d'art, de dessin, de peinture, section de musique, section de chant liturgique. Elle a le don de trouver les bonnes personnes au bon moment et de faire fructifier le talent des autres. Ses vues sont larges et vastes. Elle n'arrête pas. Avec sa première bachelière, Marie Gérin-Lajoie, elle ouvre une Ecole de Science Sociale. Puis ce sont des cours d'économie domestique et enfin des classes pour arriérés mentaux et retardés pédagogiques.

Toutes les jeunes filles qui fréquentent les Cégeps et les universités lui doivent quelque chose. Elle a dû se battre pour sa cause avec les autorités du temps passablement autoritaires. Fine diplomate, elle savait présenter ses projets avec beaucoup d'habileté parce qu'elle les avait étudiés à fond. La clarté de ses exposés laissait peu de place à la réplique. Elle gagnait sur tous les plans par son don de persuasion. C'était une grande dame, à l'intelligence lucide et au cœur largement ouvert. Chez elle, pas de place pour la mesquinerie et les velléités. Sa haute compétence, son autorité incontestée, son dévouement sans borne à la cause de l'éducation, son esprit droit, sa générosité et sa loyauté en font la MÈRE DES ÉCOLES MODERNES DE CHEZ NOUS. Elle mérite qu'on se rappelle aujourd'hui tout ce qu'elle a fait, particulièrement pour les filles de chez nous.

Notre système d'éducation est remis en question aujourd'hui autant que dans les années de la révolution tranquille. Jamais on a eu autant besoin de sages pour donner la première place à l'élève dans l'éducation, établir des balises pour savoir où nous allons, adapter l'enseignement aux temps modernes. Mère Ste-Anne-Marie a promis de veiller sur nous. Qu'elle vienne à notre aide et dépoussière les bureaux des technocrates! Qu'elle daigne ouvrir les yeux des administrateurs et leur fasse discerner l'important et l'accessoire, puisque selon une de ses admiratrices, Blanche Lamontagne-Beauregard:«Car sa mort est aussi vivante que sa vie, Et ses yeux sont de ceux qui ne se ferment pas...»

Robert Rumilly écrivait au lendemain de la mort de Mère de Ste-Anne-Marie: «Quand un coup de téléphone m'annonçait que Mère de Ste-Anne-Marie avait terminé son séjour sur la terre, je pensai à ce qu'on écrivait à la mort de Marguerite Bourgeoys: «Si les saints se canonisaient comme autrefois, par la voix du peuple et du clergé, on dirait demain la messe de cette sainte du Canada.» Eh oui, si les saints sont toujours préoccupés par les problèmes de leur temps, on peut dire que Mère de Ste-Anne-Marie n'a eu qu'une idée en tête toute sa vie: donner une meilleure éducation aux jeunes pour leur assurer un meilleur avenir. Sainte, ô oui! Ne laissait-elle pas comme dernière parole à ses Sœurs de la Congrégation: «Soyez des saintes, c'est tout ce qui compte!»

MARGUERITE D'YOUVILLE
La mère «à la charité universelle»

Elle était l'arrière petite-fille de Pierre Boucher, seigneur et fondateur de Boucherville ainsi nommé en son honneur. Elle gardera fidèlement en sa mémoire le conseil qu'il lui donnait : « Dieu sera votre père. » Quand elle perd son père à sept ans, l'aïeul l'encourage. « Il ne faut pas pleurer, lui dit-il. Une fille de capitaine console le chagrin des autres ; elle ne se laisse pas abattre. » Grâce à lui, Marguerite pourra faire deux années d'études chez les Ursulines de Québec. Quand elle revient à Varennes, on la décrit fille intelligente, douée d'un jugement sûr et d'un grand sens des responsabilités. Elle est le bras droit de sa mère auprès de ses cinq frères et sœurs. Elle connaît une première peine d'amour puis rencontre François d'Youville. Marguerite pense avoir rencontré l'homme de sa vie. Elle lie son existence à François le 12 août 1722. Les jeunes époux vont habiter chez la mère de François, femme parcimonieuse qui rend la vie difficile à sa bru. En plus, Marguerite se rend compte du caractère volage de son époux qui troque aisément les fourrures pour de l'eau-de-vie. Il meurt couvert de dettes en 1730, âgé de trente ans, laissant sa femme enceinte avec deux enfants dont le plus âgé n'a que six ans. Des six enfants nés de son union avec François, deux seuls survivront et ils deviendront tous deux prêtres. Charles, le dernier, dira d'elle : « Il est peu de mères qui aima ses enfants aussi tendrement. »

Le reste de la vie de Marguerite sera entièrement tourné vers les déshérités de la vie. Lorsqu'en 1737, Marguerite d'Youville jetait les premiers fondements de son œuvre de charité, elle ne pouvait pas prévoir par quelle longue suite d'épreuves matérielles, de souffrances physiques, de contradictions humaines, le Seigneur la ferait passer. L'amour surnaturel fut le grand ressort de cette âme intrépide. Son cœur large était ouvert à toutes les misères de la maladies : aveugles, aliénés, épileptiques, incurables ; aux victimes de l'indigence, de la vieillesse, de l'esseulement ; aux misères morales des filles tombées, des enfants trouvés, des orphelins, des chômeurs, etc.

Mère d'Youville n'a guère le temps de penser à elle. Le « tout ce que vous faites au plus petit des miens » occupe tout le champ de sa pensée et de son action. Les aveugles, les enfants qu'elle trouve dans les rues de Ville-Marie, les personnes atteintes de maladie mentale, les personnes âgées des deux sexes, les immigrants perdus comme en 1755 lors de l'épidémie de varioles, etc. Son abandon à la Providence lui donne toute son assurance. « Le Père éternel fait l'objet de ma grande confiance depuis près des quarante ans » dit-elle. « Toujours à veille de manquer de tout, nous ne manquons jamais de rien, du moins du nécessaire, continue-t-elle. J'admire chaque jour la divine Providence qui veut bien se servir de si pauvres sujets pour faire quelque petit bien. » « La Providence pourvoit à tout, elle est ma confiance, elle est admirable ; elle a des ressources infinies pour le soulagement des membres de Jésus-Christ. »

Mère d'Youville prend en main l'hôpital général abandonné par les Frères Charron. Avec quelques compagnes, elle met sur pied la congrégation des Sœurs de la Charité dénigrée par la société montréalaise qui les appelle les Sœurs Grises par dérision. La vie de Marguerite, en réalité, ne fut qu'un long chemin semé de croix qu'elle accepte avec un courage surnaturel. Elle connaît les calomnies, les souffrances personnelles très dures, et toutes celles des autres. « Il en faut des croix pour aller là-haut » confiait-elle à sa nièce. Il faut admettre qu'elle a été servie à souhait « en ce pauvre pays où Dieu les donne en abondance. » Après le feu du 18 mai 1765 qui détruit complètement son hôpital, elle invite les sœurs et les pauvres à chanter Te Deum « pour remercier Dieu de la croix qu'il vient de nous envoyer. »

À force de contempler combien Dieu est Père, elle a compris combien les hommes sont frères » dit justement Estelle Mitchell dans *Le vrai visage de Marguerite d'Youville*, Montréal, Beauchemin, 1973, p. 29. Reprenant les paroles de Charles, le fils de Mère d'Youville, Jean XXIII, dans son décret de béatification en 1959, déclarait : « Elle se montra pleine de bonté. Déversant sur tous les trésors d'un amour surnaturel, elle mérita le titre de Mère à la charité universelle. »

En ce 15 octobre, anniversaire de sa naissance, remercions le Ciel d'avoir fait fleurir une si belle marguerite sur notre sol québécois. Qu'elle garde en nos cœurs cette grande charité qui faisait partie de notre patrimoine religieux. !

Mère d'Youville a été canonisée le 9 décembre 1990 par Jean-Paul II.

CLAUDE LÉVEILLÉE
Symbole de la chanson québécoise

Claude Léveillée n'a pas d'ennemis. Un fait rare dans le domaine artistique. Il entre naturellement dans notre album national de chansonniers. Je dirais même qu'il représente la chanson du Québec. Quelques-unes de ses chansons sont dans toutes les mémoires pour toujours. Ses vieux *pianos,* par exemple, incarnent nos souvenirs d'enfance les meilleurs. Je n'en veux pas citer d'autres. Je les aime toutes! Mais si j'avais à en choisir une, une seule, je choisirais *Le Légende du cheval blanc.* Mais je m'arrêterai là.

Les plus jeunes n'ont pas connu Claude Léveillée, le roi de la chanson qui faisait salle comble dans les années 60. Ils ne connaissent, hélas qu'un des personnages, le financier Émile Rousseau, de Scoop! Mais on ne peut ignorer que Claude Léveillée a créé « Domino, » qu'il a fondé le groupe *Bozos,* qu'il a travaillé avec Édith Piaf à Paris et, chez nous, avec André Gagnon, qu'il est un comédien remarquable (on pense à *La ligne de démarcation* de Chabrol ou à *Gogo loves you* pour ne citer que deux films) et surtout, qu'il a donné plus de 1000, je dis bien plus de1000 récitals ici, partout dans le monde et jusqu'en Russie? Sans compter 40 disques enregistrés!..

Une chose est certaine : ce qui fait la chaleur de Claude Léveillée tant au cinéma que sur la scène, c'est sa grande sensibilité. Elle le résume. Il capte tout. Même les ondes les plus secrètes. Un talent fou, unique. Car il n'a pas appris la technique de la musique. C'est un autodidacte. Ce qui signifie encore plus d'efforts. Encore plus de talent. J'ai été stupéfait quand je l'ai entendu lui-même avouer cela en pleine télévision. Que de luttes avec le clavier on peut imaginer ! Sans le métronome qui lui a causé tant de cauchemars lorsqu'il a tenté de se mettre à l'étude à l'école Vincent d'Indy !

Claude Léveillée restera comme grande vedette de chez nous. Il est en train de se tailler une belle place a la télévision. Mais je garde un souvenir nostalgique du chansonnier qui nous faisait rêver dans une langue si poétique et nous parlait de son amour de la terre, des anciens avec tant d'humour, de finesse. Mais c'était hier. Ils se sont tus les vieux pianos nostalgiques.

Cher Claude, en ce 16 octobre, le merci du Québec pour tant de belles soirées, pour tant de belles chansons, pour ces musicaux téléthéâtres et ces délicieuses comédies musicales du Théâtre de Marjolaine, pour *l'Étoile d'Amérique,* pour les impérissables interprétations de Monique Leyrac, pour la poésie, surtout, surtout.

OSCAR DUFRESNE
Le Louis XIV des cordonniers

Simple cordonnier mais avec tant d'ambitions ! Il rêvait de créer une ville idéale, une ville-jardin, une ville typiquement française. Il fut l'âme de cette nouvelle cité — Maisonneuve — avec Alexandre Michaud en s'inspirant de deux courants urbanistiques : celui de *Garden City* de Grande-Bretagne et celui de *City Beautiful* des États-Unis. Son frère Marius l'appuya dans son projet grandiose et la ville vit surgir en peu de temps des édifices prestigieux dignes des plus belles villes d'Europe : l'Hôtel de ville, la caserne des pompiers, les bains publics, le Marché public. (cf. notes sur Marius Dufresne au 9 septembre.)

C'est cette détermination qui nous frappe chez Oscar Dufresne. Pour lui, tous les rêves sont possibles et peuvent se convertir en réalité. Il ne cède pas facilement. Son ambition le pousse sans cesse. Il a le goût du beau. Sa première résidence (côté ouest du boulevard Pie IX, au sud de la rue Ontario) en est la preuve. Mais sans contredit, c'est le château Dufresne qui indique son côté Louis XIV. Cette magnifique résidence qui devait servir aux deux frères Oscar et Marius est inspirée de divers styles : gothique et Tudor, (bibliothèques) ; Louis XIV et Louis XV (chambres à coucher) ; Renaissance Américaine (salles à manger), Second Empire (salon) ; et même mauresque (fumoir). Le plus grnd luxe s'y étale : marbre d'Italie, bois du Japon, meubles et tapisseries de France, etc., etc. Nincheri a décoré les plafonds et a laissé des fresques et panneaux muraux superbes. Comme on sait, le Château Dufresne est devenu le Musée des Arts décoratifs qui y tient des expositions sur le design, l'architecture du XXe siècle et les arts décoratifs.

Profitons de ce 17 octobre, anniversaire de sa naissance, pour saluer Oscar Dufresne qui tenta de réaliser un rêve en français. Il nous a laissé des édifices qui font encore l'orgueil des Montréalais.

DENISE VERREAULT
La responsabilité assumée

Tout le monde la connaît dans le Bas du Fleuve. Elle y a créé combien d'emplois! 150 au chantier de razdoub des Méchins, 150 autres dans des activités de drainage et 200 dans Enerchen (entreprise de transport de liquide en vrac) dans cette région particulièremenr oubliéee par les politiciens tant fédéraux que provinciaux!

Décidément, Denise Verreault dérange par son franc parler et ses manières pratiques de régler les problèmes. Avec elle, pas de tataouinage! Elle va droit au but et ne perd pas de temps. Elle n'a qu'une obsession en tête: créer des emplois. «Je n'ai que ça en tête, avoue-t-elle en toute franchise. Et elle ne compte pas sur le gouvernement pour sortir sa région du marasme économique où elle est plongée.. «Si on ne s'occupe pas de nos affaires, qui le fera?»tranche-t-elle avec un sain réalisme.

Et ses affaires, elle s'en occupe. Elle est la seule P.d-.g. de l'unique chantier maritime privé dans l'est du pays. En 1994, 32 bateaux ont été réparés par sa cale sèche. Sa recette? Des prix abordables et du travail bien fait. L'avenir s'annonce encore plus beau pour elle en 1996. Elle voudrait bien acheter MIL DAVIE pour en faire une affaire rentable, mais le gouvernement traîne les pieds. Avec les politiciens, elle a dit «avoir l'impression de se battre contre des ombres.»Les ombres vont sans doute continuer à obnubiler le ciel de Denise Verreault mais son courage va certainement l'emporter.

À cette dynamique femme d'entreprise, créatrice d'emplois et réaliste, nos meilleurs vœux en ce 28 octobre, anniversaire de sa naissance!

18 octobre 1910

*Né à Saint-Victor de Beauce
(Chaudière-Appalaches)*

LUC LACOURCIÈRE
Ethnologue et folkloriste d'une œuvre éléphantesque

J'avais beaucoup d'estime pour Monsieur Lacourcière, comme on l'appelait alors à l'Université Laval, rue des Remparts. Je l'ai d'abord connu comme professeur de littérature. Il donnait un cours sur Nelligan à la Faculté des Lettres. C'était un homme charmant, simple, toujours bien préparé, abordable en tout temps et extrêmement compétent. On le voyait toujours en compagnie de Mgr Savard, qui, pour sa part, nous expliquait Claudel. On parlait peu à l'époque de leurs travaux sur le folklore qu'on classait — sans le dire à haute voix, bien entendu — dans le genre « divertissement. » Tous deux sillonnaient les campagnes de l'Acadie, de la Gaspésie et de la Côte Nord pour recueillir ces trésors en train de se perdre. Je décidai alors de m'inscrire aux cours de folklore, au grand dam d'un professeur savant ou qui se croyait tel. « Vous n'avez pourtant pas de temps à perdre, m'avait-il dit. » « Pourtant, lui avais-je répliqué, chercher ses racines m'apparaît au contraire de la plus haute importance ! »

Dès sa nomination comme titulaire de folklore à l'université Laval, Monsieur Lacourcière fonda les Archives de folklore « à la fois centre de documentation sur les traditions populaires en Amérique et prestigieuse collection qui, à partir de 1946, présentera au public une quinzaine de volumes uniques dans leur genre. » (*Dictionnaire des auteurs de langue française en Amérique du Nord*, Fides, 1989, p. 740). Puis, viendra le travail minutieux de la « Bibliographie raisonnée des traditions populaires françaises d'Amérique. »

Les horizons continuent à s'élargir de plus en plus pour M. Lacourcière. Il se lance ensuite à la récupération de toute la musique folklorique perdue et éparpillée aux quatre vents de l'Amérique française. Sa réputation devient internationale. On l'invite partout. Il reçoit quantité de décorations et de doctorats « honoris causa. » Tout naturellement, il devient le directeur de la fameuse collection *Nénuphar* dédiée à la publication des meilleurs ouvrages des écrivains francophones. En 1952, il fait paraître dans cette collection sa fameuse édition critique des *Poésies complètes* de Nelligan à qui il vouait un culte. Tous les étudiants qui ont écouté M. Lacourcière parler ou expliquer les poèmes de Nelligan sont devenus des fans inconditionnés du grand poète. Pour ma part, je ne connais personne qui ait commenté avec autant de cœur et de sens critique que lui le *Vaisseau d'Or* !

Monsieur Lacourcière voyait le passé comme une relique qu'il traitait avec grande vénération. Il l'a fouillé ce passé avec un flair habile, avec tact et délicatesse comme s'il trouvait les ossements de sa mère, avec la fougue du chercheur avide de connaître pour mieux aimer, avec un goût sûr, avec grande acuité et perspicacité d'intelligence, avec une patience de bénédictin, avec la passion d'arriver au but. Il laisse aux vrais curieux un monument sur notre folklore, notre histoire, nos archives, nos chansons, notre civilisation.

Honneur à vous, cher Monsieur Lacourcière ! J'ai choisi l'éléphant pour le représenter. Car son œuvre est gigantesque. Ce qui suppose une mémoire phénoménale...

En ce 18 octobre, anniversaire de sa naissance, rappelons-nous celui qui a passé sa vie à nous rappeler nos racines !

JEAN DE LA LANDE
Le courageux «jeune homme»

Un jeune homme de trempe pas ordinaire. On ne connaît pas la date de sa naissance. On sait qu'il est né à Dieppe et se fit missionnaire laïc. Un « donné » comme on disait alors. Vocation plutôt originale. Jean n'était pas un aventureux en quête de nouveauté. Les *Relations* disent de lui à son départ pour l'Iroquoisie, dans les pays d'en haut : « ce jeune homme, voyant les dangers où il s'engageait dans un si périlleux voyage, protesta que le désir de servir Dieu le portait en un pays où il s'attendait bien de rencontrer la mort. » Ses appréhensions ou ses intuitions étaient fondées. Elles furent vite confirmées quelques jours plus tard quand les guides hurons, sauf un seul, abandonnèrent les missionnaires. La Lande a décidé d'accompagner le Père Jogues, il ira jusqu'au bout. Même si la mission du Père Jogues en est une d'ambassade de paix au nom du gouverneur, l'inquiétude est dans l'air. Chacun se demande comment on le traitera surtout en cette année de récolte manquée et de maladie contagieuse...

Et arrive ce qui était prévu. Le Père Jogues est abattu d'un coup de hache à son entrée dans la case d'une famille du clan des Ours. On fixe sa tête au bout d'un pieu géant de la palissade. Jean reste seul face à cette tête livide et tuméfiée. Il sait que son tour approche. Tenaillé, bâtonné, brûlé par les tisons, pendant toute la journée, on le brûle à petit feu. Jean tient bon. Et quand se lève l'aube, il voit l'ombre d'un tomahawk qui s'abat sur lui.

En ce 19 octobre, anniversaire de sa mort, saluons ce «jeune homme» fort et valeureux. Il était de la trempe des autres martyrs. Il les a rejoints dans la gloire.

NAPOLÉON BOURASSA
Peintre et architecte remarquable

Il était né à l'Acadie le 21 octobre 1827. Il fit ses études de droit parallèlement à ses leçons de peinture à l'atelier de Théophile Hamel. Mais il se rendit vite compte que les textes aride de loi et les problèmes juridiques ne lui plaisaient pas. Il décide de se lancer à la poursuite de la beauté par l'art. En 1852, il part pour quatre ans en Europe. Ce qui l'intéresse avant tout, c'est Rome et Florence, la capitale de l'art. Bourassa adhère immédiatement au mouvement néoclassique qui le séduit. Il s'inspire aussi de l'école mystique d'Overbeck d'Allemagne.

Quand il revient chez nous en 1855, ses débuts sont difficiles. Il doit faire des portraits, une partie de l'art qui le tentait guère. Il se mit tout de même à la tâche avec ardeur. Il a réalisé le fameux portrait de son beau-père Papineau dont il avait épousé la fille, Azélie. Bourassa enseigna dans différentes écoles à Montréal, entre autres, la Société des artistes canadiens-français. Il proposa de greffer son école de dessin à l'École Normale dans le but de développer le goût de l'art et de former de jeunes artistes. Même s'il ne partageait pas les idées de son beau-père au plan politique, son projet ne vit pas le jour. C'est pourquoi, en 1868, il décida de travailler gratuitement comme professeur de dessin pour les francophones.

En 1870, il conçut les plans de la future église Notre-Dame de Lourdes dans le style romano-byzantin. Il savait tirer parti de tous ses apprentis. Comme les élèves de Michel-Ange, ils apprenaient leur métier sur les échafaudages. La chapelle devenait un véritable chantier pour eux. C'est là qu'on vit les qualités pédagogiques de Bourassa. Il formait ses apprentis. Colonnes, chapiteaux, autels, boiseries sculptés, ornements en ciment et en peintures, statues, tableaux, tout a été fait par ses étudiants sous sa haute surveillance. C'est lui qui assurait leur salaire et leur logement. Le maître explique comment il graduait les efforts. D'abord, il leur demandait des reliefs de figures humaines; ensuite des têtes en couleurs, et finalement, des figures entières en couleurs. Mais à chacun, selon son rythme.

Bourassa était doué pour l'architecture. On lui doit plusieurs églises et chapelles. En plus de l'église Notre-Dame de Lourdes, plusieurs chapelles et églises valent une mention honorable. Je pense, entre autres, à l'église Sainte-Anne de Fall-River, au couvent des Dominicains et à la chapelle des Sœurs de la Présentation de Saint-Hyacinthe.

Bourassa menait une vie simple. Tous le disaient laborieux, énergique, patient et d'une grande bienveillance. Il a formé un nombre impressionnant d'apprentis. Il a voulu établir l'enseignement de l'art chez nous sur une base solide. À cet effet, il a préparé des artisans habiles et bien formés, éclairés sur les grands courants de l'art et capables d'assurer la relève. L'École des Beaux Arts de Montréal ne vit le jour qu'en 1923, sept ans après sa mort. En réalité, elle devrait porter son nom. Bourassa avait travaillé pour la mettre sur pied tant par ses apprentis que par ses cours et ses œuvres.

Il est mort à Lachenaie le 27 août 1916. En ce 21 octobre, rappelons sa mémoire. Son tableau *La Mort de saint Joseph* à lui seul mériterait qu'on rappelle le souvenir de ce peintre. Une lumière douce et voilée rayonne doucement sur l'ensemble de la composition et nous plonge dans une ambiance de paix sereine qui nous fait pressentir une vie meilleure ailleurs.

LOUIS RIEL
Le martyr francophone du Manitoba

Il était né d'une mère canadienne-française, comme on disait à l'époque, et d'un père franco-chipewyan. On l'a appelé «le père du Manitoba» et de fait, il l'est. Même Craig Brown dans son *Histoire générale du Canada* en parle en ces termes. Il le décrit «intelligent, ambitieux, poète, vaniteux. Riel a grandi dans la colonie de la Rivière Rouge. Il a fait des études à Montréal à la suggestion de l'archevêque de St-Boniface, Mᵍʳ Alexandre-Antonin Taché qui voyait dans le jeune homme de grandes dispositions pour le sacerdoce. Ce talent, Riel le met au service non pas de l'Église, mais de son peuple métis, qui est mal compris de la part des protestants anglais et généralement sous-estimé.»

On sait la suite. En 1869, le Canada fait l'acquisition des Territoires de l'Ouest. Les Métis sont méfiants et craignent pour leurs droits de propriété. Ils se méfient surtout des Canadiens anglophones venus de l'est. Riel n'a que 21 ans. Il devient le chef de 10 000 Métis de la Rivière Rouge qui se donnent un gouvernement provisoire. En 1870, Ottawa crée alors la province du Manitoba et garantit les droits spéciaux des Métis et des francophones établis là depuis longtemps. Le gouvernement concède des terres mais ces terres prennent de la valeur. Les Indiens les vendent et vont s'installer plus à l'ouest sur les bords de la rivière Saskatchewan. Ils sont vite rejoints par les Blancs qui se réservent les meilleures terres. Et les choses traîînent comme encore actuellement. Rien ne se règle.

En 1870, un semeur de trouble, Thomas Scott, un protestant, est abattu par les hommes de Riel. C'est le feu aux poudres. Riel est obligé de s'exiler aux États-Unis. Par la suite, il est rappelé par les siens et il crée une petite république dont il devient le président. C'en est trop pour le gouvernement central qui envoie des troupes. Riel est capturé. Un procès rapide marqué de nombreuses irrégularités amène sa condamnation. Et le 16 novembre 1885, Louis Riel est pendu.

Les francophones de Montréal sont en colère et blâment sévèrement le gouvernement Mc Donald. Une des plus grandes assemblées jamais vue réunit pas moins de 50 000 personnes aux Champs de Mars. Les orateurs enflamment les assistants. Wilfrid Laurier fustige la lâcheté de Mac Donald. Le fougueux journaliste Trudel rappelle la similitude entre la mort de Jeanne d'Arc et celle de Riel: «Ceux qui conduisaient Jeanne d'Arc à la mort étaient des Anglais, comme ceux qui ont pendu Riel» déclare-t-il en colère. Coursol parle dans le même sens. Il évoquera Danton offrant sa tête à la guillotine en prophétisant la chute de Ropespierre. «Riel pouvait dire aussi en se livrant au shérif de Regina qu'il entraînerait le

Ministère, car la grande voix du peuple va exécuter ceux qui ont conduit à la potence le brave chef des Métis » prophétise-t-il d'un ton véhément. *La Presse* endosse la cause et se joint à ce concert de protestation. Elle écrit : « Montréal est en deuil, Montréal, la grande métropole du Canada, la source de tous les grands élans patriotiques et de toutes les entreprises nationales, pleure parce que la nation vient de commettre une faute grave, une faute criminelle qu'il nous faudra racheter au prix de nous ne savons quel sacrifice. » Et encore : « Riel vient d'expier sur l'écha-faud le crime d'avoir réclamé les droits de ses compatriotes. Il est pendu, mais on a été obligé de reconnaître que les réclamations étaient fondées et d'y faire droit. Un patriote vient de monter au gibet, pour un de ces crimes purement politiques, aux-quels les nations civilisées n'appliquent plus la peine de mort.« (...) « Riel n'expie pas seulement le crime d'avoir réclamé les droits de ses compatriotes ; il expie sur-tout et avant tout le crime d'appartenir à notre race. » De son côté, Ledieu, dans *le Monde illustré*, va jusqu'à accuser la reine Victoria restée inflexible à toutes les demandes d'amnistie. « Ô vous qui régnez sur trois cents millions de sujets, écri-vait-il, puissiez-vous ne pas voir dans vos rêves le corps du martyr de la liberté se balancer sur la potence que vos représentants ont dressée en votre nom ! »

C'est alors que le chef du Parti libéral, Honoré Mercier, propose un parti national qui regrouperait les forces vives de la nation québécoise. Son nouveau parti le portera au pouvoir en 1887.

Ainsi agissaient les Anglais : le feu (qu'on se rappelle le vieux « brûlot » de Col-borne !) ou la potence ! La raison du plus fort, toujours la meilleure. L'humiliation pour nous reste toujours là : cette stupide statue de McDonald érigée en plein cœur de Montréal, dix ans après la mort de Riel. S'il faut avoir la mémoire courte !

En ce 22 octobre, anniversaire de la naissance de Riel, saluons ce martyr de ses convictions, de ses revendications légitimes. Il ne faut pas l'oublier. Sur sa potence, on a voulu en même temps pendre tous nos espoirs. Les Anglais se sont trompés. Nos espoirs d'être nous-mêmes ne sont que suspendus... Car « nous sommes d'une race qui ne sait pas mourir ! »

24 octobre au 22 novembre
Le Scorpion

fleur du mois :	le chrysanthème bien connu chez nous au mois de novembre. Elle peut revêtir plusieurs tons allant du jaune au blanc, au rouge et au violet.
pierre de naissance :	la topaze, pierre particulièrement appréciée pour sa couleur qui varie du jaune au brun. On l'appelle aussi «pierre de la force.» La topaze a la réputation d'éloigner les mauvais rêves et d'attirer les amitiés.
signe du zodiaque :	Le Scorpion
	Ce huitième signe du zodiaque occupe le milieu de l'automne et rappelle les feuilles qui tombent, le vent qui bouscule, la longue préparation d'une nouvelle existence. Symbole de résistance, d'endurance mais aussi de mort, de fermentation, de luttes pénibles et longues. L'animal qui fuit la lumière est pourvu d'un dard empoissonné. Il évoque le monde des ténèbres, le drame de l'absurde, les tourments de la vie.
planète :	MARS
	Le signe est placé sous la maîtrise planétaire de Mars et Pluton, puissances mystérieuses du royaume des ombres. Les personnes nées sous ce signe doivent affronter de hautes luttes pour arriver à l'emprise de leur intérieur convulsé. Elles trouvent même leur équilibre qu'au milieu des tempêtes qui les secouent. Elles débordent d'activité. Plutôt distantes, du moins en apparence, elles peuvent atteindre les plus hauts sommets au plan professionnel.

GUSTAVE PRÉVOST
«l'Indiana Jones de la bonne nouvelle»

Un homme d'une volonté de fer. Sinon, il aurait craqué. Stéphane Baillargeson parle de lui comme « l'Indiana Jones de la bonne nouvelle ou le Tintin du missionnariat. »(*Le Devoir*, 12 février 1995). Quant à Hélène Andrée Bizier, elle vient de publier sa biographie *Le Noir et Le Rouge* qui n'a rien de stendhalien. On dévore son ouvrage comme un roman d'Agatha Christie. Elle suit son itinéraire fidèlement depuis que le Ti-Rouge ou le rouquin de Saint-Eustache de 24 ans qui part avec un groupe de missionnaires de la Société des missions étrangères à la conversion des Chinois! Catapulté en Mandchourie alors occupée par les Japonais, Tchao ou Gustave fait face à une dure réalité à laquelle il n'a pas d'autre préparation que sa bonne volonté. Il apprend le chinois. Ou plutôt c'est le cuisinier de la mission qui devient son professeur.

Il passe ensuite quatre ans dans les camps de concentration japonais particulièrement subtils en raffinements de cruautés. À sa libération, il est nommé vicaire apostolique de Lintung mais ne peut rejoindre son poste. Il doit revenir au Canada. Mais un appel lancinant ne le lâche pas. Il se trouverait lâche de rester au pays. Ses supérieurs s'opposent à son départ car ils craignent, à bon droit, l'envahissement progressif de Mao. Gustave décide alors d'en appeler au pape. Pie XII lui dit: «Le bon pasteur donne sa vie pour ses brebis.» Il n'en fallait pas plus pour fouetter Gustave hésitant. Tchao reparaît donc en Chine en 1949. Les communistes l'arrêtent tout de suite et l'accusent d'espionnage. Trois autres années dans les prisons des communistes. Des interrogatoires à n'en plus finir, l'isolement, des humiliations, des privations. Il faut lire, il faut lire. C'est presque du délire. Gustave pense lui-même que sa tête va tourner. Dans le fond de son cœur, il prie et dit au Seigneur : « Ne force pas trop si Tu veux que je sois encore là demain pour Toi.» Il se confectionne un chapelet avec les fils de son drap et traverse un enfer de dérélictions. Il fixe ses yeux sur le Christ en croix. Sa longue agonie dure jusqu'en 1951. La détermination de sa mère, les prières des siens, les pressions de l'Église et du gouvernement canadien finissent par faire céder les communistes qui l'éjectent définitivement en 1951.

Gustave revient au pays. Des mois d'incertitudes, de perplexités. Il se sent un peu comme un soldat revenu du front. Comme drogué. Comme déraillé. Mais il a trop de ressort. Il rebondit. En 1957, il est nommé premier évêque de Pucallpa, au Pérou. Il passera 35 ans dans la jungle péruvienne. Retrouvera un vieil ennemi communiste — le Sentier lumineux! — avec lequel il se battra corps à corps. D'autres souffrances. D'autres misères. Tout aussi poignantes. Il n'est pas soutenu par ses prêtres et ses collègues. Même pas par les sœurs! Et c'est la théologie de la libération qu'il comprend comme Jésus toujours du côté des pauvres.

Cher Monseigneur Prévost, «tête dure» comme il se décrit lui-même. «Quand j'ai décidé, je fonce.» avoue-t-il. Fonceur toute sa vie. Encore tout aussi décidé à quatre-vingt ans. Vigueur du regard clair, toujours prêt à recommencer. Et qui ne regrette rien. Sa seule présence est prédication. Et conversion. Demandez à sa biographe comment ses vues ont changé sur l'Église depuis ses contacts avec Mgr Prévost. C'est que chez lui, tout est cohérent. Sa foi et sa vie ne font qu'un. L'Évangile pour lui n'est pas quelque chose qu'on rabâche. On croirait entendre quelqu'un aux bords du lac de Tibériade...

En ce 25 octobre, anniversaire de sa naissance, longue vie à Mgr Prévost.

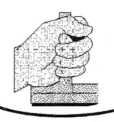
JEAN SAINT-PÈRE
Premier notaire de Montréal

Nous ne connaissons pas la date exacte de la naissance de Jean Saint-Père. Il serait né vers 1618. Le *Dictionnaire de Biographies Canadiennes* dit qu'il venait d'une famille « respectable » qui avait ses propres armoiries. Jean arriva en Nouvelle-France, selon son dire, « afin de contribuer à la conversion des sauvages. » On le retrouve à Ville-Marie en 1643. Maisonneuve le nomma premier notaire et premier greffier de Ville-Marie. Jean Saint-Père cumula ses fonctions de 1648 à 1651 et de 1655 à sa mort en 1657.

C'était sans doute un homme de grande valeur. Il était tenu en haute estime par ses concitoyens qui le nommèrent syndic et receveur des aumônes qui devaient servir à la construction de la première église de Montréal. Maisonneuve l'avait aussi en grande considération. Aussi, lorsque Jean Saint-Père se maria en 1651, en reconnaissance de ses services, Maisonneuve lui concéda généreusement de bonnes concessions de terres.

On dit aussi de lui qu'il « honnête, d'une piété solide, d'un esprit vif et d'un jugement exceptionnel comme on n'avait jamais vu de tel auparavant à Montréal. » Ce n'est pas peu dire ! On pourrait ajouter qu'il était accueillant et porté à faire confiance aux autres. Ces deux dernières qualités devaient occasionner sa fin tragique.

En effet, en 1657, une paix relative régnait entre les Iroquois et les Français. Un jour que Jean Saint-Père travaillait à la construction de sa maison avec son beau-père, Nicolas Godé et leur serviteur Noël, ils reçurent la visite des Iroquois. Ils leur offrirent gentiment l'hospitalité et les invitèrent même à manger. Puis, ils remontèrent sur le toit pour continuer leur ouvrage. En guise de remerciement, les Iroquois « les firent tomber comme des moineaux. » Selon leur coutume barbare, ils scalpèrent le beau-père Godé et le serviteur Noël. Mais, comme Jean Saint-Père avait de beaux cheveux, ils décidèrent tout bonnement de lui couper la tête « pour avoir sa belle chevelure. »

Une légende tenace rapporte que la tête de Jean Saint-Père se mit à parler et à reprocher aux Iroquois leur perfidie. Ils tentèrent en vain de la dissimuler dans un linge. La tête continuait de rappeler à ses meurtriers leur barbarie, de leur prédire leur anéantissement et la victoire finale des Français. Mère Bourgeoys elle-même parle de cette légende ! Plusieurs témoins rapportèrent le fait et parmi ceux-ci, des Iroquois dignes de foi. Il est a souhaiter qu'elle réapparaisse dans leur casino et leurs champs de canabis !

En ce 25 octobre, anniversaire de la mort tragique du premier notaire, inclinons-nous. Le sang qui macule nos annales est indélébile. Nous ne pouvons pas oublier.

JEAN DUCEPPE
Comédien, animateur, directeur de théâtre

S'il est un homme qui a porté plusieurs chapeaux, c'est bien Jean Duceppe ! Qui aurait pu penser que ce livreur de glace pendant cinq ans, ce standardiste et magasinier chez Duval, deviendrait un des meilleurs comédiens que le Québec ait connus ! Il a touché à tout : radio, télévision, théâtre, cinéma. Tout le monde se souvient de *Zone*, d'*Un Simple Soldat*, *Les Beaux Dimanches*, *Charbonneau et le Chef*. Il fonda lui-même sa propre troupe, *La Compagnie Jean Duceppe* et son théâtre, Le *Théâtre des Prairies* où il savait attirer le plus de monde possible en leur présentant des œuvres qui les touchaient et en même temps savaient les divertir agréablement. Il touchait à tous les genres. On peut s'en rendre compte par la liste des auteurs de ses pièces : Michel Tremblay (*Les Gars de Québec*) à côté d'Arthur Miller (*La Mort d'un commis voyageur*) de Jean Anouilh (*Becket ou l'honneur de Dieu*), Sacha Guitry (*N'écoutez pas mesdames*) et Françoise Loranger (*Encore cinq minutes, Medium saignant*). Ses téléromans sont connus de tous. *La famille Plouffe*, de *Rue des Pignons*, de *Terre humaine* rappellent de bien doux souvenirs à plusieurs. Et au cinéma, *Mon oncle Antoine* a obtenu l'appréciation universelle.

Jean Duceppe a aussi travaillé dans plusieurs stations radiophoniques dont CBF, CJMS, CKAC, CKLM. Il serait fastidieux de mentionner toutes ses participations à différents spectacles. Disons tout de même qu'il a mis la main à la création de 20 pièces théâtrales, a joué dans plus 19 pièces différentes au Théâtre Port-Royal dans 697 représentations ! Il a également joué plus de 200 rôles avec différents autres compagnies de théâtre ! Ce qui suppose un prodigieux exploit de mémoire ! Paulette Caron, recherchiste au Secrétariat des Relations publiques à Radio-Canada a fait une recherche exhaustive des rôles qu'il a joués. Elle compte exactement 25 pages complètes d'énumération !

Sans aucun doute, Jean Duceppe restera l'un des plus brillants interprètes au théâtre chez nous. Sa chaleur humaine, son naturel, sa mimique inimitable, sa figure sympathique, sa connivence secrète avec son public, en feront pour toujours l'Homme de théâtre qui a mérité tous les honneurs comme meilleur comédien au théâtre et à la télévision, meilleur comédien de soutien, le plus accessible et le plus réceptif à la presse, comédien le plus commercial, etc., etc.

On ne peut laisser passer ce 25 octobre, date anniversaire de sa naissance, sans nous souvenir de ce grand homme, profondément Québécois. On l'a vu pleurer lors du résultat au référendum de 1980. La mort devait le faucher peu après. Dans notre mémoire, il restera toujours. Aujourd'hui, nous nous souvenons de toi, immortel Jean Duceppe.

VICTOR BOURGEAU
Grand architecte d'art religieux

C'était un autodidacte. Il doit sa formation à un artiste italien de passage à Montréal en 1830. Cet artiste demeura chez Bourgeau tout un hiver. Comme Bourgeau avait un talent naturel, il apprit vite. Il était d'ailleurs infatigable au travail. Pour la décoration de ses églises, il s'inspira de tous les styles : roman, gothique, classique. De 1830 jusqu'à sa mort en 1888, Bourgeau mit tout son talent à la construction et à la décoration d'églises, de chapelles et d'édifices religieux. Il construisit pas moins de 22 églises et en décora 23 autres !

À Montréal, il est surtout connu par la basilique Notre-Dame. On sait que la première église Notre-Dame était loin de satisfaire la piété des fidèles du temps. Les gens se plaignaient particulièrement de la grande verrière, au sud de la nef, qui les aveuglait. Les Sulpiciens chargèrent Victor Bourgeau de refaire l'intérieur de l'église. Celui-ci y travailla de 1874 à 1880. Il opta pour une architecture d'inspiration gothique et de style rayonnant français. Le bois omniprésent s'adaptait harmonieusement au milieu québécois et faisait contraste à la froide architecture anglaise de l'extérieur. Bourgeau supprima la fameuse verrière et la remplaça par un somptueux maître-autel de pin. Au niveau de la voûte, il aménagea des puits de lumière tamisée au milieu d'un plafond suspendu. Les colonnes et toute la décoration polychrome sont inspirées évidemment de la Sainte-Chapelle de Paris.

On doit aussi à Bourgeau l'imposante maison mère des Sœurs Grises sise au 1190 de la rue Guy, déclarée aujourd'hui monument historique. Selon Pinard, « l'édifice conventuel le plus imposant et le mieux conservé de Victor Bourgeau méritait bien un tel sort, d'autant plus que des 40 hôpitaux ou couvents en pierre répertoriés par l'Inventaire des bâtiments historiques du Canada, aucun ne se compare, par son unité de construction, à ce magistral monument architectural. »

On n'en finirait pas d'énumérer les constructions religieuses de Bourgeau. Signalons tout de même les chapelles de l'Hôtel-Dieu et du Bon Pasteur, la cathédrale Marie-Reine-du-Monde et tout particulièrement l'église Saint-Pierre-Apôtre, pur chef d'œuvre de style néo-gothique à Montréal.

Mais à mon sens, c'est encore l'église Saint-Pierre-Apôtre, pur chef d'œuvre d'architecture néo-gothique, qui classe Bourgeau au rang des plus grands architectes d'art religieux chez nous. Il vaut la peine de visiter ces monuments érigés par nos ancêtres, témoins de leur foi gravée dans la pierre et la beauté.

Aussi, en ce 26 octobre, il faut saluer la mémoire de ce grand architecte que fut Victor Bourgeau.

26 octobre 1902

Née à Ste-Eulalie,
Nicolet- (Mauricie)

FRANÇOISE GAUDET-SMET
L'énergie de dynamite communicative

Quelle femme turbulente, remplie d'énergie, lancée sur tous les fronts à la fois ! Journaliste d'abord et dans combien de journaux locaux : *La Tribune* de Sherbrooke, *La Parole* de Drummondville, *La Patrie* de Montréal, *Le Nouvelliste* de Trois-Rivières, *Le Journal d'agriculture!* Elle fonde elle-même sa propre revue *Paysana,* revue assez moderne pour le temps. Elle s'adresse d'abord aux femmes et traite des questions artisanales et rurales mais déjà elle sème des idées nouvelles. On pourrait dire d'une certaine façon qu'elle est très pédagogue car elle prend le temps de gagner la confiance avant d'aller trop loin.

C'est une femme communicative, d'une volubilité déconcertante, d'une énergie du tonnerre, d'un humour à en craquer, d'une modernité dans ses propos qui étonne et dérange les assis. Un impétueux besoin de partager, une chaleur et une générosité sans bornes. C'est bien le souvenir qui nous reste de Françoise Gaudet-Smet

On comprend qu'elle ait été sollicitée ici, ailleurs, partout, pour des causeries à bâtons rompus, des conférences plus sophistiquées, des entretiens familiers, des émissions radiophoniques structurées, des programmes à la télévision (je pense au *Réveil rural,* à *Voie de femme,* à *Bonheur du jour*), des cours sur l'artisanat à l'université. Partout où elle passe, Françoise laisse sa trace. On la verra dans plus d'une trentaine de pays! À l'époque, c'était quelque chose. Elle a donné plus de 1000 causeries et publié autant d'articles. Qui ne se souvient de son Agenda — *L'Agenda aujourd'hui* — tiré à vingt mille exemplaires!

Cette femme a profondément marqué le Québec. Elle a su mettre en relief plusieurs de nos valeurs, de nos traditions, de notre folklore, de notre goût de vivre dans la joie, avec une bonne table, dans le partage des joies et des peines. Je la revois encore le lendemain de l'incendie qui avait ravagé son domaine, Claire-Vallée. Il ne lui restait plus rien. Debout, avec un balai à la main, elle disait de façon courageuse :« On recommence ! » C'est l'image que je garde d'elle.

Elle incarnait la femme courageuse du Québec qui bâtissait avec générosité en communion étroite avec la nature et les siens. Quelle femme que cette Françoise Gaudet-Smet ! Elle restera dans notre mémoire longtemps. Françoise est décédée en 1986.

En ce 26 octobre, rappelons son souvenir réconfortant !

JOS MONTFERRAND
Symbole de la fierté nationale

Le seul nom de Jos Montferrand rappelle la fierté des francophones. Chacun se rappelle qu'en 1818, il osait affronter Coogan, boxeur redoutable, expérimenté et à la couenne dure. Pourtant le jeune Montferrand le battit et dans ce combat, il devint le symbole des francophones, fiers de leur héros.

Jean Côté vint d'écrire une biographie fascinante de cet homme toujours prêt à défendre les faibles et les opprimés, infatigable redresseur de torts. On ne saurait dire le nombre de batailles dont il sortit vainqueur. La biographie de Jean Côté les fait revivre avec vigueur avec tout le coloré de ce personnage. Le patriotisme se vivait alors à force de poings. Anecdotes amusantes, histoires émouvantes, récits inusités et piquants, c'est une page intéressante de notre histoire qu'on lit en riant. Sans aucun doute, on reste un peu hébété devant l'exploit de Montferrand quand il affronte seul sur le pont de Hull 150 Anglais ! Comme figure dominante de la résistance des Québécois vis-à-vis des anglophones, on ne saurait trouver mieux ! Jos Montferrand est mort le 4 octobre 1864.

On lira avec intérêt cette vie de Jean Côté publiée aux éditons Québécor. 136 pages.

ODILON BOUCHER
Un missionnaire au grand cœur

Quand je pense à lui, je pense à ces belles pommes qu'on croquait dans le verger d'Arthabaska. Et me vient à l'esprit cette parole de Monsieur Vincent: «Si la charité était une pomme, la cordialité en serait la couleur.» C'était la couleur d'Odilon.

Il est mort d'une leucémie après trente-six années bien pleines de vie missionnaire (1953-1989) : 32 au Cameroun et 3 au Tchad. Tous ceux qui l'ont connu seront d'accord avec moi. J'ai eu le privilège de vivre tout près de lui au Cameroun. Il me comptait parmi ses amis intimes. Il m'a appelé quatre fois lors de sa longue maladie. Le géant viril devenait plus communicatif de ses émotions.

Quel homme que cet Odilon! Un dévouement sans bornes, un dynamisme débordant, une jovialité communicative, une bonne humeur constante, un rire tonitruant, une ardeur au travail sans pareille. Apprécié de ses supérieurs, recherché par ses collègues, adoré par ses élèves! C'était un homme de cœur, de principes, de générosité, de courage. Il n'était pas facile de vivre en pleine brousse dans les années 1955! Les missionnaires d'alors manquaient souvent du nécessaire mais je n'ai jamais vu Odilon se plaindre une seule fois. Sa vertu me paraissait inaccessible. Il semblait imperméable aux vicissitudes du temps. Jamais fatigué, toujours prêt aux plus durs travaux, le premier sur la brèche, de la trempe de Jean de Brébeuf.

Sa virilité cachait un cœur sensible. Ce qu'il demandait aux autres, il se l'imposait d'abord à lui-même mais la barre était trop haute pour plusieurs. On l'a écarté. Il est parti en silence, sans un mot de plainte. Puis, la terrible maladie l'a frappé. Dans son testament, il écrivait tout simplement : «Je vous donne mon cœur, mon amitié, comme vous m'avez donnés.» C'était beaucoup dire car son cœur était démesurément large. Formé à l'école des Frères du Sacré-Cœur, l'amour brûlant était son symbole de don de lui-même. Il a marqué des générations de jeunes. «Souffres-tu beaucoup, lui demandais-je quelques jours avant sa mort?» Regarde ce que je viens d'écrire, me dit-il.» Il venait de tracer ces lignes: «Donne-moi ce que tu commandes et commande-moi ce que tu veux! Si tu as l'audace de me demander ce qui me paraît impossible, tu auras le devoir de me rendre cet impossible, POSSIBLE!»

Homme de courage jusqu'au bout et qui puisait sa force dans le Cœur même de Dieu!

GUILLAUME VIGNAL
Un martyr solidaire des siens

Le Père Vignal était arrivé au Canada comme prêtre séculier en 1648, au plus fort des attaques iroquoises. Il fut affecté d'abord comme aumônier des Ursulines de Québec. C'est lui qui bénit «la place de l'église du Petit Cap» qui devait devenir par la suite Sainte-Anne-de-Beaupré. Il avait reçu un arpent de terre du gouverneur d'Ailleboust. Il en fit don aux religieuses lorsqu'il repartit pour la France dans le but de se faire sulpicien. Il revint ensuite au pays et Monsieur de Queylus le nomma à Ville-Marie, comme économe en remplacement du Père Le Maistre assassiné le 29 septembre 1661. Le Père Vignal devait connaître le même sort.

Vers la fin d'octobre de la même année, il se rendit à l'île à la Pierre en compagnie de treize ouvriers. Maisonneuve l'avait mis en garde du danger qu'il courait. Un peu présomptueux, le Père Vignal décida de partir quand même car la construction du séminaire pressait. Un autre l'avertit qu'il semblait voir des canots près de l'endroit où lui et les ouvriers se trouvaient. Le Père s'imagina voir des orignaux au lieu d'Indiens tapis dans le boisé. Une fois arrivés sur place, les ouvriers de détendirent un peu. Dollier de Casson rapporte les faits avec beaucoup d'humour malgré le tragique de l'aventure. «L'un d'eux, dit-il, alla vaquer à ses nécessités au bord de l'embuscade des ennemis auxquels il tourna le derrière. À ce moment, un Iroquois «indigné de cette insulte le piqua de son épée emmanchée.» L'ouvrier en question bondit n'ayant « jamais éprouvé de seringue si vive et si pointue. »

Tous prirent leurs jambes à leur cou et tentèrent de fuir. Le secrétaire de Maisonneuve tint les Iroquois en respect pendant que ses compagnons prenaient la fuite, puis, il s'écroula grièvement blessé. De son côté, le Père Vignal tenta de se sauver dans le canot d'un des ouvriers mais dans son énervement, « il trempa le fusil dans l'eau ». Les Iroquois, comme rapporte Dollier de Casson, le percèrent « d'outre en outre » et jetèrent son corps «comme un sac de blé dans un canot. »

Malgré ses blessures, il réussit à se relever pour dire à ses infortunés compagnons de travail : «Tout mon regret dans l'état où je suis, est d'être la cause que vous soyez en l'état où vous êtes ; prenez courage et endurez pour Dieu. » Les Indiens amenèrent les captifs dans leur village mais voyant le Père Vignal dans un était aussi lamentable, « ils le brûlèrent pour l'achever ». Cependant, le jésuite Simon Lemoyne en ambassade chez Iroquois, rapporte que le Père Vignal serait mort deux jours plus tard.

Selon le Père Jérôme Lalemant le Père Vignal était très doux de caractère, humble et charitable. Ces vertus, au dire du Père Jérôme Lalemant, rendaient notre martyr «aimable à tout le monde.»

Saluons en ce jour anniversaire de sa mort, cet autre martyr, victime de son devoir.

GILLES VIGNEAULT
Notre troubadour national

Le Québec le prend pour son représentant national comme chansonnier. Gilles Vigneault a quelque chose qui plaît à tous : sa franchise claire comme l'eau de roche, sa liberté d'expression, sa limpidité intérieure qui se reflète dans ses yeux couleur de mer, son langage imagé, son romantisme mélancolique, son goût d'un pays à nommer, son appétit des racines, sa hantise des grands espaces, bref, son authenticité.

Ses chansons nous émeuvent toujours. Elles vont chercher en nous quelque chose qui s'apparente au matin de la création. Qui d'entre nous ne s'est pas surpris à turluter en travaillant : *Quand vous mourrez de nos amours, J'ai pour toi un lac J'ai un pays à nommer, Mon pays, ce n'est pas un pays, c'est l'hiver, Jack Monoloy, Tam di lam !*

Pourquoi cette popularité de Vigneault ? Peut-être parce que toutes les petites gens prennent place chez lui et deviennent importantes. Il raconte leur vie simple et dure : Tit-Œil « qui fait les commissions » et devient « capitaine, » le gars « dans la cale du joli bateau, » le « pêcheur qui dispute la morue aux goélands, » le bûcheron qui se bat pour abattre « le beau sapin, roi de nos forêts, » John Débardeur qui charge et décharge le cuivre. Il chante les bouleaux de la Côte Nord et la pitoune, les sarcelles de nos lacs, la neige qui nous enferme et nous oblige à penser. Ses mots résonnent en nous parce qu'ils expriment la vie. Comme il le dit lui-même : « La vie est cachée dans les mots. »

Et dans ses mots à lui, Vigneault porte aussi un pays. « Chaque homme porte un pays son cœur, dit-il. » Mais écoutons plutôt *Jack Monoloy, La Danse à Saint-Dilon, Jos Montferrand.* De purs chefs-d'œuvre ! Des personnages de notre terroir, des visages, des paysages connus, des sentiments lovés au plus creux de nous-mêmes, le goût de nos racines.

Vigneault chante notre identité cachée, qui tente de s'exprimer en dépit des années de silence imposée, notre « distinction, » nos aspirations secrètes, notre désir de vivre et d'être nous-mêmes. Et tout cela passe dans le souffle de la forêt secrète, de la rivière tranquille, du ciel strié d'outardes, des ancêtres fumant une bonne pipe, des sarcelles sur nos lacs paisibles, des amis autour d'un feu de joie, des grands espaces de la Côte Nord. Le poète de Natasquan rejoint tout le monde. Chacun se reconnaît dans ses chansons avec ses rêves démesurés, ses désirs fébriles, son besoin d'être lui-même en toute liberté. Le troubadour moderne se fait la voix des plus humbles. Même si cette voix est rauque, elle exprime tout un peuple simple et sans prétention mais fier et joyeux.

Bravo Vigneault! En ce 27 octobre, que ton anniversaire nous redonne la fierté de nos racines!

MARIE GUYART MARIE DE L'INCARNATION
La mère de la patrie

Je me sens pris de vertige quand je regarde l'itinéraire incandescent de cette femme car sa vie a la complexité de la plus vivante des histoires — la nôtre — et les proportions de l'épopée. Bossuet la compare à la grande Thérèse d'Avila et la nomme la « Thérèse du Nouveau Monde. » C'est sûrement une grande mystique mais c'est aussi une femme de tête, de courage et de cœur.

Quand elle arrive à Québec en 1639, la bourgade comptait entre 200 à 250 personnes et il n'y avait pas, écrit-elle,« six maisons dans tout le pays. » Pendant trente-trois ans, son activité exercée dans le domaine de l'éducation, déborde bientôt dans «les remous d'un pays en plein devenir.» Par son esprit de décision, son équilibre, ses vues hautes et surnaturelles, elle s'impose à tous : gouverneurs, missionnaires, soldats, coureurs des bois, hommes d'affaires, trafiquants de pelleteries, Français, Sauvages, personne n'est exclu de sa sollicitude. Elle est polyvalente, dirait-on aujourd'hui. Supérieure d'un couvent d'éducatrices, directrice d'une école d'internes et d'externes, catéchiste des Indiens, auteur d'un dictionnaire et d'un catéchisme en langue huronne, iroquoise et algonquine, architecte du premier couvent, chef d'entreprise, support des jeunes mères de famille, conseillère des notables, secrétaire infatigable, correspondante inlassable auprès des bienfaiteurs, mère spirituelle de la colonie, elle contribua par sa présence, ses avis, son action, ses œuvres, à façonner les traits spécifiques de la population québécoise. En ce sens, elle mérite le titre de MÈRE DE LA PATRIE qu'on lui a donné.

En plus de ses trois vœux, elle avait fait le vœu du plus parfait et s'offrit comme victime pour sauver la colonie. « J'eus la vue de m'offrir en holocauste à la divine Majesté, écrit-elle, pour être consommée en la façon qu'il le voudrait ordonner pour tout ce désolé pays.» On pourrait peut-être penser que cette mystique vit loin de la réalité prosaïque. Sa vie nous prouve le contraire. À 17 ans, elle est mariée, maîtresse de maison, responsable de plusieurs ouvriers et domestiques, associée à la direction des affaires de son mari ; veuve à 19 ans, avec un fils de six mois, elle se retrouve dans une situation embrouillée, criblée de dettes, acculée à la faillite. Grâce à son sens des affaires, elle réussit à liquider la fabrique et à rembourser tous les créanciers. «Dieu m'avait donné du talent pour le négoce» avouera-t-elle plus tard. On la voit ensuite pendant quatre ans chez sa sœur comme bras droit de son beau-frère, commissaire pour le transport. Elle passe ses journées en compagnie des crocheteurs et des charretiers dans l'écurie avec 50 à 60 chevaux à avoir soin.

Chez nous, elle devra assumer les charges administratives les plus difficiles. On la verra courir sur les échafaudages en priant la Vierge Marie de protéger les ouvriers, visiter les chantiers, mener rondement les affaires. Elle porte bien son nom de l'Incarnation car, pour elle, l'amour de Dieu ne se vit pas dans les nuages mais dans la réalité concrète. J'aime la rue Marie-de-l'Incarnation qui lui est dédiée à Québec. Il me semble qu'elle doit s'y sentir à l'aise dans cette rue agitée, bourdonnante d'activités d'hommes d'affaires pressés.

Cette femme de tête avait un courage de lion pour affronter les difficulté car les défis étaient de taille. Entre autres, elle nous explique les conditions minables de leur logement. «En une chambre de 17 pieds en carré était notre chœur, notre parloir, notre dortoir et notre réfectoire. Nous avons tant souffert dans les commencements, surtout manque de logement, que l'on a tenu pour une chose extraordinaire que nous ne soyons pas toutes mortes, ou tout au moins, que nous ne soyons pas devenues infirmes pour jamais.» Et encore: «Dans cette petite maison si pauvre que nous voyons par le plancher reluire les étoiles durant la nuit, et qu'à peine y peut-on tenir une chandelle allumée à cause du vent...»

Au milieu de la pauvreté la plus absolue, dans l'incertitude du lendemain, dans les maladies et les deuils, les constructions et le feu qui les détruit, les classes dans une cabane d'écorces, un couvent à rebâtir, des dettes, un orage d'une rare violence qui, en 1657, comme elle écrit, «écrasa en un jour la grange de notre métairie, tua nos bœufs, et écrasa notre laboureur,» les tracasseries des âmes pieuses et, par surcroît, «le diable qui me voulait mettre en scrupule de ce que je n'avais pas de scrupule«, l'étude de ces langues indigènes à 40 ans passés, rien ne peut abattre le courage de cette femme. Je n'en finirais pas si le temps le permettait de continuer, tant les exemples affluent à ma tête. On peut toujours continuer en lisant les deux volumes de Dom G. Oury *Marie de l'Incarnation*, Presses de l'Université Laval, 1973, 607 pages. Et tant d'autres parus depuis.

Cette femme magnanime qui eut l'âme des choses viriles, l'esprit puissant aux grandes affaires, le cœur invincible dans les adversités, reste toujours profondément humaine. Il s'agit de relire la correspondance avec son fils Martin pour s'en convaincre. Quant à son mysticisme, peut-être la verra-t-on un jour première Docteur de l'Église du Québec...Elle figurerait avec honneur à côté de Thérèse d'Avila ou de Catherine de Sienne. Mais le jugement appartient à l'Église et j'accepte le décret d'Urbain V111 sur la cause des saints. Marie de l'Incarnation a été déclarée Bienheureuse le 22 juin 1980.

En ce 28 octobre, anniversaire de votre naissance, grande Marie de l'Incarnation, donnez-nous la fierté de travailler à la construction de ce «pays en devenir.»

IGNACE BOURGET
Un pasteur au bon cœur proche de son peuple

Ignace Bourget, natif de Lévis, était le onzième d'une famille de treize enfants. Il fut ordonné prêtre le 30 novembre 1822. À la création du nouveau diocèse de Montréal, le 13 mai 1836, il devient le premier vicaire général. Le 15 mai 1837, il est nommé évêque coadjuteur. Enfin, le 19 avril 1840, il devient le deuxième évêque de Montréal. Il n'avait alors que quarante ans.

Durant son long et fécond apostolat de trente-six ans, il montra les qualités d'un vrai pasteur. Il fit venir plusieurs communautés religieuses et en fonda cinq lui-même. Il finit par avoir gain de cause pour la fondation de l'Université de Montréal, longtemps succursale de l'Université Laval de Québec.

Jean-Claude Marsan, fin connaisseur de l'architecture et de l'environnement montréalais parlera de ce « travailleur infatigable, aux idées bien arrêtées, sinon toujours très larges (qui) prend la tête d'une véritable régénération religieuse qui marque son époque. » « Mgr Bourget se considérait littéralement et immédiatement responsable de toutes et de chacune des âmes de son diocèse.(...) Il ne se contentait pas d'organiser les ensembles, il descendait au particulier. De là le souci d'assister les condamnés à mort, de passer avec eux à la prison leur dernière nuit ici-bas; de là aussi l'affection qu'il portait aux petits, aux pauvres, à qui la porte de l'évêché était toujours ouverte. En un mot, il se regardait comme tenu d'être présent sur tous les fronts à la fois. » (*Mgr Ignace Bourget et son temps*, tome 111, p.168 et 169)

Il avait le don de savoir détecter les personnes les plus efficaces pour mettre sur pied des institutions adaptées aux besoins du Montréal du temps. C'est lui qui découvrit la perspicacité de Rosalie Cadron-Jetté pour s'occuper des mères célibataires rejetées de la société. C'est encore lui qui appela de même Mère Gamelin à fonder les Sœurs de la Providence. Lui aussi qui sut discerner les dons de clairvoyance spirituelle chez Mère Marie-Rose. Lui qui encouragea Aurélie Caouette dans son projet inédit de religieuses cloîtrées.

C'était un ultramontain comme on disait à l'époque. Farouche défenseur de la doctrine de la foi et très conservateur dans le domaine des mœurs. Il maniait les condamnations avec autorité. On lui doit aussi la construction de la cathédrale de Montréal, construite à sa volonté, sur le modèle de Saint-Pierre-de-Rome.

Mgr Bourget s'est retiré en 1876 à la maison Saint-Janvier, au Sault-au-Récollet où il rendit son âme à Dieu, le 8 juin 1885. Le peuple l'appelait déjà le saint Évêque.

Philippe Hébert a immortalisé la mémoire de Mgr Bourget. En face de la cathédrale Marie-Reine-du-Monde, du sommet de son piédestal, l'évêque semble encore s'adresser à ses fidèles.

En ce 30 octobre, rappelons l'anniversaire de naissance de ce grand évêque.

GABRIEL LALEMANT
L'héroïque compagnon de Brébeuf

Gabriel était né à Paris d'une famille dite « des gens de loi. » Il aurait pu se tailler une belle carrière de santé. La force vient d'en haut dans la judicature car on le disait raffiné et intelligent. Mais il préfère tout abandonner pour entrer chez les jésuites. Il écrit: «Oui, mon Dieu et mon Sauveur, c'est pour me revanche des obligations que je vous ai. Car si vous avez abandonné vos contentements, vos honneurs, votre santé, vos jours et votre vie pour me sauver, moi misérable, n'est-il pas plus raisonnable que j'abandonne à votre exemple toutes ces choses pour le salut des âmes que vous estimez vôtres, qui vous ont coûté votre sang, que vous avez aimées jusqu'à la mort et desquelles vous avez dit: ce que vous faites aux plus petits, c'est à moi que vous le faites. »

C'est beau la générosité mais il faut une bonne santé pour rêver aux missions! C'est ainsi que le pensent ses supérieurs. Car Gabriel est de fragile santé. Marie de l'Incarnation le décrit comme «l'homme le plus faible qui soit et le plus délicat qu'on eût pu voir!» Elle reste toute étonnée de voir qu'il a pu résister sans mourir à quinze heures de tourments indicibles. Gabriel a la ténacité qui fait les saints. Il lui faudra deux ans d'insistance auprès de ses supérieurs avant de pouvoir s'embarquer pour la Nouvelle-France. Que pouvait-il faire dans un pays qui demandait de robustes santés se demandaient les autorités? Ses arguments durent avoir un effet sur ses supérieurs car on retrouve Gabriel à Québec en 1646. On le confine immédiatement à une mission indienne bien organisée de Sillery. C'est là qu'il devra rester et pour longtemps. Mais non. Le vent change. Deux ans plus tard, la Huronie a besoin de renforts. Des Pères sont morts et les conversions se multiplient. On l'envoie mais les doutes persistent «qu'est-ce qu'il pourra bien faire là?»

Les voies de Dieu sont insondables. Il le voulait martyr. Six mois plus tard, les Iroquois l'ont saisi. Il restera fixé au poteau de torture de six heures du soir jusqu'à neuf heures le lendemain matin. Il souffrira le martyre interminable de la robe d'écorces, de la bastonnade, des alènes rouges, des tisons brûlants dans les yeux, des incisions sur le corps, de l'arrachement du nez, des haches enflammées autour du cou, pendant dix-sept heures. Alors que Brébeuf, dur comme un roc, ne laisse échapper aucune plainte, Gabriel gémit et prie Dieu tout au long de son supplice. Comme il est proche de nous! Son témoignage est celui de la faiblesse qui trouve sa force en Dieu. «Quand nous pûmes apporter le corps à Sainte-Marie, dit le Père Ragueneau, nous ne vîmes aucune partie de son corps, depuis les pieds jusqu'à la tête, qui n'eût été grillée et brûlée vive, même les yeux, où les impies avaient fourré des charbons ardents. » Marie de l'Incarnation, étonnée de tant de force, écrira : « Dieu, par un miracle de sa grâce, a voulu voir en sa personne ce que peut un instrument, pour chétif qu'il soit, quand il le choisit pour sa gloire et pour son service»

Le martyre de saint Gabriel Lalemant attira un profond bouleversement. Son frère aîné entra à la Grande Chartreuse, ses trois sœurs se firent carmélites, sa mère entra dans une communauté franciscaine. Gabriel s'était préparé au martyre. Ne disait-il pas encore: «S'il est raisonnable que quelqu'un se porte d'amour à donner ce contentement à Jésus-Christ, au péril de cent mille vies s'il en avait autant, avec la perte de tout ce qui est de plus doux et agréable à la nature, tu ne trouveras jamais personne qui soit plus obligé à l'entreprendre que toi. »

En ce trente octobre, anniversaire de sa naissance, magnifions la force de Dieu qui se manifeste dans la faiblesse. Gabriel Lalemant reste un puissant encouragement pour les petits et les fragiles.

MARIE LOUISE EMMA CÉCILE LAJEUNESSE
La grande Albani soprano internationale

Bientôt, bientôt paraîtra une biographie de la grande Albani. En effet, Michelle Labrèche-Larouche est en train de faire des recherches aux archives de le Covent Garden Opera dans le but de compléter le travail préliminaire à la rédaction de cet ouvrage tant attendu du milieu artistique.

Nous connaissons tous la grande Albani. Mais qui sait qu'elle est née à Chambly, qu'elle doit sa vocation surprenante à des parents attentifs qui surent déceler chez cette enfant surdouée un talent sûr pour la musique? Ils lui firent étudier la harpe et le piano dès sa quatrième année. Dans la revue *Gens de mon pays*, vol. 1, printemps 1994, Normand Caron rapporte «qu'à huit ans, elle se produisait déjà en spectacle et à quatorze ans, elle quittait le Canada pour Albany, aux États-Unis (d'ou son nom d'Albani) pour ne revenir y chanter qu'en 1884 alors qu'elle était au sommet de sa carrière.»

Pourquoi cet exil? La future biographe en révèle la cause: «le clergé montréalais ne voulait pas exposer une âme pure aux périls européens!» C'est pourtant l'évêque d'Albany, dans l'État de New York qui organisa pour elle des concerts-bénéfices qui lui permirent de poursuivre ses études à Londres.

C'est alors que commence une carrière internationale époustouflante. Après les États-Unis, le Mexique, l'Australie, c'est l'Europe. La grande Albani sait conquérir tous les cœurs. Sa virtuosité surprenante, ses dons naturels rehaussés par la culture, son raffinement, sa grande vivacité d'esprit, son charme et sa beauté lui facilitaient la tâche. Le public l'adorait. Elle pouvait interpréter les opéras les plus difficiles avec une rare perfection. Les milieux les plus sophistiqués lui ouvrirent toutes grandes leurs portes. Elle comptait parmi ses compositeurs des noms aussi célèbres que Brahms, Lizt, Gounod et Dvorak. Elle fit la séduction du tsar de Russie. La reine Victoria l'honora de son amitié et lui conféra l'Ordre de l'Empire britannique.

Caron nous dit encore qu'elle avait épousé Ernest Gye, un Anglais dont le père était le directeur du Convent Garden Opera le Londres. Toutefois, on peut lire dans ses mémoires: «J'ai épousé un Anglais et je me suis établie en Angleterre, mais dans mon cœur, je suis toujours Canadienne-française.» Elle devait achever sa vie très modestement à cause de son mari qui avait dilapidé la presque totalité de leur fortune. Elle mourut à Londres, le 3 avril 1930.»

Une plaque commémorative rappelle encore de nos jours l'emplacement de sa maison natale au 416, rue Martel, à Chambly. J'ai toujours espéré que la ville de Chambly changerait un jour le nom de cette rue pour la renommer « rue Lajeunesse-Albani. » Après tout, Antonine Maillet n'a-t-elle pas sa rue, de son vivant à Outremont !

De leur côté, les postes canadiennes ont honoré la grande soprano en émettant un timbre où elle apparaît dans le costume d'apparat qu'elle portait lors de l'interprétation de la Traviata de Verdi.

PAUL-ÉMILE BORDUAS
Le père du «Refus global»

Borduas fut d'abord un apprenti d'Ozias Leduc pour qui il avait le plus profond respect. Il parlera plus tard de la « haute intelligence » du maître avec qui il entretiendra une constante amitié. Il y avait sans doute chez Leduc un petit côté rebelle qui attirait le fougueux Borduas.

Leurs chemins devaient cependant bifurquer. Borduas devient d'abord professeur de dessin à l'École des Beaux Arts de Montréal puis part pour l'Europe. Ce voyage provoqua chez l'artiste une radicale transformation. Borduas se tourne vers la peinture non figurative. Il fait même une exposition au Séminaire de Joliette en 1942.

En 1948, c'est le fracassant *Refus Global* dont il est le père. Ce manifeste signé par les plus grands noms dénonçait en bloc toutes les forces oppressantes qui brimaient la créativité tant individuelle que collective dans un Québec écrasé dans sa soumission. Un grand coup de balai qui fit lever bien des poussières dans le paysage !

Les expositions de Borduas au Musée des Beaux Arts de Montréal en 1952, aux États-Unis et à Paris le propulsèrent au sommet de la gloire qu'il aspirait à grands traits. On peut dire qu'il est connu aujourd'hui dans le monde entier et qu'il fait partie des grands noms des peintres québécois.

En ce 1er novembre, saluons sa grande liberté d'esprit qui a ouvert la voie à tant d'autres.

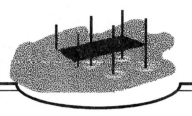
SIMONE MONET-CHARTRAND
Une vie cristalline, «comme rivière»

Parler de Simone Monet-Chartrand, c'est rappeler la mémoire de cette fille de juge née dans un milieu favorisé mais lucide et militante dans la J.E.C ; capable de choix difficiles comme celui de la justice sociale ; déterminée en épousant Michel Chartrand qu'on retrouve guerroyant sur tous le fronts ; dévouée et tendre mère d'une famille nombreuse qui ne l'éloigne pas des durs combats et des engagements vitaux ; libre et personnelle dans sa pensée à l'endroit de l'Église institutionnelle mais inébranlable dans son appartenance à cette même Église ; dérangeante mais capable d'assumer toutes ses responsabilités ; sans cesse stimulante pour incarner une spiritualité proche du milieu ; incapable de mettre un hiatus entre Dieu et le monde moderne ; fouillant pour adapter une spiritualité propre aux laïcs et la Parole de Dieu dans la vie courante ; propulsant les autres vers plus de prise en charge de leurs responsabilité dans une incarnation concrète de leur foi ; liant l'Évangile et la vie dans ses décisions, ses attitudes, ses démarches, dans les moments difficiles comme dans les bons ; dénonçant courageusement la peur paralysante, l'opinion publique annihilante, le fatalisme abrutissant et l'impatience devant les réformes qui s'imposent ; en un tour de main, capable de mobiliser vingt-cinq femmes engagagées pour dresser un questionnaire à soumettre aux évêques sur *le rôle des femmes canadiennes à l'intérieur de l'Église, etc., etc.*

Nous avons là toute Simonne Monet-Chartrand, un peu seulement. Cette femme prophétique était avant son temps. Elle cherchait Dieu à travers les linéaments difficiles d'une société en pleine évolution, dans l'obscurité des événements quotidiens, dans les êtres écrasés par la souffrance, sans défense et sans voix.

Son engagement comme laïque pour tous les combats, son approfondissement d'une spiritualité propre aux laïcs, son union au Christ, source de toute son énergie, sa lutte pour redresser la condition des femmes, son mariage réussi malgré les orages qui tombaient parfois dru sur son mari (v.g. emprisonnement lors de la crise d'octobre de 1970), ses interrogations et son sens critique à l'intérieur de l'Église, en font une femme exceptionnelle, une interpellation prophétique, un phare rayonnant de chaleur humaine, de tendresse, d'amour et de sourire.

Avec raison, elle a écrit *Ma vie comme rivière*. Parfois sans doute, cette rivière s'est convertie en torrent. Mais lucide, Simonne pouvait aussi y trouver des beautés. «Il y a des moments où l'orage passe dans la société, écrivait-elle. On peut aussi choisir de regarder l'orage... et de trouver ça beau... » Pour nous, dans cette rivière cristalline, nous pouvons y voir miroiter toute la beauté d'une personne débordante de vie, sereine, debout et confiante d'un demain meilleur. Comme l'écrivait si bien sa fille Hélène a l'occasion du vingt-cinquième anniversaire du mariage de Simonne et de Michel :

> « Regardez-les...
> Des milliers de mots jaillissent du silence de leurs cœurs
> et de ce cri muet naît en eux
> l'immense espace de ces millionnaires de la vie. »

Simonne Monet-Chartrand reste une millionnaire de la vie pour tous ceux et celles qui l'ont connue et pour nous tous, avides de la même vie qui jaillissait « en abondance » de son cœur large et généreux.

Aussi, en ce 4 novembre, anniversaire de sa naissance, rappelons-nous sa voix qui murmure encore à nos oreilles comme une rivière....

ALPHONSE DESJARDINS
L'apôtre de la coopération

Quand Alphonse Desjardins fonde sa première caisse populaire, il n'a pas la stature d'un grand financier. Il a quitté l'école à seize ans après un cours commercial de quatre ans au Collège de Lévis. Il se lance d'abord dans le journalisme à *l'Écho* de Lévis et au *Canadien* et fait, entre autres, la connaissance de Tardival qui deviendra son fidèle ami. Il se frotte aussi à la politique et devient même rapporteur des débats à l'Assemblée législative du Québec sans pour autant négliger sa ville dont il est le secrétaire de la Chambre de commerce de 1880 et 1888. En 1891, il fonde son propre journal *L'Union Canadienne* qui dure a peine trois mois. Son appui sans réserve au parti conservateur et ses virulentes attaques contre le gouvernement Mercier laissent présager un bon journaliste. Puis, le voilà sténographe officiel des débats français à la Chambre des Communes à Ottawa en 1892. « Un véritable exil et ses retours au foyers, une de ses joies les plus douces. »

C'est cependant la que va germer sa future vocation. Un député, Quinn, veut un jour déposer un projet de loi visant à soustraire les emprunteurs des taux d'intérêt démesurés. Desjardins réfléchit au problème de l'usure, des moyens de protéger les plus démunis en cas de chômage, de décès ou d'autres problèmes de la vie.

En 1898, il entre en contact avec le Britannique Henry Wolff auteur du livre *The People's Banks*, président de l'Alliance coopérative internationale. Desjardins étudie les différents modèles de banques et caisses populaires européens et tente de créer son propre système adopté au contexte francophone. Il faut donner aux siens les moyens adéquats de se prendre en mains, de gérer leur propre capital, de développer l'épargne. Homme perspicace et concret, il prend comme base et appui de son futur projet la paroisse avec son école, son église et ses corps municipaux. C'est un milieu naturel d'entraide et de coopération. C'est également une façon de minimiser les risques de toute entreprise audacieuse et d'enrichir les participants puisque les capitaux ne fuiront pas vers les grandes villes mais bénéficieront avant tout aux paroissiens.

Le clergé donne son aval au projet. Léon XIII venait de publier *Rerum Novarum* qui insistait « sur la nécessité de venir en aide, par des mesures promptes et efficaces, aux hommes des classes inférieures, dans une situation d'infortune et de misère imméritée. » Fort de l'appui du clergé, Desjardins sait tirer profit des groupes des jeunes (ACJ et Ligues du Sacré-Cœur), de la Chambre de commerce, de la presse catholique, d'une équipe solide formée de proches collaborateurs, de sa femme, gérante de la caisse de Lévis, de ses filles, secrétaires, et surtout de l'abbé Grondin, son bras droit.

De 1900 à 1920, plus de 180 caisses furent mises sur pied au Québec. Au cours de la seule année 1907, Desjardins parcourut plus de 5389 milles, donna 52 conférences, plus de 150 causeries, répondit à pas moins de 2500 lettres. Les invitations commencèrent à pleuvoir. On l'invita aux États-Unis, dans le reste du Canada, en Europe. C'est à lui que revient l'honneur d'avoir fondé la première caisse aux États-Unis (Manchester) en 1908. Qui a dit que l'Aléna entre Québec et les États-Unis ne serait pratiquement pas possible?

Il va sans dire qu'il eut à combattre les attaques farouches de ses adversaires, entre autres la Banque Nationale qui voyait d'un très mauvais œil un pareil rival. Malgré les oppositions, Desjardins obtint l'appui du provincial en 1906 mais le fédéral le lui refusa toujours. Rien de nouveau sous le soleil! C'est là qu'on vit toute la force et la ténacité du lutteur. En plus de tout le travail qui l'accaparait, il fonde *l'Action populaire économique* en vue d'exercer une force de pression auprès du gouvernement. Il obtint l'appui de hautes personnalités (v.g. le gouverneur général du Canada qui ira jusqu'à s'inscrire comme sociétaire de la caisse populaire de Lévis!) Desjardins tiendra jusqu'au bout. On le verra rédiger un *Mémoire sur la Fédération des caisses populaires* sur son lit de mort. Il meurt à sa résidence le 31 octobre 1920.

La Maison Alphonse-Desjardins, (coquette maison d'inspiration victorienne) située au 8, rue Mont-Marie à Lévis, est devenue un centre d'interprétation ouvert au public depuis 1982. C'est dans ses murs que le projet de la première caisse a été élaboré et que les débuts des caisses a commencé. Une reconstitution évocatrice des principales pièces de la maison permet de comprendre la situation socio-économique du début du XXe siècle et l'évolution de l'œuvre à laquelle Desjardins a donné sa vie. Depuis 1985, la Société historique Alphonse-Desjardins a embauché un historien-conseil chargé de la recherche sur la vie et l'œuvre de Desjardins.

En ce 5 novembre, soulignons la mémoire du fondateur de la première coopérative d'épargne et de crédit en Amérique du Nord.

OLIVAR ASSELIN
Un journaliste fougueux et engagé

La vie d'Olivar Asselin est une chevauchée qui scande ses états d'âme impulsifs. Il est d'abord éjecté du Séminaire de Rimouski pour son indiscipline. Cela augure bien ! Il se retrouve ensuite avec sa famille ruinée aux États-Unis où il travaille pendant quelques mois dans une filature de coton. En même temps, il écrit des articles piquants dans plusieurs journaux francophones. Il touche à tout : photographie, enseignement, armée. Son engagement actif et ses articles virulents attirent l'attention de Lomer Gouin qui en fait son secrétaire particulier. Il devient par la suite le directeur actif du Parti nationaliste à côté d'Henri Bourassa. Il fonde même son propre journal, *Le Nationaliste* et participe à la fondation du *Devoir*. Ses prises de position bouillantes lui font goûter à la prison à deux reprises « pour outrage à la magistrature. »

Et le voilà volontaire dans l'armée canadienne lors de la première guerre mondiale. Il veut porter secours à la France sans laquelle « la vie française s'arrêterait en nous comme une eau qui gèle ». Il s'illustre à Vimy et reçoit la Légion d'honneur.

On le retrouve ensuite comme secrétaire ou délégué à plusieurs missions canadiennes en faveur de la paix.

Sa vie prend soudain un tournant surprenant. L'Œuvre de la Merci, vouée à l'aide des vieillards pauvres et démunis, trouve soudain en lui un pilier solide. Il se donne corps et âme à cette œuvre de bienfaisance. Sa charité était active. Il pratiquait ce qu'il croyait. On le vit même un jour donner les souliers qu'il venait d'acheter à un pauvre qui frappait à sa porte. On a pu dire que c'était sans doute, avec Henri Bourassa, l'une des personnalités les moins conformistes que le Québec ait jamais vu naître. Les contrastes d'une vie tumultueuse impossible à analyser forment la trame de toute son existence. Asselin mourut le 18 avril 1937.

Quoi qu'il en soit, il a marqué le journalisme québécois par sa personnalité et son engagement. On ne peut douter de sa sincérité et de sa générosité. Il aurait voulu donner aux Québécois un peu plus de fierté, un plus grand respect pour leur langue et la culture françaises. Bien sûr, il n'était pas de nature conciliante. Mais sa lucidité, ses sorties parfois intempestives, son souci de l'expression juste, sa passion pour sa langue et la culture françaises, son engagement pour toute cause humanitaire, sa rectitude morale, se générosité, son sens aigu de la justice, en font un des journalistes les plus importants de notre histoire.

Il combattit farouchement l'impérialisme britannique, réclama plus d'autonomie pour les gouvernements provinciaux, dénonça la Confédération bancale et, en prophète, annonça que ses structures étaient à tel point endommagées qu'il n'y aurait pas à se surprendre de voir un jour tout l'édifice s'écrouler. Récemment, Lise Bissonnette faisait la même observation à l'université d'Hopkins....C'est dire qu'Asselin reste actuel et peut-être plus que jamais! On n'est pas du tout égaré quand on relit *Les Canadiens français et la Confédération*, Montréal, 1927 ou encore *Les Canadiens français et le développement du Canada*. Cela donne le goût de continuer plus avant.

Aussi, en ce 8 novembre, anniversaire de ce grand journaliste, reconnaissons son active participation au journalisme chez nous et ses courageuses prises de position. Un grand salut Olivar!

THÉOPHILE HAMEL
L'un de nos peintres importants

Théophile Hamel fut d'abord un apprenti de Plamondon. Après six années passées sous la tutelle du grand maître, il ouvrit son propre atelier sur la rue Buade à Québec et commença à peindre. Quelques annés plus tard, il partait pour l'Europe, rêve naturel de tout artiste. Il fut en réalité le premier peintre québécois à se rendre en Italie. Hamel profita de son séjour pour se mettre à l'école des grands maîtres comme Titien, Rubens. Il porta aussi une attention toute spéciale à l'étude du dessin. Quand il revient au pays en 1851, il devient vite célèbre. Il s'installe à Montréal (il comptera Napoléon Bourassa parmi ses élèves).

Le talent de portraitiste de Hamel est reconnu et indéniable. On peut dire que pendant vingt ans, il fut l'un des maîtres de l'art du portrait chez nous. Il suffit de rappeler son *Autoportrait au paysage* (1841-1843) pour s'en rendre compte. Dans cette huile sur toile, (122,5 X 101,7 cm) on peut deviner la virtuosité de l'artiste car Hamel n'avait alors que 16 ou 17 ans !

Hamel est resté célèbre chez nous aussi par ses portraits historiques. Le plus connu sans doute est celui de Jacques Cartier inspiré de celui que François Riss exécuta pour l'Hôtel de Ville de Saint-Malo. Chacun de nous se rappelle la figure songeuse du Malouin dans tous nos manuels d'histoire. Accoudé au bastingage de son bateau, Jacques Cartier semble absent ou ailleurs. Son regard perdu dans un horizon lointain scrute l'infini. Ses traits énergiques, la noblesse de son visage, la profondeur de son regard en font un des meilleurs portraits d'histoire réalisé au Québec au XIXe siècle.

Le talent de l'artiste Hamel nous a laissé plusieurs chefs d'œuvre. *L'Éducation de la Vierge*, inspiré de celui de Rubens à Anvers, est sans contredit une réussite. Mais il y en a d'autres. J'affectionne particulièrement son *Judas Apôtre*, aux traits convulsés et inquiets.

Hamel est décédé à Québec le 23 décembre 1870. En ce 8 novembre, anniversaire de sa naissance, rappelons ce grand talent de chez nous.

LE BRAVE CHARLES-MICHEL D'IRUMBERRY DE SALABERRY

Cet homme devait passer à la légende chez nous. Il s'enrôla très jeune dans l'armée comme volontaire dans le 44th Foot. Ami de la famille, le duc de Kent lui obtint vite des promotions. Charles-Michel se fit remarquer aux Antilles par sa bravoure au combat lors de l'invasion des colonies françaises. Après de multiples tractations, il fut nommé capitaine-lieutenant. Il passa ensuite en Angleterre et ses nombreux contacts lui obtinrent le poste de commandant des Voltigeurs à son retour au Canada en 1812.

Ce que nous retenons surtout de lui, c'est son habile stratégie qui lui fit gagner la fameuse bataille de Chateauguay, le 26 octobre 1813. Il se montra combattant rigoureux et astucieux. On connaît le fait d'arme. Hampton avançait sur Chateauguay avec une redoutable armée de 3000 hommes dans l'intention de s'emparer de Montréal. Il était aidé par Wilkinson qui venait par le Saint-Laurent. Il est bien évident que Montréal ne pouvait tenir tête avec le peu de soldats en état de défendre la ville. Mais Salaberry usa d'une tactique militaire habile qui donnait l'illusion d'un grand nombre de militaires prêts à défendre âprement la bataille. Il fit abattre des abattis sur quatre retranchements successifs. Hampton s'imagina qu'une forte armée le talonnerait vigoureusement. Il rebroussa chemin. Selon le rapport Prévost 3000 Américains s'opposaient à 1700 Canadiens. Les pertes auraient été pénibles du côté canadien. Malheureusement, Prévost attribua la victoire à Watterewyl. Mais Salaberry avait démontré sa vaillance, sa forte trempe comme militaire et sa loyauté. Le peuple, lui, n'était pas dupe. Il en fit un héros. Le nom de Salaberry est passé de génération en génération comme un grand combattant qui sauva Montréal d'une attaque qui l'aurait écrasée sous la botte des Américains.

En ce 9 novembre, souvenons-nous de Salaberry!

Né à Ste-Thérèse-de-Blainville
(Laval)

JOSEPH-ADOLPHE CHAPLEAU
Une étoile éteinte...dans le ciel du Québec

Il appartenait à une famille modeste — son père était tailleur de pierre — dont il sera toujours fier. Il était encore jeune quand ses parents déménagèrent à Terrebonne, un fief des seigneurs d'antan. Grâce à la protection de la seigneuresse Masson, Adolphe put faire des études au collège où il se signala par son application, sa soif de savoir, sa vivacité, sa grande curiosité, sa facilité de parole et...sa piété. Il termina ses études au Séminaire Saint-Hyacinthe et choisit le droit. Admis au barreau en 1861, il connut l'effervescence des Louis-Hyppolyte Lafontaine et Georges-Étienne Cartier. Pour des raisons de circonstance, Chapleau se rangea du côté des « bleus. » La politique l'intéressait mais c'était surtout son travail qui le passionnait. Au plan professionnel d'ailleurs, il occupera des postes importants. Il sera même professeur de droit criminel et de droit international à l'Université Laval à Montréal (1878-1898). Brillant avocat, il plaidait avec fougue. Sur vingt-deux accusés de meurtre, il en sauvera vingt et un de la potence !

À l'époque, comme il n'y avait pas de télévision, la politique comptait sur la presse et la parole pour faire valoir son point de vue et gagner des adeptes. Chapleau devint vite le porte-parole des conservateurs dans tous les coins de la province. Un petit journal qu'il fonda — *Le Colonisateur* — dont la durée éphémère (trois ans) — le fit cependant connaître et accrut sa popularité. Avec la Confédération, il fut activement mêlé à la lutte farouche entre les rouges qui s'y opposaient et les bleus qui la voulaient.

Aux élections qui suivirent, le fils de sa bienfaitrice — Rodrigue Masson — convoitait le comté de Terrebonne. Georges-Étienne Cartier qui s'opposait à la candidature de Chapleau le favorisait. Qu'à cela ne tienne ! Chapleau n'était pas l'homme des compromis. Il décide alors de défier le parti. Il est élu. Il a 26 ans. Tous les espoirs lui sont permis. Dès son entrée à la Chambre, il se fait remarquer par sa réponse au discours du trône. Il plaide en faveur de l'union pour le bien de tous. «Nous sommes au berceau d'une constitution nouvelle, dit-il ; autour d'un berceau, les passions se taisent, les divisions disparaissent, pour faire place à des sentiments d'amour, à des projets de gloire et d'avenir. » C'est le triomphe. Aux élections de 1871, autre victoire. Il est réélu dans son comté. Ouimet, son ami, devient premier ministre. Il lui confie le poste de solliciteur général. En Chambre, il trouve cependant un adversaire tenace: Wilfrid Laurier, beaucoup plus structuré au plan de la pensée que lui.

Mais en politique, rien n'est jamais assuré. Une affaire de pots de vin vint entacher le Parti au pouvoir.(scandale des Tanneries). On ouvre une enquête. Ouimet doit démissionner; Chapleau est blanchi. Il devient alors registraire de la province. Enfin, après l'échec de Joly, lieutenant des libéraux, les conservateurs reprennent le pouvoir. Le 31 octobre 1879. Chapleau est premier ministre. Grâce à une conjoncture favorable, son gouvernement, comme le souligne Rumilly, fit passer le Québec de l'état de province à celui de nation. Quand il quitte la province pour œuvrer sur la scène fédérale, il avait assaini les finances, lutté de toutes ses forces pour son fameux chemin de fer et bien dirigé son équipe. En 1882, il fait le saut en politique fédérale. Macdonald le nomme secrétaire d'État.

La vie ne sera pas aussi facile à Ottawa que l'habile premier ministre lui avait fait miroiter. L'affaire de Riel vient tout chambouler. Chapleau se voit forcé de faire un choix crucial: soutenir les siens du côté de Riel ou rester solidaire des conservateurs contre. Riel est pendu. Du jour au lendemain, Chapleau perd toute crédibilité au Québec. Sa carrière est ruinée, son honneur, entaché à jamais. Aussi, en 1892, pas surprenant de le voir lieutenant-gouverneur à Spencer Wood. Il meurt le 09 juin 1898.

Dans la collection *Célébrités canadiennes*, Luc Bertrand a esquissé une biographie de Joseph-Adolpte Chapleau. Comme il l'affirme dans son épilogue, « Chapleau ne fut sans doute pas une figure dominante de notre histoire, mai il demeure un personnalité fascinante à étudier. À la fois brillant, pragmatique, subtil et sûr de lui, il ne pouvait laisser personne indifférent. Rappeler son nom, c'est rappeler tout une période de notre histoire. S'il avait démissionné du gouvernement Macdonald, lors de l'affaire Riel, son nom s'inscrirait en lettres d'or dans nos annales politiques. Au lieu de cela, il décida de demeurer membre d'un gouvernement où l'influence des Canadiens français était inexistante.» Il lui reste à se contenter d'un comté provincial et d'une rue dans le centre-ville de Montréal qui portent son nom.

En ce 9 novembre, anniversaire de sa naissance, il est bon de rappeler son nom. C'est l'occasion de réfléchir sur l'importance de nos choix. Surtout en politique. Avec tant de qualités humaines, Chapleau a perdu une belle occasion de soutenir les siens et d'occuper une large place dans notre histoire. Dommage! Il était doué...

BARIN DE LA GALISSONIÈRE
Un gouverneur lucide et intelligent

La Galissonnière naquit dans la ville portuaire de Rochefort, fondée par Colbert en 1666. Il appartenait tant par son père que par sa mère à une famille reliée à la marine. Sa vocation s'inscrit dans un courant tout tracé à l'avance quand il entre aux gardes de la Marine où il étudie les mathématiques, les fortifications, le dessin, l'hydrographie, la construction des navires, le tir au canon, la manœuvre des bateaux. En 1711, il fait sa première expédition à Québec. Puis, de nombreux voyages suivent, entre autres, un à Louisbourg. Homme d'intelligence vive, de perspicacité lucide, d'observation méthodique, il connaissait bien le pays quand il est nommé gouverneur de la Nouvelle-France en l'absence de La Jonquière, blessé au cours d'une bataille en Acadie.

La Galissonnière n'était pas un ambitieux. Il avait refusé le gouvernement général de Saint-Domingue. Il aurait préféré « faire son chemin dans la Marine plutôt que suivre cette voie (gouvernement général) » mais les ordres sont des ordres. il est nommé. Il arrive à Québec le 19 septembre 1747.

Son mandat était net et précis. Maurepas lui avait indiqué que « le secours le plus important et dont la colonie se trouve à avoir le plus besoin, c'est un chef en état de la conduire et de la défendre.» Pas surprenant de voir La Galissionniere travailler à une stratégie de défense qui portera sur les fortifications, les alliances politiques avec les Indiens, l'envoi de troupes militaires dans des régions stratégiques et le peuplement des zones frontalières. Ses recommandations, malheureusement, ne furent pas écoutées en France. Les vues de La Galissonnnière étaient trop larges pour les fonctionnaires outre-mer. Quand il parle du « boulevard de l'Amérique » par exemple : « On ne doit rien épargner pour mettre ces colonies en force, puisqu'on peut et qu'on doit les considérer comme le boulevard de l'Amérique contre les entreprises des Anglais. »

Roland Lamontagne, qui a écrit une brochure sur La Galissonnière dans la collection *Célébrités canadiennes*, affirme que « ses mémoires et ses écrits constituent, à cette époque, les meilleures analyses et les plus lucides synthèses descriptives de la Nouvelle-France. »

La Galissonnière était aussi un homme de sciences qui facilitait les échanges scientifiques. Le médecin du roi et naturaliste Jean-François Gaultier assure qu'il « entrait dans une infinité de détails qui faisaient plaisir aux habitants de cette colonie ». Le Frère Marie-Victorin, lui a rendu hommage dans sa *Flore Laurentienne*. Il salue en lui « un des grands noms de la botanique laurentienne. »

En ce 10 novembre, saluons ce grand serviteur de la Nouvelle-France, cet administrateur averti, cet homme de science érudit, cet humaniste dans le meilleur sens du mot.

12 novembre 1606

*Née à Langres
(Champagne) France*

JEANNE MANCE
Fondatrice de l'Hôtel-Dieu de Montréal, co-fondatrice de Montréal, femme de courage et de lucidité

Notre première laïque missionnaire! Fait tout à fait inusité à l'époque. Bien entendu, les Ursulines et les Augustines étaient arrivées à Québec en 1639. Des soldats et des défricheurs étaient aussi venus. Mais une femme seule, une laïque en plus, c'était quelque chose de tout à fait inédit. Bien sûr, vous allez me parler de Madame de la Peltrie arrivée avec les Ursulines. Mais pour cette amazone, c'était autre chose!

Quand elle arrive chez nous, Jeanne Mance est une femme mûre, déjà dans la trentaine. Elle a connu la guerre, la famine, la peste, la maladie. Même si sa famille aisée (de Langres en Champagne) compte plusieurs prêtres, elle ne se sent pas attirée par la vie religieuse. En 1636, c'est l'illumination. Elle lit la *Relation* des Jésuites et cède à un attrait irrésistible: Dieu la veut au Nouveau Monde. Elle consulte alors des gens d'expérience, entre autres, les Pères jésuites Charles Lalemant et Saint-Jure. Ce dernier, réputé pour sa perspicacité, d'abord réticent, déclarera plus tard que «jamais il n'avait vu autant de marques de la volonté divine du bon Dieu qu'en sa vocation.» Jeanne rencontre également le Père Rapine, récollet, qui la met en contact avec Mme de Bullion, la «bienfaitrice anonyme.» Celle-ci, frappée par l'esprit pratique, l'équilibre, la lucidité, la confiance absolue dans la Providence et la générosité de Jeanne, lui demande de prendre charge d'un hôpital qu'elle veut fonder là-bas. Après de longues discussions, Jeanne Mance accepte. Elle part vite sans même faire ses adieux. Elle ne sait pas encore où s'élèvera ce futur hôpital: Dieu y pourvoira.

À La Rochelle, elle rencontre La Dauversière qui lui «avoue le besoin d'une personne désintéressée comme elle.» Jeanne hésite. «Si je fais cela, dit-elle, j'aurai plus d'appui sur la créature et j'aurai moins à attendre du côté de la Providence.» Le bon Monsieur De La Dauversière la rassure aussitôt. La Société de Montréal n'a plus de fonds. «Il est vrai que je suis certain que ceci est l'œuvre de Dieu et qu'il le fera, mais comment je n'en sais rien.»

En femme avisée, Jeanne, pense qu'une telle entreprise aura besoin de soutien. Elle suggère la publication d'une brochure qui expose les «véritables motifs» de cette exaltante aventure. Elle pourrait la faire circuler auprès des personnes influentes qu'elle a rencontrées à Paris. La Dauversière estime que «rien ne pouvait être mieux pensé.»

489

Et « la folle aventure » commence. C'est la longue traversée, l'installation précaire à Ville-Marie, le modeste Hôtel-Dieu, les premiers baptêmes (elle sera marraine de presque tous les enfants), les blessés qui affluent, les attaques sournoises des Iroquois, les morts qui se multiplient, les difficulté qui surgissent de partout, son hôpital converti en citadelle, l'inquiétude constante, les problèmes financiers de la Société responsable de la survie, l'abandon des secours de la France, la précarité devant l'avenir.

En 1660, la situation était pratiquement insoutenable.« Nous voyant dans une extrême faiblesse, écrit-elle, faisant réflexion sur ces choses et dans une grande peine et angoisse d'esprit de voir les choses en une telle extrémité », elle prend alors une décision audacieuse. Elle offre à Maisonneuve d'utiliser 22, 000 livres offertes par madame de Bullion pour l'hôpital afin de lever une recrue de cent hommes et sauver Montréal. Par la suite, Madame de Bullion approuvera cette décision. Dollier de Casson dira que « Mlle Mance (avait) agi avec autant de prudence que le marchand dans le danger (qui) jette prudemment une partie de ses denrées pour sauver le reste. » En effet, il s'agissait de sauver l'équipage en faisant sauter par dessus bord la cargaison. Jeanne avait vu juste. Grâce à cette initiative, elle sauva Montréal. L'arrivée des soldats apaisa l'ardeur des Iroquois. On a même parlé de « seconde fondation de Montréal. »

Où Jeanne Mance puisait-elle toute son énergie ? Simplement, dans son abandon total à la Providence. Le Père Saint-Jure la qualifiait de « personne de haute et éminente vertu. » Il la proposait même comme modèle d'abandon à la Providence et de soumission à la volonté divine à la prieure des Ursulines de Loudun. De son côté, M. Olier écrivait dans son *Journal:* « J'ai vu parfois les opérations de Dieu dans les âmes des personnes du Montréal, entre autres de Mlle Mance, que je voyais pleine de la lumière de Dieu, dont elle était environnée comme un soleil. » C'est lui qui, quelques années après sa mort, devait guérir le bras cassé de Jeanne Mance, de façon miraculeuse.

Si le Scorpion est symbole de résistance et d'endurance, en Jeanne Mance, nous en avons une preuve tout à fait unique. Toute sa vie en est le témoignage le plus éloquent. Le dard empoisonné du scorpion évoque les tourments de la vie et Jeanne Mance a dû affronter bien des intempéries(jusqu'au soupçon de mauvaise gérance et de dilapidation des fonds utilisés pourtant pour sauver Montréal). Avec respect, elle a tenu le coup. Femme de tête, apparemment froide et distante, elle cachait un cœur d'or. Elle n'a vécu que pour les malades et les pauvres de Montréal. Son activité inlassable, la sagesse de ses décisions, sa clairvoyance lucide, son équilibre constant, sa diplomatie sans brèche, sa persévérance à la tâche, son continuel abandon à la Providence et sa soumission à la volonté divine, son attachement à Montréal, sa générosité, en font une grande dame, une grande Montréalaise, notre première Montréalaise.

Pour en savoir davantage sur Jeanne Mance, lire le très intéressant ouvrage de Dom Oury : *Jeanne Mance et le rêve de M. De La Dauversière*, C.L. D., 1983 et l'incomparable livre de Marie-Claire Daveluy, *Jeanne Mance, 1606-1673*, le classique par excellence.

GÉRALD GODIN
Politicien batailleur mais avant tout poète

Il était avant tout poète. Étudiant rebelle, attaché d'abord comme rédacteur au *Nouvelliste* de Trois-Rivières puis au *Nouveau Journal.* Et à Radio Canada...Tous les chemins mènent-ils à la politique? Godin annonce ses couleurs. Il est co-fondateur de *Québec-Presse* en 1969. On le voit sur tous les fronts. On le voit de plus en plus. On pourrait dire un journaliste engagé. Homme de combat dans les années 60. Il est soupçonné de marxisme parce qu'il se sent proche des marginalisés. Pendant la crise hystérique d'octobre, il goûtera à la prison pendant une semaine avec sa copine Pauline Julien. Il ne l'oubliera jamais et en restera stigmatisé le reste de ses jours.

Écrivain batailleur. Écrivain casse-cou, souvent franc-tireur, bagarreur impénitent, iconoclaste, lui qui refusait   tout système par principe, qui n'acceptait aucun contingentement, voilà qu'il se présente dans le comté de Mercier contre le premier ministre Robert Bourassa! Et il le bat! Godin sera député pendant 18 ans. Oui, dix-huit ans. Mais que diable ce poète allait-il faire dans cette galère de la politique? Ce n'est pas là qu'on entend des *Chansons très naïves.* Aurait mieux valu rester à *Parti Pris* et continuer à collaborer à *Maclean, Liberté, Maintenant, Canadian Forum!*

Mais non. Le poète, il a pris le beau risque! Avec René Lévesque. Finis *les Cantouques!* Maintenant, le poète tente d'amadouer les anglophones, les allophones de son comté multi-ethnique et ailleurs. Difficile parfois de rester lui-même dans un milieu aussi chatouilleux. Il lui faut du courage et de cela, Godin en à revendre. On pourrait parler du poète courageux jusqu'au bout, luttant désespérément contre ce cancer qui le minait depuis quelques années.

En somme, Gérald Godin était un homme libre, éminemment libre. D'une grande honnêteté intellectuelle, d'une égale générosité, d'un humour fin, parfois caustique, proche des petites gens qu'il savait toujours écouter, qu'il exaltait dans ses poèmes, avec leurs mots, leur parlure. Il croyait en eux, en leur saveur, en leur authenticité. Par instinct. Oui, un poète sensible. Un homme de rêves qu'il rentait désespérément de faire germer dans le terroir du quotidien. Un homme d'un grand rêve, d'un grand idéal. Bref, comme l'écrivait Roland Giguère: C'était

> un homme libre aujourd'hui libéré de tout
> libéré du mal et des peines libéré de nous
> qui lui demandions trop lui qui donnait tant
> ses plaisirs ses paroles et son temps

un homme de pleine lune assis sur son volcan
qui part en fumée sous nos yeux mouillés
après avoir vécu mille défaites et victoires
dans un monde qui tourne à l'envers
un homme du pays à faire
avec une tête de marteau et des bras de fer
un acharnement qui remue la forêt
et soulève la plaine jusqu'au fleuve vers la mer
un homme de courant à contre-courant
un pagayeur des étoiles un fou de la vie
est parti aujourd'hui.
(12 octobre 1994)

En ce 13 novembre, anniversaire de la naissance de Gérald Godin, salut poète!

JEAN-ÉTHIER BLAIS
Styliste exigeant, critique lucide,
défenseur passionné de notre identité

On peut difficilement compter les prix et décorations obtenues par Jean-Éthier Blais au cours de sa carrière. Personne peut-être n'a eu autant de relief au cours d'une vie. Ses livres ont connu un grand succès. Ses critiques littéraires au *Devoir* pendant plus de trente ans, étaient lues et décortiquées par les professeurs de lettres et ses étudiants à l'Université McGill où il enseignait la littérature française, devenaient des fans inconditionnés de notre culture et de notre langue. Il vient de nous quitter, foudroyé par la mort, sur le trottoir. C'est une lourde perte pour nous. Dans *Le Devoir* du 14 décembre, Robert le saluera comme « une des grandes plumes de l'histoire de la maison. » Il dira encore de lui : « Il sut y défendre avec un raffinement d'expression la littérature québécoise durant un quart de siècle en suivant de près certains auteurs, effectuant une critique d'accompagnement mais aussi une critique de référence, sachant situer dans leurs champs et leurs influences les écrivains d'ici face aux écritures d'ailleurs. Mais ce ne sera pas sans dureté et sans exclusive, car Éthier-Blais avait ses jours, il savait attaquer et pourfendre, et il est des écrivains, je pense à Gérard Bessette par exemple, qui n'eurent aucune chance avec lui. » Et de ses carnets que les lecteurs du *Devoir* ont pu suivre pendant douze ans, il ajoutera que « c'était l'article du cahier, le plus richement écrit, le plus nourri d'une culture universelle, le mieux fignolé, dans lequel filait l'ombre de son interlocutrice idéale, *Séréna...* »

Un jour, à l'occasion de la publication d'un de mes livres *Confession d'un Québécois ordinaire*, je reçois un coup de fil de mon éditeur qui me dit : « Vite, allez acheter *Le Devoir*, il y a toute une page de critique consacrée à votre livre. » — De qui, demandai-je à brûle pourpoint ? — De Jean Éthier Blais, me répond-il — Ah! mon Dieu! m'écriai-je. Il est très sévère et parfois caustique... — Ne vous en faites pas, me rassura-t-il. C'est très bien. » Je me mis tout de suite à la lecture de cette critique qui me surprit. Le ton était simple. Éthier-Blais avait trouvé mon livre très bien. J'en étais encore là quand le téléphone sonna. C'était lui. Il m'invitait pour un café à son appartement. Je n'en revenais pas! La rencontre fut pour moi toute une surprise. Et depuis lors, il lisait attentivement tout ce que j'écrivais et toujours avec le même intérêt. Pour un petit écrivain, recevoir l'appui d'un tel critique littéraire, est tout une poussée dans le dos.

Ce que j'aimais surtout chez lui, c'était son engagement en faveur de nos racines. Juste quelques jours avant le référendum de 1995, il affichait nettement ses couleurs dans un article intitulé *La génération des vivants*. (*Le Devoir*, 22 octobre 1995, p. A3) « Certains peuples n'ont pas la force intérieure de durer, disait-il ; nous ne sommes pas de ceux-là. » Et fièrement, il indiquait ce que nous sommes : « Nous sommes une nation qui habite l'Amérique de plus de trois siècles. Nous avons créé une civilisation, qui est parmi les plus dynamiques du XXe siècle. Nous écrivains sont connus dans le monde entier. Nous avons des peintres de génie. Notre architecture religieuse et civile fait l'admiration des étrangers. (...) Le Québec a accédé au rang de nation autonome dans un contexte résolument moderne.(...) Nous sommes restés un peuple ouvert, généreux, la main toujours tendue vers l'autre. Dans aucun pays du monde les nouveaux arrivants sont-ils accueillis d'abord, traités ensuite avec autant d'esprit fraternel qu'ici. »

Plus loin, il s'emballe, quand il parle de notre histoire. « Elle est glorieuse, dit-il, depuis l'époque où nous étions le Canada jusqu'à aujourd'hui, où nous sommes le Québec. » Et il citait des grands noms : Papineau, Bourassa (Henri) et René Lévesque. Puis, il nous mettait en garde contre les peurs annihilantes. « Si nous cédons au chantage des profiteurs du régime, si nous refusons d'accéder à notre destin historique total, nous disparaîtrons un jour, l'accélération de l'histoire aidant, de la carte des nations. En l'an 2500, des chercheurs chinois viendront déterrer les restes de notre civilisation. Nous serons devenus des néo-Cajuns. Certains peuples n'ont pas la force intérieure de durer. Sommes-nous de ceux-là ? »

Et il terminait son article en disant qu'il voterait oui au référendum. Pour une raison très simple : « je refuse, écrit-il, d'appartenir à la générations des morts. J'appartiens à celle des vivants. » Un véritable Lionel Groulx moderne ! Notre peuple a tenu grâce a des hommes de cette trempe.

En ce 15 novembre, anniversaire de sa naissance, rappelons-nous ce porte-flambeau de notre fierté. Comme l'écrivait son successeur au département de français à l'université M. Duquette, rappelons-nous aussi « son immense culture — littéraire, bien entendu — mais également musicale, esthétique, historique.(...) Tout comme sa droiture foncière, son respect de l'autre, sa loyauté absolue une fois sa confiance accordée. Cet être nous manquera cruellement. »

Qu'au moins, ses paroles percutantes, longuement, comme un phare, éclairer nos pas dans la nuit que nous traversons.

JEAN-PAUL LEMIEUX
Peintre de la solitude et des grand espaces

N'est-ce pas ainsi qu'il vous apparaît ? Le peintre de personnages qui se ressemblent tous, emmitouflés dans de chaudes pelisses, seuls, au milieu de grands espaces blancs, dans le silence de l'hiver glacial. Toute une galerie de personnages défilent devant nous. Ils pourraient appartenir aussi bien à la Russie qu'au Canada. Jean-Paul Lemieux, peintre de la grande austérité de l'hiver. Peintre de la solitude et de l'emmurement secret. Peintre de la profondeur et des longs silences. Peintre de l'intériorité et de la paix gagnée de haute lutte. Jean-Paul Lemieux est maintenant connu universellement.

Une grande toile de Lemieux — *Le Réfectoire* — est accrochée dans le salon de la résidence officielle du premier ministre au 24, Sussex Drive, et, depuis quelques années, 20 petits tableaux exécutés par Lemieux pour illustrer *La Petite Poule d'eau* de Gabrielle Roy, couvrent tout un mur du bureau du premier ministre, au troisième étage du parlement. Selon Michel Vastel, qui écrivait un article pour *L'Actualité* en décembre 1994, ces petits chefs-d'œuvre dormaient, roulés dans un coffre, dans la succursale d'une banque à Québec ! Ainsi l'artiste de l'île aux Coudres, très peu populaire au Canada anglais, s'impose maintenant en pleine capitale nationale !

Pour sa part, le Musée des beaux-arts du Canada possède neuf peintures et deux dessins de Lemieux et la seule commande qu'il accepta : le fameux portrait de la reine Élisabeth et du prince Philip. Une peinture que j'aime bien, même si elle est un peu *flyée,* au dire des services du protocole ! Vastel rapporte qu'en avril 1982, lors d'une réception officielle, il osa demander à la reine elle-même, ce qu'elle en pensait. Elle aurait murmuré « spécial... » (en français) « sur un ton qui en disait encore plus long que sa moue. »

En 1993, le Musée des beaux-arts de Montréal fit une exposition des principales œuvres de Lemieux. Une peinture attira particulièrement mon attention fut celle du pape Paul VI. Une œuvre magistrale et surprenante ! Des yeux énormes, ceux d'un pasteur qui ne veut rien oublier et qui reste bien conscient de ses responsabilités. Quand on connaît l'attitude tellement délicate de Paul VI, toute sa sollicitude et son humanité, ces yeux profonds me font penser à ceux du Christ Pantocrator de certaines églises byzantines ! Un chef d'œuvre ! Par un artiste de chez nous !

En ce 18 novembre, anniversaire de sa naissance, rappelons-nous ce grand peintre !

FRÉDÉRIC JANSOONE
Le bon père Frédéric

C'est ainsi qu'il est connu chez nous où il a passé les 28 dernières années de sa vie. Il avait fait du Québec, son pays d'adoption. Frédéric Janssoone était né à l'extrême nord de la France d'une famille qui lui inculqua le sens de la droiture, la maîtrise de soi, la courtoisie et un profond esprit de foi et de charité. Il perdit son père encore jeune — il n'avait 10 ans — et les revers de fortune de sa mère l'obligèrent à interrompre ses études pour soutenir les siens. Il devient commis voyageur pendant six ou sept ans. Il était loin de s'imaginer qu'il s'initiait à son futur métier de « commis voyageur de Dieu au Québec. »

Après la mort de sa mère, il termina ses études et entra chez les Franciscains. Il fut ordonné prêtre le 17 août 1870. La guerre franco-prussienne faisait rage. Aussi, le premier ministère du jeune Jansoone fut celui d'aumônier militaire. La guerre terminée, il participa à la fondation d'un monastère franciscain à Bordeaux. Il ne put supporter la responsabilité de supérieur et obtint d'être déchargé au bout d'un an. Il s'adonna alors à la prédication populaire un peu partout. En 1876, il réalisait un rêve: devenir missionnaire en Terre Sainte pour la garde des Lieux Saints confiée aux Franciscains depuis sept siècles. Pendant douze ans, il occupa de lourdes charges administratives, fit construire à Bethléem l'église Sainte-Catherine, codifia les fameux Règlements de Bethléem et du Saint-Sépulcre, anima de nombreux pèlerinages, inaugura le chemin de croix du Vendredi-Saint dans les rues de Jérusalem.

En 1881, il vient quêter au Canada pour la Terre Sainte. Son passage frappa les gens qui redemandèrent son retour chez nous. Il revint en 1888 et resta pendant 28 ans. Il joua un rôle important dans le développement du culte marial, notamment au sanctuaire du Cap-de-la-Madeleine comme directeur des pèlerinages au sanctuaire. Puis, pendant une quinzaine d'années comme commis-voyageur du bon Dieu, quêtant partout pour les œuvres franciscaines, les Clarisses, le monastère du Précieux-Sang, etc.

Tout le monde le reconnaissait vite. Vêtu d'une bure austère, frêle comme saint François, il incarnait la plus pure spiritualité franciscaine : une incroyable austérité, une angélique piété, une amabilité communicative, une grande douceur. Il passait partout, de diocèse en diocèse, de maison en maison, beau temps mauvais temps, malgré les bourrasques et les giboulées, en dépit des chiens féroces et des chemins défoncés. Sur son passage, d'étonnants prodiges s'opéraient. Il laissait une impression profonde. On l'appelait «le bon Père Frédéric.»

Que de retraites paroissiales il a prêchées et avec quel feu! Que de chemins de croix il a animés! Que de chapelets il a récités! Il parlait de la Vierge avec tendresse, passait de longues heures devant le Tabernacle, célébrait la messe «avec une ferveur de séraphin». Incalculable le nombre de livres, brochures, articles qu'il a écrits!

Toute sa vie fut remplie d'un zèle extraordinaire et marquée par une sainteté toute évangélique. Il incarnait la recommandation que son Père saint François laissait à ses fils en mission: «Lorsque mes frères vont par le monde, je les avertis et je leur recommande en Notre-Seigneur Jésus-Christ d'éviter les chicanes et les contestations, de ne point juger les autres; mais qu'ils soient aimables, apaisants, effacés, doux et humbles, déférents et courtois envers tous dans leurs conversations.»

Usé par les travaux et les austérités, il s'éteignit doucement à l'infirmerie des Franciscains de l'actuelle rue René-Lévesque en répétant les derniers mots de l'Apocalypse: «Veni, Domine Jesu, Viens, Seigneur Jésus.» C'était le 4 août 1916.

Le «bon» Père Frédéric a été béatifié par Jean Paul 11 le 25 septembre 1988. Il a profondément marqué le paysage religieux du Québec qu'il a parcouru à pied. En ce 19 novembre, anniversaire de sa naissance, rappelons sa figure toute sympathique. C'est le François d'Assise de chez nous!

Pour mieux connaître le Père Frédéric, lire *Le goût de Dieu, message spirituel du Père Frédéric,* par André Dumont, éd. Notre-Dame du Cap, 1989, 350 pages.

23 novembre au 21 décembre
Le Sagittaire

fleur du mois :	le poinsettia, originaire du Mexique et qu'on appelle là-bas « flor de la Noche Buena » à cause de sa ressemblance avec l'étoile de Bethléem.
pierre de naissance :	la turquoise, symbole de prospérité. On la trouve en relation avec le feu ou le soleil. Chez les Aztèques, le dieu du feu se nomme «Xiuhtecuhtli», ce qui signifie «maître de la turquoise. » Il représente le soleil au zénith.
signe du zodiaque :	SAGITTAIRE

Neuvième signe du zodiaque, le Sagittaire se situe avant le solstice d'hiver. Autrefois, les hommes laissaient leurs travaux des champs à cause de l'hiver pour s'adonner à la chasse. Le Sagittaire symbolise l'indépendance, la liberté, la rapidité des mouvements.

planète :	JUPITER. Quelques-uns suggèrent plus volontiers PLUTON

Jupiter est principe de cohésion entre le céleste et le terrestre, la matière et l'esprit alors que Pluton préside aux changements en profondeur. Les personnes nées sous ce signe sont très sociables, aiment s'amuser, sont impulsives, intelligentes, exubérantes. Elles adorent le grand air, les voyages et les animaux.

La flèche qui servait autrefois à la chasse fait la synthèse dynamique du Sagittaire qui vole vers sa transformation intérieure par la connaissance de lui, un animal en voie d'être spiritualisé.

JACQUES COUTURE «RAKOUTOUMALA»
Jacques le bien-aimé

Les gens de ce bled perdu dans l'île de Madagascar l'ont appelé ainsi. « Jacques le bien-aimé » parce qu'il fait maintenant partie du paysage. Il n'est plus un étranger ni un touriste de passage. Il est bien des leurs. Il fait partie de la communauté. Il n'en était pas ainsi au départ. Bien au contraire.

Cet ancien ministre des Communautés culturelles et de l'Immigration dans le cabinet Lévesque avait déjà fait sa marque. On savait qu'il était le père de l'entente Cullen-Couture qui accordait plus de pouvoirs au Québec dans le choix de ses immigrants. C'est lui qui avait obtenu plus de 40% des votes contre Drapeau dans la campagne à la mairie de Montréal. C'est également lui qui s'était impliqué pour redonner plus de dignité aux pauvres du quartier défavorisé Saint-Henri à Montréal. «C'était un batailleur. Il avait des idées et ne se gênait pas pour les verbaliser et les défendre» dit son ancien attaché de presse. Il n'est donc pas surprenant de le voir abandonner la scène politique sans tambour ni trompette, tout quitter et aller vivre dans un bled perdu de l'île de Madagascar.

On le voyait arrivé là-bas comme un Sauveur, un Père Noël au gousset généreux. La surprise est grande pour lui. Il ne pensait pas vivre quinze jours dans ce complet dénuement. Il vivra dans une minable baraque, humide, sans eau ni électricité. Comme les gens du coin. Mais il est Blanc, un ancien Ministre, donc un homme qui a des contacts. On pourrait peut-être tirer sur les ficelles...

La réponse est nette. Jacques la confiait à un journaliste de *La Presse*, Robert Bourgoing, dans une entrevue spéciale du 15 avril 1995 : «Non ! Je ne suis pas venu ici pour ça. Et progressivement, leur regard sur moi s'est modifié. Ils ont senti qu'il y avait un désintéressement, que je ne venais pas à cause d'un projet quelconque quelque peu maléfique ou mystérieux. » « Si vous voulez vraiment aider le tiers monde à se sortir de la misère, ajoutait-il, faites-le payer pour l'aide qu'il reçoit. C'est le meilleur moyen pour qu'il se sente concerné par sa propre réussite et qu'il devienne l'artisan de son développement. »

C'est dans cet esprit qu'est né le centre social autogéré d'Andohatapenenaka. Chacun doit apporter sa contribution: du sarclage ou du labourage au jardin communautaire si tu veux profiter des soins du dispensaire ! Des spectacles ou des danses traditionnelles si tu veux fréquenter l'école ! Toujours sa petite pierre à quelque niveau que ce soit. À la menuiserie, à la coopérative artisanale, à la ferme, au petit centre culturel ! Inimaginable. Tout cela a été mis sur pied en quelques années. « Ça reste un quartier pauvre, dit encore Jacques, mais ce n'est plus un quartier misérable. Quand je suis arrivé ici, chaque semaine des gens mouraient de faim. Quatre-vingt pour cent des gens n'avaient pas d'emploi régulier. La vie économique s'améliore petit à petit...Dans le fond, mon objectif maintenant est de devenir de plus en plus inutile. J'y arrive vraiment bien et j'en ai parfois des preuves humiliantes. »

La vie du Père Jacques Couture (car il est jésuite) est une illustration concrète de la vraie coopération, de ce qui est possible de voir quand des personnes se prennent en charge. Il le dit d'ailleurs en toute simplicité : « Je ne suis en rien une mère Teresa québécoise ! » Sa grande joie est justement de voir cette prise en charge des gens, des pauvres qui aident des plus pauvres qu'eux, des délinquants qui sortent de leur marasme et deviennent chefs de petites entreprises, des misérables sortir de leur misère. « Ça a fortifié ma foi en Dieu et ma foi en l'homme. J'ai senti, dit-il encore, que l'Évangile de Jésus-Christ, ce n'est pas des administrations ou des structures, mais avant tout, la vie auprès des plus malheureux et l'effort qu'on fait pour bâtir une société meilleure. »

La mort vient de le terrasser, en plein feu de l'action. « Il a littéralement donné sa vie au cours des dernières années, estimait Bernard Landry apprenant son décès. Nous savions tous qu'il travaillait dans des conditions extrêmement difficiles, parmi les plus pauvres des pauvres. » Le vaillant missionnaire, l'homme engagé pour les plus démunis, l'emphatique Jacques ouvert tout azimut, le batailleur pour les causes impossibles, le prêtre-ouvrier moderne, « Jacques le bien-aimé » appartient maintenant déjà à l'autre monde.

En ce 23 novembre, anniversaire de sa naissance, rappelons-nous cette figure stimulante, attachant modèle du coopérant et du missionnaire des temps futurs.

CLÉMENCE DESROCHERS
La comédienne toujours aimée

La fille du grand poète Alfred Desrochers ne pouvait qu'hériter de son talent. Comme lui, elle a la poésie des images, l'exaltation intime, la fraîcheur de l'âme devant les êtres et les choses, l'élan vers la beauté et les émotions intenses. Mais elle diffère de son père qu'elle adorait par son don de clown, cette facilité de gagner son public, ses réparties vives, son aisance sur la scène. On dirait qu'elle y est née. Et pourtant, elle a encore le trac! Qui pourrait le croire? C'est par un travail acharné (on sait qu'elle a du chien au corps), par des répétitions longues et lassantes, une constance jamais démentie qu'elle a réussi à faire sa marque à la télévision ou au théâtre.

Clémence a commencé comme maîtresse d'école! Elle! Eh oui. Mais elle comprit vite que ce n'était pas sa place. Tant pis pour ses élèves et tant mieux pour nous! Après ses études d'art dramatique, elle se lance à fond de train comme on peut l'imaginer. Radio, télévision, théâtre, livres, disques, spectacles, elle affronte tous les défis avec la même avidité. On la voit partout et elle ne lasse jamais. Elle écrit aussi. Ses monologues, comme ceux de Meunier avec *La Petite Vie*, sont le fruit d'un travail de longue patience. Cent fois sur le métier il faut remettre votre ouvrage! Clémence pourrait en parler. Les meilleurs shows qui semblent improvisés sont toujours longuement travaillés par l'artiste.

Si elle en fait rire du monde, Clémence! Avec la troupe *Les Bozos* ou à sa *Boîte à Clémence* ou dans ses revues musicales comme *Vive le Québec, La grosse tête, Zoom, les Girls, La belle amanchure, Les Montréalais* et j'en oublie sans doute. Les livres qu'elle a publiés indiquent eux aussi à quelle enseigne elle loge : *Le monde sont drôle, J'ai de p'tites nouvelles pour vous autres*, etc. .

Clémence a dépassé maintenant les soixante ans. Personne ne le croit. Selon elle, c'est pas mal « écœurant ». Mais que voulez-vous ? Clémence comme les autres, tout le monde y passe. Je suis sûr qu'elle est en train de nous préparer quelque chose, une surprise comme elle a le don de le faire chaque fois qu'elle réapparaît.

Chère Clémence, elle est dans le cœur de tous les Québécois. Elle n'a pas d'ennemis. Parce qu'elle est généreuse, amicale, souriante, pleine de bonne humeur et de joie communicative. Elle sait oublier ses chagrins personnels pour faire rire. Et nous en avons tellement besoin. Elle vient de publier une biographie en deux tomes: *Tout Clémence* chez Garneau. Je n'arrive pas à croire qu'on peut la résumer en deux volumes! Elle prend plus de place que ça dans la vie...Je l'ai rencontré au

Salon du livre en novembre dernier. Elle s'excusait à genoux (comédienne, va!) devant une femme qu'elle avait failli frapper dans son énervement. Je lui dis alors: «Mais Clémence, ne vous en faites pas; c'est tout un honneur d'être frappée par vous!» Du tic au tac, elle me donna un léger coup de poing sur le bras et dit: «Tiens, toé!» Avec elle, on n'a jamais le dernier mot!

En ce 23 novembre, anniversaire de sa naissance, merci Clémence pour les bons moments de détente procurés à tous tes spectateurs, lecteurs et amis. Longue jeunesse! De cœur...même si c'est bien «écœurant vieillir!»

ALFRED PAMPALON
Une grande et belle âme

Combien séduisante la vie de ce jeune qui meurt même pas âgé de trente ans! Et pourquoi donc   ? Tout simplement parce qu'il n'a rien fait d'extraordinaire! Mais attention! Cela ne veut pas dire qu'il a mené une vie insignifiante. Sa mère lui avait appris comment prier. Même s'il n'a que cinq ans et demi quand il la perd, il se souviendra toujours de ses bonnes leçons.

Le jeune Alfred fréquente ensuite le collège de Lévis pendant dix ans. Au dire de son supérieur: «C'est le modèle des étudiants, c'est un ange.» Il s'était inscrit au cours commercial mais, en 1881, une grave maladie le terrasse. Il fait alors une promesse à Dieu. Sur l'avis de son confesseur, il passe au cours classique afin de devenir un jour prêtre. Quelques mois plus tard, une pneumonie le terrasse. Alfred voit le doigt de Dieu qui dirige tout. Il précise sa promesse et fait vœu de se consacrer à Dieu comme rédemptoriste s'il récupère la santé. Dieu l'exauce et il s'embarque pour la Belgique afin d'y faire ses études de philosophie et de théologie.

Malgré une santé chancelante qui fait craindre pour son admission, sa grande piété emporte la décision de ses supérieurs. Le 8 septembre 1887, Alfred se consacre entièrement à Dieu par ses trois vœux de religion. Tout au long de ses études, il reste égal à lui-même: serein, charitable, plein d'entrain et pieux. Son directeur spirituel peut dire de lui : « Ni supérieurs, ni confrères n'ont pu le prendre en défaut pour l'observance de la sainte Règle. » De son côté, le provincial écrira : « Alfred Pampalon est un excellent religieux, sérieux, recueilli, modèle d'obéissance, d'une parfaite charité; on ne remarque aucun défaut en lui. »

Le 4 octobre 1892, il est ordonné prêtre et commence son apostolat de prédication de retraites. Un curé qui le vit à l'œuvre dira de lui : « C'est un sujet qui promet; c'est vraiment un homme de Dieu. Dommage qu'il n'ait qu'une si pauvre santé!» Ses compagnons sont du même avis.«Si la piété est aimable, dit l'un d'eux, c'est surtout dans le bon Père Alfred, qu'elle se manifeste plus belle et plus riante.» Les gens abondent dans le même sens : «Vraiment, il nous rend meilleurs. »

Mais les voies de Dieu sont si parfois étranges et difficiles à déchiffrer...La tuberculose pulmonaire se déclare. Les médecins se rendent compte que le mal est avancé. Quand on lui parle de guérison, Alfred riposte: «Laissez faire. Il saura quoi faire pour me trouver un remplaçant.» En septembre 1895, il rentre au Canada. La traversée est difficile. Son compagnon de voyage atteste: «Je l'ai vu souffrir beaucoup mais je ne l'ai pas entendu se plaindre une seule fois. » De retour à Sainte-

Anne de Beaupré, il fait un peu de ministère. Quelques mois plus tard, il est confiné à l'infirmerie. L'oppression augmente, la toux le secoue, les points de côté se font de plus en plus cuisants. Un poumon est fini et l'autre rudement endommagé. Le mal fait ses ravages lentement et sournoisement. Rien n'altère sa patience. Un confrère surpris dira de lui: «Jamais je n'ai vu une telle patience héroïque.» Il considère l'infirmerie comme «le vestibule du ciel.» «Je prie et je souffre, avouait-il. Et je tousse pour l'amour de Dieu.» À son frère Pierre qui lui demande: «As-tu peur de mourir?» il répond ingénument et tellement humainement: «Cela dépend. Un jour, on est plein de confiance, trois jours après, on tremble. Je laisse tout au bon Dieu. S'il veut que j'aie peur, le je veux aussi.»

Sa maladie se prolonge pendant des mois. Son corps n'est plus que plaies purulentes. Il s'en rend compte: «Je ne repose que sur des plaies, comme Notre-Seigneur sur la croix,» dit-il. La fièvre s'ajoute aux quintes de toux. Doucement, de temps en temps, il regarde le crucifix et soupire: «Mon Père, s'il est possible, que ce calice passe loin de moi!» Mais ajoute tout de suite: «Cependant, que votre volonté soit faite!» Enfin, le trente septembre, il lève les yeux au ciel et en souriant, comme s'il voyait quelqu'un venir à sa rencontre, il rend le dernier soupir. Il n'avait encore que 29 ans. Un an plus tard, jour pour jour, mourra, de la même maladie, la petite Thérèse de l'Enfant Jésus.

Depuis la mort d'Alfred, de nombreuses faveurs ont été obtenues par son intercession. Il semble particulièrement puissant pour les victimes de l'alcool et de la drogue. Sans doute parce que, pendant sa maladie, il avait refusé la morphine ou tout autre sédatif qui aurait pu atténuer sa douleur.

Personnalité séduisante que celle d'Alfred Pampalon! Particulièrement pour les jeunes épris d'autres performances. Alfred se présente à eux comme un parfait modèle d'accomplissement de son devoir, d'extraordinaire soumission à la volonté de Dieu devant l'inévitable, de don de soi dans l'amour, de fidélité dans son engagement, de bonne humeur constante et de grande dévotion à la Vierge Marie. N'avait-il pas écrit dans son journal spirituel: «J'ai promis à ma Mère Marie de devenir un saint.» Il a tenu promesse.

Le 14 mai 1991, le Pape Jean-Paul 11 l'a déclaré Vénérable. Espérons que bientôt, nous pourrons le compter parmi nos bienheureux. La jeunesse a tant besoin de jeunes capables de don de soi jusqu'au bout. Alfred Pampalon saurait les séduire et leur indiquer d'autres avenues pour leurs pas emmêlés et d'autres citernes qui ne laissent pas échapper l'eau pour leurs soifs.

En ce 24 novembre, anniversaire de sa naissance, recueillons les belles leçons de sa vie.

ANTOINE LABELLE
Le colonisateur, «le roi du nord»

C'était tout un colosse que ce Curé Labelle! Il mesurait six pieds et pesait 333 livres! Il devait aussi accomplir une œuvre colossale: la colonisation des Hautes Laurentides! On a parlé d'utopie démentielle, de désir larvé de l'Église de garder main-mise sur ses fidèles, de chapelets de paroisses semées par le curé Labelle, de frileux repli sur soi, d'aliénation ou de retour en arrière!

En réalité, la colonisation relevait d'une stratégie pas si mauvaise. «Emparons-nous sol» avait criait Honoré Mercier. Il devait par la suite nommer le curé Labelle sous-ministre de la colonisation dans son cabinet. L'ouvrage le plus récent sur le curé Labelle semble faire toute la lumière sur le sujet. Après de sérieuses études, Gabriel Dussault (*Le Curé Labelle/ Messianisme, utopie et colonisation au Québec, 1850-1900,* Montréal, Hurtubise HMH, 1983) constate que «la colonisation se présentait, dans son noyau essentiel, comme une utopie de reconquête par une stratégie formellement légale et pacifique d'expansion et d'occupation territoriale». «Sans le dire ouvertement» — l'expression est du curé Labelle — on voulait reprendre le pays perdu en 1763. Cela me fait penser à l'immigration massive des Mexicains en Californie. Ils sont trois millions seulement à Los Angeles. Ils comptent. Et ils reprennent leurs droits. Un seul exemple: toutes les affiches sont bilingues: anglais-espagnol partout. Comparez avec ce que vous voyez ici!

Rêve trop grand que celui du curé Labelle? Curé de Saint-Jérôme en 1868, il veut un évêché pour le Nord des Laurentides. Il connut le sourde opposition de l'archevêque de Montréal, Mgr Fabre, farouchement opposé à ce projet. Ah! la persécution des justes! Le curé Labelle dut se contenter d'être un simple prélat domestique...Et cependant, aujourd'hui la cathédrale Saint-Jérôme se dresse fièrement derrière une immense statue de bronze du curé Labelle sculptée par Alfred Laliberté en 1924! Et des paroisses au nom bien chrétien — La Conception, l'Annonciation, l'Ascension — pour n'en nommer que quelques-unes, suivent le courant sinueux des rivières Rouge et de la Lièvre. Le curé Labelle n'en pas fondé 80 comme le prétendent ses hagiographes mais 29. C'est déjà quelque chose.

Il y avait plus qu'un rêve! C'était de la dure réalité que partait le curé réaliste. Il voulait stopper l'exode massif des jeunes Québécois vers les filatures de Nouvelle-Angleterre. On lui doit aussi le P'tit Train du Nord qui, dès 1909, permettait l'intensification des relations économiques avec la région de Montréal. Claude-Henri Grignon a rappelé cette véritable épopée dans ses *Belles Histoires des pays d'en haut.* Et qui dira que Les Laurentides ne sont pas aujourd'hui une région touristique des plus belles du Québec avec ses 4500 lacs, ses 22 000 km², ses superbes montagnes!

Le souvenir du curé Labelle est perpétué par une autre statue érigée en son honneur à la jonction du boulevard du Curé-Labelle et de la rue du Moulin dans le petit village qui porte son nom. C'est la porte d'entrée pour les réserves fauniques. Un canton, une circonspection électorale, une municipalité portent également son nom. Enfin, un panneau d'interprétation à Nominingue et un autre à Saint-Jérôme rappellent le souvenir du grand défricheur.

En ce 24 novembre, rappelons la mémoire de cet homme de grande vision.

ARMAND FRAPPIER
Un grand médecin, porteur de la paix

Il était né d'un père raffiné, musicien et éducateur et d'une mère, descendante des patriotes, « dévorante d'activité », « les deux pieds solidement sur la terre » et qui faisait passer chez ses enfants « un peu de cette hardiesse qui animait ses aïeux et de cet amour des choses faites. » Bref, un milieu choisi, privilégié pour le jeune Armand. À huit ans, il jouait du violon, de la clarinette et du saxophone ! La mort prématurée de sa mère, victime de la tuberculose, amènera le jeune homme dans le secteur de la recherche. Il jure de se venger et de découvrir un remède contre la tuberculose qui lui a ravi sa mère. Il sera médecin même s'il n'y a pas de prêts-bourses à l'époque ! Tant pis ! Il travaillera jour et nuit, tant aux laboratoires des hôpitaux La Miséricorde et Saint-Luc, dans ses bouquins et au violon.

Sa carrière est tracée. Pour mieux se préparer à son futur rôle, il décide d'étudier la chimie. Une intuition qui lui donnera raison. « Dans le fond, avouera-t-il plus tard, j'avais raison. C'est la chimie qui a vaincu la tuberculose, avec les antibiotiques. » Médecin en 1930, il se lance en bactériologie et une fois sa maîtrise obtenue, il obtient le bourses de la Fondation Rockfeller. Il est lancé. Par la suite, il fait de nombreux stages à l'étranger et rencontre les plus illustres savants. À son retour d'Europe, il aménage le plus important laboratoire de BCG en Amérique en pleine crise économique. En 1938, il fonde l'Institut de microbiologie destiné à la recherche, à l'enseignement, à la fabrication des vaccins et aux services à la collectivité.

Comme l'écrit Rosemonde Mandeville dans son intéressante brochure sur *Armand Frappier* dans la collection « Célébrités canadiennes » de Lidec : « On ne dira jamais assez la ténacité et la persévérance qui habitaient le docteur Frappier dans la poursuite de son idéal. Et les débuts sont héroïques : à l'Université de Montréal, sur la montagne, pas de routes pavées ni de trottoirs, encore moins d'ascenseurs pour se rendre aux étages de l'aile du bâtiment affecté à l'Institut. Il faut donc monter plus de 240 marches(...) Il faut aussi monter (à dos d'homme) tout le matériel nécessaire, sans compter les génisses servant à la préparation du vaccin variolique qui doivent emprunter les escaliers et traverser la bibliothèque de l'Université ! » Sans parler des salaires dérisoires, de l'absence d'équipement sophistiqué, de la lutte contre les tabous du temps (sur la pasteurisation du lait, par exemple), etc.

C'est la dernière guerre qui fournit à l'Institut une occasion de prendre son essor. Il fallait préparer le nouveau sérum humain et sa lyophilisation (plus de

150 000 unités furent fournies à l'armée canadienne). D'autres expérimentations permirent de faire avancer la science : vaccin contre la variole, production d'immunoglobulines, vaccin contre la polio, vaccin contre la grippe, etc. Dans l'ouvrage précité, madame Mandeville énumère une longue liste des réalisations du Dr Frappier : d'abord l'Institut Armand Frappier déménagé à Laval-des-Rapides depuis 1961 (il ne compte pas moins de 17 pavillons), une équipe multidisciplinaire de scientifiques, les collectes de sang, l'enseignement supérieur qui conduit aux diplômes de maîtrise et de doctorat, la confirmation de l'innocuité et de l'efficacité du vaccin BCG contre la tuberculose, la recherche en immunologie, plus de quinze types de nouveaux vaccins, un laboratoire pour l'étude de la lèpre, des services communautaires très spécialisés, et même la victoire contre la pleuropneumonie porcine !

«Armand Frappier a contribué comme nul autre à la prévention de la maladie infectieuse et à l'amélioration de la qualité de vie des Québécois et Québécoises de tout âge. Dans la période d'incertitude intellectuelle et de transition profonde qu'a traversée le Québec, il a vite compris que le progrès de la province ne pourrait venir que de sa maturité et de ses réalisations dans les domaines intellectuel, scientifique et industriel. Dôté d'une physionomie qui reflétait son honnêteté, sa simplicité et sa sagesse, le docteur Frappier a toujours été un découvreur, un administrateur, un promoteur et un réalisateur hors pair. C'était en outre un homme d'une grande délicatesse, plein d'attention à l'égard des personnes qui l'entouraient et profondément humain. »

On peut le comprendre un peu quand on lit ces lignes écrites par celui qui aurait pu devenir également un fin psychologue ou un guérisseur par les ondes : «Le bonheur, dit-il, est cette paix interne qui vient des profondeurs de ce que l'on vit intérieurement. Il reflète la sagesse d'un cœur qui vit en paix avec lui-même et en harmonie avec le monde. Nous créons notre bonheur ! »

Et encore : « Le médecin soulage et guérit quelquefois. S'il passe en coup de vent, n'apporte que ses moyens techniques, si le patient ne se sent qu'un numéro, l'élément divin de la médecine est singulièrement faussé. Selon l'hippocratisme rénové, c'est à l'homme entier pris dans son milieu que le médecin adresse son traitement et ses soins. (...) Le médecin est un dieu s'il cultive, dans la pratique, l'attribut divin qui touche l'homme le plus profondément, la disponibilité et l'amour, s'il apporte tous ses dons avec un brin de charité, avec des mots d'espoir, s'il approche son patient comme un frère, tout en gardant son autorité, son calme et son sang-froid. Le nom d'Imhotep, père et dieu de la médecine égyptienne, signifiait porteur de la paix et aucune appellation ne pourrait mieux convenir à un vrai médecin. »

Pour en savoir davantage, lire son autobiographie : *Armand Frappier, Un rêve, une lutte*, Québec, les Presses de l'Université du Québec, 1992. Le Dr Frappier est décédé le 18 décembre 1991, âgé de 87 ans. En ce 26 novembre, anniversaire de sa naissance, rappelons avec fierté ce grand Québécois !

JACQUES GODBOUT
P.Q.

Le poids de ses écrits est considérable. De ses facettes aussi. Il est cinéaste, romancier, essayiste, journaliste, peintre, dramaturge, et surtout poète. Et j'oublie sans doute bien des aspects de sa personnalité. Il a contribué à la défense de la langue française chez nous. Les nombreuses décorations et les prix qu'il a obtenus sont preuve de ce talentueux écrivain. Comme le disait André Major lors de la remise du grand prix Duvernay, « il a énormément contribué à faire connaître notre littérature à l'étranger, surtout parce qu'il a été publié en France, et son action publique est d'importance, Faut-il rappeler qu'il a fondé la revue *Liberté* avec des poètes de l'Hexagone ? Il n'a jamais craint d'aller au devant des coups. J'insisterais aussi sur le fait que Godbout n'a jamais cessé d'être près des jeunes. » (...) Au chapitre strictement littéraire, ajoute Major, on doit reconnaître que son style échappe aux modes. C'est très actuel. Il utilise toujours des thèmes qui correspondent à des moments précis, mais il les traite d'une façon aussi originale que personnelle. En fait, il est un témoin important et engagé de la société québécoise, depuis *l'Aquarium* jusqu'à *D'Amour P.Q.* »

Godbout ne cache pas les difficultés de l'édition au Québec. « Le Seuil a été le premier éditeur à accepter mon manuscrit que deux maisons d'éditions montréalaises avaient refusé » avoue-t-il. Et il continue en disant : « Et ça m'a permis d'établir une tête de pont en Europe, d'atteindre plus facilement les publics des pays de la francophonie. »

Je dois dire que la langue utilisée par Godbout n'est pas toujours celle que je préfère voir écrite. Il utilise avec goût le « joual », reflet d'une réalité indéniable, que voulez-vous ? Comme l'écrivait Raymond Jean dans *Le Monde* à l'occasion de la publication *D'Amour P.Q.* « cette langue télescopée » est difficile à comprendre. « Il reste que s'opère là un extraordinaire travail de ré-invention dans la joie de l'écriture d'un langage « sinistré » par l'histoire qui retourne les armes de sa dérision et de sa liberté contre les forces qui l'ont défiguré. Et c'est bien par là que passe la culture vivante du Québec aujourd'hui. » De son côté, Jacques Cellard écrivait dans le même journal : « Si vous appréciez une langue drue et drôle, un français de pleine terre et de plein vent, lisez *D'Amour P.Q.* Vous aimeriez aller à Montréal ? Avec Godbout vous y seriez déjà.

Parce qu'il est plein de santé, qu'il a confiance en notre avenir et à notre langue au Québec, Godbout mérite notre estime. En ce 27 novembre, anniversaire de sa naissance, Salut Godbout !

YVES THÉRIAULT
Le romancier inuit de notre littérature

Dans les années 60, Yves Thériault était l'écrivain incontournable. J'enseignais alors en rhétorique dans les collèges classiques du temps. Je l'avais même invité dans ma classe pour parler à mes étudiants. Cela avait été tout un événement au collège de Victoriaville ! Il venait tout juste de publier *Agaguk*. On ne pouvait passer à côté. C'était «le» roman. Il s'était prêté de bonne grâce à toutes les questions de mes élèves.

Thériault a écrit une quantité de romans — une quarantaine — des récits, des nouvelles, des contes pour enfants, plus de 1200 textes pour la radio, je ne sais plus combien pour la télé. Bref, un auteur prolifique. Ses romans surtout ont marqué toute une génération. J'ai particulièrement aimé *Ashini*, roman des minorités indiennes qui possédait, à mon sens, un souffle épique. Là, je crois, Yves Thériault démontrait qu'il était en pleine possession de ses dons. Clément Lockquell écrivait en 1961 : «Je crois qu'il a voulu entonner un hymne d'amour fraternel aux dimensions d'une race et même aux dimensions de toute l'humanité.(...) *Ashini* est le roman de la liberté et de la magnanimité. L'écriture d'Yves Thériault est à la hauteur de ce projet. L'auteur use d'un langage incantatoire mais simple, dépouillé, classique, dont le lyrisme contenu, presque austère, exprime l'ascétisme de son héros.»

J'ai aimé aussi *Les Commettants de Caridad*. Yves Thériault s'y révélait excellent conteur dans une langue alerte et incisive. La minorité juive de Montréal a retenu son souffle quand il a publié *Aaron*, une histoire simple mais troublante par sa sincérité. C'est le conflit entre le vieux Jetrho qui contient dans son cœur toute la misère de son peuple et qui essaie de retenir Aaron dans la tradition séculaire tandis que Viedna l'invite à l'émancipation radicale.

Mais c'est avec *Agaguk* que Yves Thériault a acquis une dimension internationale. Dans le grand désert blanc de la toundra, il campe un couple esquimau, fortement enraciné dans ses mœurs primitives, mais en marge de la tribu. Ce couple doit lutter contre les éléments déchaînés de la nature fruste et contre sa tribu hargneuse. *Agaguk* est aussi un documentaire fouillé sur la vie des Inuits. Vous assistez à une chasse au loup blanc, à la pêche au phoque, à l'accouchement dans un environnement des plus primitifs.

Thériault disait volontiers qu'il était « le moins poussiéreux des écrivains d'ici», qu'il «était un homme de grand air.» «Etre écrivain est une vie d'aventure, et ce qui n'est pas toujours drôle. » Il avait sans cesse la tête bourrée de projets et travaillait « comme deux ou trois hommes ordinaires. »

Yves Thériault est mort à Rawdon en 1983. Que restera-t-il d'une œuvre aussi touffue? Quelquers bons romans sans doute et *Agaguk* porté à l'écran. Un dépaysement. Une « quête, » une curiosité des êtres et des choses. Un contact étroit avec la nature. Je me rappelle du jeune Alquonquin Ikoué qui découvrait au hasard un ruisseau : « C'était de l'eau bonne, vivante sur la langue quand on la lampait. » Il apprenait d'elle de grandes leçons: La science de l'eau est faite de limpidité, de courants invisibles et de clapotis sur les berges. Tout cela, un son, un idiome à saisir, un code secret que révèle l'eau possédée à son possesseur selon la nature. » Il apprend tout de la nature: « Les plantes, dit-il encore, savent que tu apprends ici de grandes choses ce matin. Les bêtes aussi. Même les insectes qui m'ont imploré tant de fois de faire de toi un être digne de cheminer parmi nous. »

Thériault était attaché à notre culture propre et à notre langue. Il se moquait éperdument du mythe de la double culture. « Qu'il y ait eu des pressions d'exercées et que beaucoup d'Anglo-Canadiens protestent encore aujourd'hui contre la dualité ethnique, nous ne l'ignorons pas. Brimades et oppressions, si subtiles fussent-elles, n'ont jamais influé parce que nous possédions l'entêtement breton, l'acharnement normand, l'obstruction poitevine et la ruse angevine. Contre de telles murailles, les prétentions anglaises se sont toujours butées....Nous n'avons pas le droit d'être une Grèce nord-américaine, si séduisante que serait la gloire mondiale s'y rattachant. »

En ce 28 novembre, rappelons-nous ce conteur au langage dru, ce romancier tumultueux, ce brasseur d'idées, celui qui nous a donné tant de belles heures de lecture.

MARIE LABERGE
Romancière ardente et passionnée

On l'a d'abord connue comme comédienne puis comme metteur en scène et dramaturge. On la classe même comme une de nos meilleures auteures de théâtre de la nouvelle génération. Marie Laberge écrit prodigieusement, abondamment, sur des sujets brûlants d'actualité, dans une langue proche des gens, avec une ardeur frénétique. On pensait qu'elle avait bien sculpté son créneau : le théâtre. Mais voilà qu'elle bifurque et se lance dans le roman. Elle surprend tout le monde. Une langue claire, percutante, un don certain de l'écriture, une profondeur d'analyse psychologique, des atmosphères lourdes à la Dostoïevsky, des constructions extrêmement structurées, des passions frénétiques qui explosent, une acuité de regard constant sur ses personnages, des interrogations constantes qui obligent le lecteur à se questionner lui-même, bref, nous voilà devant l'une des plus importantes auteures de la littérature québécoise.

Marie Laberge peut vous parler de ses personnages comme des personnes qu'elle connaît depuis longtemps. On dirait qu'elle les a connues intimement tellement elle scrute avec habileté les mobiles de leurs actes. Serait-elle en plus psychologue ? Décidément, cette femme a tous les dons. En plus, elle a une facilité de parole incroyable. Quand elle parle, elle s'enflamme. Ses mains volent comme des papillons. Le verbe clair et sans bavure s'enfonce comme une entaille et vous laisse sans argument. Elle a tout prévu. Elle bouillonne d'énergie et semble un bulldozer capable d'abattre toutes les peurs.

Écoutons, par exemple, ce qu'elle révélait à Pierre Cayouette dans un entrevue pour *Le Devoir* à propos de son dernier roman *Le poids des ombres* : « Ce roman, c'est le voyage à travers de ce que l'on remet tout le temps. On se dit « je ferai ça plus tard ». Or, il arrive que les événements de la vie nous forcent à faire ces choses-là. Le roman décrit justement ce qui se produit quand on passe à travers tout ce qui nous fait peur. En revient-on plus apeuré ou plus détruit ? Mon impression à moi, c'est que ça a quelque chose d'extrêmement constructif d'abattre la peur et de tranquillement travailler à pousser les choses qui nous paralysent dans la vie. J'ai déjà lu quelque part que nous n'utilisions qu'une portion extrêmement réduite des capacités de notre cerveau. Je me demande quel pourcentage de la potentialité de nous-mêmes vivons-nous ? Je suis presque sûre que la peur paralyse pas mal de monde et que nous vivons en exil de nous-mêmes. Alors, on s'engourdit parce qu'on ne veut pas poser la question qui nous ferait mal, qui nous obligerait à bouger. Nous n'aimons pas la lucidité. »

Toute Marie Laberge est là. C'est une femme réveillée, lucide, engagée, prête à secouer toutes les peurs paralysantes. Comme elle faisait figure ardente lorsque, à côté de Gilles Vigneault, elle lançait le référendum au Grand Théâtre de Québec! Sa voix claquait comme un fleurdelisé au vent!

Il faut lire ses romans que j'aime encore plus que son théâtre. Il y a une telle profondeur que je me demande chaque fois comment elle pourra se surpasser. Mais elle réussit toujours à nous étonner chaque fois avec un nouveau roman!

En ce 29 novembre, anniversaire de sa naissance, je souhaite que sa flamme ardente puisse continuer à faire disparaître tout *le poids des ombres* dans le paysage québécois!

MARIE MAILLET
L'une des trois premières hospitalières de l'Hôtel-Dieu, fleur de délicatesse de toute beauté

Elle était née à Saumur, une petite ville angevine de France. Toute délicate, frêle et menue la petite Marie. Personne ne pouvait imaginer qu'un jour, elle viendrait fonder, avec deux compagnes, le premier hôpital de Montréal. Elle appartenait à une famille aisée. Ses revenus lui auraient permis de vivre une petite vie tranquille. Mais non.. À l'âge de trente-six, Marie abandonne tout et frappe à la porte des filles de Saint-Joseph de Jérôme de La Dauversière, son guide. On lui confie la charge d'économe qu'elle occupera tant à La Flèche qu'à Laval.

En 1659, Jérôme Le Royer la choisit pour la fondation de l'Hôtel-Dieu de Montréal avec Judith de Brésolles et Catherine Macé. Le sens aigu des affaires de Marie, son raffinement, sa douceur et son tact naturel, la préparaient à ses nouvelles fonctions. À Montréal, il n'y avait pas grand chose à gérer. Elle doit veiller à la basse-cour, s'occuper des bestiaux, voir au défrichage de la terre et aux quelques employés. Plus tard, on lui confia le soin des malades. Elle se révéla étonnamment douée pour ce genre de travail et conquit vite l'estime des Indiens qu'elle catéchisait. Ils l'appelaient avec affection leur « chère Mère. »

Les temps étaient durs et les communications manquaient. Il fallait attendre de longs mois les secours de la vieille France. C'était un casse-tête pour l'économe qui n'arrivait pas à boucler les deux bouts. Les *Annales* de sa communauté rapportent que, dans un de ces pénibles moments, Jérôme Le Royer de La Dauversière et M. Olier lui apparurent pour l'encourager. Ils lui rappelèrent que l'Hôtel-Dieu de Ville-Marie est l'œuvre de Dieu et que rien ne saurait l'ébranler. Ainsi, Marie Maillet, dans les débuts difficiles de la Nouvelle-France, atteignait les sommets de la prière mystique à l'instar de Catherine de St-Augustin à Québec, dans les mêmes fonctions.

Sœur Morin qui l'a bien connue ajoute : « Puisque j'ai eu l'avantage d'être sa compagne plusieurs années, je peux en parler sûrement. Elle se surpassait elle-même auprès de ses malades pour leur soulagement. Rien ne lui paraissait pénible regardant la personne de Notre-Seigneur en eux, tout particulièrement les plus malades, les sauvages de même. » Quand elle sentit sa fin approcher, Marie se revêtit de linge blanc, en signe de joie et attendit l'ultime moment.

C'était le 30 novembre 1677, 18 ans après son arrivée à Ville-Marie.

YVETTE BRIND'AMOUR
Toute une vie pour le théâtre

Une vie pleine : comédienne, metteur en scène, co-fondatrice et directeur artistique du Théâtre du Rideau Vert, Yvette Brind'Amour a joué tous ces rôles parallèlement et avec brio. Elle ne comptait que des succès.

Elle suit d'abord des cours d'art dramatique et de ballet à Montréal et part ensuite pour l'Europe afin de parfaire ses connaissances techniques. À Paris, elle étudie pendant un an avec René Simon et Charles Dullin. De retour au pays, elle prend la grande décision. En 1948, elle fonde avec Mercedès Palomino, le Théâtre du Rideau Vert, premier théâtre permanent au Québec. Dès le début, elle en assure la direction artistique.

Fine psychologue, elle sait attirer les gens au théâtre, et particulièrement les jeunes, en leur offrant des chefs-d'œuvre du théâtre classique, du théâtre contemporain international, et un nombre impressionnant de pièces canadiennes.

C'est elle qui a également dirigé la troupe du Théâtre du Rideau Vert lors des grandes tournées européennes, notamment au Théâtre des Nations à Paris en 1964, à l'Odéon de France en 1965, au Palais de la culture de Léningrad et à Moscou, en 1965, et enfin à Rome en 1969.

En plus de sa fonction de directeur artistique qu'elle a continuellement occupée, Yvette Brind'Amour a toujours aimé se rapprocher de deux autres aspects de son métier : la mise en scène et l'interprétation qui lui tenaient particulièrement à cœur. Comme metteur en scène, son nom n'est plus à faire. Elle s'est imposée en signant de grands spectacles. En tant que comédienne, elle a incarné des personnages des plus grands auteurs, passant avec aisance de Montherlant à Claudel, de Sartre à Shakespeare, de Pirandello à Tchekhov, de Marivaux à Antonine Maillet. Elle a joué dans différents télé-théâtres et même au cinéma, notamment dans la production *The Morning Man*.

Brillante carrière couronnée par de nombreux prix, médailles et reconnaissances officielles : l'Ordre du Canada en 1982, l'Ordre national du Québec en 1985, prix Molson en 1987, doctorat honoris causa de l'Université de Montréal en 1988.

Yvette Brind'Amour est décédée à Montréal, le 4 avril 1992.

En ce 30 novembre, anniversaire de sa naissance, rappelons-nous celle qui a donné toute sa vie au théâtre afin de nous faire goûter les plus grands classiques, joués de façon continue avec un professionnalisme sans faille. Elle a su dénicher les meilleurs talents, détecter chez les jeunes une relève de qualité et donner au théâtre du Québec ses lettres de noblesse.

Une grande dame ! Une femme raffinée, de grand talent et de grande classe !

JEAN-CLAUDE MALÉPART
Un politicien courageux et authentique

Quand on l'écoutait à la Chambre des Communes, quand on le voyait à la télévision ou à l'œuvre sur le terrain, quand on lit sa biographie publiée aux éditions du Méridien (*Les combats de Jean-Claude Malépart*), on comprend vite l'authenticité de cet homme. Il avait initié tôt à la lutte ; né dans l'Est très pauvre de Montréal, orphelin de mère à sa naissance et de père à douze ans, obligé d'abandonner ses études pour aider sa mère adoptive, petit employé chez MacDonald Tobacco, on aurait pu penser qu'il était né « pour un petit pain ». Mais Jean-Claude a la couenne dure. Il organise une grève de « servants de messe » pour en finir avec les cinq cents percés. Imaginez les réactions du clergé autoritaire du temps ! Ennuyé par la paperasse de son premier emploi au bureau de l'assurance-chômage, il veut entrer chez MacDonald Tobacco à tout prix. À cet effet, pendant neuf mois consécutifs, tous les matins, il fait une demande d'emploi. La secrétaire ahurie craque et le patron le fit venir à son bureau. Il venait de gagner un ami pour toujours.

Puis, c'est le monde du sport qui le gagne. Pas de club de hockey dans sa paroisse. Jean-Claude décide d'en former un. Il trouve tout ce qu'il faut, des chandails au gérant. Pendant ce temps, secondé par sa femme Pierrette, il s'initie à toutes les tâches pour donner des activités aux jeunes : soirées de danse, boîte à chansons, loisirs dans les salles et les sous-sols d'écoles. « Il nous fallait, dit-il, des loisirs sept jours par semaine, autant à l'extérieur qu'à l'intérieur. » C'est ainsi qu'il en arrive à la fondation des organismes de loisirs du Sud-Est de Montréal, avec douze centres de loisirs. Pendant vingt ans, il s'occupera activement du sport et des loisirs, des clubs de l'âge d'or et surtout de son fameux CICD, le Centre d'information communautaire et de dépannage. Son objectif était de regrouper dans un même édifice un genre de centre d'achats et un centre de services éparpillés à gauche et à droite. La dignité et le respect des personnes était la première préoccupation du Centre ouvert à tout le monde. Suivirent les réalisations du Centre : jardins communautaires, 100 unités de logement pour personnes âgées, un service d'appels téléphoniques, etc.

Malépart se sentait à l'aise dans ce monde. « Mon monde à moi, disait-il, c'est d'abord l'Est de Montréal. C'est dans l'Est que je suis né et c'est dans l'Est que j'ai toujours travaillé. Il y a tellement de liens et de souvenirs qui me rattachent à mon quartier et à l'Est de la ville que je me demande si je pourrais vivre ailleurs. Quand je me promène ici, je réalise pleinement que c'est mon milieu, c'est ma vie, c'est mon monde, ce sont mes luttes. Ce sont les jeunes que j'ai vus grandir quand je m'occupais de loisirs. » Et à tous, il donnait confiance et des responsabilités, sans discrimination de limites, de quartiers ou de provenance.

Et vient le grand saut en politique. On le voit partout. Il rencontre ses électeurs, individuellement ou en groupes. Son bureau devient un véritable confessionnal. Il retourne tous ses appels, participe aux activités des différents organismes du milieu, informe les gens de son quartier sur les divers services et programmes possibles, assiste aux soupers-rencontres, publie un bulletin spécial, décroche subventions sur subventions pour son comté : 325 projets bien documentés! 1 million de dollars répartis en différents emplois!

Quand il se lève en Chambre, il est tout entier présent. C'est une cause qu'il défend avec fougue. Il coince plusieurs ministres, secoue la léthargie de plusieurs, ne laisse personne indifférent. Son honnêteté intellectuelle n'est mise en doute par personne. Auprès des journalistes, il jouit d'une crédibilité à toute épreuve. Des victoires, il en connaît contre la désindexation des pensions de vieillesse, la défense des pré-retraités, la survie de l'Est de Montréal, et finalement, l'ultime lutte contre le cancer qu'il ne put vaincre.

Jean-Claude Malépart! Un grand politicien! Un homme de cœur et de principes! Un homme 100% honnête, un homme d'équipe, un rassembleur pour les nobles causes. On ne peut laisser passer son anniversaire de naissance, le 3 décembre, sans nous rappeler cette belle figure de notre histoire contemporaine!

GRATIEN GÉLINAS
Un des grands de notre théâtre

Il fallait le faire dans les années quarante, mettre en scène des personnages de notre cru, typiquement québécois, avec une langue de chez nous, et les soubresauts d'âmes propres aux nôtres. *Fridolin* a tenu son public pendant plus de dix ans au Monument National avec des monologues délirants. Puis, ça a été *Ti-Coq*, cet enfant illégitime en quête de son identité dans une société puriste. Plus de 700 représentations ! Enfin, Gélinas fonde sa propre compagnie de théâtre., la Comédie canadienne (1972) à qui on doit les représentations tant applaudies : *Bousille et les justes*, (joué plus de 100 fois dans plusieurs parties du monde), *Hier les enfants dansaient, La Passion de Narcisse Mondou (joué plus de 500 fois, tant au Canada qu'aux États-Unis)*. Les personnages de Gracien Gélinas ont marqué toute une génération, et le seul fait de le voir apparaître à la télé nous fait sourire.

La mimique, le sourire narquois, l'œil goguenard, la verve endiablée, bref, le talent de Gracien Gélinas était une séduction. Personne ne restait indifférent. En un clin d'œil, il avait conquis son public qui lui était resté fidèle. Le Canadien Centennial Library le nommait « l'un des plus grands canadiens dont l'œuvre s'élève au-dessus de toutes celles du siècle, depuis la confédération ! »

Rien n'est perdu. Sa petite fille, Anne-Marie Sicotte, consciente de la marque que son grand-père a laissée au Québec, vient de publier le premier tome de la biographie de l'homme de théâtre. Elle nous révèle les aspects de sa personnalité inconnue du public. « Sans doute, écrit-elle, il était un travailleur acharné, un esprit prudent, un perfectionniste avec tous les défauts que cela comporte. Il avait une vision et il voulait que tout le monde travaille très fort pour atteindre son propre but. Il a fait de la peine à beaucoup de monde avec son égocentrisme. »

Je regrette de connaître les aspects de la personnalité secrète de Gracien Gélinas. J'avoue avoir passé des bouts, et plusieurs pages de l'ouvrage. Chez nous, il était devenu un mythe. Comme elle admet elle-même : « Gracien Gélinas est important parce qu'il a ouvert le champ aux autres dramaturges, et qu'il a mis en scène les préoccupations, les valeurs et la langue des québécois. Il a touché des centaines de milliers de personnes. » Avec raison, elle ajoute : « J'ai peur d'avoir égratigné sa légende... »

Les curieux pourront toujours se référer à Gracien Gélinas, la ferveur et le doute, édition Québec-Amérique, 1995. Un tome deuxième s'en vient. Je ne le lirai pas.

En ce huit décembre, anniversaire de sa naissance, je préfère rappeler Gracien Gélinas, ce talentueux homme de théâtre, qui nous a fait tant rire avec *Ti-Coq* et *Fridolin*.

JEAN-OLIVIER CHÉNIER
L'âme ardente des patriotes de 1837

Très tôt, le jeune médecin Chénier s'impliqua en politique. On le retrouve comme secrétaire dans toutes les assemblées populaires. Il était là lors des élections de 1834, qui auraient eu lieu après l'adoption des fameuses 92 résolutions. Il était l'âme du partie patriote. Son engagement était sincère et il resta cohérent jusqu'aux ultimes moments de sa vie. Il savait électriser ses partisans. «Ce que je dis, les rassurait-il, je le pense et je le ferais. Suivez-moi et je vous permets de me faire tuer si jamais vous me voyez fuir. »

Il sentait que les moments étaient critiques, particulièrement après le 23 octobre, à la grande assemblée des 10 nations. Les arrestations commencèrent et ses meilleurs amis furent faits prisonniers ; d'autres durent s'exiler.

Et arriva le jour fatidique du 14 décembre 1937. C'est encore lui qui commandait les patriotes à l'historique bataille de St-Eustache. Il était à la tête d'un peloton de 250 patriotes, décidé à vaincre ou à mourir. À un moment donné, il n'y avait pas assez de fusils pour tous. Qu'à cela ne tienne ! À ceux qui veulent combattre malgré tout, Chénier dira : «Il y en aura de tués, vous prenez les leurs ! » La suite nous est connue. Colborne met le feu partout sur son passage, et le combat se termine dans le cimetière où étaient réfugiés les combattants. 70 y laisseront leur vie pour leur patrie, Chénier tente de s'échapper de l'église en flambes, il est abattu. Il venait d'avoir 31 ans !

Grâce à l'appui d'Honoré Mercier, Montréal lui a érigé un monument au carré Viger. Le docteur Chénier y apparaît dans toute la fougue de tribuns avec un air dont parle ses contemporains : « C'était un gars, dit-il, qui n'avait pas froid aux yeux. » Ses restes furent déposés dans le cimetière de St-Eustache, dans un endroit réservé aux enfants sans baptême. Triste histoire ! Triste fermeture d'esprit du clergé ! Plus triste encore. En 1891, toutes les autorisations avaient été données pour l'exumation de ses restes et son enterrement au cimetière de la Côte des Neiges. L'Archevêque Fabre s'y opposa. Il fallu attendre 1967 (!) — Incroyable mais vrai — avant que le docteur Chénier, ce grand patriote, pût avoir droit à une sépulture décente dans le cimetière de St-Eustache !

En ce 12 décembre, anniversaire de ce brave docteur Chénier, rappelons-nous la constance, cohérence entre ses convictions et ses actions, la fierté de son identité, sa perpétuelle consistance dans ses gestes, sa force de caractère prête à tout, même à sacrifier sa vie, encore toute fraîche, pour défendre ses racines.

Souvenons-nous. Ce douze décembre est marqué de sang. Le sang d'un homme courageux qui a fait ce qu'il disait: Il faut être prêt à tout donner pour une si noble cause! Nous sommes enfants d'une race fière.

CHARLES LE MOYNE
Le baron de la fourrure

Il était arrivé chez nous, à peine âgé de 15 ans, en 1641. Avant même l'arrivée de Maisonneuve et de ses pionniers, tout seul dans ce vaste pays, il fallait de la débrouillardise, non ? Que pouvait-il faire sinon accompagner les missionnaires dans leur périlleuse excursion, apprendre les langues indigènes et le métier des armes. Sans trop le savoir, il dessinait sa future vocation. Il devint vite un habile interprète. Il passe ainsi quatre années avec les Hurons. À son tour, tout a changé avec l'arrivée de Maisonneuve. Il trouve des constructions : Le fort de Ville-Marie, l'Hôtel Dieu de Jeanne-Mance et quelques maisons en rondins. Mais c'est aussi un guet continuel pour se protéger contre les attaques sournoises des Iroquois. Charles vit comme les Montréalais du temps, sans cesse sur le qui-vive, en alerte, la main sur son mousquet.

C'est ainsi que la liberté l'a représenté, arquebuse en bandoulière, et faucille pour récolter son blé, au socle de la statue de Maisonneuve, à la Place d'Armes. Il restera dans la mémoire de tous comme l'un des valeureux défenseurs de la colonie naissante.

En 1654, il épouse Catherine Thierry. Maisonneuve lui donne en cadeau de noce une belle terre de 94 arpents sur la pointe qui portera le nom de son patron et un autre terrain sur la rue St-Paul. Charles y bâti une grande maison qu'il partagea avec Jacques Le Ber, qui vint d'épouser sa sœur. Le jeune Charles est ambitieux. Il continue à étendre son domaine et obtient, en 1657, tout un fief de 5000 arpents sur la Rive-Sud. Ce fief deviendra, quelques années plus tard, une seigneurie. Et le défricheur étend ses possession à l'Ile Ste-Hélène, au Sault St-Louis, à Château-guay, à l'Ile St-Bernard, etc. Il reste débrouillard. Sa connaissance des langues indigènes lui permet d'établir des contacts et de créer une association avec Desgroseillers et Radisson. Une compagnie pour la traite des fourrures.

Mais ce qui illustra surtout Charles Le Moyne, c'est d'avoir donné à la patrie les enfants les plus valeureux que la Nouvelle France ait connue : Charles, décoré pour ses hauts faits du titre de baron, premier et unique baron, né sur notre sol ; Jacques, de Ste-Hélène, habile expéditionnaire à la Baie d'Hudson, et à qui Frontenac confia l'artillerie contre Phipps ; Pierre, surnommé d'Iberville, connu de nous tout par ses exploits, surtout dans le Nord du Québec ; Paul dit de Maricourt, vaillant et habile défenseur à la Baie d'Hudson, à Terre-Neuve, et en même temps habile diplomate, principal instrument de la paix de Montréal de 1701 ; François, dit de Bienville, ardent batailleur mais victime de son zèle, encore bien jeune ;

Joseph, dit de Sérigny, continuellement en expédition à la Baie d'Hudson, et en lutte perpétuelle contre les anglais; François Marie, décédé à l'âge de 17 ans; Louis dit de Châteauguay «capable à lui seul de conduire un vaisseau pour ce qui regarde le pilotage et le commandement», mais malheureusement fauché prématurément par la mort; Jean-Baptiste, qui repris le surnom de Bienville, que son frère avait porté jusqu'à sa mort, toujours sur un pied de guerre à la Baie d'Hudson, à Terre-Neuve, au Nouvelle-Angleterre, au Mississipi, en Louisiane, etc. Cette grande famille a bien mérité de la patrie par tous ses exploits guerriers. Ce n'est pas pour rien qu'on les a appelés les «Macchabées de la Nouvelle-France.»

En ce dix décembre, rappelons avec fierté le père de cette illustre lignée.

ADOLPHE PROULX
La voix des sans voix

Il a été une figure de proue de l'Église pour la défense des droits de la personne et il n'a jamais eu peur de dire ce qu'il pensait face à certaines situations critiques. Plusieurs politiciens se sentaient dérangés sur leur siège quand il faisait certaines déclarations au niveau de la société. C'était un homme sans prétention, d'une très grande simplicité et d'une humilité sans pareille. Il avait la hantise des pauvres et se faisait volontiers leur porte-parole.

On se rappelle l'anecdote. Un jour, un homme de Hull, délaie la neige devant son entrée. À un moment donné, il s'appuie sur sa pelle pour reprendre son souffle. S'amène alors monseigneur Proulx qui s'arrête, jase brièvement avec lui et prend ensuite la relève avec la pelle. Puis, une fois la besogne terminée, il repart discrètement sans s'être identifié. Quelques jours plus tard, le monsieur qu'il avait aidé voit apparaître devant son petit écran le monsieur qui lui avait déblayé le devant de sa porte. Il appelle aussitôt sa femme et lui dit : « Regarde, c'est le monsieur qui m'a aidé à pelleter le devant de la maison ! — Eh oui, lui réplique sa femme. C'est Mgr Proulx, c'est notre évêque, espèce d'ignorant ! »

Mgr Proulx était présent partout. Il épousait la cause des petites gens qu'il défendait : femmes battues, logements populaires, personnes âgées, chômeurs, mères célibataires. Il se faisait solidaire des petits et des souffrants, toujours à l'écoute des autres. Les exemples affluent à ma mémoire : il encourage les familles touchées par les inondations de se regrouper en comités de citoyens pour obtenir des compensations des autorités gouvernementales (mai 1974), appuie les travailleurs de l'amiante en grève (mai 1975), parle des injustices sociales dont sont victimes les 400 grévistes de la compagnie Mc Laren de Masson (déc. 1975), dénonce les expropriations de l'île de Hull à l'encontre des intérêts des gagne-petit, émet de sérieuses réserves sur le comportement du gouvernement dans les négociations avec les employés du Front commun (mai 1976), s'implique à fond contre la loi fédérale C-24 sur les immigrants (mars 1977), invite les délégués d'un colloque à prendre parti pour les grévistes de la CTCRO (fév. 1978), prend nettement parti en faveur « d'une plus grande autonomie » en pleine campagne référendaire (nov. 1979), dénonce l'intervention américaine au Salvador devant plus de 500 manifestants (fév. 1981), s'élève contre les essais du missile Cruise dans le nord de l'Alberta (nov. 1982) et la liste pourrait s'allonger indéfiniment.

Homme de vision, d'espérance, de défis, de solidarité, de douceur et de courage, de disponibilité, de justice et d'audace, Mgr Proulx restera comme l'image de l'évêque proche des gens, le défenseur des sans voix, prophète des temps modernes. Un homme de cœur!

En ce douze décembre, anniversaire de sa naissance, souvenons-nous avec respect.

BRUCE PRICE
L'architecte des châteaux

Bruce Price était un élève du renommé architecte Henry Hobson Richarson qui a tellement marqué l'architecture montréalaise par son style néo-roman : New York Life Insurance (premier gratte ciel de Montréal) à la Place d'Armes, l'église Erskine and American, la bibliothèque Redpath de l'université McGill, etc. Selon Jean-Claude Marsan, spécialiste de l'architecture de Montréal, l'influence de Richarson s'est surtout manifestée dans l'architecture de la Gare Windsor.

Or, Bruce Price, avait été formé à l'école de Richarson. Quand il arrive chez nous en 1886, il a déjà 41 ans. Il s'était cependant fait connaître par ses réussites aux États-Unis. Chez nous, il laissera aussi sa trace avec la gare Windsor, la gare Viger, le collège Royal Victoria, le Château Frontenac à Québec.

Fortement influencé par les châteaux de la Loire qu'il trouvait particulièrement élégants, Bruce Price délaissera l'architecture victorienne de son maître Richarson pour proposer des édifices de style Renaissance française. Le succès fut immédiat. Le président du Canadien Pacifique qualifiera la gare Windsor, entre autres, de « monument érigé à la gloire de la race canadienne-française. »

La stupidité de l'aménagement du carré Viger actuel a enlevé toute la splendeur de cet édifice prestigieux. Par exemple, on a muré les ouvertures de l'arcade, la belle allée d'arbres a disparu et l'autoroute de Ville-Marie a enlevé définitivement tout le relief que la gare prenait autrefois.

Je pense que cet architecte génial mérite au moins qu'on souligne son apport à l'embellissement de la ville. Aussi, en ce douze décembre, je tiens à mentionner son anniversaire de naissance.

Bruce Price mourut à Paris, le 29 mai 1903.

ROBERT LEPAGE
Metteur en scène génial

Robert Lepage, c'est d'abord et avant tout un homme d'une grande simplicité. Un visage qui fascine, à tel point qu'un critique du *Devoir* le comparait à un archange qui « vole de ville en ville » avec un éternel sourire de Joconde sur les lèvres.

Il fait d'abord des études au Conservatoire d'art dramatique et soudainement, c'est la révélation, avec son spectacle *Circulations* en 1984. Depuis, on se l'arrache de partout à travers le monde. Robert Lepage est considéré actuellement comme l'uns des plus puissants metteurs en scène. Ses succès attirent les regards du monde entier. Il a créé *Le songe d'une nuit d'été* de Shakespeare pour les Anglais au Royal National Theatre de Londres ; *Le Songe* de Strinberg pour les Suédois au Royal Dramatic Theatre de Stockholm ! Rien de moins... En 1986, il crée *Vinci* qui en a secoué plus d'uns. Comme d'ailleurs *Les Aiguilles et l'opium* (à partir d'une lettre de Cocteau aux Américains), *La Trilogie des dragons* (« un voyage dans l'âme errante de ce pays — Le Canada — dont on a dit qu'il n'en possède aucune » (Hélène de Billy), *Les Plaques tectoniques, Les Sept Branches de la rivière Otta* qui soulignait le triste 50e anniversaire d'Hiroshima. Puis, il lance son premier film *Confessionnal,* inspiré de Hitchcock. En 1992, la BBC lui consacre un documentaire *Who's That Nobody from Quebec?*

Lepage s'impose comme un ingénieux inventeur d'images. Il nus plonge dans un monde naïf, fait d'intuitions surprenantes, de rêves subtils, de vision universelle des êtres et des choses, le tout enrobé d'un brin de surréalisme. La preuve qu'il est génial, quand il crée un spectacle, il est joué au moins 250 fois ! Il pourrait facilement devenir une star dans le monde international. Il est sollicité par la Scala de Milan, les Américains, les Japonais, etc. Mais Lepage a préféré revenir à ses racines. Il vient de créer sa propre compagnie de production, *Ex-Machina.* Ce sera son point d'ancrage. Que eux qui le réclament de Londres, New York, ou Tokyo viennent le rejoindre à Québec. Souhaitons qu'il trouve les fonds nécessaires pour rénover cette vielle caserne et mettre sur pied le rêve de ce grand metteur en scène de chez nous ! Tout est si fragile dans ce monde artistique ! Les étoiles brillent et soudainement, s'éteignent. Et les gouvernements reconnaissent toujours trop tard les intuitions audacieuses qui donnent pourtant à leur ville plus de relief et d'ouverture internationale que leurs projets bidons. Soutiendront-ils Robert Lepage dans son rêve ? Laisseront-ils éteindre le feu sacré qui le ronge ? Reconnaîtront-ils le talent qu'il possède et tout l'éclat qu'il laisse rejaillir sur Québec en pluie d'étoiles ? Il nous reste à nous croiser les doigts et à souhaiter en ce douze décembre, anniversaire de notre fulgurant metteur en scène, bon anniversaire et bon courage !

SŒUR BONNEAU
Une Marguerite d'Youville moderne

Rose-de-Lima Bonneau entra chez les Sœurs Grises en 1878. Elle devint supérieure de l'hospice St-Antoine de Longueuil en 1895. À partir de 1909, on la retrouve à l'hospice St-Antoine de Montréal. Pendant vingt-cinq ans, elle se dépensa sans compter au service des sans-abris de la ville. Elle fit preuve d'un dévouement et d'une énergie hors de l'ordinaire.

On raconte que les habitués de l'hospice se regroupaient tous les jours sur la rue de la Friponne qui avait connu d'autres « clients » au temps de l'intendant Bigot. Sœur Bonneau fit les démarches nécessaires pour changer le nom de cette rue qui rappelait des souvenirs peu compatibles avec son œuvre. Elle fut des plus surprises quand elle apprit que la ville avait décidé de donner son propre nom à la rue. Elle prit le parti d'en rire, surtout quand elle recevait des lettres ainsi adressées : « Révérende sœur Friponne, rue Bonneau ! »

Aujourd'hui l'« Accueil Bonneau » continue l'œuvre de cette pionnière et les Sœurs Grises, avec le même dévouement et le même cœur, accueillent chaque jour un nombre impressionnant de démunis.

En ce quatorze décembre, rappelons la mémoire de cette Marguerite d'Youville moderne. Elle a bien mérité le nom de sa rue !

JACQUES GRAND'MAISON
Théologien et sociologue près de la réalité

Tout le monde le connaît par ses prises de position courageuses, lucides et intelligentes. Directeur d'un groupe de recherche «recherche-action» à St-Jérôme, il a publié une somme considérable d'études (une cinquantaine !) qui a été acceptée d'emblée tant par l'opinion publique que par le clergé. Il est également professeur de théologie à l'Université de Montréal.

Son langage cru, ses images surprenantes, son style haché, ses comparaisons tirées du tissu social quotidien, ses analyses en profondeur du milieu, la rigueur de sa méthode, sa facilité de synthèse et sa grande simplicité, en font un des prophètes les plus écoutés chez nous. Grand'Maison va droit au but. Qu'on se rappelle quelques-uns de ses titres: *L'École enfirouapée. Je suis las de ces tataouinages idéologiques bureaucratiques, audio-visuels et quoi encore. Savons-nous vraiment ce que nous voulons ?* (1958, chez Stanké) ; *Une Église tranquille dans une société volcanique* (1976) ; *L'Église en dehors de l'église* (1966) ; *Symboliques d'hier et d'aujourd'hui* (1974) ; *Une société en quête d'éthique* (1977).

Jacques Grand'Maison toujours attentif à la société qui l'entoure, croit profondément en la capacité de dépassement de l'homme. Chacun de ses nouveaux livres est comme une poussée dans le dos. Il laisse sans cesse une porte ouverte vers une amélioration possible.

En ce dix-huit décembre, nos meilleurs vœux pour une longue carrière !

21 décembre au 19 janvier
Le Capricorne

Fleur du mois :
L'œillet, connu comme fleur du renouveau ; appréciée pour sa beauté, son parfum discret et sa grande résistance à survire autant à l'intérieur qu'à l'extérieur.

Pierre de naissance :
Le grenat, pierre semi-précieuse. La couleur du grenat varie mais la plus répandue est celle du rouge foncé. La légende veut que cette pierre protège ceux qui la portent en voyage.

singe du zodiaque :
Le Capricorne.

Dixième signe du zodiaque :
Le capricorne commence avec le solstice d'hiver et la mort apparente de la nature. Temps de l'absence des travaux saisonniers, le temps de l'ingéniosité de l'imagination qui peut rêver à autres choses. Temps de la plénitude spirituelle. Symbole de patience, persévérance, prudence, ingéniosité, maturité, sens des responsabilités, acharnement au travail, aptitude aux affaires. Avec la période hivernale chez nous, le Capricorne symbolise la concentration intérieure favorisée par le dépouillement extérieur de la nature. Dans la profondeur de la terre au repos, c'est le lent et silencieux travail de la végétation à venir qui s'élabore.

Animal représentatif :
La chèvre grimpeuse attirée par les hauteurs. Parfois aussi un animal fabuleux mi-bouc, mi-dauphin qui exprime cette nature ambivalente du capricorne aiguillé autant par les cimes que par les abîmes et qui ne peut trouver son équilibre que dans une perpétuelle tension entre ses attirances contradictoires

Planète :   Saturne.

Implacable dieu du temps, sombre et obscur qui plie la personne à ses caprices et la force au froid dépouillement. La personne née sous le signe du capricorne porte l'empreinte de ce dieu silencieux, immobile et dur. Le capricorne replié sur lui-même se réfugie facilement dans la concentration. Des forces ignorées peuvent surgir de ces profondeurs et révéler soudain sa personnalité. La maîtrise de lui-même vient de ce patient travail de la volonté sur la sensibilité.

MYRIAM BÉDARD
L'ardente jeunesse dans sa force intérieure

C'est une fille déterminée cette Myriam. J'aime retrouver cette ardeur juvénile, cette détermination jamais battue, cette confiance en soi-même plutôt rare de nos jours, il faut l'avouer. Mais il n'y a pas de conquête gratuite.

Dès l'âge de treize ans, elle entre chez les cadets de Valcartier. Prédestinée? Je ne sais mais toujours est-il qu'elle s'entraîne au tir, à la carabine, et même au biathlon, une discipline bien connue dans les pays scandinaves mais complètement inconnue chez nous. On le sait aujourd'hui : « course d'endurance sur skis où l'athlète se soumet, à intervalles répétés, à des épreuves de tir de précision, alors qu'il est à bout de souffle. » (Luc Chartrand) En 1987, elle participe aux championnats canadiens, presque contre le gré de la Fédération. Mais elle a l'air si décidée. Elle se dit prête à rembourser les 2000 $ si elle revient bredouille. Mais non, à la surprise de tous, elle se classe championne canadienne junior.

Les échecs forgent autant que les médailles. Myriam l'apprendra à ses frais. Mais elle rebondit et ne reste pas écrasée. C'est en elle qu'elle trouve toute la force nécessaire pour vaincre les obstacles. Elle ne s'embarrasse pas non plus avec les drapeaux. « On ne court pas pour son pays, dit-elle. Ce n'est que pour soi-même qu'on peut accepter de souffrir ainsi. »

Ses succès nous sont mieux connus : aux Jeux d'Albertville en 1992, elle obtient la médaille de bronze. À Borovec, en Bulgarie en 1993, la deuxième place au classement cumulatif de la Coupe du monde, la médaille d'or au 7,5 km et la médaille d'argent au 15 km des Championnats mondiaux. Enfin, aux Olympiques de 1994, à Lillehammer, en Norvège, deux médailles d'or aux 7.5 km et 15 km !

Depuis c'est une vedette et tout le monde se l'arrache. D'où lui vient cette force et quelle est sa recette? Des entreprises demandent ses services pour motiver leur personnel. De Toronto, de Vancouver, et même Porto Rico ! Myriam reste toute simple. Sa force, elle la trouve en elle-même, et c'est là que les jeunes doivent puiser. « Peu importe les moyens, les conditions financières, dit-elle, c'est l'individu qui fait la différence. Les conditions pour atteindre le sommet ne sont jamais les meilleures. »

En ce 22 décembre, bon anniversaire, Myriam, inspiratrice pour nos jeunes qui cherchent sans savoir où trouver !

LUCIEN BOUCHARD
Un homme de cœur et de courage

Comme bien d'autres, Lucien Bouchard a compris qu'il n'y a pas d'autre solution pour le Québec que la souveraineté. Quand on a tout essayé... il y a quand même des limites. Maintenant, il combat fougueusement pour la souveraineté. Il a frôlé la mort de près, mais sa ténacité l'a emporté. « Que l'on continue ! » écrivait-il sur un bout de papier à l'article de la mort. Ce bout de papier est devenu comme un brandon enflammé qui a réveillé la fièvre souverainiste. Pas assez cependant pour obtenir un oui au dernier référendum.

Pourquoi Lucien tient-il tant à cette souveraineté du Québec ? Dans un discours prononcé lors de l'ouverture du Congrès National du Bloc Québécois au Palais des Congrès en avril 1995, il s'expliquait. Il veut la souveraineté « non pas comme une solution miracle, non pas comme un rêve nostalgique, non pas comme résultat de calculs comptables, non pas par attrait pour les fastes de la diplomatie internationale. Non ! La souveraineté, il nous la faut parce qu'elle s'impose comme une nécessité. Elle est nécessaire au Québec comme le mûrissement d'un fruit, comme l'atteinte de l'âge adulte, comme la conclusion d'un raisonnement logique, comme la découverte au bout de l'exploration, comme l'aboutissement d'un fleuve à la mer. En un mot, nécessaire parce que nous sommes un peuple, que nous sentons et nous comportons comme tel depuis toujours, que nous vivons sur un territoire où nos ancêtres se sont installés, il y a près de quatre cents ans, que nous faisons partie des nations les plus prospères du monde, que nous avons une culture bien à nous et nous avons comme langue officielle le français, héritage sacré des luttes, de la fidélité et du courage de douze générations. Oui, la souveraineté, une nécessité pour tout peuple qui veut façonner lui-même son avenir, gérer ses propres affaires, se mettre enfin à son compte, après avoir vécu toutes les vicissitudes de la subordination aux intérêts et aux décisions d'une majorité qui n'est pas la sienne. »

Nous avons là tout Lucien Bouchard, ardent polémiste, batailleur infatigable, tribun passionné, souverainiste invétéré, homme de convictions profondes, attaché inconditionnel au Québec, à sa langue, à sa culture, à cet héritage légué par nos ancêtres, à la fierté de ses racines. Il incarne vraiment avec tout son charisme le Québécois de souche qui ne renie rien de son passé et qui oblige ceux qui veulent vivre avec nous et à qui nous avons ouvert si cordialement nos portes et nos cœurs à un sérieux examen de conscience, à une probité minimale et au simple respect de l'hôte qui l'a accueilli.

Un grand homme ! En ce 22 décembre, anniversaire de sa naissance, le merci du cœur pour tout ce qu'il faut pour la défense de nos droits et de notre identité. Maintenant qu'il doit assurer la difficile succession de Jacques Parizeau, il lui reste de ramener le bateau au port ! Nous sommes prêts à le soutenir.

RAYMOND DAVELUY
Titulaire des grandes orgues de l'Oratoire

M. Daveluy est aujourd'hui connu universellement. Quand il fut nommé titulaire des grandes orgues de l'Oratoire St-Joseph en 1960, c'était le couronnement d'une brillante carrière. L'excellence ne s'improvise pas. Elle est toujours le fruit d'une longue patience et d'un travail acharné.

Raymond Daveluy commence sa carrière artistique par de sérieuses études musicales. Ses qualités sont vite remarquées. En 1948 il n'a alors que vingt-deux ans, il est Prix d'Europe. Une fois revenu au pays, il commence une série de tournées de récitals qui l'amèneront à plusieurs reprises tant aux États-Unis qu'en Europe. De nombreux festivals lui feront parcourir les principales capitales européennes (Paris, Vienne, Londres, Bonn, Bruxelles, etc.)

Aujourd'hui, le titulaire des grandes orgues de l'Oratoire s'impose par la netteté de son jeu, ses spectaculaires improvisations, son impressionnante documentation musicologique, la luminosité de son interprétation, la somptuosité et l'éclat de son style contrapunctique.

Une chose qui frappe tous ses auditeurs avertis, c'est « son intelligente fidélité des œuvres qu'il exécute » (Jean Vallerand, *Le Devoir*, 24 février 1953). Ce respect du style qui donne toute la coloration à l'œuvre suppose une grande familiarité avec ces pièces maîtresses. M. Daveluy a ce don rare de savoir restituer la couleur de ces œuvres immortelles. Il s'agit d'assister à un de ses concerts d'été à l'Oratoire pour s'en convaincre. Depuis 35 ans, à l'Oratoire ! Il reste simple et accueillant. Selon lui, le plus beau compliment qu'on puisse lui faire, c'est d'entendre ces mots: « M. Daveluy, vous m'avez fait aimer la musique classique. »

Il va sans dire que les cours d'orgue et d'harmonie donnés par le grand maître ont préparé une relève de musiciens importants au Québec. Il continue toujours à enseigner (cours privés exclusivement), compose et enregistre. Le dernier-né, c'est ce magnifique album *Le Nouveau Livre de noëls*. Ceux qui le connaissent bien disent qu'il est un fin conteur, plein d'humour, fascinant. Pour lui, l'organiste a une véritable vocation, celui qui fait le lien entre la poésie suggestive de la musique et la spiritualité. « On ne peut pas être organiste liturgique sans une compréhension des actions liturgiques et de l'état de religion. Les organistes de concert ne peuvent pas jouer de la musique liturgique sans comprendre de quoi il s'agit vraiment. C'est un peu comme un chef d'orchestre qui dirigerait un opéra de Wagner sans connaître les légendes nordiques. »

Parce que sa foi est profonde, M. Daveluy fait passer toute son âme dans sa musique, comme un prédicateur dans son homélie. Et il va sans dire, pour lui, le chant grégorien, tellement à la mode dans son temps, reste le chant de l'intériorité la plus profonde. «Je dirais que le chant grégorien, dit-il, avec son contenu mystique, était le chant d'église par excellence parce qu'il s'intégrait parfaitement à une action liturgique qui était un mystère, le mysterium tremendus. Ce chant a eu une telle puissance aux yeux des fidèles, une telle influence sur la culture occidentale et la religion elle-même qu'aujourd'hui il est comme quelqu'un qu'on essaie de perdre dans une forêt, mais qui finit toujours par nous rattraper. Il est toujours là.»

Pour nous aussi, M. Daveluy reste toujours là, toujours présent, toujours vivant, incontournable, l'âme de l'Oratoire St-Joseph!

En ce 23 décembre, anniversaire de sa naissance, rappelons la mémoire de ce grand artiste. Fructueuse carrière!

ÉMILE NELLIGAN
Le poète du Vaisseau d'or

J'ai eu la chance de suivre les cours de M. Luc Lacourcière sur Nelligan. Son édition critique est et restera une date dans notre littérature. Il était épris d'un véritable culte pour le poète et il transmettait facilement son enthousiasme à ses disciples. Par la suite, Paul Wyciyncki publiera à son tour un ouvrage important sur Nelligan. Et depuis, les amis, les ouvrages, les séminaires, les productions audiovisuelles ne se comptent plus.

En partant, tout augurait mal. Le père Nelligan, un Irlandais têtu, ne voulait rien savoir de la culture française. Sa mère, au contraire, était une femme extrêmement délicate, sensible, cultivée, grande musicienne. Nelligan gardera d'elle une âme de musicien sans rien connaître au solfège. Wycinski dira de lui: «La musique pour lui est presque une manière de vivre, de percevoir et de sentir ; elle imprégnera bientôt sa poésie. » Il publie ses premiers poèmes en 1896 dans *Le Samedi*, sous le pseudonyme d'Émile Kovar. D'autres poèmes suivront dans différentes revues de l'époque.

Il n'en fallait pas plus pour faire éclater le conflit à la maison. Et comme il fallait bien s'y attendre, c'est la rupture avec le père qui ne comprend rien à la vocation d'un poète. Nelligan fuit à Cacouna, résidence d'été de ses parents. Là, l'adolescent mélancolique écrira les plus beaux poèmes que notre littérature ait jamais produits. Il s'enferme et s'enfouit dans l'abîme du rêve avec Baudelaire, Rimbaud, Verlaine et Barry, directrice d'une page féminine dans *La Patrie* et surtout avec Louis Dantin, son frère, dans l'amour du beau » qui a eu le mérite de réunir les œuvres éparses de Nelligan en 1902.

Nelligan entre ensuite à l'École littéraire de Montréal, voyage en Europe. À son retour, lors d'une réunion du groupe, il lit son poème *La Romance du Vin*. C'est l'apothéose. Il est porté sur les épaules jusqu'à la rue Laval. Le poète est maintenant reconnu pour ce qu'il est. Il ne vit plus que dans le rêve, marche des nuits entières, dort dans les fossés ou enfermés dans des chapelles. Le surmenage amène ses fruits amers: il est interné en 1899 à la Retraite St-Benoît et transféré ensuite à St-Jean-de-Dieu en 1925. Il y demeurera jusqu'à sa mort, en 1941.

M. Lacourcière dira encore de lui : « Peu d'œuvres canadiennes — parmi les poétiques surtout — ont connu faveur aussi grande et qui se renouvelle à chaque génération. Il se peut que le sort de cet infortuné jeune homme, le malheur qui interrompit sa carrière avant la fin de sa vingtième année, ait motivé, dans une large mesure, les sentiments d'admiration qu'on n'a cessé d'entretenir à son endroit. »

Il y a plus. L'œuvre peu abondante de Nelligan — environ cent soixante poèmes — est un cri de souffrance d'un lyrisme profond. Son « Vaisseau d'or » en a fait frissonner plusieurs. La qualité de la forme de ses poèmes, le symbolisme sensible, la musique prenante qui les enrobe, l'élévation de ses pensées, le cœur qui y bat en font, sans contredit, le Poète, l'inégalé jusqu'à aujourd'hui encore...

Nelligan est mort le dix-huit novembre 1941.

En ce vingt-quatre décembre, rappelons-nous LE POETE !

SAMUEL DE CHAMPLAIN
Explorateur, cartographe, fondateur de Québec

Champlain naquit à une période critique de l'histoire de France déchirée alors par les guerre de religion. La faim, la misère, le spectacle de la mort, la terreur et la guerre semaient leurs ravages partout. Catholiques et protestants se disputaient le sort de sa ville natale. On entend parler de Champlain pour la première fois vers les années 1593 alors qu'il s'enrôle dans les armées du roi. Il combattit vaillamment. En 1595, il devenait responsable de l'approvisionnement des troupes pour le maréchal d'Aumont. La guerre dura cinq longues années. Pour ne pas rester oisif, champlain offre ensuite ses services à l'Espagne qui, chaque année, envoie des vaisseaux aux Indes occidentales. C'est ainsi qu'en 1603, Champlain effectue son premier voyage au Mexique et aux Antilles. Son goût pour l'exotisme et sa curiosité des cultures différentes a quelque chose de fascinant. Il dessine les plantes rares et les oiseaux qu'il découvre et donne dans son journal de voyage des descriptions intéressantes. Ainsi, il parle du quetzal qui «passe tout son temps dans les airs, sans jamais se poser jusqu'à ce qu'il tombe mort. Il est à peu près de la grosseur d'un moineau et sa queue ressemble à celle d'une aigrette.» La condition des indigènes du Mexique ébranle l'explorateur. Il blâme vertement l'attitude des Espagnols. Il en a «les larmes aux yeux rien que d'en parler.» De retour chez lui, Champlain écrivit un rapport de voyage illustré de cartes (72!) et d'aquarelle. Il gagna la faveur du roi.

En 1603, il repart, cette fois pour le Canada. Tout au long de la traversée, il note attentivement tout ce qu'il voit. Le 27 mai, il touche pour la première fois le sol du pays près de Tadoussac. Les Montagnais lui font grande fête et demandent son aide pour vaincre les Iroquois. Champlain continue ses explorations, se rend jusqu'à Québec. Il est vivement impressionné par la richesse de la terre et projette un fort de défense à Trois-Rivières. Il visite ensuite la bourgade d'Hochelaga. La perspective de toucher à l'océan Pacifique le transporte d'enthousiasme. Puis, il regagne la France chargé de morues séchées et de fourrure. Il plublie un petit livre intitulé *Des Sauvages ou Voyage de Samuel Champlain de Brouage, fait en la France Nouvelle, l'an 1603*.

Il repart encore une fois en 1604. Cette fois avec De Monts Port-Royal. L'hiver passé à Ste-Croix reste sans doute un des plus périlleux de sa vie. Trente-cinq compagnons meurent du scorbut. Cette pénible expérience n'éteint pas son ardeur pour la découverte. Il avoue cependant, avec un brin d'humour: «On ne peut connaître ce pays sans y avoir passé un hiver. Lorsqu'on arrive en été, tout y est très agréable... mais l'hiver dure six mois ici. » Champlain profite de ce voyage pour noter soigneusement les détails des côtes, des ports, des rivières avec une étonnante précision. Il suit ensuite Pont-Gravé qui décide de s'établir à Port-Royal. Champlain continue ses explorations. Pour tuer la monotonie et remonter le moral des troupes, il institue l'Ordre du Bon temps. En 1607, il retourne en France. Pas pour longtemps puisque, en 1608, il revenait avec De Monts pour établir une colonie à Québec.

Ils arrivent le trois juillet. Immédiatement, ses hommes se mettent à la construction de l'Habitation. Une sédition suit de près et Champlain échappe belle à la mort. Il fait preuve alors de grande prudence dans la punition des rebelles. Il n'était pas pourtant au bout de ses peines. Le scorbut fait encore des ravages parmi ses hommes.

Il fait ensuite alliance avec les Hurons et les Algonquins et mène une campagne dans le pays des Iroquois. C'est la défaite dans le camp ennemi. L'arquebuse du chef Blanc les avait terrorisés. C'est aussi le début d'une antipathie qui continue encore de nos jours.

Le reste de la vie de Champlain fut une pénible lutte pour établir cette colonie sur le promontoire de Québec. Pendant trente-deux ans, il lutta pour la réalisation de ce rêve qu'il avait caressé. Il explora le continent de long en large, des Grands Lacs jusqu'à la Huronie, tenta de faire connaître son pays d'adoption en France, *Voyages et découvertes faites en Nouvelle-France de 1615 à 1618* est un pur chef d'œuvre.

La France ne s'occupa guère de la colonie que vantait son gouverneur. « Ce pays, écrivait-il, est si vaste qu'il s'étend sur plus de quatre mille kilomètres. Il s'y trouve un des meilleurs fleuves du monde, dans lequel se jettent plusieurs autres rivières (...) ses forêts et son abondance de gibier et de poisson. »

Champlain mourut ignoré de la mère patrie le jour de Noël 1635. Pour nous il reste toujours le fondateur de Québec, le père de la colonie.

VÉNÉRANCE MORIN
Une missionnaire au cœur sans frontières

C'était une toute petite fille normale, qui avait ses impatiences et aimait la danse! Dans le temps, elle avait eu le courage de dire à son confesseur: « Je ne vois aucun mal à ça. » Elle éprouvait même de la répugnance pour la vie religieuse et trouvait les sœurs plutôt lugubres. Soudainement, même si un jeune et brillant militaire se présente et lui offre les meilleures garanties pour l'avenir, Vénérance se décide à entrer chez les Sœurs de la Providence récemment fondées à Montréal par la veuve Gamelin et Mgr Bourget. Cette fille savait ce qu'elle faisait. On l'appellera désormais Sœur Bernard.

On l'envoie d'abord à Sorel « boucher un trou ». C'est là qu'elle fera sa profession dans l'église du lieu le 22 août 1852. Et les événements se bousculent car Dieu la veut ailleurs, et il semble pressé d'accomplir ses desseins.

Suite à une demande d'un évêque qui voulait des religieuses pour les régions indigènes de l'Oregon, cinq sœurs sont choisies parmi lesquelles, Sœur Bernard. Elle n'avais pas encore dix-neuf ans. Quelques mois auparavant, une voix intérieure lui avait dit: « Tu iras en terre lointaine. » Il semble bien que cet appel secret trouve sa réalisation. Après un voyage parsemé d'embûches et de difficultés de toutes sortes, les religieuses arrivent à destination pour connaître une amère déception. Elles doivent se rendre compte que le projet en question ne tient pas debout, et est absolument irréalisable. À leur grand regret, elles se rendent à l'évidence et décident de revenir au pays en passant par le Cap Horn. Après 83 jours de dangereuse navigation, elles arrivent à Valparaiso du Chili où la Providence les attendait.

Le pays leur offre un orphelinat et tout le quartier de la « Providence ». Elles venaient de trouver un pays d'accueil fort sympathique.

Sœur Bernard se fit vite connaître. « Elle attirait par son bon caractère, son maintien noble et sa compréhension. » Peu de temps après, l'évêque la désignait supérieure mais les religieuses n'acceptèrent pas cette nomination et demandèrent leu rapatriement à Montréal plutôt que de se soumettre à son autorité. Et elles partirent. Des pourparlers avec Rome rendit la jeune communauté dépendante immédiatement du Saint-Siège et de la congrégation des Évêques. Sœur Morin devenait supérieure provinciale en 1872. Sa communauté comptait alors 38 religieuses.

Pendant 45 ans, elle dirigea avec sagesse les maisons qu'elle fonda sur toute la longueur du territoire du Chili, se souciant continuellement des besoins des pauvres et de toutes les personnes en difficultés, ouvrant des écoles, des hôpitaux, des lazarets. Elle se montra « modèle de force et de sublime en charité. » Elle faisait régulièrement ses visites annuelles même à ses 93 ans accomplis ! Les personnes qui l'ont bien connue attestent qu'il suffisait de s'approcher d'elle pour ressentir l'influence de son âme extraordinaire. À l'occasion de son décès, La Revue catholique écrivait : « Elle fut élue pour un haut destin ; elle était énergique sans être dure ; d'une grande humilité chrétienne, d'une vision ample et perçante pour prévoir l'avenir et scruter le cœur des personnes. Elle était née pour conduire les foules, former les âmes, vaincre les obstacles humainement insurmontables et, d'une main sûre et intrépide, diriger la marche de l'Institut qui la considéra comme sa géniale et irremplaçable fondatrice, comme un professeur que la divine Providence avait chargé d'enseigner l'évangile de Jésus-Christ à ses filles et protéger les orphelins, les désemparés, tous ceux qui souffrent. »

Ses historiens sont unanimes à célébrer son «noble caractère, son dévouement sans bornes, son courage inébranlable.» «La figure de mère Morin est prodigieuse ; aucune hésitation dans les heures d'angoisse et de terribles épreuves, aucune faiblesse dans les épreuves, une volonté toujours à l'affût, au milieu de tant de contrariétés.

C'est une noble figure mais c'est surtout un grand cœur de religieuse ; une fidèle correspondance à la grâce imprègne sa longue vie et donne du relief à son œuvre difficile. Son cœur si généreux la faisait se mettre au-dessus des petitesses de ce monde pour s'élever vers les hauteurs. »

Elle mourut le quatre octobre 1929, presque âgée de 97 ans. Elle laissait comme héritage vingt maisons échelonnées sur la longueur du territoire, 152 religieuses se dépensant au service des pauvres, une Congrégation érigée canoniquement avec ses propres Constitutions et... des milliers d'orphelins.

En ce 29 décembre, rappelons la noble figure de cette grande dame. Sa cause vient d'être introduite à Rome. Plaise au ciel que l'Église propose un jour ce beau modèle de cœur ouvert à toutes les misères du monde. Le Québec missionnaire a raison d'être fier de la pléiade de messagers d'amour qu'il a envoyés sur tous les continents du monde.

JEAN-JACQUES NATTIEZ
Sémiologue musical remarquable

La sémiologie, me direz-vous? Oui, c'est la science qui étudie les systèmes des signes. Fasciné par l'engouement des étudiants pour le structuralisme dans le domaine des sciences, encore jeune étudiant, Jean-Jacques Nattiez décide de se lancer en sémiologie musicale. Il explique ainsi la raison qui lui a fait prendre une décision aussi inusitée. « J'ai opté pour cette discipline en musique où l'œuvre, plutôt que la biographie e son créateur, serait commentée, analysée, critiquée. »

C'est ainsi que Jean-Jacques inaugure quelque chose de tout à fait inédit à l'Université d'Aix-en-Provence, en préparant une thèse de maîtrise : *Fondements d'une sémiologie de la musique* (1975). Il devenait pionnier d'une nouvelle branche de la musicologie. « Pour la première fois, quelqu'un dotait la musicologie d'outils rigoureux et d'interprétations qui lui faisaient défaut jusque-là. »

La publication de sa thèse attira l'attention de toute la communauté musicale, des hommes de science et des chercheurs. Il n'en fallait pas plus pour faire pleuvoir des médailles, les prix et les invitations pour des congrès, des colloques, des conférences dans le monde entier. Aujourd'hui, M. Nattiez est professeur de musicologie à l'Université de Montréal, membre de plusieurs sociétés savantes, rédacteur dans des revues spécialisées, professeur invité un peu partout.

La recherche, c'est la passion de ce chercheur infatigable qui consacre tout son temps à ce secteur privilégié de son département. Imaginez, depuis plus de vingt ans qu'il étudie la musique inuit et tout particulièrement les jeux de gorge des femmes! Il a publié un disque en 1978 sur cet art fascinant et encore un autre, Jeu vocaux des nuits, en 1990. Dans une entrevue qu'il accordait à Marie-Andrée Amiot pour *Le Devoir*, à l'occasion de la remise du prix Léon-Gérin, il déclarait : « Le chercheur construit un monde de concepts et d'énoncés comme le compositeur d'avant-garde s'aventure dans le domaine encore inouï des sons : jamais en repos, toujours soucieux de plus de clarté, perpétuellement questionné par les énigmes de la science, et les mystères de la musique, je n'attends qu'un prochain thème pour reprendre l'exploration. »

D'une vitalité débordante, simple et accueillant, M. Nattiez reste attaché à ses racines. Il parle de la cathédrale d'Amiens, « la plus grande cathédrale de la France c'était, dit-il, une grande source d'inspiration pour moi. » Il garde aussi un souvenir de son père, professeur de littérature et critique musical pour un journal du coin. « La double présence de la littérature et de la musique seront pour moi à l'origine de mes recherches » soutient-il. Il écrira d'ailleurs deux ouvrages importants sur des compositeurs qui mariaient harmonieusement les deux arts. Proust musicien (1984) et Wagner androgyne (1990).

Souhaitons qu'il puisse continuer longtemps ses recherches en musicologie. Comme il le souhaite lui-même. Le Prix prestigieux qu'il vient d'obtenir ne vient pas clore une carrière. Tout au contraire ! « J'ai l'intention, dit-il, de poursuivre encore vingt, trente ans ! Au moins ! » Tant mieux pour nous et pour tout le monde musical.

En ce 30 décembre, anniversaire de sa naissance, nos meilleurs vœux l'accompagnent.

TABLE ONOMASTIQUE

BRÉBEUF, Jean de .... 25 mars
BRIND'AMOUR, Yvette .... 30 novembre
BRUCHÉSI, Jean.. 09 avril
BRÛLÉ, Étienne .... 03 juillet
BRUNET, Michel.. 24 juillet
BRUYÈRE Elizabeth .... 03 mars
BUADE de Frontenac et de Palluau, Louis de............................ 22 mai
BUIES, Arthur.. 24 janvier
BUIST, Clément.. 01 février
BULLION, Angélique de .... 26 juin

CADRON-JETTÉ, Rosalie.. 27 janvier
CAOUETTE, Aurélie .... 11 juillet
CARLE, Gilles.. 31 juillet
CARTIER, Georges-Étienne .... 06 septembre
CASGRAIN, Thérèse .... 10 juillet
CHABANEL, Noël .... 02 février
CHABOT, Cécile.. 11 septembre
CHAMBERLAND, Paul .... 16 mai
CHAMPLAIN, Samuel .... 25 décembre
CHAPAIS, Thomas.. 23 mars
CHAPLEAU, Joseph-Adolphe .... 09 novembre
CHARBONNEAU, Joseph .... 31 juillet
CHAREST, Suzanne .... 04 mars
CHARLEBOIS, Ovide.. 17 février
CHARON, Jean-François .... 07 septembre
CHAUMENOT, Pierre-Marie-Joseph .... 09 mars
CHAUSSEGROS DE LÉRY, Gaspard .... 3 octobre
CHAUVEAU, Pierre Joseph-Olivier .... 30 mai
CHAUVIGNY, de la PELTRIE, Madeleine .... 25 mars
CHÉNIER, Jean-Olivier.. 09 décembre
CHEVRIER, Pierre.. 21 janvier
CHOQUETTE, Robert .... 22 avril
CHOUARD DES GROSEILLIERS, Ménard............................ 31 juillet
CLOSSE, Lambert.. 06 février
CONAN, Laure .... 09 janvier
CORMIER, Ernest .... 05 décembre
COTÉ, Suzor .... 06 avril
COURNOYER, Jean .... 16 mars
COURSOL, Charles-Joseph .... 03 octobre
COUSTURE, Arlette .... 03 avril
COUTURE, Jacques.. 23 novembre
COUTURE, Jean .... 01 juillet
CRÉMAZIE, Octave.. 16 avril
CROLO, Catherine .... 28 février
CYR, Louis.. 10 octobre

DANDURAND, Ucal-Henri .... 26 juin
DALLAIRE, Julienne.. 23 mai

547

DANIEL, Antoine .... 27 mai
DAOUST, Sylvia .... 24 mai
DAUDELIN, Charles .... 1er octobre
DAVELUY Marie-Claire.. 15 août
DAVELUY, Raymond.. 23 décembre
DAVID-FLEURY, David .... 08 août
DAVID, Laurent-Olivier .... 24 mars
DESJARDINS, Alphonse .... 05 novembre
DEMERS, Jocelyn .... 17 février
DE NOUË, Anne... 07 août
DESMARETS, Sophie .... 24 septembre
DES ORMEAUX, Adam DOLLARD .... 24 mai
DESROCHERS, Clémence .... 23 novembre
DESROSIERS, Léo-Paul .... 11 avril
DION, Céline .... 30 mars
DION, Léon... 09 octobre
DOUCIN, René.. 12 mai
DUBÉ, Marcel .... 02 janvier
DUCEPPE, Jean .... 25 octobre
DUCHAÎNE, Marie-Lucille (Sr Jean-Baptiste).............. 29 février
DUFRESNE, Diane .... 30 septembre
DUFRESNE, Oscar .... 17 octobre
DUFRESNE, Marius .... 09 septembre
DUFROST de LAJEMMERAIS (Mère d'Youville)..................... 15 octobre
DUMONT, Fernand .... 24 juin
DUPÉRÉ, René.. 24 janvier
DUROCHER, Eulalie.. 06 octobre
DUVERNAY, Ludger.. 22 janvier

ÉPOQUE, Martine... 30 avril
ÉTHIER-BLAIS, Jean.. 15 novembre

FABRE, Édouard-Raymond .... 15 septembre
FAUTEUX, Aegédius.. 27 septembre
FERRON, Jacques .... 20 janvier
FERRON, Marcelle .... 29 janvier
FORTIN, Marc-Aurèle .... 14 mars
FOURNIER, Jules .... 23 août
FRAPPIER, Armand .... 26 novembre
FRÉGAULT, Guy .... 16 juin

GADBOIS, Charles-Émile .... 01 juin
GAGNON, André .... 01 août
GAMELIN, Émilie .... 19 février
GAREAU, Gaëtane.. 21 avril
GARNEAU, François-Xavier....................................... 15 juin
GARNIER, Charles .... 25 mai
GAUDET-SMET, Françoise, ... 26 octobre
GÉLINAS, Gratien .... 08 décembre

GODBOUT, Jacques... 27 novembre
GODIN, Gérald.. 13 novembre
GÉRIN-LAJOIE, Marie... 09 juin
GOUPIL, René .... 29 septembre
GRANDBOIS, Alain .... 25 mai
GRAND'MAISON, Jacques.. 18 décembre
GRAND'MAISON, Pierre .... 27 juillet
GRASSET, André .... 03 avril
GRIGNON, Claude-Henri .... 11 juillet
GROULX, Lionel .... 13 janvier
GUÉVREMONT, Germaine.. 16 avril
GUIMOND, Olivier.. 06 avril
GUYART, Marie (Marie de l'Incarnation)........................ 28 octobre
HAMEL, Théophile .... 08 novembre
HAMELIN, Marc-André .... 5 septembre
HÉBERT, Anne .... 1er août
HÉBERT, Louis .... 25 janvier
HÉBERT, Philippe .... 28 janvier
HÉMON, Louis.. 12 octobre
HOUDE, Camilien... 13 août
HUDON, Normand... 5 juin

IBERVILLE, Pierre le Moyne d' .... 20 juillet
IRUMBERRY d', Charles-Michel de Salaberry .... 9 novembre

JANSSOONE, Frédéric .... 19 novembre
JASMIN, Judith... 10 juillet
JOGUES, Isaac, ... 10 janvier
JOLLIET, Louis .... 21 septembre
JUCHEREAU, Jeanne F. de Ferté(dite de St-Ignace)................ 01 mai
JUTRA, Claude.. 11 mars
KÉROUAC, Conrad (Frère Marie-Victorin)......................... 03 avril
KRIEEGHOFF.. 19 mai

L'ABBÉ, Maurice... 20 mai
LABELLE, Antoine... 24 novembre
LABERGE, Marie .... 29 novembre
LABRECQUE, Cyrille .... 29 mars
LABRECQUE, Jacques... 08 juin
LACOSTE, Justine (Madame BEAUBIEN)........................... 01 octobre
LACOURCIÈRE, Luc... 18 octobre
LAFONTAINE, Louis-Hippolyte.. 4 octobre
LA GALISSONNIÈRE, Barin .... 10 novembre
LAHONTAN, Louis D'Arce .... 09 juin
LAJEUNESSE, Marie Louise Cécile (EMMA ALBANI) .... 1er novembre
LA LANDE, Jean de .... 19 octobre
LALEMANT, Gabriel.. 30 octobre
LALIBERTÉ, Alfred .... 19 mai
LALIBERTÉ, Guy... 02 septembre

LAMARRE, Yves .... 20 août
LAMBERT, Phyllis .... 24 janvier
LANGLOIS, Noël .... 14 juillet
LA PALME, Robert .... 14 avril
LARTIGUE, Jean-Jacques .... 20 juin
LASNIER, Rina .... 06 août
LAURENDEAU, André .... 21 mars
LAVAL, François de .... 30 avril
LAVERGNE, Armand .... 21 février
LAVIGNE, Ernest .... 21 mai
LE BER, Jeanne .... 04 janvier
LE BER, Pierre .... 11 août
LEBLANC, Arthur .... 18 août
LECLERC, Félix .... 02 août
LEDUC, Ozias .... 08 octobre
LÉGARÉ, Joseph .... 10 mars
LE JEUNE, Paul .... 07 août
LEMAÎTRE, Jacques .... 29 août
LE MAY, Pamphile .... 05 janvier
LEMELIN, Roger .... 07 avril
LEMIEUX, Jean-Paul .... 18 novembre
LEMIEUX, Léopold (F. Barnabé) .... 30 juin
LE MOYNE, Charles .... 10 décembre
LEPAGE, Robert .... 12 décembre
LE ROYER, de La Dauversière, Jérôme .... 18 mars
LÉVEILLÉE, Claude .... 16 octobre
LÉVESQUE, Raymond .... 07 octobre
LÉVESQUE, René .... 24 août
LÉVIS, François-Gaston de .... 20 août
LEYRAC, Monique .... 26 février
LONGPRÉ, Catherine (Catherine de St-Augustin) .... 03 mai
LORANGER, Françoise .... 16 juin
LORTIE, Louis .... 27 avril
LOTBINIÈRE, Michel .... 31 janvier
LOZEAU, Albert .... 23 juin

MACÉ, Catherine .... 25 septembre
MAISONNEUVE, Paul de Chomedey .... 15 février
MAJOR, André .... 22 avril
MALÉPART, Jean-Claude .... 03 décembre
MALLET, Marcelle .... 26 mars
MANCE, Jeanne .... 12 novembre
MARQUETTE, Jacques .... 10 juin
MARSAN, Jean-Claude .... 07 octobre
MARTEL, Paul-Émile .... 11 octobre
MASSE, Marcel .... 27 mai
MELZACK, Ronald .... 19 juillet
MERCIER, Catherine .... 05 mai
MERCIER, Honoré .... 15 octobre

RIEL, Louis.. 22 octobre
RINGUET, (Panneton, Philippe)............................... 30 avril
RIOPELLE, Jean-Paul... 07 octobre
RIVARD, Adjutor .... 23 janvier
ROBITAILLE, Alice .... 03 février
ROULEAU, Guy... 12 avril
ROY, Gabrielle .... 22 mars

SAINT-DENYS GARNEAU, Hector.............................. 13 juin
SAINT-PÈRE, Jean... 25 octobre
SAINT-PIERRE, Marie... 25 août
SAVARD, Félix-Antoine.. 31 août
SOUART, Gabriel .... 08 mars
SUTTO, Janine... 20 avril

TALON, Jean... 08 janvier
TARDIVEL, Jules-Paul .... 02 septembre
TEASDALE, Lucille.. 31 janvier
TEKAKWITHA, Kateri... 17 avril
THÉRIAULT, Yves .... 28 novembre
TESSIER, Albert .... 06 mars
TÉTREAULT, Délia .... 04 février
TEUSCHER, Henry .... 29 mai
TISSEYRE, Pierre .... 05 mai
TREMBLAY, Michel.. 25 juin
TRAVERS, Marie(Mary) .... 04 juin
TRUDEL, Marcel .... 29 mai
TURCOTTE, Jean-Claude... 26 juin
TURGEON, Élisabeth.. 07 février

VANIER, Georges .... 23 avril
Vanier-Beaulieu, Paul.. 23 mars
VAUQUELIN, Jean... février
VERREAULT, Denise .... 18 octobre
VIEL, Nicolas .... 25 juin
VIGER, Denis-Benjamin .... 19 août
VIGER, Jacques.. 07 mai
VIGNAL, Guillaume.. 27 octobre
VILLENEUVE, Arthur... 04 janvier
VIGNEAULT, Gilles .... 27 octobre
VOISINE, Roch.. 26 mars

ZUMTHOR, Paul .... 05 mars